新選明文東洋古典大系

新完譯

墨 子

上

金學主 譯著

明文堂

◀ 운제(雲梯) 묵자는 초(楚)나라에서 운제를 만들어 성(城)을 공격하겠다는 것을 궤상(机上)의 모의전(模擬戰)에서 아홉 번 격퇴하였다.

▲ 공성전(攻城戰) 전국시대(戰國時代).

▲ 거마도(車馬圖) 전국시대(戰國時代).

▲**금은상감용문경**(金銀象嵌龍文鏡) 전국시대(戰國時代). 직경 19.5cm. 경배(鏡背)의 가장자리에는 기하학적 조문(藻文)이 새겨져 있고 안쪽에는 여섯 마리의 용이 금은상감으로 표현되어 있다. 워싱턴 프리어미술관 소장.

▼**황금감옥대구**(黃金嵌玉帶鉤) 하남성(河南省) 낙양시(洛陽市) 금촌(金村) 출토. 전국시대(戰國時代). 길이 17.0cm. 대구(帶鉤)는 벨트를 매는 데 쓰는 금구(金具)이다. 황금제 수신(獸身)에 황갈색 옥(玉)이 끼워져 있다.

▲**전국책**(戰國策) 마왕퇴(馬王堆) 출토. 백서(帛書). 묵자가 살다간 전국시대의 대표적 유세가(遊說家)인 소진(蘇秦)·장의(張儀) 등의 변설과 책략을, 동주(東周)·서주(西周)·진(秦) 등 12개국으로 나누어 모은 책이 《전국책》인데 이 부분은 소진의 활동 기록이다. 서체는 예서(隸書)에 가깝고 마왕퇴는 호남성 장사시(長沙市) 교외에 있는데 1973년에 발굴된 것이다.

머 리 말

　이《묵자(墨子)》는 몇년 전 모출판사에서 간행한《세계사상대전집(世界思想大全集)》에 실렸던 것을 보충, 완역(完譯)한 것이다.《묵자》의 완전한 번역본을 내는 것이 역자의 소망이지만, 그 본문 자체가 안고 있는, 아직 학계에서도 해결하지 못한 많은 문제들 때문에 그것은 거의 불가능한 일에 가까우나 최선을 다했다는 것을 아울러 밝힌다. 지금 전하는《묵자》는 본시 71편으로 이루어져 있던 것이나, 그 중 완전히 없어져서 그 내용을 알 수 없는 것이 17편이나 된다. 그리고 현재 남아 있는 54편 중에도 앞뒤가 뒤섞이고 중간의 일부분이 빠졌기 때문에, 그 본문을 읽거나 이해할 수가 없는 곳이 허다하다. 여기에서 번역하지 않은 부분이란, 아주 비슷한 내용이 중복되는 곳이 일부분 들어있는 이외에는 거의 모두가 도저히 제대로 읽을 수가 없는 곳이다. 사실은 이곳에 번역해 놓은 중에도 자신있게 번역하지 못한 부분이 적지 않았다. 뒷날의 재검토와 더 많은 보충을 기약한다.
　《묵자》의 본문에 이토록 많은 문제가 있는 것은 사실이지만, 다행히도 그의 사상의 중심을 이루는 겸애(兼愛)와 절검(節儉), 비전(非戰) 및 종교사상(宗敎思想) 등이 쓰인 중요한 부분에는 혼란이 적은 편이다. 특히 앞머리 해제(解題)에서 서지적(書誌的)인 해설뿐만 아니라 그의 생애와 사상에 대하여도 상세히 쓰려고 노력한 것은 묵자에 대한 종합적인 이해에 도움이 될 것으로 생각했기 때문이다. 또 각 편마다 그 편의 성격과 내용을 앞머리에 해설하고, 한 대목마다 그 대목의 내용을 종합하여 설명하였으니, 전체 문장의 뜻을 파악하는 데 도움이 될 것으로 믿는다.

역문 뒤에 원문을 붙이고, 그 원문을 근거로 하여 거기에 나오는 까다로운 글자와 어구(語句)를 주석(注釋)한 것은, 역문뿐만이 아니라 원문까지도 아울러 읽는 분에게 도움이 될까해서이다. 원문이나 주해를 위한 대본으로는 대만의 예문인서관(藝文印書館)에서 영인(影印)한 청(淸)대 손이양(孫詒讓)의 《묵자한고(墨子閒詁)》를 위주로 했다.

묵자는 중국 고대의 위대한 '사랑'의 철학자이며 '사랑'의 실천가였다. 이 책이 우리 동양의 전통사상을 이해하는 데 큰 도움을 주는 한편 메말라가는 현대인들의 가슴속에 다시 한번 '사랑'의 뜻을 깊이 심어주는 계기가 되기를 간절히 빈다. 끝으로 어려운 출판계 사정을 무릅쓰고 좋은 책들을 꾸준히 출판하는 명문당 김동구(金東求) 사장의 노고에 경의를 표한다.

金 學 主

차 례

〈묵자 상권〉

머리말 5

일러두기 10

해제(解題) 11

  1. 묵자의 생애와 그 시대 13

  2. 묵자의 저서(著書) 17

  3. 묵자의 사상 23

    (1) 겸애설(兼愛說) 23

    (2) 비공론(非攻論) 25

    (3) 실리주의(實利主義) 27

    (4) 실천주의(實踐主義) 32

    (5) 종교 사상(宗敎思想) 38

    (6) 논리학(論理學) 및 기타 43

    (7) 묵가의 활동과 쇠망 48

제1 친사편(親士篇) 53

제2 수신편(修身篇) 60

제3 소염편(所染篇) 66

제4 법의편(法儀篇) 75

제5 칠환편(七患篇) 82

제6 사과편(辭過篇) 91

제7 삼변편(三辯篇) 102

제8 상현편(尙賢篇)(上) 107

제9 상현편(尙賢篇)(中) 115

제10 상현편(尙賢篇)(下) 136

제11 상동편(尙同篇)(上) 148

제12 상동편(尙同篇)(中) 155

제13 상동편(尙同篇)(下) 173

제14 겸애편(兼愛篇)(上) 187

제15 겸애편(兼愛篇)(中) 192

제16 겸애편(兼愛篇)(下) 204

제17 비공편(非攻篇)(上) 226

제18 비공편(非攻篇)(中) 230
제19 비공편(非攻篇)(下) 241
제20 절용편(節用篇)(上) 258
제21 절용편(節用篇)(中) 264
제22 절용편(節用篇)(下)(原缺) 269
제23 절장편(節葬篇)(上)(原缺) 269
제24 절장편(節葬篇)(中)(原缺) 269
제25 절장편(節葬篇)(下) 270
제26 천지편(天志篇)(上) 296
제27 천지편(天志篇)(中) 307
제28 천지편(天志篇)(下) 327
제29 명귀편(明鬼篇)(上)(原缺) 346

제30 명귀편(明鬼篇)(中)(原缺) 346
제31 명귀편(明鬼篇)(下) 346
제32 비악편(非樂篇)(上) 379
제33 비악편(非樂篇)(中)(原缺) 394
제34 비악편(非樂篇)(下)(原缺) 394
제35 비명편(非命篇)(上) 394
제36 비명편(非命篇)(中) 408
제37 비명편(非命篇)(下) 417
제38 비유편(非儒篇)(上)(原缺) 430
제39 비유편(非儒篇)(下) 430
제40 경편(經篇)(上) 451
제42 경설편(經說篇)(上) 509

〈묵자 하권〉

제43 경설편(經說篇)(下) 551
제44 대취편(大取篇) 591
제45 소취편(小取篇) 613
제46 경주편(耕柱篇) 623
제47 귀의편(貴義篇) 647
제48 공맹편(公孟篇) 666
제49 노문편(魯問篇) 694
제50 공수편(公輸篇) 725
제52 비성문편(備城門篇) 731
제53 비고림편(備高臨篇) 773

제56 비제편(備梯篇) 778
제58 비수편(備水篇) 785
제61 비돌편(備突篇) 788
제62 비혈편(備穴篇) 789
제63 비아부편(備蛾傅篇) 804
제68 영적사편(迎敵祠篇) 815
제69 기치편(旗幟篇) 823
제70 호령편(號令篇) 831
제71 잡수편(雜守篇) 875

묵자 연표(墨子年表) 896
색인(索引) 912

일러두기

1. 번역의 원문(原文)은 청(淸)대 손이양(孫詒讓)의 《묵자한고(墨子閒詁)》를 사용하였으며, 문제가 되는 곳은 교정(校訂)을 가하였다.
2. 번역문은 쉬운 현대어(現代語)를 쓰면서도 되도록 원문(原文)의 어순(語順)에 합치시키려 노력하였다.
3. 각 장(章)에는 제목을 붙이고, 그 제목을 간단히 해설하였다.
4. 주(註)는 본문에 의거하여 되도록 간결히 달기로 했으며, 특별한 해석이나 교정으로 말미암아 설명이 필요한 곳에는 그 근거(根據)가 된 책이나 학자의 이름을 괄호 안에 써 넣었다.
5. 앞머리의 '해제(解題)'는 되도록 쉽고도 자세하게 쓰려고 노력하였다. 원문 번역을 한 번 읽어본 뒤 '해제'를 읽고 다시 원문을 한 번 더 읽어보기를 권한다. 그러면 자기 나름대로의 묵자 사상에 대한 개념이 머리속에서 구체화할 것이다.
6. 현재 출간되어 있는 동명(同名)의 책에는 일부분의 번역이 생략되어 있으나 본서(本書)는 완역(完譯)임을 부기(附記)한다.

해제(解題)

동양인의 깊고도 은근한 사랑의 정신은 《묵자》에 뿌리를 박고 있다고 해도 과언이 아니다. 공자(孔子)의 '인(仁)'의 사상 속에서도 우리는 이미 사랑의 개념을 깊게 인지(認知)하였지만 그것은 《묵자》처럼 구체적이고도 적극적인 게 못되기 때문이다. 사람들이 서로를 믿지 못하는 어지러운 시대에 어떻게 세상을 살아가며 어떻게 그 사회를 올바로 이끌어야 하느냐 하는 문제는 옛날부터 무수한 사상가들이 연구를 거듭해 온 명제(命題)일 것이다.

묵자는 기원전 5~4세기, 전쟁과 반란으로 어지럽던 전국시대(戰國時代)에 나서 그러한 명제에 대한 해답을 추구했던 사상가이다. 이 시대엔 묵자뿐만 아니라 제자백가(諸子百家)라 불리는 무수한 사상가들이 나와서 제각기 그러한 명제에 해답을 하려고 노력하였다. 그러면 그 수많은 사상가들의 경륜(經綸) 중에서 묵자는 어떠한 지위를 차지하고 있는가, 또는 그것이 우리에게 어떠한 의의가 있는가가 문제일 것이다.

사람들이 어지러운 세상에 대처하는 방법은 크게 나눌 때 두 가지로 구분하여 생각할 수 있을 것이다. 첫째는 자기 힘으로 자기 신념과 어긋나는 모든 것과 싸우는 태도이다. 그러한 사람은 자기의 힘 이외의 아무 것도 믿지 않는 비정(非情)한 태도를 지닌다. 둘째는 남을 감싸주고 이해해 줌으로써 온 사회를 바르고 평화스러운 방향으로 이끄는 것이다. 그러한 사람은 남과의 연대감(連帶感)을 바탕으로 하여 인류의 차원(次元)에서 세상을 바라보려는 태도를 지닌다.

첫째 유파에 속하는 사람으로는 엄격한 법과 형벌 및 자기를 위주로 한 술수(術數)로써 세상을 다스리려던 한비자(韓非子)가 있고, 둘째 유파를 대표할 사상가로는 여기에 소개하는 묵자가 있다.

묵자는 온 세상 사람들은 아울러 자기나 마찬가지로 남도 사랑해야 한다는 '겸애(兼愛)'를 주장하였다. 이것은 일견 기독교의 '박애(博愛)' 사상과도 통하는 것이지만 묵자는 위선적(僞善的)인 자애(慈愛)로 빠지기 쉬운 자기 위주의 사랑을 부인하는 데 역점을 두고 있다. 곧 자기 위주의 사랑은 의식적이건 무의식적이건 모순을 합리화시키는 수단이 되기 때문이다. 묵자는 오히려 그러한 모순을 낳는 사람들의 의식구조가 사회혼란의 바탕이 됨을 인식하고, 이러한 인간적인 또는 사회적인 모순과 싸우기 위하여 '겸애'를 내세웠던 것이다.

따라서 묵자는 높은 지위에서 아래의 불쌍하고 가난한 사람에게 사랑을 내려주는 것이 아니라 사회의 가장 밑바닥에서 스스로 땀흘려 일하며 진정한 연대감 속에서 사람들을 사랑하려 하였다. 그러기에 묵자는 부지런히 일하고 절약할 것을 사람들에게 설교했을 뿐만 아니라 몸소 자기 제자들을 거느리고 그것을 실천하였다.

따라서 유가나 법가가 지배계급들의 봉건(封建) 원리를 옹호하는 사상가들이라면, 묵자는 피지배계급의 입장에 서서 봉건체재를 철저히 반대한 사상가라 할 수 있다. 봉건사회는 나면서 정해지는 엄격한 계급사회인데, 모든 사람을 다같이 사랑하고 누구나가 부지런히 일한다는 것은 그런 계급의식을 정면으로 부정하는 것이 되기 때문이다.

중국의 사상가들 중에서 묵자처럼 행동적이고 적극적인 사람은 다시 찾아보기 힘들다.

'남을 사랑하면 반드시 남들도 그를 사랑해 주고, 남을 미워하면 반드시 남들도 그를 미워하게 될 것이다.' 〈겸애편〉

이것이 묵자의 사랑의 원리이다. 따라서 여기에는 타고난 신분의 차별이나 계급 같은 것이 있을 수 없다. 누구나 열심히 노력하고 남을 사랑하면 훌륭한 사람이 될 수 있고 훌륭한 사회를 건설할 수 있다는 것이다. 그래서 당시의 지배계급 또는 상류계급인 군자(君子)들의 눈에는 묵자의 학문이란 '노예[役夫]의 도(道)'(《순자》)로밖에 보이지 않았다.

묵자의 이론은 단순하지만 그것을 지탱하는 무게는 끝없이 큰 것이다. 그래서 어지러운 전국시대 사람들의 마음을 사로잡아 묵자의 이론은 거의 유가의 세력을 압도하고 있었다.

그것은 묵자의 가르침이 중심을 잃고 흔들리는 어지러운 시대의 사람들 마음을 꽉 잡을 수 있었기 때문일 것이다.

전국시대가 혼란이 극에 달했던 시대라 하지만 지금 우리가 살고 있는 시대처럼 어지럽고 불안하지는 않았을 것이다. 지금 우리의 중요한 과제의 하나는 모든 사람들이 불안의식에서 벗어나 모두가 평화롭게 잘 살 수 있는 길을 찾아야 할 것이다. 묵자로부터 현대에 이르기까지 무척 긴 역사가 흘렀고, 기독교를 비롯한 사랑을 역설하는 종교가 많기는 하지만, 이들보다도 '겸애'를 바탕으로 한 묵자의 사상은 우리에게 크나큰 계시를 줄 수 있으리라 믿는다.

1. 묵자의 생애와 그 시대

묵자에 대해서는 구체적인 전기(傳記)가 하나도 전해지지 않는다. 사마천(司馬遷)의 《사기(史記)》에도 맹자순경열전(孟子荀卿列傳)의 끝머리에 '묵적(墨翟)은 송(宋)나라 대부(大夫)로서 성을 방위하는 기술에 뛰어났고 절용(節用)을 주장하였다. 혹은 공자(孔子)와 같은 시대라기도 하고 혹은 공자의 후세 사람이라고도 한다'라는 스물네 글자로 된 기록이 있을 뿐이다. 여기서는 민국(民國) 초기의 양계초(梁啓超, 1873~

1929)가 여러 전적(典籍)의 기록들을 정리하여 《자묵자학설(子墨子學說)》 첫머리에 쓴 〈묵자약적(墨子略傳)〉을 위주로 하여 그의 생애와 시대를 소개하려 한다.

묵자는 이름이 적(翟)이며 공자와 같은 노(魯)나라 사람이다. 송(宋)나라 사람 또는 초(楚)나라 사람이라고도 하지만 양계초가 고증하였듯이 거의 노나라 사람임에 틀림없다. 묵자는 대략 주(周)나라 정왕(定王) 원년(元年)으로부터 10년에 이르는 사이(기원전 468~기원전 459년) 공자가 죽은(기원전 479) 뒤 10여 년만에 세상에 태어났다(양계초《墨子學案》). 맹자(孟子)는 기원전 372년에 태어났으니 묵자는 공자가 죽은 해와 맹자가 난 해의 중간쯤 되는 전국시대 초기의 사람이라 할 수 있을 것이다.

이 시대의 중국은 크고작은 여러 나라로 분열하여 천자인 주(周)나라 왕실의 권위는 아랑곳없이 제후들이 제각기 패권(覇權)을 다투기에 수단과 방법을 가리지 않고 있었다. 그야말로 약육강식의 시대라 할 것이다. 주나라 천자는 온 중국을 다스릴 권능을 잃고 있었지만 그렇다고 봉건(封建)의 유제(遺制)인 종족제(宗族制)까지 없어졌던 것은 아니다. 옛날의 영주(領主)나 귀족들의 세력은 기울었다 하더라도 사회의 혼란을 이용하여 새로운 지주계급(地主階級)과 상공업자(商工業者)들이 생겨나 백성들을 여전히 착취하고 있었다. 제후들은 자기의 세력을 확장하기 위하여 남의 나라를 틈이 나기만 하면 침범하여 세상을 혼란 속으로 몰아넣었으며, 한편 제후들의 나라 안에서도 기존 질서와 윤리가 무너져서 경대부(卿大夫)들끼리는 물론 경대부들과 제후 사이에도 권력 투쟁이 끊임없이 일고 있었다.

묵자가 태어난 시절의 세상이란 이처럼 분열과 분쟁이 거듭되고 있는 혼란이 대단했던 시대이다.

묵자는 처음에 주(周)나라 귀족이며 '의례(儀禮)'에 통달했다는 사각

(史角)이란 학자의 자손에게서 글을 배웠다《呂氏春秋》當染). 그는 공자의 유학(儒學)을 공부하였으나 유가의 번거로운 예의는 백성들의 생산을 저해하여 재물을 낭비하고 백성을 가난하게 만들 뿐이라 생각하게 되었다. 본시 노나라엔 옛부터 내려오는 문물(文物)들이 많이 보존되어 있었고, 또 공자가 거기서 나서 옛날 전적(典籍)들을 정리도 하고 다시 편찬하기도 하였으므로 사실상 이 시대의 중국 문화의 중심지였다고도 할 수 있다. 묵자는 이러한 분위기 속에서 유가들이 숭상하던《시경(詩經)》과 《서경(書經)》을 공부하고 예(禮)도 익혔다. 그러나 그런 것이 어지러운 세상을 바로잡는 데에는 직접적인 도움이 될 수 없다는 것을 절실히 느꼈던 것이다.

오히려 묵자의 눈에는 유가들이란 번잡한 예의를 미끼로 하여 귀족들에 기생(寄生)하는, 쓸데없는 존재로밖에는 보이지 않았다. 중국 전통문화의 전승자이며 그 사회의 지도층이라 할 수 있는 유가들의 타락은 묵자로 하여금 그들의 형식주의에 강렬한 반발을 하게끔 만들었다.

그리하여 묵자는 공자가 이상으로 받들던 주(周)나라의 제도를 반대하고 한층 오래된 하(夏)나라 사회와 정치를 이상으로 받들었다. 그것은 하나라의 건설자인 우(禹)임금의 자기희생적인 노력이 모든 사치를 배격하고 검소하게 살며 실천궁행(實踐躬行)하던 묵자의 마음을 사로잡았기 때문일 것이다. 우임금은 천하의 홍수를 다스리기 위하여 자기 가정도 돌보지 못하며, 거친 정강이에는 털이 붙어날 겨를도 없이 애써 일하고 노력한 행동의 사람이었던 것이다.

묵자의 집안은 사회의 하층 계급인 공인(工人)이나 노동자였던 것 같다. 묵자는 그러기에 몸소 성을 방위하는 데 필요한 기구들을 제조하는 방법에 통달해 있었고, 나무로 하늘을 나는 솔개를 만들기도 했으며 큰 수레바퀴에 끼는 빗장나무를 깎기도 하였다. 그리고 봉건적인 사회계급이나 귀족들의 사치에 강렬한 반발을 보이며 근로(勤勞)와 절용(節用)을 내세운 것도 그의 출신이 천하였다는 데 원인이 있을 것이다.
 심지어 그의 사상이 봉건지배를 반대하고 서민을 옹호하는 당시에 있어서는 위험한 사상이어서, 묵(墨)이란 성은 묵형(墨刑)을 받은 데서 나온 것이라 주장하는 학자도 있고(錢穆《墨子》), 묵자는 외국인이며(胡懷琛《墨子學辨》·衛聚賢《墨子小傳》), 입고 있던 옷과 피부가 까만 데서 나온 성이라고 하였다.
 그가 얼마나 행동적인 사람이었던가는 전쟁을 부정하는 그의 실천적인 이력이 웅변적으로 얘기해 주고 있다. 큰 초(楚)나라가 작은 송(宋)나라를, 공수반(公輸般)이 만든 새로운 무기로써 공격하려 하자, 묵자는 노나라로부터 열흘 낮 열흘 밤을 갖은 고초를 극복하며 초나라로 달려가서 온갖 노력을 다하여 전쟁을 막는다. 제(齊)나라가 노나라를 공격하려 했을 적에도 묵자는 항자우(項子牛)와 제나라 임금을 찾아가 설복시켜 침략 전쟁을 사전에 막는다. 노나라가 정(鄭)나라를 공격하려 했을 적에도 묵자는 양문군(陽文君)을 설복시켜 전쟁을 막는다. 묵자는 자기 신념을 위해서는 이처럼 자신의 노고나 위험은 아랑곳없이 과감하게 행동했던 것이다.
 그러기에 묵자의 행동반경은 초인적인 우임금을 따르지는 못하지만 유세(遊說)를 일삼던 다른 사상가들로서는 따르기 힘들 만큼 넓다. 송나라의 대부(大夫)가 되기도 하였지만 제나라에 가서 대왕(大王) 전화(田和)를 설복시켰고, 위(衛)나라에 가서는 대신인 공량환자(公良桓子)를 설복시켰으며, 위(魏)나라와 월(越)나라에까지도 손을 뻗치고 있었다.
 묵자는 행동가인 한편 분수에 넘치는 대우나 보수는 바라지 않았다. 한 번은 그의 제자인 공상과(公尙過)의 얘기를 듣고 월나라 임금이 탄복하여 50승(乘)의 수레를 보내면서 오(吳)나라의 옛땅 사방 5백 리를 떼어 주겠다면서 묵자를 초빙하였다. 그러나 묵자는 그러한 과분한 대우야말로 바로 자기의 주장과 어긋나는 것임을 지적하면서 초빙을 거부하였다.
 묵자는 '앉은 자리가 따스해질 틈도 없이' 행동하고 일했으며 '묵자네

집 굴뚝은 검어질 수가 없다'고 하리만큼(《呂氏春秋》·《淮南子》) 검약하는 한편 사방을 돌아다녔다. 이것은 모두 자기를 바쳐서라도 온 인류를 잘 살게 하려는 '겸애'의 정신에서 나온 행동이었다. 그러기에 그의 반대 학파인 맹자도,

'묵자는 겸애(兼愛)를 주장하여 머리 꼭대기부터 발꿈치까지 털이 다 닳아 없어지더라도 천하를 이롭게 하는 일이라면 감행하였다.' 〈盡心篇 上〉

라고 하였고

장자(莊子)도,

'묵자(墨子)들은 모두 거친 옷을 입고 나막신이나 짚신을 신고서 밤낮 쉴새없이 스스로 고생을 다하면서 말하기를 이렇게 하지 못하는 것은 우(禹)임금의 도가 아니며 묵자가 될 수 없다.' 〈天下篇〉

고 하였다. 또한

'묵자는 정말로 천하의 호인(好人)이니 찾아도 얻기 어려운 분이다. 그는 비록 몸이 파리해진다 하더라도 그런 일은 버리지 않았으니 재사(才士)라 할 것이다.' 〈天下篇〉

라고 하면서 비판 속에 존경과 탄복을 아울러 표시하지 않을 수 없었던 것이다. 순자(荀子)가 묵자의 학문을 가리켜 '노예[役夫]의 도'라 하였지만 봉건적인 사회계급을 부정하던 그로서는 눈도 깜짝하지 않을 욕이었을 것이다.

2. 묵자의 저서(著書)

지금 우리가 보는 《묵자》란 책은 묵자 자신이 직접 쓴 게 아니며 또 쓰여진 시기도 똑같지 않다는 게 일반적인 학자들의 견해이다. 《묵자》는 묵

자의 말과 행동 및 그의 주장을 묵자의 제자들이 모아 편찬한 것이다. 마치 공자의 《논어(論語)》가 그의 제자들의 손을 통하여 이루어진 거나 같다.

반고(班固)의 《한서(漢書)》예문지(藝文志)에 '묵자 71편(篇)이 있다'고 하였는데 《수서(隋書)》경적지(經籍志) 이하의 여러 사람들의 기록에는 모두 '묵자 15권(卷)이 있다'고 하고 있다. 이 15권이란 권수는 지금 우리가 보는 《묵자》의 권수와 맞는다. 그러나 편수로 볼 때엔 지금은 53편이 남아 있으니 나머지 18편은 없어진 것이다. 없어진 18편 중에서도 8편만은 그 편의 제목이나마 남아 있지만 나머지 10편은 제목조차도 없어져 버렸다.

《묵자》는 제자백가들의 책 가운데에서도 가장 읽기 어려운 책의 하나이다. 그 이유는 첫째로 유가를 계승한 맹자가 묵자를 배척한 뒤로 학자들이 《묵자》를 소홀히 다루었기 때문이다. 따라서 옛날의 책은 대쪽에 쓴 것이었으므로 대쪽이 빠져 달아나거나 뒤섞여도 오랫동안 정리하는 사람이 없었다는 것이다. 근래에 이르러 필원(畢沅)・왕염손(王念孫)・손이양(孫詒讓) 같은 학자들이 본문을 교정(校訂)하고 주해(注解)를 가하여 훨씬 읽기 쉬워지기는 하였으나 아직도 알 수 없는 곳이 허다하다. 둘째로는 《묵자》의 문장은 그 자체가 간결하고 실질적이며 쓸데없는 설명들이 붙어 있지 않아서 지금에 와서는 오히려 이해하기 어렵다는 것이다. 이러한 《묵자》의 성격을 설명해 주는 얘기가 《한비자(韓非子)》에 보인다.

'초(楚)나라 임금이 전구(田鳩)에게 말하였다. "묵자란 저명한 학자요……그의 주장은 많은데 변론을 하지 않는 것은 무엇 때문인가요?" 전구가 대답하였다.

"옛날 진(秦)나라 제후가 딸을 진(晉)나라 공자(公子)에게 출가시켰습니다.…… 시집보낼 때 무늬를 수놓은 옷을 입은 첩 70명을 딸려 보냈습니다. 진(晉)나라에 이르자, 진나라 공자는 그 첩만 사랑할 뿐

공녀(公女)는 천대하였습니다. 이렇게 되면 첩은 시집을 잘 보냈지만 딸은 시집을 잘 보낸 것이라고 말할 수 없을 것입니다.…… 묵자는 만약 그의 주장을 논변(論辯)하면 사람들이 그 형식만을 간직하고 그 실용(實用)은 잊어버려 형식 때문에 실용을 해치게 될까 두려웠기 때문입니다."'〈外儲說 左上篇〉

이로써도 묵자의 말이나 글은 극히 간단하였음을 알 것이다. 간단한 말 속에 담긴 깊은 뜻의 터득은 읽는 이들이 세심한 주의를 기울이지 않으면 안될 것이다.

지금 남아 있는《묵자》53편을 호적(胡適) 박사는 다음과 같은 다섯 종류로 분류하였다. 여기에서는 양계초(梁啓超)의 의견을 덧붙여 이를 설명하기로 한다.

첫째 종류(7편)

〈제1권〉 ㄱ. 친사편(親士篇)
　　　　　 수신편(修身篇)
　　　　　 소염편(所染篇)
　　　　ㄴ. 법의편(法儀篇)
　　　　　 칠환편(七患篇)
　　　　　 사과편(辭過篇)
　　　　　 삼변편(三辯篇)

둘째 종류(25편)

〈제2권〉 상현편(尙賢篇) 상·중·하
〈제3권〉 상동편(尙同篇) 상·중·하
〈제4권〉 겸애편(兼愛篇) 상·중·하
〈제5권〉 비공편(非攻篇) 상·중·하

〈제6권〉   절용편(節用篇) 상·중·하
          절장편(節葬篇) 하
〈제7권〉   천지편(天志篇) 상·중·하
〈제8권〉   명귀편(明鬼篇) 하
          비악편(非樂篇) 상
〈제9권〉   비명편(非命篇) 상·중·하
          비유편(非儒篇) 하

셋째 종류(6편)
〈제10권〉 경 편(經 篇) 상·하
          경설편(經說篇) 상·하
〈제11권〉 대취편(大取篇)
          소취편(小取篇)

넷째 종류(5편)
〈제11권〉 경주편(耕柱篇)
〈제12권〉 귀의편(貴義篇)
          공맹편(公孟篇)
〈제13권〉 노문편(魯問篇)
          공수편(公輸篇)

다섯째 종류(11편)
〈제14권〉 비성문편(備城門篇)
          비고림편(備高臨篇)
          비제편(備梯篇)
          비수편(備水篇)
          비돌편(備突篇)

비혈편(備穴篇)
비아부편(備蛾傅篇)
〈제15권〉 영적사편(迎敵祠篇)
기치편(旗幟篇)
호령편(號令篇)
잡수편(雜守篇)

첫째 종류는 문장도 빠진 게 많고 내용도 순수한 묵가사상이라 보기 어려운 게 많다. 그래서 그 사상이 유가와 가깝다는 것은 묵가의 초기 사상을 쓴 것이기 때문이란 학자도 있고, 후세 유가들이 보충한 것이거나 묵가의 여론(餘論)이라 보는 이도 있다. 양계초 같은 사람은 첫 머리 세 편(ㄱ)은 묵가의 사상이 아닌 순전한 위탁(僞託)이라 주장하고 나머지 네 편(ㄴ)은 묵학(墨學)의 개요를 기술한 것이어서 무엇보다도 먼저 읽어야 한다고 주장하였다.

둘째 종류 25편이야말로 《묵자》의 중심을 이루는 가장 중요한 부분이다. 《묵자》의 대표적인 사상은 모두 이곳에 상세히 쓰여져 있다. 이 중 앞머리 23편은 모두 '묵자가 말하였다(子墨子曰)'는 말로써 문장이 시작되고 있는 것으로 보아 묵자의 제자가 기록한 것임에 틀림없다. 이들은 모두 상·중·하 세 편으로 나뉘어져 있으나 각 편의 논지(論旨)에는 뚜렷한 구분이 없다.

이들을 묵가의 십대주장(十大主張)이라고 흔히들 말하는데 상·중·하로 나뉘어진 것은 묵자가 죽은 뒤, 묵가에는 상리씨(相里氏)·상부씨(相夫氏)·등릉씨(鄧陵氏)의 세 파(派)가 있었는데 이 세 파의 의견을 각각 적어 놓느라고 상·중·하 세 편으로 구분되었다고도 한다. 맨 끝의 〈비유편(非儒篇)〉만은 상·하 두 편으로 나뉘어져 있고 또 '묵자가 말하였다'는 허두가 붙어있지 않은 것으로 보아 묵자의 말을 그대로 옮겨 쓴 것은 아니라고 생각된다. 이 둘째 종류는 본시 32편이었으나 그중 7편은 없어지고 25편만이 남아 있다.

셋째 종류 6편 가운데에는 흔히 '묵변(墨辯)'이라고도 불리는 후기 묵가의 논리학(論理學)이 중심을 이루고 있다. 특히 〈경편(經篇)〉 상·하는 묵자가 직접 쓴 글이라는 게 여러 학자들의 공통된 견해이며, 그것을 해설하는 〈경설편(經說篇)〉 상·하는 묵자가 말한 것을 적은 것이라는 것이다. 묵가의 논리학은 중국 고대 논리학의 정화(精華)라 일컬을 만한 것이며, 그밖에도 기하학(幾何學)·광학(光學)·역학(力學)·물리학(物理學) 등과도 관련이 있다고 보이는 단편적인 기록들이 섞여져 있다.

넷째 종류는 묵자의 말과 행동을 적은 것이다. 그 중 맨 끝의 〈공수편(公輸篇)〉만은 내용이 구체적인 것이지만 나머지들은 모두 짤막한 대화들을 모은 것이어서 공자의 《논어》와 비슷한 성격의 것들이다.

다섯째 종류 11편은 제목을 통해서도 알 수 있듯이 모두가 적의 공격으로부터 성을 방어하는 방법을 논술한 것이다. 이 종류의 글은 10편이 더 있었으나 중간에 없어져 버려 지금은 제목조차도 똑똑히 알 수 없게 되었다.

지금 우리가 《묵자》를 읽는 데 가장 좋은 교주본(校注本)은 다음과 같은 것이 있다.

필원(畢沅)　　　《묵자주(墨子注)》 16권
손이양(孫詒讓)　《묵자한고(墨子閒詁)》 15권
왕염손(王念孫)　《묵자잡지(墨子雜志)》 6권
장혜언(張惠言)　《묵자경설해(墨子經說解)》 1권
유월(俞樾)　　　《묵자평의(墨子平議)》 3권
장순일(張純一)　《묵자집해(墨子集解)》 15권
양계초(梁啓超)　《묵경교석(墨經校釋)》 1권
왕숙민(王叔岷)　《묵자각증(墨子斠證)》 1권

이밖에도 양계초의 《묵자학안(墨子學案)》 및 《자묵자학설(子墨子學說)》 및 이 〈해제〉에 인용된 기타의 저서들은 묵자의 사상을 체계적으로 이해하는 데 편리함을 줄 것이다.

3. 묵자의 사상

(1) 겸애설(兼愛說)

겸애주의는 묵자사상의 기본관념이라고 할 수 있을 것이다. 묵자는 '겸애' 이외에도 '비공(非攻)', '절용(節用)', '비악(非樂)' 등 독특한 주장이 많지만 그 근원을 따져 보면 모두가 '겸애'로 귀결된다. 그러면 '겸애'란 어떠한 것인가?

묵자의 생각으론 사람들이 자기와 남을 분별하는 의식을 지니고 있는 한 인류는 평화롭게 잘살기가 어렵다는 것이었다. 임금들은 자기 나라의 이해(利害)를 남의 나라의 이해보다 앞세우고, 대신들은 자기 집안의 이해를 남의 집안의 이해보다 앞세우며, 백성들은 자기의 이해를 남의 이해보다 앞세우고 있기 때문에 세상은 끊임없는 분쟁과 혼란에 휘말리고 있다. 사람들이 자기 또는 자기 집, 자기 나라와 같은 자기 위주의 생각을 버리고 모든 사람들을 널리 평등하게 사랑할 수 있다면 세상의 분쟁이나 갈등은 모두 사라지고 말 것이다.

여기서 묵자가 주장하는 사랑이란 단순한 마음속으로만의 사랑이 아니라 사랑을 실현하는 행동을 수반해야만 한다. 그러기에 묵자는 '모든 사람이 다 같이 서로 사랑하고 다 같이 서로 이롭게 한다(兼相愛, 交相利)'는 말을 즐겨 썼다. 사랑의 실천은 반드시 남에게 이익을 갖다주는 것이기 때문이다. 묵자 자신이 다음과 같은 말을 하고 있다.

'일찍이 혼란이 어디에서 일어나는가 살펴보았는데, 서로 사랑하지 않는 데서 일어나고 있었다.…… 자식은 자기는 사랑하되 아버지는 사랑하지 않는다. 그러므로 아버지를 해치고 자신을 이롭게 한다. 아우는 자기는 사랑하되 형은 사랑하지 않는다. 그러므로 형을 해치면서 자신을 이롭게 한다.…… 신하는 자기는 사랑하되 임금은 사랑하지 않는다. 그러므로 임금을 해치면서 자신을 이롭게 한다. ……도적은 그의 집은 사랑하되 남의 집은 사랑하지 않는다. 그러므로 남의 것을 훔치어 그의 집을 이롭게 한다. 남을 해치는 자는 그의 몸은 사랑하되 남은 사랑하지 않는다. 그러므로 남을 해치면서 그 자신을 이롭게 한다.…… 대부들은 각각 그의 집안은 사랑하되 남의 집안은 사랑하지 않는다. 그러므로 남의 집안을 어지럽히어 자기 집안을 이롭게 한다. 제후들은 모두 그의 나라는 사랑하되 남의 나라는 사랑하지 않는다. 그러므로 남의 나라를 공격하여 자기 나라를 이롭게 한다. ……'〈兼愛篇 上〉

묵자에 의하면 남을 사랑할 줄 모르는 자기 위주의 사고방식에서 사회의 혼란은 물론 모든 전쟁까지도 일어난다는 것이다. 따라서 묵자는 자기와 남을 차별짓는 '별사(別士)'들이야말로 사회혼란의 장본인이라고 맹렬히 비난하고 있다. 묵자는,

"남의 집을 자기 집처럼 여긴다면 누가 도둑질을 하겠는가? 남의 몸을 자기 몸처럼 여긴다면 누가 해치겠는가? 남의 집안을 자기 집안처럼 여긴다면 누가 어지럽히겠는가? 남의 나라를 자기 나라처럼 여긴다면 누가 공격하겠는가?"〈兼愛篇 上〉

라고 반문하면서 '겸애'야말로 사회의 질서를 유지하는 규범이 됨을 강조하였다.

이러한 묵자의 '겸애설'은 유가의 윤리관과 정면으로 충돌된다. 유가들은 부자와 형제같은 가족 도덕을 바탕으로 하여 사람의 애정에도 친하고 먼 사람에 따라 등차가 있음을 인정하고 있다. 유가에서는 이러한 애정

의 등차를 '예(禮)'라는 형식적인 도덕률(道德律)로 바꾸어 사회의 질서를 유지하려 하였다. 유가들은 부모와 자식이라는 가장 친한 사이의 애정을 사회로 한 발짝 한 발짝씩 확대시켜 나감으로써 정치까지도 규제하자는 것이었다.

묵자의 '겸애주의'가 실현되는 사회란 공자가 이상으로 받든 '대동사회(大同社會)'와 다를 바가 없을 것이다. 그러나 그러한 이상사회에 이르는 도정(道程)에 있어서는 큰 차이가 있다. 공자는 한 사람 한 사람의 덕과 사랑을 바탕으로 하여 그것을 서서히 세상에 확충시켜 나감으로써 먼저 '소강(小康)'의 사회를 이룩하고, 여기에서 사회를 더욱 발전시켜 '대동사회'를 건설한다는 것이다. 그러나 묵자의 방법은 간단명료하다. 모든 사람들이 서로 남을 자기처럼 사랑함으로써 하루아침에 태평 세상을 이룩하려는 것이다.

혈연관계가 중시되거나 그로 말미암은 사회적인 계급이 형성되는 사회란 말할 것도 없이 폐쇄적인 것이다. 묵자는 이러한 혈연관계를 초월하여 모든 사람이 대등하게 서로 사랑할 수 있는 인류애야말로 대립과 분쟁을 해소하는 길이라 믿었던 것이다. 그러기에 유가 쪽에서는 묵자의 '겸애설'은 종족사회(宗族社會)의 질서를 파괴하는 위험한 사상이라 규정하게 되었다. 그래서 맹자는 '아비도 몰라보는 새나 짐승 같은 것'이라고 묵자의 사상을 격렬히 비난하였다.

그러나 묵자의 '겸애'야말로 기독교의 '박애(博愛)'에 비교할 수 있는, 오히려 '박애'보다도 더욱 적극적으로 사랑이 위선으로 빠지는 경향을 막기 위하여 자기를 배제한 적극적인 인류애라 할 수 있을 것이다.

(2) 비공론(非攻論)

묵자의 '겸애' 사상은 정치문제로 눈을 돌릴 때, 하루도 편안할 날이 없이 전쟁이 계속되던 전국시대였으므로 자연히 '비전론(非戰論)'에서 두드러지게 된다. 앞에서도 이미 얘기했듯이 '제후들은 모두 그의 나라는 사랑하되 남의 나라는 사랑하지 않는다. 그러므로 남의 나라를 공격하여 자기 나라를 이롭게 하려 든다'고 '겸애설'에 입각하여 부당한 전쟁의 원인을 캐고 있다. 그러나 묵자의 눈에 비친 전쟁의 비정(非情)함이란 무엇보다도 심각한 것이었기 때문에 묵자는 남의 나라를 공격하는 전쟁을 더욱 격렬히 비난하고 있다.

묵자에 의하면 남의 과수원에 들어가 과일을 훔친 자도 벌을 받고 남의 집 가축을 훔친 자도 벌을 받는다. 무거운 죄를 지면 그 죄만큼 더 무거운 형벌을 받는다. 한 사람을 살인한 사람은 한 사람을 죽인 데 대한 벌을 받고 열 사람을 살인한 사람은 열 사람을 죽인 데 대한 벌을 받는다. 그리고 일반 사람들도 한 사람을 살인한 것보다 열 사람을 살인한 것은 열 배의 불의라고 생각한다.

그러나 지금 한 나라가 군사를 일으키어 다른 나라를 공격하면 수없는 백성들의 재물을 망치는 것은 물론 수많은 사람들을 죽게 하고 또 상하게 한다. 그러니 어떠한 명목의 전쟁이라 하더라도 그것이 여러 나라에 미치는 피해란 더할 나위도 없이 막심하다. 사람들은 편협한 애국심 때문에 그러한 전쟁을 지지하기도 하지만 그것은 불의가 무엇인지도 모르는 것이라는 것이다. 묵자는 전쟁을 정당화하는 일체를 부정하고 비판한다.

그러나 묵자의 비공주의(非攻主義)는 무기력한 절대적인 평화주의가 아니다. 그가 '비공'을 주장하는 태도는 매우 적극적이고도 전투적이다. 왜냐하면 아무리 대다수의 사람들이 비공주의를 지지한다 하더라도 한 사람의 호전자(好戰者)만 있으면 전쟁은 언제건 일어날 수 있기 때문이다. 호전자에 의하여 전쟁이 도발되었을 때 비공주의자라 해서 덮어놓고 전쟁을 피하여 굴복할 수는 없다. 그 결과 묵자는 큰 나라의 침략으로부터 조그만 성을 지키는 방법을 깊이 연구하였다. 그 결과가 《묵자》의 제 14권 이하에 수록되어 있는 11편의 '성을 적의 공격으로부터 방위하는 방법'인 것이다. 어지러운 세상에는 힘에 의하지 않고는 평화가 지탱될 수 없는 것이다.

(3) 실리주의(實利主義)

공자는 "군자는 의로움에 약빠르고 소인은 이로움에 약빠르다."(《논어》)라 하였고, 맹자(孟子)도 "어찌 꼭 이로움만을 말하려 하십니까? 또한 어짊과 의로움[仁義]이 있을 따름입니다."(《맹자》)라 했다. 즉 유가들은 이익을 내세우는 것을 소인들의 일로 간주하였다. 그러기에 한대(漢代) 동중서(董仲舒) 같은 사람도 "그 합당함을 바르게 하되 이로움을 꾀하지 않으며, 그 올바른 도를 밝히되 공로는 헤아리지 않는다."고 말했었다.

그러나 묵자는 '겸애'와 이로움을 결부시켜 실리주의적인 입장에서 자기 학설을 체계화하고 있다. 묵자에 의하면 도덕과 실리(實利)는 서로 분리될 수가 없는 것이어서 이롭고 이롭지 않음은 바로 좋고 좋지 않은 표준이 된다고 생각하였다.

그래서 묵자는,

'모두가 서로 사랑하고 모두가 서로를 이롭게 한다.' 〈兼愛篇 中·下〉

'모든 이로움이 생기는 것은 어디로부터 생기는 것인가? 사람들을 사랑하고 사람들을 이롭게 해주는 데서 생겨난다.' 〈兼愛篇 下〉

'남을 사랑하는 사람은 남들도 역시 따라서 그를 사랑해 주고, 남을 이롭게 하는 사람은 남들도 역시 따라서 그를 이롭게 해준다.' 〈兼愛篇 中〉

'하늘은 반드시 사람들이 서로 사랑하고 서로 이롭게 하기를 바란다.' 〈法儀篇〉

라는 등 사랑과 이익을 결부시켜 설교를 하였던 것이다. 상식적으로는 사랑의 대상은 남이고 이익의 대상은 자기여서 이것들은 서로가 용납될 수 없는 것이다. 그러나 묵자는 이들을 한데 뭉치어 하나로 만들었다. 그래서 그의 이로움이란 편협한 이기주의와는 완전히 다른 것이며, 그의 사랑이란 반드시 이익을 전제로 하는 것이었다. 그는,

'충성과 신용이 연결되고 또 거기에 이익을 제시함으로 평생토록 싫증 나지 않는 것이다.' 〈節用篇 中〉

라며 윤리와 실리의 결부를 선언하였다. 이익 없는 사랑이나 좋은 것이란 있을 수 없다는 것이다.

이러한 실리주의는 그의 경제이론으로서 먼저 '절용(節用)'이 두드러지게 드러난다. 경제학이란 영어단어 Economy의 본뜻도 절용이었다는 것은 더욱 그의 이론에 흥미를 느끼게 한다. 그는 당시 귀족 계급들의 사치스런 생활에 대하여는 거의 분노를 느끼고 있었던 것 같다. 그래서 사치하는 자들이란 바로,

'남의 입고 먹을 재물들을 강탈하는 것.' 〈節用篇 中〉

이라 규정하고 있다. 묵자의 생각으로는 음식은 배부르고 영양을 충분히 섭취할 정도, 옷은 추위와 더위를 가릴 수 있을 정도(〈節用篇 上〉), 집은 이슬비와 바람과 추위를 막을 수 있는 정도에서 그쳐야 한다(〈辭過篇〉)는 것이었다. 사람의 목적은 입고 먹는 데 있지 않으며, 또 그런 분수를 지켜야만 온 세상이 풍부해질 수 있기 때문인 것이다.

따라서 묵자는 사람들의 소비와 행동의 규범을 정하기를,

'모든 소비가 백성들에게 이익이 되지 않는 것이면 하지 않는다.' 〈節用篇 中〉

'모든 재물과 노력(努力)의 소비는 이익이 되지 않는 것이면 하지 않는다.' 〈辭過篇〉

고 하였다. 사람들은 일을 하고 물자를 소비하되 그것은 모두가 사람들

에게 이익을 갖다주는 것이어야 한다는 것이다.
 묵자가 음악을 부정한 이론적인 근거도 여기에 있다. 음악은 '소비를 하면서도 이익이 되지 않는다'는 것이므로 묵자는 반대하였다. 이것은 반문화적(反文化的)인 주장이라 할 수 있다. 묵자는 음악뿐만 아니라 모든 쾌락을 반대한다. 음악이 사람들의 귀를 즐겁게 하는 것은 사실이지만 그것은 아무런 이익도 갖다주지 못할 뿐만 아니라 각자가 맡은 직분을 소홀히 하도록 만들기 때문이다. '자기의 몸을 희생하는 것이야말로 최고의 덕'(《莊子》天下篇)이라고 주장하던 묵자로서는 당연한 귀결이라 할 것이다.
 묵자는 따라서 모든 사람에게 가장 큰 이익을 줄 수 있는 것으로 '근로(勤勞)'를 주장한다. 사람이란,
 '그의 힘에 의지하면 살고 그의 힘을 의지하지 못하면 살지 못한다.'
〈非樂篇 上〉
는 것이다. 따라서 사람들은 '그의 팔다리의 힘을 다하고 그의 생각하는 지혜를 다하여' 일해야 한다는 것이다. 이것이 남에게 이익을 주고 세상을 풍부하게 만드는 일이라는 것이다.
 사람들이 일을 하는 데 있어서는 각자에 알맞는 일을 찾아야 한다. 묵자는 일찍부터 분업(分業)의 효율성을 인식하고 있었다.
 '모든 사람들이 그의 능력에 따라 일에 종사하여야 한다.'〈節用篇 中〉
 묵자는 비유를 들어 담을 칠 때 흙을 잘 다지는 사람은 흙을 다지고 흙을 잘 나르는 사람은 흙을 날라다 붓고 감독을 잘하는 사람은 전체 일을 잘 감독하여야만 담을 쉽게 칠 수 있는 것과 같다(〈耕柱篇〉)고 하였다. 따라서 어떤 사람은 '팔다리의 힘을 다하여' 일하여야 하고 어떤 사람은 '생각하는 지혜를 다하여' 일하여야 한다는 것이다. 먹고 마시며 놀기나 좋아하는 자는 쓸데없는 못난 자라고 묵자는 욕하고 있다.
 생산의 효율면에서 묵자는 시간의 관념이 뚜렷하였다. 그는,

'제때에 재물을 생산하여 부족할 때는 때에 알맞았나를 반성하라.'
〈七患篇〉
라고 하였다. 그리고 임금이나 대신들은 '일찍 조회에 나가고 늦게 퇴근하며', 농민들은 '새벽에 들로 나가 저녁에 집으로 돌아오며', 부인들은 '일찍 일어나고 밤늦게 자면서' 자기 맡은 일에 충실할 것을 거듭 강조하고 있다. 묵자가 유가들의 '삼년상(三年喪)'을 반대한 가장 큰 이유도 그것이 낭비를 조장할 뿐만 아니라 '오랫동안 상을 입는 것은 오랫동안 일에 종사하는 것을 막게 되기 때문'(〈節葬篇 上〉)이었다.

묵자는 이처럼 근로를 전제로 하여 나라가 흥성하기 위하여는 인구가 증가되어야 한다고 믿었다. 인구는 옛날 나라들에 있어 생산뿐만 아니라 전쟁에도 가장 중요한 저력(底力)이 되므로 누구나 많은 인구를 바랐었다. 맬서스의《인구론(人口論)》과는 반대가 되지만 그러나 묵자처럼 생산을 위주로 하여 실리주의적인 입장에서 인구의 증가를 주장했던 사람은 없었다.

끝으로 묵자는 재력(財力)의 균배(均配)를 주장하였다.

'남는 힘이 있으면 서로 도와주고, 남는 재물이 있으면 서로 나누어 준다.'〈尙同篇 上〉

는 게 묵자의 주장이었다. 사람들은 '부지런히 일에 종사하며 그의 능력을 가지고 서로 이롭게 하여야 한다'(〈節葬篇〉)는 '겸애'를 바탕으로 한 생각에서 나온 주장이다. 다시 말하면 서로 돕고 서로 사랑하는 사회를 건설하자는 게 묵자의 이상이었다.

실리주의라는 말은 간단하지만 세상일은 그렇게 단순한 것만은 아니다. 어떤 것이 이익이 되는 행동인가 판단을 내리기 어려울 때가 많다. 그래서 묵자는,

'손가락을 잘라 팔을 보존할 수 있게 된다면 이익 가운데에서 큰 것을 취하고 해로운 것 가운데서 작은 것을 취하는 것이다. 해로운 것

가운데서 작은 것을 취한 것은 해를 취한 것이 아니라 이익을 취한 것이다.' 〈大取篇〉

고 하였다. 부득이 피해를 당해야 할 때엔 그 피해를 최소한도로 막아야 한다는 것이다. 따라서 많은 사람들에게 이익이 되는 일과 적은 사람들에게 이익이 되는 일이 있다면 많은 사람들에게 이익이 되는 일을 하여야 한다. 반대로 피치 못할 해라면 가급적 적은 사람에게 해가 그치도록 노력하여야 한다는 것이다.

이러한 묵자의 실리주의는 한 마디로 자신의 말을 빌어 표현하면

'자기를 죽이어 천하를 보전케 하면 그것은 자기를 죽이어 천하를 이롭게 한 것이다.'〈大取篇〉

는 희생 정신과도 통하는 것이다. 그래서 장자(莊子)도 묵자는

'자기 자신을 희생하는 것을 최고의 덕'〈天下篇〉

으로 삼았다면서 그를 숭배하였다.

다만 묵자가 실리를 존중하는 태도에 대하여 유가의 입장에서 순자(荀子) 같은 사람은, '묵자는 실용을 중시하는 나머지 수식(修飾)을 잊었다'는 비판을 하기도 하였다. 사람의 욕망이나 감성을 너무 무시해 버리는 경향이 사실상 없는 것은 아니다. 그러나 인류 전체의 이익을 주장하는 묵자의 학설은 약삭빠른 공리주의 내지는 이기주의로 흐르기 쉬운 사람들의 마음가짐에 커다란 각성제(覺醒劑)가 되어 줄 것이다. 더욱이 묵자의 실리주의는 단순한 이익의 추구뿐만 아니라 '사랑'을 바탕으로 한 종교적인 것이었다.

'하늘의 뜻을 따르는 사람들은 모두가 서로 사랑하고 모두가 서로 이롭게 하여 반드시 상을 얻게 될 것이다. 하늘의 뜻에 반하는 사람들은 사람들을 차별하며 서로 미워하고 모두가 서로 해치어 반드시 벌을 받게 될 것이다.'〈天志篇 上〉

그의 사랑과 실리의 기준을 하늘 또는 하나님에게 두었다는 것은 그가

주장하는 사랑과 실리의 뜻을 인류사회에서 더욱 영원케 하는 것이라 믿는다.

(4) 실천주의(實踐主義)

묵자는 누구보다도 실천주의의 사상가였다. 사마천(司馬遷)의《사기(史記)》태사공자서(太史公自序)에 의하면,
'그가 사는 집의 높이는 석 자였고 세 계단의 흙섬돌에다 지붕을 이은 풀도 가지런히 자르지 않고 굽은 서까래도 가지런히 자르지 않았었다. 흙으로 만든 밥그릇 국그릇에 거친 곡식의 밥과 명아주와 콩잎국을 먹었다. 여름에는 칡베옷 겨울에는 사슴 갖옷을 입었다. 장사를 지냄에 있어서는 세 치 두께의 오동나무로 관을 만들었고 곡도 간략하게 하였다.'
라고 묵자의 생활상을 쓰고 있다. 이것은 앞에서 말한 '근로(勤勞)'와 '절용(節用)' 같은 자기 주장을 몸소 실천하기 위한 것이었다. 인류를 위하는 숭고한 희생정신없이는 그 시대의 가장 존경받던 사상가로서 도저히 감당하기 어려운 생활인 것이다.

따라서 그의 학문은 '지식과 행동의 합치'를 요구하였다. 앎이란 그것을 실천에 옮길 수 있을 적에 비로소 참된 지식이 될 수 있다는 것이다. '지금 장님이 말하기를 백색은 희고 흑색은 검다고 한다면 비록 눈이 밝은 사람이라 하더라도 다른 말을 할 수 없다. 흰 것과 검은 것을 섞어놓고 장님으로 하여금 어느 하나를 고르라면 알 수가 없을 것이다. 그러므로 내가 장님은, 희고 검은 것을 모른다고 하는 것은 그 이름을 모른다는 게 아니라 그것의 선택에 관하여 말한 것이다. 지금 천하의 군자들이 어짊[仁]을 말하는데 비록 우(禹)임금, 탕(湯)임금 같은 성인이라 하더라도 다른 말을 할 수 없다. 어짊과 어질지 않음을 섞어놓

고서 천하의 군자들로 하여금 그 중 하나를 고르라고 한다면 알 수 없게 될 것이다. 그러므로 내가 천하의 군자들은 어짊을 모른다고 말하는 것은 그 이름을 모른다는 게 아니라 그것의 선택에 관하여 말한 것이다.'〈貴義篇〉

이름이나 뜻을 알면서도 실지로 그것을 분별하여 실천할 수 없다면 그것은 모르는 거나 같다. 따라서 묵자는 고자(告子)에 대하여도,

'지금 그대는 입으로는 말하면서도 몸으로 실행을 않고 있으니 이것은 그대의 자신을 어지럽히는 것이다.'〈公孟篇〉

라며 지식과 행동의 불합치를 통렬히 비난하고 있다. 따라서 그는 분수에 넘치는 보수도 바라지 않았다. 초(楚)나라 혜왕(惠王)이 묵자의 글을 보고 탄복하여 "나는 선생님의 주장을 실행하지는 못하더라도 선생님을 존경하여 많은 땅을 떼어 드리겠다."면서 초청하였으나 묵자는 "의로움이 받아들여지지 않으면 그 조정에 몸을 두지 않는다."면서 거절하였다(〈貴義篇〉). 또 한 번은 월(越)나라 임금이 묵자의 제자인 공상과(公尙過)의 말을 듣고 탄복한 나머지 융숭한 예우를 하면서 큰 땅을 떼어 준다는 조건으로 초빙하였으나 '그러한 과분한 짓은 바로 자기의 주장과 어긋난다'는 이유로 거절하였다(〈魯問篇〉). 이처럼 묵자는 최저한도의 소비를 하며 최대한도로 일하여 인류에 공헌하려고 몸소 자기 주장을 실천하였던 것이다.

묵자가 초(楚)나라의 대신인 목하(穆賀)를 설복하자 그는,

"정말 선생님의 말씀은 훌륭하십니다. 그러나 임금님은 선생님의 의견을 따르지 않을 것입니다. 선생님의 신분이 낮기 때문입니다."

라고 대답하였다. 그러나 묵자는 조금도 굴하지 않고 여러 나라 임금을 찾아다니며 유세하였다. 그러나 자기의 출신 계급이 낮다는 사실은 인재 등용에 대하여 자기 나름대로의 절실한 주장을 하게 하였다.

그는 인재를 등용함에 있어서는 능력 본위, 인격 본위로 현명한 사람

을 써야만 한다고 주장하였다. 물론 공자를 비롯한 모든 사상가들도 현명한 사람들을 소중히 여겼다. 다만 그들은 모두 친분이나 혈연 및 사회적인 계급을 부정하지는 않았다. 그러나 묵자는 기존 사회계급을 근본적으로 둘러엎고서 능력과 인격에 의하여 새로운 직위를 만들어 나가야 한다고 주장하였다. 옛날에도 강태공(姜太公)은 고기잡이를 하다가, 이윤(伊尹)은 요리사 노릇을 하다가, 부열(傅說)은 도로공사 인부로 일을 하다가 발탁되어 모두 훌륭한 재상이 되었었다.

그러니 친분·재산·신분·용모 같은 것은 모두 덮어버리고 능력과 인격에 따른 '현명한 사람을 존중하라'는 게 그의 주장이었다. 이러한 '상현(尙賢)'주의는 온 인류를 아무런 차별없이 모두 사랑한다는 '겸애(兼愛)'설과도 통하는 것이다.

묵자의 '비공(非功)'론과 그의 행동을 보더라도 얼마나 그가 실천적인 사상가였는가를 알기에 충분하다. 한번은 초(楚)나라가 공수반(公輸般)이 만든 새로운 무기를 사용하여 약소국인 송(宋)나라를 공격하려 하였다. 노(魯)나라에 있던 묵자는 그 말을 듣자 즉시 갖은 고생을 하며 열흘 밤 열 낮을 걸어 초나라에 가서 초나라 임금과 공수반을 만나 전쟁을 하지 말 것을 권고하였다. 끝내 말을 듣지 않자 묵자는 공수반과 성을 공격하고 방어하는 전술을 겨루어 이김으로써 공수반을 굴복시키어 침략전쟁을 막는다.

제(齊)나라가 노(魯)나라를 공격하려 했을 적에도 묵자는 항자우(項子牛)와 제나라 임금을 찾아가 그들을 설복시키어 전쟁을 중지시킨다. 초나라가 정(鄭)나라를 공격하려 했을 적에도 초나라 노양(魯陽)의 문군(文君)을 찾아가 설복시키어 전쟁을 막는다.

이처럼 묵자는 전쟁을 반대하는 자기의 주장을 실천하기 위하여 자기의 괴로움이나 위험은 돌보지 않았다. 아무런 개인적인 관계도 없는 나라들 사이의 전쟁이라 하더라도 묵자는 가만히 앉아서 보고만 있을 수는 없었다. 묵자의 인간애는 전쟁의 비정 아래 희생당하는 무수한 백성들을 보고 가만히 앉아 있을 수 없게 하였던 것이다.

따라서 묵자의 제자들도 모두가 실천에 용감하였던 것 같다. 《회남자(淮南子)》에 의하면,

'묵자를 모시는 제자들이 180명 있었는데 모두 칼날을 밟고 불길 속으로 뛰어들어 죽는다 하더라도 발길을 돌리지 않을 사람들이었다.'

라 하였고, 육가(陸賈)의 《신어(新語)》에도,

'묵자의 문하에는 용사들이 많았다.'

고 하였다. 이것은 모두 실천을 위해서는 자기희생도 돌보지 않는 묵자의 정신에서 말미암은 것이다. 묵자는 어떤 올바른 목표의 달성을 위해서는 죽음도 대단치 않게 생각하였다.

노(魯)나라 사람 중에 그의 아들을 묵자에게 보내어 공부하게 한 사람이 있었는데, 그의 아들이 전쟁에 나가서 죽었다. 그 아버지는 묵자를 책망하였다. 그러자 묵자가 말하였다.

"당신은 당신의 아들을 공부시키려 하였소. 그런데 그는 지금 학문을 이룩하였소. 전쟁에 나가서 죽었다고 당신이 성을 내는 것은 마치 물건을 팔려다가 팔린 다음에 성을 내는 거나 같소." 〈公輸篇〉

젊은이가 공부를 하러 와서 공부를 하였으면 되었지, 그 뒤에 전쟁에 나가서 죽은 것이 공부와 무슨 상관이 있느냐는 것이다. 묵자는 오히려 옛날에 당신 아들을 가르쳐 준 데 대하여 고맙다는 인사라도 하라는 태도이다.

묵자는 하늘과 귀신을 믿으면서도 '숙명론(宿命論)'에 대해서는 강한 반발을 보이고 있다. 그것은 무엇보다도 '숙명론'이 그의 실천주의 학문과 서로 모순이 되기 때문이다. 사람들이 모두 잘살고 못사는 게 운명이라고 체념해 버린다면 아무도 열심히 일하며 절약하고 자기의 신념대로 실천해 나가려 들지 않을 것이기 때문이다. 사회의 발전은 선의(善意)의 경쟁

에 의하여 이룩되는데 숙명론이란 그 선의의 경쟁의 예기(銳氣)를 꺾어 버리는 것이다. 다시 말하면 운명의 긍정이란 결과적으로 염세주의(厭世主義)로 귀결되기 때문에 묵자의 실천주의와는 크게 어긋나는 것이다.

귀신에 대한 묵자의 태도도 마찬가지이다. 귀신은 의로운 사람에게 복을 내리고 악한 사람에게는 재난을 내린다. 그러나 묵자가 병이 들었을 때 제자가 물었다.

"선생님은 성인이신데 어찌하여 병이 드셨습니까? 선생님의 주장이 옳다면 귀신이 보호해 줄텐데 선생님이 병이 들도록 버려두었으니 선생님의 가르침이 잘못된 게 아닙니까?"

또 제자인 조공자(曹公子)도 송나라에 가서 벼슬살이를 하다가 병들어 돌아와서는 묵자에게 항의하였다.

"저는 귀신을 제사지내는데도 집안에 죽는 자가 많고 가축도 불어나지 않으며 제 자신도 병이 들었습니다. 가르침이 잘못된 게 아닙니까?"

그러나 묵자는 사람이 죽거나 가축들이 불어나지 않는 것은 직접 관계된 사람의 책임이 더 크다고 말한다. 자신이 죽거나 병이 들 요건들을 만들어 놓고도 죽거나 병든 책임을 귀신에게 모두 돌리는 것은 잘못이라고 생각하였다. 우선 사람들은 죽기 싫으면 죽지 않을 요건을, 병들기 싫으면 병들지 않을 요건을 자신이 만들어 놓은 다음 귀신을 믿어야 한다고 생각하였다.

묵가들이 자기네 신념을 위하여 얼마나 철저한 실천력을 가졌던가를 알려주는 얘기가 《여씨춘추(呂氏春秋)》에 보인다.

맹승(孟勝)은 묵가의 '거자(鉅子)'였는데 초(楚)나라의 양성군(陽城君)과 친하였다. 양성군이 그에게 나라를 지키도록 하면서 구슬을 쪼개어 부신(符信)을 삼고 약속하였다.

"부신이 들어맞는 것처럼 일을 잘해 주시오."

초나라 임금이 죽자 여러 신하들이 오기(吳起)를 상소(喪所)에서 공격하여 싸웠는데 양성군도 한몫 끼었다. 초나라는 그에게 죄를 씌우자 양성군은 도망하였다. 초나라는 그의 나라를 회수하였다. 이때 맹승이 말하였다.

"남의 나라를 맡아 부신까지 받았다. 지금 부신은 없어졌지만 나라를 지킬 수 없으니 죽지 않으면 안되겠다."

그의 제자 서약(徐弱)이 맹승을 만류하였다.

"죽어서 양성군에게 도움이 된다면 죽어도 좋습니다. 아무도 도움도 못되는 데다가 세상에서 묵가의 전통을 끊게 되어선 안될 일입니다."

맹승이 말하였다.

"그렇지 않다. 나와 양성군의 관계는 스승일 뿐만 아니라 신하이다. 내가 죽지 않는다면 지금부터는 스승을 구하는 사람들이 반드시 묵가들에게서 구하지 않을 것이다. 현명한 친구를 구하는 사람들이 반드시 묵가들에서 구하지 않을 것이고 훌륭한 신하를 구하는 사람들이 반드시 묵자들에서 구하지 않을 것이다. 죽는 것만이 묵가로서의 의로움을 행하고 묵가의 학업을 계승하는 것이 된다. 나는 '거자'의 지위를 송(宋)나라 전양자(田襄子)에게 물려주겠다. 전양자는 현명한 사람이다. 묵가의 전통이 세상에서 끊인다고 어찌 걱정이 되겠는가?"

서약이 말하였다.

"선생님의 말씀이 옳으시다면 제가 먼저 죽어 저승길을 닦겠습니다."

돌아가서는 맹승에 앞서 목숨을 끊었다.

그리고 두 사람을 시켜 전양자에게 '거자'의 자리를 전하였다. 맹승이 죽자 제자들 중에 따라 죽은 사람들이 83명이나 되었다. 두 사람도 전양자에게 명령을 전하고는 초나라의 맹승에게로 돌아가 죽으려 하였다. 전양자가 그들을 제지하였다.

"맹선생께서 이미 '거자'를 나에게 전하였으니 내 말을 들으시오!"

그들은 듣지 않고 마침내 돌아가 죽어 버렸다. 묵가에서는 거자의 말

을 듣지 않았다고 생각하였다.〈上德篇〉

　복돈(腹䵍)은 묵가의 '거자'였는데 진(秦)나라에 살고 있었다. 그의 아들이 살인을 하였는데 진나라 혜왕(惠王)이 말하였다.
　"선생은 나이도 많은데다가 다른 자식이라고는 또 없습니다. 나는 이미 관리들에게 명하여 처형하지 말라고 하였습니다. 선생께선 이 일만은 내 말을 들어 주셔야겠습니다."
　복돈이 대답하였다.
　"묵가의 법에 의하면 살인한 자는 사형을 받고 남을 해친 자는 처벌을 받게 되어 있는데, 이것은 사람들을 죽이거나 해치는 일을 금하기 위한 것입니다.……임금님께서 비록 그 애를 위하여 특사를 내리시고 관리들에게 처형하지 말라고 명령을 내리셨다지만 이 복돈은 묵자의 법을 행하지 않을 수가 없습니다.……"〈去私篇〉
　여기에 나오는 '거자(鉅子)'란 위대한 사람의 뜻으로 묵가의 전통을 이어받은 묵가의 최고 권위자이다. 마치 카톨릭의 교황(敎皇)이나 같은 위치이다. 그들은 자기네 가르침과 신의(信義)를 위하여 자기 자식은 물론 자기 자신까지도 기꺼이 희생하였던 것이다. 이것도 묵자뿐만 아니라 후세 묵가들까지 얼마나 그들의 가르침의 실천에 철저하였나를 보여주는 보기라 할 것이다.

(5) 종교 사상(宗敎思想)

　묵자의 종교 사상은 시대 조류에 대한 반항에서 출발한다. 묵자는 하늘과 함께 귀신을 신앙하나 다른 일반 종교들이 현세를 초월하는 데 비하여 묵자는 현세에서 한 발자국도 벗어나지 않는다.
　묵자는 언제나 '하늘'을 그의 학설의 최고 표준으로 삼고 있다. '하늘'은 '하느님'이란 말로 용어를 바꾸어도 괜찮을 것이다. 묵자는 '천하에서 일에 종사하는 모든 사람들, 임금이나 장상(將相)들은 모두 일정한 법도가 있어야 하는데 그 지상(至上)의 법도가 되는 것이 하늘이다'고 주장하였다(〈法儀篇〉). 따라서 그의 모든 학설, 곧 '겸애'나 '비공', '실리'는 모두가 그 바탕을 '하늘'에 두고 있다. 위로는 임금과 대신들이 정치를 하는 데서부터 아래로는 온 세상 사람들의 언동(言動)에 이르기까지 모두 하늘의 뜻을 따르지 않으면 안된다. 따라서,

'천하의 백성들이 모두 천자만 존경하여 화합하려들지 하늘을 존경하며 화합하려고는 하지 않는다. 그래서 아직도 재난이 완전히 없어지지 않고 있는 것이다.' 〈尙同篇 上〉

이로써 보면 묵자의 '하늘'은 유가나 도가에서 공경하는 하늘과는 달리 의지와 감각을 가진 완전한 인격신(人格神)임을 잘 알 수 있다.

'우리에게 하늘의 뜻이 있는 것은 비유를 들면 마치 수레바퀴 공인(工人)에게 그림쇠[規]가 있고 목수에게 굽은 자[矩]가 있어서, 천하의 네모꼴이나 원을 재어 보아 여기에 들어맞으면 바른 것이고 들어맞지 않는 것은 잘못된 것이 되는 거와 같다.' 〈天志篇 上〉

'묵자가 하늘의 뜻을 지니고 있는 것은 위로는 그것으로써 임금이나 대신들이 사법과 행정을 함에 있어서 법도가 되고, 아래로는 천하의 만 백성들이 학문을 하고 이론을 펼 때 기준이 되게 하려는 것이다. 그들의 행동을 살피어 하늘의 뜻을 따르는 것이면 훌륭한 뜻으로 행동한다 말하고 하늘의 뜻에 반하면 나쁜 뜻으로 행동한다 말하는 것이다.' 〈天志篇 中〉

이처럼 하늘의 뜻으로 모든 행동이나 이론의 규범을 삼아야 한다는 것이다. 뜻이 있다는 것은 의지나 감각이 있음을 뜻한다.

따라서 묵자가 주장하는 '사랑'이나 '의로움' 같은 것도 모두 하늘의 뜻에서 출발한다.

'하늘은 사람들이 서로 사랑하고 서로 이롭게 하기를 바라지 사람들이

서로 미워하고 서로 해치기를 바라지 않는다.'〈法儀篇〉
 그래서 하늘은 자신이 모든 인류를 골고루 사랑하며 감싸주고 모든 사람들에게 이익을 주고 있다는 것이다. 따라서 묵자가 주장하는 '겸애'란 하늘의 사랑처럼 차별이 없고 무한한 것이다. 또 묵자는,
 '어짊과 의로움[仁義]을 행하려는 사람은 의로움이 나오는 곳을 알지 않으면 안된다. 의로움은 어디로부터 나오는가? 의로움은 어리석고도 천한 데로부터 나오지 않고 반드시 귀하고도 지혜로운 데로부터 나온다.……그렇다면 누가 귀하고 누가 지혜로운가? 바로 하늘이 가장 귀하고 하늘이 가장 지혜로울 따름인 것이다. 그러니 의로움은 결과적으로 하늘로부터 나온다.'〈天志篇 中〉
 묵자는 언제나 '의로움'이 이 세상에서 가장 고귀하고도 지혜로운 하늘로부터 나온다는 것이다.
 하늘은 이처럼 의지가 있고 지혜가 있기 때문에 사람의 행동에 따라 복을 내리기도 하지만 재난을 내리기도 한다.
 '하늘의 뜻을 따른 사람은 모두가 서로 사랑하고 모두가 서로 이롭게 할 것이니 반드시 상을 받게 된다. 하늘의 뜻에 반하는 사람은 사람들을 차별하며 서로 미워하고 모두가 서로 해칠 것이니 반드시 벌을 받게 된다.'〈天志篇 上〉
 하늘은 사람들에 차별을 두지 않는다. 따라서 천자로부터 제후, 경대부들과 맨 아래의 백성들에 이르기까지 하늘이 바라는 일을 하면 누구에게나 상으로써 복을 내려주고, 하늘의 뜻에 반하는 짓을 하면 벌로써 재앙을 내려준다는 것이다.
 거기에다 하늘은 전지전능(全智全能)하고 이 세상 어디에나 있다. 그러기에 하늘에 죄를 지으면 하늘의 벌로부터 도피할 길이 없다.
 '하늘은 숲속이나 골짜기, 사람 없는 으슥한 곳이라 하더라도 속일 수가 없는 것이니 분명히 반드시 보고 계시다.'〈天志篇 上〉

묵자는 이처럼 그의 학설의 기초로서 하늘을 신앙하고 있다. 다만 묵자의 논리에 있어서 사람의 양심상의 도덕적인 책임은 제쳐놓고 하늘이 내리는 상과 벌로써 '사랑'과 '의로움'을 강조하고 있는 점은 한편 아쉬운 느낌이 들기도 한다. 그러나 하늘의 뜻이야말로 바로 사람의 양심이라고 한다면 더 말할 나위도 없을 것이다.

한편 '운명'이란 하늘이 정하는 것이라면 사람에게 숙명을 안겨주는 하느님은 묵자가 말하는 '하늘'과 근본적으로 성격이 다르다. 묵자에 의하면 사람에겐 일정한 운명이 있는 게 아니라 그가 얼마나 하늘의 뜻을 따르는가에 따라서 장래가 결정된다. 이러한 논리에 입각하여 묵자는 '사람이란 과거는 알 수 있지만 미래는 알 수 없다.'고 말하는 그의 제자 팽경생자(彭輕生子)의 말을 반박한다(〈魯問篇〉). 묵자가 숙명론을 반대한 근거도 이 하늘의 신앙에 뿌리박고 있었던 것이다.

묵자의 종교 사상의 또 한 가지 특징은 절대신(絶對神)인 '하늘' 이외에 또 귀신을 믿고 있다는 것이다. 묵자는 사회 윤리의 혼란을 귀신 신앙을 통하여 막으려 했던 것 같다.

'관리들이 관청을 다스림에 있어서 청렴하지 않다거나 남녀가 분별 없이 행동하는 것을 귀신이 있어 보고 있다. 백성들이 음란한 짓, 난폭한 짓, 반란, 도둑질 같은 짓을 하고…… 남의 수레나 말과 옷이나 갖옷을 빼앗아 자기를 이롭게 하는 자는 귀신이 있어서 보고 있다.'〈明鬼篇 下〉

다시 말하면 귀신은 사람들의 모든 행동을 일일이 관찰한 뒤 '현명한 사람에게는 상을 주고 포악한 사람에게는 벌을 준다'(〈明鬼篇 下〉)는 것이다. 그리고 묵자는 귀신의 존재를 부정하는 사람들에 대하여 경험론을 근거로 하여 귀신의 존재를 주장하고 있다.

이러한 묵자의 귀신 신앙은 후세의 많은 학자들로부터 미신적이라는 지탄을 받았다. 그러나 묵자의 기본 학설이 현실적인 문제들을 원만히 해결하려는 입장으로부터 한 발자국도 요동하고 있지 않다면, 그의 귀신 신앙은 어리석었던 옛사람들의 미신적인 경향을 이용하여 자기의 학설을 실현시키려던 한 가지 수단에 불과했다고도 볼 수 있을 것이다. 철저한 합리주의적인 입장에서만 묵자의 귀신 신앙을 비판해서는 안되리라 믿는다. '하늘'과 귀신은 옛날 중국에 있어서는 일반적인 민간 신앙의 대상이었다. 다만 유가들은 '하나님[天帝]'의 존재는 인정하면서도 일반적으로 귀신을 부정하였다. 공자는 《논어》에서

'귀신에 대하여는 공경하면서도 멀리한다.'〈雍也篇〉

고 하였다. 그러면서도 조상에 대한 제사를 중히 여긴 것을 보면 귀신을 믿는 민중들의 신앙 경향은 어찌할 수 없었던 것 같다.

'하늘'에 대한 개념도 본시 공자 무렵에는 덕(德)이 있는 사람에게 명(命)을 내리어 세상을 다스리게 하고, 착한 사람에겐 복을 주고 악한 자들은 처벌하는 '의지를 지닌' 인격신(人格神)에 가까운 것이었다. 물론 그것은 자연의 지상(至上)의 섭리이며 그 섭리의 운용에서 자연히 '명'도 내려지고 복이나 화도 내려진다며 유물론(唯物論)적인 해석을 내릴 수도 있을 것이다. 그러나 옛사람들의 의식 속의 '하느님'을 그런 방식으로만 해석한다는 것은 무척 위험한 일일 것이다. 다만 뒤에 순자(荀子)에 이르러는 분명히 '하늘'이란 아무런 의지도 갖지 않은 단순한 자연으로서의 하늘로 해석되어 '하늘'과 사람이 완전히 분리되었다. 순자는 하느님의 존재를 부정하면서 합리주의 쪽으로 다가섰던 것이다.

그러나 묵자는 그러한 민간 신앙을 자기의 학설로, 사람들을 몰아세우는 방법으로서 적극적으로 이용하였다. 곧 그는 '겸애' 같은 자기의 주장을 실행하는 것이 바로 '하늘' 또는 귀신의 뜻이며, 사람들은 이러한 '하늘'과 귀신의 뜻을 따르는 정도에 따라 상도 받고 벌도 받게 된다는 것이다. 묵자는 현실적으로 민간에 스며들어 있는 신앙을 자기 학설의 실현을 위하여 이용했던 것 같다. 어떻든 다른 제자백가들보다도 묵가들이

더욱 신념에 철저했고 자기 희생에 용감하였던 것은 묵자의 이러한 종교 적인 바탕이 크게 작용했던 것 같다.

(6) 논리학(論理學) 및 기타

《묵자》를 읽어보면 그의 이론 전개에 있어 어느 편에서나 논리학의 법칙을 사용하고 있다. 양계초(梁啓超)는 묵자의 학문을 전체적으로 크게 분류할 때 '사랑'과 '지혜'의 두 가지로 나누어 볼 수 있다고 하였다. 〈상동편(尙同篇)〉·〈겸애편(兼愛篇)〉 등 10편은 모두가 '사랑'을 설교하는 글로서 사람들의 감정을 발휘시키려는 글이고 〈경편(經篇)〉 상·하와 〈경설편(經說篇)〉 상·하 및 〈대취편(大取篇)〉·〈소취편(小取篇)〉의 6편은 '지혜'를 설교하는 글로서 사람들의 이성(理性)을 발휘시키려는 글이라 하였다. 이러한 《묵자》의 두 가지 면을 합치시켜 이해하여야만 비로소 올바른 《묵자》의 면모를 파악할 수 있을 것이다. 물론 묵자의 논리학을 비롯한 기타의 과학적인 이론의 자료는 대부분 '지혜'를 설교한 뒤 6편 속에 들어 있다.

묵자는 사람들의 지식의 본질을 다음의 같은 네 가지로 분계(分界)를 그어 이해하고 있다.

첫째, 지각(知覺)이란 바탕이 되는 것이다.〈經篇〉
　　　지각이란 것은 아는 근거가 되지만 그 자체가 아는 것은 반드시 아니며 눈과 같은 것이다.〈經說篇〉

둘째, 생각이란 추구하는 것이다.〈經篇〉
　　　생각이란 것은 그의 지각으로서 추구하는 것이지만 반드시 앎을 얻게 되는 것은 아니며, 보는 것과 같은 것이다.〈經說篇〉

셋째, 앎이란 접촉에서 생기는 것이다.〈經篇〉
　　　앎이란 것은 그의 지각으로서 사물을 대하여 그 모양을 인식하

게 되는 것이며, 본 것과 같은 것이다.〈經說篇〉

넷째, 지혜란 밝은 것이다.〈經篇〉

지혜란 것은 그의 지각으로써 사물을 분별하여 그가 안 것을 뚜렷이 하는 것이며, 뚜렷한 것과 같은 것이다.〈經說篇〉

곧 사람의 지식이란 지각을 바탕으로 하여 생각을 통해서 추구되며 여러 가지 사물을 접함으로써 얻어지고 또 그것이 지혜라는 분별력을 통하여 명확한 관념으로 정착된다는 것이다.

그리고 지식의 내원(來源)에 대하여는, '앎은 들어서 얻어지는 게 있고 추리(推理)에 의하여 얻어지는 게 있고 친히 경험함으로써 얻어지는 게 있다'(〈經篇〉)고 세 가지로 구분하고 있다. 숯불을 만져보고 뜨거운 것을 아는 것이 경험으로 아는 것이고, 숯불이 뜨거우니 촛불이나 연탄불도 뜨겁다는 것을 아는 것이 추리에 의하여 아는 것이며, 남이 숯불은 뜨거운 것이라고 가르쳐 주어 아는 것이 들어서 아는 것이다.

묵자는 이러한 지식론을 바로 논리학으로 발전시키고 있다.

'모든 논설은 먼저 기준을 세워놓고 얘기하지 않으면 안된다. 만약 먼저 기준을 세우지 않고 말한다면 마치 돌림대 위에 서서 동서(東西)를 모르는 것과 같은 것이다. 내 생각으로는 비록 동서의 분별 능력이 있다 하더라도 반드시 끝내 어느 한 쪽을 지적할 수 없을 것이다. 그러므로 말을 하는 데에는 세 가지 법도가 있다. 무엇을 세 가지 법도라고 하는가? 그것은 상고하는 게 있고 근원을 따지는 게 있으며 응용하는 게 있는 것이다. 무엇을 상고하는가? 옛날 성인이나 위대한 임금의 일에 대하여 상고한다. 무엇에 근원을 따지는가? 여러 사람들의 귀와 눈으로 보고 들은 실정을 살피는 것이다. 무엇에 응용하는가? 그것을 발표하여 나라의 정치를 행하고 만민을 살핌으로써 결과를 보는 것이다.'〈非命篇 下〉

이것은 논리학의 필요성을 강조하고 있는 말이며, 모든 의론은 논리학을 기초로 하여야만 한다는 것이다. 그리고 여기에서 묵자가 제시한 세 가지 법도인 '상고하는 것'이란 곧 '들어서 얻어지는 것'이며, '근원을 따지는 것'이란 곧 친히 '경험으로 얻어지는 것'이고, '응용하는 것'이란 곧 '추리에 의하여 얻어지는 것'으로서 그의 지식론과 합치된다.

진한대(秦漢代) 이후로 유가들의 학문 방법은 대체적으로 '들어서 얻어지는 것'과 '추리에 의하여 얻어지는' 두 가지 면에 치중되고 있었다. '들어서 얻어지는 것'은 옛날 사람들을 덮어놓고 따라감으로써 창조력을 둔화시키며 '추리에 의하여 얻어지는 것'은 학문의 기초도 없는 공상적인 것으로 만들어 혼란을 일으키기 쉽다. 그래서 묵자는 건전한 학문 방법을 위하여 '친히 경험을 통하여 얻어지는 것'까지 합쳐 지식을 개발해 나가려 하였던 것이다.

먼저 여기에 묵자가 자주 쓰고 있는 논리학 용어(用語)부터 해설하기로 한다.

(1) 변(辯) : 묵자는 논리학과 같은 뜻으로 쓰고 있어 Logic과 같은 말. '옳고 그른 분별, 같고 다른 점, 표현과 내용의 원리를 밝히고 이해관계를 처리하며 의혹을 해결하고 만물이 그러한 원리를 표현하며 여러 말의 정확한 뜻을 파악하여, 표현으로써 내용을 드러내며 말로써 뜻을 펴내고 논설로써 원인을 캐내는 것'(〈小取篇〉)이 '변'이라고 자신은 설명한다.
(2) 명(名) : 논리학의 명사(名辭)와 같은 말, 곧 Term.
(3) 사(辭) : 논리학의 명제(命題)와 같은 말, 곧 Proposition.
(4) 설(說) : 논리학의 전제(前提)와 같은 말, 곧 Premise. 특히 삼단논법(三段論法)에 있어서의 소전제(小前提)와 비슷하다.
(5) 실(實) : 명사가 표현하는 내용으로서 논리학의 단안(斷案), 곧 Conclusion과 같은 말이다. 묵자는 '명(名)으로서 실(實)을 드러

낸다'(《小取篇》)고 하였다.

(6) 의(意) : 명제(命題)의 형식으로 표현되는 판단. 그러나 '이것은 진짜다'라는 판단, 곧 Judgement보다는 '이것은 진짜에 가깝다'라는 가설, 곧 Hypothesis에 가까운 말이다. 묵자는 '사(辭)로써 의(意)를 펴낸다'(《小取篇》)라고 하였다.

(7) 고(故) : 원인, 곧 Cause의 뜻. 인과율(因果律)은 특히 논리학의 첫째 요건이 된다. 따라서 '고'는 전제, 특히 소전제의 단안(斷案)인 Conclusion과 비슷한 것이다. 묵자도 '설(說)로써 고(故)를 드러낸다'(《小取篇》)고 하였다.

(8) 유(類) : 논리학에 있어서의 중명사(中名辭), 곧 Middle Term과 같다. 삼단논법에 있어서 '한국인은 아시아 사람이다' '그러므로 나는 아시아 사람이다' '나는 한국인이다'라고 한다면 '한국인'이 '유'인 것이다. 묵자도 '유(類)로써 뜻을 취하고 유(類)로써 결단을 내려준다'(《小取篇》)라고 하였다.

(9) 혹(或) : 논리학에서 특수명제(特殊命題), 곧 Particular Proposition에 해당한다. 묵자도 '혹(或)이란 것은 다 그렇다는 게 아니다'(《小取篇》)라고 하였다.

(10) 가(假) : 논리학에서의 가설명제(假說命題), 곧 Hypothetical Proposition에 해당된다. 묵자도 '가(假)라는 것은 지금은 그렇지도 않다는 것이다'(《小取篇》)고 하였다.

(11) 효(効) : 법식, 곧 Form Law의 뜻을 지니고 있으며 삼단논법의 격(格), 곧 Figure에 해당한다. 격에 들어맞지 않으면 논법이 영원히 성립되지 않는데, 묵자도 '효(効)란 법식을 따르는 것이다. 법식에 들어맞으면 옳고 법식에 맞지 않으면 그른 것이다'(《小取篇》)고 하였다.

(12) 비(譬) : 비유를 드는 것, 논리학에 있어서의 입증(立證), 곧

Verification이 이에 해당한다. 묵자도 '비(譬)란 것은 사물을 들어서 밝히는 것이다'(〈小取篇〉)라고 하였다.
(13) 모(侔) : ……은 ……과 같다는 비교(比較), 곧 Comparison이다. 묵자도 '모(侔)란 것은 비교하는 말을 함께 진행시키는 것이다'(〈小取篇〉)라고 설명하였다. 이러한 비교 없이 논리학은 성립될 수 없다.
(14) 원(援) : 인용한다는 뜻, 곧 귀납법(歸納法)적인 연쇄론법(連鎖論法)적인 논법을 뜻한다. 묵자도 '원(援)이란 것은 당신에게 있어서 그러한데 내게만 어찌 그렇지 않을 수 있겠느냐는 것이다'라고 설명하고 있다.
(15) 추(推) : 논리학에서의 추론(推論), 곧 Inference이다. 이 추가 묵자의 논리학에 있어서도 첫째 요건이 됨은 말할 것도 없다.

　묵자의 논리학은 물론 서양의 논리학처럼 완전한 체계가 서 있는 것은 아니다. 그러나 묵자는 부단한 논리의 연구를 통하여 그의 논설은 물론 남과의 문답에 있어서도 삼단논법이나 귀납법, 또는 추리의 방식을 이용하여 올바른 결론을 유도하고 있다. 그밖에도 〈소취편(小取篇)〉에서와 같이 자칫하면 궤변(詭辯)으로 빠지기 쉬운 논리의 특징을 하나하나 추구하고 있는 것은 옛 중국에서는 보기 드문 업적이라 할 것이다. 아무리 체계가 엉성하다 하더라도 묵자의 논리학은 중국 고대 논리학의 정화라 할 수 있는 것임에는 틀림없다.
　논리학 이외에도 〈묵경(墨經)〉 중에는 기하학(幾何學)·물리학(物理學)·광학(光學)·경제학(經濟學) 등에 관한 단편적인 기록들이 무수히 보인다. 이것들이 현대과학처럼 완전히 체계를 이룬 독립된 학문의 분야를 이룩하고 있지는 못하지만 묵자의 현실적이고 과학적인 학문 태도를 이해하기에는 충분한 자료들이다. 전국시대 묵가의 세력이 유가를 압도

할 만했던 것도 묵자의 실천적이고 과학적인 학문 태도가 크게 작용했을 것이다.

(7) 묵가의 활동과 쇠망

맹자도 '양주(楊朱)와 묵적(墨翟)의 이론이 천하에 가득 차서 천하의 이론은 양주에게로 돌아가지 않으면 묵적에게로 돌아갔다'(《滕文公 上》)라 하였고(양주는 묵자와 반대로 극단적인 이기주의를 주장한 사람임), 한비자(韓非子)는 '세상에 뚜렷한 학문이란 유가와 묵가이다'(《顯學篇》)고 하였으며, 《여씨춘추(呂氏春秋)》에는 '공자와 묵자를 따르는 자들은 더욱 많아지고 제자들도 더욱 늘어나 천하에 가득하게 되었다'(《尊師篇》)고 하였다.

이로 보아 한(漢)나라 이전까지 묵가는 세상에서 가장 두드러진 학파의 하나였음을 알 것이다. 묵자가 죽은 뒤로도 묵자의 학문은 거의 2세기를 두고 세상을 크게 지배하였던 것이다. 묵자의 귀족들이 행하는 부패정치나 세습제(世襲制)에 대한 비판과 형식적인 예악(禮樂)을 존중하는 유가의 비행동성(非行動性)에 대한 비판이 서민들의 지지를 얻어 큰 세력을 형성하였던 것이다.

묵자가 죽은 뒤로 묵가는 '거자(鉅子)'라 불리는 최고 지도자의 통솔 아래 엄격한 규율과 독자적인 법칙을 지켜 왔다. '거자'는 절대적인 권한을 가지고 묵가 집단에 대하여 통제를 가하고 있었던 것 같다. 그리고 그들은 묵자의 적극적인 실천주의를 계승하여 자기희생적이고 의협적(義俠的)인 성격을 짙게 유지하였었다.

그러나 전국시대 말엽 논리학파로 발전한 묵가들은 상리씨(相里氏)·상부씨(相夫氏)·등릉씨(鄧陵氏)의 3파로 분열하고(《韓非子》顯學篇), 다시 묵자의 스토익적인 근로와 절용의 가르침은 이들을 실천하는 사람들의 태도에 따라 수많은 분열을 가져오게 하였다. 그 결과 한(漢)나라에 이르기도 전에 묵가는 유가에 완전히 눌리어 자취를 찾아보기도 어렵게 되었다.

특히 진시황(秦始皇)이 천하를 통일한 뒤 실시한 '분서갱유(焚書坑儒)'의 반문화정책에 의하여 묵가는 중국의 사상계로부터 완전히 제외당하게 되었다. 한대에 이르러는 유교가 거의 국교로 받아들여졌기 때문에 유가의 경전들은 한나라 황제들의 문화정책에 의하여 즉시 복구되었지만 묵가의 서적들은 되살아날 길이 없었다. 거기에다 묵자는 유가 사상에 대한 비판에 초점을 모으고 있으므로 이단시(異端視)되어 청(淸)나라에 이르러 고증학(考證學)의 성행으로 다시 발굴되기 전까지 2천여 년간 아무도 돌보는 이가 없었다. 그리하여 묵학의 전수계통(傳授系統)이나 그의 제자들의 활동에 관해서는 거의 알 길조차도 없게 되었다.

지금 여러 전적에 보이는 묵가에 속하는 사람들 이름을 들면 대체로 다음과 같은 사람들이 있다.

금골희(禽滑釐), 그의 재전(再傳) 제자 허범(許犯)·색노삼(索盧參), 다시 그의 삼전(三傳) 제자 전계(田繫)·고석자(高石子)·고하(高何)·현자석(縣子碩)·공상과(公尙過)·경주자(耕柱子)·위월(魏越)·수소자(隨巢子 : 저서 6편이 있다)·호비자(胡非子 : 저서 3편이 있다), 그의 제자 굴장자(屈將子)·관금오(管黔傲)·고손자(高孫子)·치도오(治徒娛)·질비(跌鼻)·조공자(曹公子)·승작(勝綽)·팽경생자(彭輕生子)·맹산(孟山)·현당자(弦唐子)

이상은 묵자의 제자들이다. 전수(傳授) 계통은 알 수 없으나 묵가에 속하는 사람들로는 다음과 같은 사람들이 있다.

전구(田俅 : 저서 3편), 상리권(相里勸 : 남방의 묵자로 三俅 중의 한 사람), 상부씨(相夫氏 : 三墨 중의 한 사람), 등릉씨(鄧陵氏 : 남방의 묵자로 三墨 중의 한 사람), 고획(苦獲 : 남방의 묵자), 이치(已齒 : 남방의 묵자), 아자(我子 : 저서 2편이 있다), 전자(纏子 : 저서 1권이 있다), 맹승(孟勝 : 묵가의 거자 중의 한 사람), 그의 제자 서약(徐弱), 전양자(田襄子 : 묵가의 거자 중의 한 사람), 복돈(腹䵍 : 묵가의 거자 중의 한 사람), 이지(夷之)·사자(謝子)·당고과(唐姑果)·정인적(鄭人翟)

그리고 묵자의 학문을 계승하여 자기 나름의 학문 체계를 이루었던 사람으로는 다음과 같은 학자들이 있다.

(1) 송형(宋鈃) ──《맹자(孟子)》에서는 송경(宋牼),《장자(莊子)》에서는 송영자(宋榮子)라 부르고 있다. 맹자가 그를 '선생(先生)', 순자는 '자송자(子宋子)'라 부른 것으로 보아 그 시대의 존경받던 학자였던 것 같다. 단편적이나마 여러 책에 인용된 그의 학설을 보면 절용과 실리 및 비공(非攻)을 주장한 묵자의 이론과 부합되는 점이 많다.

(2) 윤문(尹文) ──《장자》·《공손룡자(公孫龍子)》·《여씨춘추》에 그의 이름이 보이며 송형과 비슷한 학설을 주장한 학자였던 것 같다. 지금《윤문자(尹文子)》두 편이 전해지고 있으나 내용은 모두 유가와 묵가를 공격하는 것이며 명가(名家)와 법가(法家)에 가까운 내용이다. 묵가로부터 방향을 약간 바꾼 탓이라 여겨진다.

(3) 허행(許行) ──《맹자》에 보이는데 묵자의 '근로' 사상과 비슷한 주장을 하였던 학자이다.

(4) 혜시(惠施) ── 명가(名家)에 속하는 학자지만 실은 묵가에서 그의 학문은 출발하였다.

(5) 공손룡(公孫龍) ── 역시 명가에 속하지만 묵가로부터 출발한 학자이다.

(6) 위모(魏牟) ── 공손룡과 같은 학파에 속하나 역시 묵가로부터 그의 학문은 출발한 듯하다.

옛날에는 흔히 묵가를 유가와 대칭으로 썼다. 그러나 진(秦)나라 이후 묵가의 전통이 끊이어 그 실상(實狀)을 파악하기가 어렵게 되었다. 대체로 묵자의 후학들을 분류하면 다음과 같이 될 것이다.

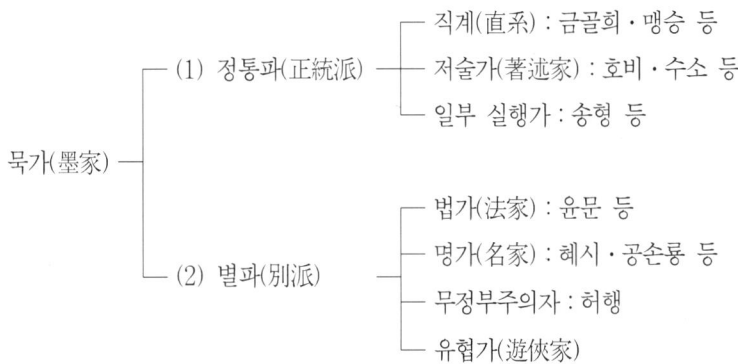

맨 끝에 '유협가'를 넣은 것은 한대(漢代)에 들어와서 묵가들이 유협적(遊俠的)인 인물로 많이 변했기 때문이다. 육가(陸賈)의 《신어(新語)》에서 '묵자의 문하에는 용사가 많다'고 한 것처럼 전국시대 말년부터 한나라 초기에 이르기까지는 묵자의 실천주의가 의협적(義俠的)인 경향으로 발전하였던 것 같다.

제1 친사편(親士篇)

어진 선비들과 친근히 하여야만 한다는 게 '친사(親士)'의 뜻이다. 따라서 인재(人材)를 아끼어 중히 써야만 한다고 역설하는 것이 이 편의 중심을 이루는 내용이다. 임금이나 나라를 번영시키려면 훌륭한 인재들을 등용할 줄 알아야 한다고 주장하면서 몇 가지 그 실례(實例)를 들고 있다. 그리고 어진 선비들을 쓰는 방법에 대하여도 설명을 덧붙이고 있다. 그러나 전체적으로 볼 때 이 편은 한 부분이 빠져 달아난 듯한 느낌을 주며 따라서 전체 문장의 줄거리도 뚜렷하지 못한 곳이 있다. 뒤의 〈상현편(尙賢篇)〉 상·중·하 세 편에서도 비슷한 내용을 논하고 있지만 이 〈친사편〉보다는 훨씬 논리가 정연하다. 그래서 이 편뿐만 아니라 《묵자》의 앞 7편에 대하여는 어떤 학자들은 묵가의 초기 사상을 서술한 것들이라 하고 또 어떤 학자들은 후세에 보충한 것이거나 묵가의 여론(餘論)이라 보는 이가 있다. 이 편들 중에는 유가(儒家)에 가까운 주장이 많고 또 도가(道家) 사상이 섞여 있는 곳도 있다는 점도, 그러한 주장을 하는 중요한 이유가 된다.

1. 어느 나라든 들어가 보아 그 나라에서 선비[士]들을 아껴주지 않는다면 곧 망할 나라인 것이다. 어진 이를 보고도 쓰는 데 다급하지 않다면 곧 소홀한 임금인 것이다. 어진 이가 아니라면 쓰는 데 다급할 게 없고 선비가 아니라면 함께 나라를 걱정할 상대가 못된다. 어진 이를 소홀히 하고 선비들을 잊고도 그의 나라를 보전할 수 있었다는 임금은 일찍이

없었다.

 옛날에 진(晉)나라 문공(文公)은 외국으로 망명한 일이 있으나 천하를 바로잡았다. 제(齊)나라 환공(桓公)도 나라를 떠난 일이 있었으나 제후들을 제패하였다. 월(越)나라 임금 구천(勾踐)은 오(吳)나라 임금에게 치욕을 당하였으나 위로 중국의 어진 임금들이 위협을 느끼는 존재가 되었다. 이 세 사람들이 명성을 얻고 천하에 공로를 이룩할 수 있었던 것은 모두가 그의 나라에서 오히려 큰 치욕을 당하였기 때문이다.

 가장 좋은 일은 실패가 없는 것이지만 그 다음은 실패를 하기는 하지만 그로써 이루는 게 있는 것이다. 이것을 두고 백성을 잘 등용한다고 하는 것이다.

[原文] 入國而不存其士, 則亡國矣. 見賢而不急, 則緩君矣. 非賢無急, 非士無與慮國, 緩賢忘士, 而能以其國存者, 未曾有也.

 昔者, 文公出走 而正天下, 桓公去國 而霸諸侯, 越王勾踐 遇吳王之醜, 而上懾 中國之賢君. 三子之能達名, 成功於天下也, 皆於其國, 抑而大醜也.

 太上無敗, 其次敗而有以成, 此之謂用民.

[註解] ○存(존)—아껴주는 것. ○文公(문공)—춘추시대 진(晉)나라 제후. 이름은 중이(重耳). 헌공(獻公)의 아들로서 헌공의 애첩 이희(驪姬)의 모함으로 말미암아 외국으로 망명하였다가 뒤에 어진 신하들의 도움으로 임금이 되어 패자(霸者)의 지위에까지 올랐다. ○桓公(환공)—춘추시대 오패(五霸) 중의 한 사람. 전에 그의 형 양공(襄公)이 노(魯)나라 환공을 죽이고 그의 부인과 밀통을 하며 함부로 사람을 죽이자, 그는 재난을 피하여 거(莒)나라로 망명하였다. 뒤에 제나라로 돌아와 임금이 되어 관중(管仲) 같은 어진 신하들의 도움으로 패자의 지위에 올랐었다. ○越王勾踐(월왕구천)—월왕 구천은 오(吳)나라 부차(夫差)와 회계산(會稽山)에서 싸워 패하여 처자들과 재물

을 잃었다. 그러나 범려(范蠡)·문종(文種) 같은 어진 신하들의 도움으로 목숨을 건진 뒤 '와신상담(臥薪嘗膽)'한 끝에 다시 일어나 오나라를 쳐부쉈다.
○醜(추)-치욕. 굴욕. ○懾(접)-두려워함. 무서워함.

解說 어진 이들을 잘 쓸 줄 알아야만 나라가 잘 다스려진다. 임금 밑에 어진 이들이 있다면 비록 나라가 망하는 어려움을 당한다 하더라도 그것을 극복할 수 있다는 것이다.

2. 내가 듣건대 '편안한 집이 없어서 편치 않은 게 아니라 내게 편안한 마음이 없기 때문이며, 충분한 재물이 없어서 만족치 못하는 게 아니라, 내게 만족하는 마음이 없기 때문이다'라고 하였다.
그러므로 군자는 자신은 어려운 일을 맡고 남은 쉽게 해주지만, 보통 사람들은 자신은 쉬운 일을 맡고 남은 어렵게 해준다. 군자는 나아감에 있어 그의 뜻을 굽히지 않으며 물러나서는 그의 감정을 상케 하지 않고, 비록 낮은 백성들과 섞여 있다 하더라도 끝내 원망하는 마음을 갖지 않는데, 그것은 그에게는 자신이 있기 때문인 것이다.
그러므로 그가 어렵게 여기는 일을 해나가는 사람은 반드시 그가 바라는 것을 얻게 된다. 그가 바라는 대로 하면서도 그가 싫어하는 결과를 면하였다는 예는 들어본 일이 없다. 그러므로 간사한 신하는 임금을 상케 하고 아첨하는 부하는 윗사람을 손상시킨다.
임금에게 반드시 뜻을 거스리는 신하가 있고 윗사람에게 반드시 따져 논하는 부하가 있어서 논쟁이 진지하게 벌어지고 서로 훈계하며 따져 논하게 된다면 그 임금은 오래도록 살면서 나라를 보전하게 될 것이다. 신하가 그의 작위를 소중히 여기어 말하지 않아서, 가까운 신하들은 벙어리가 되고 먼 신하들은 입을 다문다면 백성은 마음속에 원한이 맺히게 될 것이다. 아첨하는 자들이 곁에 있어 좋은 논의들이 막혀 버린다면 곧 나라는 위태로워질 것이다. 걸(桀)왕과 주(紂)왕은 천하의 어진 선비가 없었기 때문에 천하를 잃고 죽지 않았는가! 나라에 바치는 보물로는 어진 이를 추천하고 선비를 천거하는 것보다 더 좋은 게 없다고 하는 것이다.

原文 吾聞之, 曰:非無安居也, 我無安心也, 非無足財也, 我無足心也.

是故君子自難而易彼, 衆人自易而難彼. 君子進不敗其志, 內不疚其情, 雖雜庸民, 終無怨心, 彼有自信者也.

是故爲其所難者, 必得其所欲焉. 未聞爲其所欲, 而免其所惡者也. 是故偪臣傷君, 諂下傷上.

君必有弗弗之臣, 上必有詻詻之下, 分議者延延, 而交儆者詻詻焉, 可以長生保國. 臣下重其爵位而不言, 近臣則喑, 遠臣則唫, 怨結於民心. 諂諛在側, 善議障塞, 則國危矣. 桀紂不以其無, 天下之士邪, 殺其身而喪天下. 故曰:歸國寶, 不若獻賢而進士.

註解 ㅇ內(내)-물러나는 것. ㅇ疚(구)-병들음. 상함. 보통 판본은 '내불구(內不疚)'가 '내구(內究)'로 되어 있으나《묵자한고(墨子閒詁)》에 의거하여 본문을 고쳤다. ㅇ庸民(용민)-낮은 일반 백성. ㅇ偪(핍)-녕(佞)자의 잘못으로 '간사한 것'《墨子閒詁》). 보통은 '권력을 가지고 임금을 핍박하는 것'으로 풀이한다. ㅇ弗弗(불불)-임금의 뜻을 어기며 올바른 도리를 주장하는 것. ㅇ詻詻(액액)-정정당당히 의론을 펴는 것. ㅇ延延(연연)-논쟁이 진지하게 벌어지는 것. ㅇ交儆(교경)-서로 훈계함. 보통 판본엔 '지구(支苟)'로 되어 있으나《묵자한고》에 따라 고쳤다. ㅇ喑(음)-목병이나 벙어리가 되는 것. ㅇ唫(금)-입을 다물고 있는 것. ㅇ桀(걸)-하(夏)나라 마지막 임금. 무도한 정치를 하다가 상(商)나라 탕(湯)임금에게 멸망당하였다. ㅇ紂(주)-은(殷)나라 마지막 임금. 포학한 정치를 하다가 주(周)나라 무왕(武王)에게 멸망당하

였다. 걸(桀)과 함께 폭군의 대표자로 꼽힌다. ㅇ歸(귀)-보내주는 것.

解說 여기에선 훌륭한 선비인 '군자'들의 뛰어난 자질을 설명하면서, 그러한 자질 때문에 훌륭한 선비는 나라를 다스리는 임금에게 무엇보다도 소중한 것임을 강조하고 있다. 여기에서의 군자는 유가들이 말하는 군자와 별로 다를 게 없다.

3. 지금 다섯 개의 송곳이 있다면 이들 중 가장 뾰죽한 것이 반드시 먼저 무디어질 것이며, 다섯 개의 칼이 있다면 이들 중 가장 날카로운 것이 반드시 먼저 닳을 것이다. 그래서 맛있는 샘물이 먼저 마르고 쭉 뻗은 나무가 먼저 잘리며 신령스러운 거북이 먼저 불에 지져지고 신령스런 뱀이 먼저 햇빛에 말려진다.

그러므로 비간(比干)이 죽음을 당한 것은 그가 고상하였기 때문이며, 맹분(孟賁)이 죽음을 당한 것은 그가 용감하였기 때문이며, 서시(西施)가 물에 빠져 죽은 것은 그가 아름다웠기 때문이며, 오기(吳起)가 몸을 찢긴 것은 그가 일을 잘하기 때문이었다. 그러므로 그러한 사람들이란 그의 장점(長點) 때문에 죽은 사람들이다. 그러므로 '너무 성(盛)한 것은 지키기 어렵다'고 하는 것이다.

그런데 비록 현명한 임금이라 하더라도 공 없는 신하는 사랑하지 않을 것이며, 비록 자애로운 아버지라 하더라도 소용없는 자식을 사랑하지는 않을 것이다. 그러므로 그의 책임을 감당해 내지 못하면서도 그러한 지위에 있는 것은 그 지위에 있을 사람이 못되는 것이다. 그의 벼슬을 감당해 내지도 못하면서 그러한 녹(祿)을 받고 있는 것은 그 녹을 받을 사람이 못되는 것이다.

좋은 활은 잡아당기기는 어렵지만 화살을 높이 가게 할 수 있고 깊이 들어가게 할 수 있다. 좋은 말은 타기 어렵지만 무거운 것을 싣고 멀리

갈 수 있다. 훌륭한 인재는 부리기 어렵지만 임금을 이끌어 존귀함을 드러내 줄 수 있다. 그러므로 장강(長江)이나 황하(黃河)는 작은 시냇물이 자기에게 가득차도록 흘러드는 것을 싫어하지 않기 때문에 커질 수가 있는 것이다. 성인(聖人)은 일을 함에 사양함이 없고 물건에 대하여 어긋나는 것이 없으므로 천하의 그릇이 될 수가 있는 것이다. 그러므로 장강이나 황하 물은 한 근원에서 나온 물이 아니며, 수천 냥의 갖옷은 한 마리 여우의 흰 털가죽으로 만들어지는 것이 아니다. 그러니 어찌 자기와 방식이 같은 사람은 취하여 쓰지 않고 자기와 뜻이 같은 자만을 취하여 쓰겠는가? 이것은 세상을 다스리는 임금의 도(道)가 아닌 것이다.

그러므로 하늘과 땅은 환하기만 하지 않으며, 큰 물은 맑기만 하지 않으며, 큰 불은 밝게 타기만 하지 않으며, 임금의 덕은 높이 빼어나기만 한 것이 아니다. 곧 천 사람의 우두머리가 될 사람은 곧기가 화살 같고 평평하기가 숫돌과 같지만 만물을 덮기에는 부족한 것이다. 그러므로 좁은 골짜기의 물은 마르기 쉽고, 낮은 흐름은 바닥나기 쉬우며, 돌이 많은 땅엔 식물이 자라지 않고, 왕자의 은택도 궁중을 벗어나지 못할 정도라면 온 나라에 흐를 수가 없을 것이다.

[原文] 今有五錐, 此其銛銛者必先挫, 有五刀, 此其錯錯者必先靡. 是以甘井先竭, 招木先伐, 靈龜先灼, 神蛇先暴.

是故比干之殪, 其抗也, 孟賁之殺, 其勇也, 西施之沈, 其美也, 吳起之裂, 其事也. 故彼人者寡不死其所長. 故曰: 太盛難守也.

故雖有賢君, 不愛無功之臣, 雖有慈父, 不愛無益之子. 是故不勝其任而處其位, 非此位之人也. 不勝其爵, 而處其祿, 非此祿之主也.

良弓難張, 然可以及高入深, 良馬難乘, 然可以任重致遠. 良才難令, 然可以致君見尊. 是故江河不惡, 小谷之滿己也, 故能大.

聖人者事無辭也, 物無違也, 故能爲天下器. 是故江河之水, 非一源之水也, 千鎰之裘, 非一孤之白也. 夫惡有同方不取, 而取同己者乎? 蓋非兼王之道也.

是故天地不昭昭, 大水不潦潦, 大火不燎燎, 王德不堯堯. 若乃千人之長也, 其直如矢, 其平如砥, 不足以覆萬物. 是故谿陜者速涸, 游淺者速竭, 磽确者, 其地不育, 王者淳澤, 不出宮中, 則不能流國矣.

註解 ○錐(추) — 송곳. ○銛銛(섬섬) — 끝이 날카로운 모양. ○錯錯(착착) — 칼날이 잘 선 모양. ○礦(마) — 칼날이 닳아 무디어지는 것. ○招木(초목) — 곧게 높이 자란 나무. ○靈龜(영귀) — 신령스런 거북. 껍질을 불로 지져서 그 균열(龜裂)을 보고 길흉(吉凶)을 점쳤는데 오래 묵은 큰 거북 껍질일수록 신령스럽다고 생각하였다. ○灼(작) — 불로 지지는 것. ○神蛇(신사) — 깊은 연못 속에 살며 비와 구름을 일으킨다는 신령스런 뱀. 가뭄이 들면 옛사람들은 이 뱀을 잡아다 햇볕 아래 내놓고 비가 내리기를 빌었다. ○比干(비간) — 은(殷)나라 주(紂)왕의 숙부. 주왕이 포학한 정치를 하자 비간은 올바른 정치를 하도록 임금에게 여러 번 간하였다. 그러자 주왕은 화를 내며 성인(聖人)의 심장엔 구멍이 일곱 개 있다는데 정말인가 보자면서 비간의 심장을 도려내었다 한다. ○殪(예) — 죽는 것. 죽음을 당하는 것. ○抗(항) — 항(亢)과 통하여 '높음'. '고상함'. ○孟賁(맹분) — 전국시대의 용사. 살아 있는 소의 뿔을 뽑는 힘을 지니고 있었다 한다. ○西施(서시) — 춘추시대 월(越)나라의 미녀. 오(吳)나라 임금에게 패한 월나라 임금 구천(勾踐)은 오나라 임금 부차(夫差)가 여자를 좋아함을 알고 서시를 바쳤다. 부차는 과연 서시의 아름다움에 혹한 나머지 정치를 소홀히 하여 마침내는 월나라에 멸망당하였다. 그 뒤 서시는 월나라로 되돌아왔으나 마침내는 장강(長江)에 몸을 던져 죽었다 한다. ○吳起(오기) — 전국시대 위(衛)나라 사람. 노(魯)나라와 위(魏)나라에서 장수로서 공을 세웠으나 모함을 받아 초(楚)나라로 가서 재상이 되었다. 그는 초나라에서 혁신적인 정치를 행하였으나 그를 아끼던 도왕(悼王)이 죽자 반대파에

몰리어 수레에 몸이 매여 찢겨 죽었다 한다. ○小谷(소곡)-조그만 골짜기의 시냇물. ○鎰(일)-무게의 단위, 24냥이 1일. ○狐之白(호지백)-여우의 흰 털가죽. 갖옷 중에서도 가장 고급의 것은 여우 겨드랑이 부근의 흰털 가죽을 모아 만든 부드러운 갖옷이었다. ○同方(동방)-일하는 방식이 같은 사람. ○同己(동기)-마음이 자기와 같은 사람. ○昭昭(소소)-환한 모양. ○潦潦(노로)-물이 맑은 모양. ○燎燎(요료)-불이 환하게 타오르는 모양. ○堯堯(요요)-높다랗게 빼어난 모양. ○砥(지)-숫돌.

|解說| 이 대목은 앞 단원의 어진 이를 존중하여야 한다는 내용의 얘기와 직접적인 연결이 잘 되지 않는다. 그러나 어진 사람과 관계 있는 얘기인 것만은 틀림없다. 사람이 너무 뛰어나면 오히려 그 때문에 해를 입기 쉽다. 그렇지만 능력 없는 자는 아무 쓸 데도 없다. 다루기는 어렵지만 능력이 뛰어난 사람이라야 큰 일을 해낼 수 있다. 또 임금은 널리 큰 강물처럼 포용력이 있어야 한다. 임금이 포용력이 없다면 훌륭한 임금이 되기 어렵다는 것이다. 이 포용력이란 여러 가지 재능을 지닌 여러 사람들을 받아들여 함께 일하는 능력을 뜻할 것이다.

제2 수신편(修身篇)

개인의 수양에 관한 기본적인 얘기가 씌어 있는 편이다. 누구나 자기 신변의 일들을 잘 처리하고 자기를 반성할 줄 알아야 한다는 것이 중요한 내용의 줄거리이다. 이 편은 길이가 매우 짧다는 게 특징이다.

1. 군자는 전쟁을 함에 있어서 포진법(布陣法)이 있다고는 하지만 용기로써 근본을 삼는다. 상(喪)을 치름에는 예의가 있다고는 하지만 슬픔을 근본으로 삼는다. 선비에게는 학문이 있다고는 하지만 실천을 근본으로 삼는다.

그러므로 근본이 안정되게 놓이지 않은 사람은 말단적(末端的)인 결과를 풍성히 하려 들어서는 안된다. 가까운 사람들과 친하지 않으면서 먼 사람들과 가까이 하려 애써서는 안된다. 친척들이 따르지 않는다면 밖의 사람들과 사귀려고 애써서는 안된다. 하는 일이 밑도 끝도 없이 정리가 안되어 있다면 많은 일을 하려고 애써서는 안된다. 앞의 사물에 대하여 알지 못한다면 많은 것을 알려고 애써서는 안된다. 그러므로 옛 임금들은 천하를 다스림에 있어서 반드시 가까운 것을 잘 살핀 다음 먼 것을 가까이했던 것이다.

군자란 가까운 것을 잘 살피어 가까운 것부터 닦아나가는 사람이며, 수양이 되지 않은 행동을 보거나 비난을 받는 것을 보고서는 자신에 대하여 그것을 반성하는 사람인 것이다. 그리하여 남의 원망을 받지 않고 행실을 닦게 되는 것이다. 남을 해치려는 간악한 말은 귀에 담지 아니하고 남을 공격하는 말은 입에서 내지 아니하며 남을 죽이거나 상케 할 뜻은 마음에 두지 않는다. 그래서 비록 남을 헐뜯으려는 백성이라 하더라도 빌붙을 데가 없는 것이다.

그러므로 군자는 힘써 일하며 날로 분발하고 항상 욕망을 억제하며 몸차림은 항상 정제히 한다. 군자의 도란 가난함에는 청렴함을 보여주고 부함에는 의로움을 보여주며 삶에는 사랑을 보여주고 죽음에는 슬픔을 보여주는 것이다. 이 네 가지 행동은 함부로 빌 수도 없는 것이며, 자신에 대하여 그것을 반성함으로써 되는 것이다.

原文　君子, 戰雖有陳, 而勇爲本焉. 喪雖有禮, 而哀爲本焉. 士雖有學, 而行爲本焉.

　是故置本不安者, 無務豐末. 近者不親, 無務來遠. 親戚不附, 無務外交. 事無終始, 無務多業. 擧物而闇, 無務博聞. 是故先王之治天下也, 必察邇來遠.

　君子, 察邇而邇修者也. 見不修行, 見毁, 而反之身者也. 此以怨省而行修矣. 譖慝之言, 無入之耳, 批扞之聲, 無出之口, 殺傷人之孩, 無存之心. 雖有詆訐之民, 無所依矣.

　故君子力事日彊, 願欲日逾, 設壯日盛. 君子之道也, 貧則見廉, 富則見義, 生則見愛, 死則見哀. 四行者, 不可虛假, 反之身者也.

註解　ㅇ來遠(내원)-먼 사람들이 좋아하며 찾아오는 것. ㅇ闇(암)-어두움. 잘 모름. ㅇ毁(훼)-훼방, 비방. ㅇ譖慝(참특)-남을 모함하려는 간악함. ㅇ批扞(비한)-남을 공격하는 것. ㅇ孩(해)-荄(해)와 통하여 본시는 '풀뿌리'. 뜻이 바뀌어 '저의(底意)' 또는 '뜻'. ㅇ詆訐(저알)-개인적인 잘못을 들추어 내며 헐뜯고 욕하는 것. ㅇ逾(유)-偸와 통하여 '구차한 것'. '억눌러 두는 것'. ㅇ設壯(설장)-식장(飾莊)의 뜻으로 '몸차림'.

解說　몸을 닦으려면 무엇보다도 근본적인 일에 힘써야 한다. 근본이 튼튼하지 않으면 말단적인 결과는 불안할 수밖에 없다. 그래서 군자는 먼저 자신을 반성하여 자기의 몸을 닦고 가까운 일부터 올바로 처리해 나간다는 것이다. 군자의 도에는 '가난함에 대한 청렴, 부함에 대한 의로움, 삶에 대한 사랑, 죽음에 대한 슬픔' 같은 것이 있으나 모두가 자기 자신에 대한 반성에서 출발하여 이루어진다는 것이다.

2. 마음에 두고 있는 것만으로는 사랑을 다할 수 없으며, 몸을 움직이기만 하는 것으로는 공경함을 다할 수 없고, 입으로 이야기하는 것만으로

는 훌륭함을 다할 수 없다. 그것들이 사지(四肢)에까지 두루 뻗쳐지고 그것들이 살갗에까지도 가득 차서 머리가 희어지고 머리가 빠질 때까지도 그것들을 버리지 않아야만 하는데 그것은 성인(聖人)만이 할 수 있는 일일 것이다.

뜻이 강하지 않은 자는 지혜에 통달하지 못한다. 말이 믿겨지지 않는 자는 실행을 다하지 못한다. 재물을 가지고도 남에게 나누어 주지 못하는 자는 더불어 벗으로 사귈 만한 자가 못된다. 올바른 도리를 독실히 지키지 않고, 사물을 널리 분별하지 못하며, 옳고 그름을 살피어 분간하지 못하는 자는 더불어 놀 만한 자가 못된다.

근본이 견고하지 못한 자는 종말에는 반드시 위태로워질 것이다. 용감하면서도 몸을 닦지 않은 자는 그 뒤에는 반드시 태만해질 것이다. 근원이 흐리면 그 흐름은 맑지 않다. 행동에 신용이 없는 자는 명성이 좋지 않을 것이다. 명성이란 우연히 생기는 게 아니며 명예란 스스로 자라나는 게 아니며 공을 이룩하여야만 명성이 이룩된다. 명예는 함부로 빌 수 있는 것이 아니며 자신에 대하여 그것을 반성함으로써 얻어지는 것이다.

[原文] 藏於心者, 無以竭愛, 動於身者, 無以竭恭, 出於口者, 無以竭馴. 暢之四支, 接之肌膚, 華髮隳顚, 而猶弗舍者, 其唯聖人乎!

志不彊者, 智不達, 言不信者, 行不果. 據財不能以分人者, 不足與友. 守道不篤, 徧物不博, 辯是非不察者, 不足與游.

本不固者, 末必幾. 雄而不修者, 其後必惰. 原濁者, 流不清. 行不信者, 名必耗. 名不徒生, 而譽不自長, 功成名遂. 名譽不可虛假, 反之身者也.

[註解] ○馴(순)-선(善)과 통하여, 훌륭한 것. ○暢之(창지)-그것을 뻗혀지

게 한다. 여기서 '그것'이란 앞에 나온 사랑·공경·점잖음이 마음으로부터 온 몸에 가득 차 피부로 넘쳐흐를만큼 언제나 지니고 있는 것. ○四支(사지)−지(支)는 지(肢)와 통하여 사지(四肢)란 뜻. 즉 팔다리. ○華髮(화발)−흰 머리. 노인을 가리킴. ○墮顚(타전)−머리가 빠지는 것. 화발(華髮)처럼 노인을 가리킴. ○徧物(편물)−편(徧)은 변(辯)과 통하여 '사물(事物)을 분별하는 것'. ○幾(기)−위태로워짐. 희미해짐. ○雄(웅)−용감함. 영웅다움. ○耗(모)−축이 남. 나빠짐.

解說 사람이 몸을 닦자면 군자의 도를 알고만 있어도 안된다. 사랑·공경·점잖음 같은 덕목(德目)을 언제나 마음에 지니고 또 그것을 실천해야 한다. 따라서 사람은 뜻이 굳어야 되고 말에는 믿음이 있어야 되며 행동은 성실해야만 된다. 이러한 근본적인 문제들이 해결되면 자연히 그 사람은 많은 공을 이루어 명성을 떨치게 될 것이라는 것이다.

3. 말하는 데에는 힘쓰면서 실행하는 데에는 더디면, 비록 말을 잘한다 하더라도 반드시 들어줄 사람이 없게 될 것이다. 능력이 많다 해도 자기 공로를 자랑하면 비록 수고를 많이 한다 하더라도 반드시 함께 일하려는 사람이 없게 될 것이다. 지혜로운 사람은 마음속으로는 말을 잘하더라도 번거로이 얘기하지 아니하고, 능력이 많다 하더라도 공로를 자랑하지 않는다. 이 때문에 명예가 천하에 드날리게 되는 것이다.

말은 많이 하려고 힘쓰지 말고 실행하는 데 힘써야 하며, 지혜는 자기를 드러내는 데 힘쓰지 말고 잘 살피는 데 힘써야 한다. 그러므로 지혜롭지 않은 사람은 잘 살피지 아니하는 고로 자기 자신에 대하여 태만해지는데 이것은 그가 힘써야만 할 일에 반대되는 행위인 것이다.

선(善)함이 마음에 중심을 이루지 못하고 있는 사람은 이름을 남기지 못하고, 실행이 자신의 말과 합치되지 않는 사람은 명예를 이룩하지 못한다. 명성은 아무렇게나 하여도 이룩되는 것이 아니고, 명예는 기교(技巧)로서 이룩될 수는 없는 것이다. 군자란 몸소 실천하는 사람을 가리키는 말이다. 이익만을 생각하고 함부로 행동하거나 명예를 잊고 경솔히 행동하면서, 천하에서 올바른 선비 노릇을 할 수 있는 사람은 있을 수가 없는 것이다.

原文 務言而緩言, 雖辯必不聽. 多力而伐功, 雖勞必不圖. 慧者, 心辯而不繁說, 多力而不伐功, 此以名譽揚天下.

言無務爲多, 而務爲, 智無務爲文, 而務爲察. 故彼智無察, 在身爲情, 反其路者也.

善無主於心者, 不留, 行莫辯於身者, 不立. 名不可簡而成也, 譽不可巧而立也. 君子以身戴行者也. 思利尋焉, 忘名忽焉, 可以爲士於天下者, 未嘗有也.

註解 ○辯(변)-말을 잘하는 것. 말재주가 좋은 것. ○聽(청)-말을 들어주다. 말을 듣고 믿는 것. ○伐(벌)-자랑하다. 뽐내다. ○圖(도)-일을 도모하다. 함께 일을 하는 것. ○文(문)-문(紋)과 통하여, 자기 자신을 남에게 자랑하여 잘 뵈려드는 것. ○彼(피)-비(非)의 잘못《墨子閒詁》. ○情(정)-타(惰)의 잘못으로 태만 또는 게으름《墨子閒詁》. ○路(노)-무(務)의 잘못으로《墨子閒詁》, 힘써야만 할 일. ○戴行(대행)-대(戴)는 재(載)와 통하여 몸소 실천하는 것. ○尋(심)-심(潯)이 생략된 글자로서 어지러워지는 것(劉載賡《續墨子閒詁》).

解說 여기서는 수신(修身)의 요점으로서 말보다도 실천을 중시하라는 주장을 중심으로 하여, 사람의 명성과 명예에 관한 문제까지 언급하고 있다. 묵자의 사상에 있어서 이 편의 끝머리에서 '군자란 몸소 실천하는 사람을 뜻한다'고 말한 것은 결국 그의 사상 전개의 기초가 되는 것이다.

이러한 개인의 실천 없이는 '겸애(兼愛)'나 '근검(勤儉)'은 이룩될 수가 없는 것이다.

제3 소염편(所染篇)

실은 물감 색깔에 따라 여러 가지로 물든다. 그처럼 사람도 사귀는 사람의 영향에 의하여 크게 달라진다는 게 중요하다는 것이 이 편의 내용이다. 그러나 《여씨춘추(呂氏春秋)》에도 이와 내용이 비슷한 〈당염편(當染篇)〉이 있고, 또 글 중엔 묵자보다 후세의 일로 보여지는 사건이나 금자(禽子) 같은 묵자의 제자가 나오는 것으로 보아 이 편은 묵자가 직접 쓴 것이 아닐 거라고 여러 학자들이 주장하고 있다. 그러나 묵자의 학설에서 벗어나는 내용은 아니다.

1. 묵자가 실을 물들이는 사람을 보고 탄식하여 말하였다.
"파란 물감으로 물들이면 파래지고 노란 물감으로 물들이면 노래지며 넣는 물감이 변하면 그 색깔도 변한다. 다섯 번 물통에 넣었다 뒤에 보면 곧 오색(五色)이 되어 있게 마련이다!"
그러니 물드는 것에는 삼가지 않을 수가 없는 것이다. 실을 물들이는 것만이 그런 것이 아니라 나라에도 물들임이 있는 것이다. 순(舜)임금은 허유(許由)와 백양(伯陽)에게 물들었고, 우(禹)임금은 고요(皐陶)와 백익(伯益)에게 물들었고, 탕(湯)임금은 이윤(伊尹)과 중훼(仲虺)에게 물들었고, 무왕(武王)은 태공(太公)과 주공(周公)에게 물들었다. 이 네 분의 임금들은 물든 것이 합당하므로 천하를 다스리게 되었고, 천자로 즉위하여 천지를 뒤덮을 만한 공로와 명성을 이룩하였다. 천하의 어진 사람이나 명예로운 사람을 들라면 반드시 이 네 분의 임금을 들게 되었다.

하(夏)나라 걸(桀)왕은 간신(干辛)과 추치(推哆)에게 물들었고, 은(殷)나라 주(紂)왕은 숭후(崇侯)와 악래(惡來)에게 물들었고, 여왕(厲王)은 괵공장보(虢公長父)와 영이종(榮夷終)에게 물들었고, 유왕(幽王)은 부공이(傅公夷)와 채공곡(祭公穀)에게 물들었다. 이 네 사람의 임금은 물든 것이 합당하지 못하였으므로 나라를 망치고 자신을 죽게 하였으며 천하의 죄인이 되었다. 천하의 이롭지 못한 사람과 욕된 사람을 들라면 반드시 이 네 사람의 임금을 들게 되었다.

原文 子墨子見染絲者而歎曰: 染於蒼則蒼, 染於黃則黃, 所入者變, 其色亦變. 五入而已, 則爲五色矣.

故染不可不愼也. 非獨染絲然也, 國亦有染. 舜染於許由伯陽, 禹染於皐陶伯益, 湯染於伊尹仲虺, 武王染於太公周公. 此四王者, 所染當, 故王天下, 立爲天子, 功名蔽天地. 擧天下之仁人顯人, 必稱此四王者.

夏桀染於干辛推哆, 殷紂染於崇侯惡來, 厲王染於虢公長父榮夷終, 幽王染於傅公夷祭公穀. 此四王者, 所染不當, 故國殘身死, 爲天下僇. 擧天下不義辱人, 必稱此四王者.

註解 ㅇ子墨子(자묵자)-묵적(墨翟). 자기의 스승으로서 존경함을 뚜렷이 하기 위하여 성 위에도 '자(子)'를 하나 더 붙여 '자묵자(子墨子)'라 한 것이다. '자열자(子列子)', '자공양자(子公羊子)' 등 다른 예도 있으나 특히 묵자에게 많이 쓰이고 있다. ㅇ舜(순)-요(堯)임금으로부터 나라를 물려받은 성군

(聖君). ○許由(허유)-요임금으로부터 천자의 자리를 물려받아 달라는 부탁을 받았으나 이를 거절한 것으로 유명한 어진 사람. ○伯陽(백양)-순임금 시대의 어진 사람이었으나 사적(事蹟)은 알려져 있지 않다. 노자(老子)의 자(字)가 백양이지만 노자는 아닐 것이다. ○禹(우)-하(夏)나라를 세운 임금. 나라의 물을 다스린 공로로 순임금에게서 천자 자리를 물려받은 어진 임금. ○皐陶(고요)-순임금의 신하로서 법을 관장하던 사(士)의 벼슬을 지낸 어진 사람. ○伯益(백익)-흔히 익(益)이라 부르며 순임금 밑에서 산과 숲을 관장하는 우(虞)란 벼슬을 지낸 어진 사람. ○湯(탕)-하(夏)나라 걸(桀)왕을 쳐부수고 상(商)나라를 세운 어진 임금. ○伊尹(이윤)-상나라 탕임금에게 발탁되어 재상으로서 걸왕을 치고 상나라를 세우는 데 크게 공헌을 한 어진 사람. ○仲虺(중훼)-탕임금의 좌상(左相)을 지낸 어진 사람. ○武王(무왕)-주(周)나라 문왕(文王)의 아들. 무도한 은(殷)나라 주(紂)왕을 쳐부수고 주나라를 세운 임금. ○太公(태공)-태공망(太公望) 여상(呂尙). 문왕에게 등용되어 재상으로서 무왕이 주왕을 쳐부수는 데도 크게 공헌한 사람. ○周公(주공)-무왕의 아우인 주공 단(旦). 무왕이 죽은 뒤엔 어린 성왕(成王)을 도와 주나라의 터전을 굳건히 만든 어진 사람. ○夏桀(하걸)-하나라의 마지막 임금인 걸. 폭군으로 유명하다. ○干辛(간신)-양신(羊辛)이라고도 쓰며 걸왕에 아첨하여 포악한 정치를 도운 간신. ○推哆(추치)-추치(推侈), 아치(雅侈)로도 쓰며, 힘이 장사였고 걸왕의 포악한 정치를 도운 간신. ○殷紂(은주)-은나라 마지막 임금인 주. 역시 폭군으로 유명하다. ○崇侯(숭후)-숭나라 제후로서 주왕의 폭정을 도운 간신. ○惡來(악래)-비렴(飛廉)의 아들로 힘이 센 주왕의 간신. ○厲王(여왕)-무왕으로부터 10대째의 주(周)나라 임금. 이름은 호(胡). 포학한 정치를 하다 기원전 841년 임금 자리에서 쫓겨나 주공(周公)과 소공(召公)이 대신 공화정치(共和政治)를 행하였다. ○虢公長父(괵공장보)-괵나라 제후 장보. 자세한 행적은 알 수 없다. 괵(虢)은 흔히 '려(厲)'로 되어 있으나 잘못이다(《墨子閒詁》). ○榮夷終(영이종)-영나라 이공(夷公). 사마천(司馬遷)의 《사기(史記)》주본기(周本紀)에 여왕이 영나라 이공을 가까이하였다는 정도의 기록이 보일 뿐이다. ○幽王(유왕)-주나라 여왕의 손자. 포사(褒姒)라는 여인에게 혹하여 정치를 돌보지 않다가 오랑캐 견융(犬戎)족의 침

입으로 죽음을 당한다. 그 뒤 유왕의 아들 평왕(平王)이 도읍을 낙읍(洛邑)으로 옮기어 나라를 다시 부흥시켰으므로 그 이전을 서주(西周), 평왕 이후를 동주(東周)라 구분하여 부른다. ○傅公夷(부공이) — 부나라의 제후 이(夷). 자세한 사적은 알려져 있지 않다. ○祭公穀(채공곡) — 채나라 제후 곡. 자세한 사적은 알려지지 않았다. 채(祭)는 보통 채(蔡)로 되어 있으나, 잘못임(《墨子閒詁》).

解說 실이 여러 가지 물감에 따라 여러 가지 다른 색깔로 물드는 것을 보고 묵자는 그 진리를 확대시켜 생각하였다. 먼저 나라를 다스리는 천자도 신하들에게 물든다. 올바른 신하들에게 물들면 훌륭한 임금이 되고 간사한 신하들에게 물들면 폭군이 되고 만다는 것이다. 이에 이어 훌륭한 신하들에게 물들어 패자(覇者)가 되었던 제(齊)나라 환공(桓公), 진(晋)나라 문공(文公), 초(楚)나라 장왕(莊王), 오(吳)나라 합려(闔閭), 월(越)나라 구천(勾踐) 같은 제후들과 나쁜 신하들에게 물들어 나라를 망쳤던 제후들의 예를 들고 있다.

2. 제(齊)나라 환공(桓公)은 관중(管仲)과 포숙(鮑叔)에게 물들었고, 진(晋)나라 문공(文公)은 구범(舅犯)과 고언(高偃)에게 물들었고, 초(楚)나라 장왕(莊王)은 손숙(孫叔)과 심윤(沈尹)에게 물들었고, 오(吳)나라 합려(闔閭)는 오원(伍員)과 문의(文義)에게 물들었고, 월(越)나라 구천(勾踐)은 범려(范蠡)와 대부종(大夫種)에게 물들었다. 이 다섯 임금들은 물든 것이 합당하였으므로 제후들 중에서 패자가 되어 공명을 후세에까지 전하게 되었던 것이다.

진(晋)나라 범길석(范吉射)은 장류삭(長柳朔)과 왕성(王腥)에게 물들었고, 진(晋)나라 중항인(中行寅)은 적진(籍秦)과 고강(高彊)에게 물들었고, 오(吳)나라 부차(夫差)는 왕손락(王孫雒)과 태재비(太宰嚭)에게 물들었고, 진(晋)나라 지백요(知伯搖)는 지국(智國)과 장무(張武)에게 물들었고, 위(魏)나라 중산상(中山尙)은 위의(魏義)와 언장(偃長)에게 물들었

고, 송(宋)나라 강왕(康王)은 당앙(唐鞅)과 전불례(佃不禮)에게 물들었
다. 이 여섯 임금들은 물든 것이 합당하지 않았으므로 국가를 망치고 자
신도 처형당하였고, 종묘를 파멸시키고 후손이 끊이게 되었으며, 임금과
신하가 흩어지고 백성들은 살던 곳을 떠나 유랑하도록 만들었다. 천하의
탐욕스럽고 횡포하며 가혹한 정치를 마구 한 자를 들 적에는 반드시 이
여섯 임금을 얘기하게 되는 것이다.

일반적으로 임금이 편안할 수 있는 근거는 무엇이겠는가? 올바른 도리
를 행하는 것이다. 올바른 도리를 행하는 일은 합당하게 물드는 것에서
부터 출발한다. 그러므로 임금 노릇을 잘하는 사람은 사람을 가려 쓰는
데 수고를 많이 하지만 관원을 다스리는 일은 손쉽게 하게 된다. 임금 노
릇을 잘하지 못하는 사람은 몸을 축내고 정신을 피로케 하고 마음을 근
심으로 채우고 뜻을 수고롭히지만 나라는 더욱 위태롭게만 되고 자신은
더욱 욕되게 되는 것이다. 이 여섯 임금들은 자기 나라를 소중히 하지 않
은 것도 아니요 자기 몸을 사랑하지 않았던 것도 아니었다. 그들은 중요
한 일이 무엇인가를 알지 못하였기 때문이었다. 중요한 일을 알지 못하
는 사람은 물드는 것이 합당하지 않게 되는 것이다.

原文 齊桓染於管仲鮑叔, 晉文染於舅犯高偃, 楚莊染於孫叔沈
尹, 吳闔閭染於伍員文義, 越勾踐染於范蠡大夫種. 此五君者, 所
染當, 故霸諸侯, 功名傳於後世.

范吉射染於長柳朔王胜, 中行寅染於籍秦高彊, 吳夫差染於王
孫雒太宰嚭, 知伯搖染於智國張武, 中山尚染於魏義偃長, 宋康染
於唐鞅佃不禮. 此六君者, 所染不當, 故國家殘亡, 身爲刑戮, 宗
廟破滅, 絶無後類, 君臣離散, 民人流亡. 擧天下之貪暴苛擾者,
必稱此六君也.

凡君之所以安者, 何也? 以其行理也. 行理生於染當. 故善爲君

者, 勞於論人, 而佚於治官. 不能爲君者, 傷形費神, 愁心勞意, 然國逾危, 身逾辱. 此六君者, 非不重其國愛其身也. 以不知要故也. 不知要者, 所染不當也.

註解 ○齊桓(제환)―제(齊)나라 환공(桓公). 이름은 소백(小白). 양공(襄公)의 아우이며, 뒤에 보이는 진(晋)나라 문공(文公), 초(楚)나라 장왕(莊王), 오(吳)나라 합려(闔閭), 월(越)나라 구천(勾踐)과 함께 보통 '춘추오패(春秋五覇)'라 일컬어진다. ○管仲(관중)―춘추시대 제나라 사람. 이름은 이오(夷吾). 자는 중(仲)이며 시(諡)를 경(敬)이라 하여 경중(敬仲)이라 부르기도 한다. 환공의 재상으로서 부국강병으로 하여금 패업을 이루게 한 사람. 친구 포숙(鮑叔)과의 우의가 유명하다. ○鮑叔(포숙)―포숙아(鮑叔牙)라고도 부르며, 제나라 대부로서 관중의 친구. 관중은 젊었을 때의 교분으로 포숙의 추천과 도움으로 제나라 재상이 되어 큰 일을 이룰 수가 있었다 한다. ○晋文(진문)―진(晋)나라 문공(文公). 이름은 중이(重耳)이며 헌공(獻公)의 차자로, 태자 신생(申生)의 아우. 처음엔 국외로 쫓겨난 일도 있었으나 뒤에 귀국하여 왕위에 올라 패업(覇業)을 이루었다. ○舅犯(구범)―진(晋)나라 대부. 본 이름은 호언(狐偃), 자는 자범(子犯). 문공을 도와 패업을 이루게 한 사람. 문공의 외삼촌[舅]뻘이 되므로 뒤에 흔히 구범이라 부르게 되었다. ○高偃(고언)―고(高)는 곽(郭)의 잘못. 진(晋)나라 대부 곽언(郭偃)(《國語》晋語), 혹은 복언(卜偃)이라고도 부르며, 문공의 신하. ○楚莊(초장)―초(楚)나라 장왕(莊王). 이름은 려(侶). 목왕(穆王)의 아들로 웅재(雄才)를 발휘하여 초나라 세력을 크게 발전시켰던 임금. ○孫叔(손숙)―이름은 손숙오(孫叔敖). 위가(蔿賈)의 아들로서 위오(蔿敖)라고도 부르며, 자가 손숙(孫叔). 뒤에 공부하고 노력하여 초나라 재상이 되어 초나라를 잘 다스렸으며, 후손도 크게 번성하였다. ○沈尹(심윤)―초나라 장왕 때의 영윤(令尹)이었던 듯하나 확실한 것은 알 수 없다. ○吳闔閭(오합려)―오(吳)나라 임금 합려(闔閭). 합려(闔廬)로도 쓰며 이름은 광(光). 처음은 오원(伍員)의 보좌로 국위를 크게 떨쳤으나 마지막에는 월(越)나라 구천(勾踐)에게 패하여 재위(在位) 19년만에 죽었다. ○伍員(오원)―춘추(春秋)시대 초(楚)나라 사람. 자는 자서(子胥). 아버

지와 형이 초나라 평왕(平王)에게 죽음을 당한 뒤 오(吳)나라로 도망하여 합려왕을 보좌하였고 마침내는 초나라까지 쳐부수어 원수를 갚았다. 합려가 죽은 뒤 다시 그의 아들 부차(夫差)를 도와 월(越)나라 구천을 쳐부수었으나 태재비(太宰嚭)의 모함으로 뒤에 자결하고 말았다. ○文義(문의)—문지의(文之儀)라고도 부르며, 오원과 함께 오나라 합려를 도와 오나라를 부흥시켰던 현신 이름. ○越勾踐(월구천)—월(越)나라 임금 구천(勾踐). 처음엔 오나라 합려를 무찔렀으나 뒤에 합려에게 패배하였다. 그렇지만 와신상담(臥薪嘗膽) 끝에 다시 오나라 부차를 쳐부수고, 국세를 크게 떨치었다. ○范蠡(범려)—춘추시대 초나라 사람. 자는 소백(小伯). 월왕 구천을 20여년 섬기며 마침내는 오나라를 쳐부수는 원동력이 되었던 사람. 그러나 월나라가 오나라를 쳐부순 뒤에는 이름을 갈고 세상을 피해 숨어 살았다 한다. ○大夫種(대부종)—본래는 초나라 사람. 이름은 문종(文種). 범려와 함께 월나라 구천을 섬기어 마침내 오나라를 쳐부수는 데 공로를 세운 사람. ○范吉射(범길석)—진(晋)나라 귀족 이름. ○長柳朔(장류삭)—장(長)은 장(張)으로도 쓰며, 장류가 성, 삭은 이름. 범길석의 가신(家臣). ○王胜(왕성)—성(胜)은 생(生)으로도 쓰며, 범길석의 가신(家臣) 이름. ○中行寅(중항인)—중항이 성이고, 인이 이름. 진(晋)나라 귀족. ○籍秦(적진)—고강(高彊)과 함께 중항인의 가신(家臣) 이름. ○吳夫差(오부차)—오나라 임금 합려(闔閭)의 아들. 뒤에는 월왕 구천(勾踐)에게 멸망당하고 만다. ○王孫雒(왕손락)—왕손락(王孫駱)·공손락(公孫雒) 또는 왕손웅(王孫雄)·공손웅(公孫雄) 등 여러 가지로 다른 이름이 보이며, 오나라의 대부였다. ○太宰嚭(태재비)—백비(伯嚭)가 본 이름. 본시 초나라 사람인데 오왕 부차를 섬기어 태재가 되었으므로 태재비라고 부르게 되었다. ○知伯搖(지백요)—진(晋)나라의 귀족 이름. ○智國(지국)—장무(張武)와 함께 지백요의 가신(家臣). 지백국(知伯國), 장무자(長武子)로도 각각 불리었다. ○中山尙(중산상)—위(魏)나라의 귀족 이름. ○魏義(위의)—언장(偃長)과 함께 중산상의 가신(家臣) 이름. ○宋康(송강)—춘추시대 송(宋)나라 강왕(康王), 제나라 민왕(湣王)에게 멸망당하였다. ○唐鞅(당앙)—욕심과 권력을 추구하다 죽음을 당한 송나라 대부. ○佃不禮(전불례)—전(佃)은 전(田)으로도 쓰며, 송나라뿐만 아니라 뒤에 조(趙)나라에서도 벼슬한 일이 있는 듯하다

《史記》趙世家). ○後類(후류)-후손. ○論人(논인)-사람을 잘 따져 가려 쓰는 것. ○逾(유)-더욱.

解說 여기에서는 제후와 귀족의 경우를 예로 들면서 임금이나 귀족이 어떻게 신하들의 영향을 받아 흥하기도 하고 망하기도 하였나를 설명하고 있다. 사람이란 이처럼 주위 사람들의 영향을 많이 받게 마련이기 때문에 윗사람은 무엇보다도 사람을 잘 가려 써야 한다는 것이다. 숯장수는 자기도 모르는 사이에 옷과 몸이 모두 검어지게 마련인 것이다.

3. 나라에만 물듦이 있는 것이 아니라 선비들에게도 역시 물듦이 있다. 그의 벗들이 모두 어짊과 의로움을 좋아하고 순박하고 삼가며 법령을 두려워하면, 곧 집안은 날로 흥성하고 자신은 날로 편안해지며 명성은 날로 영화로워지고 벼슬자리에 있어도 이치에 맞게 일할 수 있게 된다. 곧 단간목(段干木)·금자(禽子)·부열(傅說) 같은 사람들이 그런 이들이다.

그의 벗들이 모두 오만하게 뽐내기를 좋아하며 자기 뜻대로 가까이 어울리면 날로 쇠퇴하고 자신은 날로 위태로워지며 명성은 날로 욕되게 되고 벼슬자리에 있어도 이치에 맞게 일할 수 없게 된다. 곧 자서(子西), 역아(易牙), 수조(豎刁) 같은 무리들이 그런 자들이다.

《시경(詩經)》에 이르기를,

'반드시 적실 곳을 가리고 반드시 적실 곳을 삼간다.'

라고 한 것은 이를 두고 한 말이다.

原文 非獨國有染也, 士亦有染. 其友皆好仁義, 淳謹畏令, 則家日益, 身日安, 名日榮, 處官得其理矣, 則段干木禽子傅說之徒, 是也.

其友皆好矜奮, 創作比周, 則家日損, 身日危, 名日辱, 處官失其理矣. 則子西易牙豎刁之徒, 是也.
　詩曰：必擇所堪, 必謹所堪者, 此之謂也.

[註解]　○淳謹(순근)-순박하고 삼가는 것. ○段干木(단간목)-성이 단간, 이름이 목임. 공자의 제자인 자하(子夏)에게서 배웠고 위(魏)나라 문후(文侯)가 초빙하였으나 가지 않았다는 어진 사람. ○禽子(금자)-묵자의 제자 금골회(禽滑釐). 그의 사적은 〈공수편(公輸篇)〉에 자세하고 〈비성문편(備城門篇)〉·〈비제편(備梯篇)〉에도 보인다. 다만 여기에서 그의 성 밑에 '자(子)'자를 붙여 존경의 뜻을 표시하고 있는 것을 보면 이 편은 묵자의 말을 근거로 하여 그의 후인이 썼음을 알 수 있다. ○傅說(부열)-은(殷)나라 고종(高宗)이 어진 이, 즉 이 부열을 꿈에 보고 그를 찾아내어 재상 자리에 앉혔다. 그는 은나라에 많은 공헌을 한 어진 사람이다. ○矜奮(긍분)-오만하게 뽐내는 것. ○創作(창작)-법이나 습속을 무시하고 자기 뜻대로 행동하는 것. ○比周(비주)-친하게 어울리어 개인적인 붕당(朋黨)을 이루는 것. ○子西(자서)-춘추시대 초(楚)나라 평왕(平王)의 첩의 몸에서 난 맏아들. 초나라 재상인 영윤(令尹) 벼슬을 하였으나 자기가 초나라로 불러들인 백공승(白公勝)에게 죽음을 당하였다. ○易牙(역아)-수조(豎刁)와 함께 춘추시대 제(齊)나라 환공(桓公)의 신하. 역아는 환공의 환심을 사려고 자식을 죽여 요리를 만들어 바친 간신이며, 수조는 환공을 가까이하기 위하여 스스로 거세(去勢)하여 환관(宦官)이 된 자이다. 후에 이들은 결탁하여 반란을 일으켜 환공을 비롯하여 수많은 사람들을 죽이고 제나라를 큰 혼란에 빠뜨렸었다. ○詩(시)-《시경(詩經)》, 그러나 여기에 인용된 시는 지금의 《시경》에는 보이지 않는 일시(逸詩)이다. ○堪(잠)-담(湛)과 통하여 자기 몸을 '적시는 것'(王念孫 說).

[解說]　천자나 제후들뿐만 아니라 개개인도 접촉하는 벗에 따라 여러 가지로 물든다. 훌륭한 벗을 많이 사귀는 사람은 자연히 훌륭한 사람이 되고, 나쁜 친구들만을 사귀는 자는 자신도 나빠져서 종말에는 패가망신하고 만다는 것이다.

제4 법의편(法儀篇)

'법의'는 '법도'와 같은 말. 세상의 모든 일을 올바로 하자면 일정한 법도를 따라야 한다. 특히 나라를 다스리는 임금에게 법도가 되는 것은 만물을 공평히 아껴주고 길러주는 하늘이라는 것이다. 이 편은 '하늘의 뜻을 규범으로 삼아야 한다'고 주장하는 〈천지편(天志篇)〉의 주지(主旨)와 비슷하다. 그래서 《묵자한고》에서는 이 편은 〈천지편〉의 여의(餘義)라 말하고 있다.

1. 묵자가 말하였다.

"천하에서 일하는 사람은 법도가 없어서는 안되는 것이니, 법도가 없으면서도 그의 일을 이룩할 수 있는 사람은 없다."

비록 선비로서 장수나 재상이 되려는 사람이라 하더라도 모두 법도가 있으며, 비록 여러 공인(工人)이 일을 한다 하더라도 역시 모두 법도가 있는 것이다. 여러 공인들은 굽은 자[矩]로써 네모꼴을 만들고 그림쇠[規]로써 원을 만들며 먹줄로써 곧게 만들고 추 달린 줄로써 바르게 만들고 수평으로써 평평하게 만든다. 기술 있는 공인이나 기술 없는 공인을 막론하고 모두가 이 다섯 가지 것으로써 법도를 삼는다. 기술 있는 사람은 거기에 알맞게 할 수 있을 것이며, 기술 없는 사람도 비록 알맞게 할 수는 없다 하더라도 이에 따라 일을 하면 그래도 더 잘될 것이다. 그러므로 여러 공인들이 일을 하는 데에는 모두 법도가 있다고 하는 것이다. 지금 큰 사람은 천하를 다스리고 있고 그 다음 사람은 큰 나라를 다스리고 있는데 그들이 법도가 없다면 이것은 여러 공인들의 분별력만도 못하게 된다.

[原文] 子墨子曰：天下從事者, 不可以無法儀. 無法儀而其事能成者, 無有也.
　雖至士之爲將相者, 皆有法. 雖至百工從事者, 亦皆有法. 百工爲方以矩, 爲圓以規, 直以繩, 正以縣, 平以水. 無巧工不巧工, 皆以此五者爲法. 巧者能中之, 不巧者雖不能中, 放依以從事, 猶逾已. 故百工從事, 皆有法度. 今大者治天下, 其次治大國, 而無法度, 此不若百工辯也.

[註解] ○百工(백공)—여러 공인. 목수나 토목(土木) 관계 기술자들. ○矩(구)—굽은 자. 90도 각도를 바로잡는 데 쓰인다. ○規(규)—그림쇠. 원을 그리는 컴퍼스 같은 것. ○繩(승)—먹줄. ○縣(현)—추가 달린 줄. ○平以水(평이수)—수평(水平)으로 평평하게 함. 이 세 자는 보통 판본엔 빠져 있으나 《묵자한고》의 설에 따라 보충하였다. 그래야 뒤의 '다섯 가지'란 수와도 맞는다. ○放依(방의)—본떠 따르는 것. ○辯(변)—분별, 또는 하는 짓.

[解說] 세상의 모든 일에는 기준이 되는 일정한 법도가 있다. 심지어 공인들까지도 법도를 따라 일을 하여야만 물건을 올바로 만들어 낼 수 있으니, 천하나 나라를 다스리는 큰일에 있어서 법도가 중요하다는 것은 말할 나위도 없다는 것이다.

2. 그렇다면 무엇으로써 다스리는 법도를 삼으면 좋을까? 만약 모두가 그의 부모님을 본뜬다면 어떨까? 천하에 부모 노릇을 하는 사람은 많지

만 어진 사람은 적다. 만약 모두가 그의 부모를 본뜬다면 이것은 어질지 않음을 본뜨는 것이 된다. 어질지 않음을 본뜨는 것은 법도로 삼을 수가 없는 것이다.

 만약 모두가 그의 스승을 본뜨면 어떨까? 천하에 스승 노릇을 하는 사람은 많지만 어진 사람은 적다. 만약 모두가 그의 스승을 본뜬다면 이것은 어질지 않음을 본뜨는 것이다. 어질지 않음을 본뜨는 것은 법도로 삼을 수가 없는 것이다.

 만약 모두가 그의 임금을 본뜬다면 어떨까? 천하에 임금 노릇을 하는 사람은 많지만 어진 사람은 적다. 만약 모두가 그의 임금을 본뜬다면 이것은 어질지 않음을 본뜨는 것이다. 어질지 않음을 본뜨는 것은 법도로 삼을 수가 없는 것이다. 그러므로 부모와 스승과 임금 등 세 종류의 사람들을 다스리는 법도로 삼아서는 안되는 것이다.

|原文| 然則奚以爲治法而可? 當皆法其父母, 奚若? 天下之爲父母者衆, 而仁者寡. 若皆法其父母, 此法不仁也. 法不仁, 不可以爲法.

 當皆法其學, 奚若? 天下之爲學者衆, 而仁者寡. 若皆法其學, 此法不仁也. 法不仁, 不可以爲法.

 當皆法其君, 奚若? 天下之爲君者衆, 而仁者寡. 若皆法其君, 此法不仁也. 法不仁, 不可以爲法. 故父母學君三者, 莫可以爲治法.

|註解| ○奚(해)-하(何)와 같은 뜻. 무엇. 어찌. ○當(당)-당(黨)과 통하여 '만약.' '정말로'(王引之 說). ○學(학)-여기선 배우는 '스승'.

|解說| 일반적으로 사람들은 부모와 스승과 임금을 가장 높이어 왔으니

이들을 본따서 법도로 삼으면 될 것이라고 생각하기 쉽다. 그러나 세상의 부모나 스승이나 임금은 반드시 어진 사람만이 되는 것은 아니니 법도로 삼을 수 없다는 것이다.

3. 그렇다면 무엇으로써 다스리는 법도를 삼으면 좋을까? 그러기에 말하기를 '하늘을 법도로 삼는 것보다 더 좋은 것은 없다'고 하는 것이다. 하늘의 운행(運行)은 광대하면서도 사사로움이 없고, 그 베푸는 은택은 두터우면서도 은덕으로 내세우지 않고, 그 밝음은 오래가면서도 쇠하여지지 않는다. 그러므로 성왕(聖王)께서는 이것을 법도로 삼았던 것이다.

이미 하늘을 법도로 삼았다면 그의 행동과 하는 일은 반드시 하늘을 기준 삼게 될 것이다. 하늘이 바라는 것이면 행하고 하늘이 바라지 않는 것이면 그만둔다. 그렇지만 하늘은 무엇을 바라고 무엇을 싫어하는 것인가? 결코 하늘은 사람들이 서로 사랑하며 서로 이롭게 할 것을 바라지 사람들이 서로 미워하며 서로 해칠 것을 바라지 않는다.

무엇으로써 하늘이 사람들이 서로 사랑하며 서로 이롭게 하는 것을 바라고 사람들이 서로 미워하며 서로 해치는 것을 바라지 않는다는 것을 아는가? 하늘은 모든 것을 아울러 사랑하고 모든 것을 아울러 이롭게 하는 것으로써 알 수 있다. 무엇으로써 하늘이 모든 것을 아울러 사랑하고 모든 것을 아울러 이롭게 함을 알 수 있는가? 하늘이 모든 것을 아울러 보전하고 모든 것을 아울러 먹여 살리는 것으로써 알 수 있다.

|原文| 然則奚以爲 治法而可? 故曰：莫若法天. 天之行廣而無私, 其施厚而不德, 其明久而不衰. 故聖王法之.

旣以天爲法, 動作有爲 必度於天. 天之所欲則爲之, 天所不欲則止. 然而天何欲何惡者也? 天必欲人之相愛相利, 而不欲人之

相惡相賊也.
　奚以知天之欲 人之相愛相利, 而不欲人之相惡相賊也? 以其兼而愛之, 兼而利之也. 奚以知天兼而愛之, 兼而利之也? 以其兼而有之, 兼而食之也.

註解　○賊(적)-해침. ○有(유)-보유(保有). 보전(保全)의 뜻. ○食之(사지)-그들을 먹여 살게 해주는 것.

解說　묵자는 사람들의 최고 법도로써 '하늘'을 내세우고 있다. 여기서 '하늘'이란 종교가들이 말하는 '하나님'과 같은 것이다. 하늘은 만물을 사랑하고 보호해 주며 한없이 넓고 크다. 이러한 하늘에 대한 신앙을 바탕으로 하여 유명한 묵자의 '겸애주의(兼愛主義)'가 싹트는 것이다. '겸애'란 하늘이 만물을 공평하게 한없이 사랑하듯 모든 사람들이 온 인류를 공평하게 사랑해야 한다는 것이다. 이처럼 '겸애'가 하늘에 대한 신앙을 바탕으로 하고 모든 인류에 대한 무한한 사랑을 주장하는 것이라는 점에서는 기독교의 '박애(博愛)' 사상과도 그 나타내는 뜻이 통하는 것이다.

4. 지금 천하의 크고작은 나라를 막론하고 모두가 하늘의 도움을 받고 있는 것이다. 사람은 어리고 나이 많고 귀하고 천한 구별 없이 모두가 하늘의 신하인 것이다. 이 때문에 모두가 양과 소를 기르고 개와 돼지를 기르며 정결한 술과 단술과 젯밥을 담아놓고 하늘을 공경히 섬기는 것이다. 이것은 모든 것을 아울러 보전해 주고, 모든 것을 아울러 먹여 살려 주기 때문이 아니겠는가? 하늘은 진실로 모든 것을 아울러 보전해 주고 먹여 살려 주고 있는 것이다.
　무슨 말로 사람들이 서로 사랑하고 서로 이롭게 하기를 바라지 않는다고 주장하겠는가? 그러므로 남을 사랑하고 남을 이롭게 하는 사람에게는 하늘이 반드시 복을 내리고, 남을 미워하고 남을 해치는 자에게는 하늘은 반드시 재앙을 내리는 것이다. 그래서
"죄 없는 사람을 죽인 자는 불행한 결과를 얻는다."
고 말하는 것이다.

[原文] 今天下, 無大小國, 皆天之邑也. 人無幼長貴賤, 皆天之臣也. 此以莫不犓羊牛, 豢犬豬, 絜爲酒醴粢盛, 以敬事天. 此不爲兼而食之, 兼而食之邪? 天苟兼而有食之.

夫奚說以不欲人之相愛相利也? 故愛人利人者, 天必福之, 惡人賊人者, 天必禍之. 曰, 殺不辜者, 得不祥焉.

[註解] ○犓(추)-제물로 쓰려고 '꼴을 먹여 기르는 것'. ○豢(환)-가축을 '기르는 것'. ○絜(결)-결(潔)과 통하여 '정결히', '깨끗이'. ○醴(례)-단술[甘酒]. ○粢(자)-젯밥. ○盛(성)-젯밥을 제기에 담는 것. ○不祥(불상)-상서롭지 않은 결과. 불행.

[解說] 여기서도 사람들의 법도가 되는 하늘에 대한 설명을 하고 있다. 사람은 물론 세상 만물은 모두가 하늘이 보호하고 길러주는 것이다. 따라서 하늘이 바라지 않는 것, 곧 남을 미워하며 남을 해치는 짓을 하는 자는 벌을 받고, 하늘이 바라는 것, 곧 남을 사랑하고 남을 이롭게 하는 사람은 복을 받는다. 따라서 하늘은 사람들의 최고 법도가 될 수 있다는 것이다.

5. 사람들이 서로 죽이면 하늘이 화(禍)를 내려준다는 것은 도대체 무엇을 말하는가? 이것으로써 하늘은 사람들이 서로 사랑하고 서로 이롭게 하기를 바라지, 사람들이 서로 미워하고 서로 해치는 것을 바라지 않는

다는 것을 알 수 있다.

　옛날의 성왕(聖王)인 우(禹)임금·탕(湯)임금·문왕(文王)·무왕(武王) 같은 분들은 천하의 백성들을 아울러 사랑하셨고, 그들을 거느리고 하늘을 높이며 귀신들을 섬기어 사람들을 이롭게 하는 일이 많았다. 그러므로 하늘은 그들에게 복을 내리어 그들로 하여금 천자 자리에 오르게 하고, 천하의 제후들은 모두 그들을 공경히 섬기게 되었다.

　폭군(暴君)인 걸왕(桀王)·주왕(紂王)·유왕(幽王)·여왕(厲王) 같은 이들은 천하의 백성들을 아울러 미워하였고, 그들을 거느리고 하늘을 욕하며 귀신들을 업신여기어 사람들을 해치는 일이 많았다. 그러므로 하늘은 그들에게 화를 내리어 마침내는 그들로 하여금 그들의 국가를 잃게 하고, 몸은 천하에서 큰 형벌을 받아 죽음을 당하게 하였다. 후세에는 자손들까지도 그들을 비난하게 되었는데 지금까지도 끊임없이 그러하다.

　그러므로 선하지 않은 짓을 하여 화를 입은 사람으로는 걸왕·주왕·유왕·여왕이 있고, 사람들을 사랑하고 사람들을 이롭게 함으로써 복을 받았던 사람으로는 우임금·탕임금·문왕·무왕이 있다고 하는 것이다. 사람들을 사랑하고 사람들을 이롭게 함으로써 복을 받았던 사람도 있었지만, 사람들을 미워하고 사람들을 해침으로써 화를 입었던 사람도 있었던 것이다.

原文　夫奚說人爲其相殺而天與禍乎? 是以知天欲人相愛相利, 而不欲人相惡相賊也.

　昔之聖王禹湯文武, 兼愛天下之百姓, 率以尊天事鬼, 其利人多. 故天福之, 使立爲天子, 天下諸侯皆賓事之.

　暴王桀紂幽厲, 兼惡天下之百姓, 率以尊天侮鬼, 其賊人多. 故天禍之, 使遂失其國家, 身死爲僇於天下. 後世子孫毀之, 至今不息.

　故爲不善而得禍者, 桀紂幽厲是也. 愛人利人以得福者, 禹湯文武是也. 愛人利人以得福者有矣, 惡人賊人以得禍者亦有矣.

|註解| ㅇ禹(우)-하(夏)나라의 첫 임금. 세상의 물을 다스린 공로로 순(舜) 임금에게서 나라를 물려받음. ㅇ湯(탕)-포악한 하나라의 걸왕(桀王)을 쳐부수고 상(商)나라를 세운 어진 임금. ㅇ文王(문왕)-주(周)나라의 임금. 천명(天命)을 받았으나 천하를 통일하지 못하고 죽은 어진 임금. ㅇ武王(무왕)-문왕의 아들. 하(夏)나라 주(紂)왕을 쳐부수고 주(周)나라를 세운 어진 임금. ㅇ桀(걸)-하나라의 끝 임금. 은(殷)나라의 끝 임금인 주(紂)와 함께 대표적인 폭군으로 알려져 있다. ㅇ幽(유)-유왕(幽王). 서주(西周)의 맨 끝 임금. 포사(褒姒)란 여인에게 빠져 나라의 정사를 그르쳤던 임금. ㅇ厲(려)-여왕(厲王). 유왕(幽王)의 할아버지. 정치를 잘못하여 서주(西周)가 망하는 원인이 되었었다. ㅇ詬(구)-욕하다. ㅇ僇(육)-육(戮)과 같은 자로, 처형(處刑)당하는 것.

|解說| 묵자는 하늘을 인용하며 사람들은 모두가 서로 사랑해야만 한다는 겸애(兼愛)의 이론을 종교적인 단계로 승화시키고 있다. 사람들이 사사로운 마음 없이 서로 남을 사랑하고 남을 이롭게 하는 것은 논리를 넘어선 하늘의 섭리에 합치하는 일이라는 것이다.

제5 칠환편(七患篇)

나라를 다스리는 사람에게 있는 '일곱 가지 커다란 환난'에 대한 설명이다. '일곱 가지 환난'의 내용은 본문으로 설명을 미루지만 절약을 강조하고 있는 게 큰 특징이라 할 것이다. 따라서 이 편의 뒷부분은 뒤에 나오는 〈절용편(節用篇)〉과 관계가 깊지만 묵가 사상으로써 특징을 이루는 '쓰는 것을 절약한다'는 주장을 뚜렷이 밝히고 있다고는 말할 수 없다. 이런 점 때문에 앞의 7편을 묵가의 초기 사상을 쓴 것이라고 주장하는 학자들이 있다.

1. 묵자가 말하기를 '나라에는 일곱 가지 환난이 있다'고 하였다. 일곱 가지 환난이란 무엇일까?

성곽(城郭)이나 해자〔溝池〕를 지키지도 못하면서 궁실을 크게 세우는 게 첫째 환난이다.

적국이 국경에 이르렀건만 사방의 이웃 나라에서 구해주지 않는 것이 둘째 환난이다.

먼저 백성들의 힘을 쓸데없는 일에 다 써버리고 능력 없는 사람에게 상을 주는 일, 즉 백성들의 힘은 쓸데없이 다 써버리고 재물은 손님들 대접하느라고 다 비어 버리는 것이 셋째 환난이다.

벼슬하는 자들은 녹(祿)을 유지하려고만 들고, 노는 자들은 교제로 붕당을 기르기만 하고, 임금은 법을 닦아 신하를 함부로 쳐도 신하들은 겁이 나서 감히 거스리지 않는 것이 넷째 환난이다.

임금이 스스로 성인답고 지혜롭다 여기고는 일에 대하여 물어보는 일이 없고, 스스로 안락하고 강하다고 여기고는 방비를 하지 않으며 사방의 이웃 나라들이 침략할 계획만을 짜고 있는데도 경계할 줄 모르는 것이 다섯째 환난이다.

신임하는 자들은 충성스럽지 않고 충성스런 사람을 신임하지 않는 것이 여섯째 환난이다.

생산하는 식량은 국민이 먹기에 부족하고, 대신들은 임금을 섬기기에 부족한 자들이며, 상을 내려서 기쁘게 할 수 없고, 처벌해서도 위압을 할 수 없는 것이 일곱째 환난이다.

나라에 이 일곱 가지 환난이 있다면 반드시 나라는 멸망할 것이며, 일곱 가지 환난을 가지고 성을 지켜 보았자 적이 쳐들어오면 나라는 기울어지고 말 것이다. 일곱 가지 환난이 있다면 나라는 반드시 재앙을 당하게 될 것이다.

原文 子墨子曰:國有七患. 七患者, 何?

城郭溝池不可守, 而治宮室, 一患也.

敵國至境, 四隣莫救, 二患也.

先盡民力無用之功, 賞賜無能之人, 民力盡於無用, 財寶虛於待客, 三患也.

仕者持祿, 游者養交, 君修法討臣, 臣懾而不敢拂, 四患也.

君自以爲聖智, 而不問事, 自以爲安彊, 而無守備, 四隣謀之不知戒. 五患也.

所信者不忠, 所忠者不信, 六患也.

畜種菽粟 不足以食之, 大臣不足以事之, 賞賜不能喜, 誅罰不能威, 七患也.

以七患居國, 必無社稷, 以七患守城, 敵至國傾. 七患之所當, 國必有殃.

註解 ○溝池(구지)−해자. 성을 지키기 위하여 성 둘레에 파놓은 도랑이나 연못. ○養交(양교)−보통 판본엔 '애교(愛校)'로 되어 있으나 잘못임(《墨子閒詁》). '사귐을 기른다'는 것은 자기의 패거리를 만드는 것을 뜻한다. ○懾(접)−두려워함. 무서워함. ○拂(불)−거스름. 임금의 뜻을 어기며 간하는 것. ○畜種(축종)−가축이나 곡식. 축(畜)이 축(蓄)으로 된 판본도 있으니 '축적

된 곡식'으로 보아도 좋다. ㅇ菽粟(숙속) - 콩과 조. 곡식.

解說 나라의 환난이 되는 일곱 가지 조목들을 보면 묵자로서 별로 두드러진 면은 보이지 않는다. 오히려 유가와 법가의 특징 등이 뒤섞인 이 시대의 일반적인 주장을 대변하는 듯한 인상을 준다.

2. 무릇 오곡(五穀)이란 백성들이 존중하는 것이며, 임금이 백성들을 보양(保養)하는 근거가 되는 것이다. 그러므로 백성들이 존중하는 것이 없으면 임금은 보양해 줄 게 없게 되며, 백성들이 먹을 게 없다면 섬길 수가 없게 되는 것이다. 그러므로 먹을 것에 대하여는 힘쓰지 아니할 수가 없고, 땅에 대하여는 힘들여 경작하지 않을 수가 없고, 쓰는 것에 대하여는 절약을 하지 않을 수가 없는 것이다.

오곡이 모두 잘 걷히면 곧 임금에겐 모든 음식을 올리게 되지만, 다 잘 걷혀지지 않으면 모든 것을 다 올리지 못하게 된다. 한 가지 곡식이 걷히지 않는 것을 '근(饉)'이라 말한다. 두 가지 곡식이 걷히지 않는 것을 '한(罕)'이라 말한다. 세 가지 곡식이 걷히지 않는 것을 '흉(凶)'이라 말한다. 네 가지 곡식이 걷히지 않는 것을 '궤(匱)'라 말한다. 다섯 가지 오곡이 다 걷히지 않는 것을 '기(饑)'라 말한다.

'근'이 든 해는 대부(大夫) 이하 벼슬아치는 모두 그의 녹(祿)을 5분지 1로 줄인다. '한'이 들면 5분지 2를 줄인다. '흉'이 들면 5분지 3을 줄인다. '궤'가 들면 5분지 4를 줄인다. '기'가 들면 녹을 없애고 관에서 먹여주기만 한다.

그러므로 나라에 흉년이 들면 임금은 먹던 요리의 5분지 3을 치우고, 대부들은 악기를 치우고, 선비들은 학교에 들어가지 않으며, 임금이 조회할 때의 옷들을 고쳐 만들지 아니하며, 제후들의 손님이나 사방 이웃 나라의 사신들도 식사만을 대접하고 성대한 잔치를 베풀어 주지 않으며,

참마(驂馬)를 없애고 수레는 두 마리 말만이 끌게 하며, 길의 풀을 뽑지 아니하고, 말에게 곡식을 먹이지 않으며, 궁녀들은 비단옷을 입지 않는다. 이것은 식량이 부족함을 철저히 인식시키려는 것이다.

지금 자기 아들을 업고서 물을 긷다가 그의 아들을 물속에 떨어뜨렸다면, 그 어머니는 반드시 그를 쫓아 건져낼 것이다. 지금 흉년이 들어 백성들이 굶주리고 길거리에서 굶주려 넘어지고 있다면 이 병폐는 자기 자식을 물에 떨어뜨린 것보다 더 무거울 것이니 어찌 살피지 않을 수가 있겠는가?

原文 凡五穀者, 民之所仰也, 君之所以爲養也. 故民無仰則君無養, 民無食則不可事. 故食不可不務也, 地不可不力也, 用不可不節也.

五穀盡收, 則五味盡御於主, 不盡收則不盡御. 一穀不收, 謂之饉. 二穀不收, 謂之旱. 三穀不收, 謂之凶. 四穀不收, 謂之餽. 五穀不收, 謂之饑.

歲饉則仕者大夫以下, 皆損祿五分之一, 旱則損五分之二, 凶則損五分之三, 餽則損五分之四, 饑則盡無祿, 稟食而已矣.

故凶饑存乎國, 人君徹鼎食五分之三, 大夫徹縣, 士不入學. 君朝之衣不革制, 諸侯之客, 四隣之使, 饗飧而不盛, 徹驂騑, 塗不芸, 馬不食粟, 婢妾不衣帛. 此告不足之至也.

今有負其子而汲者, 墜其子於井中, 其母必從而導之. 今歲凶民饑道餓, 此疚重於墜其子, 其可無察邪?

註解 ○五穀(오곡)―다섯 가지 곡식. 벼·메기장·찰기장·보리·콩《孟子注》 등 옛날의 대표적인 다섯 가지 곡식. ○五味(오미)―달고 짜고 시고 맵고 쓴, 다섯 가지 맛. 여기에선 갖가지 맛있는 요리를 뜻한다. ○御(어)―바

치는 것. 드리는 것. ㅇ罕(한)-수확이 적은 것. 보통 한(旱)으로 되어 있으나 잘못임(兪樾 說). ㅇ稟食(늠식)-관에서 먹여주는 것. ㅇ凶饑(흉기)-흉년으로 말미암은 기근(饑饉). ㅇ徹(철)-지움. 없앰. ㅇ鼎食(정식)-큰 상에 늘어놓은 요리(料理). ㅇ縣(현)-아악(雅樂)에 쓰이는 악기들을 가리킴. ㅇ饔飱(옹손)-아침·점심·저녁의 식사. ㅇ驂騑(참비)-참마(驂馬). 옛날 수레는 두 마리의 복마(服馬)와 두 마리의 참마로 된 네 마리가 끌었다. ㅇ芸(운)-풀을 뽑는 것. ㅇ疚(구)-병. 마음이 아픔.

|解說| 나라를 다스리는 데 있어서 '일곱 가지 환난'이 있다고 하였지만 가장 중요한 것은 먹을 것이 모자라는 것이다. 백성들에게 먹을 것이 부족하다면 아무리 훌륭한 임금이라 하더라도 나라를 잘 다스리지 못할 것이다. 그런데 이 중요한 식량은 생산을 늘이는 것과 함께 소비를 절약하여야만 언제나 수요에 충족시킬 수 있다는 것이다. 특히 흉년으로 말미암아 식량의 부족이 심각해지는데, 흉년의 정도에 따라 절약도 적절히 조절하여야 한다는 것이다. 여기에서 '노동'과 함께 '절약'을 중히 여기는 묵가의 사상적인 경향이 엿보이기 시작한다.

3. 그러므로 풍년이 든 때에는 백성들은 어질고도 착하지만 흉년이 든 때에는 백성들은 인색하고도 악해지는 것이다. 백성들이야 어찌 일정한 성격을 지니고 있을 수가 있겠는가?

생산하는 사람이 부지런하다 하더라도 먹는 자들이 많으면 곧 풍년도 맥을 못춘다. 그러므로 '재물이 부족하면 철에 대하여 반성하고, 식량이 부족하면 곧 사용에 대하여 반성한다'고 하는 것이다. 따라서 옛 백성들은 철에 알맞도록 재물을 생산하여 근본을 굳건히 해놓고 재물을 썼으니 재물이 풍족하였던 것이다. 비록 옛날 시대의 성왕(聖王)이라 하더라도 어찌 오곡(五穀)을 언제나 풍성히 거둬들이고 가뭄과 홍수가 오지 않도록 할 수야 있었겠는가? 그런데도 헐벗고 굶주린 백성들이 없었던 것은 어째서일까? 그들이 철에 따라 노력을 많이 하면서도 스스로를 보양(保養)하는 데에는 검소하였기 때문인 것이다.

그런데 《서경(書經)》의 하서(夏書)에 말하기를 '우(禹)임금 때에는 7년 동안 홍수가 졌다' 하였고, 《서경》 상서(商書)에는 '탕(湯)임금 때에는 5년 동안 가뭄이 들었다'고 하였다. 이토록 그들은 흉년과 기근(饑饉)을 겪었지만 백성들에 헐벗고 굶주린 자들이 없었음은 어째서일까? 그들은 재물의 생산에는 빈틈없는 노력을 하였으나 그 사용에는 절약을 하였기 때문인 것이다.

그러므로 창고에 준비되어 있는 곡식이 없다면 흉년이나 기근에 대비할 수가 없다. 창고에 준비된 무기가 없다면 비록 의로운 목적이 있다 하더라도 불의를 정벌할 수가 없다. 성곽이 완전하게 갖추어 있지 않으면 스스로를 지킬 수가 없다. 마음속에 걱정스런 일에 대한 대비가 되어 있지 않으면 졸지의 일에 대처할 수가 없다. 그래서 만약 힘이 센 경기(慶忌)가 대비를 소홀히 하는 마음이 없었다면 아무도 가벼이 그를 처치하려고 나설 수 없었을 것이다.

|原文| 故時年歲善, 則民仁且良, 時年歲凶, 則民吝且惡. 夫民何常此之有?

爲者疾, 食者衆, 則歲無豊. 故曰:財不足則反之時, 食不足則反之用. 故先民以時生財. 固本而用財則財足. 故雖上世之聖王, 豈能使五穀常收而旱水不至哉! 然而無凍餓之民者, 何也? 其力時急, 而自養儉也.

故夏書曰:禹七年水. 殷書曰:湯五年旱. 此其離凶饑甚矣, 然而民不凍餓者, 何也? 其生財密, 其用之節也.

故倉無備粟, 不可以待凶饑. 庫無備兵, 雖有義, 不能征無義.

城郭不備全, 不可以自守. 心無備慮, 不可以應卒. 是若慶忌, 無去備之心, 不能輕出.

[註解] ○吝(인)-인색함. ○爲者(위자)-일하는 사람. 생산하는 사람. ○疾(질)-빠름. 부지런함. ○夏書(하서)-《서경(書經)》은 〈우서(虞書)〉·〈하서〉·〈상서(商書)〉·〈주서(周書)〉의 네 부분으로 나뉘어져 있다. ○殷書(은서)-곧 《서경》인 〈상서〉, 탕(湯)임금이 세운 상(商)나라는 뒤에 반경(盤庚)임금이 도읍을 은(殷)으로 옮기어 후에는 나라 이름을 은(殷)이라고 흔히 불렀으므로 〈상서〉를 〈은서〉라고 부른 것이다. ○離(이)-걸림. 당함. ○密(밀)-주밀(周密). 빈틈없음. ○慮(려)-걱정. 근심. ○應卒(응졸)-졸지에 일어난 사태에 대처함. ○慶忌(경기)-춘추시대 오(吳)왕 요(僚)의 아들. 용기와 힘이 아무도 당해낼 수 없을 정도였다 한다. 그러나 공자광(公子光)이 틈을 엿보아 사람을 시켜 그를 죽였다.

[解說] 역시 절약을 함으로써 만일을 위하여 언제나 대비가 되어 있어야만 흉년이 들어도 걱정이 없다는 것이다. 그뿐만 아니라 무슨 일이나 준비가 되어 있어야만 자기가 바라는 일을 할 수 있다는 것이다. 앞에 '일곱 가지 환난'을 들고서 이처럼 맨 끝의 '식량의 부족' 문제만을 가지고 얘기하고 있는 것은 묵가다운 면모를 보여주는 것이라 하겠다.

4. 걸(桀)왕은 탕(湯)임금을 대처할 대비가 없었기 때문에 쫓겨났고, 주(紂)왕은 무왕(武王)에 대처할 대비가 없었기 때문에 죽음을 당하였다. 걸왕과 주왕은 천자란 귀한 몸으로 천하의 부(富)를 차지하고 있었다. 그러나 모두 백 리 사방의 임금에게 멸망당했던 것은 어째서인가? 부귀는 지니고 있었지만 대비는 하지 않고 있었기 때문이다. 그러므로 대비라는 것은 나라의 중대한 일인 것이다.

양식은 나라의 보배이고, 병력은 나라의 발톱이며, 성(城)이란 스스로를 지키는 수단이다. 이 세 가지는 나라의 용구(用具)이다. 그러므로 '지나친 상(賞)을 공도 없는 자에게 내리고 나라의 창고를 텅 비게 하면서 수레와 말을 갖추고 옷과 갖옷을 기괴하게 차리며, 그들이 부리는 자들을 괴롭히면서 궁실을 다스리고 즐기며, 죽으면 또 두터이 관(棺)과 겉관을 장만하고, 많은 옷과 갖옷을 마련한다. 살아서는 누각(樓閣)과 정자를 다스리고, 죽어서는 또 분묘(墳墓)를 치장한다. 그러므로 백성들은 밖에서 고생하고, 창고는 안으로 바닥나게 되는 것이다. 위에서는 즐김에 싫증을 낼 줄 모르고, 아래서는 그들의 괴로움을 감당하지 못하게 된다. 그러므로 나라는 적국을 만나기만 하면 피해를 입고, 백성들은 흉년과 기근을 당하면 망하게 되는데, 이것은 모두 제대로 그 일에 대비하지 않은 죄이다'라고 하는 것이다.

또한 양식이라는 것은 성인들께서도 보배로 아셨던 것이다. 그러므로 《주서(周書)》에 말하기를 '나라에 3년의 양식이 없다면 나라라 하더라도 그의 나라는 아니다. 집안에 3년의 양식이 없다면 자식이 있다 해도 그의 자식이 아니다'라고 한 것이다. 이것을 두고 '나라의 대비〔國備〕'라고 말하는 것이다.

原文 夫桀無待湯之備, 故放. 紂無待武之備, 故殺. 桀紂貴爲天子, 富有天下, 然而皆滅亡於百里之君者, 何也? 有富貴而不爲備也. 故備者, 國之重也.

食者, 國之寶也. 兵者, 國之爪也. 城者, 所以自守也. 此三者, 國之具也. 故曰 : 以其極賞, 以賜無功, 虛其府庫, 以備車馬, 衣裘奇怪, 苦其役徒, 以治宮室觀樂. 死又厚爲棺椁, 多爲衣裘. 生時治臺榭, 死又脩墳墓. 故民苦於外, 府庫單於內. 上不厭其樂, 下不堪其苦. 故國離寇敵則傷, 民見凶饑則亡. 此皆備不具之罪也.

且夫食者, 聖人之所寶也. 故周書曰 : 國無三年之食者, 國非其國也. 家無三年之食者, 子非其子也. 此之謂國備.

註解 ㅇ爪(조)-발톱. 손톱. ㅇ裘(구)-가죽으로 만든 겉옷. 갖옷. ㅇ槨(곽)-밖의 덧관. 곽(椁)으로 쓴다. ㅇ臺榭(대사)-높은 누대(樓臺)와 정자(亭子). ㅇ單(단)-탄(殫)과 통하여, 다하다. 바닥이 나다. ㅇ離(리)-리(罹)와 통하여 만나다, 맞닥치다. ㅇ周書(주서)-주나라의 역사가 쓰인 책 이름. 한대(漢代) 이전의 옛 책으로 《일주서(逸周書)》 또는 《급총주서(汲冢周書)》라고도 부른다.

解說 계속 모든 일에는 대비를 잘하여야 할 것을 주장했다. 특히 나라에 있어서는 양식과 병력 및 성(城)에 관한 대비가 중요함을 역설했다. 다만 이러한 대비들을 제대로 하자면 다스리는 사람들이 백성들은 생각하지 않고 오직 놀고 즐겨서는 절대로 안된다는 것이다. 이러한 이론은 묵자의 중심사상의 하나인 모두가 '부지런히 일하고 절약하여 검소하게 산다〔勤儉〕'는 생각의 바탕을 이루는 것이다.

제6 사과편(辭過篇)

'사과'란 '지나침을 사양한다', 곧 지나친 사치나 허식을 물리쳐야 한다는 뜻이다. 옛날의 성왕(聖王)들은 사람들이 사는 집이나 입는 옷, 먹는 음식, 타는 배나 수레 같은 것을 모두 실용을 위하여 만들었다. 그러나 지금은 실용과는 거리가 먼 사치스런 장식과 낭비가 많으며, 이러한 사치와 낭비를 위하여 백성들을 착취하고 나라의 재물을 허비한다. 그리고 큰 나라 임금은 첩을 천 명, 작은 나라 임금은 백 명씩이나 두고 있어 낮은 백성들은 장가들기조차도 어려워지고 따라서 인구가 줄고 있다. 임금이 나라를 잘 다스리려면 이러한 낭비를 없애고 모든 면에 절약을 하여야 한다는 것이다. 이 편의 내용은 앞〈칠환편〉의 뒷부분에 이어 절약을 강조하는 내용이어서 없어진〈절용편(節用篇)〉의 하편(下篇)이 아닌가 의심하는 학자들도 있다.

1. 묵자가 말하였다.

"집을 지을 줄 몰랐을 때의 옛날 백성들은 언덕에 굴을 파고 살았으므로, 낮았기 때문에 습기가 백성들을 해쳤다. 그래서 성왕이 나와 집을 지었던 것이다. 집을 짓는 방법은 다음과 같았다. 집의 높이는 습기를 피하기에 충분한 정도이고 가장자리의 벽은 바람과 추위를 막기에 충분한 정도이며 위 지붕은 눈·서리와 비·이슬을 막기에 충분한 정도이고 집 담의 높이는 남녀의 예의를 가리기에 충분한 정도이다. 이 정도로 그쳐서 모든 재물과 노력을 소비하고도 이익이 되지 않는 짓은 하지를 않았다.

백성들의 일정한 부역(賦役)으로 나라의 성곽을 수리한다면 곧 백성들이 수고를 한다 해도 피해를 받지는 않는다. 백성들의 일정한 과세 기준으로 나라의 조세(租稅)를 거둔다면 곧 백성들은 소비를 한다 해도 폐해가 되지는 않는다. 백성들이 괴로워하는 것은 이것이 아니라 호화로운 공사를 하느라고 백성들에게서 거둬들이기 때문에 괴로운 것이다. 그러므로 성왕이 집을 짓는 데는 삶에 편리하게 하기 위한 것일 뿐 겉치레를 위한 것이 아니었다. 의복이나 허리띠와 신을 만드는 것도 몸에 편리하게 하기 위한 것이었지 괴벽한 꾸밈을 위한 것이 아니었다. 그러므로 자신이 절약을 하며 백성들을 교화하여 그로써 천하의 백성들을 다스릴 수가 있었고, 쓰는 재물이 충족될 수가 있었던 것이다.

 지금의 임금들이 집을 짓는 것은 이와 다르다. 반드시 호화로운 공사를 하여 백성들에게서 거둬들이며, 백성들이 먹고 입을 재물을 함부로 뺏아다가 궁실과 누각을 이리저리 모양을 내어 지으며, 여러 가지 색칠과 조각으로 장식을 한다. 집을 이와 같이 지으니 신하들도 모두 임금을 본뜨게 된다. 그리하여 나라의 재물은 흉년과 기근에 대비하거나 고아나 과부 같은 이들을 구제하기엔 불충분하게 된다. 그러므로 나라는 가난해지고 백성들을 다스리기 어렵게 되는 것이다. 임금이 정말로 천하가 다스려지기를 바라고 혼란을 싫어한다면, 마땅히 궁실을 지음에 절제하지 않을 수가 없을 것이다."

原文 子墨子曰 : 古之民, 未知爲宮室時, 就陵阜而居穴而處, 下潤濕傷民, 故聖王作爲宮室. 爲宮室之法, 曰室高足以辟潤濕, 邊足以圉風寒, 上足以待雪霜雨露, 宮牆之高, 足以別男女之禮. 謹此則止, 凡費財勞力, 不加利者, 不爲也.

 以其常役, 脩其城郭, 則民勞而不傷, 以其常正, 收其租稅, 則民費而不病. 民所苦者, 非此也, 苦於厚作, 歛於百姓. 是故聖王作爲宮室, 便於生, 不以爲觀樂也. 作爲衣服帶履, 便於身, 不以爲辟怪也. 故節於身, 誨於民, 是以天下之民可得而治, 財用可得而足也.

 當今之主, 其爲宮室, 則與此異矣. 必厚作, 歛於百姓, 暴奪民衣食之財, 以爲宮室臺榭曲直之望, 靑黃刻鏤之飾. 爲宮室若此, 故左右皆法象之. 是以其財不足以待凶饑, 振孤寡. 故國貧而民難治也. 君實欲天下之治而惡其亂也, 當爲宮室不可不節.

註解 ○宮室(궁실)−궁전뿐만 아니라 여기서는 모든 집을 가리킨다. ○陵

阜(능부)-언덕. ○潤濕(윤습)-젖음. 습기가 참. ○邊(변)-가장자리의 벽. ○圉(어)-막아냄. ○以其常役(이기상역)-'백성들의 일정한 부역으로써'. 보통 판본엔 이기상(以其常) 세 자가 없으나 《묵자한고(墨子閒詁)》에 의거 보충했다. ○常正(상정)-정(正)은 정(征)과 통하여 '일정한 과세 기준'. ○厚作(후작)-분에 넘친 호화로운 공사를 하는 것. ○辟怪(벽괴)-괴벽스런 수식(修飾)을 하는 것. ○臺榭(대사)-높은 누대(樓臺). ○曲直之望(곡직지망)-요리조리 겉모양에 변화를 일으키며 아름답게 만드는 것. ○左右(좌우)-임금의 신하들. ○振(진)-진제(振濟). 구제.

解說 옛날 임금은 집이나 옷을 모두 실용 위주로 지었으나 지금 와서는 헛된 수식(修飾)이 많아졌다. 이것은 쓸데없는 낭비며 나라를 가난하게 만들 따름이라는 것이다. 나라가 가난하면 백성들은 다스려지지 않는다. 따라서 임금은 재물을 아껴 쓰며 실용적인 궁전을 짓도록 하여야 한다는 것이다.

2. 옛날 백성들이 의복을 만들 줄 몰랐을 때에는 짐승 가죽을 옷 대신 입고 마른 꼴풀로 띠를 둘러, 겨울에는 가벼우나 따뜻하지 않고 여름에는 가벼우나 시원하지 않았다. 성왕(聖王)께서는 그것이 사람들의 인정에 맞지 않는다고 생각했다. 그래서 일어나 부인들에게 삼실을 다스리고 무명과 비단을 짜는 법을 가르치어 백성들의 옷을 만들게 하고 의복의 법도를 마련하였다. 겨울에는 비단으로 만든 속옷을 입어 가볍고도 따스하게 하기에 족하였고, 여름이면 굵고 가는 베옷으로 만든 속옷을 입어 가볍고도 시원하게 하기에 족하게 하였으며, 오직 이러한 정도에 그쳤다. 그러므로 성인께서 의복을 마련하실 적에는 신체에 쾌적(快適)하고 살갗에 조화되는 것으로 만족하였지, 눈과 귀에 화려하게 보이게 하고 어리석은 백성들에게 뽐내려던 것이 아니었다.

그러한 시대에는 튼튼한 수레나 좋은 말도 귀중한 것인 줄 알지 못하였고, 무늬를 조각하고 채색을 수놓은 것도 좋은 것인 줄 알지 못하였다. 왜냐하면 그것은 자연스런 방도를 따른 것이었기 때문이다. 백성들의 입고 먹는 재물이 각기 집안에서 가뭄과 장마나 흉년이나 굶주림에 대처하기에 충분하였던 것은 어째서인가? 그들이 스스로를 보양(保養)하려는 인정(人情)에 맞는 것만을 취득하고 그밖의 것에 대하여는 무감각하였기 때문이었다. 그래서 그 백성들은 검소하여 다스리기 쉬웠고, 그 임금은 쓰는 재물을 절약하여 풍부해지기 쉬웠다. 나라의 창고에는 물건이 가득 차서 불의의 변고(變故)에 대비하기에 족하였고, 무기와 갑옷을 무너뜨리지 않고 백성들을 수고롭히지 않아도 복종하지 않는 자들을 정복하기에 족하였다. 그러므로 패왕(覇王)의 위업을 천하에 실행할 수가 있었다.

지금의 임금을 보면 의복을 입는 멋이 이것과 달라졌다. 겨울이면 가볍고 따스하고 여름에는 가볍고 시원하게 할 수 있는 조건은 모두 갖추어져 있다. 반드시 백성들에게서 많은 재물을 거둬들여 백성들이 입고 먹을 재물을 함부로 빼앗아가지고 무늬와 채색으로 수놓은 비단으로 화려한 옷을 짓고 금을 녹여 부어 띠의 고리를 만들고 주옥으로 패옥(珮玉)을 만들어 장식한다. 여공(女工)들은 무늬와 채색을 수놓고, 남공(男工)들은 무늬를 조각하여 몸에 걸칠 옷을 마련한다. 이것은 더욱 따스하게 하는 실속이 있는 것도 아니다. 재물을 소비하고 힘을 수고롭히나 모두 쓸데없는 짓으로 귀결되고 만다. 이로써 본다면 그들의 의복 제도는 신체를 위한 것이 아니라 모두 보기 좋게 하려는 것이다.

이래서 그 백성들은 지나치게 간사해져서 다스리기 어렵게 되고, 그 임금은 사치해져서 간(諫)하기 어렵게 된 것이다. 사치스런 임금이 지나치게 간사한 백성들을 다스리게 되었으니, 나라가 어지럽지 않으려 해도 그렇게 될 수가 없는 것이다. 임금이 정말로 천하가 다스려지기를 바라고 그 혼란을 싫어한다면, 마땅히 의복을 지어 입는 데 절제하지 않을 수가 없을 것이다.

原文 古之民, 未知爲衣服時, 衣皮帶茭, 冬則不輕而溫, 夏則不輕而淸. 聖王以爲不中人之情, 故作誨婦人, 治絲麻, 梱布絹, 以爲民衣, 爲衣服之法. 冬則練帛之中, 足以爲輕且煖, 夏則絺綌之中, 足以爲輕且淸. 謹此則止. 故聖人之爲衣服, 適身體和肌膚而足矣, 非榮耳目而觀愚民也.

當是之時, 堅車良馬不知貴也, 刻鏤文采不知喜也. 何則所道之然故. 民衣食之財, 家足以待旱水凶饑者, 何也? 得其所以自養之情, 而不感於外也. 是以其民儉而易治, 其君用財節而易贍也. 府庫實滿, 足以待不然. 兵革不頓, 士民不勞, 足以征不服. 故霸王之業, 可行於天下矣.

當今之主, 其爲衣服則與此異矣. 冬則輕煖, 夏則輕淸, 皆已具矣. 必厚作斂於百姓, 暴奪民衣食之財, 以爲錦繡文采靡曼之衣, 鑄金以爲鉤, 珠玉以爲珮. 女工作文采, 男工作刻鏤, 以爲身服. 此非云益煖之情也. 單財勞力, 畢歸之於無用也. 以此觀之, 其爲衣服, 非爲身體, 皆爲觀好.

是以其民淫僻而難治, 其君奢侈而難諫也. 夫以奢侈之君御好淫僻之民, 欲國無亂, 不可得也. 君實欲天下之治而惡其亂, 當爲衣服不可不節.

註解 ○茭(교)-마른 꼴풀. ○情(정)-인정(人情) 또는 실정(實情). ○誨(회)-깨우치다. 가르치다. ○梱(곤)-곤(綑)과 통하여, 옷감을 짜는 것(孫詒讓說 참조). ○練帛(연백)-연(練)은 증(繒)과 통하여 비단의 총칭. ○絺綌(치격)-치(絺)는 가는 갈포(葛布), 격(綌)은 굵은 갈포. ○贍(섬)-풍부. 풍족. ○不然(불연)-불의의 사고 변고(變故). ○頓(돈)-무너지다. 깨지다. ○靡曼

(미만)−화려한 것. 하늘하늘한 것. 부드러운 것. ○鉤(구)−현대의 고리. ○珮(패)−허리에 차는 구슬. ○情(정)−실속. ○單(단)−탄(殫)과 통하여, 허비하다. 다하다. ○淫僻(음벽)−지나치게 간사하다. 음탕하고 간사하다.

解說   여기서는 실용의 단계를 넘어선 사치스런 옷을 경계하고 있다. 묵자는 무엇보다도 절약하고 검소할 것을 언제나 주장한다.

3. 옛날의 백성들이 음식을 요리할 줄 몰랐을 적에는 날것을 그대로 먹고 제각기 나뉘어져 살았다. 그러므로 성인이 나와 남자들에게 밭갈고 씨뿌리고 심고 가꾸는 법을 가르치어 백성들이 양식을 마련하게 하였다. 그것은 음식으로써 기운을 높이고 허기를 채워주며 몸을 튼튼히 하고 배를 만족하게 해줄 따름이었다. 그러므로 그것을 위한 재물의 사용이 절약되었고 그것을 통한 자신의 보양이 검소하여, 백성들은 부유하고 나라는 잘 다스려졌다.

지금은 그렇지 않다. 백성들에게서 많은 것을 거둬들여 가지고서 소·양이나 개·돼지고기를 찌고 굽고 하며, 물고기나 자라까지 사용하여 아름다운 음식을 장만한다. 큰 나라는 백 개의 그릇을 쌓아놓고, 작은 나라는 열 개의 그릇을 쌓아놓으며, 먹는 사람 앞에 한 발 넓이로 음식이 벌여진다. 눈은 이것을 다 볼 수가 없고 손은 이것을 다 잡을 수가 없으며 입은 이것을 다 맛볼 수가 없다. 겨울이면 남은 음식이 얼어붙고, 여름이면 쉬어빠진다. 임금이 음식을 이와같이 먹기 때문에 신하들도 이것을 본받는다. 그래서 부귀한 사람들은 사치하고, 고아나 과부 같은 사람들은 헐벗고 굶주리게 된다. 비록 혼란하지 않기를 바란다 하더라도 그렇게 될 수가 없는 일이다. 임금이 정말로 천하가 다스려지기를 바라고 혼란을 싫어한다면 마땅히 음식을 먹는 데 있어서 절제하지 않아서는 안될 것이다.

原文　古之民未知爲飮食時, 素食而分處. 故聖人作誨男耕稼樹藝, 以爲民食. 其爲食也, 足以增氣充虛, 彊體適腹而已矣. 故皆用財節, 其自養儉, 民富國治.

今則不然. 厚作斂於百姓, 以爲美食, 芻豢蒸炙魚鼈. 大國累百器, 小國累十器, 前方丈. 目不能偏視, 手不能偏操, 口不能偏味. 冬則凍冰, 夏則飾饐. 人君爲飮食如此, 故左右象之. 是以富貴者奢侈, 孤寡者凍餒.

雖欲無亂, 不可得也. 君實欲天下治而惡其亂, 當爲食飮, 不可不節.

註解　○素食(소식)－어떤 방법으로도 요리를 하지 않고 날것을 그대로 먹는 것. ○芻豢(추환)－추(芻)는 풀을 먹는 소와 양 같은 짐승, 환(豢)은 곡식을 먹는 개와 돼지 같은 짐승. 여기서는 그런 여러 가지 짐승들의 고기를 가리킨다. ○魚鼈(어별)－고기와 자라. 아무래도 이 두 자는 잘못 붙었거나 몇 자가 빠졌거나 한 듯하다. ○飾饐(식애)－식(飾)은 애(餲)의 잘못으로로《墨子閒詁》, 음식이 '쉬는 것'. ○象(상)－본뜨다. 본받다. ○餒(뇌)－굶주리다.

解說　이 대목에서는 음식을 절제하여 먹을 것을 역설하면서 사치와 낭비를 경계하고 있다. 의식주(衣食住)는 인간생활의 가장 중요한 일들이기 때문에 묵자는 거듭 이런 것들을 통하여 검약(儉約)할 것을 강조하고 있는 것이다.

4. 옛날의 백성들이 배와 수레를 만들 줄 몰랐을 적에는 무거운 짐을 실어 옮기지 못하고 먼 곳에 가지를 못하였다. 그러므로 성인(聖人)이 나와 배와 수레를 만들어 백성들의 일을 편케 해주었다. 그때에 만든 배

와 수레는 온전하고 견고하며 가볍고 편리하여 무거운 짐을 싣고 먼 곳에 갈 수가 있었다. 그것은 재물을 적게 사용했지만 이익은 많은 것이었다. 그래서 백성들은 그것을 즐기면서 이롭게 여겼기 때문에 족치지 않아도 법령은 제대로 행하여졌고, 백성들은 수고롭지 않고 임금은 쓰기에 풍족하였다. 그러므로 백성들은 임금에게로 귀의(歸依)했던 것이다.

지금의 임금들이 만드는 배와 수레는 이것과 다른 것이다. 완전하고 견고하며 가볍고 편리하다는 조건은 모두 이미 갖추어져 있다. 그러나 반드시 백성들에게서 많은 것을 거두어들여 가지고 배와 수레를 장식한다. 수레는 무늬와 채색으로 장식하고, 배는 여러 가지 조각으로 장식한다. 여자들은 그들의 길쌈하는 일을 저버리고 무늬와 채색의 장식을 하여야만 하므로 백성들은 헐벗게 된다. 남자들은 밭갈고 씨뿌리는 일을 떠나 여러 가지 조각을 하여야만 하므로 백성들은 굶주리게 된다. 임금들이 만드는 배와 수레가 이와 같기 때문에 신하들도 이를 본받게 된다. 그래서 그 백성들은 굶주림과 헐벗음을 아울러 겪게 된다. 그리고 그들은 간사하게 된다. 간사함이 많아지면 곧 형벌이 일반화하고, 형벌이 일반화하면 곧 나라가 어지러워진다. 임금이 정말로 천하가 다스려지기를 바라고 혼란을 싫어한다면, 마땅히 배와 수레를 만듦에 있어서 절제하지 않을 수가 없을 것이다.

原文 古之民未知 爲舟車時, 重任不移, 遠道不至. 故聖王作爲舟車, 以便民之事. 其爲舟車也, 全固輕利, 可以任重致遠, 其爲用財少而爲利多. 是以民樂而利之, 法令不急而行, 民不勞而上足用. 故民歸之.

當今之主, 其爲舟車, 與此異矣. 全固輕利, 皆已具. 必厚作斂於百姓, 以飾舟車. 飾車以文采, 飾舟以刻鏤. 女子廢其紡織而脩文采, 故民寒. 男子離其耕稼而脩刻鏤, 故民饑. 人君爲舟車若此,故左右象之. 是以民饑寒並至. 故爲姦邪, 姦邪多則刑罰深, 刑罰深則國亂. 君實欲天下之治而惡其亂, 當爲舟車, 不可不節.

[註解] ㅇ深(심)-심각해지다. 여기서는 형벌의 사용이 더욱 일반화함을 뜻한다.

[解說] 이 대목에서는 배와 수레의 제도를 통하여 쓸데없는 사치와 낭비를 금하면서 검약을 강조하고 있다.

5. 두루 하늘과 땅 사이에 있어서나 널리 이 세상 안에 있어서, 하늘과 땅의 실정과 음양(陰陽)의 조화는 존재하지 않는 곳이란 없으며, 비록 지극한 성인이라 하더라도 그것을 변화시킬 수는 없는 것이다. 어떻게 그러함을 아는가? 성인께서 하늘과 땅에 관하여 전하심에 곧 천지와 사철을 말씀하셨고, 음양과 인정을 말씀하셨고, 남녀와 금수(禽獸)를 말씀하셨고, 암수컷에 대하여 말씀하셨는데 이것은 진실한 하늘과 땅의 실정인 것이다. 비록 옛날의 훌륭한 임금이라 하더라도 이를 변경시킬 수는 없는 것이다.

 비록 옛날의 지극한 성인들도 반드시 사사로이 부리는 사람들을 두기는 하였으나 그것으로서 행실을 그르치지는 않았다. 그러므로 백성들은 원망하는 일이 없었다. 궁중에는 갇혀 있는 것 같은 여인들이 없었다. 그러므로 천하에는 홀아비가 없었다. 안으로는 갇혀 있는 것 같은 여인들이 없고 밖으로는 홀아비가 없었기 때문에 천하의 백성들이 중성(衆盛)하였다.

 지금의 임금들은 그들이 사사로이 부리는 사람을 둠에 있어서, 큰 나라라면 갇혀 있는 것 같은 여인들이 수천 명에 이르고 작은 나라라도 수백 명에 이른다. 그래서 천하의 남자들은 홀아비로서 처 없는 사람이 많아지고 여자들은 갇히어서 남편이 없는 사람이 많아졌다. 남자와 여자들이 결혼할 때를 잃기 때문에 백성들이 적어진 것이다. 임금이 정말로 백성들이 많아지기를 바라고 적어지는 것을 싫어한다면 마땅히 사사로이 부리는 사람을 둠에 있어서 절제하지 않아서는 안될 것이다.

이상 다섯 가지 것들은 성인들은 검약하고 절제하지만 소인들이 지나치게 즐기는 것이다. 검약하고 절제하면 창성하고, 지나치게 즐기면 멸망한다. 이 다섯 가지 것들은 절제하지 않아서는 안되는 것이다. 부부가 절제하면 하늘과 땅이 조화있게 되고, 바람과 비가 절제되면 다섯 가지 곡식들이 잘 익고, 의복을 절제하면 살갗이 조화있게 되는 것이다.

原文 凡回於天地之間, 包於四海之內, 天壤之情, 陰陽之和, 莫不有也. 雖至聖, 不能更也. 何以知其然? 聖人有傳天地也, 則曰上下四時也, 則曰陰陽人情也, 則曰男女禽獸也, 則曰牡牝雄雌也, 眞天壤之情. 雖有先王, 不能更也.

雖上世至聖必蓄私, 不以傷行, 故民無怨. 宮無拘女, 故天下無寡夫. 內無拘女, 外無寡夫, 故天下之民衆.

當今之君, 其蓄私也, 大國拘女累千, 小國累百. 是以天下之男多寡無妻, 女多拘無夫. 男女失時, 故民少. 君實欲民之衆而惡其寡, 當蓄私不可不節.

凡此五者, 聖人之所儉節也, 小人之所淫佚也. 儉節則昌, 淫佚則亡. 此五者, 不可不節. 夫婦節而天地和, 風雨節而五穀孰, 衣服節而肌膚和.

註解 ㅇ回(회)-동(同)으로 씀이 옳다고 보는 이도 있는데(《墨子閒詁》), 어떻든 '두루'. '널리'의 뜻. ㅇ情(정)-실정. 진실. ㅇ牡牝(무빈)-뒤의 웅자(雄雌)나 마찬가지로 암수컷. 꼭 구별하면 무빈(牡牝)은 짐승의 암수컷, 웅자

는 새들의 암수컷. ○蓄私(축사)−사사로운 사람을 두다. 사사로운 사람이란 하녀나 첩을 뜻한다. ○拘女(구녀)−구금(拘禁)된 여자. 여기서는 갇혀있는 것 같은 '궁녀(宮女)'들을 가리킨다. ○寡夫(과부)−홀아비. ○五者(오자)− 다섯 가지 것. 이 편에서 얘기한 '궁전' '의복' '음식' '배와 수레' 및 '사사로이 부리는 사람'의 다섯 가지. ○孰(숙)−熟(숙)과 통하여, 제대로 곡식이 잘 '익는 것'.

解說 이 대목에서는 끝으로 궁녀(宮女)나 하녀를 중심으로 한 개인적으로 부리는 사람들을 너무 많이 두지 말 것을 강조하고 있다. 하녀나 궁녀를 많이 둔다는 것은 인력의 낭비이며, 자연의 조화에 위배되는 것이라는 이유에서이다. 이 대목의 첫머리에서 이것을 설명하기 위하여 '하늘과 땅' 및 '음양의 조화' 같은 것을 인용하고 있는 것은 역시 묵자가 자기의 이론 전개의 근거를 종교적인 차원으로 끌어올리려 한 노력의 일단으로 보여진다. 여자들만을 많이 끌어다 궁중에 궁녀로 두는 것은 인력의 낭비일 뿐만 아니라 암수컷을 마련한 음양의 조화에도 어긋나는 행위라는 것이다.

제7 삼변편(三辯篇)

'삼변'이란 '요(堯)·순(舜)과 탕(湯)임금 및 주(周)나라 무왕(武王)의 다스림과 음악의 관계를 논한다'는 뜻. 따라서 '삼'이란 요·순과 탕임금 및 무왕을 가리킨다. 이 편에선 정번(程繁)이란 인물과 묵자의 문답을 통하여 화려한 음악을 배척하는 것이 그 내용이다. 뒤에 다시 〈비악편(非樂篇)〉에서 음악을 부정하는 묵자의 입장이 잘 밝혀지고 있지만, 이 편은 〈비악편〉처럼 논리가 뚜렷하지 못하다. 그래서 손이양(孫詒讓) 같은 사람은 이 편을 〈비악편〉의 여론(餘論)이라 하였다.

1. 정번(程繁)이 묵자에게 물었다.

"선생님께서 말씀하시길 성왕(聖王)은 음악을 즐기지 않았다고 하셨습니다. 그러나 옛날 제후들은 정치를 하다가 권태로우면 아악(雅樂)을 들으며 쉬었습니다. 사대부들도 정치를 하다가 권태로우면 우(竽)와 슬(瑟) 같은 음악을 들으며 쉬었습니다. 농부들도 봄엔 밭갈고 여름엔 김매며 가을엔 거둬들이고 겨울엔 저장해 놓고서 노래를 부르며 쉬었습니다. 지금 선생님께서 말씀하시기를 성왕들은 음악을 즐기지 않았다고 하셨는데, 그것의 비유를 들면 마치 말을 수레에 매기만 하고 풀어주지는 않는 것과 또 활줄을 잡아당기기만 하고 놓지 않는 것과 같은 일이니, 혈기(血氣)를 지닌 사람으로서는 될 수가 없는 일이 아닌지요?"

묵자가 대답하였다.

"옛날 요임금과 순임금은 궁전이 초가집이었으나 그래도 예의를 차리고 즐기기도 하였습니다. 탕(湯)임금은 하(夏)나라 걸(桀)을 대수(大水)로 내치고 천하를 통일하여 스스로 천자가 된 다음 왕자(王者)로서의 일을 이룩하고 공을 세웠으니 큰 후환이 없을 것이라 생각하고, 옛 임금들의 음악을 쓰면서 또 스스로 음악을 작곡하여 호(濩)라 불렀고 또 우(禹)의 음악인 구초(九招)도 손질하였습니다.

무왕(武王)은 은(殷)나라를 쳐부수고 주(紂)왕을 죽이고는 천하를 통일하여 스스로 천자가 된 다음, 왕자로서의 일을 이룩하고 공을 세웠으니 큰 후환이 없을 것이라 생각하고, 옛 임금들의 음악을 쓰면서 또 스스로 음악을 작곡하여 상(象)이라 불렀습니다. 주(周)나라 성왕(成王)은 옛

임금들의 음악을 쓰면서 또 스스로 음악을 작곡하여 추우(騶虞)라 불렀습니다.

그러나 주나라 성왕이 천하를 다스린 것은 무왕만 못하였고, 무왕은 탕임금만 못하였으며, 탕임금은 요임금과 순임금만 못하였습니다. 그러니 그들의 음악이 번거로워질수록 그들의 정치는 더욱 시원찮았습니다. 이로써 본다면 음악은 천하를 다스리는 근거가 되지 않음을 알 것입니다."

原文　程繁問於子墨子曰：夫子曰，聖王不爲樂. 昔諸侯倦於聽治, 息於鐘鼓之樂. 士大夫倦於聽治, 息於竽瑟之樂. 農夫春耕夏耘, 秋斂冬藏, 息於聆缶之樂. 今夫子曰, 聖王不爲樂. 此譬之, 猶馬駕而不稅, 弓張而不弛, 無乃有血氣者之所不能至邪?

子墨子曰：昔者, 堯舜有茅茨者, 且以爲禮, 以爲樂. 湯放桀於大水, 環天下自立, 以爲王事成功立, 無大後患. 因先王之樂, 又自作樂, 命曰護, 又脩九招.

武王勝殷殺紂, 環天下自立, 以爲王事成功立, 無大後患. 因先王之樂, 又自作樂, 命曰象. 周成王, 因先王之樂, 又自作樂, 命曰騶虞.

周成王之治天下也, 不若武王. 武王之治天下也, 不若成湯. 成湯之治天下也, 不若堯舜. 故其樂逾繁者, 其治逾寡. 自此觀之, 樂非所以治天下也.

註解　○程繁(정번)-전국시대의 학자로서 유가와 묵가의 학문을 아울러 닦았던 사람임. ○聽(청)-청정(聽政). 정사를 처리하는 것. ○鐘鼓(종고)-종과 북. 종과 북은 아악(雅樂)을 대표하는 중요한 악기이다. ○竽(우)-큰 생황(笙篁)처럼 생긴 취주(吹奏) 악기. 둥근 통에 서른여섯 개의 길고 짧은 파이프가 박혀 있어 각기 다른 소리를 낸다. ○瑟(슬)-현악기(絃樂器)의 일종.

금(琴)과 함께 대표적인 중국의 실내 악기로서 19현, 25현의 여러 종류가 있었다. ○聆缶(영부)―질그릇의 일종. 이 질그릇을 두드리며 노래하는 것.《태평어람(太平御覽)》엔 '음요(吟謠)'로 인용되어 있으니 그대로 '노래 부르는 것'이라 보아도 된다. ○稅(탈)―수레로부터 말을 푸는 것. 탈(脫)과 통함《墨子閒詁》). ○有血氣(유혈기)―보통 판본엔 위에 '비(非)'자가 붙어 있으나《묵자한고》에 의거하여 뺐다. ○茅茨(모자)―풀로 지붕을 잇는 것. ○護(호)―호(濩) 또는 대호(大濩)라고도 부르며 탕(湯)임금의 음악 이름. ○九招(구초)―우(禹)임금의 음악《史記》. 제곡(帝嚳)의 음악《呂氏春秋》) 또는 하(夏)나라 계(啓)임금의 음악《山海經》)이라고도 한다. ○象(상)―무왕(武王)이 주(紂)왕을 치던 일을 상징한 악무(樂舞)의 이름으로 무왕이 지었다 한다《詩經》周頌 및《禮記》文王世子 鄭玄 注). ○騶虞(추우)―《시경》소남(召南)에〈추우〉편이 있는데 성왕 때의 작품이란 설이 있다.

解說 유가(儒家)들은 '예'로써 사람의 겉모양이나 행동을 다스리는 한편 '악'으로써 사람의 성정(性情)을 올바로 다스리려 하였다. 그래서 음악은 옛날부터 무엇보다도 중요시되어 '예악(禮樂)'이란 말은 언제나 붙어 다니게끔 되었다.

묵자는 이러한 유가들의 음악에 대한 태도를 부정한 것이다. 음악은 사람들의 마음을 들뜨게 할 뿐 나라를 다스리는 데에 아무런 도움도 되지 못한다는 것이다.

2. 정번이 말하였다.
"선생님께서 말씀하시기를 성왕(聖王)에게는 음악이 없었다고 하셨는데, 이것들도 역시 음악입니다. 어찌해서 성왕들에게는 음악이 없었다고 말씀하신 겁니까?"
묵자가 말하였다.
"성왕들께서는 명령을 내리심에 있어서 많은 사람들의 것을 적게 해주도록 하였습니다. 음식을 먹여주는 이점(利點)에 있어서, 굶주리는 것을 알고서 그를 먹여주는 것은 지혜로운 일이지만, 본시 지혜가 없어도 되는 것입니다. 지금 성왕들에게 음악이 있기는 하지만 적기 때문에 그래서 또 없었다고 말하는 것입니다."

原文 程繁曰：子曰聖王無樂, 此亦樂已. 若之何其謂聖王無樂也? 子墨子曰：聖王之命也, 多寡之. 食之利也, 以知饑而食之者, 智也, 固爲無智矣. 今聖有樂而少, 此亦無也.

註解 ㅇ多寡之(다과지)—많은 것은 적게 해준다. 이 구절 앞뒤로는 빠진 글귀들이 있는 것 같다. ㅇ少(소)—이 글자 뒤로도 빠진 글귀가 있는 듯하다. 뜻이 잘 통하지 않는다.

解說 이 대목에서는 묵자가 '옛날 성왕들에게는 음악이 없었다'고 하면서 앞에서는 또 성왕들의 음악을 설명하였으므로 정번이 그 이유를 물은 것이다. 여기서 한 묵자의 대답에는 많은 글귀들이 빠져 정확한 문맥을 잡기는 곤란하다. 묵자의 대답은 대체로 다음과 같은 논리로 이루어져 있었을 것이다.

"백성들이 굶주리는 것을 보고 이들을 먹여주는 사람을 보고 사람들은 보통 지혜롭다고 한다. 그러나 이것은 지혜가 없어도 하게 되는 일이다.
음악에 있어서도 성왕들의 음악은 자연스런 정치의 한 표현에 불과했다. 후세 임금들처럼 즐기고 자극받기 위하여 음악을 지었던 것은 아니다. 그리고 성왕들의 음악은 정치를 하는 데 있어서 아주 작은 일이었고, 또 적은 분량이었기 때문에 없었다고 말할 수 있는 것이다. 현대적인 개념의 음악이란 해롭기만 한 것이어서 없는 편이 훨씬 더 좋은 것이다."

제8 상현편(尙賢篇)(上)

'상현'이란 '현명한 사람을 존중한다'는 뜻. 올바른 정치를 행하자면 사람들의 능력을 제대로 평가하여 유능한 사람들을 등용하고 그들을 존중해야 한다는 것이다. 특히 사람들의 가문에 관계없이 능력만을 기준으로 해야 한다는 주장은 귀족제도에 대한 반기(反旗)라 할 수 있을 것이다. 상현편은 상·중·하 세 편으로 나뉘어져 있으나 내용상의 큰 구별은 없다.

1. 묵자가 말하였다.

"지금 임금이나 대신들 같은 국가의 정치를 맡고 있는 사람들은 모두가 국가가 부(富)해지고 백성이 많아지고 법과 행정이 잘 다스려지기를 바란다. 그러나 부하지 못하고 가난하며 많지 못하고 적으며 다스려지지는 않고 어지러워지는 게 보통이니, 곧 이것은 근본적으로 그가 바라는 일은 실패하고 그가 싫어하는 결과를 얻는 것이다. 이렇게 되고 있는 까닭은 무엇일까?"

묵자가 말하였다.

"그것은 임금이나 대신들 같은 국가의 정치를 맡고 있는 사람들이 현명한 사람들을 존중하고 능력 있는 사람들을 등용하여 정치를 하지 못하기 때문이다. 그러므로 나라에 현명하고 훌륭한 선비들이 많으면 곧 그 나라의 정치는 착실해지며, 현명하고 훌륭한 선비들이 적으면 곧 그 나라의 정치는 각박해진다. 그러므로 정치하는 사람들이 힘쓸 일은 반드시 현명한 사람들을 많게 하는 일이다. 그렇다면 현명한 사람들을 많게 하는 술법이란 어떻게 하면 되는 건가?"

묵자가 말하였다.

"비유를 들면 만약 그 나라에 활 잘 쏘고 수레 잘 모는 사람들이 많아지기를 바란다면 반드시 그들을 부하게 해주고 귀하게 해주며 그들을 공경해 주고 명예롭게 해주어야 한다. 그러한 뒤에야 나라에 활 잘 쏘고 수레 잘 모는 사람들이 많아질 수가 있을 것이다. 하물며 현명하고 훌륭한 선비들은 덕행에 독실하고 변론을 잘하며 도술(道術)을 널리 익히고 있으니 그렇게 대우하지 않아도 되겠는가? 이런 사람들은 본시부터 나라의 보배요 사직(社稷)의 보필자인 것이다. 그러니 반드시 그들을 공경하고 영예롭게 해주어야만, 나라의 훌륭한 선비들이 많아질 수가 있는 것이다."

原文 子墨子言曰：今者, 王公大人 爲政於國家者, 皆欲國家之富, 人民之衆, 刑政之治. 然而不得富而得貧, 不得衆而得寡, 不得治而得亂, 則是本失其所欲, 得其所惡, 是其故何也？

子墨子言曰：是在王公大人爲政於國家者, 不能以尙賢, 事能爲政也. 是故國有賢良之士衆, 則國家之治厚, 賢良之士寡, 則國家之治薄. 故大人之務, 將在於衆賢而已. 曰：然則衆賢之術, 將奈何哉？

子墨子言曰：譬若欲衆其國之善射御之士者, 必將富之貴之, 敬之譽之. 然后國之善射御之士, 將可得而衆也. 況又有賢良之士, 厚乎德行, 辯乎言談, 博乎道術者乎！ 此固國家之珍而社稷之佐也. 亦必且富之貴之, 敬之譽之, 然后國之良士, 亦將可得而衆也.

註解 ○刑政(형정)—사법(司法)과 행정. ○事能(사능)—사(事)는 사(使)와

통하여 '능력 있는 사람들로 하여금'. ○射御(사어)-활 쏘기와 수레몰기. ○道術(도술)-여기서는 여러 가지 공부를 가리킨다. ○珍(진)-보배. 보물. ○社稷(사직)-사(社)는 나라의 토신(土神), 직(稷)은 나라의 곡신(穀神). 옛 임금들은 반드시 토신과 곡신인 사직에 제사지냈으므로 후에는 사직이 '국가' 또는 '왕조'를 대표하는 말로 쓰이게 되었다. ○佐(좌)-돕는 사람. 보좌하는 사람.

解說 나라를 잘 다스리려면 현명한 신하들이 많아야 하는데, 나라에 현명한 신하들을 많게 하려면 이들을 존중하고 잘 대우해 주어야만 한다는 것이다.

2. 그러므로 옛날에 성왕(聖王)이 정치를 할 적에 다음과 같은 말을 하였다.

"의롭지 않은 자는 부하게 해주지 말고, 의롭지 않은 자는 귀하게 해주지 않고, 의롭지 않은 자는 친하게 지내지 않고, 의롭지 않은 자는 가까이하지 않아야 한다."

그래서 나라의 부귀한 사람들은 이 말을 듣고서 모두 물러가 의논하였다.

'처음 우리가 믿고 있었던 것은 부귀였다. 지금 임금님께서는 의로운 사람이라면 가난하고 천한 것도 가리지 않고 등용하고 계시다. 그러니 우리도 의로움을 행하지 않을 수가 없다.'

친한 사람들은 임금의 말을 듣고 역시 물러가 의논하여 말하였다.

'처음 우리가 믿고 있었던 것은 친하다는 것이었다. 지금 임금님께서는 의로운 사람이라면 신분이 먼 것도 가리지 않고 등용하고 계시다. 그러니 우리도 의로움을 행하지 않을 수가 없다.'

가까운 사람들도 임금의 말을 듣고 역시 물러가 의논하여 말하였다.

'처음 우리가 믿고 있었던 것은 가깝다는 것이었다. 지금 임금님께서는 의로운 사람이라면 관계가 먼 것도 가리지 않고 등용하고 계시다. 그러니 우리도 의로움을 행하지 않을 수가 없다.'

멀었던 사람들은 임금의 말을 듣고서 역시 물러가 의논하여 말하였다. '우리는 처음에는 관계가 멀어 믿을 게 없다고 여기고 있었다. 지금 임금님께서는 의로운 사람이라면 관계가 먼 것도 가리지 않고 등용하신다. 그러니 우리도 의로움을 행하지 않을 수가 없다.'

임금의 말을 듣고는 도읍으로부터 멀리 떨어진 지방의 신하들이나 궁전을 지키는 여러 관리들이나 도성(都城) 안의 백성들이나 사방 먼 곳의 백성들에 이르기까지도 모두가 다투어 의로움을 행한다. 이렇게 되는 까닭은 무엇일까?

그것은 위에 있는 임금이 아래에 있는 백성들을 부리는 방법은 한 가지 조건뿐이고, 아래에 있는 백성들이 위에 있는 임금을 섬기는 방법도 한 가지 수단뿐이기 때문이다.

비유를 들면 부잣집은 높은 담에 깊숙한 집을 지니고 있는데 집의 담을 세운 다음엔 다만 문 하나를 터놓을 따름이다. 어떤 도적이 들어왔다면 그 문을 닫고서 도적을 찾으면 도적은 나갈 수가 없게 된다. 이렇게 되는 까닭은 무엇인가? 곧 위에서 요점(要點)을 파악하고 있기 때문인 것이다.

原文 是故, 古者聖王之爲政也, 言曰 : 不義不富, 不義不貴, 不義不親, 不義不近.

是以國之富貴人聞之, 皆退而謀曰 : 始我所恃者, 富貴也. 今上擧義, 不辟貧賤. 然則我不可不爲義.

親者聞之, 亦退而謀曰 : 始我所恃者, 親也. 今上擧義, 不辟疏. 然則我不可不爲義.

近者聞之, 亦退而謀曰 : 始我所恃者, 近也. 今上擧義, 不辟遠.

然則我不可不爲義.

　遠者聞之, 亦退而謀曰 : 始我以遠爲無恃. 今上擧義, 不辟遠. 然則我不可不爲義.

　逮至遠鄙郊外之臣, 門庭庶子, 國中之衆, 四鄙之萌人, 聞之皆競爲義. 是其故何也?

　曰 : 上之所以使下者, 一物也. 下之所以事上者, 一術也. 譬之, 富者有高牆深宮, 宮牆旣立, 謹止爲鑿一門. 有盜人入, 闔其自入而求之, 盜其無自出. 是其故何也? 則上得要也.

[註解] ○辟(피)―피함. 피(避)자와 통하는 글자. ○逮至(체지)―……에 이르기까지. ○遠鄙郊外(원비교외)―도읍으로부터 멀리 떨어진 지방. ○門庭庶子(문정서자)―궁전 안의 여러 시설들을 지키는 사람들. ○國中(국중)―도성(都城) 안《周禮》鄕大夫 鄭 注). ○萌人(맹인)―낮은 백성들. 또는 농사짓는 사람들. ○一物(일물)―한 가지 물건. 뒤의 '일술(一術)'과 함께 모두 '의로움' 또는 '정의를 행함'을 가리킨다. ○宮牆旣立(궁장기립)―집의 담을 세우고는. 보통 판본은 '장입기(牆立旣)'로 되어 있으나 뜻이 통하지 않아 고쳤다《墨子閒詁》). ○止(지)―단지. 다만. 보통 판본엔 '상(上)'으로 되어 있으나 고쳤다《墨子閒詁》). ○闔(합)―문을 닫는 것. ○其自入(기자입)―도적이 들어온 곳. 곧 문을 가리킴.

[解說] 현명한 사람은 무엇보다도 의로운 것이 특징이다. 그래서 옛날의 성왕들은 무엇보다도 의로움을 내세워 온 나라 백성들이 의로움을 행하도록 하였다는 것이다.

3. 그러므로 옛날에 성왕들이 정치를 할 적에는 덕있는 분들을 벼슬자리에 앉히고 현명한 사람들을 존중하였다. 비록 농업이나 상공업에 종사

하는 사람이라 하더라도 능력만 있으면 그를 등용하여 그에게 높은 작위(爵位)를 주고 무거운 녹을 주며 정사(政事)를 맡기어 그가 결단하여 명령할 권한을 주었다. 그러기에 '작위가 높지 않으면 곧 백성들이 공경치 아니하고, 받는 녹이 두툼하지 않으면 곧 백성들이 신임하지 아니하며, 정령(政令)을 결단하지 못하면 곧 백성들이 두려워하지 않는다'고 말하는 것이다. 이 세 가지 것들을 현명한 사람에게 맡겨 주는 것은 현명함 그 자체 때문에 주는 것이 아니라 정사를 잘 이룩하고자 하기 때문인 것이다.

따라서 이 성왕의 시대에는 덕으로써 벼슬자리에 나아가고 관직으로써 일을 맡아 하며 수고함으로써 상이 결정되었고, 공로를 헤아리어 녹이 분배되었다. 그러므로 관청 자리를 얻었다 해도 언제까지나 귀하기만 하지 않았고 얕은 백성이라 하더라도 끝내 천하지 않았다. 능력이 있으면 곧 등용되었고 능력이 없으면 곧 좌천되었다. 공정한 의로움에 의하여 등용하되 사사로운 원한은 피하였다. 이것은 앞에 한 말대로 되어 갔기 때문이다.

그러므로 옛날에 요(堯)임금은 순(舜)을 복택(服澤)의 북쪽에서 찾아 등용하여 그에게 정사를 맡기니 천하가 평화로워졌다. 우(禹)임금은 익(益)을 음방(陰方) 가운데에서 찾아 등용하여 그에게 정사를 맡기니 중국에 아홉 주(州)가 이룩되었다. 탕(湯)임금은 이윤(伊尹)을 부엌 속에서 찾아 등용하여 그에게 정사를 맡기니 그의 계책이 이룩되었다. 문왕(文王)은 굉요(閎夭)와 태전(泰顚)을 고기 그물로 고기잡이하는 가운데에서 찾아 등용하여 그에게 정사를 맡기니 서쪽 땅 나라들이 복종하게 되었다. 그러므로 이러한 옛날에는 비록 두터운 녹을 받는 자리의 높은 신하라 하더라도 공경하고 조심하며 두려워하지 않는 이가 없었고, 비록 농업이나 상공업에 종사하는 사람들이라 하더라도 서로 다투어 권면하면서 덕을 숭상하지 않는 사람이 없었다.

그러니 선비란 임금을 보좌하는 사람으로서 정치를 받들어 행하여야 하는 것이다. 그러므로 선비들을 얻으면 곧 계책이 곤궁하여지지 아니하고 몸도 수고롭지 않게 된다. 명성이 이룩되고 공로를 완성시키며 아름다움이 드러나고 악함이 생기지 않는 것은 곧 선비를 얻는 데서 연유하는 것이다.

그러므로 묵자는 다음과 같은 말을 하였다. '뜻을 얻었을 적에는 현명한 선비를 등용하지 않을 수가 없거니와 뜻을 얻지 못하였을 적에도 현명한 선비는 등용하지 않을 수가 없는 것이다. 만약 요·순·우·탕 같은 성군들의 도를 받들어 따르려 한다면 반드시 현명한 사람을 숭상하지 않고는 되지 않는 것이다. 무릇 현명한 사람을 숭상한다는 것은 정치의 근본이 되는 것이다.'

原文 故古者, 聖王之爲政, 列德而尙賢. 雖在農與工肆之人, 有能則擧之, 高予之爵, 重予之祿, 任之以事, 斷予之令. 曰：爵位不高, 則民弗敬, 蓄祿不厚, 則民不信, 政令不斷, 則民不畏. 擧三者, 授之賢者, 非爲賢賜也, 欲其事之成.

故當是時, 以德就列, 以官服事, 以勞殿賞, 量功而分祿. 故官無常貴, 而民無終賤. 有能則擧之, 無能則下之. 擧公義, 辟私怨. 此若言之謂也.

故古者, 堯擧舜於服澤之陽, 授之政, 天下平. 禹擧益於陰方之中, 授之政, 九州成. 湯擧伊尹於庖廚之中, 授之政, 其謀得. 文王擧閎夭泰顚於罝罔之中, 授之政, 西土服. 故當是時, 雖在於厚祿尊位之臣, 莫不敬懼而施, 雖在農與工肆之人, 莫不競勸而尙德.

故士者, 所以爲輔相承嗣也. 故得士則謀不困, 體不勞, 名立而功成, 美章而惡不生, 則由得士也.

是故子墨子言曰：得意, 賢士不可不擧, 不得意, 賢士不可不擧.

尚欲祖述堯舜禹湯之道, 將不可以不尚賢. 夫尚賢者, 政之本也.

|註解| ○列(열)-계급에 따라 벼슬자리에 앉히는 것. ○肆(사)-점포. 여기서는 '상업(商業)'을 가리킴. ○斷(단)-결단. ○殿(전)-정(定)해짐. ○辟(피)-피(避)와 통함. ○此若(차약)-약(若)도 차(此)와 합쳐 '이러한 것', '이것'의 뜻(《墨子閒詁》). ○服澤(복택)-호수 이름인 듯하나 어느 곳인지 불명하다. ○陽(양)-산인 경우엔 남쪽 기슭, 강이나 호수인 경우엔 북쪽 기슭을 가리킨다. ○陰方(음방)-지방. 어느 곳인지 확실치 않다. ○九州(구주)-우(禹)는 중국의 물을 다스린 뒤 전국을 아홉 주로 구분하였다. 곧 기주(冀州)・연주(兗州)・청주(靑州)・서주(徐州)・양주(揚州)・형주(荊州)・예주(豫州)・옹주(雍州)・양주(梁州)가 그것이다. ○伊尹(이윤)-탕임금의 재상. 재상이 되기 전에 요리사(料理師) 노릇을 하였다 한다. ○庖廚(포주)-요리장(料理場). 부엌. ○文王(문왕)-주(周)나라 무왕(武王)의 아버지. 굉요(閎夭)와 태전(泰顚)은 그의 어진 신하임엔 틀림없겠으나 자세한 사적은 전하여지지 않는다. ○罝罔(저망)-저(罝)는 짐승잡는 그물, 망(罔)은 고기잡는 그물. 따라서 '저망지중(罝罔之中)'이란 그물로 짐승이나 고기를 잡는 사람들 가운데를 가리킨다. ○施(시)-척(惕)과 통하여 '두려워하는 것'(《墨子閒詁》). ○承嗣(승사)-승사(丞司)와 같은 말로 나라의 정사를 맡아 처리하는 높은 지위를 가리킴.

|解說| 어진 사람을 존중하여야 한다는 주장은 다른 제자백가(諸子百家)들의 글에서도 흔히 발견되는 말이지만 '농업이나 상공업에 종사하는 사람들이라 하더라도 능력이 있으면 곧 이들을 등용한다……'는 얘기는 사회의 기존 계급제도를 부정하는 혁명적인 선언이라 할 것이다. '관리 자리를 얻었다고 해서 언제까지나 귀하기만 하지 않고 낮은 백성이라도 끝내 천하기만 하지 않다'고 선언한 것은 그 시대의 귀족들에게만 독점되어 있던 벼슬자리를 능력 본위로 온 백성들에게 해방하라는 주장이다. 그래서 성인인 요임금이 순에게 임금 자리를 물려주었고, 순임금은 공을 많이 세운 우(禹)에게 임금 자리를 물려주었다는 유가(儒家)의 유명한 '선양설

(禪讓說)'도 본시는 묵가에게서 나온 것이라 한다. 묵가에선 임금 자리조차도 능력 있는 사람이 차지해야 한다고 했다.

제9 상현편(尙賢篇)(中)

중편도 상편에 이어 현명한 사람들을 존중하여야만 나라가 잘 다스려짐을 강조하고 있다.

1. 묵자가 말하였다.

"지금 임금이나 대신들이 백성들을 다스리고 주권(主權)을 행사하며 국가를 다스리는 데 있어서 정치를 잘 닦아 나라를 보전함으로써 실패가 없도록 하려 하는데, 어찌하여 현명한 사람들을 숭상하는 게 정치의 근본이 된다는 것을 살피지 않는가?"

그러면 무엇으로써 현명한 사람들을 숭상하는 것이 정치의 근본이 됨을 알겠는가? 곧 귀하고 지혜 있는 사람들을 써서 어리석고 천한 사람들을 다스리도록 하면 곧 잘 다스려지고, 어리석고도 천한 사람들을 써서 귀하고 지혜 있는 사람들을 다스리게 하면 곧 어지러워진다. 이것으로써 현명한 사람들을 숭상하는 것이 정치의 근본이 됨을 알 수 있다.

그러므로 옛날에 성왕들은 현명한 이들을 숭상하는 일을 매우 존중하여, 능력에 따라 등용함에 있어서 부형(父兄)들에게도 편들지 아니하였고, 부귀한 사람들에게도 치우치지 않았으며, 얼굴빛에 따라 편애하는 일도 없었다. 현명한 사람이라면 그를 등용하여 높여 주고 부하고 귀하게

도 해주며 그로써 관청의 우두머리를 삼았다. 못난 자라면 파면시켜 가난하고 천하게 해주며, 그러한 자는 막일꾼으로 만들었다.

그리하여 백성들은 모두가 그의 상여(賞與)를 권면하고 그의 형벌을 두려워하면서 다같이 현명한 사람이 되려고 하였다. 그리하여 현명한 사람이 많고 못난 자가 적었다.

성인(聖人)은 그렇게 된 뒤에야 그들의 말을 듣고 그들의 행동을 좇아서 그들의 능력을 살피어 신중히 벼슬을 주었는데, 이것을 능력 있는 사람들을 부리는 것이라고 말하는 것이다. 그러므로 나라를 다스리는 사람으로 하여금 나라를 다스리게 할 수 있었고, 관청의 우두머리로 하여금 관청의 우두머리 노릇을 제대로 할 수 있게 하였으며, 고을을 다스리는 사람으로 하여금 고을을 제대로 다스리게 할 수 있었다. 그가 나라와 관청과 고을이나 마을을 다스리도록 한 사람들은 모두가 나라의 현명한 사람들이었던 것이다.

현명한 사람들은 나라를 다스림에 있어서 일찍이 조정에 나아가고 늦게 퇴근하며 옥사를 다스리고 정사를 처리한다. 그래서 국가는 다스려지고 형벌과 법령은 바로잡히게 되는 것이다. 현명한 사람들은 관청의 우두머리 노릇을 함에 있어서 밤늦게 자고 아침 일찍 일어나면서 관소(關所)와 시장 및 산림과 호수나 다리에서 얻어지는 이익을 거두어들여서 관청을 충실케 한다. 그래서 관청은 충실해지고 재물은 흩어져 없어지지 않는다. 현명한 사람들은 고을을 다스림에 있어서 일찍 출근하고 늦게 퇴근하면서 밭갈고 씨뿌리며 농사짓게 하여 곡식을 거두도록 한다. 그래서 곡식은 풍부해지고 백성들은 식량이 넉넉하게 된다. 그러므로 국가가 다스려지면 곧 형벌과 법령이 바로잡히고, 관청이 충실해지면 곧 만백성들이 부하게 되는 것이다.

原文 子墨子言曰：今王公大人之君人民, 主社稷, 治國家, 欲脩保而勿失, 胡不察尙賢爲政之本也?

何以知尙賢爲政之本也? 曰∶自貴且智者爲政乎愚且賤者, 則治. 自愚且賤者爲政乎貴且智者, 則亂. 是以知尙賢之爲政本也.

故古者, 聖王甚尊尙賢, 而任使能, 不黨父兄, 不偏富貴, 不嬖顔色. 賢者擧而上之, 富而貴之, 以爲官長. 不肖者抑而廢之, 貧而賤之, 以爲徒役.

是以民皆勸其賞, 畏其罰, 相率而爲賢者, 以賢者衆而不肖者寡.

然後聖人聽其言, 迹其行, 察其所能而愼予官, 此謂事能. 故可使治國者使治國, 可使長官者使長官, 可使治邑者使治邑. 凡所使治國家官府邑里, 此皆國之賢者也.

賢者之治國也, 蚤朝晏退, 聽獄治政, 是以國家治而刑法正. 賢者之長官也, 夜寢夙興, 收斂關市山林澤梁之利, 以實官府, 是以官府實而財不散. 賢者之治邑也, 蚤出莫入, 耕稼樹藝聚菽粟, 是以菽粟多而民足乎食. 故國家治則刑法正, 官府實則萬民富.

註解 ○胡(호)-어찌. 보통 판본엔 '고(故)'로 되어 있으나 뜻이 통하지 않으므로 《묵자한고(墨子閒詁)》를 참조하여 고쳤다. ○自(자)-유(由). 용(用)과 통함. ○黨(당)-편드는 것. 능력이 없는데도 혈연에 따라 벼슬을 주는 것. ○嬖(폐)-편애(偏愛)하는 것. ○顔色(안색)-간사하게 아첨하는 것을 가리킴. ○事能(사능)-사(事)는 사(使)와 통하여 '능력있는 사람을 부리는 것'. ○蚤朝(조조)-일찍 조회(朝會)에 나가는 것. ○晏退(안퇴)-조정에서 늦게 퇴근하는 것. ○夙(숙)-아침 일찍이. ○莫入(모입)-모(莫)는 모(暮)의 본 글자로 '해진 뒤 늦게 집으로 돌아가는 것'. ○菽粟(숙속)-콩과 조. 곡식을 대표하고 있음.

解說 현명한 사람은 정치의 근본이 된다. 그것은 현명한 사람일수록

충실히 맡은 일을 수행해 나아가기 때문이다. 따라서 현명한 사람들로 하여금 나라나 관청이나 고을을 다스리게 하면 어김없이 그 나라는 잘 다스려지고 부해진다는 것이다.

2. 위로는 정결히 술과 단술과 젯밥과 제물을 마련해 가지고 하늘과 귀신을 제사지내고, 밖으로는 공물(貢物)을 마련해 가지고 사방 이웃의 제후들과 사귀며, 안으로는 굶주리는 사람들을 먹여주고 수고로운 사람들을 쉬게 해줌으로써 만백성들을 부양(扶養)해 주고 천하의 현명한 사람들을 따르게 한다. 그렇기 때문에 위에서는 하늘과 귀신이 그를 부하게 해주고, 밖에서는 제후들이 그의 편을 들어주며, 안에서는 만백성들이 그와 친하게 되고, 현명한 사람들이 그에게로 귀의(歸依)하게 된다.

이렇게 함으로써 일을 도모하면 곧 뜻대로 되고, 거사를 하면 곧 성공을 거두며, 들어와 지키면 곧 견고해지고, 나아가서 칠 적에는 곧 강해진다. 그러므로 옛날 삼대(三代)의 성왕이신 요(堯)·순(舜)·우(禹)·탕(湯)·문(文)·무(武) 같은 임금들이 천하를 다스리고 제후들을 바로 잡았던 방법이란 바로 이런 방법이었던 것이다.

原文 上有以絜爲酒醴粢盛以祭祀天鬼, 外有以爲皮幣與四隣諸侯交接, 內有以食飢息勞, 將養萬民, 外有以懷天下之賢人. 是故上者天鬼富之, 外者諸侯與之, 內者萬民親之, 賢人歸之.
　以此謀事則得, 擧事則成, 入守則固, 出誅則彊. 故唯昔三代聖王堯舜禹湯文武之所以王天下正諸侯者, 此亦其法已.

註解 ○絜(결)-결(潔)과 통하여, 정결히 하다. ○醴(례)-단술. ○粢盛(자성)-자(粢)는 기장으로 지은 젯밥, 성(盛)은 쌀로 지은 젯밥《孟子》趙歧 注).

또는 자(粢)는 곡식으로 지은 젯밥, 성(盛)은 그릇에 담은 제물. ㅇ皮幣(피폐)―피(皮)는 짐승 가죽으로 만든 갖옷. 폐(幣)는 비단. 제후들 사이에 주고 받는 공물(貢物)을 가리킴. ㅇ將養(장양)―부양(扶養)과 같은 말. ㅇ外有以(외유이)―이 세 글자는 잘못임. 앞 구절의 영향으로 더 붙은 것. 없는 게 옳다《墨子閒詁》). ㅇ彊(강)―강(强)과 같은 글자. 강한 것.

解說 이 대목은 앞의 대목에 연결되는 것이나 특히 하늘과 귀신을 끌어다 대면서 종교적인 차원에서 현명한 사람들을 등용할 것을 강조하고 있어 따로 분류하였다.

3. 이미 이러한 방법이 있다고는 하지만 그것을 실행하는 술법을 알지 못하면 일은 여전히 성공시킬 수가 없는 것이다. 그래서 반드시 세 가지 근본을 잘 조치해야만 한다.
 세 가지 근본이란 무엇을 말하는가? 그것은 작위(爵位)가 높지 않으면 백성들이 존경하지 않는다는 것과, 받는 녹(祿)이 많지 않으면 백성들이 믿지 않는다는 것과, 정령(政令)이 분명하지 않으면 백성들이 두려워하지 않는다는 것, 이 세 가지이다. 그러므로 옛날의 성왕들은 작위를 높이 주었고, 녹을 중히 주었고, 그들에게 일을 맡기면서 분명히 법령을 내려 주었다. 어찌 그것이 그의 신하들을 위하여 내려준 것이었겠는가? 그의 일이 성취되기를 바랐기 때문이었다.
 《시경(詩經)》에 말하기를,
 '그대에게 걱정 근심 고하고
 그대에게 작위 주는 일 깨우치네.
 누가 뜨거운 것을 잡을 수 있나?
 물에 손 담그지 않는 이 드물다네.'
라고 한 것은 이것을 두고 한 말이다. 옛날에도 임금과 제후들은 자손들이나 신하들과 친밀하게 지내지 않아서는 안되었다. 비유를 들면 마치 뜨거운 것을 잡은 다음에는 물에 손을 담그는 것과 같은 것이니, 이것은 그의 손을 쉬게 하려는 것이었다.

옛날의 성왕들은 오직 현명한 사람들을 등용하여 부리면서, 그들에게 작위를 주어 귀하게 해주었고, 땅을 쪼개어 봉(封)하여 주어 평생토록 싫증나지 않게 하였다. 현명한 사람들은 오직 명철한 임금들을 가리어 섬기면서, 온 몸의 힘을 다하여 임금의 일을 맡으면서도 평생토록 게으름을 피우지 아니하였다. 만약 아름답고 훌륭한 일이 있으면 곧 그것을 임금에게 돌렸다. 그래서 아름답고 훌륭한 것은 위 임금에게 있게 되고 원망과 비난의 대상이 될 것은 아래 신하에게 있었다. 안녕과 즐거움은 임금에게 있고, 근심과 걱정은 신하에게 있었다. 그러므로 옛날의 성왕들의 시정(施政)은 이와 같았던 것이다.

原文 既曰若法, 未知所以行之術, 則事猶若未成. 是以必爲置三本.

何謂三本? 曰爵位不高, 則民不敬也. 蓄祿不厚, 則民不信也. 政令不斷, 則民不畏也. 故古聖王, 高予之爵, 重予之祿, 任之以事, 斷予之令. 夫豈爲其臣賜哉? 欲其事之成也.

詩曰:

告女憂卹, 誨女予爵.

孰能執熱? 鮮不用濯.

則此語. 古者國君諸侯之不可以不執善承嗣輔佐也, 譬之猶執熱之有濯也, 將休其手焉.

古者聖王, 唯毋得賢人而使之, 般爵以貴之, 裂地以封之, 終身不厭. 賢人唯毋得明君而事之, 竭四肢之力以任君之事, 終身不倦. 若有美善則歸之上. 是以美善在上, 而所怨謗在下. 寧樂在君,憂慼在臣. 故古者, 聖王之爲政若此.

[註解] ○旣曰若法(기왈약법)-약(若)은 차(此)의 뜻. '이미 이러한 방법이 있다고 하더라도'. ○斷(단)-엄한 것. 분명한 것. ○詩曰(시왈)-《시경(詩經)》〈대아(大雅)〉상유(桑柔)편에 보이는 구절. ○女(여)-너. 그대. 《시경》에는 보통 이(爾)로 쓰여 있음. ○憂恤(우휼)-근심과 걱정. ○予爵(여작)-작위를 주다. 《시경》에는 '서작(序爵)'으로 되어 있어 작위를 질서있게 올바로 내린다는 뜻. ○鮮不用濯(선불용탁)-물에 손을 담그지 않는 이 드물다. 《시경》에는 '서불이탁(逝不以濯)'으로 되어 있는데, 서(逝)는 조사임. ○執善(집선)-친선(親善)과 같은 말. ○承嗣(승사)-맏아들. 여기서는 자손들을 가리키는 것으로 본다. ○輔佐(보좌)-보좌하는 '신하'. ○毋(무)-조사로 뜻이 없음. ○般(반)-반(頒)과 통하여, 나누어 주는 것. ○謗(방)-비방. 비난. ○慼(척)-근심. 걱정.

[解說] 여기서는 현명한 사람을 부리는 술책으로, 작위를 높여주고 많은 녹을 주며 정령을 분명히 해야 한다는 '세 가지 근본'을 설명하고 있다. 이 세 가지만 올바로 행하면 현명한 사람들은 몸과 마음을 다 바쳐 임금을 섬기게 된다. 따라서 임금이 바라는 일은 모두 손쉽게 성공할 수 있다는 것이다.

4. 지금의 임금과 귀족들도 역시 옛사람들을 본받아 현명한 사람들을 숭상하고 능력있는 사람을 부리어 정치를 하려고 하면서도, 높은 작위는 주되 녹이 이에 따르지를 못하고 있다. 작위는 높으면서도 녹이 없으면 백성들이 믿지를 않는다. 말하기를 이것은 충심으로 우리를 사랑하는 것이 아니라 우리를 빌어서 쓰는 것이라 하게 된다. 빌어 쓰는 백성들이 어찌 그들의 임금과 친할 수가 있겠는가?

그러므로 옛 훌륭한 임금들의 말씀에 이르기를 '정사에 탐을 내는 사람은 남에게 일을 나누어 맡기지 못하고, 재물을 소중히 여기는 사람은 남에게 녹을 나누어 주지 못한다'고 한 것이다. 일을 맡기지 아니하고 녹을 나누어 주지 않는다면, 묻건대 천하의 현명한 사람들이 어떻게 임금과 귀족들의 곁으로 모여들 수가 있겠는가? 만약에 정말로 현명한 사람들이 임금과 귀족들의 곁으로 모여들지 않는다면 곧 여기에는 못난 자들만이 좌우에 있게 될 것이다.

 못난 자들이 좌우에 있게 되면 그가 주는 영예(榮譽)는 현명한 사람에게로 돌아가지 않고, 그의 형벌은 포악한 자들이 받게 되지 않는다. 임금과 귀족들이 이 방법을 소중히 여기며 국가의 정치를 해나간다면 곧 상주는 것도 반드시 현명한 사람에게로 돌아가지 않고, 처벌도 반드시 포악한 자들이 받지 않게 된다. 만약 정말로 상이 현명한 사람에게 돌아가지 않고 처벌을 포악한 자들이 받지 않게 된다면 곧 현명한 사람들을 권장하지 못하고 포악한 자들을 막지 못하게 될 것이다. 그래서 들어와서는 부모들을 사랑하여 효도하지 못하게 되며, 나가서는 고을에서 윗사람을 몰라보게 될 것이다.

 거처(居處)에 절도가 없게 되고, 출입하는 데 법도가 없게 되며, 남녀의 분별이 없게 된다. 그들로 하여금 관청 일을 다스리게 하면 곧 도둑질이나 하고, 성을 지키게 하면 배반하기나 하며, 임금에게 어려움이 있어도 죽음으로써 섬기지 않고, 임금이 국외로 도망을 하면 따라가지 않게 된다. 그들로 하여금 옥사(獄事)를 처리하게 하면 적절히 처리하지 못하고, 재물을 나눠 주도록 하면 고루 나누지 못한다. 그들과 일을 도모하면 뜻대로 되지 않고 거사를 하면 성공하지 못하며, 들어와 지키게 하면 견고하지 못하고, 나가서 싸우게 하면 강하지 못하다.

 그러므로 오직 삼대(三代)의 폭군으로 알려진 걸(桀)·주(紂)·유왕(幽王)·여왕(厲王) 같은 이들이 국가를 잘못 다스리어 그들의 사직(社稷)을 멸망시켰던 것도 이 때문이었다. 왜냐하면 모두 작은 사물(事物)

에는 밝으면서도 큰 사물에는 밝지 못하였기 때문이다.

原文 今王公大人 亦效人以尚賢使能爲政, 高予之爵而祿不從也. 夫高爵而無祿, 民不信也. 曰:此非中實愛我也, 假藉而用我也. 夫假藉之民, 將豈能親其上哉?

故先王言曰:貪於政者, 不能分人以事, 厚於貨者, 不能分人以祿, 事則不與, 祿則不分, 請問天下之賢人, 將何自至乎王公大人之側哉? 若苟賢者不至乎王公大人之側, 則此不肖者在左右也.

不肖者在左右, 則其所譽不當賢, 而所罰不當暴, 王公大人尊此以爲政乎國家, 則賞亦必不當賢, 而罰亦必不當暴. 若苟賞不當賢, 而罰不當暴, 則是爲賢者不勸, 而爲暴者不沮矣. 是以入則不慈孝父母, 出則不長弟鄕里.

居處無節, 出入無度, 男女無別. 使治官府則盜竊, 守城則倍畔, 君有難則不死, 出亡則不從. 使斷獄則不中, 分財則不均. 與謀事不得, 擧事不成, 入守不固, 出誅不彊.

故雖昔者三代暴王, 桀紂幽厲之所以失措其國家, 傾覆其社稷者, 已此故也. 何則, 皆以明小物, 而不明大物也.

註解 ㅇ予(여)-주다. ㅇ中實(중실)-충심(衷心)으로, 정말로. ㅇ假藉(가자)-가차(假借). 임시로 쓰려고 '빌리는 것'. ㅇ不肖(불초)-부모를 닮지 않은 것. 못난 것. ㅇ沮(저)-막다. 그치다. 무너뜨리다. ㅇ長弟(장제)-윗분을 존경하고, 아랫사람을 아껴주는 것. 나이 많고 적은 사람들 사이의 올바른 예의. ㅇ倍畔(배반)-배반(背叛). ㅇ出誅(출주)-나가서 주벌(誅伐)하다. 뜻이 안맞는 밖의 나라를 정벌하는 것. ㅇ失措(실조)-조치를 잘 못하다. 정치를 잘못하다. ㅇ已此(이차)-이차(以此)와 같은 말.

解說 여기서는 현명한 사람들을 높여 쓰는 방법으로서 높은 작위와 함

께 거기에 어울리는 녹을 주어야 함을 역설하고 있다. 흔히 위정자들은 높은 작위는 주면서 이에 어울리는 많은 녹을 주기는 꺼려한다. 그러나 이 조그만 일을 제대로 안하기 때문에 결국은 백성들의 신용을 잃게 되며 나라를 망치는 결과에까지 이르게 된다는 것이다.

5. 지금의 임금과 귀족들은 한 가지 의복을 만들 수가 없어서 반드시 훌륭한 재단사의 힘을 빌리고, 한 마리의 소나 양을 잡지 못하여 반드시 훌륭한 백정의 손을 빌리고 있다. 그러므로 이와 같은 두 가지 일에 있어서는 임금이나 귀족들도 현명한 사람을 숭상하고 능력있는 사람을 부리어 정치할 줄 알고 있는 것이다.

그러나 그의 국가의 혼란이나 사직의 위험에 이르러서는 능력있는 사람을 부리어 그것을 다스릴 줄 알지 못하고 있다. 그들은 친척들을 부리고, 공 없이 부귀해지고 아첨하는 얼굴을 지닌 사람이나 부린다. 공 없이 부귀해지고 아첨하는 얼굴을 지닌 사람들이나 부린다면, 어찌 그들이 반드시 지혜롭고 현명한 사람들이겠는가? 만약 그들로 하여금 국가를 다스리게 한다면 곧 이것은 지혜도 없는 자들로 하여금 국가를 다스리게 하는 것이 된다. 국가의 혼란은 이미 알 수가 있는 일이다.

또한 임금과 귀족들은 그들의 안색(顔色)을 보고 그를 사랑하며 부리게 된다. 따라서 마음속으로 그들의 지혜는 살피지 아니하고 그가 사랑하는 것만을 중시하는 것이다. 그러므로 백 명도 다스릴 수 없는 사람을 천 명을 다스리는 벼슬자리에 앉게 하고, 천 명도 다스리지 못하는 사람을 만 명을 다스리는 벼슬자리에 앉게 한다. 이렇게 하게 되는 까닭은 무엇인가? 그러한 벼슬에 앉힌다는 것은 작위가 높아지고 녹이 많아지는 것을 뜻한다. 그러므로 그의 안색을 보고 사랑하는 사람을 거기에 부리게 되는 것이다.

천 명도 다스리지 못하는 사람을 만 명을 다스리는 벼슬자리에 앉히면 곧 벼슬이 능력의 10배가 된다. 대체로 다스리는 방법이란 하루하루 알게 되는 것이다. 하루하루 안 것으로서 다스리는 것인데, 하루에 10배로 능력이 자랄 수는 없는 것이다. 그의 지혜로서 다스리는 것인데 지혜는 10배로 늘어날 수가 없는 것이다. 그런데도 능력의 10배의 벼슬자리를 준다면 곧 그는 하나만을 다스리고 나머지 아홉은 버리게 된다. 비록 밤낮을 연이어 그의 벼슬을 다스린다 하더라도 관사(官事)는 여전히 다스려지지 않을 것이다.

이렇게 되는 까닭은 어디에 있는가? 그것은 곧 임금과 귀족들이 현명한 사람을 숭상하고 능력있는 사람을 부리어 정치를 해야 하는 것을 잘 알지 못하고 있기 때문이다. 그러므로 현명한 사람을 숭상하고 능력있는 사람을 부리어 정사를 잘 다스리는 것은, 그와 같은 말을 잘 따르는 것을 뜻하는 것이다. 현명한 사람을 무시하고 정치를 하여 혼란을 일으키는 것은, 내가 말한 것과 같은 사람들을 뜻하는 것이다.

|原文| 今王公大人, 有一衣裳, 不能制也, 必藉良工. 有一牛羊, 不能殺也, 必藉良宰. 故當若之二物者, 王公大人知以尙賢使能爲政也.

逮至其國家之亂, 社稷之危, 則不知使能以治之. 親戚則使之, 無故富貴, 面目佼好則使之. 夫無故富貴, 面目佼好則使之, 豈必智且有慧哉? 若使之治國家, 則此使不智慧者治國家也. 國家之亂, 旣可得而知已.

且夫王公大人, 有所愛其色而使. 其心不察其知, 而與其愛. 是故不能治百人者, 使處乎千人之官, 不能治千人者, 使處乎萬人之官. 此其故何也? 曰:處若官者, 爵高而祿厚, 故愛其色而使之焉.

夫不能治千人者, 使處乎萬人之官, 則此官什倍也. 夫治之法,將日至者也. 日以治之, 日不什脩, 知以治之, 知不什益. 而予官什倍, 則此治一而棄其九矣. 雖日夜相接以治若官, 官猶若不治.
　此其故何也? 則王公大人 不明乎以尙賢使能爲政也. 故以尙賢使能 爲政而治者, 夫若言之謂也. 以下賢爲政而亂者, 若吾言之謂也.

註解　○藉(자)-힘을 빌리다. ○宰(재)-백정. 요리사. ○無故(무고)-공이 없는 것. 아무 근거도 없는 것. 고(故)를 공(功)의 잘못으로 보는 이도 있다《墨子閒詁》. ○佼好(교호)-보기좋은 것. 예쁜 것. 여기서는 아첨하기 위하여 잘 보이는 것을 뜻한다. ○脩(수)-자라다. 길어지다.

解說　여기서는 앞 대목에서 임금들은 모두 '작은 사물에 대하여는 밝으면서도 큰 사물에 대하여는 밝지 못하다'고 한 말을 설명하고 있다. 옷을 짓거나 소·양을 잡을 적에는 가장 기술이 뛰어난 사람을 불러 일을 시키면서도, 중요한 정치를 하는 데 있어서는 능력있는 사람을 제대로 골라서 쓰지 못한다. 그래서 나라를 망치게 된다는 것이다.

6. 지금 임금과 귀족들이 충심으로 그들의 국가를 다스리려 하고 잘 보전하여 잃지 않으려 한다면 어찌하여 현명한 사람을 숭상하는 것이 정치를 하는 근본임을 살피지 아니하는가? 또한 현명한 사람을 숭상하는 것이 정치를 하는 근본이 된다는 것은 또 어찌 묵자 한 사람만의 말이겠는가? 이것은 성왕의 도이며, 옛 훌륭한 임금들의 책에 오랜 옛날부터 쓰여진 말인 것이다.
　옛글에 말하였다.
　'성군과 명철한 사람을 구하여 그대의 몸을 보좌케 하라.'

《서경(書經)》 탕서(湯誓)에도 말하였다.

'마침내 위대한 성인을 구하여 그와 함께 힘을 다하고 마음을 함께함으로써 천하를 다스렸다.'

곧 이것은 성인을 잃어서는 안되며, 현명한 사람을 숭상하고 능력있는 사람을 부리어 정치를 할 것을 이야기한 것이다. 그러므로 옛날의 성왕들은 오로지 잘 살피어 현명한 사람을 숭상하고 능력있는 사람을 부리어 정치를 하였으며, 다른 조건은 더 섞인 게 없어 천하가 모두 그 이익을 얻었던 것이다.

옛날 순(舜)은 역산(歷山)에서 밭을 갈고, 황하(黃河) 가에서 질그릇을 굽고, 뇌택(雷澤)에서 고기잡이를 하고 있었다. 요(堯)임금이 그를 복택(服澤)의 북쪽 기슭에서 발견하여, 그를 천거하여 천자로 삼고 천하의 정치를 맡겨주어 천하의 백성들을 다스리게 하였다.

이윤(伊尹)은 유신씨(有莘氏) 딸의 개인적인 신하로서 친히 백정 노릇까지 하였다. 탕(湯)임금이 그를 발견하여 그를 자기의 재상으로 등용하여 천하의 정치를 떠맡기고 천하의 백성들을 다스리게 하였다.

부열(傅說)은 베옷을 입고 새끼줄로 허리띠를 매고서 부암(傅巖)에서 품팔이로 담 쌓는 일을 하고 있었다. 무정(武丁)임금이 그를 발견하고 그를 삼공(三公)으로 삼은 뒤에 천하의 정치를 내맡기고 천하의 백성들을 다스리게 하였다.

이들은 어찌하여 처음에는 천한 신분이었는데 갑자기 귀해졌고, 처음에는 가난하였는데 갑자기 부해졌던가? 곧 임금과 귀족들이 현명한 사람을 숭상하고 능력있는 사람을 부리어 정치를 할 줄 알았기 때문이었다. 그래서 백성들은 굶주리면서도 양식을 구하지 못하거나, 헐벗으면서도 옷을 구하지 못하거나, 수고를 하면서도 쉬지를 못하거나, 어지러우면서도 다스려지지 못하는 일이 없었다.

그러므로 옛날의 성왕들은 잘 살피어 현명한 사람을 숭상하고 능력있는 사람을 부리어 정치를 하였는데, 그것은 하늘에서 법도를 딴 것이었다. 비록 하늘도 가난과 부함, 귀하고 천한 것, 멀고 가까운 것, 친하고 먼 관계를 분별하지는 못하지만, 현명한 사람은 들어내어 숭상하고 못난 자들은 억눌러 멸망시키는 것이다.

그렇다면 부귀하면서도 현명함으로써 상(賞)을 받았던 사람으로는 누가 있는가? 그것은 옛날 삼대(三代)의 성왕이신 요(堯)·순(舜)·우(禹)·탕(湯)·문왕(文王)·무왕(武王) 같은 분들이다. 그들이 상을 받았던 까닭은 무엇이었는가? 그것은 그들이 천하의 정치를 함에 있어서 아울러 모든 사람들을 사랑하고 그에 따라 모두를 이롭게 해주었으며, 또 천하의 만백성들을 거느리고서 더욱 하늘을 존경하고 귀신을 섬기었으며, 만백성들을 사랑하고 이롭게 해주었기 때문이다. 그런 까닭에 하늘과 귀신이 그들에게 상을 내리어 그들을 세워 천자로 삼아 백성들의 부모가 되게 해주었다. 만백성들은 그들을 좇아 기리어 부르기를 성왕이라 하였는데 지금까지도 끊이지 않고 그러하다. 이것이 부귀하면서도 현명함으로써 그 보상을 얻은 것이다.

그렇다면 부귀하면서도 포악함으로써 그 벌을 받았던 사람으로는 누가 있는가? 그것은 옛날 삼대의 폭군(暴君)인 걸(桀)·주(紂)·유왕(幽王)·여왕(厲王) 같은 사람들이다. 어떻게 그러함을 아는가? 그것은 그들이 천하의 정치를 함에 있어서 모든 사람들을 아울러 미워하고 그에 따라 그들을 해쳤고, 또 천하의 백성들을 거느리고서 하늘을 욕하고 귀신들을 모욕하였으며 만백성들을 해치고 죽였기 때문이다. 이런 까닭으로 하늘과 귀신이 그들에게 벌을 내리어 그들의 몸은 사형을 당하고 자손들은 사방으로 흩어지고 집안은 멸망하며 후손은 끊이도록 하였다. 만백성들은 이를 좇아 비난하여 일컫기를 폭군이라 하였는데, 지금까지도 끊이지 않고 그러하다. 곧 이것이 부귀하면서도 포악함으로써 그 벌을 받았던 예인 것이다.

그렇다면 친하면서도 선하지 않음으로써 그 벌을 받았던 사람으로는 누가 있는가? 그것은 옛날의 곤(鯀) 같은 사람이다. 임금의 맏아들이었지만 임금의 덕을 저버렸기 때문에 마침내는 우산(羽山)의 들판에서 형벌을 받게 되었다. 그곳은 더위도 햇빛도 미치는 일이 없는 곳이었으며 임금님도 역시 그를 사랑하지 않았다. 곧 이것이 친하면서도 선하지 않음으로써 그 벌을 받았던 예인 것이다.

[原文] 今王公大人, 中實將欲治其國家, 欲脩保而勿失, 胡不察尚賢爲政之本也? 且以尚賢爲政之本者, 亦豈獨子墨子之言哉? 此聖王之道, 先王之書, 距年之言也.

傳曰:求聖君哲人, 以裨補而身.

湯誓曰:聿求元聖, 與之戮力同心, 以治天下.

則此言聖之不失以尚賢使能爲政也. 故古者聖王, 唯能審以尚賢使能爲政, 無異物雜焉, 天下皆得其利.

古者舜耕歷山, 陶河瀕, 漁雷澤. 堯得之服澤之陽, 擧以爲天子, 與接天下之政, 治天下之民.

伊摯有莘氏女之私臣, 親爲庖人. 湯得之, 擧以爲己相, 與接天下之政, 治天下之民.

傅說被褐帶索, 庸築乎傅巖. 武丁得之, 擧以爲三公, 與接天下之政, 治天下之民.

此何故始賤卒而貴, 始貧卒而富? 則王公大人明乎以尚賢使能爲政. 是以民無飢而不得食, 寒而不得衣, 勞而不得息, 亂而不得治者.

故古聖王, 以審以尚賢使能爲政, 而取法於天. 雖天亦不辯貧富貴賤遠邇親疏, 賢者擧而尚之, 不肖者抑而廢之. 然則富貴爲賢以得其賞者, 誰也? 曰:若昔者三代聖王, 堯舜禹湯文武者是也. 所以得其賞, 何也. 曰:其爲政乎天下也, 兼而愛之, 從而利之. 又率天下之萬民, 以尙尊天事鬼, 愛利萬民. 是故天鬼賞之, 立爲天子, 以爲民父母. 萬民從而譽之曰:聖王, 至今不已. 則此富貴爲賢, 以得其賞者也.

然則富貴爲暴以得其罰者, 誰也? 曰:若昔者三代暴王, 桀紂幽厲者是也. 何以知其然也? 曰:其爲政乎天下也, 兼而憎之, 從而賊之. 又率天下之民, 以詬天侮鬼, 賊傲萬民. 是故天鬼罰之, 使身死而爲刑戮, 子孫離散, 室家喪滅, 絶無後嗣. 萬民從而非之曰:暴王, 至今不已. 則此富貴爲暴, 而以得其罰者也.

然則親而不善以得其罰者, 誰也? 曰:若昔者伯鯀. 帝之元子, 廢帝之德, 庸旣乃刑之于羽之郊. 乃熱照無有及也, 帝亦不愛. 則此親而不善, 以得其罰者也.

註解　ㅇ距年(거년)-원년(遠年)과 같은 뜻으로. 오랜 옛날. ㅇ傳(전)-옛날의 전적(典籍). 지금 전하는 책에는 이런 말이 없다. ㅇ裨輔(비보)-보좌 또는 보필의 뜻. ㅇ湯誓(탕서)-지금의《서경》.《상서(商書)》의 탕서편에는 이 글이 들어 있지 않다.《위고문상서(僞古文尙書)》의 탕고(湯誥)편에 이중 앞 여덟 자가 보이는데,《위고문》이 이 묵자의 인용문을 끌어다 지금의〈탕고편〉을 위작한 듯하다. ㅇ聿(율)-마침내. 드디어. ㅇ元聖(원성)-위대한 성인. ㅇ戮力(육력)-힘을 합치다. 함께 힘을 가하다. ㅇ歷山(역산)-지금의 산동성(山東省) 제남(濟南)시 남쪽에 있는 산 이름. 천불산(千佛山). 순경산(舜耕山)이라고도 부른다. ㅇ瀕(빈)-물가. ㅇ雷澤(뇌택)-지금의 산서성(山西省) 영제현(永諸縣) 남쪽에 있는 강물 이름. ㅇ伊摯(이지)-이윤(伊尹). 이름이 지(摯). 유신씨(有莘氏)의 들판에서 밭을 갈고 있었는데, 탕(湯)임금에게 발견되어 그의 재상으로서 걸(桀)을 치고 상(商)나라를 세우는 데 큰 공로를 세웠다. 그뒤 탕임금의 손자 태갑(太甲) 및 중손 옥정(沃丁)에 이르기까지

백 세를 살며 재상 노릇을 하였다. ○有莘氏(유신씨)-옛날의 제후 중의 한 사람. ○庖人(포인)-백정. 푸줏간쟁이. ○傅說(부열)-은(殷)나라 고종(高宗)인 무정(武丁) 때의 재상 이름. 나라를 잘 다스렸다. ○索(색)-새끼줄. ○庸(용)-용(傭)과 통하여, 일꾼으로 고용되는 것. ○築(축)-담을 쌓기 위하여 담틀 안에 흙을 넣고 다지는 것. ○傅巖(부암)-땅 이름. ○三公(삼공)-재상급의 벼슬 이름. ○賊傲(적오)-해치고 죽이는 것. ○伯鯀(백곤)-우(禹)임금의 아버지이며, 전욱(顓頊)의 아들이라 한다. 순(舜)임금이 숭백(崇伯)에 봉하여 백곤이라 한 것이며, 세상의 물을 다스리도록 하였으나 실패하여 마침내 처형당하였다. ○庸(용)-용(用)과 통하여 조사로 쓰임. ○羽(우)-산 이름. 우산(羽山). 산동성(山東省) 염성현(剡城縣) 동북쪽에 있다. ○熱照(열조)-따스한 기운과 햇빛.

解說 여기서도 현명한 사람을 숭상할 것을 강조하고 있지만, 특히 요(堯)임금이 순(舜)을 등용하고, 탕(湯)임금이 이윤(伊尹)을 등용하고, 무정(武丁)이 부열(傅說)을 등용하여 나라를 흥성시켰던 보기를 들고 있다. 그리고 이처럼 현명한 사람을 숭상하는 것은 하늘의 법도라 하면서 역시 자기의 주장을 종교적인 차원으로 승화시키고 있다. 현명한 사람을 숭상하는 사람은 하늘과 귀신의 뜻에 맞으므로 곧 흥성해지며, 그렇지 못한 사람은 멸망당하게 된다는 것이다.

7. 그렇다면 하늘이 부리도록 하신 능력있는 사람이란 누구였던가? 그것은 옛날의 우(禹)·직(稷)·고요(皐陶) 같은 사람들이다. 어떻게 그러함을 아는가?

옛 훌륭한 임금의 글인 《서경》의 여형(呂刑)은 그것에 대하여 말하였다.

'황제께서 아래의 백성들에게 밝게 물어보시니, 묘(苗)나라에 대하여 불평이 많았다. 말하기를 제후로서 백성들을 돌보아야 할 사람이 덕이 밝은 이를 밝히는 데 일정한 법도가 없고, 홀아비와 과부도 감싸주는 일이 없다는 것이었다. 이에 덕으로 위압하니 두려워하게 되었고, 덕을 밝히니 밝게 되었다. 이에 세 분들에게 명하시어 백성들을 위하여 걱정하고 일하게 하니, 백이(伯夷)는 법을 펴 백성들을 형벌로써 제어(制御)하였고, 우(禹)는 물과 땅을 다스리어 산과 냇물의 이름을 지어 놓았고, 직(稷)은 씨뿌리는 법을 널리 펴서 아름다운 곡식을 농사지어 생산케 하였다. 세 분들이 공을 이루어 백성들이 풍성해졌던 것이다.'

곧 이것은 세 분의 성인들이 그들의 말을 삼가고 행동은 신중히 하며, 그들의 생각을 정교(精巧)히 하여 천하에 숨겨진 일들을 찾아내고 이익을 끼쳐줌으로써, 위로 하늘을 섬기어 곧 하늘이 그분들의 덕을 가상히 여기시고, 아래로 그것을 만백성들에게 베풀어 만백성들은 그 이익을 입음이 평생토록 그침이 없었음을 얘기한 것이다.

그러므로 옛 훌륭한 임금님의 말씀에 이르기를,

'이 도는 천하에 크게 쓰면 여유가 있게 되고, 작게 쓰면 곤란해지지 않으며, 길이 쓰면 만백성들이 그 이익을 입음이 평생토록 그치지 않는다.'

라고 하였다. 또 《시경》 주송(周頌)에 말하였다.

'성인의 덕은
하늘이 높은 것과도 같고
땅이 넓은 것과도 같아서
천하에 밝게 비추인다.
땅이 굳건한 것과도 같고
산이 솟아있는 것과도 같아서
갈라지지도 않고 무너지지도 않는다.
해가 비추는 것과도 같고
달이 밝은 것과도 같아서

하늘과 땅과 더불어 영원하다.'

곧 이것은 성인의 덕은 밝고도 넓고 크며 탄탄하고 굳어서 영원하다는 것이다. 그러므로 성인의 덕은 하늘과 땅을 전부 뒤덮고 있는 것이다.

原文   然則 天之所使能者, 誰也? 曰若昔者, 禹稷皐陶是也. 何以知其然也?

先王之書呂刑道之曰: 皇帝淸問下民, 有辭有苗. 曰: 羣后之肆在下, 明明不常, 鰥寡不蓋. 德威維威, 德明維明. 乃名三后, 恤功於民. 伯夷降典, 哲民維刑. 禹平水土, 主名山川. 稷隆播種, 農殖嘉穀. 三后成功, 維假於民.

則此言, 三聖人者, 謹其言, 愼其行, 精其思慮, 索天下之隱事, 遺利以上事天, 則天鄕其德, 下施之萬民, 萬民被其利, 終身無已.

故先王之言曰: 此道也, 大用之天下則不窕, 小用之則不困, 脩用之則萬民被其利, 終身無已.

周頌道之曰:

聖人之德, 若天之高, 若天之普,

其有昭於天下也. 若地之高, 若山之承,

不坼不崩.

若日之光, 若月之明, 與天地同常.

則此言, 聖人之德章明博大, 埴固以脩久也. 故聖人之德, 蓋總乎天地者也.

註解 ○稷(직)—순(舜)임금의 신하 이름. ○皐陶(고요)—순임금의 신하 이름. ○呂刑(여형)—《서경(書經)》주서(周書)의 편명. 다만 여기에 인용한 글귀는 말의 순서와 몇 개의 글자가 현행본과 약간 다른 곳이 있다. ○淸問(청문)—밝게 묻다. ○有辭(유사)—불평하는 말이 있는 것. ○有苗(유묘)—변방

의 묘나라 제후. ○羣后(군후)-제후(諸侯)를 가리킴. ○肆(사)-현행본엔 '체(逮)'로 쓰여 있는데, 은혜가 미치도록 돌봐주는 것. ○明(명)-위의 명(明)은 동사, 아래 명(明)은 밝은 덕을 지닌 사람. ○不常(불상)-일정한 법도가 없는 것. ○鰥(환)-홀아비. ○威(위)-위의 글자는 '위압하다', 아래 글자는 외(畏)와 통하여 두려워하며 굴복하는 것. ○三后(삼후)-백이·우·직의 세 사람. ○降(강)-펴는 것. ○哲(철)-현행본에 절(折)로 되어 있으며, 제어(制御)하는 것. ○隆(융)-현행본의 강(降)으로 되어 있으며, 널리 보급시키는 것. ○殖(식)-불리다. 생산하다. ○假(가)-현행본《시경》에는 이 시가 보이지 않는다. ○坼(탁)-갈라지다. 쪼개지다. ○承(승)-승(丞)과 통하여, 높이 솟아 있는 것. ○植(식)-진흙덩이처럼 굳은 것.

|解說| 여기서도 옛날 현명했던 사람들의 공로를 강조하고 있다. '하늘이 부리었던 능력있던 사람'으로서 앞에서는 우(禹)·직(稷)·고요(皐陶)의 세 사람이 있다고 해놓고서, 이를 증명하는 대목에선 백이(伯夷)와 우·직의 얘기를 끌어대고 있으니 앞뒤가 잘 맞지 않는다. 전해 내려오는 동안에 생겨난 착오일 것이다. 그리고 이 대목 끝머리에서는 또 현명한 사람을 넘어서서 '성인의 덕'을 찬양하고 있으니 문장의 연결이 자연스럽게 느껴지지 않는다.

8. 지금의 임금과 귀족들은 천하를 다스리고 제후들을 바로잡으려 하고 있는데, 덕과 의로움이 없다면 무엇으로써 할 수가 있겠는가? 꼭 위세와 강한 힘으로 위협하여 그렇게 하겠다고 말하겠는가? 지금의 임금과 귀족들은 어디에서 위협할 위세와 강한 힘을 얻겠는가? 백성들을 죽음으로 떨어지게 만들고 말 것이다.

백성들이란 사는 것은 매우 바라지만 죽는 것은 몹시 싫어한다. 바라는 것은 얻지 못하고 싫어하는 것만이 거듭 닥쳐오게 된다면, 옛날부터 지금에 이르기까지 그래가지고도 천하를 다스리고 제후를 바로잡을 수 있었던 경우란 일찍이 있어 본 일도 없는 것이다.

지금의 귀족으로서 천하를 다스리고 제후를 바로잡으려 하며 천하에서 뜻을 얻어 후세에까지도 명성을 이룩하게 하고자 한다면, 어찌하여 현명한 사람을 숭상하는 것이 정치의 근본이 된다는 점을 살피지 아니 하는가? 이것은 성인들께서도 독실(篤實)히 행하신 일인 것이다.

原文　今王公大人, 欲王天下, 正諸侯, 夫無德義, 將何以哉? 其說將必挾震威彊? 今王公大人將焉取挾震威彊哉? 傾者民之死也.

民生爲甚欲, 死爲甚憎. 所欲不得而所憎屢至, 自古及今, 未有嘗能有以此王天下, 正諸侯者也.

今大人欲王天下, 正諸侯, 將欲使意得乎天下, 名成乎後也, 故不察尚賢爲政之本也? 此聖人之厚行也.

註解　ㅇ正(정)-바로잡다. 장(長)의 뜻으로 보아 우두머리 노릇하다로 새겨도 좋다. ㅇ挾震(협진)-위협하여 떨게 하는 것. ㅇ傾者(경자)-자(者)는 제(諸)와 같은 뜻의 조사. ㅇ故(고)-호(胡)와 통하여, '어찌'.

解說　천하를 다스리고 제후들을 거느리려면 반드시 현명한 사람을 숭상할 줄 알아야 한다. 힘으로 나라를 다스리다가는 백성들의 불평을 사서 오히려 멸망을 당하게 된다는 것이다. 따라서 현명한 사람을 숭상하는 것이 정치의 근본이 된다는 말로 이 편을 결론 맺고 있는 것이다.

제10 상현편(尙賢篇)(下)

앞 상편·중편에 이어 현명한 사람을 등용하여야 함을 강조하는 글이다.

1. 묵자가 말하였다.

"천하의 임금과 대신들은 모두 그의 국가가 부하여지고 인민이 잘 다스려지며 형벌과 법령이 잘 다스려지기를 바란다. 그러나 현명한 사람들을 숭상함으로써 그의 국가와 백성들을 다스릴 줄 모르고 있으니, 임금과 대신들은 정치의 근본이 되는, 근본적으로 현명한 사람들을 숭상하는 일을 잊고 있는 것이다. 만약 진실로 임금과 신하들이 근본적으로 현명한 사람들을 숭상하는 정치의 근본이 되는 일을 잊고 있다면 곧 증거를 들어 보여주지 않을 수 없을 것이다.

지금 만약 한 제후가 여기에 있는데, 그의 국가를 다스리면서 말하기를,

'나는 우리나라의 활 잘 쏘고 수레 잘 모는 사람에게 상을 주고 그들을 귀하게 만들어 줄 것이다. 활 못 쏘고 수레 못 모는 사람들에게는 죄를 주어 천하게 만들어 줄 것이다.'

라고 하였다 하자. 이 나라의 선비들에게, 그러면 어떤 사람이 기뻐하고 어떤 사람이 두려워하겠는가고 묻는다면, 내 생각으로는 반드시 활 잘 쏘고 수레 잘 모는 사람들은 기뻐하나 활 쏠 줄 모르고 수레 몰 줄 모르는 사람들은 두려워할 것이라고 대답할 것이다.

나는 일찍이 이것을 근거로 하여 유도하여 보았다. 말하기를,

'나는 우리나라의 충성되고 믿음이 있는 모든 선비들에게 상을 주어 귀하게 해주겠다. 충성되지 못하고 믿음이 없는 사람들에게는 죄를 주어 천하게 만들겠다.'

라고 하여 보라. 이 나라의 선비들에게 그러면 어떤 사람이 기뻐하고 어떤 사람이 두려워하겠는가고 묻는다면, 내 생각으론 반드시 충성되고 믿음 있는 선비들은 기뻐하나 충성되지 못하고 믿음이 없는 사람들은 두려워한다고 대답할 것이다. 지금 오직 현명한 사람들을 숭상하는 방법으로 그의 국가와 백성들을 다스리어, 나라의 선한 행동을 하는 사람들은 권면해 주고 포악한 짓을 하는 자들은 막으면서 크게 천하를 다스려 나간다면 천하의 선한 행동을 하는 사람들은 권면하여지고 포악한 짓을 하는 자들은 없어지게 될 것이다.

그러면 옛날 우리의 요·순·우·탕·문왕·무왕 같은 성군들이 도를 귀히 여긴 까닭은 무엇 때문이었나? 그것은 다만 백성들에게 정령(政令)을 발하고 백성들을 다스림에 있어 천하의 선한 행동을 하는 사람들은 권면해 주게 되고 포악한 짓을 하는 사람들은 없애게 되기 때문인 것이다. 그러니 이 현명한 사람들을 숭상한다는 일은 요·순·우·탕·문왕·무왕 같은 성왕들의 도(道)와 같은 것이다."

原文 子墨子言曰：天下之王公大人, 皆欲其國家之富也, 人民之衆也, 刑法之治也. 然而不識以尚賢爲政其國家百姓, 王公大人, 本失尚賢爲政之本也. 若苟王公大人, 本失尚賢爲政之本也, 則不能毋擧物示之乎!

今若有一諸侯於此, 爲政其國家也, 曰：凡我國能射御之士, 我將賞貴之. 不能射御之士, 我將罪賤之. 問於若國之士, 孰喜孰懼, 我以爲必能射御之士喜, 不能射御之士懼.

我當因而誘之矣. 曰: 凡我國之忠信之士, 我將賞貴之. 不忠信之士, 我將罪賤之. 問於若國之士, 孰喜孰懼, 我以爲必忠信之士喜, 不忠不信之士懼. 今惟母以尙賢爲政其國家百姓, 使國爲善者勸, 爲暴者沮. 大以爲政於天下, 使天下之爲善者勸, 爲暴者沮.

然昔吾所以貴堯舜禹湯文武之道者, 何故以哉? 以其唯母臨衆發政而治民, 使天下之爲善者可勸也, 爲暴者可以沮也. 然則此尙賢者也. 與堯舜禹湯文武之道, 同矣.

[註解]　○擧物(거물)−증거가 될 사물(事物)을 드는 것. ○若國(약국)−이 나라. 그 나라. ○惟母(유무)−무(毋)도 어조사. '다만'. '오직'.

[解說]　많은 임금이나 대신들은 나라를 올바로 다스리려는 생각은 하고 있으면서도 제대로 나라를 다스리지 못한다. 그것은 그들이 현명한 사람들을 중히 여겨 등용할 줄 모르기 때문이다. '현명한 사람을 숭상한다'는 일은 앞에서 정치의 근본이 된다고 하였지만, 한편으로는 이상적인 정치를 한 요·순의 도와도 통하는 일이라고 강조한다.

2. 그런데 지금의 군자들은 평소 얘기를 할 적에는 모두 현명한 사람들을 숭상한다고 하는데, 그들이 민중들에게 정령(政令)을 발하며 백성을 다스리게 되면 현명한 사람들을 숭상하고 능력 있는 사람들을 부릴 줄 모른다. 나는 이것으로써 천하의 군자들은 작은 일에는 밝으면서도 큰 일에는 밝지 않다는 것을 알고 있다. 무엇을 가지고서 그들이 그러함을 아는가?

　지금의 임금이나 대신들이 한 마리의 소나 양 같은 물건을 갖고 있는데, 이것을 잡을 줄 모른다면 반드시 솜씨 좋은 백정을 찾을 것이다. 한

벌의 옷감을 갖고 있는데, 옷을 지을 줄 모른다면 반드시 훌륭한 재단사를 찾을 것이다. 임금이나 대신들이 이런 일을 함에 있어서는 비록 골육의 친분이 있는 사람이 있거나 연고 있는 부귀한 사람이 있거나 얼굴이 아름다운 사람이 있다 하더라도 정말 그들은 할 수 없다는 것을 안다면 그들에게 일을 시키지 않을 것이다. 그것은 무엇 때문인가? 그의 물건들만 결딴날까 두려워서이다. 임금이나 대신들도 이런 일을 함에 있어서는 곧 현명한 사람을 숭상하고 능력 있는 사람을 부리는 일을 잊지 않고 있는 것이다.

임금이나 대신들에게 한 마리의 병든 말이 있는데 그 병을 고칠 줄을 모른다면 반드시 훌륭한 의사를 찾을 것이다. 한 개의 위태로운 활이 있어서 활줄을 잡아당길 수 없다면 반드시 훌륭한 공인(工人)을 찾을 것이다. 임금이나 대신들이 이러한 일을 함에 있어서 비록 골육의 친분이 있는 사람이 있거나 얼굴이 아름다운 사람이 있다 하더라도 정말 그들은 할 수 없다는 것을 안다면 반드시 그들에게 일을 시키지 않을 것이다. 그것은 무엇 때문인가? 그의 물건들만 결딴날까 두려워서이다. 임금이나 대신들이 이런 일을 함에 있어서는 곧 현명한 사람을 숭상하고 능력 있는 사람을 부리는 것을 잊지 않고 있는 것이다.

그들의 국가에 있어서는 곧 그렇지 않다. 임금이나 대신들의 골육의 친분이 있는 사람이나 연고 있는 부귀한 사람들이나 얼굴이 아름다운 사람이면 곧 그들을 등용한다. 그러니 임금이나 대신들이 그들의 국가를 보는 것이 한 개의 위태로운 활이나 병든 말이나 옷감이나 소나 양 같은 물건을 보는 것만도 못한 것이다. 나는 이것으로써 천하의 군자들은 모두 작은 일에는 밝지만 큰 일에는 밝지 못하다는 것을 알고 있다. 이것을 비유로 말하면 마치 벙어리를 사신으로 부리고 귀머거리를 악사(樂師)로 삼는 것과 같다. 그러므로 옛날 성왕들이 천하를 다스림에 있어서 그들이 부하게 해준 사람이나 귀하게 해준 사람들은 반드시 임금이나 대신들의 골육의 친분이 있는 사람이나 연고 있는 부귀한 사람들이나 얼굴이 아름다운 사람들은 아니었다.

[原文] 而今天下之士君子, 居處言語皆尚賢, 逮至其臨衆發政以治民, 莫知尚賢而使能. 我以此知天下之士君子, 明於小而不明於大也. 何以知其然乎?

今王公大人有一牛羊之財, 不能殺, 必索良宰. 有一衣裳之材, 不能制, 必索良工. 當王公大人之於此也, 雖有骨肉之親, 毋故富貴, 面目美好者, 實知其不能也, 不使之也. 是何故? 恐其敗財也. 當王公大人之於此也, 則不失尚賢而使能.

王公大人有一疲馬不能治, 必索良醫. 有一危弓不能張, 必索良工. 當王公大人之於此也, 雖有骨肉之親, 毋故富貴, 面目美好者, 實知其不能也, 必不使. 是何故? 恐其敗財也. 當王公大人之於此也, 則不失尚賢而使能.

逮至其國家則不然. 王公大人骨肉之親, 毋故富貴, 面目美好者則擧之. 則王公大人之視其國家也, 不若視其一危弓疲馬 衣裳牛羊之財與! 我以此知天下之士君子, 皆明於小而不明於大也. 此譬猶瘖者而使爲行人, 聾者而使爲樂師. 是故古之聖王之治天下也, 其所富, 其所貴, 未必王公大人骨肉之親, 毋故富貴, 面目美好者也.

[註解] ○士君子(사군자)－벼슬하는 사람들. ○居處(거처)－평소 살아감. ○財(재)－재(材)와 통하여 재료(材料). 물건. ○宰(재)－짐승 잡는 백정. ○毋故(관고)－연고 관계가 있는 것, 관(毌)은 관(貫)과 통함. 보통 판본엔 관(毌)이 '무(無)'로 되어 있어 '무고(無故)'는 뜻이 통하지 않으므로 '고(故)'는 '공(功)'

의 잘못이며, 공(攻)은 공(功)의 뜻이라 보는 학자도 있다(《墨子閒詁》참조). 뒤에도 '무고'로 된 구절이 보일 것임. ㅇ疲馬(피마)－지친 말. 병든 말. ㅇ危弓(위궁)－위태롭도록 되어 있어 쓰기 어렵게 된 활. ㅇ瘖者(음자)－벙어리. 말 못하는 사람. ㅇ聾者(농자)－귀머거리.

|解說| 옷을 짓거나 물건을 수리하려면 반드시 기술자를 찾아 일을 맡기면서도, 임금들은 더 중요한 나랏일을 맡김에 있어서는 자기와 혈연이나 친분이 있는 사람이나 마음에 드는 사람들을 골라서 쓴다. 그래서 정치는 올바로 되지 못한다. 능력 본위로 현명한 사람들을 등용하여야만 나라가 잘 다스려질 수 있다는 것이다.

3. 그러므로 옛날에 순(舜)은 역산(歷山)에서 밭을 갈고 황하(黃河) 가에서 질그릇을 굽고 뇌택(雷澤)에서 고기잡이를 하고 항산(恒山) 남쪽 기슭에서 장사를 하고 있었는데, 요(堯)임금이 그를 복택(服澤)의 북쪽 기슭에서 발견하여 천자 자리에 세우고, 그로 하여금 천하의 정치를 맡아 천하의 백성들을 다스리게 하였다.

옛날 이윤(伊尹)은 유신씨(有莘氏) 딸의 개인적인 신하여서, 푸줏간쟁이 노릇까지 하였으나, 탕(湯)임금이 그를 발견, 등용하여 삼공(三公)으로 삼아서 천하의 정치를 맡아 백성들을 다스리게 하였다.

옛날 부열(傅說)은 북해(北海)의 고을 감옥(監獄) 곁에 살면서 베옷에 새끼띠를 두르고, 인부로서 부암(傅巖)의 성을 쌓는 흙을 다지고 있었으나, 무정(武丁)임금이 그를 발견, 등용하여 삼공(三公)으로 삼아서 그로 하여금 천하의 정치를 맡아 백성들을 다스리게 하였다.

그러므로 옛날 요임금이 순을 등용했던 일이나, 탕임금이 이윤을 등용했던 일이나, 무정임금이 부열을 등용했던 일들이, 어찌 골육의 친분이 있고 연고 있는 부귀한 사람이거나 얼굴이 아름다운 사람들이었기 때문이겠는가? 오직 그들의 말을 법도로 삼고 그들의 꾀를 채용하고 그들의 도를 실행함으로써, 위로는 하늘을 이롭게 할 수 있고 가운데로는 귀신을 이롭게 할 수 있으며, 아래로는 사람들을 이롭게 할 수가 있었기 때문이다. 그래서 그들을 높이 떠받들었던 것이다.

옛날의 성왕들은 이미 현명한 사람들을 숭상하여 정치를 할 줄 알았으므로, 그것을 책에다 써놓았고 쟁반이나 대야 같은 데 새겨놓아 후세 자손들에게 전하여 남겨주었다. 옛날 훌륭한 임금의 문서인《서경》여형(呂刑)이 바로 그러한 보기이다.

'임금님께서 말씀하셨다.

아아! 오시오, 나라를 다스리고 땅을 다스리는 이들이여! 당신들에게 좋은 형벌을 알려주겠소. 지금 당신들이 백성들을 편히 다스려 줌에 있어서 당신들은 무엇을 가려 쓰고 있소? 훌륭한 사람이 아니겠소? 무엇을 공경하오? 형벌이 아니겠소? 무엇을 헤아리고 있소? 훌륭한 도에 미치지 못할까 하는 것이 아니겠소?'

훌륭한 사람을 가려 쓸 수 있고 공경히 형벌을 사용하면 요·순·우·탕·문왕·무왕들의 도에도 미칠 수가 있게 되는 것이다. 그것은 어째서인가? 곧 현명한 사람을 숭상하는 것이 되기 때문이다.

또한 옛 훌륭한 임금들의 문서의 오랜 옛날 말에도 그렇게 말하고 있다.

'저 성스럽고 무예에 뛰어나고 지혜 있는 사람을 찾아서, 그대 자신을 감싸주고 보필하게 하라.'

이것은 옛날 훌륭한 임금들이 천하를 다스림에 있어서는 반드시 현명한 사람을 선택하여 그의 아래의 여러 신하들을 임명하였음을 말한 것이다.

原文 是故昔者舜耕於歷山, 陶於河瀕, 漁於雷澤, 灰於常陽, 堯得之服澤之陽, 立爲天子, 使接天下之政, 而治天下之民.

昔伊尹爲莘氏女師僕, 使爲庖人, 湯得而擧之, 立爲三公, 使接天下之政, 治天下之民.

　昔者傅說, 居北海之洲, 圜土之上, 衣褐帶索, 庸築於傅巖之城, 武丁得而擧之, 立爲三公, 使之接天下之政, 而治天下之民.

　是故昔者堯之擧舜也, 湯之擧伊尹也, 武丁之擧傅說也, 豈以爲骨肉之親, 無故富貴, 面目美好者哉? 惟法其言, 用其謀, 行其道, 上可而利天, 中可而利鬼, 下可而利人. 是故推而上之.

　古者聖王, 旣審尙賢, 欲以爲政. 故書之竹帛, 琢之槃盂, 傳以遺後世子孫. 於先王之書, 呂刑之書然.

　曰: 於, 來有國有土, 告女訟刑. 在今而安百姓, 女何擇? 言人? 何敬? 不刑? 何度? 不及?

　能擇人, 而敬爲刑, 堯舜禹湯文武之道, 可及也. 是何也? 則以尙賢. 及之於先王之書, 豎年之言然.

　曰: 晞夫聖武知人, 以屛輔而身.

　此言先王之治天下也, 必選擇賢者, 以爲羣屬輔佐.

註解　○灰(회)—반(反)자를 잘못 베낀 것으로, 반(反)은 판(販)과 통하여, '장사하다'. '물건을 팔다'《墨子閒詁》. ○常(상)—곧 항산(恒山). 북악(北嶽)이라고도 부르며, 주봉(主峯)이 지금의 하북성(河北省) 곡양현(曲陽縣) 서북쪽에 있다. ○師僕(사복)—사(師)는 사(私)와 음이 같아 잘못 쓴 것, 복(僕)은 신(臣)과 같은 뜻《墨子閒詁》. ○北海(북해)—어느 곳을 가리키는지 불확실하다. ○洲(주)—주(州)의 잘못인 듯, 부암(傅巖)이 있던 고을. ○圜土(환토)—옛날 감옥(監獄)의 별명. ○竹帛(죽백)—대쪽과 비단. 옛날에는 종이가 없어 대쪽이나 비단에 글을 써서 책을 만들었다. ○槃盂(반우)—반(槃)은 반(盤)과 통하여, 쟁반과 대야. 옛사람들은 평소에 늘 쓰는 그릇에 교훈이 될 만한 글을 새겨놓는 습관이 있었다. ○於(오)—감탄사. ○訟刑(송형)—현재의《서경》에는 '상형(詳刑)'으로 되어 있으니, 송(訟)은 상(詳)의 잘못인 듯, '좋

은 형벌'. ㅇ言人(언인)—언(言)은 부(否)의 잘못. 사람을 가려 쓰는 게 아닌가 의 뜻. ㅇ豎年(수년)—수(豎)는 거(距)와 통하여, 여러 해 전. 오랜 옛날. ㅇ晞(희)—희(睎)의 잘못으로, 살피는 것. ㅇ屛輔(병보)—감싸주고 보좌하는 것. ㅇ羣屬(군속)—여러 신하들.

解說 이 대목과 비슷한 글귀는 앞의 〈상현〉 중편에도 나왔다. 역시 현명한 사람들을 숭상하여 등용할 줄 알아야만 올바로 세상을 다스릴 수 있음을 역설하고 있다.

4. 지금 천하의 군자들은 모두가 부귀해지기를 바라면서 빈천함을 싫어한다. 그런데 그대는 어떻게 함으로써 부귀를 얻고 빈천해짐을 피할 수 있겠는가? 현명해지는 것보다 더 좋은 방법은 없다. 그러면 현명해지는 길은 어떻게 하면 되는 건가? 그것은 힘이 있는 사람은 잽싸게 남을 돕고 재물이 있는 사람은 힘써 남에게 그것을 나누어 주고 올바른 도를 지닌 사람은 권면하여 남을 가르치면 되는 것이다. 이와 같이 되면 굶주리는 사람들은 먹을 것을 얻게 되고 헐벗는 사람들은 옷을 얻게 되며 어지러운 사람들은 다스려지게 될 것이다. 만약 굶주리게 되면 곧 먹을 것이 얻어지고 헐벗게 되면 곧 옷을 얻게 되며 어지러우면 곧 다스려지게 된다면 곧 모두가 생업에 종사할 수 있게 될 것이다.
 지금 임금이나 대신들이 부하게 하여 주고 귀하게 하여 주는 사람들은 모두가 임금이나 대신들의 골육의 친분이 있는 사람이거나 연고 있는 부귀한 사람이거나 얼굴이 아름다운 사람들이다. 지금 임금이나 대신들의 골육의 친분이 있는 사람이나 연고 있는 부귀한 사람이나 얼굴이 아름다운 사람이라 하더라도 어찌 반드시 지혜가 있을 수가 있겠는가? 만약 그의 국가를 다스려지게 할 줄 모른다면 곧 그 국가가 혼란할 것임은 뻔히 알 수 있는 일이다.

原文 曰：今也天下之士君子, 皆欲富貴而惡貧賤. 曰：然女何 爲而得富貴而辟貧賤？莫若爲賢. 爲賢之道, 將奈何？曰：有力 者疾以助人, 有財者勉以分人, 有道者勸以敎人. 若此則飢者得 食, 寒者得衣, 亂者得治. 若飢則得食, 寒則得衣, 亂則得治, 此 安生生.

今王公大人, 其所富, 其所貴, 皆王公大人骨肉之親, 毋故富貴, 面目美好者也. 今王公大人骨肉之親, 毋故富貴, 面目美好者, 焉 故必知哉？若不知使治其國家, 則其國家之亂, 可得而知也.

註解 ㅇ辟(피)—피(避)와 통함. 피하다. ㅇ安(안)—내(乃), 곧 '곧', '이에'의 뜻(王引之 說). ㅇ生生(생생)—생업(生業)에 종사하며 제대로 살아가는 것. ㅇ焉故(언고)—하고(何故)의 뜻. '무엇 때문에'. '어째서'. ㅇ知(지)—지(智)와 통하여 '지혜 있는 것'.

解說 올바로 부귀를 누리는 길은 사람이 현명하여지는 것이다. 그리고 현명하다는 것은 자기 능력을 다하여 남을 돕고 남을 이끌어줌을 말한다. 남을 돕고 남을 이끌어주는 현명한 사람들이 나라의 정치를 할 때 그 나라가 잘 다스려질 것임은 말할 나위도 없을 것이다.

5. 지금 천하의 군자들은 모두 부귀해지길 바라면서 빈천함을 싫어한다. 그런데 그대는 어떻게 함으로써 부귀를 얻고 빈천함을 피할 수가 있겠는가? 말하기를 임금이나 대신들의 골육의 친분이 있는 사람이나 연고 있는 부귀한 사람이나 얼굴이 아름다운 사람이 되는 것보다 더 좋은 게 없다고들 한다. 임금이나 대신의 골육의 친분이 있는 사람이나 연고가 있는 부귀한 사람이나 얼굴이 아름다운 사람이 된다는 것은 배워서 될

수가 없는 것이다. 만약 지혜도 분별도 없다면 덕행의 두터움이 우·
탕·문왕·무왕 같은 성군과 같다 하더라도 더 잘 얻어지지 않을 것이다.
임금이나 대신들의 골육의 친분이 있는 사람이라면 앉은뱅이·벙어리·
귀머거리·장님에다가 포악하기 걸(桀)왕이나 주(紂)왕과 같다 하더라도
더 잃는 게 없을 것이다. 그러므로 상여(賞與)는 현명한 사람에게 돌아
가지 아니하고 형벌은 포악한 자에게 주어지지 않게 된다. 그들이 상주
는 사람들이 이미 공 없는 사람이요, 그들이 벌 주는 사람들도 역시 죄
없는 사람들인 것이다.

그리하여 백성들로 하여금 모두가 마음을 놓고 몸을 풀어놓으며 선한
짓을 하기를 꺼리게 하여, 그들의 팔과 다리의 힘을 놓아두고도 서로 돕
고 위로하지 않을 것이며, 남는 재물이 썩어 냄새가 나더라도 서로 재물
을 나누어 갖지 않을 것이며, 훌륭한 도는 숨기어 두고서 서로 가르치고
깨우쳐 주지 아니할 것이다. 이와 같이 되면 곧 굶주리는 사람들은 먹을
것을 얻지 못하고 헐벗는 사람들은 옷을 얻지 못하며 어지러운 사람들은
다스려질 수가 없게 된다.

그러므로 옛날 요임금에게는 순이 있었고, 순임금에게는 우가 있었고,
우임금에게는 고요(皐陶)가 있었고, 탕임금에게는 이윤(伊尹)이 있었고,
무왕에게는 굉요(閎夭)·태전(泰顚)·남궁괄(南宮括)·산의생(散宜生)이
있어서 천하가 평화로웠고 백성들이 풍성하였던 것이다. 그리하여 가까
운 사람들은 그에게서 편안함을 누렸고 먼 곳의 사람들은 그에게로 귀의
(歸依)하였다. 해와 달이 비치는 곳과 배와 수레가 닿는 곳과 비와 이슬
이 내리는 곳과 곡식을 먹고 사는 고장이라면 이러한 사람들을 얻으면
권면하고 기리지 않는 이가 없게 될 것이다.

그런데 지금 천하의 임금이나 대신이나 군자들은 진심으로 어짊과 의로
움을 행하려 하며 훌륭한 선비들을 구하여 정치를 함으로써 위로는 성왕
들의 도에 들어맞게 하고 아래로는 국가와 백성들의 이익과 부합되기를

바라고 있다. 그러므로 현명한 사람을 숭상해야 한다는 설에 대하여는 잘 살피지 않아서는 안되는 것이다. 현명한 사람을 숭상한다는 것은 하늘과 귀신과 백성들의 이익이 되는 것이며 정사(政事)의 근본이 되는 것이다.

原文 今天下之士君子, 皆欲富貴而惡貧賤. 然女何爲而得富貴, 而辟貧賤哉? 曰:莫若爲王公大人骨肉之親, 毋故富貴, 面目美好者. 王公大人骨肉之親, 毋故富貴, 面目美好者, 此非可學而能者也. 使不知辯, 德行之厚, 若禹湯文武, 不加得也. 王公大人骨肉之親, 躄瘖聾瞽, 暴爲桀紂, 不加失也. 是故以賞不當賢, 罰不當暴. 其所賞者已無功矣, 其所罰者亦無罪.

是以使百姓, 皆放心解體, 沮以爲善, 舍其股肱之力, 而不相勞來也, 腐臭餘財, 而不相分資也, 隱慝良道, 而不相敎誨也. 若此則飢者不得食, 寒者不得衣, 亂者不得治.

是故昔者堯有舜, 舜有禹, 禹有皐陶, 湯有小臣, 武王有閎夭泰顚南宮括散宜生, 而天下和, 庶民阜. 是以近者安之, 遠者歸之. 日月之所照, 舟車之所及, 雨露之所漸, 粒食之所養, 得此莫不勸譽.

且今天下之王公大人士君子, 中實將欲爲人義. 求爲上士, 上欲中聖王之道, 下欲中國家百姓之利. 故尙賢之爲說, 而不可不察也. 尙賢者, 天鬼百姓之利, 而政事之本也.

註解 ㅇ知辯(지변)-지혜와 분별. 지혜와 분별이 없다는 것은 현명한 사람의 능력을 전혀 알아보지 못함을 뜻한다. ㅇ加得(가득)-남보다 더 많은 부귀를 얻는 것. ㅇ躄(벽)-앉은뱅이. ㅇ瘖(음)-벙어리. ㅇ聾(농)-귀머거리. ㅇ瞽(고)-장님. ㅇ加失(가실)-남보다 부귀를 더 잃어 빈천하게 되는 것. ㅇ沮(저)-막다. 막히다. ㅇ股肱(고굉)-넓적다리와 팔뚝. ㅇ勞來(노래)-남을 돕고 위로하는 것. ㅇ隱慝(은닉)-숨겨두는 것. ㅇ皐陶(고요)-순임금의 어진

신하 중의 한 사람. ○小臣(소신)-이윤(伊尹)을 가리킴《呂氏春秋》高誘注). ○閎夭(굉요)-이하 네 사람 모두 주(周)나라 초기의 어진 신하들. 그들의 사적은 모두 분명치 않다. ○阜(부)-풍성하여짐. 흥성함. ○中實(중실)-마음속으로 정말. 진심으로. ○上士(상사)-상급의 선비. 훌륭한 선비.

解說 결론적으로 정실인사(情實人事)를 배척하면서 능력 본위로 현명한 사람을 등용할 것을 주장한다. 현명한 사람을 등용하는 게 하늘이나 귀신 또는 백성을 위하여도 이로운 일이라는 얘기는 중편에서 설명을 자세히 하였다. 이 〈상현편〉에서는 불평등과 계급의 차별을 배척하는 현대적인 평등사상과 무차별주의가 느껴진다. 그리고 이러한 평등·무차별은 묵자의 사상을 대표하는 '겸애주의(兼愛主義)'와도 통하는 것이다.

제11 상동편(尙同篇)(上)

'상동'이란 '위와 화동(和同)한다' 또는 '숭상하고 화동한다'·'높이 받들며 따른다'는 뜻. 세상의 평화로운 질서를 위하여는 천자를 정점(頂點)으로 하는 정치적인 계급과 제도를 확립하여 만백성들이 그들의 통치자를 따라 천자와 하늘의 명령에 귀일(歸一)해야 한다는 게 이 편의 주지(主旨)이다. 이 편도 상·중·하 3편으로 이루어져 있으나 내용상의 뚜렷한 구별은 없다.

1. 묵자는 다음과 같은 말을 하였다. 옛날 백성이 처음으로 생겨나 법

과 정치가 있지 않았을 적에는 대개 그들의 말은 사람마다 뜻이 달랐다. 그래서 한 사람이면 곧 한 가지 뜻이 있었고, 두 사람이면 곧 두 가지 뜻이 있었으며, 열 사람이면 곧 열 가지 뜻이 있었고, 그 사람들이 많아지면 그들이 말하는 뜻도 역시 많았다. 그리하여 사람들은 자기의 뜻을 옳다고 하면서 남의 뜻은 비난하였으니 사람들은 서로 비난하게 되었다. 그래서 안으로는 부자나 형제들이 서로 원망하고 미워하게 되어 흩어지고 떨어져나가 서로 화합하지 못하였다. 천하의 백성들은 모두가 물과 불과 독약으로 서로 해치며, 남는 힘이 있다 하더라도 서로 도와주지 못하고, 남아돌아 썩어빠지는 재물이 있어도 서로 나누어 갖지 않으며, 훌륭한 도를 지닌 이들은 숨어서 서로 가르쳐 주지를 않게 되기에 이른다. 따라서 천하의 혼란은 마치 새나 짐승들 같았다.

　천하가 혼란해지는 까닭을 밝혀 보면 그것은 지도자가 없는 데서 생겨난다. 그러므로 천하의 현명하고 훌륭한 사람을 골라 세워 천자로 삼는다. 천자가 있어도 그의 능력만으로는 불충분하므로 또 천하의 현명하고 훌륭한 사람들을 선택하고 들어 세워서 삼공(三公)으로 삼는다. 천자와 삼공이 있은 뒤에도 천하는 넓고도 크기 때문에 먼 나라, 다른 고장의 백성들이나, 옳고 그름과 이해관계의 분별을 하나하나 분명히 알 수가 없다. 그러므로 만국(萬國)으로 구획을 나누어 제후와 나라의 임금을 세운다. 제후와 나라의 임금이 선 다음에도 그들의 힘만으로는 불충분하기 때문에 또 그 나라의 현명하고 훌륭한 사람들을 가려내고 들어 세워서 그들을 우두머리로 삼는다.

　原文　子墨子言曰, 古者民始生, 未有刑政之時, 蓋其語人異義. 是以一人則一義, 二人則二義, 十人則十義, 其人玆衆, 其所謂義者亦玆衆. 是以人是其義, 以非人之義, 故交相非也. 是以內者, 父子兄弟作怨惡, 離散不能相和合. 天下之百姓, 皆以水火毒藥相虧害, 至有餘力, 不能以相勞, 腐殠餘財, 不以相分, 隱匿良道, 不以相敎. 天下之亂, 若禽獸然.
　夫明虖天下之所以亂者, 生於無正長. 是故選天下之賢可者, 立以爲天子. 天子立, 以其力爲未足, 又選擇天下之賢可者, 置立之以爲三公. 天子三公旣以立, 以天下爲博大, 遠國異土之民, 是非利害之辯, 不可一二而明知. 故畫分萬國, 立諸侯國君, 諸侯國君旣以立, 以其力爲未足, 又選擇其國之賢可者, 置立之以爲正長.

註解　○玆衆(자중) − 자(玆)는 자(滋)와 통하여 '더욱 많아짐'. '불어남'. ○虧(휴) − 호(乎)와 통함. ○腐殠(부후) − 썩는 것. ○正長(정장) − 우두머리. 지도자. 정(正)은 정(政)으로 된 판본도 있으나 서로 통하는 글자임. ○三公(삼공) − 천자를 보좌하는 가장 높은 대신 세 사람. 주(周)나라 관제(官制)에서는 태사(太師)・태부(太傅)・태보(太保)의 세 사람. ○旣以(기이) − 이(以)는 이(已)와 통하여 '이미'. ○畫(획) − 구획(區劃).

解說　사람들은 제각기 이해관계가 다르므로 현명한 지도자의 다스림이 필요하다. 여기서는 일반 백성들의 지도자로부터 제후들 및 나라의 삼공과 천자에 이르는 정치적인 질서를 설명하고 있다. 지도자나 제후들 및 삼공・천자 같은 정치적인 계층은 세상을 잘 다스리기 위하여 필연적으로 생겨난 합리적인 것이라는 것이다. 이것은 〈상동편〉의 서론이며 사회기원론(社會起原論)이라 보아도 좋을 것이다.

2. 지도자들이 이미 갖추어진 다음에는 천자는 천하의 백성들에게 정령(政令)을 발하여 선언한다.
　'선한 것과 선하지 않은 것을 들으면 모두 그것을 그의 윗사람에게 고하라. 윗사람이 옳다고 여기는 것은 반드시 모두가 그것을 옳다고 여기며, 그르다고 여기는 것은 반드시 모두가 그것을 그르다고 여겨야 한다. 윗사람에게 허물이 있으면 곧 그것을 바르게 간하여 주며 아래에 선한 사람이 있으면 곧 그를 찾아 추천한다. 윗사람과 함께하면서 아랫사람끼리 어울리지 않는 사람은 곧 윗사람이 상줄 사람이며, 아랫사람들이 칭찬할 사람인 것이다. 만약 선한 것과 선하지 않은 것을 듣고도 그것을 그의 윗사람에게 고하지 않으며, 윗사람이 옳다고 여기는 것을 옳게 여기지 못하고 윗사람이 그르다고 여기는 것을 그르다고 여기지 못하며, 윗사람에게 허물이 있어도 올바로 간하지 못하고 아랫사람 중에 선한 이가 있어도 찾아 추천하지 못하며, 아랫사람들끼리 어울리면서 윗사람과 함께하지 못하는 사람은 곧 윗사람이 처벌할 대상이며, 백성들이 비난할 사람인 것이다.'

윗사람은 이렇게 함으로써 상과 벌을 주는 데 매우 밝게 살핌으로써 빈틈없고 확실해야만 한다.

그러므로 이장(里長)이 된 사람은 마을에서 가장 어진 사람인 것이다. 이장은 마을의 백성들에게 정령을 발하여 선언한다.

'선한 것과 선하지 않은 것을 들으면 반드시 그것을 향장에게 고하라. 향장이 옳다고 여기는 것은 반드시 모두가 그것을 옳다고 여기며, 향장이 그르다고 여기는 것은 반드시 모두가 그것을 그르다고 여겨야 한다. 그대의 선하지 않은 말을 버리고 향장의 선한 말을 배울 것이며, 그대의 선하지 못한 행동을 버리고 향장의 선한 행동을 배워야 한다.'

그러면 고을을 무슨 이론으로 어지럽게 할 수 있겠는가? 고을이 다스려지는 이유를 살펴보건대 무엇인가? 향장이 오직 고을 전체의 뜻을 통일할 수 있기 때문에, 그래서 고을이 다스려지는 것이다.

향장이 된 사람은 고을에서 가장 어진 사람인 것이다. 향장은 고을의 백성들에게 정령을 발하여 선언한다.

'선한 것과 선하지 못한 것을 들은 사람은 반드시 그것을 임금에게 고

하라. 임금이 옳다고 여기는 것은 반드시 모두가 그것을 옳다고 여기고, 임금이 그르다고 하는 것은 반드시 모두가 그것을 그르다고 해야 한다. 그대의 선하지 못한 말을 버리고 임금의 선한 말을 배울 것이며, 그대의 선하지 못한 행동을 버리고 임금의 선한 행동을 배워야 한다.'

그러면 나라는 무슨 이론으로 어지럽힐 수가 있겠는가? 나라가 다스려지는 이유를 살펴보건대 어째서인가? 임금이 오직 나라 전체의 뜻을 통일할 수 있기 때문에 그래서 나라가 다스려지는 것이다.

나라의 임금이 된 사람은 나라에서 가장 어진 사람인 것이다. 임금이 나라의 백성들에게 정령을 발하여 선언한다.

'선한 것과 선하지 않은 것을 들으면 반드시 그것을 천자에게 고한다. 천자가 옳다고 여기는 것은 모두가 그것을 옳다고 여기고, 천자가 그르다고 여기는 것은 모두가 그것을 그르다고 여겨라. 그대의 선하지 않은 말을 버리고 천자의 선한 말을 배우며, 그대의 선하지 않은 행동을 버리고 천자의 선한 행동을 배워라.'

그러면 천하는 무슨 이론으로 어지럽힐 수가 있겠는가? 천하가 다스려지는 이유를 살펴보면 어째서인가? 천자가 오직 온 천하의 뜻을 통일할 수 있기 때문에 그래서 천하가 다스려지는 것이다.

[原文] 正長旣已具, 天子發政於天下之百姓, 言曰, 聞善而不善, 皆以故其上. 上之所是, 必皆是之, 所非, 必皆非之. 上有過則規諫之, 下有善則傍薦之. 上同而不下比者, 此上之所賞而下之所譽也. 意若聞善而不善, 不以告其上, 上之所是, 弗能是, 上之所非, 弗能非, 上有過, 弗規諫, 下有善, 弗傍薦, 下比不能上同者, 此上之所罰, 而百姓所毀也.

上以此爲賞罰, 甚明察以審信.

是故里長者, 里之仁人也. 里長 發政里之百姓, 言曰, 聞善而不善, 必以告其鄕長. 鄕長之所是, 必皆是之, 鄕長之所非, 必皆非之. 去若不善言, 學鄕長之善言, 去若不善行, 學鄕長之善行.

則鄕何說以亂哉? 察鄕之所治者, 何也? 鄕長唯能壹同鄕之義, 是以鄕治也.

鄕長者, 鄕之仁人也. 鄕長發政鄕之百姓, 言曰, 聞善而不善者, 必以告國君. 國君之所是. 必皆是之, 國君之所非, 必皆非之. 去若不善言, 學國君之善言, 去若不善行, 學國君之善行.

則國何說以亂哉? 察國之所以治者, 何也? 國君唯能壹同國之義, 是以國治也.

國君者, 國之仁人也. 國君 發政國之百姓, 言曰, 聞善而不善. 必以告天子. 天子之所是, 皆是之, 天子之所非, 皆非之. 去若不善言, 學天子之善言, 去若不善行, 學天子之善行.

則天下何說以亂哉? 察天下之所以 治者, 何也? 天子唯能壹同天下之義, 是以天下治也.

|註解| ○聞善而不善(문선이불선)－이곳의 이(而)는 여(與)의 뜻(王引之說), 곧 '……과 ……'. ○規諫(규간)－올바로 간하는 것. ○傍薦(방천)－방(傍)은 방(訪)과 통하여(孫詒讓 說) '찾아내어 추천하는 것'. ○上同(상동)－윗사람과 한마음 한뜻으로 함께 행동하는 것. ○下比(하비)－아랫사람끼리 친하게 어울리어 붕당(朋黨)을 이루는 것. ○審信(심신)－자세히 빈틈없게 하고 신용 있게 확실히 하는 것. ○里(리)－마을. 동리. ○鄕(향)－고을. 여러 개의 마을이 모여 한 고을을 이룬다. ○若(약)－너. 그대. ○壹同(일동)－통일. 모두 같게 하는 것.

|解說| 〈상동편〉은 천자를 정점으로 한 정치의 계층을 인정하는 한편, 대단히 전제적(專制的)인 절대적 통일을 주장한다. 그러나 지배자들이 현

명한 사람들로 채워지기 때문에 그 전제적인 통일은 백성들과 나라를 위하는 방향에서 이루어질 것이다.

3. 천하의 백성들은 모두 천자는 높이 받들며 따르지만 하늘은 높이 받들며 따르지 아니하므로 곧 재난이 아직도 없어지지 않고 있는 것이다. 지금도 폭풍이나 심한 비가 자주 불어오고 있는 것은 백성들이 하늘을 높이어 따르지 않는 것을 하늘이 벌하려는 때문인 것이다. 그러므로 묵자는 다음과 같은 말을 하였다.

'옛날에 성왕들은 다섯 가지 형벌을 제정하여 그의 백성들을 다스렸으니, 비유를 들면 실타래에 실마리가 있고 그물에 줄이 있는 것 같은 것이어서, 천하의 그 윗사람을 높이 받들며 따르려 하지 않는 백성들을 아울러 단속하기 위한 것이었다.'

[原文] 天下之百姓, 皆上同於天子, 而不上同於天, 則菑猶未去也. 今若夫飄風苦雨, 溱溱而至者, 此天之所以罰 百姓之不上同於天者也.

是故子墨子言曰 : 古者聖王, 爲五刑以治其民, 譬若絲縷之有紀, 罔罟之有網, 所以連收天下之百姓不尙同其上者也.

[註解] ㅇ上同(상동)－제목인 상동(尙同)과 같은 말. '높이며 함께 따르는 것'. ㅇ菑(재)－재(災)와 통하여 '재난', '재해'. ㅇ飄風(표풍)－폭풍. 태풍. ㅇ苦雨(고우)－오래 오는 심한 비. ㅇ溱溱(진진)－자주 닥치는 모양. ㅇ五刑(오형)－옛날 중국의 대표적인 다섯 가지 체형(體刑), 곧 문신을 하는 묵형(墨刑), 코 베는 형벌〔劓〕, 다리 자르는 형벌〔剕〕, 불알 까는 형벌〔宮〕, 사형〔大辟〕. ㅇ罔罟(망고)－그물.

解說 묵자의 하늘에 대한 신앙은 뒤의 〈천지편(天志篇)〉에 자세하다. 하늘의 뜻을 받들어 천자가 천하를 다스린다는 것은 유가(儒家)들의 천명사상(天命思想)과 흡사하다. 그리고 천재(天災)나 이변(異變)을 하늘이 사람들의 그릇된 행동에 대하여 내리는 천벌이라 생각한 점도, 사람의 도와 하늘의 도는 통하는 것이라고 주장한 유가의 기본사상과 어느 정도 어울린다. 그러나 이러한 천벌을 바탕으로 하여 통치자들의 형벌을 합리화(合理化)시키고 있는 점은 묵자의 하늘에 대한 신앙이 옛날의 미신적인 입장을 벗어나지 못하고 있는 듯한 느낌을 준다. '순자(荀子)'가 〈천론편(天論篇)〉에서 사람과 하늘, 또는 자연의 분계(分界)를 명확히 긋고 있는 것을 아울러 생각할 때 묵자의 이러한 사상은 〈천지편(天志篇)〉과 함께 현대인의 공명을 얻기 어려운 약점이라고 하겠다.

제12 상동편(尙同篇)(中)

앞 상편의 내용을 대체적으로 부연하고 있다.

1. 묵자가 말하였다.

지금 백성들이 처음 생겨나서 우두머리가 없었던 옛날로 되돌아갔다고 하자. 그러면 다음과 같이 될 것이다.

천하의 사람들은 모두 뜻이 달라서 한 사람이 한 가지 뜻을 가지고 있어, 열 명이면 열 가지 뜻, 백 명이면 백 가지 뜻이 있게 되고, 사람들의 수가 많이 불어날수록 이른바 뜻이라는 것도 많이 불어나게 된다. 그래서 사람들은 자기의 뜻은 옳다고 여기고 남의 뜻은 그르다고 하여 서로가 상대방을 비난하게 될 것이다. 안으로는 부자나 형제들까지도 서로 원수가 되어 모두 떨어져나가려는 마음을 갖게 될 것이니 서로 화합할 수가 없을 것이다. 심지어는 남는 힘이 있어도 버려두고 서로 돕지 않을 것이며, 좋은 길을 숨겨 두고 서로 가르쳐 주지 않을 것이며, 남는 재물이 썩어빠져도 서로 나누어 주지를 않을 것이다. 천하는 어지럽게 되어 심지어는 새나 짐승들의 세상같이 될 것이다. 임금과 신하, 윗사람과 아랫사람, 나이 많은 이와 적은 이의 예절과 부자와 형제의 예의가 없어지게 될 것이니, 그래서 천하는 어지러워지는 것이다.

 백성들에게 우두머리를 두어 천하의 뜻을 하나로 화동(和同)시킬 수 없음으로써 천하가 어지러워진다는 것을 알게 되었다. 그래서 천하의 현명하고 훌륭하고 성스럽고 지식있고 분별있고 지혜있는 사람을 골라서 천자로 세워 천하의 뜻을 하나로 화동시키는 일에 종사하도록 하였다.

 천자가 이미 섰으나 오직 그의 귀와 눈이 실지로 보고 듣는 데 한계가 있어서 홀로는 천하의 뜻을 하나로 화동케 하지 못한다. 그러므로 천하에서 뛰어나고 간소하고 현명하고 훌륭하고 성스럽고 지식있고 분별있고 지혜있는 사람을 두루 골라 그를 삼공(三公)의 자리에 앉히고, 함께 천하의 뜻을 하나로 화동케 하는 일에 종사한다.

 천자와 삼공이 이미 자리에 앉았으나, 천하는 넓고 커서 산림 속이나 먼 고장에 있는 백성들까지도 하나로 화동시킬 수는 없을 것이다. 그러므로 천하를 여러 개로 나누어 여러 제후(諸侯)와 임금들을 두어 그 나라의 뜻을 하나로 화동케 하는 일에 종사하게 한다.

 제후들이 이미 섰으나 또 그들의 귀와 눈이 실지로 듣고 보는 데에 한계가 있으므로 그 나라의 뜻을 하나로 화동케 하지 못한다. 그러므로 그 나라의 현명한 사람들을 골라서 공(公)·경(卿)·대부(大夫) 자리에 앉히고 멀리는 향리(鄕里)에 이르기까지도 우두머리를 두어, 그들과 함께 그 나라의 뜻을 하나로 화동케 하는 일에 종사한다.

　천하의 제후라는 임금들과 백성들의 우두머리가 이미 결정된 다음에는 천자는 정책을 발표하고 가르침을 베풀게 된다.

　그것은 선한 모든 것을 보고 들은 것은, 반드시 그것을 임금에게 보고하며, 선하지 않은 것을 보고 들은 것도 역시 임금에게 보고하라. 임금이 옳다고 하는 것은 반드시 따라서 옳다고 하고, 임금이 비난하는 것은 반드시 따라서 그것을 비난해야 한다. 자기에게 선한 것이 있으면 널리 그것을 알리고, 임금에게 잘못이 있으면 그것을 올바로 간해야 한다. 그의 임금에 대하여 숭상하고 화동하되 아랫사람들과 사사로이 친하려는 마음을 지녀서는 안된다는 것이다. 임금이 그렇게 하는 이를 알면 그를 상주고, 만백성들은 그것을 듣고는 칭송하게 될 것이다.

　만약 선한 것을 보고 듣고도 그것을 임금에게 보고하지 않거나, 선하지 않은 것을 보고 듣고도 역시 그것을 임금에게 보고하지 않으며, 임금이 옳다고 하는 것을 옳다고 하지 못하거나 임금이 비난하는 것을 비난하지 못하며, 자기에게 선한 것이 있어도 널리 알리지 못하거나 임금에게 잘못이 있는데도 올바로 그것을 간하지 못하며, 아랫사람들과 사사로이 친해가지고 그의 임금을 비난하는 자가 있다 하자. 임금은 그러한 자를 알면 곧 그를 처벌하고, 만백성들은 그것을 들으면 그를 비난하고 공격하게 될 것이다.

　그러므로 옛날 성왕들은 형벌을 시행하고 상과 명예를 내려주는 데 있어서는 매우 밝게 살피고 잘 믿을 수 있도록 하였다. 그래서 천하의 사람들은 모두 임금의 상과 영예를 받으려 하고 임금의 형벌을 두려워하게 되는 것이다.

　原文　子墨子曰：方今之時, 復古之民始生, 未有正長之時, 蓋其語曰：

天下之人異義, 是以一人一義, 十人十義, 百人百義, 其人數茲衆, 其所謂義者亦茲衆. 是以人是其義, 而非人之義, 故相交非也. 內之父子兄弟作怨讐, 皆有離散之心, 不能相和合. 至乎有餘力, 不以相勞, 隱匿良道, 不以相敎, 腐朽餘財, 不以相分. 天下之亂也. 至如禽獸然, 無君臣上下長幼之節, 父子兄弟之禮, 是以天下亂焉.

明乎民之無正長, 以一同天下之義, 而天下亂也. 是故選擇天下賢良聖知辯慧之人, 立以爲天子, 使從事乎一同天下之義.

天子旣以立矣, 以爲唯其耳目之請, 不能獨一同天下之義. 是故選擇天下贊閱賢良聖知辯慧之人, 置以爲三公, 與從事乎一同天下之義.

天子三公旣立矣, 以爲天下博大, 山林遠土之民, 不可得而一也. 是故靡分天下, 設以爲萬諸侯國君, 使從事乎一同其國之義.

國君旣已立矣, 又以爲唯其耳目之請, 不能一同其國之義, 是故擇其國之賢者, 置以爲左右將軍大夫, 以遠至乎鄕里之長, 與從事乎一同其國之義.

天下諸侯之君, 民之正長旣已定矣, 天子爲發政施敎.

曰: 凡聞見善者, 必以告其上, 聞見不善者, 亦必以告其上. 上之所是, 必亦是之, 上之所非, 必亦非之. 己有善, 傍薦之, 上有過, 規諫之. 尚同義其上, 而毋有下比之心. 上得則賞之, 萬民聞則譽之.

意若聞見善, 不以告其上, 聞見不善, 亦不以告其上. 上之所是, 不能是, 上之所非, 不能非. 己有善, 不能傍薦之, 上有過, 不能規諫. 下比而非其上者, 上得則誅罰之, 萬民聞則非毀之.

故古者聖王之爲刑政賞譽也, 甚明察以審信. 是以舉天下之人,皆欲得上之賞譽, 而畏上之毁罰.

註解 ○復(복)-옛 시절로 '되돌아가는 것'. ○茲衆(자중)-자(茲)는 자(滋)와 통하여, 많이 불어나는 것. ○腐殠(부후)-썩는 것. ○請(청)-정(情)의 잘못으로(《墨子閒詁》), 실정. 귀와 눈이 실지로 보고 들을 수 있는 한계를 가리킴. ○贊閱(찬열)-찬(贊)은 진(進), 열(閱)은 간(簡)과 뜻이 통하여, 남보다 뛰어난 사람과 몸가짐이 간소한 사람. ○靡分(미분)-여러 개로 나누는 것. ○將軍(장군)-경(卿)의 지위를 가리킴(《墨子閒詁》). ○傍薦(방천)-널리 알려 모두가 따르게 하는 것. ○義(의)-호(乎)의 잘못(《墨子閒詁》). ○下比(하비)-아랫사람들과 사사로이 친하게 지내는 것. ○毁(훼)-비난하다. 공격하다.

解說 여기서는 사람들이 천자를 세우고, 천자는 다시 대신과 제후를 비롯하여 마을의 이장(里長)에 이르는 여러 장(長)들을 임명하게 되는 이유를 설명하고, 또 그들과 같이 어떻게 정치를 할 것인가를 설명하고 있다. 묵자에 의하면 온 천하가 우두머리들을 존경하면서 하나로 화동(和同)하여야만 한다는 것이다. 사람들이 임금이나 윗사람들과 뜻이 맞지 않을 때 나라의 혼란이 생긴다는 것이다.

2. 그러므로 이장(里長)은 천자의 정책을 따라서 그 마을의 뜻을 하나로 화동시키게 된다. 이장이 그의 마을의 뜻을 화동한 뒤에는, 그 마을의 백성들을 거느리고서 향장(鄕長)을 숭상하며 화동하게 된다.

곧 마을의 백성들은 모두 향장을 숭상하고 함께 화동하여 감히 아랫사람들끼리 사사로이 친한 짓을 하지 않는다. 향장이 옳다고 하는 것은 반드시 그들도 그것을 옳다 하고, 향장이 그르다고 하는 것은 반드시 그들도 그르다고 한다. 그들의 선하지 않은 점을 버리고, 말은 향장의 선한 말을 배우며, 그들의 선하지 않은 점을 버리고 행실은 향장의 선한 행실을 배우게 된다. 향장은 본시가 그 고장의 현명한 사람이다. 온 고장의 사람들이 향장을 본뜬다면, 그 고장이 어찌 다스려지지 않을 수 있겠는가? 향장이 그 고장을 다스리는 방법을 살펴보면 무엇을 사용하고 있는가? 그것은 오직 그가 그의 고장의 뜻을 하나로 화동하는 것뿐이다. 그래서 그 고장은 다스려지는 것이다.

향장은 그의 고장을 다스리는데, 그 고장을 잘 다스리게 된 뒤에는 또 그 고장의 만백성들을 거느리고 임금을 숭상하고 함께 화동하게 된다.

곧 모든 고장의 백성들이 모두 임금을 숭상하고 함께 화동하며 감히 아랫사람들과 사사로이 친하지 않게 된다. 임금이 옳다고 하는 것은 그들도 그것을 옳다 하고, 임금이 그르다고 하는 것은 그들도 그것을 그르다고 한다. 그들의 선하지 않은 점은 버리고 말은 임금의 선한 말을 배우며, 그들의 선하지 않은 점은 버리고 행실은 임금의 선한 행실을 배운다. 임금이란 본시가 나라의 현명한 사람이다. 온 나라 사람들이 임금을 본뜬다면 그 나라가 어찌 다스려지지 않을 수 있겠는가? 임금이 정치를 하여 나라를 잘 다스리는 방법을 살펴보면 무엇이 있는가? 그것은 다만 그 나라의 뜻을 하나로 화동하는 것뿐이다. 그래서 나라는 다스려지게 되는 것이다.

임금이 그의 나라를 다스리어 나라가 잘 다스려지게 된 뒤에는 그 나라의 만백성들을 거느리고서 천자를 숭상하고 함께 화동하게 된다.

곧 모든 나라의 만백성들이 천자를 숭상하고 함께 화동하여 감히 아랫사람들과 사사로이 친하게 지내는 일이 없게 된다. 천자가 옳다고 하는 것은 반드시 그들도 그것을 옳다고 하고, 천자가 그르다고 하는 것은 반드시 그들도 그것을 그르다고 한다. 선하지 않은 점은 버리고 말은 천자의 선한 말을 배우며, 선하지 않은 점은 버리고 행실은 천자의 선한 행실을 배운다. 천자란 본시가 천하의 어진 사람이다. 온 천하의 만백성들이 천자를 본뜨게 된다면 천하가 어찌 다스려지지 않을 수 있겠는가? 천자가 천하를 다스리는 방법을 살펴보면 무엇을 사용하고 있는가? 다만 그것은 천하를 하나의 뜻으로 화동케 하는 것뿐이다. 그래서 천하가 다스려지는 것이다.

그러나 천자에 대하여는 숭상하고 화동하면서도 하늘에 대하여는 숭상하고 화동하지 못하면 곧 하늘의 재앙이 끊이지 않게 될 것이다. 그러므로 하늘이 추위와 더위를 계절에 맞지 않게 하고, 눈과 서리, 비와 이슬이 제철에 맞지 않게 내리게 하며, 오곡이 제대로 익지 않고, 가축들이 제대로 자라지 않으며, 질병과 전염병이 만연하고, 회오리바람과 소나기가 심하게 내리도록 만드는 것은 하늘이 내리는 벌인 것이다. 아랫사람들이 하늘에 대하여 숭상하고 화동하지 않는 것을 벌주려는 것이다.

그러므로 옛날의 성왕들은 하늘과 귀신이 바라는 것을 밝혀주고, 하늘과 귀신이 미워하는 것을 피함으로써 천하의 재해를 없애려 하였다. 그래서 천하의 만백성들을 거느리고 목욕재계한 다음 정결히 술과 단술과 젯밥과 제물을 장만한 후 하늘과 귀신에게 제사를 지냈다. 그들은 귀신을 섬김에 있어서 술과 단술과 젯밥과 제물은 감히 정결하지 않게 하지 않았으며, 제물로 쓰는 소와 양은 감히 살지지 않은 것을 사용하지 않았으며, 제물로 바치는 구슬과 비단은 감히 규격에 맞지 않는 게 없었다. 봄과 가을의 제사는 감히 시기를 놓치는 일이 없었고, 옥사(獄事)의 처리는 감히 적절히 처리되지 않는 게 없었고, 재물을 나누어 줌에 있어서는 감히 고르게 나누어 주지 않는 일이 없었고, 거처하는 곳에 대하여도 감히 태만히 하는 일이 없었다. 곧 그 우두머리에게 편리하도록 돕게 되는 것이다.

그러므로 하늘과 귀신이 매우 후하게 도와주어 강력히 정사(政事)를 처리하게 되면 곧 하늘과 귀신이 내리는 복을 받을 수 있게 될 것이다. 만백성들이 편리하게 도와서 강력히 정사를 처리하게 되면 곧 만백성들의 친애함을 받을 수 있게 될 것이다. 그들은 정치를 이와 같이 하였던 것이다. 그러면 꾀하는 일이 뜻대로 되고, 거사를 하면 성공을 거두며, 들어와 지키면 견고하고, 나아가 정벌을 하면 승리하게 되는 것은 무슨 까닭이겠는가? 그것은 오직 숭상하고 화동함으로써 정치를 하였기 때문인 것이다. 그러므로 옛날 성왕들의 정치는 이와 같았던 것이다.

原文　是故里長　順天子政, 而一同其里之義. 里長旣同其里之義, 率其里之萬民, 以尙同乎鄕長.

曰：凡里之萬民, 皆尙同乎鄕長, 而不敢下比. 鄕長之所是, 必亦是之, 鄕長之所非, 必亦非之. 去而不善, 言學鄕長之善言, 去而不善, 行學鄕長之善行. 鄕長固鄕之賢者也. 擧鄕人以法鄕長, 夫鄕何說而不治哉? 察鄕長之所以治鄕者, 何故之以也? 曰：唯以其能一同其鄕之義, 是以鄕治.

鄕長治其鄕, 而鄕旣已治矣, 有率其鄕萬民, 以尙同乎國君. 曰：凡鄕之萬民, 皆上同乎國君, 而不敢下比. 國君之所是, 必亦是之. 國君之所非, 必亦非之. 去而不善, 言學國君之善言, 去而不善, 行學國君之善行. 國君固國之賢者也. 擧國人以法國君, 夫國何說而不治哉? 察國君之所以治國而國治者, 何故之以也? 曰：唯以其能一同其國之義, 是以國治.

國君治其國, 而國旣已治矣, 有率其國之萬民, 以尙同乎天子. 曰：凡國之萬民, 上同乎天子, 而不敢下比. 天子之所是, 必亦是之, 天子之所非, 必亦非之. 去而不善, 言學天子之善言, 去而不善, 行學天子之善行. 天子者固天下之仁人也. 擧天下之萬民, 以法天子, 夫天下何說而不治哉? 察天子之所以治天下者, 何故之以也? 曰：唯以其能一同天下之義, 是以天下治.

夫旣尙同乎天子, 而未上同乎天者, 則天菑將猶未止也, 故當若天降寒熱不節, 雪霜雨露不時, 五穀不孰, 六畜不遂, 疾菑戾疫, 飄風苦雨 荐臻而至者, 此天之降罰也. 將以罰下人之不尙同乎天者也.

 故古者聖王, 明天鬼之所欲, 而避天鬼之所憎, 以求興天下之害. 是以率天下之萬民, 齊戒沐浴, 潔爲酒醴粢盛, 以祭祀天鬼. 其事鬼神也, 酒醴粢盛不敢不蠲潔, 犧牲不敢不腯肥, 珪璧幣帛不敢不中度量. 春秋祭祀不敢失時幾, 聽獄不敢不中, 分財不敢不均, 居處不敢怠慢. 曰其爲政長若此.

 是故上者天鬼有厚乎其爲政長也, 下者萬民有便利乎其爲政長也. 天鬼之所深厚, 而能彊從事焉, 則天鬼之福可得也. 萬民之所便利, 而能彊從事焉, 則萬民之親可得也. 其爲政若此. 是以謀事得, 擧事成, 入守固, 出誅勝者, 何故之以也? 曰: 唯以尙同爲政者也. 故古者聖王之爲政若此.

[註解] ○菑(재)-재(災)와 같은 자로, 재난. 재앙. ○六畜(육축)-여러 가지 가축. ○遂(수)-자라는 것. ○戾疫(려역)-심한 역병. ○荐臻(천진)-중한 것. 심한 것. ○齊戒(재계)-제(齊)는 재(齋)와 통용됨. ○蠲潔(견결)-두 자 모두 '깨끗한 것', '정결한 것'. ○腯肥(둔비)-살진 것. ○時幾(시기)-기(幾)는 기(期)와 통함.

[解說] 여기서는 이장으로부터 천자에 이르는 우두머리들이 백성들의 뜻을 화동시키는 순서를 단계적으로 서술하고 있다. 그리고 끝으로 하늘과 귀신을 섬기는 일을 강조하고 있는 것은 묵자적 이론의 종교적인 차원을 설명해 주는 것이다. 하늘과 귀신까지도 올바로 섬길 줄 알아야만 온 천하의 뜻을 하나로 화동하는 일이 완전하게 이루어진다는 것이다.

3. 지금 천하의 사람들이 말한다.

'오늘날의 시대에도 천하의 지도자들이 아직도 천하에서 없어지지 않고 있건만 천하가 혼란한 원인은 무슨 까닭이 있기 때문일까?'

묵자가 말하였다.

오늘날의 시대에도 지도자가 있지만 근본적으로 옛날과는 다르다. 비유를 들면 마치 묘(苗)나라 임금에게 다섯 가지 형벌이 있는 것과 같다. 옛날에 성왕들은 다섯 가지 형벌을 제정하여 놓고서 천하를 다스렸다. 묘나라 임금이 다섯 가지 형벌을 제도화함에 이르러서는 그럼으로써 천하를 어지럽혔다. 그러니 이것은 어찌 다섯 가지 형벌이 훌륭하지 않기 때문이겠는가? 형벌의 사용이 곧 좋지 못했기 때문인 것이다.

그리하여 옛 임금들의 책 《서경(書經)》의 여형(呂刑)에서는 말하기를
 '묘(苗)나라 백성은 선함을 따르지 않아 형벌로써 제재하였는데, 오직 다섯 가지 사나운 형벌을 만들어 놓고서 법이라고 말하였다.'
라고 하였다. 곧 이것은 형벌을 잘 사용하는 사람은 그것으로써 백성을 다스리고, 형벌을 잘 사용하지 못하는 사람은 그것으로써 다섯 가지 사나운 짓을 함을 말하는 것이다. 그러니 이것은 어찌 형벌이 좋지 않은 것이겠는가? 형벌의 사용이 좋지 못하여 그 때문에 마침내 다섯 가지 사나운 짓을 하게 된 것이다.

그리하여 옛 임금들의 책인 《서경》의 술령(術令)에서는 말하기를,
 '오직 입은 좋은 결과를 내기도 하지만 전쟁을 일으키기도 한다.'
라고 하였다. 곧 이것은 입을 잘 사용하는 사람은 좋은 결과를 내지만 입을 잘 사용하지 못하는 사람은 남을 참해(讒害)하거나 내란이나 전쟁을 일으킴을 말하는 것이다. 그러니 이것은 어찌 입이 좋지 않은 것이겠는가? 입의 사용이 좋지 못하여 그 때문에 마침내 남을 참해하거나 내란이나 전쟁을 일으키게 되는 것이다.

그러므로 옛날에 지도자를 둘 적에는 그들로서 백성들을 다스리는 것

이었다. 비유를 들면 마치 실타래에 실마리가 있고 그물에 줄이 있는 거나 같아서, 그것으로써 천하의 난폭한 자들을 모두 거두어 가지고 천하의 뜻을 하나로 통일하는 것이다.

原文 今天下之人曰：方今之時, 天下之正長, 猶未廢乎天下也, 而天下之所以亂者, 何故之以也?

子墨子曰：方今之時之以正長, 則本與古者異矣. 譬之若有苗之以五刑然. 昔者, 聖王制爲五刑, 以治天下. 逮至有苗之制五刑, 以亂天下, 則此豈五刑不善哉? 用刑則不善也.

是以先王之書, 呂刑之道曰：苗民否用練, 折則刑, 唯作五殺之刑曰法. 則此言, 善用刑者, 以治民, 不善用刑者, 以爲五殺. 則此豈刑不善哉? 用刑則不善, 故遂以爲五殺.

是以先王之書, 術令之道曰：唯口出好, 興戎. 則此言, 善用口者出好, 不善用口者, 以爲讒賊寇戎. 則此豈口不善哉? 用口則不善也, 故遂以爲讒賊寇戎.

故古者之置正長也, 將以治民也, 譬之若絲縷之有紀, 而罔罟之有網也, 將以運役天下淫暴而一同其義也.

註解 ○有苗(유묘)-묘나라를 다스리는 사람. 묘나라는 지금의 호북성(湖北省)과 호남성(湖南省) 근처에 있었으며, 순임금 때부터 명령에 따르지 않아 늘 골칫거리였다《書經》참조). ○書(서)-《서경》. ○呂刑(여형)-《서경》〈주서(周書)〉의 편명. ○否用練(부용련), 折則刑(절즉형)-《서경》을 보면 '부용련, 제이형(不用練, 制以刑)'으로 되어 있는데, 부(否)와 불(不), 련(練)과 령(令), 절(折)과 제(制)는 음도 비슷하거니와 뜻도 서로 통용되던 글자인 것 같다. 령(令)은 영(靈), 선(善)과 뜻이 통하여 '선함', '착함'의 뜻. ○五殺(오살)-《서경》에는 '오학(五虐)'으로 되어 있다. 오형(五刑)의 내용을 보면 묘

족의 것도 순임금의 오형과 같은데 '오학지형(五虐之刑)'이라 한 것은 그것을 잘못 써서 포학한 형벌이 되었기 때문일 것이다. ㅇ術令(술령) -《서경》에는 '술령'이란 편명이 없으며, 이 구절은 대우모(大禹謨)에 보이지만 이는《위고문(僞古文)》을 지을 때〈열명편(說命篇)〉의 글을 빌어다 쓴 것인 듯하다. 설(說)과 술(術)은 옛 음이 같았고, 명(命)과 령(令)은 뜻이 같으므로 이는 '열명'을 달리 쓴 것인 듯하다(孫詒讓 說). ㅇ戎(융) - 전쟁. ㅇ讒賊(참적) - 참해(讒害). 남을 모함하여 해치는 것. ㅇ寇(구) - 도적. 반란자. ㅇ運役(운역) - 이 말은 통하지 않는다. 이와 같은 구절이 상편 끝머리에도 나왔는데 운역(運役)이 연수(連收)로 되어 있다. '연수'는 모두 거두어 가두는 것.

|解說| 여기에서는 형벌이나 지도자 같은 제도는 쓰기를 잘해야 함을 설명한 것이다. 아무리 좋은 제도라도 잘못 쓰면 일을 그르치고 잘 쓰면 성공한다는 것이다. 따라서 훌륭한 지도자를 둔다는 것은 형벌을 비롯한 여러 가지 제도를 올바로 운용하여 백성들을 잘 다스리려는 데 목적이 있다는 것이다.

4. 그래서 옛날 훌륭한 임금의 문서인 오래된 글에 말하였다.
'나라를 세우고 도읍을 개설하고서 제후들을 임명한 것은 교만하게 지내도록 해주기 위한 것이 아니며, 경대부(卿大夫)와 우두머리들을 임명한 것은 편안히 앉아 지내라고 한 것은 아니다. 오로지 직책을 나누어 맡아 세상을 고르게 다스리도록 하려는 것이었다.'
곧 이 말은 옛날 하나님과 귀신이 나라와 도읍을 건설하고 우두머리들을 세웠던 것은 그들에게 높은 작위를 주고 많은 녹을 주어 부귀하게 놀며 편히 지내라는 조치가 아니라, 그렇게 함으로써 만백성들에게 유익하게 해주고 재해를 없애주며 가난하고 외로운 사람들을 부귀하게 해주고, 위태로운 것을 편안하게 하며 어지러운 것을 다스려 주라는 것이었다.

그러므로 옛날 성왕들의 정치는 이와 같았던 것이다.

지금 임금과 귀족들의 형정(刑政)은 이와 반대이다. 정치는 아첨하는 자들로서 하며, 종족과 부형과 친구들을 신하로 삼고 그들을 우두머리로 앉힌다.

백성들은 임금이 우두머리를 임명하여 올바르지 않게 백성들을 다스림을 안다. 그래서 모두 자기네끼리만 친하게 어울리며 사실을 숨기고 그 임금을 숭상하고 화동하려들지 않는다. 그러므로 위아래가 뜻을 같이하지 않게 된다.

만약 진실로 위아래가 뜻을 같이하지 않는다면 상과 명예로도 선(善)을 권하지 못하고 형벌로도 포악한 자들을 막을 수가 없게 된다. 무엇으로서 그러함을 아는가?

임금이 나서서 국가를 다스릴 때 백성들의 우두머리로서, 사람들이 상줄 만하다고 한다면 내가 그를 상주겠노라고 말할 것이다. 그러나 만약 정말로 위아래의 뜻이 같지 않다면 임금이 상주는 사람에 대하여 민중들은 그를 비난하게 될 것이다. 그 사람은 민중들과 함께 살면서 민중들의 비난을 받는 것이니, 비록 임금의 상을 받게 된다 하더라도 그를 권면할 수가 없게 될 것이다.

임금이 나서서 국가를 다스릴 때 백성들의 우두머리로서 사람들이 벌을 줄 만하다고 한다면 내가 그를 벌주겠노라고 말할 것이다. 그러나 만약 진실로 위아래의 뜻이 같지 않다면 임금이 벌주는 사람에 대하여 민중들은 칭찬을 하게 될 것이다. 그 사람은 민중들과 함께 살면서 민중의 칭찬을 받는 것이니 비록 임금의 벌을 받게 된다 하더라도 그의 행동을 막을 수가 없을 것이다.

만약 나서서 국가의 정치를 맡아 백성들의 우두머리가 되어가지고도, 상예(賞譽)로서 사람들의 선함을 권하지 못하고 형벌이 포악한 행동을 막지 못한다면 곧 전에 내가 말한 백성들이 처음 생겨나서 우두머리가 아직 없었을 적이나 같은 것이 아니겠는가? 만약 우두머리가 있을 때나 우두머리가 없을 때나 똑같다면, 곧 이것은 백성들을 다스리어 민중을 통일하는 도가 아닐 것이다.

原文 是以先王之書, 相年之道曰: 夫建國設都, 乃作后王君公, 否用泰也, 輕大夫師長, 否用佚也. 維辯使治天下均.

則此語, 古者上帝鬼神之建設國都, 立正長也, 非高其爵, 厚其祿, 富貴佚而錯之也, 將以爲萬民興利除害, 富貴貧寡, 安危治亂也. 故古者聖王之爲若此.

今王公大人之爲刑政, 則反此. 政以爲便譬, 宗於父兄故舊, 以爲左右, 置以爲正長. 民知上置正長之非正以治民也. 是以皆比周隱匿, 而莫肯尚同其上. 是故上下不同義.

若苟上下不同義, 賞譽不足以勸善, 而刑罰不足以沮暴. 何以知其然也? 曰: 上唯毋立而爲政乎國家, 爲民正長, 曰人可賞, 吾將賞之. 若苟上下不同義, 上之所賞, 則衆之所非. 曰人衆與處於衆得非, 則是雖使得上之賞, 未足以勸乎.

上唯毋立而爲政乎國家, 爲民正長, 曰人可罰, 吾將罰之. 若苟上下不同義, 上之所罰, 則衆之所譽. 曰人衆與處於衆得譽, 則是雖使得上之罰, 未足以沮乎.

若立而爲政乎國家, 爲民正長, 賞譽不足以勸善, 而刑罰不沮暴, 則是不與鄕吾本言民始生, 未有正長之時, 同乎? 若有正長與無正長之時同, 則此非所以治民一衆之道.

註解 ○相年(상년)—거년(拒年)으로 씀이 옳으며, 여러 해 된 옛날. ○否(비)—비(非)와 통하여 ……이 아니다. ○泰(태)—교만한 것. ○輕大夫(경대부)—경(輕)은 경(卿)의 잘못《墨子閒詁》. ○佚(일)—안일(安逸). 편안한 것.

ㅇ辯(변)−분(分)과 뜻이 통하여, 직책을 나누어 주는 것(《墨子閒詁》). ㅇ錯(착)−조(措)와 통하여, 조치하다. ㅇ便嬖(편비)−비(嬖)는 폐(嬖)와 통하여, 교묘히 잘 보이며 아첨하는 것. ㅇ宗於(종어)−종족(宗族)의 잘못인 듯(《墨子閒詁》). ㅇ比周(비주)−나쁜 자들끼리 서로 친하게 어울리는 것. ㅇ隱匿(은닉)−나쁜 짓을 감추는 것. ㅇ唯毋(유무)−모두 뜻이 별로 없는 조사임. ㅇ鄕(향)−향(向)과 통하여, 전에. 앞에서.

解說　여기서는 현명한 사람을 올바로 등용하여야만 위아래가 모두 하나로 화동할 수 있음을 강조하고 있다. 백성들이 임금과 화동하지 못하면 임금이 아무리 후한 상을 주고 엄한 형벌을 내려도 백성들을 올바른 길로 이끌 수가 없게 된다는 것이다.

5. 그러므로 옛날 성왕은 오직 잘 살피어 숭상하고 화동케 함으로써 우두머리가 되었다. 그러므로 위아래의 감정이 서로 통하였다. 위에서는 일을 감추고도 이익을 끼쳐주어 아래서는 그것을 받고서 이익이 됨을 안다. 백성들에게 쌓인 원한이나 오래 이어지는 해가 있으면 위에서는 그것을 알아차리고 해결해 준다.

　그래서 수천만 리 밖에서 선을 행한 사람이 있다면, 그 집안 사람들도 모두 알지 못하고 그 고을 사람들도 모두 듣지 못했을 적에 천자는 그것을 알고서 그에게 상을 내린다. 수천만 리 밖에서 선하지 않은 행위를 한 사람이 있다면, 그 집안 사람들도 모두 알지 못하고 그 고을 사람들도 모두 듣지 못했어도 천자는 그것을 알고서 그를 벌준다. 그래서 온 천하의 사람들이 모두 두려워서 벌벌 떨며 지나치게 포악한 행동을 감히 못하고, 천자의 보고 들으심이 신령스럽다 할 것이다.

　옛 훌륭한 임금님 말씀에 이르기를,

　'그것은 신령스러운 게 아니다. 다만 사람들의 귀와 눈을 잘 부리어 자기가 보고 듣는 것을 돕게 하며, 사람들의 입을 부리어 자기의 말을 돕게 하고, 사람들의 마음을 부리어 자기의 생각을 돕게 하며, 사람들의 팔다리를 부리어 자기의 동작을 돕도록 하기 때문이다.'
라고 하였다. 그가 보고 듣는 것을 돕는 사람이 많으면 곧 그가 듣고 보는 것이 거리가 멀게 된다. 그의 말을 돕는 사람이 많으면 곧 그의 어루만져 주는 덕있는 목소리가 널리 퍼지게 된다. 그의 생각을 돕는 사람이 많으면 그가 일을 꾀하고 헤아리는 것이 더욱 빨라진다. 그의 동작을 돕는 사람이 많으면 곧 그가 하는 일이 신속히 이루어진다.

그러므로 옛날 성인들이 일을 완성시키고 공을 이룩하여 후세에까지 이름을 남기게 되는 까닭은 바로 다른 연유나 다른 조건들 때문이 아니었다. 오직 숭상하고 화동함으로써 정치를 할 수 있었기 때문이었다. 그래서 옛 훌륭한 임금의 문서인 《시경(詩經)》 주송(周頌)에 말하기를,

'처음으로 천자님을 뵙고
그분의 법도 구하네.'

라고 한 것은 바로 그것을 말한다.

옛날 여러 나라 제후들은 봄 가을로 천자의 궁전에 내조(來朝)하여 천자의 엄한 가르침을 받고서 물러나 나라를 다스렸는데, 정치를 행함에 있어서 감히 복종치 않는 일이 없었다. 이러한 시대에는 본시 감히 천자님의 가르침을 어지럽히는 자가 있을 수가 없었다. 《시경》에 읊기를,

'내 말은 갈기 검은 흰 말,
이를 모는 여섯 고삐 윤기나네.
달리고 달려와서
두루 묻고 일 헤아리네.'

라 했고 또 읊기를,

'내 말은 검푸른 색
이를 모는 여섯 고삐 가지런하네.

달리고 달려와서
두루 묻고 일 꾀하네.'
라고 한 것은 곧 이것을 노래한 것이다.

옛날 여러 나라 제후들은 선함과 선하지 않은 것을 듣고 보면 모두 달려와서 천자에게 고하였다. 그래서 상은 현명한 사람에게 돌아가고 벌은 포악한 자가 받게 되며, 죄없는 사람을 죽이지 않고 죄있는 사람을 놓치지 않게 되는 것이다. 곧 이것이 숭상하고 화동한 공효(功劾)인 것이다. 그래서 묵자가 말하였다.

지금 천하의 임금과 귀족과 군자들이 진실로 그들의 국가를 부유하게 하고, 그들의 인민을 불어나게 하고, 형정(刑政)을 옳게 다스리며, 그들의 사직을 안정시키려고 한다면 마땅히 숭상하고 화동하는 일에 대하여 살피지 않아서는 안될 것이다. 이것이 정치의 근본이 되는 것이다.

原文 故古者聖王, 唯而審以尙同, 以爲正長. 是故上下情請爲通. 上有隱事遺利, 下得而利之. 下有蓄怨積害, 上得而除之.

是以數千萬里之外, 有爲善者, 其室人未徧知, 鄕里未徧聞, 天子得而賞之. 數千萬里之外, 有爲不善者, 其室人未徧知, 鄕里未徧聞, 天子得而罰之. 是以擧天下之人, 皆恐懼振動惕慄, 不敢爲淫暴, 曰 : 天子之視聽也神.

先王之言曰 : 非神也, 夫唯能使人之耳目, 助己視聽, 使人之吻, 助己言談, 使人之心, 助己思慮, 使人之股肱, 助己動作. 助之視聽者衆, 則其所聞見者遠矣. 助之言談者衆, 則其德音之所撫循者博矣. 助之思慮者衆, 則其談謀度速得矣. 助之動作者衆, 卽其擧事速成矣.

故古者聖人之所以濟事成功, 垂名於後世者, 無他故異物焉. 曰唯能以尙同爲政者也. 是以先王之書, 周頌之道之曰:

載來見彼王, 聿求厥章.
則此語.
古者國君諸侯之以春秋來朝聘天子之廷, 受天子之嚴敎, 退而治國, 政之所加, 莫敢不賓. 當此之時, 本無有敢紛天子之敎者. 詩曰:
我馬維駱, 六轡沃若.
載馳載驅, 周爰咨度.
又曰:
我馬維騏, 六轡若絲.
載馳載驅, 周爰咨謀.
卽此語也.
古者國君諸侯之聞見善與不善也, 皆馳驅以告天子. 是以賞當賢, 罰當暴, 不殺不辜, 不失有罪. 則此尙同之功也.
是故子墨子曰, 今天下之王公大人士君子, 請將欲富其國家, 衆其人民, 治其刑政, 定其社稷, 當若尙同之不可不察. 此爲政之本也.

註解 ○請(청)-잘못 끼어든 글자인 듯하다《墨子閒詁》). ○惕慄(척율)-두려워서 몸을 떠는 것. ○吻(문)-본시는 입술의 뜻. ○股肱(고굉)-다리와 팔. ○德音(덕음)-덕있는 말. ○撫循(무순)-어루만지며 위로하여 주는 것. ○談(담)-잘못 끼어든 글자인 듯하다《墨子閒詁》). ○周頌(주송)-《시경(詩經)》주송(周頌) 재현(載見)편에 보이는 구절. ○載(재)-처음. 비로소. ○聿(율)-조사. 왈(曰)로 된 판본도 있으나 같음. ○章(장)-법도 예의제도 ○賓(빈)-복종하는 것. ○紛(분)-어지럽히다. ○詩曰(시왈)-《시경》소아(小雅) 황황자화(皇皇者華)편에 보이는 구절. ○駱(락)-검은 말갈기를 지닌 흰 말. ○六轡(육비)-사마(四馬)가 이끄는 수레를 모는 여섯 줄의 고삐. ○沃若(옥

약)-윤기가 나는 모양. ○載(재)-조사. ○爰(원)-조사. ○咨度(자탁)-정사에 대하여 묻고 헤아리는 것. ○又曰(우왈)-역시 황황자화편에 보이는 구절. ○騏(기)-검푸른 털빛을 지닌 말. ○若絲(약사)-길쌈할 때 베틀의 실처럼 가지런하다는 뜻. ○不辜(불고)-죄없는 사람. ○請(청)-성(誠)과 통하여, '진실로'. 此爲政之本(차위정지본)-본시 '위정(爲政)' 두 자가 들어 있지 않았으나, 청(淸)나라 필원(畢沅)의 교정에 따라 고쳐 놓았다.

解說 온 나라의 위아래가 하나로 화동하여야 하는데, 그러기 위해서는 윗자리에 있는 임금이 올바로 처신하여 아랫사람들의 본보기가 되어야 한다는 것이다. '화동한다'는 말에 '숭상한다'는 말을 하나 더 편명으로 붙여놓은 것도 그 때문일 것이다.

제13 상동편(尙同篇)(下)

여기서도 앞 상편·중편에 이어 통치자를 중심으로 백성들을 귀일시켜 나라를 잘 다스리는 법을 해설하고 있다.

1. 묵자가 말하였다.

지혜 있는 사람이 일을 함에 있어서는 반드시 국가와 백성들이 다스려지는 연유를 헤아리어 일을 하고, 반드시 국가와 백성들이 어지러워지는 연유를 헤아리어 그것을 피하여야 한다.

그러면 국가와 백성들이 다스려지는 연유를 헤아린다는 것은 무엇인가? 윗사람이 정치를 할 적에 아랫사람들의 사정을 파악하고 있으면 다스려지고, 아랫사람들의 사정을 파악하지 못하면 곧 어지러워진다. 무엇으로써 그러한 것을 알 수 있는가?

윗사람이 정치를 할 적에 아랫사람들의 실정을 파악한다는 것은 곧 백성들의 선하고 선하지 않음에 밝은 것을 뜻한다. 만약 진실로 백성들의 선하고 선하지 않음에 밝다면 곧 선한 사람을 파악하여 그에게 상을 주고 포악한 자들을 파악하여 그에게 벌을 주게 된다. 선한 사람들이 상을 받고 포악한 자들이 벌을 받으면 곧 나라는 반드시 다스려질 것이다.

윗사람이 정치를 함에 있어서 아랫사람들의 실정을 파악하지 못한다는 것은 곧 백성들의 선하고 선하지 않음에 밝지 못함을 뜻한다. 만약 진실로 백성들의 선하고 선하지 않음에 밝지 못하다면 곧 선한 사람을 파악하여 그에게 상을 주지 못하고 포악한 자들을 파악하여 그에게 벌을 주지 못하게 된다. 선한 사람이 상을 받지 못하고 포악한 자들이 벌을 받지 않는다면 그런 정치를 하여 본댔자 나라의 백성들은 반드시 어지러워질 것이다.

그러므로 상과 벌을 줌에 있어서 아랫사람들의 실정을 파악하지 않아서는 안되는 것이니 이것은 잘 살피지 않을 수가 없는 것이다. 그런데 아랫사람들의 실정을 헤아리어 파악하자면 어떻게 하면 되겠는가? 그러므로 묵자가 말하였다.

오직 위를 숭상하고 화동하여 한 가지 뜻으로 정치를 하면 그런 뒤에야 될 수 있는 것이다.

|原文| 子墨子言曰: 知者之事, 必計國家百姓所以治者而爲之, 必計國家百姓之所以亂者而辟之. 然計國家百姓之所以治者, 何也? 上之爲政, 得下之情則治, 不得下之情則亂. 何以知其然也?

上之爲政, 得下之情, 則是明於民之善非也. 若苟明於民之善非

也. 則得善人而賞之, 得暴人而罰之也. 善人賞而暴人罰, 則國必治.
　上之爲政也, 不得下之情, 則是不明於民之善非也. 若苟不明於民之善非, 則是不得善人而賞之, 不得暴人而罰之. 善人不賞, 而暴人不罰, 爲政若此, 國衆必亂.
　故賞罰不得下之情, 不可而不察者也. 然計得下之情, 將奈何可? 故子墨子曰: 唯能以尙同, 一義爲政, 然後可矣.

註解　○辟(피)−피(避)하는 것.　○情(정)−사정.　○罰故賞(벌고상)−보통 판본에는 벌(罰)자가 들어 있지 않으나《묵자한고(墨子閒詁)》를 참조하여 고쳤다.

解說　정치란 국가와 백성들의 이익을 따져 해나가야 한다. 국가와 백성들의 이익을 따지자면 백성들의 실정을 옳게 파악하여 상과 벌을 올바로 주어야 한다. 그리고 이러한 시상과 형벌을 올바로 시행하기 위하여는 훌륭한 통치자를 높이며 따라야 한다는 것이다.

2. 무엇으로써 숭상하고 화동하여 한 뜻을 이루면 가히 천하의 정치를 할 수 있게 된다는 것을 아는가? 그러면 어째서 옛날의 정치를 잘 살피고 상고하여 정치를 하는 이론으로 삼지 않는가?
　옛날 하늘이 처음으로 백성들을 생겨나게 하여 아직도 우두머리가 없었을 적에는 백성들은 모두 자기만을 위하였다. 만약 진실로 백성들이 모두 자기만을 위한다면 어떻게 되겠는가? 곧 한 사람이 있다면 한 가지 뜻, 열 사람이 있다면 열 가지 뜻, 백 명이 있다면 백 가지 뜻, 천 명이 있다면 천 가지 뜻이 있게 될 것이며, 사람의 수가 이루 헤아릴 수도 없을 만큼 되면 곧 그 이른바 뜻이라는 것도 역시 이루 다 헤아릴 수가 없게 될 것이다. 그래서 모두 자기의 뜻은 옳다 하고 남의 뜻은 그르다고 하게 된다. 그러므로 심한 자는 목숨을 걸고 싸우고, 심하지 않은 자도 다투는 일이 있게 된다. 따라서 천하에서는 천하의 뜻을 하나로 통일케 하려는 것이다. 그래서 현명한 사람을 골라 세워 천자로 삼은 것이다.

천자는 그의 지혜와 힘이 홀로 천하를 다스리기에 충분하지 못하다. 그래서 그 다음 가는 사람을 골라서 삼공(三公)으로 세운 것이다. 삼공은 또 그의 지혜와 힘이 홀로 천자를 보좌하기에는 충분치 못하다. 그래서 여러 나라를 나누어 놓고 제후를 세운 것이다. 제후는 또 그의 지혜와 힘이 홀로 그의 나라 사방 안을 다스리기에 충분치 못하다. 그래서 그의 다음 가는 사람을 골라 세워 경(卿)과 재상을 삼은 것이다. 경과 재상은 또 그의 지혜와 힘이 홀로 그의 임금을 보좌하기에 충분하지 못하다. 그래서 그 다음 가는 사람을 골라 세워 향장(鄕長)과 가군(家君)으로 삼은 것이다.

그러므로 천자가 삼공과 제후와 경과 재상과 향장과 가군을 세웠던 것은, 특히 부귀를 누리며 편히 놀며 먹으라고 그들을 택하였던 것이 아니라 어지러움을 다스리고 형정(刑政)에 관한 일을 도우라는 뜻에서였다. 따라서 옛날에 나라를 세우고 도읍을 건설한 후 여러 제후들을 세우고 경사(卿士)와 우두머리들로 하여금 그를 받들게 하였는데, 이것은 그렇게 함으로써 그들을 편안히 지내게 해주려는 것이 아니었다. 오직 일을 나누어 맡기어 천하를 밝게 다스리는 데 도움을 주도록 하기 위해서였다.

지금에 이르러서는 어째서 사람들의 윗자리에 앉아 있으면서도 그 아랫사람들을 다스리지 못하고, 남의 아랫자리에 있으면서도 그의 윗사람을 섬기지 못하게 되었는가? 곧 그것은 위아랫사람들이 서로 해치려 하기 때문이다. 무슨 까닭으로 그렇게 되었는가? 곧 뜻이 같지 않기 때문이다.

만약 진실로 뜻이 같지 않은 자들이 무리를 이루면, 임금이 그러한 사람을 선하다 하여 상을 주려 하면 비록 그 사람으로 하여금 임금의 상을 받게 할 수는 있어도 그는 백성들의 비난을 피하려 할 것이다. 그래서 선한 행동을 하는 것도 반드시 권면할 수 없게 될 것이며, 상만 공연히 주어지게 될 것이다. 임금이 그런 사람을 포악하다고 해서 그에게 벌을 주려고 하면 그 사람에게 비록 임금의 벌을 받게 할 수는 있어도 그는 백성들의 칭찬을 생각할 것이다. 그래서 포악한 행동을 하는 것도 반드시 막을 수가 없게 될 것이며 벌만 공연히 주어지게 될 것이다. 그러므로 임금의 상여를 헤아려 보면 선을 권장하기엔 부족하고, 그의 처벌을 헤아려보면 포악함을 막기엔 부족하게 된다. 이것은 무슨 까닭으로 그렇게 되는 것인가? 곧 뜻이 같지 않기 때문이다.

[原文] 何以知尙同一義之可而爲政於天下也? 然胡不審稽古之治爲政之說乎?

古者天之始生民, 未有正長也, 百姓爲人. 若苟百姓爲人, 是一人一義, 十人十義, 百人百義, 千人千義. 逮至人之衆, 不可勝計也, 則其所謂義者, 亦不可勝計. 此皆是其義, 而非人之義. 是以厚者有鬪, 而薄者有爭. 是故天下之欲同一天下之義也. 是故選擇賢者, 立爲天子.

天子以其力爲未足獨治天下, 是以選擇其次, 立爲三公. 三公又以其知力爲未足獨左右天子也, 是以分國建諸侯. 諸侯又以其知力爲未足獨治其四境之內也, 是以選擇其次, 立爲卿之宰. 卿之宰又以其知力爲未足獨左右其君也. 是以選擇其次, 立而爲鄕長家君.

是故古者天子之立三公諸侯卿之宰鄕長家君, 非特富貴游佚而擇之也. 將使助治亂刑政也. 故古者建國設都, 乃立后王君公, 奉以卿士師長, 此非欲用說也. 唯辯而使助治天明也.

今此何爲人上而不能治其下, 爲人下而不能事其上? 則是上下相賊也. 何故以然? 則義不同也.

若苟義不同者有黨, 上以若人爲善, 將賞之, 若人唯使得上之賞, 而辟百姓之毁. 是以爲善者, 未必可使勸, 見有賞也. 上以若人爲暴, 將罰之, 若人唯使得上之罰, 而懷百姓之譽. 是以爲暴者, 必未可使沮, 見有罰也. 故計上之賞譽, 不足以勸善. 計其毁罰, 不足以沮暴, 此何故以然? 則義不同也.

[註解] ㅇ然(연)-즉(則)과 비슷한 뜻으로 쓰이고 있다. ㅇ爲人(위인)-사람으로서의 자기 욕구만을 위하는 것. ㅇ左右(좌우)-보좌하다. 돕다. 좌우(佐佑)와 같은 뜻으로 보아도 좋다. ㅇ卿之宰(경지재)-지(之)는 여(與)와 같은 뜻으로《墨子閒詁》, 경(卿)과 재상. ㅇ治亂(치란)-억지로 번역은 하였으나 이 란(亂)자는 잘못 끼어든 듯하다《墨子閒詁》. ㅇ用說(용설)-설(說)은 일(逸)의 잘못인 듯하다《墨子閒詁》. 편히 지내게 해주는 것. ㅇ辯(변)-분(分)과 통하여 직책을 나누어 맡기는 것. ㅇ唯使(유사)-유(唯)는 수(雖)자와 통하여《墨子閒詁》, '비록……을 하게 해도'의 뜻. ㅇ辟(피)-피(避)와 통함.

[解說] 여기서도 숭상하고 화동하여 온 천하가 한 가지 뜻을 갖게 되어야 함을 강조하고 있다. 다만 이 대목의 글귀들은 이미 앞 중편에 비슷한 것이 보였었다.

3. 그렇다면 천하의 뜻을 한 가지로 같게 하려면 어떻게 하여야 되는가?

묵자가 말하였다.

그러면 어째서 가장(家長)으로 하여금 다음과 같은 법과 명령을 내리도록 하여 보지 않는가?

'만약 집안을 사랑하고 이롭게 하는 사람을 보면 반드시 그것을 고하게 하고, 만약 집안을 미워하고 해치는 사람을 보더라도 역시 반드시 그것을 고하게 하라.'

는 것이다. 만약 집안을 사랑하고 이롭게 하는 사람을 보고서 그것을 고한다면, 그것은 또한 집안을 사랑하고 이롭게 하는 사람이나 같은 것이다. 위에서는 그것을 알면 그에게 상을 주고, 여러 사람들은 그것을 들으면 칭찬해 준다. 만약 그 집안을 미워하고 해치는 것을 보고도 그것을 고하지 않는다면 그것은 또한 집안을 미워하고 해치는 사람이나 같은 것이다. 위에서는 그것을 알면 그에게 상을 주고, 여러 사람들은 그것을 들으면 칭찬해 준다. 만약 그 집안을 미워하고 해치는 것을 보고도 그것을 고하지 않는다면 그것은 또한 집안을 미워하고 해치는 사람이나 같은 것이다. 위에서는 그것을 알면 또한 그에게 벌을 주고, 여러 사람들은 들으면 비난을 한다.

그래서 모든 그 집안 사람들은 누구나 그들 윗어른의 상여를 얻으려 하고 형벌은 피하게 된다. 그래서 선한 것도 얘기해 주고 선하지 않은 것도 얘기해 주게 된다. 가장은 선한 사람이 있으면 그에게 상을 주고, 포악한 사람이 있으면 그에게 벌을 준다. 선한 사람은 상을 받고 포악한 사람은 벌을 받는다면, 곧 그 집안은 반드시 다스려질 것이다. 그런데 그 집안이 다스려지는 까닭을 헤아려 보면 무엇 때문이겠는가? 오직 숭상하고 화동하며 뜻을 하나로 하여 다스리기 때문인 것이다.

집안이 이미 다스려졌다면 나라의 도도 여기에 다 포함되어 있는 것인가? 그것으로는 불충분하다. 나라에는 집안의 수가 매우 많다. 그래서 그의 집안은 옳다 하고 남의 집안은 비난하게 되는 것이다. 따라서 심한 자는 혼란을 일으키고, 덜 심한 자라도 남과 다투게 된다. 그러므로 또 가장으로 하여금 그의 집안의 뜻을 총괄하여 임금을 숭상하고 화동하게 하는 것이다.

　임금도 역시 나라의 백성들에게 다음과 같은 법령을 반포한다.

　'만약 나라를 사랑하고 이롭게 하는 사람을 보거든 반드시 그것을 고하고, 만약 나라를 미워하고 해치는 자를 보아도 역시 반드시 그것을 고하고, 만약 나라를 미워하고 해치는 자를 보아도 역시 반드시 그것을 고하라.' 만약 나라를 사랑하고 이롭게 하는 것을 보고서 그것을 고한다면 그것도 역시 나라를 사랑하고 이롭게 하는 것과 같은 것이다. 임금이 그것을 알면 그에게 상을 내리고, 여러 사람들은 듣고서 그를 칭찬한다. 만약 나라를 미워하고 해치는 것을 보고서도 그것을 고하지 않는다면 그것도 역시 나라를 미워하고 해치는 것과 같은 것이다. 임금은 그것을 알면 그에게 벌을 내리고, 여러 사람들은 듣고서 그를 비난한다.

　그래서 모든 그 나라 사람들은 누구나 그들 윗어른의 상여를 받고 싶어하고 형벌은 피하게 된다. 그래서 백성들은 선한 것을 보아도 그것을 얘기해 주고, 선하지 않은 것을 보아도 그것을 얘기해 주게 된다. 임금은 선한 사람을 발견하면 그에게 상을 주고, 포악한 사람을 발견하면 그에게 벌을 내린다. 선한 사람은 상을 받고 포악한 사람은 벌을 받게 된다면 곧 그 나라는 반드시 다스려질 것이다. 그런데 그 나라가 다스려지는 까닭을 헤아려보면 어째서인가? 오직 숭상하고 화동하여 한 가지 뜻이 되어 가지고 정치를 하기 때문이다.

　나라가 이미 다스려졌다면, 천하의 도도 여기에 다 포함되어 있는가? 그것으로는 불충분하다. 천하에는 나라의 수가 매우 많다. 그래서 나라마다 자기 나라를 옳다 하고 남의 나라는 그르다고 하게 된다. 그래서 심한 자는 전쟁을 하게 되고, 덜 심한 자는 서로 다투게 된다.

　그러므로 또 임금으로 하여금 그 나라의 뜻을 정제(整齊)히 해가지고서 천자를 숭상하고 화동케 하는 것이다. 천자도 역시 천하의 백성들에게 다음과 같은 법령을 반포한다.

'만약 천하를 사랑하고 이롭게 하는 사람을 보거든 반드시 그것을 고하고, 만약 천하를 미워하고 해치는 자를 보면 역시 그것을 고하라.' 만약 천하를 사랑하고 이롭게 하는 것을 보고서 그것을 고하는 사람이라면 또한 천하를 사랑하고 이롭게 하는 것과 같은 것이다. 윗사람은 그것을 알면 그에게 상을 주고, 여러 사람들은 그것을 들으면 그를 칭찬한다. 만약 천하를 미워하고 해치는 것을 보고도 그것을 고하지 않는 자라면 또한 천하를 미워하고 해치는 자나 같은 것이다. 윗사람은 그것을 알면 그에게 곧 벌을 내리고, 여러 사람들은 그것을 들으면 그를 비난한다.

그래서 온 천하의 사람들은 모두 그들 윗어른의 상여를 받고 싶어하고 형벌은 피하려 든다. 그래서 선한 것을 보거나 선하지 않은 것을 보거나 그것을 고하게 된다. 천자는 선한 사람을 발견하면 그에게 상을 주고, 포악한 사람을 발견하면 그에게 벌을 내린다. 선한 사람은 상을 받고 포악한 사람은 벌을 받게 된다면 천하는 반드시 잘 다스려질 것이다. 그런데 천하가 잘 다스려지는 까닭을 헤아려보면 무엇 때문인가? 오직 숭상하고 화동하여 한 가지 뜻으로서 정치를 하기 때문이다.

천하가 이미 다스려졌다면, 천자는 또 천하의 뜻을 총괄하여 하늘을 숭상하고 화동해야 한다.

그러므로 숭상하고 화동한다는 이론을 가져다가 위로 천자에게 적용시키면 천하를 다스릴 수 있게 되고, 가운데로 제후들에게 적용하면 그들의 나라를 다스릴 수 있게 되며, 작게는 가장에게 그것을 적용하면 그들의 집안을 다스릴 수 있게 된다. 그러므로 천하를 다스리는 데 그것을 크게 사용해도 다 차지 않고 여유가 있게 되고, 한 나라나 한 집안을 다스리는 데 그것을 작게 사용해도 막히는 일이 없는 것은, 그러한 도를 두고 말한 것이다.

原文 然則欲同一天下之義, 將奈何可? 故子墨子言曰 : 然胡不賞使家君, 試用家君發憲布令其家?

曰 : 若見愛利家者, 必以告, 若見惡賊家者, 亦必以告. 若見愛利家以告, 亦猶愛利家者也. 上得且賞之, 衆聞則譽之. 若見惡賊家不以告, 亦猶惡賊家者也. 上得且罰之, 衆聞則非之.

是以徧若家之人, 皆欲得其長上之賞譽, 辟其毀罰. 是以善言之, 不善言之. 家君得善人而賞之, 得暴人而罰之. 善人之賞, 而暴人之罰, 則家必治矣. 然計若家之所以治者, 何也? 唯以尚同一義爲政故也.

家旣已治, 國之道盡此已邪? 則未也. 國之爲家, 數也甚多. 此皆是其家, 而非人之家. 是以厚者有亂, 而薄者有爭. 故又使家君, 總其家之義, 以尙同於國君.

國君亦爲發憲布令於國之衆曰 : 若見愛利國者, 必以告, 若見惡賊國者, 亦必以告. 若見愛利國以告者, 亦猶愛利國者也. 上得且賞之, 衆聞則譽之. 若見惡賊國, 不以告者, 亦猶惡賊國者也. 上得且罰之, 衆聞則非之.

是以徧若國之人, 皆欲得其長上之賞譽, 避其毀罰. 是以民見善者言之, 見不善者言之. 國君得善人而賞之, 得暴人而罰之. 善人賞而暴人罰, 則國必治矣. 然計若國之 所以治者, 何也? 唯能以尙同一義爲政故也.

國旣已治矣, 天下之道盡此已邪? 則未也. 天下之爲國, 數也甚多. 此皆是其國, 而非人之國. 是以厚者有戰, 而薄者有爭.

故又使國君, 選其國之義, 以尙同於天子. 天子亦發憲布令 於天下之衆曰, 若見愛利天下者, 必以告, 若見惡賊天下者, 亦以告. 若見愛利天下以告者, 亦猶愛利天下者也. 上得則賞之, 衆聞則譽之. 若見惡賊天下不以告者, 亦猶惡賊天下者也. 上得且罰之, 衆聞則非之.

　是以偏天下之人, 皆欲得其長上之賞譽, 避其毁罰. 是以見善不善者告之, 天子得善人而賞之, 得惡人而罰之. 善人賞而暴人罰, 天下必治矣. 然計天下之 所以治者, 何也? 唯而以尚同一義爲政故也.

　天下旣已治, 天子又總天下之義, 以尚同於天.

　故當尚同之爲說也, 尚用之天子, 可以治天下矣. 中用之諸侯, 可而治其國矣. 小用之家君, 可而治其家矣. 是故大用之治天下不窕, 小用之治一國一家 而不橫者, 若道之謂也.

|註解| ○不賞(불상)-상(賞)은 상(嘗)으로 씀이 옳으며(《墨子閒詁》), '일찍이 ……하지 않다'의 뜻. ○使家軍(사가군)-뒤에 다시 '가군(家君)'이란 말이 겹쳐 나오는 것으로 보아 이 세 글자는 잘못 끼어든 것인 듯하다(《墨子閒詁》). ○選(선)-제(齊)와 뜻이 통하여 '정제히 하다'의 뜻. ○且(차)-즉(則)으로 된 판본도 있으며, 뜻은 같다. ○尙用之(상용지)-상(尙)은 상(上)과 통하여, '위로 그것을 적용하면'의 뜻. ○不窕(부조)-다 차지 않고 여유가 남아 있는 것. ○不橫(불횡)-막히지 아니하는 것.

|解說| 여기서는 집안으로부터 천하에 이르기까지 우두머리를 두어 모든 사람들의 뜻을 하나로 화동해야 함을 단계적으로 설명하고 있다. 모든 사람들의 뜻을 하나로 화동하는 것은 작게는 집안을 다스리는 데서 시작하여 크게는 천하를 다스리는 데 이르기까지 모든 다스림의 근본 원칙이 된다는 것이다.

4. 그러므로 말하기를 천하의 나라들을 다스리는 것은 한 집안을 다스리는 것과 같고, 천하의 온 백성들을 부리는 것은 한 남자를 부리는 것과 같다고 하는 것이다. 그러면 오직 묵자만이 그러한 주장을 하고 옛날의

훌륭한 임금들에게는 그러한 주장이 없었을까? 옛날의 훌륭한 임금들도 역시 그렇게 주장하였다.

성왕들은 모두 숭상하고 화동함으로써 정치를 하였기 때문에 천하가 잘 다스려졌다. 무엇으로써 그러함을 아는가? 옛날의 훌륭한 임금의 문서인 《서경(書經)》 대서(大誓)에 다음과 같이 쓰여 있다.

'백성들이 간교한 짓을 하는 것을 보거든 곧 알려야 한다. 보고하지 않는 자는 그 죄를 똑같다고 인정하게 될 것이다.'

이것은 사악한 짓을 보고도 그것을 고하지 않는 자는 그 죄가 또한 사악한 짓을 한 자나 같음을 말한 것이다. 그러므로 옛날의 성왕들은 천하를 다스림에 있어서 사람을 잘 가리어 자기의 신하로 썼으므로 보좌하는 사람들은 모두 훌륭한 사람이었고, 그가 보고 듣는 것을 돕는 사람들이 많았다. 그러므로 사람들과 일을 꾀하면 남보다 앞서 뜻을 이루고, 사람들과 거사(擧事)를 하면 남보다 앞서 성공하였고, 영광과 명성은 남보다 앞서 퍼졌다. 오직 진실한 몸가짐으로 일에 종사하였기 때문에 그 이익이 이와 같았던 것이다.

옛날 말에 이르기를,

'한 눈으로 보는 것은 두 눈으로 보는 것만 못하고, 한 귀로 듣는 것은 두 귀로 듣는 것만 못하며, 한 손으로 잡는 것은 두 손만큼 강하지 못하다.'

라고 하였다. 그분들은 오직 진실한 몸가짐으로 일에 종사했으므로 그 이익이 이와 같았던 것이다.

그러므로 옛날 성왕이 천하를 다스릴 적에는 천 리 밖에 한 현명한 사람이 있어서 그의 향리(鄕里) 사람들도 모두 그에 관한 얘기를 듣거나 보지 못했다 하더라도, 성왕은 그것을 알고 상을 주었다. 천 리 안에 한 포악한 사람이 있어서 그의 향리에서도 모두가 그에 관한 얘기를 듣거나 보지를 못했다 하더라도, 성왕은 그것을 알고 벌을 내렸다. 그런데 비록 성왕이 귀가 밝고 눈이 밝다 하더라도 어찌 한 눈으로 천 리 밖을 내다

볼 수가 있었겠으며, 한 귀로 천 리 밖의 일을 들을 수가 있었겠는가? 성왕은 직접 가서 보는 것도 아니며 직접 가서 듣는 것도 아니다. 그러나 천하의 혼란을 일으키고 도둑질하는 자들로 하여금 온 천하를 두루 돌아다녀 보아도 두번 거듭 발들여놓을 곳이 없도록 만드는 것은 어째서인가? 그것은 숭상하고 화동함으로써 정치를 잘하기 때문이다.

그래서 묵자가 말하였다.

'백성들로 하여금 숭상하고 화동하게 하는 사람은 백성을 사랑하는 데 힘써야만 한다. 백성들은 다른 방법으로는 부릴 수가 없다. 반드시 힘써 사랑함으로써 그들을 부려야만 하고, 믿게 함으로써 그들을 지탱해 주어야만 한다. 부귀로써 그들을 앞에서 인도해 줘야 하고, 형벌을 분명히 함으로써 그들을 뒤에서 이끌어 줘야 한다.'

이와 같이 정치를 한다면 비록 나와 화동하지 않기를 바란다 하더라도 그렇게 될 수가 없을 것이다. 그래서 묵자가 말하였다.

'지금 천하의 임금 귀족과 군자들이 충심으로 인의(仁義)를 실천하고자 한다면 훌륭한 선비를 구하여, 위로는 성왕의 도에 들어맞고, 아래로는 국가와 백성들의 이익에 들어맞도록 노력해야 한다.'

그러므로 숭상하고 화동한다는 이론에 대하여는 잘 살피지 않아서는 안되는 것이다. 숭상하고 화동하는 것은 정치의 근본이며 다스림의 요체(要諦)인 것이다.

原文 故曰:治天下之國, 若治一家, 使天下之民, 若使一夫. 意獨子墨子有此, 而先王無此, 其有邪? 則亦然也. 聖王皆以尚同爲政, 故天下治. 何以知其然也? 於先王之書也, 大誓之言然.

曰:小人見姦巧, 乃聞, 不言也, 發罪鈞.

此言見淫辟, 不以告者, 其罪亦猶淫辟者也. 故古之聖王治天下也, 其所差論以自左右, 羽翼者皆良, 外爲之人. 助之視聽者衆, 故與人謀事, 先人得之, 與人擧事, 先人成之, 光譽令聞, 先人發之. 唯信身而從事, 故利若此.

古者有語焉, 曰: 一目之視也, 不若二目之視也, 一耳之聽也, 不若二耳之聽也, 一手之操也, 不若二手之彊也.

夫唯能信身而從事, 故利若此.

是故古之聖王之治天下也, 千里之外有賢人焉, 其鄕里之人, 皆未之均聞見也, 聖王得而賞之. 千里之內有暴人焉, 其鄕里未之均聞見也, 聖王得而罰之. 故唯毋以聖王爲總耳明目與, 豈能一視而通見 千里之外哉? 一聽而通聞 千里之外哉? 聖王不往而視也, 不就而聽也. 然而使天下之 爲寇亂盜賊者, 周流天下無所重足者, 何也? 其以尙同爲政善也.

是故子墨子曰: 凡使民尙同者, 愛民不疾. 民無可使, 曰必疾愛而使之, 致信而持之. 富貴以道其前, 明罰以率其後. 爲政若此, 唯欲毋與我同, 將不可得也.

是以子墨子曰: 今天下王公 大人士君子, 中情將欲爲仁義, 求爲上士, 上欲中聖王之道, 下欲中國家百姓之利. 故當尙同之說, 而不可不察. 尙同爲政之本, 而治要也.

註解　○大誓(대서) - 《서경》 주서(周書) 태서(泰誓)편. 단 지금의 《서경》에는 이와 같은 구절이 보이지 않는다. ○小人(소인) - 본시는 다스림을 받는 '백성들'을 가리킴. 뒤에 덕이 없는 사람을 가리키는 말로 전용되었다. ○鈞(균) - 고르다. 같다. ○淫辟(음벽) - 간사한 것. 간악한 것. ○差論(차론) - 잘 가리는 것. 선택. ○羽翼(우익) - 본시는 '나래'. 여기서는 '좌우(左右)'나 같이, '보좌하다' 또는 '보좌하는 사람'의 뜻. ○外爲(외위) - 이 두 자는 잘못 끼어든 듯하다(《墨子閒詁》). ○光譽(광예) - 광(光)은 광(廣)과 통하여, 널리 퍼진 영예. 여기서는 간단히 '영광'이라 번역했다. ○令聞(영문) - 령(令)은 선(善)

과 통하여, 훌륭한 명성. ○唯毋(유무)-유(唯)는 수(雖)로 된 판본도 있으며, '비록'. 무(毋)는 조사. ○重足(중족)-발을 거듭 들여놓는 것. ○不疾(부질)-필질(必疾) 또는 불가부질(不可不疾)의 잘못인 듯하다(《墨子閒詁》). 질(疾)은 힘쓰는 것. ○唯欲(유욕)-유(唯)는 수(雖)로 된 판본도 있으며, '비록……하려 해도'의 뜻. ○中情(중정)-정(情)은 성(誠)과 통하여, 진실한 마음으로 또는 충심으로. ○上士(상사)-상급의 선비. 훌륭한 선비.

解說 임금은 백성들과 하나로 화동할 수 있어야만 나라의 모든 사정을 올바로 파악할 수 있게 된다. 따라서 현명한 사람을 등용하여 백성들로 하여금 윗사람을 숭상케 하고, 윗사람들은 백성들과 화동하는 것이 정치의 기본 방법이라는 것이다.

제14 겸애편(兼愛篇)(上)

'겸애'란 모든 사람이 모두를 똑같이 서로 사랑한다는 뜻이다. 이 묵자의 박애주의(博愛主義)야말로 묵자의 성가(聲價)를 높여 준 그의 중심사상이다. 모든 사람을 모두 똑같이 사랑할 수는 없다는 현실적인 여건을 떠나, 이러한 적극적인 그의 사랑 정신은 사람들에게 무엇보다도 소중한 것이기 때문이다.

1. 성인이란 천하를 다스리는 일에 종사하는 사람이다. 반드시 혼란이 일어나는 까닭을 알아야만 천하를 다스릴 수 있게 되고, 혼란이 일어나

는 까닭을 알지 못하며는 곧 다스릴 수가 없는 것이다. 비유를 들면 마치 의사가 사람의 병을 고치는 것과 같다. 반드시 병이 생겨난 까닭을 알아야만 병을 고칠 수 있을 것이며, 병이 일어난 까닭을 알지 못하면 곧 고칠 수가 없는 것이다. 다스림과 혼란도 어찌 그렇지 않을 수가 있겠는가? 반드시 혼란이 일어난 까닭을 알아야만 천하를 다스릴 수가 있게 되고, 혼란이 일어난 까닭을 알지 못하면 다스릴 수가 없게 되는 것이다.

성인이란 천하를 다스리는 일에 종사하는 사람이니 혼란이 일어나는 까닭을 잘 살피지 않아서는 안되는 것이다.

原文   聖人, 以治天下爲事者也. 必知亂之所自起, 焉能治之, 不知亂之所自起, 則不能治. 譬之, 如醫之攻人之疾者然. 必知疾之所自起, 焉能攻之, 不知疾之所自起, 則弗能攻. 治亂者, 何獨不然? 必知亂之自起, 焉能治之, 不知亂之所自起, 則弗能治.

聖人, 以治天下爲事者也, 不可不察亂之所自起.

註解   ○焉(언)-내(乃)와 같은 뜻으로 '이에'(王引之 說). ○攻(공)-병을 고침.

解說   천하를 올바로 다스리자면 잘 다스려지지 않는 원인을 알아야 한다는 것이다. 이 말은 '겸애'의 중요성에 대하여 논리를 유도(誘導)해 나가기 위한 서설(序說)이나 같은 것이다.

2. 일찍이 살펴보건대 혼란은 어디에서 일어나고 있는가? 서로 사랑하지 않음에서 일어난다. 신하와 자식이 그의 임금이나 아버지에게 도리에 어긋나는 짓을 하는 것이 이른바 혼란이다. 자식은 자신은 사랑하면서도 그의 아버지는 사랑하지 않는다. 그래서 아버지를 해치면서 자신을 이롭

게 하는 것이다. 아우는 자신은 사랑하면서도 형은 사랑하지 않는다. 그래서 형을 해치면서 자신을 이롭게 하는 것이다. 신하는 자신은 사랑하면서도 임금은 사랑하지 않는다. 그래서 임금을 해치면서 자신을 이롭게 하는 것이다. 이것이 이른바 혼란인 것이다.

그리고 아버지가 자식에 자애롭지 않고 형이 아우에게 자애롭지 않고 임금이 신하에게 자애롭지 않다 해도 이것도 역시 천하의 이른바 혼란인 것이다. 아버지는 자신은 사랑하면서도 자식은 사랑하지 않는다. 그래서 자식을 해치면서 자신을 이롭게 하는 것이다. 형은 자신은 사랑하면서도 아우는 사랑하지 않는다. 그래서 아우를 해치면서 자신을 이롭게 하는 것이다. 임금은 자신은 사랑하면서도 신하는 사랑하지 않는다. 그래서 신하를 해치면서 자신을 이롭게 하는 것이다. 이것은 무엇 때문인가? 모두가 서로 사랑하지 않는 데서 일어나는 것이다.

심지어 천하의 도둑들에 이르기까지라도 역시 그러하다. 도둑은 그의 집은 사랑하면서도 그와 다른 집은 사랑하지 않는다. 그래서 다른 집의 것을 훔치어 그의 집을 이롭게 하는 것이다. 도둑은 또 그 자신은 사랑하면서도 남은 사랑하지 않는다. 그래서 남을 해침으로써 그 자신을 이롭게 하는 것이다. 이것은 어째서인가? 모두가 서로 사랑하지 않는 데서 일어나는 것이다.

심지어 대부(大夫)들이 서로 남의 집안을 어지럽히고 제후들이 서로 남의 나라를 공격하는 데 이르기까지도 역시 그러하다. 대부들은 각기 그의 집안은 사랑하면서도 다른 집안은 사랑하지 않는다. 그래서 다른 집안을 어지럽힘으로써 그의 집안을 이롭게 하는 것이다. 제후들은 각기 그의 나라는 사랑하면서도 다른 나라는 사랑하지 않는다. 그래서 다른 나라를 공격함으로써 그의 나라를 이롭게 하는 것이다. 천하를 어지럽히는 것들은 여기에 전부 원인이 있는 것이다. 이것이 어디에서 일어나는가를 살펴보건대 모두가 서로 사랑하지 않는 데서 일어나고 있다.

原文 當察亂何自起? 起不相愛. 臣子之不孝君父, 所謂亂也. 子自愛不愛父, 故虧父而自利. 弟自愛不愛兄, 故虧兄而自利. 臣自愛不愛君, 故虧君而自利. 此所謂亂也.

雖父之不慈子, 兄之不慈弟, 君之不慈臣, 此亦天下之所謂亂也. 父自愛也不愛子, 故虧子而自利. 兄自愛也不愛弟, 故虧弟而自利. 君自愛也不愛臣, 故虧臣而自利. 是何也? 皆起不相愛.

雖至天下之爲盜賊者, 亦然. 盜愛其室, 不愛其異室, 故竊異室以利其室. 賊愛其身, 不愛人, 故賊人以利其身. 此何也? 皆起不相愛.

雖至大夫相亂家, 諸侯之相攻國者, 亦然. 大夫各愛其家, 不愛異家, 故亂異家以利其家. 諸侯各愛其國, 不愛異國, 故攻異國以利其國. 天下之亂物, 具此而已矣. 察此何自起, 皆起不相愛.

註解 ○當(당)-상(嘗)의 가차자(假借字), 곧 '일찍이'의 뜻. ○孝(효)-효도, 여기선 도리에 어긋나는 행동을 가리킴. ○虧(휴)-손상시킴. 해침. ○慈(자)-사랑함. 자애로움. ○竊(절)-물건을 훔침. ○賊(적)-남의 몸을 해침.

解說 나라를 올바로 다스리려면 혼란의 원인을 알아야 한다. 그런데 사회의 모든 혼란은 사람들이 서로 사랑하지 않는 데서 일어난다는 것이다. 따라서 말을 바꾸면 사람들이 모두 남을 자신처럼 사랑하기만 하면 세상은 평화로워질 수 있다는 말이 된다.

3. 만약 온 천하로 하여금 모두가 아울러 서로 사랑하게 하여 남을 사랑하기를 그의 몸을 사랑하듯 한다면, 그래도 도리에 어긋나는 짓을 하는 자가 있겠는가? 부형이나 임금 보기를 그 자신과 같이한다면 어찌 도리에 어긋나는 짓을 하겠는가? 그런데도 자애롭지 않은 사람이 있겠는

가? 아우와 자식과 신하들 보기를 그 자신과 같이한다면 어찌 자애롭지 않게 행동하겠는가? 그러므로 도리에 어긋나는 짓이나 자애롭지 않음이 있지 않게 될 것이다.

그런데도 도둑이 있겠는가? 그러므로 남의 집을 보기를 그의 집과 같이하는 데 누가 훔치겠는가? 남의 몸 보기를 그의 몸과 같이하는 데 누가 해치겠는가? 그러므로 도둑이 없어질 것이다.

그런데도 서로 남의 집안을 어지럽히는 대부와 남의 나라를 서로 공격하는 제후가 있겠는가? 남의 집안을 보기를 그의 집안과 같이한다면 누가 어지럽힐 것인가? 남의 나라 보기를 그의 나라와 같이한다면 누가 공격하겠는가? 그러므로 대부들이 서로 남의 집안을 어지럽히고 제후들이 서로 남의 나라를 공격하는 일이 없게 될 것이다.

만약 온 천하로 하여금 모두가 아울러 서로 사랑하게 한다면 나라와 나라는 서로 공격하지 않을 것이며, 집안과 집안은 서로 어지럽히지 않을 것이고, 도둑들은 없어지고 임금과 신하와 아버지와 자식들은 모두가 효도를 하고 자애로울 수 있을 것이다. 이와 같이 된다면 곧 천하가 다스려질 것이다. 그러므로 천하를 다스리는 일에 종사하는 성인이라면 어찌 악을 금하고 사랑을 권면하지 않을 수가 있겠는가?

그러므로 온 천하가 모두 아울러 서로 사랑하게 되면 곧 다스려지고, 모두가 서로 미워하면 어지러워지는 것이다. 그러므로 묵자가 말하기를

"남을 사랑하라고 권하지 않을 수가 없다."

고 말한 것은 이 때문이다.

原文 若使天下兼相愛, 愛人若愛其身, 猶有不孝者乎? 視父兄與君, 若其身, 惡施不孝? 猶有不慈者乎? 視弟子與臣, 若其身, 惡施不慈? 故不孝不慈, 亡有.

猶有盜賊乎? 故視人之室若其室, 誰竊? 視人身若其身, 誰賊?

故盜賊亡有.

　猶有大夫之相亂家, 諸侯之相攻國者乎? 視人家, 若其家, 誰亂? 視人國, 若其國, 誰攻? 故大夫之相亂家, 諸侯之相攻國者, 亡有.

　若使天下兼相愛, 國與國不相攻, 家與家不相亂, 盜賊無有, 君臣父子皆能孝慈. 若此則天不治. 故聖人以治天下爲事者, 惡得不禁惡而勸愛?

　故天下兼相愛則治, 交相惡則亂.

　故子墨子曰: 不可以不勸愛人者, 此也.

註解　○兼相愛(겸상애) - 모두가 아울러 서로 사랑하는 것. ○惡(오) - 어찌. ○亡有(무유) - 있지 않게 됨. 없어짐.

解說　사람들이 모두가 서로 사랑한다면 세상이 평화로워짐을 또 한 번 강조한 글이다. 묵자의 '사랑'이란 아끼고 위해 준다는 뜻까지도 전부 포함하는 말이다.

제15 겸애편(兼愛篇)(中)

　상편에 이어 사람들이 서로 사랑해야만 세상이 잘 다스려짐을 부연한 것이다.

1. 묵자가 말하였다.

"어진 사람들이 일을 하는 목표는 반드시 천하의 이익을 일으키고 천하의 폐해를 제거하는 것이니 이 때문에 일을 하는 것이다."

그렇다면 천하의 이익이란 무엇이며 천하의 폐해란 무엇인가?

묵자가 말하였다.

"지금 나라와 나라들이 서로 공격하고 있고 집안과 집안들이 서로 빼앗고 있으며 사람과 사람들이 서로 해치며, 임금과 신하들이 서로 은혜롭고 충성되지 않고, 아버지와 자식들은 서로 자애롭고 효도하지 않으며, 형제들은 서로 우애를 다하지 않고 있는데 이것이 곧 천하의 폐해이다."

그렇다면 이 폐해를 살펴볼 때 또한 그것은 무엇으로 말미암아 생겨나고 있는가? 서로 사랑하는 데서 생겨나고 있을까?

묵자가 말하였다.

"서로 사랑하지 않는 데서 생겨나는 것이다. 지금 제후들은 다만 그의 나라를 사랑할 줄만 알지 남의 나라는 사랑하지 않는데 그래서 그의 나라를 동원하여 남의 나라를 공격하는 데 거리낌이 없다. 지금 집안의 가장(家長)은 다만 그의 집안만을 사랑할 줄 알고 남의 집안은 사랑하지 않는데 그래서 그의 집안을 동원하여 남의 집안을 빼앗는 데 거리낌이 없는 것이다. 지금 사람들은 다만 그의 몸을 사랑할 줄만 알고 남의 몸은 사랑하지 않는데 그래서 그의 몸을 써서 남의 몸을 해치는 데 거리낌이 없는 것이다.

그러므로 제후들이 서로 사랑하지 않으면 곧 반드시 들에서 전쟁을 하게 되고, 집안의 가장들이 서로 사랑하지 않으면 곧 반드시 서로 빼앗게 되며, 사람과 사람이 서로 사랑하지 않으면 곧 반드시 서로 해치게 되고, 임금과 신하가 서로 사랑하지 않으면 곧 은혜롭거나 충성스럽지 않게 되며, 아버지와 자식이 서로 사랑하지 않으면 곧 자애롭거나 효도를 않게 되며, 형과 아우가 서로 사랑하지 않으면 곧 우애를 다하지 못하게 된다."

　천하의 사람들이 모두 서로 사랑하지 않는다면 강한 자가 반드시 약한 자를 잡아 누르고 부한 자가 반드시 가난한 사람들을 업신여기며 귀한 사람들은 반드시 천한 사람들에게 오만하고 사기꾼은 반드시 어리석은 사람들을 속이게 될 것이다. 모든 천하의 재난과 찬탈(簒奪)과 원한이 일어나는 까닭은 서로 사랑하지 않는 데에서 생겨나는 것이다. 그래서 어진 사람들은 그것을 비난한다. 그것을 비난한다면 무엇으로써 이를 대신해야 하는가? 묵자는 말하였다.

　"모두가 아울러 서로 사랑하고 모두가 서로 이롭게 하는 방법으로써 이에 대신해야 한다."

原文　子墨子言曰：仁人之所以爲事者, 必興天下之利, 除去天下之害, 以此爲事者也. 然則天下之利, 何也, 天下之害, 何也?

　子墨子言曰, 今若國之與國之相攻, 家之與家之相簒, 人之與人之相賊, 君臣不惠忠, 父子不慈孝, 兄弟不和調, 此則天下之害也. 然則察此害, 亦何用生哉? 以相愛生邪?

　子墨子言, 以不相愛生. 今諸侯獨知愛其國, 不愛人之國, 是以不憚擧其國以攻人之國. 今家主獨知愛其家, 而不愛人之家, 是以不憚擧其家, 以簒人之家. 今人獨知愛其身, 不愛人之身, 是以不憚擧其身, 以賊人之身.

　是故諸侯不相愛, 則必野戰, 家主不相愛, 則必相簒, 人與人不相愛, 則必相賊, 君臣不相愛, 則不惠忠, 父子不相愛, 則不慈孝, 兄弟不相愛, 則不和調.

　天下之人皆不相愛, 强必執弱, 富必侮貧, 貴必敖賤, 詐必欺愚. 凡天下禍簒怨恨, 其所以起者, 以不相愛生也. 是以仁者非之. 旣以非之, 何以易之? 子墨子言曰 : 以兼相愛, 交相利之法易之.

註解 ○篡(찬)-빼앗음. 찬탈(篡奪)함. ○察害(찰해)-찰(察)은 보통 판본엔 '숭(崇)'으로 되어 있으나, 뜻이 통하지 않으므로 《묵자한고(墨子閒詁)》를 참조하여 고쳤다. ○何用(하용)-하이(何以). 하유(何由). 무엇으로 말미암아. 어찌하여. ○憚(탄)-꺼림. ○易之(역지)-그것을 바꿈. 그것에 대신함.

解說 사람들이 서로 사랑하고 서로 이롭게 하는 것이 잘사는 길임을 자세히 해설한 글이다.

2. 그러니 아울러 서로 사랑하고 모두가 서로 이롭게 하는 방법이란 어떻게 하는 것인가? 묵자가 말하였다.

"남의 나라를 보기를 자기 나라 보듯 하고, 남의 집안을 보기를 자기 집 보듯 하며, 남의 몸을 보기를 자기 몸 보듯 하는 것이다. 그래서 제후들이 서로 사랑하게 되면 들판에서 전쟁하는 일이 없게 되고, 가장(家長)들이 서로 사랑하게 되면 서로 빼앗는 일이 없게 되며, 사람과 사람이 서로 사랑하면 곧 서로 해치지 않게 된다. 임금과 신하가 서로 사랑하면 곧 은혜롭고 충성되게 될 것이며, 부자가 서로 사랑하면 곧 자애롭고 효성스럽게 될 것이고, 형제들이 서로 사랑하면 곧 우애를 이루게 될 것이다. 천하의 사람들이 모두가 서로 사랑한다면 강한 자가 약한 자의 것을 빼앗지 않게 되고, 많은 사람들이 적은 사람들의 것을 겁탈하지 않게 되며, 부한 사람들이 가난한 사람들을 업신여기지 않게 되며, 귀한 사람들은 천한 사람들에게 오만하지 않게 되고, 간사한 자들이 어리석은 자들을 속이지 않게 될 것이다."

모든 천하의 재난과 원한이 일어나지 않도록 할 수 있는 것은 서로 사랑함으로써만 가능한 것이다. 그래서 어진 사람들은 그것을 칭송하는 것이다.
 그러나 지금의 군자들은 말하기를
 "그처럼 모두가 아우른다는 것은 훌륭한 일이지만 그것은 천하의 가장 어려운 조건이요 힘드는 일이다."
고 한다. 묵자가 말하였다.
 "천하의 군자들은 특히 그 이익을 알지 못하고 그 원인을 분별하지 못하고 있다. 지금 성을 공격하고 들판에서 전쟁할 때 자기 몸을 죽이면서 명성을 이룩하는데, 이것은 천하의 백성들이 모두 어렵게 생각하고 있는 일이다. 그러나 진실로 임금이 그것을 좋아하기 때문에 곧 민중들은 그러한 짓을 하게 되는 것이다. 하물며 아울러 서로 사랑하고 모두가 서로 이롭게 하는 일이야 이것과 다를 바가 있겠는가?
 남을 사랑하는 사람에게는 남도 반드시 그를 따라 그를 사랑하게 되며, 남을 이롭게 하는 사람에게는 남도 반드시 그를 따라 이롭게 해줄 것이다. 남을 미워하는 사람에게는 남도 반드시 그를 따라 그를 미워할 것이며, 남을 해치는 사람에게는 남도 반드시 그를 따라 그를 해치게 될 것이다. 여기에 무엇이 어려운 게 있겠는가? 특히 그것은 임금은 그런 방법으로 정치를 하지 않고 선비들은 그것을 행하지 않기 때문인 것이다."
 옛날 진(晉)나라 문공(文公)은 선비들이 나쁜 옷을 입고 있는 것을 좋아하였다. 그러므로 문공의 신하들은 모두 암양의 갖옷을 입고, 장식없이 대린 가죽으로 칼을 묶어 찼으며, 거친 비단의 관을 쓰고 임금을 뵙고 나가서는 조회(朝會)에 참석하기도 하였다. 이러한 까닭은 무엇인가? 임금이 그런 것을 좋아하였기 때문에 신하들은 그렇게 하였던 것이다.
 옛날 초(楚)나라 영왕(靈王)은 선비들의 가는 허리를 좋아하였다. 그래서 영왕의 신하들은 모두 하루 한끼의 밥으로서 절제를 하고, 가슴으로 숨을 들이쉰 다음에야 띠를 매었고, 벽을 의지한 연후에야 일어설 수 있었다. 1년이 되자 조정의 대신들은 깡마른 얼굴빛을 모두가 지니게 되었다. 이러한 까닭은 무엇인가? 임금이 그런 것을 좋아했기 때문에 신하들이 그렇게 할 수 있었던 것이다.

옛날 월왕(越王) 구천(勾踐)은 선비들의 용감함을 좋아하였다. 그는 신하들을 가르치기 위하여, 슬며시 사람을 시켜 배에다 불을 질러 불이 나게 하고는 그의 신하들에게 시험삼아 말하기를, 월나라의 보물은 모두 이 속에 있다고 하면서 월왕이 친히 북을 치면서 그의 신하들에게 들어가도록 하였다. 신하들은 북소리를 듣자 대오(隊伍)를 무너뜨리면서 어지러이 달려가 불에 뛰어들어 죽는 자가 좌우로 백 명이 넘었다. 월왕은 그제야 징을 쳐 그들을 물러나게 하였다.

그러므로 묵자가 말하였다.

"적게 먹고 나쁜 옷을 입고 자신을 죽이어 명성을 얻는 것과 같은 일은 천하의 백성들이 모두 어렵게 여기는 일이다. 그러나 만약 진실로 임금이 그것을 좋아한다면 곧 민중들은 그 일을 할 수 있는 것이다. 하물며 아울러 서로 사랑하고 모두가 서로 이롭게 해주는 일이 이와 다를 수가 있겠는가? 남을 사랑하는 사람에게는 남들도 역시 그를 따라서 그를 사랑하게 되고 남을 이롭게 하는 사람에게는 남들도 역시 그를 따라서 그를 이롭게 해준다. 남을 미워하는 사람에게는 남들도 역시 그를 따라서 그를 미워하고, 남을 해치는 사람에게는 남도 역시 그를 따라서 그를 해치게 된다. 이것이 무엇이 어려울 게 있겠는가? 특히 위정자들이 그것으로서 정치를 하지 않고 선비들은 그것을 행하지 않기 때문인 것이다."

原文 然則兼相愛交相利之法, 將柰何哉?
子墨子言, 視人之國, 若視其國, 視人之家, 若視其家, 視人之身, 若視其身, 是故諸侯相愛則不野戰, 家主相愛則不相篡, 人與人相愛則不相賊. 君臣相愛則惠忠, 父子相愛則慈孝, 兄弟相愛則和調. 天下之人兼相愛, 強不執弱, 衆不劫寡, 富不侮貧, 貴不敖賤,詐不欺愚.

凡天下禍篡怨恨可使毋起者, 以相愛生也, 是以仁者譽之.

然而今天下之士君子曰: 然, 乃若兼則善矣, 雖然天下之難物于故也.

子墨子言曰: 天下之士君子, 特不識其利辯其故也. 今若夫攻城野戰, 殺身爲名, 此天下百姓之所皆難也. 苟君說之, 則士衆能爲之, 況於兼相愛交相利, 則與此異? 夫愛人者, 人必從而愛之, 利人者, 人必從而利之. 惡人者, 人必從而惡之, 害人者, 人必從而害之. 此何難之有? 特上弗以爲政, 士不爲行故也.

昔者, 晋文公好士之惡衣. 故文公之臣, 皆牂羊之裘, 韋以帶劍, 練帛之冠, 入以見於君, 出以踐於朝. 是其故何也? 君說之, 故臣爲之也.

昔者, 楚靈王好士細要. 故靈王之臣, 皆以一飯爲節, 脇息然後帶, 扶牆然後起. 比期年, 朝有黧黑之色. 是其故何也? 君說之, 故臣能之也.

昔越王勾踐好士之勇. 敎馴其臣, 和合之, 焚舟失火. 試其士曰: 越國之寶, 盡在此. 越王親自鼓其士而進之, 士聞鼓音, 破碎亂行, 蹈火而死者, 左右百人有餘. 越王擊金而退之.

是故子墨子言曰: 乃若夫少食惡衣殺身而名, 此天下百姓之所皆難也. 若苟君說之, 則衆能爲之. 況兼相愛交相利, 與此異矣? 夫愛人者, 人亦從而愛之, 利人者, 人亦而從利之. 惡人者, 人亦從而惡之, 害人者, 人亦從而害之. 此何難之有焉? 特上不以爲政, 而士不以爲行故也.

註解　○于故(우고)-우(于)는 우(迂)와 통하고, 고(故)는 일[事]의 뜻. 우

원(迂遠)한 일. 힘드는 일. ○牂羊(장양)－암양. ○韋(위)－대린 가죽. ○練帛(연백)－대백(大帛)이라고도 하며, 거친 비단의 일종. ○要(요)－요(腰)와 통하여, 허리. ○脇息(협식)－갈비뼈로 숨을 쉬다. 가슴으로 호흡을 하며 허리를 최대한으로 가늘게 줄이는 것. ○期年(기년)－돌. 만 1년. ○黧黑(이흑)－영양실조로 몸이 말라 얼굴빛이 검게 되는 것. ○敎馴(교순)－교훈(敎訓)과 같은 말. ○和合之(화합지)－뜻이 전혀 통하지 않는다. '사령인(私令人)' 곧 '사사로이 사람에게 명하여'란 뜻의 말이 잘못 기록된 것인 듯하다《墨子閒詁》). ○鼓(고)－북. 옛날 중국 군대에서는 전진의 신호로 북을 울렸다. ○破碎(파쇄)－쇄(碎)는 췌(萃)와 통하여, 대오(隊伍) 또는 대열(隊列). 따라서 '대오를 무너뜨리는 것'. ○金(금)－징. 옛날 중국 군대에서는 후퇴의 신호로 징을 쳤다.

解說 사람들은 모두가 아울러 서로 사랑하고 서로 이롭게 하는 것을 지극히 어려운 일이라 생각하고 있다. 그러나 사람들은 실제로 자기 자신을 희생하는 일까지도 임금을 위하여는 과감히 하고 있다. 따라서 '아울러 서로 사랑하고 모두 서로 이롭게 하는 일'은 임금이 좋아하기만 하면 백성들은 문제없이 그것을 실천할 거라는 것이다.

3. 그러나 지금의 군자들은 말하기를
"그렇다, 모두들 아우른다는 것은 훌륭한 일이기도 하다. 그러나 실행할 수는 없는 조건이니, 비유를 들면 마치 태산(泰山)을 끼고 황하(黃河)나 제수(濟水)를 뛰어 건너는 일이나 같다."
고 한다. 이에 대하여 묵자가 말하였다.
"이것은 거기에 합당한 비유가 못된다. 태산을 끼고서 황하나 제수 물을 뛰어 건너자면 재빠르고도 힘이 있어야만 된다고 하겠다. 옛부터 지금에 이르기까지 그런 일을 행할 수 있던 사람이란 아무도 없었다. 더욱이 아울러 서로 사랑하고 모두가 서로 이롭게 하는 것은 이것과는 더욱 다른 것이다. 그것은 옛날 성왕들이 이미 행하시었던 일이다."

무엇으로써 그러함을 아는가?

옛날 우(禹)임금이 천하를 다스릴 적에, 서쪽으로는 서하(西河)와 어두(漁竇)를 다스리어 거손황(渠孫皇)의 물을 배설(排泄)시켰다. 북쪽으로는 원수(原水)와 유수(派水) 물을 둑으로 막아 후지저(后之邸)로 흘러 들게 하였고, 호지(嘑池)에 도랑을 파서 저주산(底柱山)을 둘러싸고 갈라져 흐르게 하고, 용문산(龍門山)에 이르기까지 강물을 파서 인도하였다. 그럼으로써 연(燕)나라·대(代)나라와 서호(西胡)·맥(貊)과 서하(西河) 지방의 백성들에게 이익을 주었다.

동쪽으로는 대륙(大陸)의 물을 빼고, 맹저(孟諸)의 못물을 둑을 쌓아 막고 구회(九澮)의 물을 갈라지게 하여 동쪽 땅의 물을 제한시켜 말렸다. 그럼으로써 기주(冀州)의 백성들을 이롭게 해주었다.

남쪽으로는 강수(江水)·한수(漢水)·회수(淮水)·여수(汝水)를 다스리어 동쪽으로 흘러 오호(五湖) 지방으로 흘러들게 하였다. 그럼으로써 형초(荊楚)와 간월(干越) 지방과 남이(南夷)의 백성들을 이롭게 해주었다. 이것은 우(禹)임금의 일로서 내가 말한 아우른다는 것을 행한 예이다.

옛날 문왕(文王)이 서쪽 땅을 다스릴 적에는 해와도 같고 달과도 같이 사방에 빛을 발하시어, 서쪽 땅에 있어서는 큰 나라라고 해서 작은 나라를 업신여기지 않았고, 여러 사람들이라 하더라도 외로운 홀아비나 과부를 업신여기지 않았고, 포악한 권세로서 농사짓는 사람들의 곡식이나 가축을 뺏는 일이 없었다. 하늘이 밝게 내려다보시고 문왕께서는 자애로우셨다. 그래서 늙도록 자식이 없는 사람도 그의 목숨대로 다 살 수가 있었고, 외로이 형제가 없는 사람이라 하더라도 일반 사람들과 함께 생업(生業)을 이룩할 수가 있었고, 어려서 부모를 여읜 사람이라 하더라도 의지하여 성장할 데가 있었다. 이것은 문왕의 일로서, 내가 말한 아우른다는 것을 행한 일이다.

옛날 무왕(武王)이 태산(泰山)에 제사를 지내려고 길을 나섰는데, 옛

글에 다음과 같이 빌었다고 전하여지고 있다.

'태산이여! 도가 있으셨던 분의 증손(曾孫)인 주(周)나라 왕에게 큰 일이 있습니다. 큰 일을 이미 이루었으나 어진 사람이 또 일어나 중국(中國)과 만이(蠻夷)의 오랑캐와 여러 맥(貊)의 부족들을 구해 주어야겠습니다. 비록 지극히 친한 사람이 있다 해도 어진 사람만은 못합니다. 이 세상에 죄가 있다면 오직 저 한사람에게 책임이 있습니다.'

이것은 무왕의 일을 얘기한 것인데, 내가 말한 아우른다는 것을 행한 예이다.

그러므로 묵자가 말하였다.

"지금 천하의 군자들이 충심으로 천하의 부를 바라고 가난한 것을 싫어하며, 천하가 다스려지는 것을 바라고 어지러워지는 것을 싫어한다면 의당 아울러 서로 사랑하고 모두가 서로 이롭게 하여야만 한다. 이것은 성왕의 법도요 천하를 다스리는 도리이니 힘써 실행하지 않으면 안되는 것이다."

原文 然而今天下之士君子曰：然, 乃若兼則善矣. 雖然不可行之物也, 譬若挈太山越河濟也.

子墨子言, 是非其譬也. 夫挈太山而越河濟, 可謂畢劫有力矣. 自古及今, 未有能行之者也. 況乎兼相愛交相利則與此異. 古者聖王行之. 何以知其然?

古者禹治天下, 西爲西河漁竇, 以泄渠孫皇之水. 北爲防原泒, 注后之邸, 嘑池之竇, 洒爲底柱, 鑿爲龍門, 以利燕代胡貉與西河之民.

東方漏之陸, 防孟諸之澤, 灑爲九澮, 以楗東土之水, 以利冀州之民.

南爲江漢淮汝, 東流之注五湖之處, 以利荊楚干越與南夷之民.

此言禹之事, 吾今行兼矣.

昔者文王之治西土, 若日若月, 乍光于四方. 于西土, 不爲大國侮小國, 不爲衆庶侮鰥寡, 不爲暴勢奪穡人黍稷狗彘. 天屑臨, 文王慈. 是以老而無子者, 有所得終其壽, 連獨無兄弟者, 有所雜於生人之間, 少失其父母者, 有所放依而長.

此文王之事, 則吾今行兼矣.

昔者武王將事泰山隧. 傳曰: 泰山, 有道曾孫周王有事. 大事旣獲, 仁人尙作, 以祇商夏蠻夷醜貉. 雖有周親, 不若仁人. 萬方有罪, 維予一人.

此言武王之事, 吾今行兼矣.

是故子墨子言曰: 今天下之君子, 忠實欲天下之富, 而惡其貧, 欲天下之治, 而惡其亂, 當兼相愛交相利. 此聖王之法, 天下之治道也, 不可不務爲也.

註解 ○挈(설)-들다. 끌어당기다. ○太山(태산)-보통 태산(泰山)으로도 쓰며, 지금의 산동성(山東省)에 있는 큰 산 이름. ○河濟(하제)-황하(黃河)와 제수(濟水). ○畢劫(필겁)-필(畢)은 질(疾)과 뜻이 통하여《淮南子》高誘注), '잽싸고 날랜 것'. 겁(劫)은 할(劼)이나 경(勁)의 잘못인 듯《墨子閒詁》). '힘이 센 것'. ○西河(서하)-황하의 상류. 지금의 섬서성(陝西省)과 산서성(山西省) 경계를 흐르는 부분. ○漁竇(어두)-강물 이름. 이곳의 기록은《서경》우공(禹貢)편의 강물 이름과도 달라 어떤 강물 이름인지 분명치 않다. 청(淸)대 손이양(孫詒讓)은 어(漁)는 위(渭)의 잘못인 듯하다고 하였다. ○泄(설)-물을 빼는 것. ○渠孫皇(거손황)-호수 이름인 듯하나 불확실하다. ○防(방)-방축을 쌓아 물을 막는 것. ○原泒(원류)-원수(原水)와 유수(泒水). 지금의 어떤 강물인지 알 수 없다. ○后之邸(후지저)-호수 이름인 듯하나 불확실하다. ○嘑池(호지)-산서성(山西省) 번치현(繁峙縣)에 흐르는 강물 이름. ○竇(두)-독(瀆)으로 씀이 옳으며《墨子閒詁》), 강바닥을 파내어 물이 잘 흐르도

록 하는 것. ㅇ洒(선)-물이 갈라져 흐르다 다시 합치는 것. 저주산(底柱山)은 섬이 되어 있다. ㅇ底柱(저주)-산 이름. 하남성(河南省) 섬현(陝縣) 동북쪽에 있다. ㅇ鑿(착)-땅을 파서 물길을 트는 것. ㅇ龍門(용문)-산 이름. 산서성 하진(河津)과 섬서성 한성(韓城) 사이에 있다. ㅇ燕代(연대)-둘 모두 서북쪽 나라 이름. ㅇ貉(맥)-맥(貊)으로도 쓰며, 동북쪽에는 살던 삼한(三韓)의 한 종족이라 한다(《漢書》高帝紀 顔師古 註). ㅇ東方(동방)-다른 곳의 예로 미루어, 방(方)은 위(爲)로 씀이 옳을 듯하다. ㅇ漏(루)-물을 빼내어 습지를 건조시키는 것. ㅇ之陸(지륙)-대륙(大陸)으로 씀이 옳을 듯하며(《墨子閒詁》), 《서경》우공(禹貢)편에도 보이는 옛 호수 이름. 하북성(河北省) 평향현(平鄕縣)에 있었다. ㅇ孟諸(맹저)-맹저(孟豬)로도 쓰며, 지금의 산동성(山東省) 우성현(虞城縣)에 있던 호수 이름. ㅇ灑(선)-앞의 주(洒)과 같은 글자. ㅇ九澮(구회)-강물 이름. 어느 것인지 확실치 않다. ㅇ楗(건)-막다. 제한하다. 물을 막아 동쪽 땅의 습지를 건조하게 만든 것을 뜻함. ㅇ冀州(기주)-옛 아홉 주(州)의 하나로 중원(中原) 땅의 중심부였음. ㅇ江漢淮汝(강한회여)-모두 중국 남부에 흐르고 있는 강물 이름. ㅇ五湖(오호)-호수 이름. 지금의 태호(太湖)인 듯(《墨子閒詁》). ㅇ荊楚干越(형초간월)-중국 남부에 있던 나라 이름들임. ㅇ穡人(색인)-농사짓는 사람. ㅇ黍稷(서직)-본시는 메기장과 찰기장. 여기서는 곡식을 대표함. ㅇ狗彘(구체)-개와 돼지. 여기서는 가축을 대표함. ㅇ屑(설)-돌아보는 것. 또는 밝은 것(《墨子閒詁》). ㅇ連獨(연독)-연(連)은 환(鰥)과 통하여, 홀아비와 외아들. 곧 외로운 것. ㅇ放依(방의)-의지하는 것. ㅇ隧(수)-땅을 파고 뚫은 길. ㅇ有事(유사)-주(紂)를 쳤던 일을 가리킴. ㅇ祗(지)-진(振)과 통하여, 구해 주는 것(《墨子閒詁》). ㅇ醜(추)-여러. 많은. ㅇ周親(주친)-주(周)는 지(至)와 통하여, 지극히 친한 사람.

解說 보통 아울러 모두가 서로를 사랑하고 이롭게 한다는 것은 사람으로서는 실행이 불가능한 일이라 생각하고 있다. 그러나 이미 우·문왕·무왕이 그것을 실천하였으니 불가능한 일은 아니다. 따라서 위정자는 그것을 꼭 실행하여야만 올바른 정치를 행할 수 있을 거라는 것이다.

제16 겸애편(兼愛篇)(下)

여기에서도 상편·중편에 이어 '겸애'와 관계 있는 여러 가지 일들을 한 가지 한 가지씩 풀어나가면서 '겸애사상'을 천명하고 있다.

1. 묵자가 말하였다.

"어진 사람의 하는 일은 반드시 천하의 이익을 일으키고 천하의 해를 제거하기를 힘써 추구하는 것이다. 그러나 지금 시대에 있어서 천하의 해는 무엇이 가장 큰가? 그것은 큰 나라가 작은 나라를 공격하는 것과 큰 집안이 작은 집안을 어지럽히는 것과 강한 자가 약한 자를 위협하는 것과 많은 사람들이 적은 사람들에게 횡포한 짓을 하는 것과 사기꾼이 어리석은 사람을 속이는 것과 귀한 사람이 천한 사람에게 오만한 것과 같은 것이니, 이것이 천하의 해인 것이다.

또 임금이 된 사람이 은혜롭지 않은 것과 신하된 사람이 충성되지 않은 것과 아비된 사람이 자애롭지 않은 것과 자식된 사람이 효도를 다하지 않는 것 같은 것은 이것 또한 천하의 해인 것이다. 또 지금 남을 해치는 사람 같은 자들은 그의 무기나 칼 또는 독약이나 불을 가지고서 서로 손상케 하고 있는데 이것 또한 천하의 해인 것이다."

잠시 시험삼아 이러한 여러 해들이 생겨나는 근본을 캐어 본다면 이것은 어디에서 생겨나고 있을까? 이것들은 남을 사랑하고 남을 이롭게 하는 데서부터 생겨나는 것일까? 그러면 반드시 말하기를 그렇지 않다고 할 것이다. 반드시 말하기를 남을 미워하고 남을 해치는 데서 생겨난다고 말할 것이다. 천하의 남을 미워하고 남을 해치는 자들을 분별하여 말할 것 같으면 그들은 모든 사람들과 아우르는가 차별을 하는가? 그러면 반드시 말하기를 차별을 한다고 말할 것이다. 그러니 서로 이러한 차별을 두는 자들은 결과적으로 천하의 큰 해를 생기게 하는 자들일 것이다. 그러므로 묵자는 말하기를
 "차별을 두는 것은 그릇된 짓이다."
고 하였다.

原文 子墨子言曰：仁人之事者, 必務求興天下之利, 除天下之害. 然當今之時, 天下之害, 孰爲大? 曰：若大國之攻小國也, 大家之亂小家也, 强之劫弱, 衆之暴寡, 詐之謀愚, 貴之敖賤, 此天下之害也.

又與爲人君者之不惠也, 臣者之不忠也, 父者之不慈也, 子者之不孝也, 此又天下之害也. 又與今之賊人, 執其兵刃毒藥水火, 以交相虧賊, 此又天下之害也.

姑嘗本原若衆害之所自生, 此胡自生? 此自愛人利人生與? 卽必曰, 非然也. 必曰, 從惡人賊人生. 分名乎天下惡人而賊人者, 兼與, 別與? 卽必曰：別也. 然卽之交別者, 果生天下之大害者與! 是故子墨子曰：別非也.

註解 ○劫(겁)-겁탈함. 위협함. ○又與(우여)-여(與)는 여(如)와 통하여 《廣雅》, '또…… 같은 것'. ○姑(고)-잠시. 또한. ○嘗(상)-시험삼아 ……을 해봄. ○分名(분명)-분별하여 명칭을 붙이다. 분별하여 특징을 말하다.

解說 여기에서도 천하를 다스리는 데 있어서 '겸애'가 그 바탕이 됨을

강조하고 있다. 다만 여기서 남을 사랑하고 남을 이롭게 하는 사람들을 '모두를 아우르는 것[兼]'이라 하고, 남을 미워하고 남을 해치는 자들을 '남을 차별하는 것[別]'이라 분류한 게 중요한 특징이라 하겠다.

2. 남을 그르다고 하는 사람은 반드시 그것에 대신할 것이 있어야 한다. 만약 남을 그르다고 하면서 그것에 대신할 것이 없다면 비유로서 말할 때 마치 그것은 물로써 장마물을 막고 불로써 불을 끄려 하는 것과 같은 것이다. 그러한 이론은 반드시 옳다고 받아들여지지 않을 것이다.
 그러므로 묵자는 말하기를
 "아우르는 것으로서 차별하는 것에 대신한다."
고 말한 것이다.
 그러면 아우르는 것으로서 차별하는 것을 대신할 수 있는 까닭은 무엇인가? 말하자면 만약 남의 나라를 위하기를 그의 나라를 위하는 것처럼 하면 그 누가 홀로 그의 나라를 동원하여 남의 나라를 공격하겠는가? 그를 위하는 것이 마치 자기를 위하는 것과 같기 때문이다. 남의 도읍을 위하기를 그의 도읍을 위하는 것처럼 하면 그 누가 홀로 그의 도읍을 동원하여 남의 도읍을 정벌하겠는가? 그를 위하는 것이 자기를 위하는 것과 같기 때문이다. 남의 집안을 위하기를 그의 집안을 위하는 것과 같이한다면 그 누가 홀로 그의 집안을 동원하여 남의 집안을 어지럽히겠는가? 그를 위하는 것이 마치 자기를 위하는 것과 같기 때문이다.
 그러니 나라와 도읍이 서로 공격하거나 정벌하지 않고 사람과 집안이 서로 어지럽히거나 해치지 않는다면 이것은 천하의 해가 되는가, 천하의 이익이 되는가? 곧 반드시 말하기를 천하의 이익이라고 말할 것이다. 잠시 시험삼아 그러한 여러 이익이 생겨나는 근원을 따져본다면 이것은 어디서 생겨나는가? 이것은 남을 미워하고 남을 해치는 데서 생겨나는가?

곧 반드시 말하기를 그렇지 않다고 할 것이다. 반드시 말하기를 남을 사랑하고 남을 이롭히는 데서 생겨난다고 할 것이다.

천하의 남을 이롭게 하는 사람들을 분별하여 말한다면 차별을 두는 사람들인가 모두를 아울러 대하는 사람들인가? 곧 반드시 말하기를 모두를 아우르는 사람들이라 할 것이다. 그러니 서로 아울러 대하는 사람들은 결과적으로 천하의 큰 이익이 생기도록 하는 사람들인 것이다. 그러므로 묵자는 말하기를

"모두가 아우르는 것이 옳다."
고 하였다.

原文 非人者, 必有以易之. 若非人而無以易之, 譬之猶以水救水, 以火救火也. 其說將必無可焉. 是故子墨子曰: 兼以易別.

然卽兼之可以易別之故, 何也? 曰: 藉爲人之國若爲其國, 夫誰獨擧其國, 以攻人之國者哉? 爲彼者, 由爲己也. 爲人之都, 若爲其都, 夫誰獨擧其都, 以伐人之都者哉? 爲彼猶爲己也. 爲人之家, 若爲其家, 夫誰獨擧其家, 以亂人之家者哉? 爲彼猶爲己也.

然卽國都不相攻伐, 人家不相亂賊, 此天下之害與, 天下之利與? 卽必曰: 天下之利也. 故嘗本原若衆利之所自生, 此胡自生? 此自惡人賊人生與? 卽必曰, 非然也. 必曰, 從愛人利人生.

分名乎天下愛人而利人者, 別與, 兼與? 卽必曰, 兼也. 然卽之交兼者, 果生天下之大利者與! 是故子墨子曰: 兼是也.

註解 ㅇ易之(역지)-그것을 바꾸는 것. 그것에 대신하는 것. ㅇ以水救水(이수구수)-보통 판본엔 '이수구화(以水救火 : 물로써 불을 끈다)'로 되어 있으나 논리가 들어맞지 않는다.《묵자한고(墨子閒詁)》에 의하여 이 한 구절을 '이수구수(以水救水), 이화구화(以火救火)'로 고쳤다. ㅇ藉(자)-가령. 만약.

○由爲己(유위기) - 유(由)는 유(猶)와 통하여 마치 자기를 위하는 것과 같다는 뜻.

解說 앞 대목에서는 주로 천하의 해가 되는 남을 미워하고 해치는 '차별하는 자'를 드러내었으나, 여기서는 이에 대신하는 남을 사랑하고 이롭게 하는 '모두와 아우르는 사람'을 드러내어 설명하고 있다. '아우른다'는 것은 곧 '겸애'를 뜻한다.

3. 또한 조금 전에 내가 본시 말하기를
"어진 사람의 하는 일은 반드시 천하의 이익을 일으키고 천하의 해를 제거함을 힘써 추구하는 것이다."
하였다. 지금 내가 근본적인 것으로 든 '아우르는 것'이 낳는 결과는 천하의 큰 이익이 되는 것이다.

내가 근본적인 것으로 든 '차별을 두는 것'이 낳는 결과는 천하의 큰 해가 되는 것이다. 그러므로 묵자가 '차별하는 것은 그른 것이고 아우르는 것이 옳은 것이다'고 말한 것은 그러한 도리에서 나온 것이다.

지금 나는 바로 천하의 이익을 일으키는 일을 추구하기 위하여 그런 이론을 취하여 '아우르는 것'이 옳다고 하는 것이다. 그래서 귀밝은 사람과 눈밝은 사람이 서로 더불어 보고 들어주게 되는 것이다. 그래서 팔다리가 잽싸고 강한 사람들이 서로 움직이고 행동하는 것을 돕게 되는 것이다. 그리고 도를 터득한 사람은 힘써 서로 가르쳐 주게 되는 것이다. 그래서 늙도록 처자가 없는 사람도 시중하고 부양해 주는 이가 있어서 그의 목숨이 다할 때까지 살 수 있게 된다. 어리고 약한 부모 없는 고아들도 의지할 곳이 있어서 그의 몸을 성장시킬 수가 있게 된다. 지금 오직 '아우르는 것'이 바르다고 한 것은 바로 그와 같은 이익 때문이다. 천하의 선비들은 모두 '아우르는 것'을 듣고는 그것을 그르다고 하는 데 그 까닭이 무엇인지 알지 못하겠다.

原文 且鄉吾本言曰：仁人之事者, 必務求興天下之利, 除天下之害. 今吾本原兼之所生, 天下之大利者也. 吾本原別之所生, 天下之大害者也. 是故子墨子曰：別非而兼是者, 出乎若方也.

今吾將正求興天下之利而取之, 以兼爲正. 是以聰耳明目, 相與視聽乎. 是以股肱畢强, 相爲動宰乎. 而有道, 肆相敎誨. 是以老而無妻子者, 有所侍養以終其壽. 幼弱孤童之無父母者, 有所放依以長其身. 今唯毋以兼爲正, 卽若其利也. 不識天下之士, 所以皆聞兼而非者, 其故何也.

註解 ㅇ鄕(향)－조금 전. 앞에서. ㅇ若方(약방)－방(方)은 도(道)와 통하여, 그러한 도리. ㅇ畢(필)－잽싼 것. 힘이 센 것. ㅇ動宰(동재)－재(宰)는 거(擧)로 씀이 옳을 듯하며(孫詒讓 說), 동거(動擧)는 동작(動作)과 같은 말. ㅇ肆(사)－힘써. 부지런히.

解說 여기서도 '아우르는 것'이 세상을 위하여 유익하고, '차별하는 것'은 해가 되는 것임을 증명하려 애쓰고 있다.

4. 그러나 천하의 선비들 중에는 아우르는 것을 비난하는 말이 아직도 끊이지 않고 있다. 말하기를
"훌륭하기는 하지만 그러나 어찌 실용할 수가 있겠는가?"
고 한다. 묵자가 말하였다.
"실용할 수 없는 것이라면 비록 나라 하더라도 역시 그것을 비난할 것이다. 그러나 어찌 훌륭하면서도 실용할 수 없는 것이 있겠는가?"
잠시 시험삼아 두 가지를 병진(並進)하여 두 선비를 설정하여 놓고,

그 중의 한 선비는 차별하는 것을 주장하고, 다른 한 선비는 아우르는 것을 주장하도록 해보자. 그리하여 차별을 하는 선비가 말한다.

"내가 어찌 나의 친구의 몸을 위하기를 나의 몸을 위하는 것같이 하고, 나의 친구의 어버이를 위하기를 나의 어버이를 위하는 것같이 할 수가 있겠는가?"

그러므로 물러나 그의 친구를 만났을 때 굶주리고 있어도 먹여주지 아니하고 헐벗고 있어도 옷을 입혀주지 아니하며 병이 들어 있어도 시중들고 간호하지 아니하고 누가 죽어도 장사를 지내주지 않는다. 차별을 하는 선비의 말은 이와 같거니와 그 행동도 이와 같다.

아우르는 선비의 말은 그렇지 아니하고 행동 역시 그렇지 않다.

"내가 듣건대 천하에서 높은 선비가 된 사람은 반드시 그의 친구의 몸을 위하기를 그의 몸을 위하는 것같이 하고 그의 친구의 어버이를 위하기를 그의 어버이를 위하는 것같이 해야 한다는데, 그러한 뒤에야 천하의 높은 선비가 될 수 있는 것이다."

그러므로 물러나 그의 친구를 만났을 적에 굶주리고 있으면 먹여주고 헐벗고 있으면 옷을 입혀주며 병을 앓고 있으면 시중하고 간호해 주며 사람이 죽으면 장사를 지내준다. 아우르는 선비의 말은 이와 같으며 행동도 이와 같다.

이와 같은 두 선비는 말로는 서로를 비난하고 행동은 서로 반대할 것이 아니겠는가? 시험삼아 이 두 선비들로 하여금 말에는 언제나 신의가 있고 행동은 반드시 실천으로 옮기어, 그들의 말과 행동이 들어맞기를 마치 부절(符節)이 들어맞는 것 같아서 실천하지 않는 말이 없다고 하자. 그러면 감히 물어보겠다. 지금 평평한 들과 넓은 들판이 여기 있는데 갑옷을 입고 투구를 쓰고 전쟁을 하러 가려고 하는데 죽고 사는 빌미는 알 수조차 없다. 또는 임금의 대부가 멀리 파(巴)나라나 월(越)나라나 제(齊)나라·초(楚)나라 같은 나라에 사신으로 가게 되었는데 갔다 올 적에 무사할지 어떨지 알 수가 없다. 그러면 감히 물어보겠다. 장차 어떤 것을 따를는지 알지 못하겠다. 집안의 부모님을 모시고 처자들을 데려다가 그들을 맡기려 할 때, 아우르는 친구에게 맡기겠는가 차별하는 친구에게 맡기겠는가 알지 못하겠다. 내 생각으로는 이러할 때에는 천하의 어리석은 남자나 어리석은 여자 할 것 없이 비록 아우르는 것을 비난하는 사람이라 할지라도 반드시 그들을 아우르는 친구에게 맡길 것이다.

이렇게 되면 말로는 아우르는 것을 비난하면서도 선택을 하라고 하면 아우르는 사람을 취하는 것이니, 이것은 곧 말과 행동이 어긋나는 것이다. 천하의 선비들이 모두 아우름〔兼〕을 듣고서도 이를 비난하고 있는 까닭은 그 원인이 무엇인지 알지 못하겠다.

原文 然而天下之士, 非兼者之言, 猶未止也. 曰：卽善矣, 雖然豈可用哉? 子墨子曰：用而不可, 雖我亦將非之, 且焉有善而不可用者?

故嘗兩而進之, 設以爲二士, 使其一士者執別, 使其一士者執兼. 是故別士之言曰：吾豈能爲吾友之身, 若爲吾身, 爲吾友之親, 若爲吾親? 是故退睹其友, 飢卽不食, 寒卽不衣, 疾病不侍養, 死喪不葬埋. 別士之言若此, 行若此.

兼士之言不然, 行亦不然. 曰：吾聞爲高士於天下者, 必爲其友之身, 若爲其身, 爲其友之親, 若爲其親, 然後可以爲高士於天下. 是故退睹其友, 飢卽食之, 寒則衣之, 疾病侍養之, 死喪葬埋之. 兼士之言若此, 行若此.

若之二士者, 言相非而行相反與? 嘗使若二士者, 言必信, 行必果, 使言行之合, 猶合符節也, 無言而不行也. 然卽敢問. 今有平原廣野於此, 被甲嬰胄, 將往戰, 死生之機, 未可識也. 又有君大夫之遠使於巴越齊荊, 往來及否, 未可識也. 然卽敢問, 不識將惡從也. 家室奉承親戚, 提挈妻子, 而寄託之, 不識於兼之友是乎, 於別之友是乎? 我以爲當其於此也, 天下無愚夫愚婦, 雖非兼之人, 必寄託之於兼之友是也.

　此言而非兼, 擇卽取兼, 卽此言行拂也. 不識天下之士, 所以皆聞兼而非之者, 其故何也?

　註解　○可用(가용)-실용할 수 있음. 실천할 수 있음. ○設(설)-설정(設定)함. 보통 판본엔 수(誰)로 되어 있으나, 왕인지(王引之)에 의거하여 고쳤음. ○睹(도)-보다. 만나다. ○食(사)-먹여주다. ○符節(부절)-부신(符信). 옛날 사신으로 가는 사람들이 증표로 지녔던 물건. 대나무 같은 것을 쪼개어 한쪽은 보관하고 한쪽은 그 사람에게 준다. 필요할 때 이 대쪽을 맞추어 보면 그의 사실 여부를 알 수 있게 된다. ○嬰(영)-가하다《漢書》顔注). 여기서는 쓰다. ○胄(주)-투구. ○機(기)-보통 판본은 권(權)으로 되어 있으나 고쳤음(《墨子閒詁》). ○親戚(친척)-옛날엔 부모님을 가리키는 말로 쓰였다(錢大昕 說). ○拂(불)-어긋나는 것.

　解說　세상에선 일반적으로 '겸애설'은 실행하기 곤란한 것이라 하여 반대한다. 그러나 친구들을 보기로 놓고 볼 때 사람들은 남을 사랑하고 남을 돕는 친구를 믿고 의지하게 된다. 이것은 사람들이 행동으로써 '모두를 아울러 사랑함'을 지지하는 것이다. 따라서 '겸애'를 반대하는 사람도 말로는 반대하면서도 행동으로는 '겸애'를 지지한다는 것이다.

5. 그러나 천하의 선비들 중에는 아우르는 것을 비난하는 발언이 그치지 않고 있다. 그들은
'생각컨대 선비를 선택할 수 있다면 임금이라고 선택해서 안되겠는가?'

고 한다. 그러니 잠시 시험삼아 두 가지를 다 택하여 두 임금을 설정해 놓고서, 그중 한 임금은 아우르는 방법을 지키게 하고, 그중 다른 한 임금은 차별하는 방법을 지키게 해보자.

그러면 차별하는 임금의 말은 이러할 것이다.

'내 어찌 내 만백성들의 몸을 내 몸과 같이 여길 수가 있겠는가? 그것은 너무나 천하의 심정에 어긋나는 것이다. 인생이란 땅 위에 잠시동안 살아 있는 것이어서, 비유를 들면 마치 네 마리의 말이 끄는 수레가 벽틈이 난 앞을 달려 지나가는 것과 같다.'

그러므로 그의 만백성들을 되돌아보면, 굶주리는 자는 먹지를 못하고 헐벗는 자는 옷을 구하지 못하며 병이 난 사람은 시중들고 부양해 주는 사람이 없게 되고 사람이 죽어도 제대로 장사지내지 못하는 실정이다. 차별하는 임금의 말은 이러하고 행동도 이러하다.

아우르는 임금의 말은 그렇지 아니하며, 행동도 역시 그렇지 아니하다. 그는

"내가 듣건대 천하의 밝은 임금이 되려면 반드시 만백성들의 몸을 먼저 생각하고 뒤에 자기 몸을 생각해야 한다 하였다. 그래야만 천하의 밝은 임금이 될 수가 있는 것이다."

하고 말한다.

그러므로 그의 만백성들을 되돌아보면, 굶주리는 자는 먹여주고 헐벗는 자에게는 옷을 입혀주고, 병든 사람들은 부양해 주고 사람이 죽으면 잘 장사지내 주고 있다. 아우르는 임금의 말은 이러하고 행동도 이러하다.

그러니 이러한 두 임금은 말로는 서로 비난하고 행동은 서로 반대로 할 것이다. 마땅히 이들 두 임금들로 하여금 말에는 반드시 신의가 있고 말과 행동이 들어맞기를 마치 부절(符節)이 들어맞듯 한다면 실천하지 않는 말이란 없게 될 것이다. 그런데 감히 묻노니, 금년에 전염병이 유행하고 만백성들은 노고를 다하면서도 헐벗고 굶주리다가 도랑 가운데로

굴러 떨어져 죽게 되는 자들이 이미 많아졌다면 두 임금 중에서 하나를 선택하라고 할 때 어느 편을 따르게 되는지 알지 못하는가? 내 생각으로는 의당히 이렇게 되면 천하의 어리석은 남자나 어리석은 부인을 가릴 것 없이 비록 아우르는 것을 비난하던 사람들이라 하더라도 반드시 아우르는 임금을 따르게 될 것이 분명하다. 말로는 아우르는 것을 비난하면서도 선택하라면 아우르는 편을 취하니, 이것은 말과 행동이 어긋나는 것이다. 온 천하가 모두 아우르는 것을 비난하는 까닭은 무슨 이유인지 알지를 못하겠다.

原文　然而天下之士, 非兼者之言, 猶未止也. 曰, 意可以擇士, 而不可以擇君乎?

　姑嘗兩而進之, 設以爲二君, 使其一君者執兼, 使其一君者執別.
　是故別君之言曰：吾惡能爲吾萬民之身, 若爲吾身? 此泰非天下之情也. 人之生乎地上之無幾何也, 譬之猶駟馳而過隙也.
　是故退睹其萬民, 飢卽不食, 寒卽不衣, 疾病不侍養, 死喪不葬埋. 別君之言若此, 行若此.
　兼君之言不然, 行亦不然. 曰：吾聞爲明君於天下者, 必先萬民之身, 後爲其身, 然後可以爲明君於天下.
　是故退睹其萬民, 飢卽食之, 寒卽衣之, 疾病侍養之, 死喪葬埋之. 兼君之言若此, 行若此.
　然卽交若之二君者, 言相非而行相反. 與常使若二君者, 言必信, 行必果, 使言行之合, 猶合符節也, 無言而不行也.
　然卽敢問今歲有癘疫, 萬民多有勤苦凍餒, 轉死溝壑中者, 旣已衆矣, 不識將擇之二君者, 將何從也? 我以爲當其於此也, 天下無愚夫愚婦, 雖非兼者, 必從兼君是也. 言而非兼, 擇卽取兼, 此言行拂也. 不識天下所以皆聞兼而非之者, 其故何也.

[註解] ㅇ執(집)-잡다. 주장하다. ㅇ泰(태)-너무. ㅇ駟(사)-옛날 네 마리의 말이 끄는 수레. ㅇ隙(극)-틈. 벽틈. ㅇ睹(도)-보다. ㅇ交(교)-교(校)와 통하여, 교정하다. 바로잡다. ㅇ常(상)-당(當)으로 씀이 옳을 듯《墨子閒詁》). 마땅히. ㅇ符節(부절)-부신(符信). 옛날 신분이나 지위 같은 것을 증명하기 위하여, 대쪽 같은 데 글을 쓴 뒤 그것을 쪼개어 양편에서 보관했었다. 뒤에 상대를 확인할 필요가 생기면 그 쪼갠 부절을 맞추어 서로 확인했다. ㅇ癘疫(여역)-염병. 전염병. ㅇ凍餒(동뇌)-헐벗고 굶주림. ㅇ溝壑(구학)-도랑. ㅇ拂(불)-어긋나다. 어기다.

[解說] 이 대목에서는 아우르는 임금과 차별하는 임금의 두 가지 보기를 놓고 어느 편이 백성들을 위하여 유익한가 설명하면서 '겸애'를 주장하고 있다.

6. 그러나 천하의 선비들 중에는 아우르는 것을 비난하는 발언이 아직도 끊이지 않고 있다. 그들은 이렇게 말하고 있다.

"아우른다는 것은 어질고 의로운 것이기는 하다. 그러나 어찌 행할 수 있는 것인가? 내가 아우르는 것은 행할 수가 없는 것임을 비유로 들면 마치 태산을 끼고서 장강(長江)이나 황하(黃河)를 뛰어 건너는 거나 같다. 그러므로 다만 바라는 것이기는 할지언정 어찌 가히 실행할 수야 있겠는가?"

묵자가 말하였다.

"태산을 끼고서 장강이나 황하를 뛰어 건너는 것은 옛부터 지금에 이르기까지 사람이 생존한 이래로 실행한 사람이 없는 일이다. 지금의 아울러 서로 사랑하고 모두가 서로 이롭게 하는 일은 옛날의 성인이신 네 임금님들께서 친히 행하셨던 일이다."

"어떻게 옛날의 성인이신 네 임금님께서 그것을 친히 행하신 것을 아는가?"

묵자가 말하였다.

"나는 그분들과 같은 세상 같은 때에 살면서 친히 그분들의 소리를 듣고 그분들의 얼굴빛을 보았던 것은 아니다. 그분들에 관하여 책에 쓰여져 있는 것과 쟁반이나 대야에 새겨져 있는 것을 통하여 후세 자손들에게 전하여진 기록으로 그것을 아는 것이다.

《서경》 태서(泰誓)편에 말하기를

'문왕(文王)께서는 해와도 같고 달과도 같이 사방에 빛을 발하고 서쪽 땅에도 빛을 발하였다.'

하였다. 곧 이것은 문왕의 천하를 아울러 사랑하심이 넓고도 커서, 비유를 들면, 해와 달이 천하를 사사로움 없이 아울러 두루 비춤과 같음을 말한 것이다. 곧 이것은 문왕의 아우르심이다. 묵자의 이른바 아우른다는 것도 문왕에게서 법도를 취한 것이다.

또한 태서편뿐만이 아니라 《서경》 우서(禹誓)편에도 이와같이 말하고 있다.

"여러 민중들이여! 모두 나의 말을 들으라. 나같은 작은 사람이 감히 난을 일으키려는 것은 아니다. 불손한 묘(苗)족의 임금에게 하늘의 벌을 내리려는 것이다. 이에 나는 그대들 여러 나라의 제후들을 이끌고서 묘나라를 정벌하는 것이다."

우가 묘족의 왕을 정벌한 것은 많은 부귀를 얻기 위해서나 복록(福祿)을 구하기 위해서나 귀와 눈을 즐겁게 하기 위해서가 아니라, 천하의 이익을 일으키고 천하의 해를 제거하려는 것이었다. 곧 이것은 우임금의 아우르심이다. 묵자의 이른바 아우른다는 것도 우임금에게서 법도를 얻은 것이다.

또한 우서에만 그러할 뿐 아니라 《서경》 탕세(湯說)편에도 역시 그와 같은 게 씌어있다.

탕(湯)임금이 말씀하시었다. "나 같은 소자 이(履)가 감히 검은 황소를 제물로 써서 하나님께 고합니다. 지금 하늘에서는 큰 가뭄을 내리시고 계신데, 곧 제 자신 이의 책임자입니다. 하늘과 땅에 지은 죄를 알지는 못하오나, 선한 것이 있어도 감히 가려두지 못하고 죄가 있어도 감히 용서받지 못하는 것이니, 하나님께서 마음으로 살펴보고 계시기 때문입니다. 온 세상에 죄가 있다면 곧 제 자신에 책임을 질 것이지만, 제 자신에게 죄가 있다 해도 온 세상에 벌이 미치지 않게 해주십시오."

곧 이것은 탕임금이 천자란 존귀한 몸으로서 천하의 부를 차지하고 있지마는, 그러나 자신이 희생되는 것은 꺼리지 않고 하나님과 귀신께 기도를 드렸음을 말한 것이다. 곧 이것이 탕임금의 아우르심인 것이다. 묵자의 이른바 아우른다는 것도 탕임금에게서 법도를 취한 것이다.

또한 서명(誓命)과 탕세(湯說)에만 그러할 뿐만 아니라《주시(周詩)》에도 역시 이와같은 게 기록되어 있다.

《주시》에 이르기를

'왕도는 넓다 하나
삐뚤지도 않고 기울지도 않고,
곧기는 화살 같으며
평평하기 숫돌바닥 같네.
군자들이 지켜야 할 것이오
소인들이 본떠야 할 것일세.'

이것은 우리가 말하는 길을 얘기한 것은 아니다. 옛날 문왕(文王)과 무왕(武王)의 정치는 고르게 현명한 사람에게는 상을 주고 포악한 자에게는 벌을 주었으며, 친척이나 형제 같은 개인적인 차별이 없었다. 곧 이것이 문왕과 무왕의 아우르심이다. 묵자의 이른바 아우른다는 것도 문왕과 무왕에게서 법도를 취한 것이다. 천하 사람들이 모두 아우르는 것에 대하여 듣고도 그것을 비난하는 까닭이 무엇 때문인지 알지 못하겠다.

原文 然而天下之士, 非兼者之言也, 猶未止也. 曰：兼卽仁矣義矣, 雖然豈可爲哉? 吾譬兼之不可爲也, 猶挈泰山以超江河也. 故兼者直願之也, 未豈可爲之物哉?

子墨子曰：夫挈泰山而超江河, 自古之及今, 生民而來未嘗有也. 今若夫兼相愛交相利, 此自先聖六王者親行之. 何知先聖六王之親行之也?

子墨子曰：吾非與之兼也同時, 親聞其聲, 見其色也, 以其所書於竹帛, 鏤於金石, 琢於槃盂, 傳遺後世子孫者知之.

泰誓曰：文王若日若月, 乍照光于四方, 于西土.

卽此言文王之兼愛天下之博大也,　譬之日月兼照天下之無私有也. 卽此文王之兼也. 雖子墨子之所謂兼者, 於文王取法焉.

且不唯泰誓爲然, 雖禹誓, 卽亦猶是也. 禹曰：濟濟有衆, 咸聽朕言. 非惟小子, 敢行稱亂. 蠢玆有苗, 用天之罰. 若予旣率爾羣對諸君, 以征有苗.

禹之征有苗也, 非以求以重富貴, 干福祿, 樂耳目也, 以求興天下之利, 除天下之害. 卽此禹兼也. 雖子墨子之所謂兼者, 於禹求焉.

且不唯禹誓爲然, 雖湯說卽亦猶是也. 湯曰：惟予小子履, 敢用玄牡, 告於上天后, 曰：今天大旱, 卽當朕身履. 未知得罪于上下, 有善不敢蔽, 有罪不敢赦, 簡在帝心. 萬方有罪, 卽當朕身. 朕身有罪, 無及萬方.

卽此言湯貴爲天子, 富有天下, 然且不憚以身爲犧牲, 以祠說于上帝鬼神. 卽此湯兼也. 雖子墨子之所謂兼者, 於湯取法焉.

　且不惟誓命與湯說爲然, 周詩亦猶是也. 周詩曰: 王道蕩蕩, 不偏不黨. 王道平平, 不黨不偏. 其直若矢, 其易若底. 君子之所履. 小人之所視.

　若吾言非語道之謂也. 古者文武爲正, 均分賞賢罰暴, 勿有親戚弟兄之所阿. 卽此文武兼也, 雖子墨子之所謂兼者, 於文武取法焉. 不識天下之人, 所以皆聞兼而非之者, 其故何也.

註解　○挈(설)-잡다. 들다. ○直(직)-지(只)와 통하여, 다만. ○六王(육왕)-뒤에 나오는 글로 보아 육(六)은 사(四)의 잘못인 듯, 네 임금. ○鏤(루)-새기다. ○金石(금석)-금(金)은 종(鍾)이나 정(鼎) 같은 옛 기물, 석(石)은 바위나 비석. ○槃盂(반우)-쟁반과 대야. ○泰誓(태서)-《서경》〈주서(周書)〉의 편명. ○雖(수)-유(唯)와 통하여, 조사. ○禹誓(우서)-현재의 《서경》에는 〈우서〉란 편명이 없다.《위고문(僞古文)》의 대우모(大禹謨)가 이곳에 보이는 글들을 바탕으로 만들어진 듯하다. ○濟濟(제제)-많은 모양. ○咸(함)-다. 모두. ○稱亂(칭란)-칭(稱)은 거(擧)와 통하여, 난을 일으키는 것. ○蠢(준)-불손(不遜)한 것(爾雅 釋訓). ○對(대)-봉(封)의 잘못인 듯함(《墨子閒詁》). 천자가 봉한 나라. ○干(간)-구하다. ○湯說(탕세)-이곳의 글귀는《서경》상서(商書) 탕서(湯誓)편의 글과 비슷하나, 같은 편명이나 내용은 전하지 않는다. ○履(이)-탕(湯)임금의 이름. ○玄牡(현무)-검은 황소. 은나라 때에는 검은 황소를 가장 큰 제물로 썼다. ○上天后(상천후)-상제(上帝). 하나님. ○簡(간)-살피는 것. ○憚(탄)-꺼리다. ○誓命(서명)-앞의 글에 의하면 당연히 〈우서(禹誓)〉로 써야만 할 것이다. ○周詩(주시)-이곳의 앞부분의 글귀와 비슷한 시는《서경》주서(周書) 홍범(洪範)편에 보인다. ○蕩蕩(탕탕)-넓다란 모양. ○不黨(부당)-한편으로 치우치지 않는 것. ○底(저)-지(砥)와 통하여, 숫돌. ○吾言非語道(오언비어도)-언비오어도(言非吾語道)로 순서가 바뀜이 옳을 듯하다. ○正(정)-정(政)과 통하여, 정치. ○阿(아)-사사로움. 개인적으로 잘 봐주는 것.

|解說| 여기의 글과 비슷한 내용은 앞에서도 나왔었다. 옛 성왕들의 정치를 인용하면서 옛날에 이미 '아울러 서로 사랑한다'는 자기의 이론은 성왕들에 의하여 실천되었던 것임을 증명하고 있다.

7. 그러나 천하의 아우르는 것을 비난하는 자들의 발언은 여전히 끊이지 않고 있다. 그들은 '생각컨대 어버이에게 이익을 드리지 못하고 해를 끼치게 되는데 효도라 할 수가 있느냐?'고 말한다.

묵자가 말하였다.

"잠시 근본적으로 효자로서 어버이를 위하여 헤아리는 자에 대하여 따져보자. 나는 효자로서 어버이를 위하여 헤아리는 사람이 남이 그의 어버이를 사랑하고 이롭게 해주기를 바라겠는가, 그렇지 않으면 남이 그의 어버이를 미워하고 해치기를 바라겠는가 알지 못하였다. 그러나 논리적으로 따져보면 남이 그의 어버이를 사랑하고 이롭게 해주기를 바랄 것이다.

그렇다고 하면 우리가 어디서부터 먼저 일을 착수해야만 그렇게 될 수가 있겠는가? 내가 먼저 남의 어버이를 사랑하고 이롭게 해주는 일에 착수한 다음, 남이 나의 어버이를 사랑하고 이롭게 해줌으로써 나에게 보답하도록 하여야 하겠는가? 그렇지 않으면 내가 먼저 남의 어버이를 미워하고 해치는 일에 착수한 다음에 남이 나의 어버이를 사랑하고 이롭게 해줌으로써 나에게 보답하도록 하여야 하겠는가? 그것은 반드시 내가 먼저 남의 어버이를 사랑하고 이롭게 하는 일에 착수하고 난 다음에 남도 나의 어버이를 사랑하고 이롭게 해줌으로써 보답하도록 하여야 할 것이다. 그러니 이 서로 효자노릇을 하려는 사람들은 과연 부득이하여 먼저 남의 어버이를 사랑하고 이롭게 해주는 것이 아니겠는가? 그렇지 않으면 천하의 효자들은 어리석어서 일반적인 표준이 되기에 부족한 것인가?

잠시 근본적으로 따져보면 옛 훌륭한 임금들의 문서인 《시경》 대아(大雅)에 말하였다.

'어떤 말이든 응대가 없는 것은 없고
덕에는 응보가 없는 게 없다.
내게 복숭아를 던져주면
그에게 오얏으로 갚게 된다.'

곧 이것은 남을 사랑하는 사람은 반드시 사랑을 받게 되고, 남을 미워하는 자는 반드시 미움을 받게 됨을 말한 것이다. 천하의 선비들이 모두 아우르는 것에 대하여 듣고서도 그것을 비난하는 까닭은 그 이유가 무엇인지 알지 못하겠다."

原文 然而天下之非兼者之言, 猶未止. 曰: 意不忠親之利而害, 爲孝乎?

子墨子曰: 姑嘗本原之, 孝子之爲親度者. 吾不識孝子之爲親度者, 亦欲人愛利其親與, 意欲人之惡賊其親與? 以說觀之, 卽欲人之愛利其親也.

然卽吾惡先從事卽得此? 若我先從事乎愛利人之親, 然後人報我愛利吾親乎? 意我先從事乎惡人之親, 然後人報我以愛利吾親乎? 卽必吾先從事乎愛利人之親, 然後人報我以愛利吾親也. 然卽之交孝子者, 果不得已乎, 毋先從事愛利人之親者與? 意以天下之孝子爲遇, 而不足以爲正乎?

姑嘗本原之, 先王之書, 大雅之所道曰:

無言而不讎, 無德而不報.

投我以桃, 報之以李.

卽此言, 愛人者必見愛也, 而惡人者必見惡也. 不識天下之士所以皆聞兼而非之者, 其故何也.

[註解] ○不忠(불충)-충(忠)은 중(中)으로 씀이 옳은 듯하며(《墨子閒詁》), 부중(不中)은 '부득(不得)'의 뜻. ○度(탁)-헤아리다. ○意(의)-억(抑)과 통하여, '그렇지 않으면', '생각컨대'. ○交(교)-서로 하다. 서로 효자노릇을 함을 가리킴. ○毋先(무선)-'무'는 조사. 먼저. ○遇(우)-우(愚)의 잘못인 듯하며 《墨子閒詁》), 어리석은 것. ○正(정)-정(証)과 통하여, 표준이 되는 것. ○大雅(대아)-《시경》 대아 억(抑)편. ○讐(수)-응대(應對). 응답.

[解說] 자기와 남과 아무런 구별없이 모두가 아울러 사랑하고 서로 이롭게 한다는 묵자의 이론은 얼핏 생각하기에 자기 부모에게 올바른 효도를 하기가 어렵게 될 것 같다. 여기에서는 이 아울러 사랑한다는 이론이 자기 부모에게도 올바른 효도를 할 수 있는 길임을 묵자가 설명하고 있다. 남의 부모를 사랑하고 이롭게 해주면 남들도 자기 부모를 사랑하고 이롭게 해줄 것이기 때문에 오히려 올바른 효도를 할 수 있게 된다는 것이다.

8. 생각컨대 어려워서 행할 수가 없다는 말인가? 일찍이 어려움이 있어도 행할 수 있었던 실례가 있다.

옛날 초(楚)나라 영왕(靈王)은 허리가 가는 사람을 좋아하였다. 영왕 시대의 초나라 선비들은 하루 한끼 이상 밥을 먹지 않아 굳게 물건을 잡은 뒤에야 일어날 수 있었고 담에 의지하여야만 길을 다닐 수 있었다. 그러므로 먹을 것을 제약(制約)한다는 것은 매우 행하기 어려운 것이나, 여러 사람들이 행하여 영왕은 그것을 기뻐하였다. 세상을 바꾸지도 않고서 백성들을 변화시킬 수가 있었던 것이다. 그것은 곧 그들이 그들의 임금에게 영합(迎合)되기를 바랐기 때문이었다.

옛날 월(越)나라 임금 구천(勾踐)은 용감한 것을 좋아하였다. 그의 신하들을 3년 동안 가르쳤으나, 그의 지혜로는 그들을 알도록 가르치기에 불충분하다고 생각하고는 궁전 안에 불을 지르고 북을 치면서 그들을 진격케 하였다. 그의 신하들은 앞 대열(隊列)에서 넘어지며 물과 불 위에 엎드려 죽는 자가 이루 헤아릴 수도 없이 많았다. 이렇게 되자 북을 치지 않아도 물러서지를 않았다. 월나라 선비들도 두려웠을 것이다. 그러므로 자기 몸을 불태운다는 것은 매우 하기가 어려운 일이지만 많은 사람들이 행하여 월왕은 그것을 기뻐하였다. 세상을 바꾸지도 않고 백성들을 변화시킬 수가 있었던 것이다. 곧 그들은 그들 임금에게 영합되기를 바랐기 때문인 것이다.

옛날 진(晉)나라 문공은 거친 옷을 즐겨 입었다. 문공시대의 진나라 선비들은 거친 천으로 지은 옷과 암양 털가죽 옷과 흰 비단으로 만든 관과 거친 신을 신고 들어가 문공을 뵙고 나와서는 조회(朝會)에도 참석하였다. 그러므로 거친 옷을 입는 것은 실행하기가 매우 어려운 것이지만, 여러 사람들이 행하여 문공은 그것을 기뻐하였다. 세상을 바꾸지도 않고 백성들을 변화시킬 수가 있었던 것이다. 곧 그들은 그들 임금에게 영합되기를 바랐던 것이다.

그러므로 먹을 것을 제약하고 자기 몸을 불태우고 거친 옷을 입는다는 것은 천하의 지극히 행하기 어려운 일들이다. 그러나 여러 사람들은 행하였고, 임금은 그것을 기뻐하였던 것이다. 어째서인가? 곧 그들의 임금에게 영합되기를 바랐기 때문이었다.

지금 모두가 아울러 서로 사랑하고 서로 이롭게 하는 것은 이익이 있고 또 행하기 쉽다는 것은 일일이 말할 필요도 없는 것이다. 내 생각으로는 다만 그것을 기뻐하는 임금이 있지 않을 따름인 것이다. 진실로 임금 중에 그것을 기뻐하는 사람이 있어서 그것을 시상과 명예로 권면하고 형벌로써 위압한다면 내 생각으로는 사람들이 아울러 서로 사랑하고 서로 이롭게 하는 길로 나가는 것은 비유를 들면 마치 불이 타오르고 물이 흘러내리는 것처럼 천하에는 방지하는 방법이 없을 것이다.
 그러므로 아우른다는 것은 성왕의 도이며, 임금이나 대신들이 편안할 수 있는 근거이며, 만백성들이 입고 먹는 데 풍족해질 수 있는 근거가 되는 것이다. 그러므로 군자는 아우르는 것을 잘 살피어 힘써 그것을 행하도록 하여야만 할 것이다. 임금된 사람은 반드시 은혜롭고 신하된 사람은 반드시 충성되며, 아비된 사람은 반드시 자애롭고 자식된 사람은 반드시 효성스러우며, 형이 된 사람은 반드시 우애를 다하고 아우가 된 사람은 반드시 공순해야 된다. 그러므로 군자가 만약 은혜로운 임금이나 충성된 신하나 자애로운 아비나 효성스런 자식이나 우애 있는 형이나 공순한 아우가 되고자 한다면 마땅히 아울러야 한다는 이론을 따라 실행하지 않으면 안될 것이다. 이것이 성왕의 도이며 만백성들의 큰 이익인 것이다.

原文 意以爲難而不可爲邪? 嘗有難此而可爲者. 昔荊靈王好小要. 當靈王之時, 荊國之士, 飯不踰乎一, 固據而後興, 扶垣而後行. 故約食爲甚難爲也, 然衆爲而靈王說之, 未渝於世而民可移也. 卽求以鄕其上也.

 昔者越王勾踐好勇. 敎其士臣三年, 以其知爲未足以知之也, 焚內失火, 鼓而進之. 其士偃前列, 伏水火而死者不可勝數. 當此之時, 不鼓而不退也. 越國之士, 可謂顫矣. 故焚身爲甚難爲也, 然衆爲而越王說之, 未渝於世而民可移也. 卽求以鄕上也.

 昔者晉文公好苴服. 當文公之時, 晉國之士, 大布之衣, 牂羊之裘, 練帛之冠, 且苴之屨, 入見文公, 出以踐之朝. 故苴服爲甚難爲也, 然衆爲而文公說之, 未渝於世而民可移也. 卽求以鄕其上也.

 是故約食焚身苴服, 此天下之至難爲也. 然衆爲而上說之, 未渝於世而民可移也. 何故也? 卽求以鄕其上也.

　今若夫兼相愛, 交相利, 此其有利且易爲也, 不可勝計也. 我以爲則無有上說之者而已矣. 苟有上說之者, 勸之以賞譽, 威之以刑罰, 我以爲人之於就兼相愛, 交相利也, 譬之猶火之就上, 水之就下也, 不可防止於天下.

　故兼者, 聖王之道也, 王公大人之所以安也, 萬民衣食之所以足也. 故君子莫若審兼而務行之. 爲人君必惠, 爲人臣必忠, 爲人父必慈, 爲人子必孝, 爲人兄必友, 爲人弟必悌. 故君子若欲爲惠君忠臣慈父孝子友兄悌弟, 當若兼之說, 不可不行也. 此聖王之道, 而萬民之大利也.

[註解] ○荊(형)—초(楚)나라의 별명. ○小腰(소요)—작은 허리. 허리가 가는 여자나 소년. ○踰(유)—넘다. ○固據(고거)—굳게 물건에 의지하는 것. ○垣(원)—길가의 담. ○渝(유)—바뀌어짐. 변함. 보통 유(踰)로 되어 있으나, 잘못임《墨子閒詁》). ○移(이)—옮김. 좋게 변화시킴. ○鄕(향)—향(向)과 통하여 임금의 '마음을 좇음'. '영합(迎合)함'. ○其知(기지)—그들이 얼마나 용감한지 알고 있는 것. ○焚內(분내)—궁전 안에 불을 지르는 것. 내(內)는 보통 주(舟)로 되어 있으나 잘못임《墨子閒詁》). ○鼓(고)—북을 침. 옛날 군대에선 진격의 신호로 북을 울렸다. ○偃(언)—자빠짐. ○顫(전)—떨다. 꺼리다. 두려워하다. ○苴服(저복)—저(苴)는 조(粗)와 통하여 '거칠고 흉한 옷'. ○大布(대포)—거친 천《左傳》閔公 二年 杜注). ○牂(장)—암양. ○裘(구)—갖옷. 털가죽 옷. ○練帛(연백)—비단을 삶아 말린 흰 것. ○且苴(저저)—거친 것. 조악(粗惡)한 것. ○屨(구)—신. ○踐之朝(천지조)—조정을 밟다. 따라서 조회(朝會)에 참석함을 뜻한다. ○友(우)—우에(友愛). ○悌(제)—개제(愷悌)함. 공손함.

[解說] '겸애'는 실행하기 어렵다는 사람이 많지만 사실은 그렇게 어려운

게 아니다. 만약 임금이 상과 벌로써 겸애의 실행을 권장한다면 쉽사리 온 천하에 행하여질 거라는 것이다. 그리고 결론적으로 겸애야말로 성왕의 도(道)이며 만백성의 이익이 되는 것이라고 강조하고 있다.

얼핏 보기에 '겸애'는 기독교의 '박애(博愛)'와 같은 것으로 느껴지기도 하지만 '박애'처럼 현실을 미화(美化)시키려는 이상뿐만 아니라, 만민에게 이익을 주려는 실리주의(實利主義)적인 입장이 더 강하다. 묵자는 신분이나 계급의 차별 없이 모든 인류가 서로 사랑하고 서로 돕는 사회를 꿈꾸었던 것이다.

러시아의 문호인 톨스토이도 〈겸애편〉을 읽고 중국사회가 묵자의 가르침을 따르지 않고 공자와 맹자의 가르침을 따랐던 것을 애석히 여겼다고 한다.

제17 비공편(非攻篇)(上)

'비공'이란 남의 나라를 공격하는 것을 반대한다는 뜻이다. 곧 이것은 누구나 서로 사랑해야 한다는 '겸애설'을 바탕으로 한 전쟁 부정론인 것이다. 그 시대 사람들이 조그만 악에 대하여는 반대를 하면서도 많은 사람들을 죽음으로 몰아넣는 전쟁에 대하여는 뚜렷한 인식이 없었던 맹점(盲點)을 파헤친 것이다.

1. 지금 한 사람이 있어, 남의 과수원에 들어가 그곳의 복숭아나 오얏

을 훔치면 여러 사람들은 듣고서 그것을 비난하고, 위에서 정치를 하는 사람들이 그를 잡으면 처벌을 할 것이다. 그것은 어째서인가? 남을 해치면서 자신을 이롭게 하였기 때문이다. 남의 개나 닭이나 돼지를 훔친 자는 그 불의가 남의 과수원에 들어가 복숭아나 오얏을 훔친 것보다 더욱 심하다. 그것은 무슨 까닭인가? 남을 해친 게 더욱 많기 때문이다.

진실로 남을 해친 게 더욱 많을수록 그의 어질지 못함도 더욱 심해지고 그의 죄도 더욱 많아진다. 남의 마구간에 들어가 남의 말이나 소를 훔친 자에 이르러는 그 불의가 남의 개나 닭이나 돼지를 훔친 것보다 더욱 심하다. 이것은 무슨 까닭인가? 남을 해친 것이 더욱 많기 때문인 것이다.

진실로 남을 해친 게 더욱 많을수록 그의 어질지 못함도 더욱 심하고 그의 죄도 더욱 많아진다. 죄 없는 사람을 죽이고 그의 옷을 벗기고 그의 창이나 칼을 훔친 자에 이르러는 그 불의가 남의 마구간에 들어가 남의 말이나 소를 훔친 것보다 더욱 심하다. 이것은 무슨 까닭인가? 그가 남을 해친 것이 더욱 많기 때문이다. 진실로 남을 해친 것이 더욱 많을수록 그의 어질지 못함도 더욱 심해지고 그의 죄도 더욱 많아진다.

|原文| 今有一人, 入人園圃, 竊其桃李, 衆聞則非之, 上爲政者得則罰之, 此何也? 以虧人自利也. 至攘人犬豕鷄豚者, 其不義又甚入人園圃竊桃李. 是何故也? 以虧人愈多.

苟虧人愈多, 其不仁慈甚, 罪益厚, 至入人欄廐, 取人馬牛者, 其不義又甚攘人犬豕鷄豚. 此何故也? 以其虧人愈多.

苟虧人愈多, 其不仁慈甚, 罪益厚. 至殺不辜人也, 扡其衣裘, 取戈劍者, 其不義又甚入人欄廐, 取人馬牛. 此何故也? 以其虧人愈多. 苟虧人愈多, 其不仁慈甚矣, 罪益厚.

|註解| ○園圃(원포)―채소밭 또는 과수원. ○虧(휴)―해침. 손상시킴. ○攘

(양)-훔침. ○豕(시)-돼지. 돈(豚)도 돼지. '시(豕)'와 '돈(豚)'은 크고작은 차이가 있다고 하나 뚜렷하지는 않다. ○茲甚(자심)-자(茲)는 자(滋)와 통하여 더욱 심해지는 것. ○欄廐(난구)-마구간. ○不辜人(불고인)-죄 없는 사람. 무고한 사람. ○扡(타)-벗겨감. ○戈(과)-창.

|解說| 세상 사람들은 조금이라도 남을 해치면 그 사람을 비난하고 정치하는 사람은 그를 잡아 벌을 준다. 그가 남을 해친 것이 심할수록 그의 죄도 커진다. 여기선 일반적인 사회의 죄악을 들어 설명하면서, 이 이론을 전쟁으로 확대시킬 준비를 하고 있다.

2. 이와 같은 일은 천하의 군자들은 모두 알고서 그것을 비난하며 불의라고 말한다. 지금 크게 불의를 위하여 남의 나라를 공격하는 것에 이르러서는 곧 비난할 줄도 모르고 이를 좇아 칭송을 하면서 의로움이라 말한다. 이것을 의로움과 불의의 분별을 안다고 말할 수가 있겠는가?
한 사람을 죽이면 그것을 불의라 말하며 반드시 한 사람에 대한 죽을 죄를 지게 된다. 만약 이렇게 말해 나간다면 열 사람을 죽이면 열 배의 불의가 되고 반드시 열 사람에 대한 죽을 죄를 지게 된다. 백 사람을 죽이면 백 배의 불의가 되고 반드시 백 사람에 대한 죽을 죄를 지게 된다. 이와 같은 것을 천하의 군자들은 모두 알고서 그것을 비난하며 불의라고 말한다. 지금 크게 불의를 행하며 남의 나라를 공격하는 데 이르러서는 곧 비난할 줄 모르고 그를 좇아서 칭송을 하며 의로움이라 말한다. 이것은 진실로 그의 불의를 알지 못하는 것이다. 그러므로 그의 말을 적어서 후세에 전하기까지 한다. 만약 그의 불의를 알았다면 도대체 무슨 말로 그의 불의를 적어 후세에 전하겠는가?

|原文| 當此, 天下之君子, 皆知而非之, 謂之不義. 今至大爲不義

攻國, 則弗知非, 從而譽之, 謂之義. 此可謂知義與不義之別乎?

殺一人謂之不義, 必有一死罪矣. 若以此往, 殺十人, 十重不義, 必有十死罪矣. 殺百人, 百重不義, 必有百死罪矣.

當此, 天下之君子, 皆知而非之, 謂之不義. 今至大爲不義攻國, 則弗知非, 從而譽之, 謂之義. 情不知其不義也. 故書其言, 以遺後世, 若知其不義也, 夫奚說書其不義, 以遺後世哉?

註解 ○當此(당차)—이와 같은 일(王引之 說).

解說 사람들은 조그만 불의는 알면서도 오히려 큰 불의는 모른다. 한 사람을 죽여도 그 죄는 사형에 해당하는데, 전쟁을 일으키어 수많은 사람들을 죽이는 것은 죄로 여기지 않는다. 오히려 수천 명 수만 명을 죽음으로 몰아넣은 전쟁 도발자(挑發者)는 어떤 경우에는 영웅으로서 존경을 받는다. 그리고 어떤 자는 이러한 자의 생애를 글로 써서 후세에 전하기도 한다. 이것은 모두 의로움과 불의의 분별을 모르는 것이라는 것이다.

3. 지금 여기에 한 사람이 있는데 검은 것을 조금 보고는 검다고 말하다가 검은 것을 많이 보고는 희다고 말한다면 곧 이 사람은 흰 것과 검은 것을 구별하지 못한다고 할 것이다. 쓴 것을 약간 맛보고서는 쓰다고 말하다가 쓴 것을 많이 맛보고는 달다고 말한다면 곧 반드시 이 사람은 단 것과 쓴 것의 분별을 못한다고 할 것이다.

지금 조그만 그릇된 짓을 하면 곧 그것을 알고서 비난하다가 남의 나라를 공격하는 커다란 그릇된 짓은 곧 그릇됨을 알지 못하고 칭송하면서 그를 따르며 의로움이라 말하고 있다. 이것을 의로움과 불의의 분별을 안다고 말할 수 있겠는가? 이로써 천하의 군자들이 의로움과 불의의 분별에 혼란을 일으키고 있다는 것을 알 수 있다.

|原文| 今有人於此, 少見黑曰黑, 多見黑曰白, 則以此人不知白黑之辯矣. 少嘗苦曰苦, 多嘗苦曰甘, 則必以此人爲不知甘苦之辯矣.
今小爲非, 則知而非之, 大爲非攻國, 則不知非, 從而譽之, 謂之義. 此可謂知義與不義之辯乎? 是以知天下之君子也, 辯義與不義之亂也.

|註解| ㅇ辯(변) - 분별. ㅇ嘗(상) - 맛을 보다.

|解說| 여기서도 사람들이 조그만 불의는 알면서도 큰 불의는 알지 못함을 지적하고 있다. 물론 묵자가 말하는 큰 불의란 수천 수만의 사람들을 죽음과 불행으로 몰아넣는 전쟁을 뜻한다.

제18 비공편(非攻篇)(中)

여기서는 전편에 이어 전쟁의 폐해를 논하고 있다. 전쟁이 얼마나 백성들에게 큰 해를 끼치는 불의인가를 논한 것이 주된 내용이다.

1. 묵자가 말하였다.
"옛날 임금이나 대신들이 국가의 정치를 할 적에는 정말로 잘 살피어 꾸중과 칭찬을 하고 상과 벌을 올바르게 주며 사법과 행정에 잘못이 없도록 하려 하였다."

그러므로 묵자는 또 말하였다.

"옛날 속담에 일을 꾀하다 되지 않으면 곧 과거를 살피어 미래를 알고, 드러난 일을 살피어 숨겨진 일을 안다고 하였다. 일을 꾀함이 이와 같다면 일이 잘될 것이며 지혜로운 것이다."

지금 군사를 일으키려 하는데 겨울에 동원하자니 추위가 두렵고 여름에 동원하자니 더위가 두렵다. 이래서 겨울이나 여름에는 군사를 일으킬 수가 없는 것이다. 봄에 일으키면 곧 백성들의 밭갈고 씨뿌리는 농사일을 망치게 되고 가을에 일으키면 곧 백성들의 추수(秋收)를 망치게 된다. 지금 오직 한 철을 망치기만 하면 곧 백성들이 굶주리고 헐벗어 얼거나 굶어 죽는 자가 얼마나 많을지 이루 다 헤아릴 수가 없다.

지금 시험삼아 군대 동원을 계산하여 보자. 화살·깃발·장막과 갑옷·방패·큰 방패·칼집이 전쟁에 나가서 부서지고 썩어서 되갖고 돌아오지 못할 것이 얼마나 많을지 이루 다 헤아릴 수가 없다. 또 소나 말도 살찐 놈이 나갔다가 말라서 돌아오거나 죽어서 돌아오지 못하게 될 것이 얼마나 많을지 이루 다 헤아릴 수가 없다. 또한 가는 길이 멀어 양식의 운반이 끊겨서 공급이 안되어 백성들이 죽는 자가 얼마나 많을지 이루 다 헤아릴 수가 없다. 또 사는 곳이 불안하고 밥을 아무 때나 먹게 되고 굶주림과 배부름이 조절되지 않아서 백성들이 길에서 병이 나 죽는 자가 얼마나 많을지 이루 다 헤아릴 수가 없다. 싸우다 죽는 많은 군사들도 이루 다 헤아릴 수가 없을 지경이 된다. 싸우다 죽어 버리는 군사가 모두 얼마나 되는지 이루 다 헤아릴 수가 없는 정도이니, 이미 죽어서 귀신이 된 사람들 중에 그들을 제사지내 줄 사람을 잃는 경우도 역시 이루 다 헤아릴 수 없도록 많을 것이다.

국가에서 정령을 발하여 백성들이 쓰는 것을 빼앗고 백성들의 이익을 망치는 게 이와 같이 매우 많다. 그런데도 무엇 때문에 전쟁을 하는가? 대답은 '나는 전쟁에 승리하였다는 명예와 전쟁에서 얻어지는 이익을 탐내기 때문에 전쟁을 한다'는 것일 게다.

묵자는 이에 말하였다.

"그의 승리를 계산하여 보면 쓸데없는 것이다. 그가 얻은 것을 계산하여 보면 오히려 그가 잃은 것보다 많지 못하다."

原文 子墨子言曰：古者王公大人爲政於國家者, 情欲毀譽之審, 賞罰之當, 刑政之不過失. 是故子墨子曰：古者有語, 謀而不得, 則以往知來, 以見知隱. 謀若此, 可得而知矣.

今師徒唯毋興起, 冬行恐寒, 夏行恐暑. 此不可以冬夏爲者也. 春則廢民耕稼樹藝, 秋則廢民穫斂. 今唯毋廢一時, 則百姓飢寒凍餒而死者, 不可勝數.

今嘗計軍出, 竹箭羽旄幄幕, 甲盾撥劫, 往而靡弊腑冷不反者, 不可勝數. 又與矛戟戈劍乘車, 其往則碎折靡弊而不反者, 不可勝數.

與其牛馬, 肥而往, 瘠而反, 死亡而不反者, 不可勝數. 與其涂道之脩遠, 粮食輟絶而不繼, 百姓死者, 不可勝數也. 與其居處之不安, 食飯之不時, 飢飽之不節, 百姓之道疾病而死者, 不可勝數. 喪師多, 不可勝數. 喪師盡, 不可勝計. 則是鬼神之喪其主后, 亦不可勝數.

國家發政, 奪民之用, 廢民之利, 若此甚衆, 然而何爲爲之? 曰：我貪伐勝之名及得之利, 故爲之. 子墨子言曰：計其所自勝, 無所可用也. 計其所得, 反不如所喪者之多.

註解 ○毀譽(훼예)—비난과 칭송. 꾸중과 칭찬. 보통 판본엔 훼(毀)자가 빠

져 있으나 왕인지(王引之)의 설(說)에 의거하여 보충했다. ○師徒(사도)-군사. 군대. ○毋(무)-유(唯)와 함께 어조사. ○行(행)-정벌을 나감. 출동. ○穫斂(확렴)-추수. 곡식을 거두어들이는 것. ○軍出(군출)-군대의 출동. 출(出)은 보통 상(上)자로 씌어 있으나 잘못이다《墨子閒詁》). ○箭(전)-화살. ○羽旄(우모)-새깃과 모우(旄牛)의 꼬리. 이것들을 깃발 위에 꽂았으므로 여기에선 군대에서 쓰던 여러 가지 깃발을 뜻한다. ○甲(갑)-갑옷. ○盾(순)-방패. ○撥(발)-큰 방패. ○劫(겁)-칼자루《說文》). 보통 판본엔 겁(劫)으로 되어 있으나 잘못인 듯하다《墨子閒詁》). ○往(왕)-전쟁에 군대들이 나감을 뜻한다. ○幄幕(악막)-장막. 군용 텐트. ○靡幣(미폐)-부숴져 버리는 것. ○腑冷(부냉)-부(腑)는 부(腐)와, 냉(冷)은 난(爛)과 통하여 썩어 버리는 것(畢沅 說). ○矛(모)-세모진 창. ○戟(극)-갈래가 난 창. ○戈(과)-보통 긴 창. ○瘠(척)-야위다. 파리해짐. ○涂(도)-길. 도(塗)와 통함. ○輟絶(철절)-공급이 끊어지는 것. ○主后(주후)-자손이 없는 죽은 이를 대신 제사지내 주는 제주(祭主). 후(后)는 후(後)와 통함《禮記》王制 鄭注).

解說 전쟁이란 비참한 것이다. 아무리 위대한 승리라 하더라도 백성들에게는 얻어지는 것보다 잃는 게 훨씬 많다. 따라서 훌륭한 임금이라면 이처럼 백성들을 해치는 전쟁을 일으키지 않는다는 것이다.

뒤에는 성을 공격하여 빼앗았을 때를 예로 들며 잃는 것과 얻는 것을 비교하고 다시 전쟁 때문에 망했던 수많은 나라들의 보기를 들고 있다.

2. 지금 3리(里) 넓이의 성에다 7리 넓이의 외성(外城)이 있는 도시를 공격한다 하자. 이것을 공격함에 있어 정예(精銳) 부대를 사용하지 않고 살상이 없이는 이것을 점령할 수 없다. 그렇게 하자면 사람들을 죽이는 것만 해도 많으면 만 단위의 수에 이르고 적어도 천 단위의 수에 이르게 된다. 그렇게 한 뒤에야 3리 넓이의 성과 7리 넓이의 외성이 있는 도시를 점령할 수 있게 된다.

지금 만승(萬乘)의 나라라면 비어 있는 성의 수가 천 단위에 이르러 이루 다 들어가 점거할 수가 없을 정도이고, 땅은 광대하기 만 단위의 넓이에 이르러서 이루 다 개척해서 이용할 수가 없을 정도이다. 그러니 토지는 남음이 있는 것이며, 백성들은 부족한 것이다. 지금 백성들의 죽음을 다하고 아래 위 사람들의 걱정을 심하게 만들면서 비어 있는 성을 다툰다는 것은 곧 부족한 것을 버리고 남음이 있는 것을 중히 여기는 행위이다. 이와 같은 정치는 나라의 요무(要務)가 아닌 것이다.

공전(攻戰)을 비호하는 사람들은 다음과 같이 말한다.

'남쪽으로는 초(楚)나라와 오(吳)나라의 임금, 북쪽으로는 제(齊)나라와 진(晋)나라의 임금을 보면, 처음 천하에 나라를 봉해 받았을 때는 그 토지의 넓이는 수백 리가 되지 못하였고, 민중들의 수는 수십만이 되지 못하였다. 그러나 공격하고 전쟁한 때문에 토지의 넓이는 수천 리에 이르게 되었고 민중들의 수는 수백만 명에 이르게 되었다. 그러므로 공격하고 전쟁하는 것은 안할 수가 없는 것이다.'

묵자가 말하였다.

"비록 네댓 나라들이 이득을 보지만 그래도 도를 행하는 것은 아니라고 생각한다. 비유를 들면 의사가 병든 사람을 약으로 치료하는 것과 같다. 지금 여기 의사가 있어서 바르는 약을 조제해 가지고서 천하의 병든 사람들에게 약으로 쓴다 하자. 만 명이 이것을 먹고서 만약 네댓 명이 이익을 보았다 하더라도, 오히려 약을 옳게 쓴 것이 아니라고 말한다. 그러므로 효자는 그것을 그의 어버이에게 잡숫게 하지 아니하고, 충신은 그것을 그의 임금에게 잡숫게 하지 아니한다.

옛날에 천하에 많은 나라들이 봉해졌지마는 위로는 귀로 듣고 근자에는 눈으로 본 것으로 말하더라도 공격하고 전쟁하다가 망한 자들은 이루 다 헤아릴 수 없을 정도로 많다. 무엇으로써 그러함을 아는가?

동쪽에 거(莒)라는 나라가 있었는데 그 나라는 아주 작았고 큰 나라들 사이에 끼어있었다. 그러나 큰 나라를 공경하고 섬기지 않으니 큰 나라들도 역시 그를 따라 사랑하고 이롭게 해주지 않았다. 그래서 동쪽에서는 월(越)나라 사람들이 그 나라 땅을 깎아먹었고, 서쪽에서는 제(齊)나라 사람들이 그 나라 땅을 점령해갔다. 거나라가 제나라와 월나라 사이에서 망한 까닭을 따져보면 공격하고 전쟁하는 일 때문이었다.

 남쪽으로는 진(陳)나라와 채(蔡)나라가 오(吳)나라와 월(越)나라 사이에서 망했던 까닭도 역시 공격하고 전쟁하는 일 때문이었다. 북쪽으로는 사(柤)나라와 부저하(不著何)나라가 연(燕)나라와 대(代)나라, 호맥(胡貊)나라 사이에서 망했던 까닭도 역시 공격하고 전쟁하는 것 때문이었다."

 그러므로 묵자가 다시 말하였다.

 "옛날 임금과 귀족들은 얻기는 바라면서 잃기는 싫어하고, 안녕은 바라면서 위험은 싫어하였으니, 공격하고 전쟁하는 것을 비난하지 않을 수가 없는 일이다."

原文 今攻三里之城, 七里之郭, 攻此不用銳且無殺, 而徒得此. 然也殺人多必數於萬, 寡必數於千. 然後三里之城, 七里之郭, 且可得也.

 今萬乘之國, 虛城數於千, 不勝而入, 廣衍數於萬, 不勝而辟. 然則土地者, 所有餘也. 王民者, 所不足也. 今盡王民之死, 嚴下上之患, 以爭虛城, 則是棄所不足, 而重所有餘也. 爲政若此, 非國之務者也.

 飾攻戰者言曰 : 南則荊吳之王, 北則齊晉之君, 始封於天下之時, 其土地之方, 未至有數百里也, 人徒之衆, 未至有數十萬人也. 以攻戰之, 故土地之博, 至有數千里也, 人徒之衆, 至有數百萬人. 故當攻戰而不可不爲也.

 子墨子言曰 : 雖四五國則得利焉, 猶謂之非行道也. 譬若醫之藥人之有病者然. 今有醫於此, 和合其祝藥之于天下之有病者而藥之, 萬人食此, 若醫四五人得利焉, 猶謂之非行藥也. 故孝子不以食其親, 忠臣不以食其君.

古者封國於天下, 尚者以耳之所聞, 近者以目之所見, 以攻戰亡者, 不可勝數. 何以知其然也?

東方有莒之國者, 其爲國甚小, 閒於大國之閒, 不敬事於大. 大國亦弗之從而愛利. 是以東者越人來削其壤地, 西者齊人兼而有之. 計莒之所以亡於齊越之閒者, 以是攻戰也.

雖南者陳蔡, 其所以亡於吳越之閒者, 亦以攻戰. 雖北者且不著何, 亡於燕代胡貊之閒者, 亦以攻戰也.

是故子墨子言曰: 古者王公大人情欲得而惡失, 欲安而惡危. 故當攻戰而不可不非.

|註解| ㅇ徒(도)-불능(不能), 또는 불가(不可)와 비슷한 뜻으로 보아야만 한다. ㅇ辟(벽)-벽(闢)과 통하여, 땅을 개척하여 농업생산에 이용하는 것. ㅇ王民(왕민)-왕(王)은 사(士)의 잘못인 듯도 하며, 백성들. ㅇ荊(형)-초(楚)나라의 별명. ㅇ祝藥(축약)-외상(外傷)에 바르거나 붙이는 약. ㅇ尙(상)-위. 옛날. ㅇ且(저)-사(柤)나라를 잘못 쓴 것(《墨子閒詁》). ㅇ不著何(부저하)-부도하(不屠何)라고도 부르는 동북쪽의 오랑캐 나라 이름(《墨子閒詁》).

|解說| 전쟁에는 엄청난 백성들의 희생이 뒤따른다. 나라의 토지를 넓히고 나라를 부강하게 하지만, 결국 세계적인 안목에서 볼 때 전쟁이란 일종의 죄악이 되는 수밖에 없다. 묵자는 그러한 견지에서 계속 전쟁을 반대하는 이론을 전개하고 있는 것이다.

3. 공격하고 전쟁하는 것을 비호하는 사람들은 또 말한다.

'그는 자기의 백성들을 거두어 이용하지 못하기 때문에 멸망하는 것이다. 나는 나의 백성들을 잘 거두어 이용하고 있으니, 그렇게 하면서 천하에서 공격하고 전쟁한다면 누가 감히 굴복하지 않겠는가?'

묵자가 말하였다.

"당신이 비록 당신의 민중을 거두어 이용할 수 있다 하더라도, 어찌 옛날의 오(吳)왕 합려(闔閭)만이야 하겠느냐?

옛날에 오왕 합려는 7년동안 군사를 조련시키어 갑옷을 두르고 무기를 들고서 3백 리를 달려가 야영(野營)을 할 정도가 되었다. 그는 그 군사들을 이끌고 주림(注林)에서 머문 다음 명애(冥隘)의 험한 길을 지나 백거(柏擧)에서 싸워 초(楚)나라를 무찌르고 송(宋)나라와 노(魯)나라를 내조(來朝)케 하였다.

부차(夫差)의 세대에 이르러는 북으로 제(齊)나라를 공격하였는데, 문수(汶水) 가에 진영을 치고 있다가 애릉(艾陵)에서 싸움을 하여, 제나라 사람들을 크게 패배시켜 태산(泰山)으로 숨어들어가 목숨을 보전케 하였다. 동쪽으로는 월(越)나라를 공격하여 삼강(三江)과 오호(五湖)를 건너가 회계산(會稽山)으로 숨어들어가 목숨을 보전케 하니, 구이(九夷)의 나라들이 모두가 복종하게 되었다. 그는 이때 물러나 전쟁 고아들에게 상을 주고 여러 백성들에게 은덕을 베풀지는 못하고, 스스로 그의 힘을 믿고 그의 공을 자랑하며 그의 지혜를 뽐내면서 교화(敎化)를 태만히 하였다. 그리고는 마침내 고소대(姑蘇臺)를 짓기 시작하였는데 7년이 되도록 완성시키지 못하였다. 이렇게 되자 오나라의 민심은 떨어져나가고 지치게 되었다.

월(越)왕 구천(勾踐)은 오나라의 위아래 사람들이 서로 화합하지 못하는 것을 보고서, 그의 백성들을 거두어 원수를 갚았다. 북쪽 외성(外城)으로 쳐들어가 큰 배들을 탈취하고는 왕궁을 포위하자 오나라는 멸망하게 되었다.

옛날 진(晋)나라에는 육장군(六將軍)이 있었는데 지백(智伯)이 가장 강하였다. 그는 토지의 광대함과 백성이 많은 것을 계산에 넣고, 제후들과 다투어 공격하고 싸우는 데 신속함으로써 명성을 날리고자 하였다. 그러므로 그의 용맹스런 군사들을 가리어 뽑고 많은 배와 수레를 벌여놓고 중행씨(中行氏)를 공격하여 그의 땅을 점령하였다. 그의 계책과 행동은 이미 충분한 것으로 증명되었다. 또 자범씨(茲范氏)를 공격하여 그를 크게 쳐부수고, 세 국가를 한 국가로 병합하고도 그만두지 않고 다시 조양자(趙襄子)를 진양(晋陽)에서 포위하였다. 이와 같이 되자 한(韓)나라와 위(魏)나라는 서로 만나 계책을 의논하였다.

'옛날부터 말하기를 입술이 없어지면 이빨이 시려진다 하였다. 조씨(趙氏)가 아침에 망하면 우리는 저녁에 그를 뒤따르게 될 것이고, 조씨가 저녁에 망하면 우리는 아침에 그를 뒤쫓게 될 것이다. 옛 시에 이르기를 고기가 물에서 헤엄치지 못한다면 땅에서야 어찌하겠는가 하였다.'

그래서 세 나라의 임금은 한마음이 되어 힘을 다하여 성문을 열어젖히고 길을 튼 다음 무장을 갖추어 군사를 일으켰다. 한나라와 위나라는 밖으로부터, 조씨는 안으로부터 지백을 공격하여 그를 크게 패배시켰다."

그러므로 묵자가 또 말하였다.

"옛날 말에 이르기를, 군자는 물을 거울로 삼지 않고 사람을 거울로 삼는다. 물을 거울로 삼으면 얼굴 모습이나 보게 되지만, 사람을 거울로 삼으면 길흉(吉凶)을 알게 된다고 하였다. 지금 공격하고 전쟁하는 것을 이익이라 생각한다면 어찌하여 지백의 일을 거울로 삼지 아니하는가? 그가 이미 길하지 못하고 흉하였다면 이미 거기에 대하여 알 수가 있었을 것이다."

原文　飾攻戰者之言曰：彼不能收用彼衆，是故亡．我能收用我衆，以此攻戰於天下，誰敢不賓服哉？

子墨子言曰:子雖能收用子之衆, 子豈若古者吳闔閭哉? 古者吳闔閭, 敎七年, 奉甲執兵, 奔三百里而舍焉, 次注林, 出於冥隘之徑, 戰於柏擧, 中楚國而朝宋與魯.

　及至夫差之身, 北而攻齊, 舍於汶上, 戰於艾陵, 大敗齊人, 而葆之大山. 東而攻越, 濟三江五湖, 而葆之會稽. 九夷之國, 莫不賓服. 於是退不能賞孤, 施舍羣萌, 自恃力, 伐其功, 譽其智, 怠於敎. 遂築姑蘇之臺, 七年不成. 及若此, 則吳有離罷之心.

　越王勾踐, 視吳上下不相得, 收其衆以復其讐, 入北郭, 徙大舟, 圍王宮, 而吳國以亡.

　昔者晉有六將軍, 而智伯莫爲强焉. 計其土之博, 人徒之衆, 欲以抗諸侯以爲英名攻戰之速. 故差論其爪牙之士, 皆列其舟車之衆, 以攻中行氏而有之. 以其謀爲旣已足矣, 又攻茲范氏而大敗之. 幷三家以爲一家而不止, 又圍趙襄子於晉陽. 及若此, 則韓魏亦相從而謀曰:古者有語, 脣亡則齒寒. 趙氏朝亡, 我夕從之, 趙氏夕亡, 我朝從之. 詩曰:魚水不務, 陸將何及乎?

　是以三主之君, 一心戮力, 奉甲興士. 韓魏自外, 趙氏自內, 擊智伯大敗之.

　是故子墨子言曰:古者有語曰:君子不鏡於水而鏡於人. 鏡於水, 見面之容, 鏡於人, 則知吉與凶. 今以攻戰爲利, 則盍嘗鑒之於智伯之事乎? 此其爲不吉而凶, 旣可得而知矣.

註解　○飾(식)-꾸며주다. 비호하다. ○賓服(빈복)-복종하다. 굴복하다. ○舍(사)-군대가 행군하다 야영(野營)하는 것. ○次(차)-머물다. 여기서는 군대가 진을 치고 있는 것. ○注林(주림)-땅 이름. 어느 곳인지 불명하다. ○冥隘(명애)-《좌전(左傳)》에 보이는 명액(冥阨)과 같은 곳으로, 한수(漢水) 동쪽에 있는 좁고 험한 길이 있는 고장. ○柏擧(백거)-옛 초(楚)나라에

있던 땅 이름. 지금의 호북성(湖北省) 마성현(麻城縣) 동남쪽에 있었다. ㅇ中(중)-쳐부수는 것. ㅇ朝(조)-굴복하는 뜻으로 경의를 표하기 위하여 내조(來朝)하는 것. ㅇ汶(문)-강물 이름. 문수(汶水). 艾陵(애릉)-지금의 산동성(山東省) 태안현(泰安縣) 동남쪽에 있는 지명. ㅇ葆(보)-보(保)와 통해, 목숨을 보전하려 도망하는 것. ㅇ大山(태산)-대(大)는 태(泰)와 통함. ㅇ三江(삼강)-여러 설이 있으나 송강(松江)·절강(浙江)·포양강(浦陽江)의 세 강(《國語》越語 韋昭 注). ㅇ五湖(오호)-월(越)나라에 있던 호수 이름. ㅇ會稽(회계)-산 이름. 지금의 절강성(浙江省) 산음현(山陰縣)에 있다. ㅇ九夷(구이)-동이(東夷)의 아홉 종족. 孤(고)-전쟁에서 공을 세운 용사들의 고아. ㅇ施舍(시사)-사(舍)는 여(予)와 통하여, 임금의 은덕을 '베풀어 주는 것'. ㅇ羣萌(군맹)-맹(萌)은 맹(氓)과 통하여, 여러 백성들. ㅇ姑蘇臺(고소대)-오왕 부차가 세운 지금의 소주(蘇州)에 있는 누대(樓臺) 이름. ㅇ離罷(이파)-파(罷)는 피(疲)와 통하여, 민심이 그에게서 떨어져나가고 지치는 것. ㅇ徙(사)-취(取)하는 것(《國語》吳語 韋昭 注). ㅇ差論(차론)-가리어 뽑는 것. ㅇ爪牙(조아)-발톱과 이빨. 용감한 군사에 비유한 말임. ㅇ詩曰(시왈)-지금의 《시경》에는 들어있지 않은 일시(逸詩)임. ㅇ務(무)-무(騖)와 통하여, 헤엄쳐 달리는 것. 또는 유(斿)의 잘못으로, 헤엄치는 것. ㅇ戮力(육력)-힘을 다하는 것. ㅇ盍(합)-어찌 …… 하지 않는가? 곧 하불(何不)과 같은 말.

解說 여기서는 옛날 전쟁하기를 좋아하여 일시적으로 국세를 신장하는 데 성공한 듯하다가 결국은 망해 버린 임금들을 보기로 들고 있다. 남을 공격하여 패배시키기 좋아하는 자는 결국 자신도 남에게 공격을 받아 멸망하고 만다는 것이다. 그러니 전쟁처럼 비리(非理) 비정(非情)의 것은 없다는 것이다.

제19 비공편(非攻篇)(下)

상편·중편에 이어 여기서도 비전론(非戰論)을 계속 전개하고 있다.

1. 묵자가 말하였다.

"지금 천하에서 훌륭하다고 칭송하는 것들은 그 이론적인 근거가 어디 있는가? 그가 위로는 하늘의 이익과 부합되고 가운데로는 귀신의 이익과 부합되며 아래로는 사람들의 이익과 부합되기 때문에 그래서 칭송하는 건가? 그렇지 않으면 그가 위로는 하늘의 이익과 부합되지 않고 가운데로는 귀신의 이익과 부합되지 않으며 아래로는 사람들의 이익과 부합되지 않기 때문에 그래서 칭송하는 건가? 비록 가장 어리석은 사람이라 하더라도 반드시 그가 위로는 하늘의 이익과 부합되었고 가운데로는 귀신의 이익과 부합되었으며 아래로는 사람들의 이익과 부합되었기 때문에 그래서 그를 칭송한다고 대답할 것이다.

지금 천하에서 모두가 의로움이라 하는 것은 성왕의 법이다. 지금 천하의 제후들은 아직도 모두가 남을 공격하고 정벌하여 합병(合倂)시키려 하고 있으니, 곧 이것은 칭송과 의로움이란 명칭만 있는 것이며, 그 내용은 살피지 않은 것이다. 이것을 비유하면 마치 장님이 사람들과 함께 검고 흰 명칭을 붙이면서도 그 물건은 분별하지 못하는 것과 같다. 그러니 어찌 분별이 있다고 하겠는가?

그러므로 옛날의 지혜 있는 사람이 천하를 위하여 헤아릴 적에는 반드시 그 의로움을 좇아서 생각하고 그러한 뒤에야 그것을 위하여 행동하였다. 그리하여 행동함에 의구심(疑懼心)이 없었고 멀고 가까운 사람들이 모두 그가 바라는 것을 얻었으며, 하늘과 귀신과 백성들의 이익을 따랐다. 곧 이것이 지혜 있는 사람의 도(道)인 것이다.

그러므로 옛날의 천하를 다스렸던 어진 사람들은 반드시 큰 나라와 서로 즐겁게 지내면서 천하의 조화를 통일하고 온 세계를 아울렀다. 그리고는 천하의 백성들을 거느리고 농사짓는 신하들로 하여금 하나님과 산천의 귀신들을 섬기게 하였으니 사람들을 이롭게 한 것도 많거니와 공로도 컸다. 그리하여 하늘은 그에게 상을 내리고 귀신은 그를 부하게 해주고 사람들은 그를 칭송하여 그로 하여금 천자의 귀한 몸이 되게 하고 천하의 부를 다 차지하게 하였으며, 명성은 하늘과 땅에 어울리어 지금까지 없어지지 않고 있다. 이것이 곧 지혜 있는 사람의 도이며 옛 임금들이 천하를 다스렸던 근거인 것이다."

原文 子墨子言曰：今天下之所譽善者, 其說將何哉？爲其上中天之利, 而中中鬼之利, 而下中人之利, 故譽之與？意亡非爲其上中天之利, 而中中鬼之利, 而下中人之利, 故譽之與？雖使下愚之人, 必曰將爲其上中天之利, 而中中鬼之利, 而下中人之利, 故譽之.

今天下之所同義者, 聖王之法也. 今天下之諸侯, 將猶多皆攻伐幷兼, 則是有譽義之名, 而不察其實也. 此譬猶盲者之與人同命白黑之名, 而不能分其物也. 則豈謂有別哉？

是故古之知者之爲天下度也, 必順慮其義, 而後爲之行. 是以動則不疑, 遠邇咸得其所欲, 而順天鬼百姓之利, 則知者之道也. 是故古之仁人, 有天下者, 必交大國之說, 一天下之和, 總四海之內. 焉率天下之百姓, 以農臣事上帝山川鬼神, 利人多, 功又大. 是以天賞之, 鬼富之, 人譽之, 使貴爲天子, 富有天下, 名參乎天地,至今不廢. 此則知者之道也, 先王之所以有天下者也.

註解 ○意(의)-억(抑)과 통하여 '그렇지 않으면'의 뜻(王引之 說). ○亡(무)-무(無)와 통하여 어조사. ○遠邇咸(원이함)-먼 곳 가까운 곳의 사람들 모두가. 보통 판본엔 '속통성(速通成)'으로 되어 있으나 뜻이 통하지 않으므로 손이양(孫詒讓)의 설을 따라 고쳤다. ○交(교)-서로. 보통 책엔 '반(反)'으로 되어 있으나 손이양의 설을 따라 고쳤다. ○交大國之說(교대국지열)- '여대국교상열(與大國交相說)' 곧 '큰 나라와 함께 서로 기쁘게 지낸다'는 뜻 《墨子閒詁》). ○焉(언)-이에의 뜻. 내(乃)와 같음.

解說 여기서는 옛 어진 임금들이 하던 정치를 설명하고 있다. 옛 임금들은 하늘과 귀신과 사람들 모두에게 이로운 정치를 하여 온 세상을 평화롭게 다스렸었다. 그런 훌륭한 정치 아래에선 나라와 백성들에게 막대한 피해를 가져오는 전쟁 같은 것은 했을 리가 없을 것이다.

2. 지금의 임금이나 대신 또는 천하의 제후들은 곧 그렇지 않다. 반드시 그들은 모두 그의 군사들을 정리하고 군함과 전차를 타는 부대들을 정돈시킨 다음, 이에 튼튼한 갑옷과 예리한 무기들을 준비해 가지고 죄 없는 나라를 정벌하러 간다. 그 나라의 변경을 넘어 들어가서는 그들이 농사지은 곡식들을 베어 버리고 그곳의 나무들을 잘라 버리며 그들의 성곽을 부수고 그들의 해자를 묻어 버리며 그들의 짐승을 함부로 죽이고 그들의 종묘(宗廟)를 불질러 없애며, 그 나라 백성들을 찔러 죽이고 그 나라의 늙은이와 약한 사람들을 죽여 없애며 그 나라의 소중한 그릇들을 가져간다. 졸지에 진격하여 전투를 벌이게 되면 말하기를, 목숨을 바치는 게 상급이고 많이 죽이는 게 그 다음이며 몸에 부상을 입는 게 하급이라 한다. 그리하여 대열을 잃고 돌아서 도망치는 자들은 용서없이 사형에

처할 자들이라 하여 그의 군사들이 두려워하게 된다.

그들은 나라를 아우르고 군대를 패멸시키며 만백성들을 해치고 학대하여 성인의 유업(遺業)을 어지럽힌다. 그런데도 그렇게 함으로써 하늘을 이롭게 하는가? 하늘의 사람들을 가지고서 하늘의 도읍을 공격하니, 이것은 하늘의 백성들을 찔러 죽이고 신위(神位)를 박살내며 사직(社稷)을 뒤엎고 제물로 쓸 짐승들을 함부로 죽이는 것이다. 그러니 이것은 위로 하늘의 이익에 부합되지 않는다.

그렇지 않으면 그렇게 함으로써 귀신을 이롭게 하는가? 하늘의 사람들을 죽이고 귀신의 제주(祭主)를 없애며 옛 임금들을 부정하고 만백성을 해치고 학대하며 백성들을 흩어지게 하는 것이니 곧 이것은 가운데로는 귀신들의 이익에도 부합되지 않는다.

그렇지 않으면 그렇게 함으로써 사람들을 이롭게 하는가? 사람을 죽인다는 것은 사람들의 이익을 위해서도 각박(刻薄)한 짓이다. 또 그 비용을 계산해 본다면 이것은 삶의 근본을 해치는 것이며 천하 백성들이 사용할 재물을 말리는 것이 얼마나 많은지 이루 다 헤아릴 수도 없다. 그러니 이것은 아래로 사람들의 이익에도 부합되지 않는다.

原文 今王公大人, 天下之諸侯, 則不然. 將必皆差論其爪牙之士, 比列其舟車之卒伍, 於此爲堅甲利兵, 以往攻伐無罪之國, 入其國家邊境, 芟刈其禾稼, 斬其樹木, 墮其城郭, 以湮其溝池, 攘殺其牲牷, 燔潰其祖廟, 勁殺其萬民, 覆其老弱, 遷其重器. 卒進而極乎鬪, 曰: 死命爲上, 多殺次之, 身傷者爲下. 又況失列北撓乎哉, 罪死無赦, 以憚其衆.

夫無兼國覆軍, 賊虐萬民, 以亂聖人之緒. 意將以爲利天乎? 夫取天之人, 以攻天之邑, 此刺殺天民, 剝振神位, 傾覆社稷, 攘殺犧牲, 則此上不中天之利矣.

意將以爲利鬼乎? 夫殺天之人, 滅鬼神之主, 廢滅先王, 賊虐萬民, 百姓離散, 則此中不中鬼之利矣.

意將以爲利人乎? 夫殺人之爲利也薄矣. 又計其費, 此爲害生之本, 竭天下百姓之財用, 不可勝數也. 則此下不中人之利矣.

註解 ○差論(차론)—등급을 따지어 정리하는 것. ○爪牙之士(조아지사)—발톱과 이가 되는 군사들. ○芟刈(삼예)—풀 같은 것을 베는 것. ○禾稼(화가)—농사지은 곡식. ○湮(인)—메움. 묻음. ○溝池(구지)—해자. 성을 지키기 위하여 성 둘레에 파놓은 도랑과 못. ○牲牷(생전)—생(牲)은 소·말·양·돼지·개·닭 같은 제물로 쓸 수 있는 짐승. 전(牷)은 사지를 다 갖춘 짐승(《周禮》 鄭玄 注), 또는 순색(純色)의 짐승(鄭衆 說). ○燔潰(번궤)—태워 없애는 것. ○勁(경)—목을 치는 것(《左傳》 定公四年 杜注. 郭璞 說). ○覆(복)—멸함(《逸周書》 周祝篇 孔注). 죽여 없앰. ○重器(중기)—보배가 되는 그릇들. ○北撓(배요)—뒤로 돌아서 달아나는 것. ○緖(서)—유업(遺業). 유서(遺緖). ○剝振(박맥)—찢다. 부수다.

解說 여기에서는 전쟁이란 하늘에게도 이롭지 않고 귀신이나 사람에게도 이롭지 않은 잔혹(殘酷)한 것임을 설파하고 있다. 이처럼 전쟁을 반대하는 데에 하늘과 귀신까지 동원하는 것은 그의 〈천지편〉의 사상과 통하는 것이다. 묵자가 사람은 서로 사랑해야만 한다는 '겸애설(兼愛說)'을 바탕으로 하여 이처럼 철저한 비전론(非戰論)을 펴고 있다는 점은 현대 우리에게도 많은 시사를 하는 것이다.

3. 지금 군대라는 것은 서로에게 이롭지 않은 것이다. 그것은 장수가 용감하지 않고 군사들에게 사기가 없고 무기가 예리하지 않고 교련을 제대로 익히지 아니하며 군대의 수가 많지 아니하고 장교들이 불화하고 위

세가 강하지 아니하면, 그들의 포위는 오래가지 않고 그들의 다툼은 재빠르지 아니하며 그들의 국민 통솔은 강하지 아니하고 먹은 마음은 굳지 아니하여, 나라의 제후에게는 의혹을 품게 한다.

나라의 제후가 의혹을 품으면 곧 적국을 우려하게 되고, 의지가 약화된다. 이러한 조건들을 모두 갖추고서 전쟁에 종사하게 되면 곧 나라는 일손을 잃게 되고 백성들은 할 일을 바꿔야만 하게 된다.

지금 공격하고 정벌하기를 좋아하는 나라에 대한 해설을 보지 않았는가? 만약 군사를 일으킨다면 지휘관급 수백 명에 사관급은 반드시 수천 명이 있어야 하고 병졸은 수십만이 있어야만 군사행동을 할 수가 있을 것이다. 그리고 오래갈 적에는 수년, 빨라도 수개월은 걸리는데, 이 사이 임금은 정치를 할 겨를이 없고 관리들은 그의 벼슬직책을 다스릴 겨를이 없고 농부는 농사지을 겨를이 없고 부인은 실 뽑고 길쌈할 겨를이 없을 것이다. 곧 이것이 나라는 일손을 잃게 되고 백성들은 할 일을 바꾸게 되는 원인이 되는 것이다.

그리고 그들의 수레와 말은 해지고 지치게 될 것이고, 장막과 포장같은 전군의 용품과 갑옷이나 무기 같은 군수품들은 5분의 1만 남게 된다 해도 많이 남은 것이라고 할 수가 있을 것이다. 그리고 길에서 산실(散失)되는 것도 있다. 가는 길은 아득히 먼데 양식은 충당되지 않아 음식을 제때에 먹지 못하게 되면, 노무자(勞務者)들은 이 때문에 굶주리고 헐벗어 병에 걸려 도랑 가운데로 굴러떨어져 죽는 자가 이루 헤아릴 수도 없이 많을 것이다.

이래서 그것이 사람들에게 이롭지 못하며, 천하에 끼치는 해가 대단하다는 것이다. 그런데도 임금과 귀족들이 그것을 즐겨 행한다면, 곧 이것은 천하의 만백성들을 해치고 멸망시키기를 즐기는 것이 된다. 어찌 도리에 어긋나는 것이 아니겠는가?

지금 천하에 전쟁을 좋아하는 나라로 제(齊)나라·진(晉)나라·초(楚)

나라・월(越)나라가 있다. 만약 이 네 나라들이 천하에서 자기네 뜻대로 행동할 수 있게 된다면 모두 그 나라의 민중이 10배로 늘겠지만 자기 나라 땅을 경작하여 먹고 살 수가 없게 될 것이다. 그것은 사람은 부족하게 되고 땅은 남음이 있게 될 것이기 때문이다. 그런데도 지금 또 그들의 땅을 다투게 될 것이므로 도리어 서로 해치게 되는 것이다. 그러니 이것은 부족한 것을 축내가면서 남음이 있는 것을 더욱 중히 하는 짓이 된다.

原文 今夫師者之相爲不利者也. 曰:將不勇, 士不分, 兵不利, 敎不習, 師不衆, 率不利, 威不圉, 害之不久, 爭之不疾, 孫之不强, 植心不堅, 與國諸侯疑.

與國諸侯疑, 則敵生慮, 而意羸矣. 偏具此物, 而致從事焉, 則是國家失卒, 而百姓易務也.

今不嘗觀其說好攻伐之國? 若使中興師, 君子數百, 庶人也必且數千, 徒倍十萬, 然後足以師而動矣. 久者數歲, 速者數月, 是上不暇聽治, 士不暇治其官府, 農夫不暇稼穡, 婦人不暇紡績織. 則是國家失卒, 而百姓易務也.

然而又與其車馬之罷弊也, 幔幕帷蓋, 三軍之用, 甲兵之備, 五分而得其一, 則猶爲序疏矣. 然而又與其散亡道路. 道路遼遠, 粮食不繼傺, 食飲不時, 厠役以此飢寒, 凍餒疾病而轉死溝壑中者, 不可勝計也.

此其爲不利於人也, 天下之害厚矣. 而王公大人樂而行之, 則此樂賊滅天下之萬民也. 豈不悖哉?

今天下好戰之國, 齊晉楚越. 若使此四國者, 得意於天下, 此皆十倍其國之衆, 而未能食其地也. 是人足而地有餘也. 今又以爭地之故而反相賊也. 然則是虧不足, 而重有餘也.

[註解] ○分(분)-분(忿) 또는 분(奮)과 통하여(《墨子閒詁》), 사기(士氣)를 떨치는 것. ○率(솔)-장솔(將率). 지금의 장교(將校). ○利(이)-화(和)의 잘못(《墨子閒詁》). ○圉(어)-강한 것. 튼튼한 것. ○害(해)-위(圍)의 잘못인 듯(《墨子閒詁》). 포위하는 것. ○孫(손)-계(係)의 잘못인 듯(《墨子閒詁》), 백성들을 잘 통솔하는 것. ○嬴(리)-여위다. 약해지다. ○偏(편)-편(徧)과 통하여, 두루. 모두. ○倍十(배십)-수십. ○稼穡(가색)-씨뿌리고 거두는 것, 곧 농사짓는 것. ○罷弊(피폐)-지치고 해지는 것. ○幔幕(만막)-장막. ○帷蓋(유개)-포장. ○序疏(서소)-후여(厚餘)의 잘못인 듯(《墨子閒詁》). 많은 남음이 있는 것. ○厠役(측역)-측(廁)은 시(廝)의 잘못이며(王闓運 說), 시역(廝役)은 노무자(勞務者). ○悖(패)-도리에 어긋나는 것. ○食(식)-농사를 지어 먹고사는 것.

[解說] 여기서도 전쟁이 얼마나 큰 피해를 주는가, 군비가 시원찮은 나라와 군비가 잘되어 있는 나라들의 경우를 들면서 설명하고 있다. 군비가 잘된 나라나 못된 나라나 전쟁은 어떻든 큰 손실임에 틀림이 없다.

4. 지금 공격과 정벌을 좋아하는 임금에게 이르러는 또 그들의 이론을 비호하며 묵자를 비난하여 말한다.

"공격하고 정벌하는 것을 불의라 하는 것은 엉뚱한 것을 이롭게 하려는 것이 아닌가? 옛날에 우(禹)임금은 묘(苗)족을 정벌하였고, 탕(湯)임금은 걸(桀)을 정벌하였고, 무왕(武王)은 주(紂)를 정벌하였는데, 이들은 모두 성왕(聖王)이 되었다. 이것은 무엇 때문인가?"

묵자가 말하였다.

"당신은 내 말의 성질을 잘 살피지 못하여 그 뜻을 잘 알지 못하는 때문이다. 그들이 한 것은 이른바 공격이 아니라 주벌(誅伐)이라는 것이다.

옛날 묘족들이 크게 혼란을 일으키자 하늘이 명하시어 그들을 처벌케 하였다. 요괴(妖怪)가 밤이면 나타났고 사흘이나 피비가 내렸고, 용(龍)

이 묘당(廟堂)에 생겨났고, 개가 시장에서 곡을 하였고, 여름에 얼음이 얼고, 땅이 갈라져 샘물이 솟아났고, 오곡(五穀)의 생장이 변화하여 백성들은 이에 크게 떨며 두려워하였다. 순임금이 이에 현궁(玄宮)에서 명을 내리니, 우임금은 친히 하늘의 명령을 받들고 묘나라를 정벌하였다. 그러자 번개와 벼락이 번득이며 진동하고 사람의 얼굴에 새의 몸을 가진 신(神)이 옥홀(玉笏)을 받들고 시종(侍從)하였다. 묘족의 군대는 이 싸움에서 우두머리가 화살을 맞자 크게 혼란을 일으켜 마침내는 후손들까지도 쇠멸하게 되었다.

우임금은 묘족을 정복하고 나자, 이에 산과 냇물을 따로 분별하고 하늘과 땅의 물건을 구별하였으며, 사방의 먼 나라들까지도 밝게 제어(制御)하여, 신과 백성들이 서로 어기지 않게 되니 천하가 이에 안정되었다. 곧 이것이 우임금이 묘족을 정벌했던 경과이다.

하(夏)나라 임금 걸(桀)에 이르러서도 하늘의 엄한 명령이 내려졌다. 해와 달이 제때에 뜨고 지지 않고, 추위와 더위가 엇섞여 닥치고, 오곡이 말라죽고, 귀신들이 나라 안에서 울부짖고, 학이 10여 일 밤이나 울었다. 하늘이 이에 표궁(鑣宮)에서 탕임금에게 명하시어, 하나라의 천명(天命)을 물려받도록 하시었다.

탕임금은 이에 감히 그의 민중들을 거느리고서 하나라 지경으로 향하였다. 그러자 하나님은 벼락을 내리시어 하나라 성을 무너뜨렸다. 조금 있으려니 한 신(神)이 와서 고하기를

'하나라 덕이 크게 어지러워졌으니 가서 그를 공격하시오. 나는 반드시 당신으로 하여금 그를 크게 무찌르도록 하겠소. 나는 이미 하늘에게서 명을 받았거니와, 하늘은 또 축융(祝融)에게 명하시어 하나라의 성 사이 서북쪽 성 모퉁이에 불을 내리게 하시었소.'
라 하였다.

탕임금은 걸왕의 백성들을 거느리고 하나라를 쳐부수었다. 그리고 박

(薄) 땅에 제후들을 모아놓고서 하늘의 명을 밝혀주어 사방으로 펴지게 하니, 천하의 제후들은 감히 복종하지 않는 사람이 없게 되었다. 곧 이것이 탕임금이 걸을 주벌했던 경과이다.

상(商)나라 임금 주(紂)에게 이르러서는 하늘이 그의 행동에 순응(順應)치 않게 되었다. 모든 제사를 제때에 지내지 못하고, 밤낮으로 열흘동안 박(薄) 땅에 흙비가 내렸고, 구정(九鼎)이 자리를 옮겨 앉았고, 여괴(女怪)가 밤에 나타났고, 귀신이 밤에 울었으며, 여자가 남자로 변하기도 했고, 하늘에선 피비가 내렸으며, 국도(國道)에 가시덤불이 자라났고, 임금은 더욱 멋대로 방종하였다.

이에 붉은 새가 부서(符瑞)를 물고 주(周)나라 기(岐)의 사(社)로 내려와 말하였다.

'하늘이 주나라 문왕에게 명하시어 은나라를 치고 천하를 다스리게 하신다.'

그러자 태전(泰顚)이 섬기기 위하여 찾아왔고, 황하(黃河)에서는 녹도(綠圖)가 나왔고, 땅에서는 승황(乘黃)이 나왔다.

무왕이 천자의 자리에 오르자 꿈에 삼신(三神)이 나타나 말하였다.

'나는 이미 은나라 주왕이 술마시는 일에 푹 빠져있음을 알고 있습니다. 가서 그를 공격하면, 나는 반드시 당신으로 하여금 크게 승리를 거두도록 하겠습니다.'

무왕은 이에 가서 그를 공격하려고 주나라를 떠나 상나라로 갔다. 하늘은 무왕에게 황조(黃鳥)의 깃발을 내렸다. 무왕은 은나라를 쳐부수어 하나님이 내리신 명을 이룩하고 나서는, 여러 신들을 분별하여 제후들에게 제사지내도록 하고, 주(紂)의 선조 임금들도 제사지내게 하여 사방 오랑캐에게까지도 위세가 통하게 하니 천하에 복종하지 않는 자가 없게 되었다. 이에 탕임금의 서업(緒業)이 무왕에 의하여 다시 계승되었던 것이다. 이것이 곧 무왕이 주를 주벌하였던 경과이다.

이와 같은 세 성왕들의 예를 볼 것 같으면 곧 그것은 이른바 공격이
아니라 이른바 주벌(誅罰)인 것이다."

原文   今遝夫好攻伐之君, 又飾其說, 以非子墨子曰:以攻伐之
爲不義, 非利物與? 昔者禹征有苗, 湯伐桀, 武王伐紂, 此皆立爲
聖王, 是何故也?

子墨子曰:子未察吾言之類, 未明其故者也. 彼非所謂攻, 謂
誅也.

昔者三苗大亂, 天命殛之. 日妖宵出, 雨血三朝, 龍生於廟, 犬
哭乎市, 夏冰, 地坼及泉, 五穀變化, 民乃大振. 高陽乃命玄宮,
禹親把天之瑞令, 以征有苗, 四電誘祗, 有神人面鳥身, 若瑾以侍.
搤矢有苗之祥, 苗師大亂, 後乃遂幾.

禹旣已克有三苗, 焉磨爲山川, 別物上下, 卿制大極, 而神民不
違, 天下乃靜. 則此禹之所以征有苗也.

遝至乎夏王桀, 天有酷命. 日月不時, 寒暑雜至, 五穀焦死, 鬼
呼國, 鶴鳴十夕餘. 天乃命湯於鑣宮, 用受夏之大命.

湯焉敢奉率其衆, 是以鄕有夏之境. 帝乃使陰暴, 毀有夏之城.
少少有神來告曰:夏德大亂, 往攻之. 予必使汝大堪之. 予旣受命
於天, 天命融隆火, 于夏之城間西北之隅.

湯奉桀衆以克有夏. 屬諸侯於薄, 薦章天命, 通于四方, 而天下
諸侯莫敢不賓服. 則此湯之所以誅桀也.

遝至乎商王紂, 天不序其德. 祀用失時, 兼夜中十日雨土于薄,
九鼎遷止, 婦妖宵出, 有鬼宵吟, 有女爲男, 天雨肉, 棘生乎國道,
王兄自縱也.

赤鳥銜珪, 降周之岐社曰:天命周文王, 伐殷有國. 泰顚來賓,

河出綠圖, 地出乘黃.

　武王踐功, 夢見三神曰：予旣沈漬殷紂于酒德矣. 往攻之. 予必使汝大堪之.

　武王乃攻狂夫, 反商之周. 天賜武王黃鳥之旗, 王旣已克殷, 成帝之來, 分主諸神, 祀紂先王, 通維四夷, 而天下莫不賓, 焉襲湯之緖. 此卽武王之所以誅紂也.

　若以此三聖王者觀之, 則非所謂攻也, 所謂誅也.

| 註解 | ○遝(답)—이르다. 미치다. ○類(유)—성질. 종류. ○殛(극)—죽이다. 처형하다. ○日(일)—有(유)의 잘못인 듯(《墨子閒詁》). ○宵(소)—밤. ○坼(탁)—갈라지다. 쪼개지다. ○振(진)—크게 놀라 떠는 것. ○高陽(고양)—순(舜)임금은 고양씨의 후손이다. 다만 이것이 누구를 가리키는지는 불확실하다. ○玄宮(현궁)—궁전 이름. ○瑞(서)—옥으로 된 부서(符瑞), 또는 부신(符信). ○四電誘祇(사전유지)—뜻이 통하지 않음. 뇌전발진(雷電誖振)의 잘못인 듯(《墨子閒詁》), 곧 '우레와 번개가 번쩍이고 진동하는 것'. ○若瑾(약근)—봉규(奉珪)의 잘못인 듯(《墨子閒詁》), '옥홀(玉笏)을 받들고'의 뜻. ○搤(액)—분명치 않으나, 화살에 '맞는다'는 뜻일 것이다. ○祥(상)—장(將)의 잘못인 듯(《墨子閒詁》). ○幾(기)—희미해지다. 쇠퇴하다. ○磨(마)—역(歷)의 잘못(《墨子閒詁》), 가려내다. 분별하다. ○卿(경)—밝히다. ○大極(대극)—위대한 법도. 대(大)를 사(四)의 잘못으로 보고, 사방의 먼 나라로 풀이하기도 한다(孫詒讓 說). ○鞈(곡)—혹(酷) 또는 곡(嚳)의 잘못으로, 엄한 것. 심한 것(孫詒讓 說). ○鸖(학)—학(鶴)과 같은 글자. ○鑣宮(표궁)—궁전 이름. ○用受夏之大命(용수하지대명)—이 구절 아래 '하덕대란(夏德大亂), 여기졸기명어천의(予旣卒其命於天矣). 왕이주지(往而誅之), 필사여감지(必使汝堪之).'란 말이 더 들어 있으나, 이것은 분명히 바로 뒤의 신(神)이 고하는 말이 여기에 잘못 끼어든 것인 듯하여 빼버렸다. ○鄕(향)—향(向)과 통하여, 향하여 가다. ○陰暴(음폭)—음(陰)은 강(降)의 잘못인 듯(《墨子閒詁》), 따라서 '사나운 벼락을 내리는 것'. ○堪(감)—승(勝)과 뜻이 통하여 이기다. 승리

하다. ○融(융)−축융(祝融). 불의 신. ○屬(촉)−모으다. ○薄(박)−박(亳)으로도 쓰며, 탕임금의 도읍지. 지금의 하남성(河南省), 언사현(偃師縣) 근처였다. ○序(서)−순응(順應)하다. ○九鼎(구정)−우(禹)가 구주(九州)를 상징하는 뜻으로 만든 아홉 개의 솥. 천자의 다스림을 상징하는 것으로 후세에까지 전해지다가 진(秦)나라 때 없어졌다. ○雨肉(우육)−생 살점이 비에 섞여 내리는 것, 곧 피비와 비슷하다. ○棘(극)−가시. 가시덤불. ○兄(황)−황(況)과 통하여, 더욱. ○社(사)−임금이 땅의 신을 제사지내던 곳. ○泰顚(태전)−현명한 신하 이름. 앞 〈상현 상편〉에도 보였으나 어떤 사람이었는지는 확실치 않다. ○綠圖(녹도)−상서로운 표시. 그 그림이 실제로 어떤 모양이었는지는 알 수 없다. ○乘黃(승황)−성왕이 다스리는 태평성대에 나타난다는 상서로운 동물의 이름. ○踐功(천공)−공(功)은 조(阼)의 잘못으로, 천자의 자리에 오르는 것. ○沈漬(침적)−폭 빠져 있는 것. ○乃攻往(내공왕)−왕공지(往攻之)의 잘못인 듯(《墨子閒詁》), 다만 그 아래 다섯 자의 뜻도 분명치는 않다. ○來(내)−뢰(賚)와 통하여, 내려준 것, 곧 천명(天命)을 가리킴. ○緒(서)−서업(緒業). 유업(遺業).

解說 전쟁을 좋아하는 자들은 옛날 우·탕·무왕 같은 성인들도 묘족과 걸·주를 각기 정벌하지 않았는가? 그러니 전쟁과 정벌은 필요한 것이라 주장한다. 그러나 묵자의 이론에 의하면 극악무도한 자를 치는 것을 주벌(誅罰), 곧 하늘의 벌을 대신 내리는 것이지 정벌이 아니라는 것이다.

5. 다시 남을 공격하고 정벌하기 좋아하는 임금은 또 그의 이론을 비호하며 묵자를 비난한다.

"당신이 공격하고 정벌하는 것을 불의라 하는 것은 엉뚱한 것을 이롭게 하는 것이 아닌가? 옛날 초(楚)나라 웅려(雄麗)는 저산(雎山) 사이에 처음으로 봉(封)해졌고, 월(越)나라 왕 예휴(繄虧)는 유거(有遽)로부터 나와 처음으로 월(越) 땅에 나라를 세웠고, 당숙(唐叔)과 여상(呂尙)은 제(齊)나라와 진(晉)나라에 봉해졌었다. 이들은 모두 넓이 수백 리 평방의 땅이었는데, 지금은 다른 나라들을 병합시켰기 때문에 천하를 넷으로 나누어 이들이 차지하게 되었다. 이 까닭은 무엇인가?"

묵자가 말하였다.

"당신은 내 말의 성격을 잘 살피지 못하여 그 뜻을 잘 알지 못하기 때문이다. 옛날 천자께서 제후로서 처음 봉했던 사람들은 만여 명이나 되었다. 지금은 다른 나라들을 병합시켰기 때문에 만여의 나라들이 모두 멸망하고 다만 네 나라만이 존재하게 되었다. 이것을 비유로 들면 마치 만여 명에게 약을 주어 병을 치료했는데 네 명만이 병이 나았다는 것과 같다. 이런 의사는 훌륭한 의사라 할 수가 없을 것이다."

그러자 공격과 정벌을 좋아하는 임금이 또 그의 이론을 비호하여 말하였다.

"나는 금이나 옥 또는 자녀들이나 땅이 모자라기 때문에 그러는 것은 아니다. 나는 천하에 의로운 이름을 떨치어 덕으로써 제후들을 굴복시키고자 하기 때문이다."

묵자가 말하였다.

"지금 만약 천하에 의로운 이름을 떨침으로써 덕으로 제후들을 굴복시키는 이가 있다면, 온 천하가 복종하는 것을 그대로 서서 기다리기만 해도 될 것이다.

천하에 공격과 정벌이 있어온 지 오래되었는데, 그것은 비유를 들면 마치 어린아이가 말을 기르는 거나 같다. 지금 서로 믿음으로써 사귀고 천하를 먼저 이롭게 할 수 있는 제후가 있다면, 큰 나라가 의롭지 않다면 곧 함께 그것을 걱정하고, 큰 나라가 작은 나라를 공격하면 곧 함께 그를 구해 주고, 작은 나라의 성곽이 온전치 않으면 반드시 그것을 수리하도록 해줄 것이며, 옷감이나 곡식이 모자라면 그것을 보내주고, 폐백(幣帛)이 부족하다면 그것을 공급해 줄 것이다. 이렇게 함으로써 큰 나라가 외교를 한다면 작은 나라의 임금들은 기뻐할 것이다. 남은 노고를 많이 하는데 나는 평안히 지낸다면 곧 우리의 군사들이 강해질 것이며, 너그럽고도 은혜롭고 위급한 것을 구제해 준다면 백성들이 반드시 그에게로 귀의(歸依)하게 될 것이다.

방법을 바꾸어 공격과 정벌로써 자기 나라를 다스린다면 노력이 반드시 몇 배 더 들 것이다. 내가 군사를 일으키는 비용을 헤아리고 나서 제후들의 멸망을 위하여 싸운다면 반드시 많은 이익을 얻을 수가 있을 것이다.

올바름으로써 살피고, 그의 이름을 의롭게 하며, 반드시 내 백성들에게 관대히 하고, 나의 백성들에게 신임을 받도록 힘써야만 한다. 이렇게 함으로써 다른 제후들의 백성을 끌어들인다고 하면 곧 천하에 적이 없게 될 것이며, 그가 천하에 끼쳐주는 이익은 이루 다 헤아릴 수 없게 되는 것이다.

이것이 천하의 이익이다. 그러나 임금과 귀족들은 그 방법을 사용할 줄 모르고 있으니, 곧 이것은 천하를 이롭게 하는 큰 일을 알지 못하는 것이라고 말할 수 있을 것이다."

그래서 묵자는 또 말하였다.

"지금 천하의 임금과 귀족 및 군자들이 충심으로 천하의 이익을 일으키고 천하의 해를 제거하려 한다면 번거로이 공격하고 정벌하는 일을 하는 것은 실로 천하의 큰 해인 것이다. 지금 어짊과 의로움을 행하고 훌륭한 선비를 구하고자 하며, 위로는 성왕의 도에 알맞게 하고 아래로는 국가와 백성들의 이익에 알맞게 하려고 한다면, 마땅히 공격을 반대하는 이론에 대하여 잘 살피지 않으면 안된다는 것은 이 때문이다."

原文 則夫好攻伐之君, 又飾其說以非子墨子曰:

子以攻伐爲不義, 非利物與? 昔者楚熊麗, 始封此睢山之間. 越王繫虖, 出自有遽, 始邦於越, 唐叔與呂尚, 邦齊晉. 此皆地方數百里, 今以幷國之, 故四分天下而有之. 是故何也?

子墨子曰: 子未察吾之類, 未明其故者也. 古者天子之始封諸侯也, 萬有餘. 今以幷國之故, 萬國有餘皆滅, 而四國獨立. 此譬猶醫之藥萬有餘人, 而四人愈也. 則不可謂良醫矣.

則夫好攻伐之君, 又飾其說曰: 我非以金玉子女壤地爲不足也. 我欲以義名立於天下, 以德求諸侯也.

子墨子曰: 今若有能以義名立於天下, 以德求諸侯者, 天下之服, 可立而待也.

夫天下處攻伐久矣. 譬若僮子之爲馬然. 今若有能信効先利天下諸侯者, 大國之不義也則同憂之, 大國之攻小國也則同救之, 小國城郭之不全也必使修之, 布粟之絶則委之, 幣帛不足則共之. 以此效大國 則小國之君說. 人勞我逸則我甲兵強, 寬以惠, 緩易急, 民必移. 易攻伐以治我國, 攻必培. 量我師舉之費, 以爭諸侯之斃, 則必可得而序利焉.

督以正, 義其名, 必務寬吾衆, 信吾師, 以此授諸侯之師, 則天下無敵矣, 其爲利天下, 不可勝數也.

此天下之利, 而王公大人不知而用, 則此可謂不知利天下之巨務矣.

是故子墨子曰: 今且天下之王公大人士君子, 中情將欲求興天下之利, 除天下之害, 當若繁爲攻伐, 此實天下之巨害也. 今欲爲仁義, 求爲上士, 尚欲中聖王之道, 下欲中國家百姓之利, 故當若非攻之爲說而將不可不察者, 此也.

註解 ○熊麗(웅려)-초나라 왕실의 조상 이름.《사기》초세가(楚世家)에는 웅려의 손자 웅역(熊繹)이 주(周)나라 성왕(成王) 때 처음으로 초나라에 봉함을 받았다 하였다. ○雎山(저산)-초나라 땅의 산이름. ○繄虧(예휴)-월나라 왕실의 조상.《사기》월세가(越世家)에는 구천(勾踐)이 처음으로 월나라 왕이 되었다 하였다. 따라서 예휴는 구천의 아버지 윤상(允常)이라고도 하고, 그 조상 무여(無餘) 또는 집자(執疵)라는 등 설이 구구하다(《墨子閒詁》). ○有遽(유거)-월나라 왕실의 조상 이름. 웅거(熊渠)를 가리키는 듯하다(孫詒讓 說). ○唐叔(당숙)-주나라 성왕(成王)의 아우. 숙우(叔虞). 처음엔 당(唐)나라에 봉했으나 그의 아들 섭보(燮父)가 진(晉)으로 도읍을 옮기어 진후(晉侯)로 고쳐 부르게 되었다. ○呂尙(여상)-곧 태공망(太公望). 주나라 무왕(武王)이 그를 제나라에 봉했었다. ○僮子(동자)-아이. ○信効(신효)-효(効)는 교(交)와 통하여 믿음으로써 서로 사귀는 것(《墨子閒詁》). ○之絶(지절)-지(之)는 핍(乏)의 잘못인 듯, 부족하고 끊이는 것. ○委(위)-대어주는 것. ○共(공)-공(供)과 통하여 공급해 주는 것. ○移(이)-귀의(歸依)하는 것. ○攻(공)-공(功)의 잘못인 듯《墨子閒詁》). ○斃(폐)-죽는 것. 멸망하는 것. ○序(서)-후(厚)의 잘못으로(王引之 說), 두터운. 많은. ○督(독)-살피는 것(《說文》). ○授(수)-원(援)의 잘못인 듯(《墨子閒詁》), 이끌다. 취하다.

解說 여기서도 묵자의 비전론이 계속 전개되고 있다. 전쟁으로 강성해진 나라가 있기는 하지만 그것은 만의 하나 정도이고, 또 계속 전쟁을 좋아하다가는 그도 결국 남의 손에 멸망당하고 말 것이기 때문이다. 따라서 세상이 평화롭자면 서로 사랑하고 서로 남을 이롭게 해주어야 한다. 그러면 국력도 자연 강해지고 백성들도 그를 따르게 된다. 그러니 전쟁을 반대하는 그의 이론에 누구나 귀를 기울여야만 한다는 말로 이 편을 끝맺고 있다.

제20 절용편(節用篇)(上)

'절용'이란 쓰는 것을 절약한다는 뜻. 사치를 금하고 절약을 함으로써 나라를 부하게 하고 백성들의 삶을 안정시켜 인구를 늘인다는 것은 묵자사상 중에서도 대표적인 것의 하나이다. 이러한 사상은 그 시대 많은 사람들의 공감을 얻었다.

그리고 이 '절용'은 주로 나라를 다스리는 왕공대인(王公大人)들에게 권고되고 있다는 것도 그의 사상의 특징을 드러내는 것이다.

1. 성인이 한 나라의 정치를 하면 그 나라의 부를 배로 늘릴 수 있다. 그것을 확대하여 천하의 정치를 맡으면 천하의 부를 배로 늘릴 수 있다. 그가 부를 배로 늘리는 것은 밖에서 땅을 빼앗아다가 늘리는 것이 아니다. 그 국가의 사정에 따라 쓸데없는 비용을 없애 가지고 두 배로 부를 늘리는 것이다. 성왕이 정치를 함에 있어서 그가 정령을 발하고 사업을 일으키며 백성들을 부리고 재물을 사용함에 있어서는 편리하게 되도록 하지 않는 일이란 없다. 그러므로 재물의 사용에 낭비가 없고 백성들의 생활엔 수고로움이 없으며 그들에게 돌아오는 이익이 많아지는 것이다.

原文 聖人爲政一國, 一國可倍也. 大之爲政天下, 天下可倍也. 其倍之, 非外取地也. 因其國家, 去其無用之費, 足以倍之. 聖王爲政, 其發令興事, 使民用財也, 無不加用而爲者. 是故用財不費, 民德不勞, 其興利多矣.

註解　ㅇ可倍(가배) - 이익이나 부를 두 배로 늘일 수 있다는 뜻. ㅇ加用(가용) - 사용에 편리한 것. ㅇ德(덕) - 득(得)과 통하여《墨子閒詁》, 백성들의 생활 활동을 가리킨다.

解說　성인은 정치를 하면 그 나라의 부를 보통 사람이 다스릴 때보다 두 배 이상으로 늘인다. 성인이라고 이익을 밖으로부터 가져오는 것은 아니다. 무슨 일을 하거나 적게 들이고 일을 이루어 놓기 때문에, 곧 재물을 낭비하는 일이 없으므로 부가 쌓인다는 것이다.

2. 그들이 옷이나 갓옷을 지을 때는 어찌하였는가? 그것으로써 겨울에는 추위를 막고 여름에는 더위를 막는다. 모든 옷을 만드는 원리는 겨울에는 더 따스해지도록 하고 여름에는 더욱 시원해지게 하는 것이다. 화려하기만 하고 사용에 편리하지 않은 것은 제거해 버린다.

그들이 집을 지을 적에는 어찌하였는가? 그것으로써 겨울에는 바람과 추위를 막고 여름에는 더위와 비를 막으며, 도적이 있기 때문에 더욱 튼튼히 만든다. 화려하기만 하고 사용에 편리하지 않은 것은 제거해 버린다.

그들이 갑옷과 방패와 다섯 가지 병기를 만들 적에는 어찌하였는가? 그것으로써 전란(戰亂)과 도적을 막도록 하였다. 만약 전란이나 도적이 일어난다면 갑옷과 방패와 다섯 가지 병기를 가진 자가 이길 것이고, 갖지 않은 자는 질 것이다. 그러므로 성인이 일어나 갑옷과 방패와 다섯 가지 병기를 만들었던 것이다. 갑옷과 방패와 다섯 가지 병기를 만드는 데에는 더욱 가볍고 편리하도록 하고 튼튼하고도 잘 부러지지 않도록 한다. 화려하기만 하고 사용에 편리하지 않은 것은 제거해 버린다.

그들이 배와 수레를 만들 적에는 어찌하였는가? 그것은 수레로서는 타고 다니고 배로서는 강물 위를 타고 다니어 사방으로 통하는 편리를 도모하게 한 것이다. 모든 배와 수레를 만드는 원리에 있어서는 더욱 가볍고도 편리하도록 한다. 화려하기만 하고 사용에 편리하지 않은 것은 제거해 버린다.

그들이 이러한 물건들을 만듦에 있어서는 더욱 사용에 편리하도록 만들지 않은 게 없다. 그러므로 재물의 사용에 낭비가 없고 백성들의 생활은 수고롭지 않으며 그러한 이익의 증가가 많아지는 것이다.

原文 其爲衣裘, 何? 以爲冬以圉寒, 夏以圉暑. 凡爲衣裳之道, 冬加溫, 夏加凊者. 鮮且不加者, 去之.

其爲宮室, 何? 以爲冬以圉風寒, 夏以圉暑雨, 有盜賊加固者. 鮮且不加者, 去之.

其爲甲盾五兵, 何? 以爲以圉寇亂盜賊. 若有寇亂盜賊, 有甲盾五兵者勝, 無者不勝. 是故聖人作爲甲盾五兵. 凡爲甲盾五兵, 加輕以利, 堅而難折者. 鮮且不加者, 去之.

其爲舟車, 何? 以爲車以行陵陸, 舟以行川谷, 以通四方之利. 凡爲舟車之道, 加輕以利者, 鮮且不加者, 去之.

凡其爲此物也, 無不加用而爲者. 是故用財不費, 民德不勞, 其興利多矣.

註解 ○圉(어)-어(禦)와 통하여 '막는다'는 뜻. ○鮮且(선저)-화려한 것《墨子閒詁》). 보통 책에는 천저(芊𦊱)로 되어 있으나 뜻이 통하지 않는다. ○不加者(불가자)-쓰기에 편리하지 않은 것. 소용이 없는 것. ○五兵(오병)-다섯 가지 병기, 곧 긴 창·모난 창·갈래 창·길이 2장(丈) 창·길이 2장(丈) 4척(尺)의 창(鄭衆 說). 정현(鄭玄)은 길이 2장 4척의 창 대신 활과 화살을 넣고 있다.

解說 여기서는 묵자의 실리주의(實利主義)적인 입장을 밝히고 있다. 묵자는 실리와 실용을 벗어난 모든 형식적인 것을 부정하고 있다. 실리와

실용을 위주로 하여 지배자들에게 재물의 사용을 절약하라고 호소하고 있는 점이 특히 주목을 끈다.

3. 또 귀족들이 구슬·옥·새·짐승·개·말 같은 것을 모으기 좋아하는 것을 버리고 그것으로써 옷·집·갑옷·방패·다섯 가지 병기·배·수레 같은 물건의 수를 늘리게 한다면 그러한 것들의 숫자는 두 배로 늘 것이다. 이러한 것은 어렵지 않은 일이다. 그러면 무엇이 두 배로 늘리기 어려운 것인가? 오직 사람만은 두 배로 늘리기 어려운 것이다.

그러나 사람도 두 배로 늘릴 수가 있다. 옛날 성왕들의 방법은 다음과 같다.

'남자는 스무 살이 되면 감히 장가들지 않는 일이 없고, 여자는 나이 열다섯이 되면 감히 시집가지 않는 일이 없어야 한다.'

이것이 성왕의 방법인 것이다.

성왕들이 돌아가신 뒤로 백성들은 멋대로 행동하고 있다. 일찍이 장가들고자 하는 사람은 어떤 때는 스무 살에 장가를 가지만 늦게 장가들고자 하는 사람은 어떤 때는 마흔 살에야 장가를 든다. 그러한 이른 것과 늦은 것을 평균을 해보면 성왕의 법보다 10년이 뒤지게 된다. 만약 모두가 3년만에 아이를 낳아 기른다면 그동안에 모두 2,3명의 자식을 낳을 수 있을 것이다. 이것은 백성들로 하여금 일찍 장가들도록 하였을 뿐만 아니라 그렇게 함으로써 인구를 두 배로 늘릴 수 있는 것이다.

原文 有去大人之好聚珠玉鳥獸犬馬, 以益衣裳宮室甲盾五兵舟車之數, 於數倍乎! 若則不難. 故孰爲難倍? 唯人爲難倍.

然人有可倍也. 昔者聖王爲法曰, 丈夫年二十, 毋敢不處家. 女子年十五, 毋敢不事人. 此聖王之法也.

聖王旣沒, 于民次也. 其欲蚤處家者, 有所二十年處家, 其欲晚處家者, 有所四十年處家. 以其蚤與晚相籑, 後聖王之法十年. 若純三年而字, 子生可以二三人矣. 此不惟使民蚤處家, 而可以倍與!

註解 ○有(유)-又(우)와 통하여 '또'의 뜻. ○處家(처가)-성가(成家)함. 장가들다. ○事人(사인)-사람을 섬기다. 시집가다. ○次(차)-恣(자)와 통하여 멋대로 행동하는 것. ○蚤(조)-일찍이. 빨리. ○有所(유소)-所(소)는 시(時)와 통하여 '어떤 때'(王引之 說). ○相籑(상전)-평균치(平均値)를 내는 것. 籑(전)은 보통 踐(천)으로 되어 있으나 잘못임(《禮記》玉藻 鄭注). ○純(순)-모두 다(《周禮》玉人 注). ○字(자)-아이를 젖 먹여 기름(《說文》).

解說 인구 증가론(增加論)으로서 독특한 견해라 할 수 있다. 지금은 세계 인구가 너무 많아 산아제한(産兒制限)이 문제가 되고 있지만 옛날에는 인구가 많고 적은 것은 바로 그 나라의 국력과 비례하였다. 따라서 인구의 증가는 국력의 증가 및 나라의 생산력의 증가를 뜻하는 것이었다.

4. 그러나 그렇게만 되지는 않는다. 지금 천하의 위정자들은 인구를 적게 하는 길을 따르고 있는 경우가 많다. 그들은 백성을 지나치게 부리고 세금을 많이 거두어들이어, 백성들은 재물이 부족하여 얼거나 굶어서 죽는 사람들이 이루 다 헤아릴 수도 없이 많다. 또한 지배자들은 오직 군사만을 일으키어 이웃 나라를 정벌하는 것을 일삼아서 오래 걸리면 1년이 넘고 짧다 해도 몇 달이 걸리기 때문에 남자와 여자들이 오랫동안 서로 만나지도 못한다. 이것이 인구가 주는 원리인 것이다.

또한 사는 곳이 불안하고 먹고 마시기를 제때에 하지 못하여 병이 생겨서 죽는 자들과 무기를 갖고서 성을 공격하거나 들에서 싸우다가 죽는 자들도 이루 다 헤아릴 수 없이 많다. 이러한 지금의 위정자들이 인구를 줄이는 원인이 되는 원리는, 그들이 쓰는 시책(施策)에 의하여 생겨나는 것이 아니겠는가? 성인들의 정치방법에 있어서는 특히 이런 일은 없다. 성인들이 정치를 함에 있어서 인구를 늘리는 방법은 역시 그들의 시책에 의하여 생겨나는 것이 아니겠는가? 그리하여 묵자가 말하였다.

"쓸데없는 비용을 없애는 것이 성왕의 도이며 천하의 이익인 것이다."

原文 且不然已. 今天下爲政者, 其所以寡人之道多. 其使民勞, 其籍斂厚, 民財不足, 凍餓死者, 不可勝數也. 且大人惟毋興師, 以攻伐鄰國, 久者終年, 速者數月, 男女久不相見. 比所以寡人之道也.

與居處不安, 飮食不時, 作疾病死者, 有與侵就援槖, 攻城野戰死者, 不可勝數. 此不今爲政者, 所以寡人之道, 數術而起與? 聖人爲政, 特無此. 不聖人爲政, 其所以衆人之道, 亦數術而起與? 故子墨子曰 : 去無用之費, 聖王之道, 天下之大利也.

註解 ○籍斂(적렴)−적(籍)은 세(稅)의 뜻(《詩經》大雅韓奕篇 鄭箋)이어서 '세금을 거두어들이는 것'. ○毋(무)−뜻이 없는 어조사. ○侵就援槖(침취원탁)−뜻을 알 수 없다. 원(援)은 복(伏)의 잘못이며 탁(槖)은 성을 불로 공격하는 기구여서(《墨子閒詁》), '무기를 갖고 침입해 나아가' 정도의 뜻인 듯하다. ○不(불)−비(非)와 통함. ○數術(수술)−술수. 일정한 시책(施策).

解說 지금의 위정자들은 전쟁을 비롯한 쓸데없는 낭비를 많이 하여 나라의 인구도 줄어들게 만들고 나라의 재물도 결핍하게 하고 있다. 천하를 올바로 다스리는 성왕의 도란 바로 쓰는 것을 절약하는 것이라는 것이다. 묵자는 거듭 위정자들에게 백성들의 실리(實利)에 입각한 절약을 강조하고 있다.

제21 절용편(節用篇)(中)

이 중편에선 옛날 성왕들이 쓰는 것을 절약하는 보기를 들어 설명하고 있다. 옷과 무기, 수레와 배를 만들 때와 장사지낼 때에 실용에 입각해서 옛사람들은 어떻게 절약하였는가 하는 것을 설명하고 있다.

1. 묵자가 말하였다.

"옛날의 현명한 임금이나 성인들이 천하를 다스리고 제후들을 바로잡은 방법은 그들 백성을 사랑하여 삼가 충성되게 하고 백성을 이롭게 하여 삼가 독실(篤實)하게 함으로써 충성과 믿음을 서로 연결시키고 또 그들에게 이익을 보여주는 것이었다. 그리하여 평생토록 싫어하는 자가 없었고 후세에도 싫증을 내는 사람이 없었다. 옛날에 현명한 임금이나 성인들이 천하를 다스리고 제후들을 바로잡은 방법은 바로 이것이었다.

그러므로 옛날 성왕들은 사용을 절약하는 방법을 마련하여 선언하였다.

'모든 천하의 여러 공인(工人)들은 수레를 만들거나 가죽으로 물건을 만들거나 질그릇을 만들거나 쇠연장을 만들거나 가구를 만들거나 각기 그의 능력대로 일에 종사하도록 한다. 그리고 모두 백성들의 사용에 충당하기에 충분한 정도로 그친다.'

성왕은 모든 비용만 많이 들고 백성들의 이익엔 보탬이 되지 않는 것은 하지 않았던 것이다.

옛날에 성왕들은 먹고 마시는 법을 제정하여 선언하였다.

'배고픔을 채우고 기운을 차리며 팔다리를 강하게 하고 귀와 눈을 분명하고 밝게 하기에 충분한 데서 그치고 다섯 가지 맛의 조화와 향기로움의 조화를 다하지 않고 먼 나라의 진귀하고 특이한 물건을 쓰지 않는다.'"

原文   子墨子言曰:古者明王聖人, 所以王天下, 正諸侯者, 彼其愛民謹忠, 利民謹厚, 忠信相連, 又示之以利. 是以終身不饜, 歿世而不卷. 古者明王聖人, 其所以王天下, 正諸侯者, 此也.

是故古者聖王, 制爲節用之法, 曰:凡天下羣百工, 輪車鞼鞄, 陶冶梓匠, 使各從事所能, 曰:凡足以奉給民用則止. 諸加費不加于民利者, 聖王弗爲.

古者聖王, 制爲飮食之法曰:足以充虛繼氣, 强股肱, 耳目聰明則止, 不極五味之調, 芬香之和, 不致遠國珍怪異物.

註解   ○謹(근)-삼가다. 여기선 삼가 신용있게 했다는 뜻. ○饜(염)-싫증나다. ○歿世(몰세)-몰세(沒世)로도 쓰며 '평생'을 가리킴. ○卷(권)-권(倦)과 통하여 '싫증남'. '권태'. ○鞼鞄(궤포)-'궤'는 운(䩵)의 잘못이며, '운(䩵)'은 가죽에 수놓은 것(《說文》), 또는 운(韗)과 통하여, 갖옷 같은 것을 만드는 공인(王引之 說). 포(鞄)는 포(鞉)와 통하여 가죽을 다리는 공인. ○陶(도)-질그릇 공인. ○冶(야)-쇠로 그릇이나 기구를 만드는 공인. ○梓匠(재장)-가래나무 같은 고급 목재로 가구를 만드는 공인. ○五味(오미)-달고 짜고 시고 쓰고 매운 여러 가지 맛.

解說   여기서는 옛 성왕들이 쓰는 것을 실리에 맞게 절제하던 보기를 들고 있다. 성왕들은 이처럼 실리에 벗어나는 짓을 하지 않았기 때문에 천하를 평화롭게 다스릴 수 있었다는 것이다.

2. 무엇으로써 그러함을 아는가? 옛날 요(堯)임금이 천하를 다스릴 때에는 남쪽으로는 교지(交阯)에 닿고 북쪽으로는 유도(幽都)에 이르며 동서쪽으로는 해가 뜨고 지는 곳까지 이르도록 복종하지 않는 자가 없었다. 그러나 그가 곡식을 매우 아낌에 있어서는 한끼에 두 가지 국을 먹지 않고 두 가지 고기반찬을 먹지 않았다. 토기(土器) 밥그릇에 밥을 담았고, 토기 국그릇에 국을 담아 마셨으며, 국자로써 술 같은 것을 퍼마셨다. 몸을 굽혔다 폈다 하면서 남들과 어울리는 형식적인 체모를 위한 예도 성왕들은 행하지 않았다.

옛날에 성왕들은 의복에 관한 법을 제정하여 선포하였다.

'겨울옷은 짙은 보라와 잿빛 옷으로 하고 가볍고도 따스하게 하며, 여름옷은 굵고 가는 칡베옷으로 하고 가볍고도 시원하게 하는 데서 그친다.'

백성들의 이익에 보탬이 되지 않는 여러 가지 추가되는 낭비를 성왕들은 하지 않으셨다.

옛날 성인께서는 사나운 새와 억센 짐승과 포악한 자들이 백성을 해친다 하여 이에 백성들에게 무기를 쓰는 법을 가르쳤다. 곧 대검(帶劍)은 찌르면 들어가고 치면 끊어지지만 옆에서 쳐도 부러지지 않는 것, 이것이 칼의 이점이다. 갑옷을 입으면 가볍고도 편리하여 몸을 자유로이 움직이게 되니, 이것이 갑옷의 이점이다. 수레는 무거운 것을 싣고 멀리 갈 수 있으며, 그것을 타면 편안하고 그것을 끌면 편리하니, 편안함이란 사람들을 지치게 하지 아니하고 이로움이란 빨리 목적지에 이르게 하는 것인데, 이것이 수레의 이점이라는 것이다.

옛날에 성왕께서는 큰 강물과 넓은 골짜기의 물을 그대로 건널 수가 없었으므로 이에 배와 노를 만드셨는데, 그것은 물을 건너가기에 충분한 정도에서 그쳤다. 비록 높은 삼공(三公)이나 제후들이 와도 배와 노는 바뀌지 아니하였으며 뱃사공은 아무런 장식도 하지 않았다. 이것이 배의 이점이다.

옛날 성왕께서는 장사지내는 것을 절제하는 법을 제정하여 선포하였다.

'수의는 세 벌로 하여 살이 썩기에 충분하게 하고, 관은 세 치[三寸] 두께로 만들어 뼈가 썩기에 충분하게 하며, 묘혈(墓穴)을 팜에 있어서는 깊이 파서 지하수가 나오지 않도록 하고, 냄새가 밖으로 새어나오지 않을 정도에서 그친다. 죽은 사람을 장사지낸 뒤에는 산 사람이 오랫동안 상을 지키면서 슬퍼하지 않도록 해야 한다.'

옛날 사람들이 처음 생겨나서 집이 없었을 적에는 언덕 가에 굴을 파고서 살았다. 성왕께서는 그것을 염려하여 굴속에 사는 것은 겨울에는 바람과 추위를 피할 수가 있지마는 여름이 되면 아래에 습기가 차고 위로는 무더운 기가 차서 백성들의 기운이 손상케 될까 두렵다고 생각하였다. 이에 집을 만들어 편리를 도모하셨다. 그러면 집을 짓는 방법은 어떻게 하였겠는가? 묵자가 말하였다.

"옆으로 바람과 추위를 막을 수 있게 하고, 위로는 눈서리와 비이슬을 막을 수 있게 하며, 가운데로는 정결히 하여 제사를 지낼 수 있게 하였다. 집의 담은 남녀의 분별을 하는 데 충분한 정도에서 그쳤다. 모든 백성들의 이익에 보탬이 되지 않는 추가되는 낭비는 성왕께서는 하시지 않았다."

原文 何以知其然? 古者堯治天下, 南撫交阯, 北降幽都, 東西至日所出入, 莫不賓服. 逮至其厚愛黍稷, 不二羹, 飯於土塯, 啜於土形, 斗以酌. 俛仰周旋威儀之禮, 聖王弗爲.

古者聖王制爲衣服之法曰: 冬服紺緅之衣, 輕且暖, 夏服絺綌之衣, 輕且清, 則止. 諸加費, 不加於民利者, 聖王弗爲.

古者聖人爲猛禽狡獸暴人害民, 於是敎民以兵行. 曰: 帶劍爲刺則入, 擊則斷, 旁擊而不折. 此劒之利也. 甲爲衣則輕且利, 動則兵且從. 此甲之利也. 車爲服重致遠, 乘之則安, 引之則利, 安以不傷人, 利以速至. 此車之利也.

古者聖王爲大川廣谷之不可濟, 於是利爲舟楫, 足以將之則止. 雖上者三公諸侯至, 舟楫不易, 津人不飾. 此舟之利也.

古者聖王制爲節葬之法, 曰: 衣三領, 足以朽肉, 棺三寸, 足以朽骸, 堀穴深不通於泉, 流不發洩則止. 死者旣葬, 生者毋久喪用哀.

古者人之始生, 未有宮室之時, 因陵丘堀穴而處焉, 聖王慮之以爲堀穴曰, 冬可以辟風寒, 逮夏下潤溼上熏烝, 恐傷民之氣. 于是作爲宮室而利. 然則爲宮室之法, 將奈何哉?

子墨子言曰: 其旁可以圉風寒, 上可以圉雪霜雨露, 其中蠲潔可以祭祀, 宮牆足以爲男女之別, 則止. 諸加費, 不加民利者, 聖王弗爲.

|註解| ○撫(무)—어루만지다. 닿다. ○交阯(교지)—지금의 월남(越南). ○降(강)—제(際)의 잘못일 것이며, 제(際)는 서로 연결되는 것(王闓運 說). ○幽都(유도)—중국의 북쪽에 있던 땅 이름. 유주(幽州)를 뜻한다고도 한다. ○羹(갱)—국. ○胾(자)—크게 썬 고기. 여기서는 고기반찬. ○㽅(류)—질그릇으로 된 밥그릇. ○形(형)—형(鉶)과 통하여, 질그릇으로 된 국그릇. ○酌(작)—술이나 장 같은 것을 떠서 마시는 것. ○斗(두)—국자. ○俛仰(면앙)—몸을 굽혔다 폈다 하는 것. 곧 남과 만나 예를 차리면서 인사하는 것. ○周旋(주선)—남들과 점잖이 어울리는 것. ○紺(감)—짙은 보랏빛. ○緅(추)—보랏빛. 단 옛날에는 이 글자가 없었으니, 삼(纔)으로 씀이 옳으며(孫詒讓 說), 잿빛. ○狡(교)—억센 것(《廣雅》). ○剌(척)—찌르다. ○兵且從(병차종)—병(兵)은 변(弁)의 잘못으로, 사람의 몸에 따라 편리하게 잘 변하고 움직이는 것(孫詒讓 說). ○楫(접)—배의 노. ○將之(장지)—그곳을 건너가는 것. ○三領(삼

령)-세 벌의 수의. ○泉(천)-지하수(地下水). ○流(유)-기(氣)의 잘못인 듯(畢沅 說). 냄새. ○辟(피)-피(避)와 통하여, 피하는 것. ○熏烝(훈증)-증기. 뜨거운 김. ○圉(어)-막다. ○蠲(견)-밝은 것. 깨끗한 것.

解說 옛날의 성왕들이 음식을 비롯하여 옷이나 집 또는 수레·배·갑옷과 무기에 이르기까지 모두 실용 위주로 만들었지, 쓸데없는 장식은 한 일이 없었다. 그러나 지금 사람들은 실용과는 관계없는 쓸데없는 장식을 위하여 많은 낭비를 하고 있다. 낭비한 백성들에게 아무런 이익도 주지 못한다는 것이다.

제22 절용편(節用篇)(下)(原缺)

제23 절장편(節葬篇)(上)(原缺)

제24 절장편(節葬篇)(中)(原缺)

이상 세 편은 목록에만 들어 있지 본문은 전하지 않는다. 중간에 빠져 없어졌을 것이다.

제25 절장편(節葬篇)(下)

'절장'이란 장사지내는 의식이나 비용을 절약해야 한다는 뜻이다. 유가들의 주장에 의하여 중국에서는 장사지내는 데 있어 오랫동안 번거로운 의식과 오랜 기간의 상(喪)을 지켜 왔다. 이것은 나라의 부를 위하여, 백성들의 생활 또는 질서 유지를 위하여 이롭지 못한 것이니 모두 적당히 절약하여 실정에 알맞도록 하여야 한다는 것이다. 물론 이것은 앞 절용편의 이론에 근거를 두고 있는 것이다.

1. 묵자가 말하였다.

"어진 사람이 천하를 위하여 헤아리는 것은 비유를 들면 효자(孝子)가 어버이를 위하여 헤아리는 것과 다를 것이 없다.

지금 효자들이 어버이를 위하여 헤아림에 있어서 어떻게 해야만 하는가? 그것은 어버이가 가난하면 곧 부하게 해드리는 일에 종사하며, 집안 사람이 적으면 많아지도록 하는 일에 종사하며, 집안 사람들이 어지러우면 곧 그들을 다스리는 일에 종사하는 것이다.

그가 일을 함에 있어서는 힘을 다하고 재물을 다하며 지혜를 다하고, 그런 뒤에야 그쳐야 한다. 감히 남는 힘을 두어 두고 좋은 계책을 감춰두며 이익을 버려두지 않는 것은, 어버이를 위하는 일이 아니기 때문이다. 이러한 세 가지 힘써야만 할 일에 대하여 효자들이 어버이를 위하여 헤아리는 것은 이와 같이 대단한 것이다.

어진 사람이 천하를 위하여 헤아리는 것도 역시 이와 같은 것이다. 그것은 천하가 가난하면 곧 부하게 해주는 일에 종사하고 인민이 적으면 곧 많도록 하는 일에 종사하며 백성들이 어지러우면 곧 다스리는 일에 종사하는 것이다.

그가 이러한 일을 함에 있어서는 역시 힘을 다하고 재물을 다하며 지혜를 다하고, 그러한 뒤에야 그쳐야 한다. 감히 남는 힘을 두어 두고 좋은 계책을 감춰두며 이익을 버려두지 않는 것은 천하를 위하는 일이 아니기 때문이다. 이러한 세 가지 힘써야 할 일에 대하여 이들 어진 사람들이 천하를 위하여 헤아리는 것은 이와 같이 대단한 것이다."

|原文| 子墨子言曰：仁者之爲天下度也, 辟之無以異乎孝子之爲親度也. 今孝子之爲親度也, 將奈何哉? 曰：親貧則從事乎富之, 人寡則從事乎衆之, 衆亂則從事乎治之.

當其於此也, 亦有力不足, 財不贍, 智不智, 然後已矣. 無敢舍餘力, 隱謀遺利, 而不爲親爲之者矣. 若三務者, 孝子之爲親度也, 旣若此矣.

雖仁者之爲天下度, 亦猶此也. 曰, 天下貧則從事乎富之, 人民寡則從事乎衆之, 衆而亂則從事乎治之.

當其於此, 亦有力不足, 財不贍, 智不智, 然後已矣. 無敢舍餘力, 隱謀遺利, 而不爲天下爲之者矣. 若三務者, 此仁者之爲天下度也, 旣若此矣.

|註解| ○辟(비)-비(譬)와 통하여 비유를 드는 것. ○力不足(역부족)-힘을 다하여 부족하다고 여겨질 때까지 노력하는 것. ○贍(섬)-넉넉함. 충분함. ○隱謀(은모)-부모님을 위해 드릴 수 있는 생각이 있는데도 그것을 감춰두고 실행하지 않는 것.

|解說| 여기서는 장사지내는 절차나 비용 같은 것을 절약해야 한다는 본

론(本論)을 유도하기 위한 서론(序論)을 펴고 있다. 천하를 다스리는 사람은 자기의 힘과 재력과 지혜를 다하여 천하를 위하여 노력해야 한다는 것이다.

2. 지금 옛날 삼대(三代)의 성왕들이 돌아가신 뒤 천하에 의로움이 없어지게 되자, 후세의 군자들 중의 어떤 이는 성대히 장사지내고 오랫동안 상을 입는 것이 어짊이며 의로움이며 효자의 일이라고 여기고 있고, 어떤 이는 성대히 장사지내고 오랫동안 상을 입는 것은 어짊이나 의로움이 아니며 효자로서 할 일도 아니라고 여기고 있다.

이러한 두 사람은 말로는 서로 비난하며 행동은 서로 반대되는 데도 모두들 말하기를

'나야말로 위로 요·순·우·탕·문왕·무왕의 도를 계승한 사람이다.'
라고 주장하고 있다. 그러나 말로는 서로 비난하며 행동은 서로 반대가 된다. 이에 후세의 군자들은 모두 이 두 사람의 말에 대하여 의혹을 지니게 된 것이다.

만약 정말로 이들 두 사람의 말에 의혹을 품고 있다면 그러면 잠시 시험삼아 국가와 만백성을 다스리는 데로 화제를 돌려 살펴보기로 하자.

성대히 장사지내고 오랫동안 상을 입는 것을 계산해 볼 때, 어떤 것이 앞에서 말한 세 가지 이익에 해당하는가? 내 생각으로는 만약 그의 말을 본뜨고 또 그의 계책을 써서 성대히 장사지내고 오랫동안 상을 입게 하여 정말로 가난한 것을 부하게 하고 적은 것을 많게 하며 위태로운 것을 안정시키고 어지러운 것을 다스릴 수 있다면 이는 어짊이요 의로움이며 효자의 일이 될 것이다. 남을 위하여 꾀하는 사람이라면 이것을 권하지 않으면 안될 것이다. 어진 사람이라면 그것을 천하에 흥성케 하여 제도로써 정하여 백성들로 하여금 그것을 칭송하고 끝내 폐지하는 일이 없도

록 하려 할 것이다.

 생각건대 역시 그의 말을 본뜨고 그의 계책을 써서 성대히 장사지내고 오랫동안 상을 입게 하여 정말로 가난한 것을 부하게 못하고 적은 것을 많아지게 못하며 위태로운 것을 안정시키지 못하고 어지러움을 다스리지 못한다면, 이것은 어짊도 아니고 의로움도 아니며 효자의 일도 아닌 것이다. 남을 위하여 꾀하는 사람이라면 그것을 막지 않으면 안될 것이다. 어진 사람이라면 그것을 천하에서 제거하여 폐지시키고 사람들로 하여금 그것을 비난하며 평생동안 그것을 행하는 일이 없도록 하려 할 것이다. 그러므로 천하의 이익을 일으키고 천하의 해를 제거하고도 국가와 백성들을 다스리지 못한다는 일은 옛날부터 지금에 이르기까지 있을 수가 없는 일이다.

原文 今逮至昔者三代聖王旣沒, 天下失義, 後世之君子, 或以厚葬久喪, 以爲仁也, 義也, 孝子之事也. 或以厚葬久喪, 以爲非仁義, 非孝子之事也.

 曰二子者, 言則相非, 行則相反, 皆曰:吾上祖述堯舜禹湯文武之道者也. 而言卽相非, 行卽相反. 於此乎後世之君子, 皆疑惑乎二子者言也.

 若苟疑惑乎之二子者言, 然則姑嘗傳而爲政乎國家萬民而觀之.

 計厚葬久喪, 奚當此三利者? 我意若使法其言, 用其謀, 厚葬久喪, 實可以富貧, 衆寡, 定危, 治亂乎, 此仁也, 義也, 孝子之事也. 爲人謀者, 不可不勸也. 仁者將求興之天下, 設置而使民譽之, 終勿廢也.

 意亦使法其言, 用其謀, 厚葬久喪, 實不可以富貧, 衆寡, 定危, 理亂乎, 此非仁非義, 非孝子之事也. 爲人謀者, 不可不沮也. 仁

者將求除之天下, 相廢而使人非之, 終身勿爲. 是故興天下之利,
除天下之害, 令國家百姓之不治也, 自古及今, 未嘗之有也.

[註解] ㅇ今逮至(금체지) – 지금 ……에 이르기까지. 아래 '천하실의(天下失義)'에까지 걸린다. ㅇ傳(전) – 전(轉)과 통하여 '말머리를 돌림'. '화제를 돌리다'. ㅇ設置(설치) – 제도로서 정하는 것. 보통 판본엔 '수가(誰賈)'로 되어 있으나 뜻이 통하지 않으므로 《묵자한고(墨子閒詁)》에 의거하여 고쳤다. ㅇ令(영) – 하여금. 사(使)와 통함.

[解說] 한 발자국 한 발자국 논리를 본론으로 접근시켜가고 있다. 여기에선 성대히 장사지내고 오랫동안 상을 입어야 한다는 찬성파와 그것을 비난하는 부정파를 내세워 양편의 이론을 함께 소개하고 있다. 결정적인 단언(斷言)을 위하여 한 발자국씩 조심스럽게 본론으로 몰고가는 묵자의 논리가 빛난다.

3. 무엇으로써 그러함을 아는가? 지금 천하의 군자들은 오히려 더욱 모두가 성대히 장사를 치르고 오랫동안 상을 입는 것이 시비(是非)와 이해(利害)에 합당한가 하는 의혹을 품고 있다.

그러므로 묵자가 말하였다.

"그러면 잠시 시험삼아 생각을 해보자. 지금 오직 성대히 장사지내고 오랫동안 상을 입기를 주장하는 사람들의 말을 따라서 국가를 위하여 일을 한다 하자.

이렇게 하여 임금이나 대신들에게 상을 당한 사람이 생긴다면 그는 관(棺)과 덧관[椁]은 반드시 여러 겹으로 하고 매장은 반드시 크게 파서 하며 죽은 이의 옷과 이불도 반드시 많아야 하고 무늬와 수도 반드시 화려해야 하며 봉분(封墳)도 반드시 커야만 한다고 주장할 것이다.

보통 사람이나 천한 사람들이 상을 당하게 되면 집안 재물을 거의 다 써야 할 것이다. 제후 중에 죽은 이가 생기게 되면 창고를 다 털고 그런 뒤에 금과 옥과 여러 가지 구슬로 죽은 이의 몸을 두르며 아름다운 실과 실로 짠 끈으로 잘 묶으며 수레와 말도 무덤 속에 묻을 것이다. 그리고 반드시 장막과 포장·솥과 북·안석과 깔개·병과 쟁반·창과 칼·깃과 모우(旄牛) 꼬리·상아(象牙)와 가죽으로 만든 물건도 많이 만들어 그것들을 끼워 매장하여야만 만족할 것이다. 죽은 이를 장사지내는 게 마치 이사를 가는 것과 같다. 거기에 천자나 제후들의 순사자(殉死者)는 많으면 수백 명 적어도 수십 명은 되어야 한다고 한다. 장군이나 대부들의 순사자도 많으면 수십 명 적어도 수 명은 되어야 한다고 한다.

상을 입는 방법은 어떻게 하는가? 그것은 곡을 함에 있어서 소리내고 흐느끼는 게 보통과는 다르며 거친 삼베옷과 거친 삼베띠를 머리와 허리에 두르고 눈물을 흘리며 움막에 거처하면서 거적자리 위에서 흙덩이를 베고 잔다. 또 모두가 억지로 먹지 않고 굶주리며 얇은 옷을 입고 추위를 겪어 얼굴이 앙상히 야위고 얼굴빛은 검어지며 귀와 눈은 불분명하고 뚜렷이 들리지 않게 되며 손발은 힘을 쓰지 못하여 쓸 수도 없게 된다.

그리고도 말하기를 훌륭한 선비가 상을 입음에 있어서는 반드시 부축해 주어야만 일어설 수 있고 지팡이를 짚어야만 다닐 수 있어야 한다고 한다. 이렇게 함으로써 3년 동안을 공경히 지낸다는 것이다."

[原文] 何以知其然也? 今天下之士君子, 將猶多皆疑惑厚葬久喪之爲中是非利害也.

故子墨子言曰:然則姑嘗稽之. 今雖母法執厚葬久喪者言, 以爲事乎國家. 此存乎王公大人有喪者, 曰棺椁必重, 葬埋必厚, 衣衾必多, 文繡必繁, 丘隴必巨.

存乎匹夫賤人死者, 殆竭家室. 存乎諸侯死者, 虛庫府, 然後金玉珠璣比乎身, 綸組節約, 車馬藏乎壙. 又必多爲屋幕, 鼎鼓, 几梴, 壺濫, 戈劍, 羽旄, 齒革, 挾而埋之, 滿意. 送死若徙, 曰天子諸侯殺殉. 衆者數百, 寡者數十. 將軍大夫殺殉, 衆者數十, 寡者數人.

處喪之法, 將奈何哉? 曰 : 哭泣不秩聲嗌, 縗絰垂涕, 處倚廬, 寢苫枕凷, 又相率强不食而爲飢, 薄衣而爲寒, 使面目陷陬, 顔色黧黑, 耳目不聰明, 手足不勁强, 不可用也.

又曰 : 上士之操喪也, 必扶而能起, 杖而能行. 以此共三年.

註解 ㅇ稽(계)－생각하다. 상고하다. ㅇ雖毋(수무)－수(雖)는 유(唯)의 잘못이며, 무(毋)와 함께 어조사. ㅇ執(집)－주장함. ㅇ椁(곽)－덧관. 《순자(荀子)》 예론편(禮論篇)에선 '천자의 관과 덧관은 열 겹, 제후는 다섯 겹, 대부는 세 겹, 사(士)는 두 겹이다'고 하였다. 《예기(禮記)》의 얘기와는 차이가 많지만, 옛날엔 여러 겹의 관과 덧관을 쓴 이도 많았음을 알겠다. ㅇ文繡(문수)－관에 장식하는 무늬와 수. ㅇ丘隴(구농)－무덤 위에 흙을 쌓아올린 봉분(封墳). ㅇ殆竭家室(태갈가실)－거의 집안을 파산(破産)케 하다. ㅇ庫府(고부)－나라의 창고. 보통 판본엔 고(庫)가 거(車)로 되어 있으나 잘못임(兪樾 說). ㅇ珠璣(주기)－주(珠)는 둥근 구슬, 기(璣)는 모양이 일정치 않은 구슬. ㅇ比(비)－두르다(《漢書》 王尊傳 顔師古 注). ㅇ綸(윤)－실끈. ㅇ節約(절약)－죽은 이를 묶는 것. ㅇ壙(광)－죽은 이를 매장하기 위하여 판 땅속의 무덤. ㅇ屋(옥)－악(幄)과 통하여 포장. ㅇ鼎(정)－발이 셋, 귀가 둘 달린 동으로 만든 그릇. 부장품(副葬品)임. ㅇ几(궤)－안석. ㅇ梴(연)－연(筵)과 통하여 자리 또는 깔개. ㅇ濫(람)－얼음을 놓고 음식을 차게 만드는 데 쓰는 쟁반(《呂氏春秋》 節喪篇 高誘 注). ㅇ齒革(치혁)－상아와 가죽. 상아와 가죽으로 만든 물건. ㅇ送死若徙(송사약사)－'죽은 이를 장사지냄이 이사를 하는 것 같다.' 보통은 '약송종(若送從)'으로 되어 있으나 뜻이 통하지 않는다(《墨子閒詁》). ㅇ殺殉(살순)－죽은 천자나 제후와 함께 묻으려고 그의 신하들을 죽

이는 것. 순장(殉葬). ○秩(질)-보통. 상(常)과 같음. ○聲嗌(성익)-울 때 소리내어 흐느끼고 하는 것. 익(嗌)은 보통 옹(翁)으로 되어 있으나 잘못(孫詒讓 說). ○縗絰(최질)-최(縗)는 삼년상을 치를 때 입는 가장 거친 베로 만든 상복(喪服), 질(絰)은 삼으로 거칠게 꼬아 만든 머리와 허리에 두르는 띠. ○倚廬(의려)-상을 입기 위하여 무덤 가까이에 임시로 지어 놓은 움막. ○苫(점)-거친 거적자리. ○凷(괴)-괴(塊)와 통하는 글자로서 '흙덩이'. ○陷殘(함세)-얼굴이 병들어 야위어 빠진 것. 세(殘)는 보통 세(𣨛)로 되어 있으나 잘못임(《墨子閒詁》 참조). ○黧(여)-검은 것. ○共(공)-공(恭)과 통하여 '공경히 지냄'.

|解說| 여기서는 천자나 제후들로부터 낮은 백성들에 이르기까지 성대히 장사지내고 오랫동안 상을 입는 모습을 기술하고 있다.
 아직은 아무런 비평도 없지만 이것이 국가 사회를 위하여 개인의 생활이나 건강을 위하여 그 얼마나 큰 피해를 가져오고 있는가가 이내 뚜렷하게 나타날 것이다.

4. 그러한 방법과 그러한 말을 따르고 그러한 원리대로 행한다고 할 때, 임금이나 대신이 그렇게 행하면 반드시 일찍 조회(朝會)에 나가고 늦게 퇴근할 수 없게 될 것이다. 대부들이 그렇게 행하면 반드시 여러 관청의 일들이 다스려질 수 없고 초목을 치우며 들을 개간하여 창고를 채우지 못하게 될 것이다. 농부들이 그렇게 행하면 반드시 일찍 밭에 나가 밤늦게 들어오면서 밭갈고 씨뿌리며 농사(農事)를 지을 수 없을 것이다. 여러 공인(工人)들이 그렇게 행하면, 반드시 수레와 배를 수리하거나 그릇과 접시들을 만들 수 없게 될 것이다. 부인들이 그렇게 행하면 반드시 일찍 일어나고 밤 늦게 자면서 실을 뽑거나 길쌈을 하지 못하게 될 것이다.
 성대히 장사지내는 결과를 자세히 계산하여 보면 모은 재물들을 많이 묻어 버리는 게 된다. 오래 상을 입는 결과를 계산해 보면 오랫동안 일하는 것을 금지시키는 게 된다. 이미 고생해 이룩해 놓은 재물들을 한꺼번에 땅에 묻어버리고 뒤에 살아남은 사람들은 오랫동안 하던 일을 금지당하는 것이다. 이렇게 함으로써 부하여지기를 바란다는 것은, 이것을 비유하면 농사짓기를 금하면서도 수확을 올리려 드는 거와 같은 것이니 부하여진다는 이론은 성립될 수가 없는 것이다. 그러므로 집안을 부하게 만들려는 일은 이미 될 수가 없는 게 분명하다.

原文 若法若言, 行若道, 使王公大人行此, 則必不能蚤朝宴退. 使大夫行此, 則必不能治五官六府, 辟草木實倉廩. 使農夫行此, 則必不能蚤出夜入, 耕稼樹藝. 使百工行此, 則必不能修舟車, 爲器皿矣. 使婦人行此, 則必不能夙興夜寐, 紡績織紝.

　　細計厚葬, 爲多埋賦財者也. 計久喪, 爲久禁從事者也. 財以成者, 挾而埋之, 後得生者, 而久禁之. 以此求富, 此譬猶禁耕而求穫也. 富之說, 無可得焉. 是故求以富家, 而旣已不可矣.

註解 ○若言(약언)—이러한 말. ○晏退(안퇴)—늦게 퇴근함. 본래 이 두 자는 들어 있지 않으나 유월(兪樾)의 설(說)에 따라 보충한 것이며, 손이양(孫詒讓)은 더 많은 글이 빠진 것 같다고 하였다《墨子閒詁》. ○使大夫行此, 則必不能治(사대부행차, 즉필불능치)—이 구절은 《묵자한고》에 의거하여 보충한 것임. ○五官六府(오관육부)—여러 가지 관청을 가리킴. 《예기(禮記)》곡례편(曲禮篇)에 의하면 오관(五官)이란 사도(司徒)·사마(司馬)·사공(司空)·사사(司士)·사구(司寇)의 다섯 가지이고, 육부(六府)는 사토(司土)·사목(司木)·사수(司水)·사초(司草)·사기(司器)·사화(司貨)의 여섯 가지를 말한다. ○辟草木(벽초목)—풀과 나무를 치운다. 곧 산야(山野)를 개간함을 가리킨다. ○紡績織紝(방적직임)—실을 뽑고 천을 짜는 것. ○計(계)—보통 위에 세(細)자가 붙어 있으나 잘못 끼어든 것임《墨子閒詁》. ○以成(이성)—이(以)는 이(已)와 통하여 '이미 이루어진 것'.

解說 여기서는 본론으로 들어와 성대히 장사지내고 오랫동안 상을 입는 게 심한 낭비일 뿐더러 백성들의 삶을 근본적으로 해치는 일이라 통렬히 비난하고 있다.

5. 그런 방법으로 백성들을 많아지게 하려 한다면, 생각컨대 가능하겠는가? 그 이론조차도 성립이 불가능하다. 지금 오직 성대히 장사지내고 오랫동안 상을 입을 것을 주장하는 자들에게 정치를 하게 해보라. 임금이 죽으면 3년 동안 복상(服喪)을 하고, 부모가 죽어도 3년 동안 복상을 하며, 처와 맏아들이 죽어도 3년 동안 복상을 하니, 이들 다섯 사람들에 대하여는 모두 3년 동안 복상을 한다.

그밖에 백부(伯父)와 숙부(叔父) 및 형제들과 여러 자식들의 경우에는 1년 동안, 여러 친족들의 경우에는 5개월 동안, 고모·누이·생질·외삼촌 등은 모두 몇 달 동안 복상을 한다.

그리고 몸을 망치고 여위게 하는 데에도 일정한 제도가 있다. 얼굴은 앙상히 여위고, 얼굴빛은 검어지고 귀와 눈은 흐릿해지고, 손과 발은 힘이 없어 쓸 수 없도록 만들어야 한다.

그리고도 말하기를 훌륭한 선비가 상을 입음에 있어서는 반드시 부축해 주어야만 일어설 수 있고, 지팡이를 짚어야만 다닐 수 있어야 한다고 한다. 이렇게 함으로써 3년 동안을 공경히 지낸다는 것이다.

그러한 방법과 그러한 말을 따르고 그러한 원리대로 행한다면, 진실로 그들은 굶주리고 곤궁해지기 이와 같이 될 것이다. 곧 백성들은 겨울에는 추위를 견디지 못하고 여름에는 더위를 견디지 못하며, 병이 들어 죽는 자들을 이루 헤아릴 수가 없게 될 것이다. 이렇게 되면 남녀의 교제를 못하게 하는 일이 많아질 것이니, 이런 방법으로 사람들이 많아지기를 바란다는 것은 마치 사람들에게 칼날 위에 눕게 하면서 그들이 오래 살기를 바라는 것이나 같은 일이다. 인구가 많아진다는 이론은 성립될 수가 없는 것이다. 그러므로 인민이 늘어나기를 바란다 하더라도 본시부터 불가능한 일인 것이다.

原文 欲以衆人民, 意者可邪? 其說又不可矣. 今唯無以厚葬久喪者爲政. 君死, 喪之三年, 父母死, 喪之三年, 妻與後者死者, 五皆喪之三年.

然后伯父叔父兄弟孼子其, 族人五月, 姑姊甥舅皆有月數.

則毁瘠必有制矣. 使面目陷𡟰, 顔色黧黑, 耳目不聰明, 手足不勁强, 不可用也.

又曰: 上士操喪也, 必扶而能起, 杖而能行. 以此共三年.

若法若言, 行若道, 苟其飢約又若此矣. 是故百姓冬不仞寒, 夏不仞暑, 作疾病死者, 不可勝計也. 此其爲敗男女之交多矣. 以此求衆, 譬猶使人負劍, 而求其壽也. 衆之說無可得焉. 是故求以衆人民, 而旣以不可矣.

註解 ○唯無(유무)-조사. '오직', 분명한 뜻은 없음. ○後子(후자)-아버지 뒤를 계승할 아들, 맏아들. ○孼子(얼자)-맏아들 이외의 여러 아들들. ○其(기)-기(期)와 통하여, 만 1년, 한 돌. ○族人(족인)-여러 친족(親族)들. ○姑姊甥舅(고자생구)-'고'는 아버지의 여자 형제, 고모, '자'는 여자 형제들. '생'은 생질들. '구'는 어머니의 형제들, 외삼촌. ○月數(월수)-수월(數月), 몇 달의 복상을 함을 뜻한다. ○飢約(기약)-굶주리고 곤궁한 것. ○仞(인)-인(忍)과 같은 자, 참다. ○負劍(부검)-칼날 위에 눕게 하는 것.

解說 이 대목에서는 대체로 유가에서 주장하는 복상(服喪) 제도를 들면서, 그처럼 성대히 장사지내고 오랫동안 복상하는 방법은 나라를 망치고 백성들을 가난과 곤경에 빠트리는 것이라 비난하고 있다. 특히 옛날

생산의 주역인 백성들의 수, 곧 인구를 증가시킬 수 없음을 강조하고 있는 것이 특징이다.

6. 그런 방법으로 법과 정치를 다스리려 한다면 생각컨대 가능하겠는가? 그것은 이론상으로도 불가능한 것이다. 지금 오직 성대히 장사지내고 오랫동안 상을 입을 것을 주장하는 자들이 정치를 한다면, 나라는 반드시 가난해지고, 인민은 반드시 줄어들고, 법과 정치는 반드시 어지러워질 것이다.

그러한 방법과 그러한 말을 따르고 그러한 원리를 행하기 때문이다. 만약 윗사람들이 그렇게 행동한다면 정무를 처리하고 다스릴 수가 없을 것이다. 만약 아랫사람들이 그렇게 행동한다면 맡은 일에 종사할 수가 없을 것이다. 위에서 정무를 처리하고 다스리지 못한다면 법과 정치는 반드시 어지러워질 것이다. 아래에서 맡은 일에 종사하지 못한다면 입고 먹는 재물이 반드시 부족하게 될 것이다.

만약 진실로 그것들이 부족하게 된다면, 남의 아우가 된 사람이 그의 형에게 물자를 얻고자 하더라도 얻을 수가 없게 되어, 아우 노릇을 하지 못하게 된다. 곧 아우는 반드시 그의 형을 원망하게 될 것이기 때문이다. 남의 자식된 사람이 그의 아버지에게 물자를 얻고자 하더라도 얻을 수가 없게 되어, 효도를 다하지 못하게 된다. 곧 자식은 반드시 그의 어버이를 원망하게 될 것이기 때문이다. 남의 신하된 사람이 그의 임금에게 물자를 얻고자 하더라도 얻을 수가 없게 되어, 충성을 다하지 못하게 된다. 곧 신하는 반드시 그의 임금을 어지럽힐 것이기 때문이다.

그리하여 비뚤어지고 어지럽고 사악한 행동을 하는 백성들이, 외출할 적에는 옷이 없고, 집에 들어와서는 먹을 것이 없게 된다. 안으로 욕됨과 부끄러움이 쌓이어, 모두가 어지럽고 포악한 짓을 해도 전혀 금할 수가 없게 된다. 그러므로 도적은 많아지고 잘 다스려지는 자들은 적어지게 된다. 도적은 많아지고 잘 다스려지는 자들은 적어지게 된다면, 이런 방법으로 다스려지기를 바라는 것은 마치 어떤 사람을 세 번 자기 앞에서 몸을 돌리도록 하고는 자기에게 등은 보이지 말라고 하는 짓이나 같다. 나라가 다스려진다는 이론은 성립될 수가 없는 것이다. 그러므로 그런 방법으로 법과 정치를 다스리기 바라는 것은 전혀 불가능한 일인 것이다.

原文 欲以治刑政, 意者可乎? 其說又不可矣. 今唯無以厚葬久喪者爲政, 國家必貧, 人民必寡, 刑政必亂.

若法若言, 行若道. 使爲上者行此, 則不能聽治. 使爲下者行此, 則不能從事. 上不聽治, 刑政必亂. 下不從事, 衣食之財必不足.

若苟不足, 爲人弟者, 求其兄而不得, 不弟, 弟必將怨其兄矣. 爲人子者, 求其親而不得, 不孝, 子必是怨其親矣. 爲人臣者, 求之君而不得, 不忠, 臣必且亂其上矣.

是以僻淫邪行之民, 出則無衣也, 入則無食也. 內續奚吾, 幷爲淫暴, 而不可勝禁也. 是故盜賊衆而治者寡. 夫衆盜賊而寡治者, 以此求治, 譬猶使人三睘, 而毋負己也. 治之說無可得焉. 是故求以治刑政, 而旣已不可矣.

註解 ○刑政(형정)-법의 집행과 정치. ○僻淫邪行(벽음사행)-편벽되고(비뚤어지고), 음란하고(어지럽고), 사악(邪惡)한 행동을 하는 것. ○奚吾(해오)-'吾'는 후(后)의 잘못. 혜구(謑詬)와 같은 뜻으로, 욕되고 부끄러운 것. 치욕(恥辱). ○三睘(삼환)-자기 앞에서 몸을 세 번 빙글 돌리게 하는 것. ○毋負己(무부기)-자기에게 등을 보이지 말라고 하는 것.

解說 장례를 성대히 지내고 복상을 오랫동안 하는 폐해를 연이어 논하고 있다. 이 대목은 그 폐해를 특히 경제적인 면에서 강조하면서 법과 정치를 제대로 다스리지 못하게 된다는 것을 주장하고 있는 점이 특징이라

할 것이다.

7. 그런 방법으로 큰 나라가 작은 나라를 공격하는 짓을 금지시키는 일이, 생각컨대 가능하겠는가? 그것은 이론상으로도 불가능한 것이다. 옛날의 성왕(聖王)들이 돌아가시고 나자, 천하는 의로움을 잃게 되어 제후들은 무력으로 다른 나라들을 치게 되었으니, 그런 임금으로 남쪽에는 초(楚)나라와 월(越)나라의 왕이 있고, 북쪽에는 제(齊)나라와 진(晋)나라의 임금이 있다. 이들은 모두 그들의 군사들을 조련(調練)하여 다른 나라들을 공격하여 겸병(兼倂)시키는 일로 천하의 정치를 행하려 하였다.

본시 큰 나라가 작은 나라를 공격하지 않는 까닭은 작은 나라라 하더라도 쌓여 있는 물자가 많고 성곽이 잘 손질되어 있으며 위아래가 화합하고 있기 때문인 것이다. 그런 때문에 큰 나라는 작은 나라를 공격하기 좋아하지 않는 것이다. 쌓여 있는 재물도 없고 성곽도 잘 손질되어 있지 않으며, 위아래가 화합하지 못하고 있는 까닭에 큰 나라는 그런 나라를 공격하기 좋아하게 되는 것이다.

지금 오직 성대히 장사지내고 오랫동안 상을 입을 것을 주장하는 자들이 정치를 하게 된다면, 나라는 반드시 가난해지고 인민의 수는 반드시 적어지며 법과 정치는 반드시 어지러워질 것이다. 만약 진실로 가난하다면 물자를 쌓아놓을 수가 없게 될 것이다. 만약 진실로 인민의 수가 적다면 성곽을 손질하고 해자를 팔 사람도 적게 될 것이다. 만약 진실로 법과 정치가 어지럽다면 나가 싸워도 이기지 못할 것이고 들어와 지킨다 해도 견고하지 못할 것이다. 이런 방법으로 큰 나라들이 작은 나라를 공격하는 것을 금지시키려 한다는 것은 절대로 불가능한 일이다.

原文 欲以禁止大國之攻小國也, 意者可邪? 其說又不可矣. 是故昔者, 聖王旣沒, 天下失義, 諸侯力征, 南有楚越之王, 而北有齊晉之君. 此皆砥礪其卒伍, 以攻伐幷兼, 爲政於天下.
　是故凡大國之所以不攻小國者, 積委多, 城郭修, 上下調和. 是故大國不耆攻之. 無積委, 城郭不修, 上下不調和, 是故大國耆攻之.
　今唯無以厚葬久喪者爲政, 國家必貧, 人民必寡, 刑政必亂. 若苟貧, 是無以爲積委也. 若苟寡, 是城郭溝渠者寡也. 若苟亂, 是出戰不克, 入守不固. 此求禁止大國之攻小國也, 而旣已不可矣.

註解　○砥礪(지려)-숫돌에 갈다. 군사들을 조련(調練)시키는 것. ○積委(적위)-물자가 쌓여 있는 것. ○耆(기)-좋아하다, 즐기다. ○溝渠(구거)-성 둘레의 해자를 파는 것.

解說　이 대목은 절장(節葬)의 이론을 비공(非功)의 이론과 연결시키고 있는 점이 두드러진 특징이다. 묵자는 상대방을 얕보는 데서 공벌전쟁(攻伐戰爭)이 일어난다고 기본적으로 생각하고 있었다.

8. 그런 방법으로 하나님과 귀신에게 복을 빌려 한다면, 생각컨대 가능하겠는가? 그 이론조차도 성립될 수 없을 것이다.
　지금 오직 성대히 장사지내고 오랫동안 상을 입기를 주장하는 자들에게 정치를 맡긴다면, 나라는 반드시 가난해지고 인민의 수는 반드시 적어지고 법과 정치는 반드시 어지러워질 것이다. 만약 진실로 가난하다면 젯밥과 제물과 술과 단술을 정결히 마련하지 못할 것이다. 만약 진실로 인민의 수가 적어진다면 하나님과 귀신을 섬길 사람들도 적어질 것이다. 만약 법과 정치가 진실로 어지러워진다면 제사지내는 시기와 법도가 없어지게 될 것이다.
　지금은 또 하나님과 귀신 섬기는 것을 금지하고 있다. 그런 방법으로 정치를 하기 때문에, 하나님과 귀신은 곧 위에서 죄를 물으며 말할 것이다.

'내게 이런 사람이 있는 것과 이런 사람이 없는 것이 어느 편이 낫겠는가?'

그리고 또 말할 것이다.

'내게 이런 사람이 있는 것과 이런 사람이 없는 것은 마찬가지이다.'

그리고는 하나님과 귀신은 그들의 죄를 묻고 화를 내리고 벌을 가한 위에 그를 버릴 것이다. 이것이 어찌 매우 당연한 일이 아니겠는가?

原文　欲以干上帝鬼神之福, 意者可邪? 其說又不可矣.

今唯無以厚葬久喪者爲政, 國家必貧, 人民必寡, 刑政必亂. 若苟貧, 是粢盛酒醴不淨潔也. 若苟寡, 是事上帝鬼神者寡也. 若苟亂, 是祭祀不時度也.

今又禁止事上帝鬼神. 爲政若此, 上帝鬼神, 始得從上撫之曰:

我有是人也, 與無是人也, 孰愈? 曰: 我有是人也, 與無是人也, 無擇也.

則惟上帝鬼神. 降之罪厲之禍罰而棄之. 則豈不亦乃其所哉?

註解　○干(간)-구(求)하다, 빌려하다. ○粢盛酒醴(자성주례)-젯밥·제물·술·단술. ○不時度(불시도)-때와 법도가 없게 되다. ○撫(무)-안(按), 죄를 묻는 것. ○孰愈(숙유)-어느 편이 나은가? ○無擇(무태)-가릴 것이 없다, 이러나 저러나 마찬가지의 뜻. ○罪厲(죄려)-죄와 불행. ○禍罰(화벌)-재난과 벌. ○其所(기소)-당연한 일, 마땅한 일.

解說　이 대목에서는 절장(節葬)의 이론을 천명(天命)과 명귀(明鬼)의 이론에 연결시켜 풀이하고 있다. 성대히 장사지내고 오랫동안 복상을 한다면 곧 하나님을 섬기고 귀신을 받들 여력이 없어져, 하나님과 귀신으로

부터 벌을 받게 된다는 것이다.

9. 그러므로 옛날의 성왕들은 매장하는 법을 제정하여 선언하였다.

'관은 두께가 세 치로서 충분히 몸을 썩힐 수 있어야 하며, 옷과 이불은 세 벌로서 충분히 보기에 흉함을 덮을 수 있으면 되고, 그것을 장사지냄에 있어서는 아래로는 지하수에 닿도록 깊이 묻어서는 안되며, 위로는 냄새가 샐 정도로 얕게 묻어서는 안되고, 봉분은 세 번 간 밭이랑 정도로 만들고 그만둔다.

죽어서 장사를 치른 뒤에 산 사람은 반드시 오랫동안 곡을 하지 말아야 하며 속히 하던 일에 종사하여 사람마다 그의 능력을 발휘하여 서로 모두가 이롭게 한다.'

이것이 성왕의 법인 것이다.

原文　故古聖王, 制爲葬埋之法, 曰 : 棺三寸, 足以朽體, 衣衾三領, 足以覆惡, 以及其葬也, 下毋及泉, 上毋通臭, 壟若參耕之畝, 則止矣.

死則旣以葬矣, 生者必無久哭, 而疾而從事, 人爲其所能, 以交相利也. 此聖王之法也.

註解　○泉(천) - 샘물. 지하수(地下水).　○壟(농) - 봉분(封墳).　○參耕之畝(삼경지묘) - 세 번 밭갈이한 밭이랑. 한 번 밭갈이할 적마다 이랑이 한 자씩 넓어져 세 번 갈면 석 자의 넓이에 높이 한 자 정도가 된다(孫詒讓 說). 곧 봉분은 폭 석 자에 높이 한 자 정도로 만들어야 한다는 것이다. 한 자의 길이는 22.5cm 정도였다.

解說　여기엔 장사지낼 때의 표준이 되는 성왕들의 법을 소개하고 있다.

옛날 성왕들은 간소하게 장사지내고 간단히 상을 치뤘다.
　이처럼 성대하게 장사지내고 오랫동안 상을 입는 습관을 비판하는 것은 한편 예(禮)를 숭상하는 유가에 대한 비판이기도 하다. 후에 다른 학파의 사람들은 묵자는 너무나 간단히 죽은 이들을 장사지내려 한다고 〈절장편〉의 내용을 극단적으로 풀이하여 공격하고 있다.

10. 지금 성대히 장사지내고 오랫동안 상을 입기를 주장하는 자들은 말하기를
　"성대히 장사지내고 오랫동안 상을 입는 것이 비록 가난한 사람을 부하게 해주고, 백성이 적은 것을 많게 해주고, 위태로운 나라를 안정시키고, 어지러운 나라를 다스리지는 못한다 하더라도, 이것은 바로 성왕의 도인 것이다."
라고 한다.
　묵자가 말하였다.
　"그렇지 않다. 옛날에 요(堯)임금은 북쪽으로 팔적(八狄)을 교화(敎化)하고 도중에 죽어 공산(蛩山)의 북쪽 기슭에 장사지내었다. 그때 수의(壽衣)는 세 벌이었고, 닥나무 관을 칡덩굴로 묶었으며, 하관(下棺)을 한 뒤에야 곡을 하고, 묻는 구덩이를 흙으로 채우기만 했지 봉분(封墳)은 없어서, 매장이 끝나자 소와 말이 그 위에서 놀았다.
　순(舜)임금은 서쪽으로 칠융(七戎)을 교화하고 도중에 죽어 남기(南己)의 저자에 장사지내었다. 그때 수의는 세 벌이었고, 닥나무 관을 칡덩굴로 묶었으며, 매장이 끝나자 저자 사람들은 그 위에서 놀았다.
　우(禹)임금은 동쪽으로 구이(九夷)를 교화하고 도중에 죽어 회계산(會稽山)에 묻히었다. 그때 수의는 세 벌이었고, 세 치[寸] 두께의 오동나무 관을 칡덩굴로 묶었는데, 관을 묶기만 했지 합치지는 않았으며, 관이

들어가게만 하였지 깊은 구덩이를 파지는 않았다. 판 땅의 깊이는 아래로는 지하수에 닿지 않도록 하고, 위로는 냄새가 나지 않을 정도였으며, 매장이 끝난 뒤에는 남은 흙을 그 위에 모아 봉분은 쟁기질한 세 이랑의 넓이에서 멈추었다.

만약 이상의 세 성왕들을 놓고 본다면, 곧 성대히 장사지내고 오래 복상하는 것이 정말로 성왕의 도가 아님이 분명하다. 본시 세 임금들은 모두 천자라는 고귀한 신분에, 천하를 차지하는 부를 누렸는데, 어찌 쓰는 재물이 부족한 것을 걱정했겠는가? 그러함에도 이와 같은 매장하는 법을 정했던 것이다.

原文 今執厚葬久喪者之言曰：厚葬久喪, 雖使不可以富貧衆寡定危治亂, 然此聖王之道也.

　　子墨子曰：不然. 昔者, 堯北敎乎八狄, 道死, 葬蛩山之陰. 衣衾三領, 穀木之棺, 葛以緘之. 旣犯而后哭, 滿埳無封, 已葬而牛馬乘之.

　　舜西敎乎七戎, 道死, 葬南己之市. 衣衾三領, 穀木之棺, 葛以緘之, 已葬而市人乘之.

　　禹東敎乎九夷, 道死, 葬會稽之山. 衣衾三領, 桐棺三寸, 葛以緘之, 絞之不合, 通之不埳. 土地之深, 下毋及泉, 上毋通臭. 旣葬, 收餘壞其上, 壟若參耕之畝, 則止矣.

　　若以此, 若三聖王者觀之, 則厚葬久喪, 果非聖王之道. 故三王者, 皆貴爲天子, 富有天下. 豈憂財用之不足哉？以爲如此葬埋之法.

註解 ○執(집) – 고집하다, 주장하다. ○八狄(팔적) – 여덟 종족의 북쪽 오랑캐. ○蛩山(공산) – 공산(邛山)이라고도 쓰며, 어디에 있는 산인지 확실치 않다. ○衣衾(의금) – 수의(壽衣). ○三領(삼령) – 옷 세 벌. ○穀木(곡목) – 《설

문(說文)》에 저(楮), 곧 닥나무라 하였다. 그러나 닥나무로 관을 만들 수는 없을 것 같다. 좋지 않은 나무임은 분명하다. ○緘(함)-묶다. ○汜(범)-폄(窆)과 통하여, 하관(下棺)을 하는 것, 매장하는 것. ○滿坎(만감)-구덩이를 흙으로 채우다. ○封(봉)-봉분(封墳). ○乘(승)-그 위에 올라가다, 올라가 놀다. ○七戎(칠융)-일곱 종족의 서쪽 오랑캐. ○南己(남기)-지명, 어느 곳인지 알 수 없다. ○九夷(구이)-아홉 종족의 동쪽 오랑캐. ○會稽山(회계산)-지금의 절강성(浙江省) 산음현(山陰縣)에 있는 산 이름. ○絞(교)-묶다. ○通之(통지)-관이 들어갈 정도로만 땅을 파는 것. ○不坎(불감)-구덩이를 크게 파지 않는 것. ○泉(천)-지하수, 샘물. ○壟(농)-무덤 봉분. ○參耕之畝(삼경지묘)-세 번 쟁기질한 밭이랑의 넓이.

|解說| 여기서는 특히 요(堯)·순(舜)·우(禹) 같은 옛 성왕들이 간소하게 장사지내어진 실례를 들면서, 성대히 장사지내고 오랫동안 복상하는 것이 성왕(聖王)의 도가 아님을 역설하고 있다.

11. 지금 왕공대인들의 장사지내는 법은 이와 다르다. 반드시 겉관과 속관이 있고, 다시 가죽으로 만든 세 겹의 관이 있으며, 둥근 옥과 구슬을 갖추고, 창과 칼과 솥과 북과 병과 쟁반을 갖추며, 무늬에 수놓은 비단과 흰 비단과 큰 말 배띠와 만 벌의 수의와 함께 수레와 말 및 여악(女樂)까지도 모두 갖춘다.

또 말하기를 "반드시 무덤 안의 수도(隧道)는 묘도(墓道)와 통해야 하고, 봉분은 산언덕처럼 커야만 한다."고 한다.

이는 백성들의 할 일을 못하게 하고, 백성들의 재물을 낭비하는 것이, 이루 헤아릴 수가 없는 정도인 것이다. 그것이 쓸데없는 일임은 이와 같은 것이다.

|原文| 今王公大人之爲葬埋, 則異于此. 必大棺中棺, 革闠三操,

璧玉卽具, 戈劍鼎鼓壺濫, 文繡素練, 大鞅萬領, 輿馬女樂皆具.

曰 : 必捶埱差通, 壟雖凡山陵.

此爲輟民之事, 靡民之財, 不可勝計也. 其爲毋用若此矣.

註解 ○大棺中棺(대관중관) - 큰 관과 중간 관. 곧 겉관[外棺]과 속관[內棺]. ○革闠(혁궤) - '궤'는 궤(匱)와 통하여, 가죽으로 만든 관. ○三操(삼조) - '조'는 잡(匝)과 통하여, 세 겹. ○璧玉(벽옥) - '벽'은 얇고 둥글며 중간에 구멍이 있는 옥. '옥'은 주옥(珠玉). ○文繡(문수) - 무늬를 수놓은 비단. ○素練(소련) - 흰 비단. ○鞅(앙) - 말의 배띠. ○萬領(만령) - 만 벌의 수의(壽衣). ○捶埱(추도) - '추'는 수(隧), '도'는 도(涂)와 통하여, 수도(隧道). ○差通(차통) - '차'는 선(羨)과 통하여 묘도(墓道), 따라서 묘도로 통하는 것. ○壟(농) - 무덤, 봉분. ○雖(수) - 유(唯)와 같은 조사. ○凡(범) - 대체로 크고 높은 것을 뜻하는 듯하다. ○輟(철) - 막다, 못하게 하다. ○靡(미) - 소비하다, 낭비하다.

解說 그 시대의 임금과 귀족들의 장례가 지나친 사치와 낭비임을 역설한 대목이다.

12. 그러므로 묵자가 말하였다.

"전에 나는 본시 말하기를, 생각컨대 그들의 말을 법도로 삼고 그들의 계책을 써서 성대히 장사지내고 오랫동안 상을 입는 것을 헤아려 볼 적에, 진실로 그렇게 하는 것이 가난한 사람들을 부하게 해주고 인구가 적은 것을 많게 해주며, 위태로운 나라를 안정시키고 어지러운 나라를 다스릴 수 있다면, 곧 그것은 인(仁)한 것이고 의로운 것이며 효자의 일이 된다. 사람들을 위하여 일하려는 사람이라면 그것을 권면하지 않을 수가 없는 것이다.

그러나 생각해 볼 때 그들의 말을 법도로 삼고 그들의 계책을 써서 사람들이 성대히 장사지내고 오랫동안 상을 입는다 해도 실로 가난한 사람들을 부하게 해주거나 인구가 적은 것을 많게 해주거나, 위태로운 나라를 안정시키고 어지러운 나라를 다스릴 수가 없다며는, 곧 그것은 인한 것이 아니고 의로운 것이 아니며, 효자의 일도 아닌 것이다. 사람들을 위하여 일하려는 사람이라면 그것을 막지 않을 수가 없는 것이다.

그러므로 그런 방법으로 나라를 부하게 하려 한다면 매우 가난해질 것이고, 그런 방법으로 인구를 늘이려 한다면 매우 적어질 것이며, 그런 방법으로 법과 정치를 다스리려 한다면 매우 어지러워질 것이고, 그런 방법으로 큰 나라가 작은 나라를 공격하지 못하도록 하려 한다 해도 전혀 불가능한 일일 것이며, 그런 방법으로 하나님과 귀신에게 복을 얻으려 한다 해도 오히려 재난을 당하게 될 것이다.

위로 요임금·순임금·우임금·탕왕·문왕·무왕의 도에 비추어보더라도 정면으로 어긋나며, 아래로 걸왕·주왕·유왕·여왕의 일에 비추어보면 딱 서로 들어맞는다. 만약 이로써 본다면 성대히 장사지내고 오랫동안 상을 입는다는 것은 성왕(聖王)의 도가 아닌 것이다."

原文 是故子墨子曰：鄕者, 吾本言曰, 意亦使法其言, 用其謀, 計厚葬久喪, 請可以富貧衆寡定危治亂乎, 則仁也義也, 孝子之事也. 爲人謀者, 不可不勸也.

意亦使法其言, 用其謀, 若人厚葬久喪, 實不可以富貧衆寡定危治亂乎, 則非仁也, 非義也, 非孝子之事也. 爲人謀者, 不可不沮也.

是故求以富國家, 甚得貧焉. 欲以衆人民, 甚得寡焉. 欲以治刑政, 甚得亂焉. 求以禁止大國之攻小國也, 而旣已不可矣. 欲以干上帝鬼神之福, 又得禍焉.

上稽之堯舜禹湯文武之道, 而政逆之. 下稽之桀紂幽厲之事, 猶合節也. 若以此觀, 則厚葬久喪, 其非聖王之道也.

 註解 o鄕者(향자)-전에, 앞에서. o本言(본언)-본시 말하다. o請(청)-정말, 진실로. o沮(저)-막다, 저지하다. o稽(계)-참고하다, 비추어보다. o政逆(정역)-'정'은 정(正)의 뜻으로, 정면으로 어긋나다, 정반대가 되다.

 解說 묵자는 다시 한번 성대히 장사지내고 오랫동안 복상을 하는 것이 성왕(聖王)의 도가 아니며, 나라를 망치는 짓임을 강조하고 있다.

13. 지금 성대히 장사지내고 오랫동안 상을 입기를 주장하는 사람들이 말하고 있다.
 "성대히 장사지내고 오랫동안 상을 입는 것이 정말로 성왕의 도가 아니라면, 무슨 이론으로 중국의 군자들은 그 짓을 끊임없이 하고 그 방법을 버리지 않고 지키고 있는가?"
 이에 대하여 묵자가 말하였다.
 "그것은 이른바 그들의 풍습을 편리하다고 여기고 그들의 습속이 바르다고 여기기 때문이다.
 옛날 월(越)나라 동쪽에 해목(輆沐)이란 나라가 있었는데, 그들은 맏아들을 낳으면 곧 잡아 먹었는데, 그것이 아우들에게 좋은 일이라 하였다. 그들 할아버지가 죽으면 그의 할머니는 업어다 버렸는데, 귀신 처와는 함께 살 수가 없다는 것이었다. 이렇게 위에서는 정치를 하고, 아래에서는 그것을 풍속이라 여기어, 끊임없이 그렇게 하고 그 방법을 버리지 않고 지켰다. 그렇다고 이것이 어찌 실로 인의(仁義)의 도이겠는가? 이것이 이른바 풍습을 편리하다 여기고 그들의 습속을 바르다고 여기는 것이다.
 초(楚)나라의 남쪽에 염인국(炎人國)이란 나라가 있었는데, 그들의 부모가 죽으면 죽은이의 살은 썩혀서 버리고 나서 뼈만을 묻었다. 그래야만 효자라 하였다.

 진(秦)나라의 서쪽에 의거(儀渠)라는 나라가 있었는데, 그들의 부모가 죽으면 장작과 땔나무를 모아 시체를 태우고, 연기가 위쪽으로 올라가면 그것을 등하(登遐)라 하였다. 그런 뒤에야 효자가 될 수 있었다. 이렇게 위에서는 정치를 하고 아래에서는 그것을 풍속이라 여기어, 끊임없이 그렇게 하고 그 방법을 버리지 않고 지켰다. 그렇다고 이것이 어찌 실로 인의의 도이겠는가? 이것이 이른바 그들의 풍습을 편리하다 여기고 그들의 습속을 바르다고 여기는 것이다.

 만약 이와 같은 세 나라를 놓고 본다면, 오히려 이들은 박장(薄葬)이라 할 것이고, 만약 중국의 군자들을 놓고 볼 것 같으면 이들은 후장(厚葬)이라 해야 할 것이다. 이들처럼 하는 것은 지나친 후장이고, 저들처럼 하는 것은 지나친 박장이다. 그러니 장사지내는 데에는 절도가 있어야만 하는 것이다."

原文 今執厚葬久喪者言曰：厚葬久喪, 果非聖王之道, 夫胡說中國之君子, 爲而不已, 操而不擇哉？

 子墨子曰：此所謂便其習, 而義其俗者也.

 昔者, 越之東, 有輆沐之國者. 其長子生, 則解而食之, 謂之宜弟. 其大父死, 負其大母而棄之, 曰鬼妻不可與居處. 此上以爲政, 下以爲俗, 爲而不已, 操而不擇, 則此豈實仁義之道哉？此所謂便其習, 而義其俗者也.

 楚之南, 有炎人國者. 其親戚死, 朽其肉而棄之, 然后埋其骨, 乃成爲孝子.

 秦之西, 有儀渠之國者. 其親戚死, 聚柴薪而焚之, 燻上謂之登遅, 然后成爲孝子. 此上以爲政, 下以爲俗, 爲而不已, 操而不擇.
則此豈實仁義之道哉? 此所謂便其習, 而義其俗者也.

若以此若三國者觀之, 則亦猶薄矣. 若以中國之君子觀之, 則亦
猶厚矣. 如彼則大厚, 如此則大薄. 然則葬埋之有節矣.

註解 ㅇ胡說(호설) — 무슨 이론으로. ㅇ操(조) — 잡다, 지키다. ㅇ不擇(불택) — '택'은 석(釋)의 뜻으로, 놓지 않다, 버리지 않다. ㅇ輆沐(해목) — 실지로 있었던 나라인지도 알 수가 없다. ㅇ解(해) — 해체(解體)하다. ㅇ宜弟(의제) — 아우들에게 좋은 것. ㅇ大父(대부) — 할아버지. 따라서 대모(大母)는 할머니. 그대로 부(父)와 모(母)로 된 판본도 있다. ㅇ炎人國(염인국) — 담인국(啖人國)으로 된 판본도 있으며, 실지로 있었던 나라인지 알 수 없다. ㅇ親戚(친척) — 부모. ㅇ儀渠(의거) — 의거(義渠)로 된 판본도 있으며,《사기(史記)》진본기(秦本紀)에도 이 나라 이름이 보인다. ㅇ柴薪(시신) — 장작과 땔나무. ㅇ燻上(훈상) — 연기와 불꽃이 올라가는 것. ㅇ登遐(등하) — 선경(仙境)으로 올라가다, 또는 극락(極樂)세계로 올라가다의 뜻일 것이다. ㅇ薄(박) — 박장(薄葬), 간소하게 장사지내는 것. 따라서 후(厚)는 후장(厚葬)임.

解說 중국의 군자들이 끊임없이 성대히 장사지내고 오랫동안 복상을 하는 것은 오랜 풍습 때문이라는 것이다. 그것이 옳은 일이라 생각하고 그렇게 하는 것은 아니라는 것이다.

14. 본시 옷을 입고 음식을 먹는다는 것은 살아가는 데 유리하기 때문인데, 거기에도 절도가 있다. 장례를 치르는 것은 죽은 이에게 유리하기 때문인데, 어찌 이 일에만 절도가 없을 수가 있겠는가?

묵자는 장례의 법도를 제정하여 말하였다.

"관은 세 치[寸]의 두께로 뼈를 썩게 하는 데 충분하고, 수의는 세 벌로 살을 썩게 하는 데 충분하면 된다. 땅을 파는 깊이는 아래로는 지하수에 젖지 않도록 하고 위로는 냄새가 밖으로 새지 않도록 하며, 봉분은 그 자리를 알아볼 정도에서 그쳐야 한다. 곡을 하며 왔다가 곡을 하며 돌아가되, 돌아가서는 입고 먹을 재물을 생산하는 일에 종사하며, 제사를 제 때에 지내어 부모에게 효성을 다해야 한다."

그러므로 묵자의 법도는 죽고 살아가는 이점을 잃지 않고 있다고 하는 것은 이 때문이다.

그래서 묵자는 또 말하였다.

"지금 천하의 선비와 군자들이 진실로 인의(仁義)를 행하여 훌륭한 선비가 되고자 한다면, 위로는 성왕의 도에 들어맞게 행동하고 아래로는 나라와 백성들의 이익이 되도록 행동해야 한다. 그러므로 상례(喪禮)를 절도있게 하는 정치를 베풀어야 한다는 점에 대하여 잘 살피지 않으면 안된다는 것은 이 때문이다."

原文 故衣食者, 人之生利也, 然且猶尙有節. 葬埋者, 人之死利也, 夫何獨無節於此乎?

子墨子制爲葬埋之法, 曰 : 棺三寸, 足以朽骨. 衣三領, 足以朽肉. 掘地之深, 下無菹漏, 氣無發洩於上. 壟足以期其所, 則止矣. 哭往哭來, 反從事乎衣食之財, 佴乎祭祀, 以致孝於親.

故曰子墨子之法, 不失死生之利者, 此也.

故子墨子言曰 : 今天下之士君子, 中請將欲爲仁義, 求爲上士, 上欲中聖王之道, 下欲中國家百姓之利. 故當若節喪之爲政, 而不可不察, 此者也.

註解 ○菹漏(저루) – '저'는 저(沮)와 통하여, 젖는 것. '루'는 지하수. 따라서 지하수에 젖는 것. ○期其所(기기소) – 그 자리를 알아볼 정도로 하는 것. ○佴(이) – 차(次)의 뜻, 차례에 따라 때를 지키는 것. ○中請(중청) – '중'은

충(忠), '청'은 성(誠)의 뜻으로, 진실로, 진정으로.

解說 묵자는 결론으로 자신이 적절하다고 생각되는 장례의 법도를 제시하고 있다. 이처럼 지나치지 않게 장례를 치르는 것이 성왕의 도이며, 나라와 백성들을 위하는 길이라는 것이다.

묵자의 이 절장(節葬) 이론은 곧 앞에서 논한 겸애(兼愛)·비공(非攻)·절용(節用)의 주장과 표리를 이루고 있는 것이다.

제26 천지편(天志篇)(上)

'천지'란 하늘의 뜻을 말한다. 하늘은 온 세상의 최고 지배자이기 때문에 하늘이 뜻하는 바는 바로 인간사회의 정의가 되며 모든 사람이 본받고 따라야 할 규범이 된다는 것이다. 이러한 묵자의 태도는 종교적이고도 사상가다운 경건한 일면을 보여주기도 한다. 그는 하늘에 대한 믿음을 바탕으로 그의 사상을 발전시키고 있고, 그의 사상 전체를 종교적인 차원으로 끌어올리고 있는 것이다. 따라서 묵자는 다른 어떤 사상가보다도 신념에 투철하고, 그의 사상을 철저히 실천하고 있다.

1. 묵자가 말하였다.
"지금 천하의 군자들은 작은 것은 알면서도 큰 것은 알지 못한다. 무엇으로써 그러함을 아는가? 그들이 집에서 생활하는 것으로써 안다.

만약 집에 있으면서 가장(家長)에게 죄를 지면 그래도 이웃집으로 도피할 곳은 있다. 그러나 한편 부모나 형제들 및 그를 아는 사람들은 모두 서로 경계하며 말하기를 '경계하지 않으면 안되고, 삼가지 않으면 안될 것이다. 어찌 집안에 살면서 가장에게 죄를 짓고도 괜찮을 수가 있겠는가?'고 할 것이다.

집에서 생활하는 것만 그러할 뿐 아니라 나라에서 살아가는 것도 역시 그러하다. 나라에 살다가 나라 임금에게 죄를 지으면 그래도 이웃 나라로 도피할 곳은 있다. 그러나 부모나 형제들 및 그를 아는 사람들은 서로 경계하여 말하기를 '경계하지 않으면 안되고, 삼가지 않으면 안될 것이다. 그 누가 나라에 살면서 나라 임금에게 죄를 짓고도 괜찮을 수가 있겠는가?'고 할 것이다.

이것은 도피할 여지가 있는 것들인데도 서로 이와 같이 엄하게 경계하고 있으니, 하물며 도피할 여지도 없는 것들이라면 어찌 서로 경계함이 더욱 엄하여야 하지 않겠는가? 또한 속담에 말하기를 '이러한 밝은 날에 죄를 지으면 장차 어디로 도피할 것인가? 도피할 곳이 없는 것이다'고 하였다.

하늘에게는 숲이나 골짜기 속의 한적하고 아무도 없는 곳이라 하더라도 아무것도 몰래 할 수 없으니 밝게 반드시 보고 있는 것이다. 그러나 천하의 군자들은 하늘에 대하여는 갑자기 서로 경계할 줄을 모른다. 이것이 내가 천하의 군자들은 작은 것은 알면서도 큰 것은 알지 못함을 아는 까닭인 것이다."

原文 子墨子言曰：今天下之士君子, 知小而不知大.
何以知之？以其處家者知之. 若處家, 得罪於家長, 猶有鄰家所避逃之. 然且親戚兄弟所知識, 其相儆戒, 皆曰：不可不戒矣, 不可不慎矣. 惡有處家而得罪於家長而可爲也？

非獨處家者爲然, 雖處國亦然. 處國得罪於國君, 猶有鄰國所避逃之. 然且親戚兄弟所知識, 共相儆戒, 皆曰: 不可不戒矣, 不可不愼矣. 誰亦有處國得罪於國君而可爲也?

此有所避逃之者也, 相儆戒猶若此其厚, 況無所逃避之者, 相儆戒豈不愈厚, 然後可哉? 且語言有之曰: 焉而晏日焉而得罪, 將惡避逃之? 曰: 無所避逃之.

夫天不可爲林谷幽閒無人, 明必見之. 然而天下之士君子之於天也, 忽然不知以相儆戒. 此我所以知天下士君子, 知小而不知大也.

註解　○親戚(친척)-옛날엔 부모를 뜻하였음. ○語言(어언)-전하는 말. 속담. ○焉而(언이)-위의 것은 잘못 붙은 것(兪樾 說), '우차(于此)' 곧 '이에'의 뜻(孫詒讓 說). ○晏(안)-청명(淸明)한 것(兪樾 說).

解說　사람들은 집에서는 가장(家長)의 명령을 두려워하고 나라에서는 임금의 뜻을 받들 줄 알면서도 절대적인 위치에서 온 세상을 지배하고 있는 하늘의 뜻은 소홀히 한다. 가장이나 임금에게 죄를 지으면 도피할 여지가 있지만 하늘에 죄를 지으면 도피할 여지조차도 없는 절대적인 존재라는 것이다.

2. 그렇다면 하늘은 또한 무엇을 바라고 무엇을 싫어하는가? 하늘은 의로움을 바라고 불의를 싫어한다. 그러니 천하의 백성들을 거느리고 의로움에 종사한다는 것은 곧 내가 바로 하늘이 바라는 일을 행하는 것이 된다. 내가 하늘이 바라는 일을 하면 하늘 역시 내가 바라는 일을 해준다. 그러면 나는 무엇을 바라고 무엇을 싫어하는가? 나는 복과 녹을 바라고 재난과 천벌을 싫어한다. 만약 내가 하늘이 바라는 일을 하지 않고 하늘이 바라지 않는 일을 한다는 것은 내가 천하의 백성들을 거느리고

재난과 천벌을 위하여 일을 하는 것이 된다.
 그렇다면 무엇으로써 하늘이 의로움을 바라고 불의를 싫어한다는 것을 알 수 있는가? 그것은 천하에 의로움이 있으면 살고 의로움이 없으면 죽으며, 의로움이 있으면 부해지고 의로움이 없으면 가난해지며, 의로움이 있으면 다스려지고 의로움이 없으면 어지러워지기 때문이다. 그러니 하늘은 그들의 삶을 바라고 죽음을 싫어하며 그들의 부를 바라고 가난을 싫어하며 그들의 다스림을 바라고 어지러움을 싫어한다. 하늘은 의로움을 바라고 불의를 싫어함을 아는 근거인 것이다.

原文 然則天亦何欲何惡? 天欲義而惡不義. 然則率天下之百姓以從事於義, 則我乃爲天之所欲也. 我爲天之所欲, 天亦爲我所欲. 然則我何欲何惡? 我欲福祿, 而惡禍祟. 若我不爲天之所欲, 而爲天之所不欲, 然則我率天下之百姓以從事於禍祟中也.
  然則何以知天之欲義而惡不義? 曰:天下有義則生, 無義則死, 有義則富, 無義則貧, 有義則治, 無義則亂. 然則天欲其生而惡其死, 欲其富而惡其貧, 欲其治而惡其亂. 此我所以知天欲義以惡不義也.

註解 ㅇ祟(수)-천벌. 재앙.

解說 여기서는 하늘이 의로움을 좋아하는 반면 불의를 싫어함을 설명하고 있다. 그래서 하늘은 자기 뜻을 따르는 의로운 사람에게는 사람들이 바라는 복과 녹을 내려주고 의롭지 못한 사람에게는 불행과 재난을 내린다는 것이다.

3. 말하기를 '또한 의로움이란 올바른 것이다'고 한다. 아랫사람을 따라

윗사람이 바로잡히는 일은 없고, 반드시 윗사람을 따라 아랫사람들이 바로잡히는 것이다. 그러므로 서민들은 힘을 다해 자기 일에 종사하기는 하지만 자기 마음대로 다스릴 수는 없는 일이며, 관리[士]들이 있어 그들을 다스리는 것이다. 관리들은 힘을 다해 자기 일에 종사하기는 하지만 자기 마음대로 다스릴 수는 없는 일이며 장군과 대부들이 있어 그들을 다스린다. 장군과 대부들도 힘을 다해 자기 일에 종사하기는 하지만 자기 마음대로 다스릴 수는 없는 일이며 삼공(三公)과 제후들이 있어 그들을 다스린다. 삼공과 제후들도 힘을 다해 자기 일에 종사하기는 하지만 자기 마음대로 다스릴 수는 없는 일이며 천자가 있어 그들을 다스린다. 천자도 자기 마음대로 정치를 할 수는 없는 일이며 하늘이 있어 그를 다스린다.

천자가 삼공과 제후와 관리와 서민들을 다스리고 있다는 것은 천하의 군자들은 본시부터 명확히 알고 있으나, 하늘이 천자와 천하의 백성들을 다스리고 있다는 것은 아직 분명히 알지 못하고 있다. 그러므로 옛날 하(夏)·은(殷)·주(周) 삼왕조의 성왕인 우(禹)·탕(湯)·문왕(文王)·무왕(武王) 같은 임금들은 하늘이 천자를 다스리고 있다는 것을 천하의 백성들에게 분명히 얘기하려 하였다. 그러므로 모두가 소와 양을 기르고 개와 돼지를 기르며 깨끗이 젯밥과 제물과 술과 단술을 마련하여 가지고서 하느님과 귀신들에게 제사를 지내어 하늘에 복을 빌고 구하였던 것이다. 나는 아직도 하늘이 천자에게 복을 빌었다는 말은 들어본 일이 없다. 나는 그래서 하늘이 천자를 다스리고 있는 것임을 알고 있는 것이다.

본시 천자란 천하에서 최고로 귀한 사람이며 천하에서 최고로 부한 사람인 것이다. 그러므로 부하고도 귀한 사람이라면 하늘의 뜻을 따르는 사람은 모두들 아울러 서로 이롭게 해주어 반드시 하늘의 상을 받을 것이다. 하늘의 뜻에 반하는 자는 사람을 차별하여 서로 미워하며 서로 해쳐서 반드시 하늘의 벌을 받을 것이다.

[原文] 曰：且夫義者政也. 無從下之政上, 必從上之政下. 是故庶人竭力從事, 未得次己而爲政, 有士政之. 士竭力從事, 未得次己而爲政, 有將軍大夫政之. 將軍大夫竭力從事, 未得次己而爲政, 有三公諸侯政之. 三公諸侯竭力聽治, 未得次己而爲政, 有天子政之. 天子未得次己而爲政, 有天政之.

天子爲政於三公諸侯士庶人, 天下之士君子固明知, 天之爲政於天子天下百姓, 未得之明知也. 故昔三代聖王禹湯文武, 欲以天之爲政於天子, 明說天下之百姓. 故莫不犓牛羊, 豢犬彘, 潔爲粢盛酒醴, 以祭祀上帝鬼神, 而求祈福於天. 我未嘗聞天之祈福於天子也. 我所以知天之爲政於天子者也.

故天子者, 天下之窮貴也, 天下之窮富也. 故於富且貴者, 當天意而不可不順. 順天意者, 兼相愛, 交相利, 必得賞. 反天意者, 別相惡, 交相賊, 必得罰.

[註解] ○政(정)-정(正)과 통하여(王引之 說) '바로잡는다' '다스린다' '정치를 한다'는 여러 가지 뜻을 지녔으며 경우에 따라 적절히 번역하였다. ○次(차)-자(恣)와 통하여 '자기 멋대로 하는 것'(畢沅 說). ○士(사)-관리들 중의 낮은 계급. ○三公(삼공)-주(周)나라 시대엔 태사(太師)·태부(太傅)·태보(太保)를 가리켰으며, 대신 중에서도 가장 높은 지위의 사람들임. ○三代(삼대)-하(夏)·은(殷)·주(周)의 고대 삼왕조(三王朝). ○犓(추)-꼴을 먹여 기름. ○豢(환)-가축을 기름. ○彘(체)-돼지. 이곳의 가축은 모두 제물(祭物)을 가리킴. ○粢盛(자성)-제사밥[祭飯]과 제물. ○醴(예)-단술. ○窮(궁)-궁극(窮極). 최고(最高). 지극함.

[解說] 백성·관리·경대부·삼공과 제후·천자로 올라가는 지배 질서의 최고자로서의 하늘을 설명한 것이다. 하늘은 천자와 천하 백성들의 절대적인 지배자이기 때문에 하늘의 뜻을 따르면 복을 받고 하늘의 뜻을 어

기면 재난을 당하게 된다는 것이다.

4. 그렇다면 어떤 사람이 하늘의 뜻을 좇아서 상을 받았으며 어떤 사람이 하늘의 뜻을 반하여 벌을 받았는가? 묵자가 말하였다.

"옛날 삼대(三代)의 성왕인 우·탕·문왕·무왕이 하늘의 뜻을 좇아서 상을 받았고, 옛날 삼대의 폭군인 걸왕(桀王)·주왕(紂王)·유왕(幽王)·여왕(厲王)은 하늘의 뜻을 반하여 벌을 받은 사람이다."

그렇다면 우·탕·문왕·무왕 같은 이들이 상을 받은 것은 어째서였는가? 묵자가 말하였다.

"그들이 하는 일은 위로는 하늘을 높이고 가운데로는 귀신을 섬기며 아래로는 사람들을 사랑하는 것이었다. 그러므로 하늘의 뜻은 '이들은 내가 사랑하는 것은 모두 아울러 사랑해 주고 내가 이롭게 하는 것은 모두 아울러 이롭게 해준다. 이들은 사람들을 사랑함이 심하며 이들은 사람들을 이롭게 함이 대단하다'고 여기셨다. 그러므로 그들로 하여금 귀하기로는 천자가 되게 하고 부로 말하면 천하를 갖도록 하여 자손 만대토록 그의 훌륭함을 전하며 칭송하고 널리 천하에 알려지도록 하여, 지금까지도 그들은 칭송되며 성왕이라 불리고 있는 것이다."

그러면 걸왕·주왕·유왕·여왕이 하늘의 벌을 받은 것은 어째서인가? 묵자가 말하였다.

"그들이 하는 일은 위로 하늘을 욕하고 가운데로는 귀신들을 해치는 것이었다. 그러므로 하늘의 뜻은 '이들은 내가 사랑하는 것을 차별을 두어 미워하고 내가 이롭게 하려는 것을 서로 해치고 있다. 이들은 사람을 미워함이 심하며 사람을 해침이 대단하다'고 여기셨다. 그러므로 그들로 하여금 그들의 수명(壽命)을 다 누리지 못하고 그들의 세대를 잘 끝맺지 못하게 하여, 지금까지도 그들은 비난을 받으며 폭군이라 불리고 있는 것이다."

原文 然則是誰順天意而得賞者, 誰反天意而得罰者? 子墨子言曰: 昔三代聖王禹湯文武, 此順天意而得賞也, 昔三代之暴王桀紂幽厲, 此反天意而得罰者也.

然則禹湯文武, 其得賞何以也? 子墨子言曰: 其事, 上尊天, 中事鬼神, 下愛人. 故天意曰: 此之我所愛, 兼而愛之, 我所利, 兼而利之. 愛人者, 此爲博焉, 利人者, 此爲厚焉. 故使貴爲天子, 富有天下, 葉萬子孫, 傳稱其善, 方施天下, 至今稱之, 謂之聖王.

然則桀紂幽厲, 得其罰, 何以也? 子墨子言曰: 其事, 上詬天, 中誣鬼神, 下賊人. 故天意曰: 此之我所愛, 別而惡之, 我所利, 交而賊之. 惡人者, 此爲之博也, 賊人者, 此爲之厚也. 故使不得終其壽, 不歿其世, 至今毁之, 謂之暴王.

註解 ㅇ桀(걸)-하(夏)나라 마지막 임금. 포학한 정치를 일삼다 탕(湯)임금에게 멸망당하였다. ㅇ紂(주)-은(殷)나라 마지막 임금. 정사를 돌보지 않고 나라를 어지럽히다 무왕(武王)에게 멸망당하였다. ㅇ幽(유)-서주(西周)의 마지막 임금. 포사(褒姒)란 여자에게 빠져 나라를 어지럽히다 견융(犬戎)의 침입으로 죽음을 당하여 주나라를 동편으로 옮겨가게 만들었다. ㅇ厲(여)-유왕(幽王)의 할아버지. 폭정으로 나라를 매우 어지럽혔다. ㅇ葉萬子孫(엽만자손)-자손 만세토록. 엽(葉)은 세(世)의 뜻. 보통은 '업만세자손(業萬世子孫)'으로 되어 있으나 잘못이다《墨子閒詁》. ㅇ方(방)-방(旁)·부(溥)과 통하여 '널리', '두루'. ㅇ詬(구)-욕함. ㅇ誣(무)-속임.

解說 여기에선 하늘의 뜻을 따름으로써 복을 받았던 성왕들과 하늘의 뜻을 반함으로써 천벌을 받았던 폭군들의 예를 들고 있다. 하늘이 천하의 최고 지배자임을 밝히고 있다.

5. 그러면 무엇으로써 하늘이 천하의 백성을 사랑하는 것을 아는가? 하늘이 모두를 아울러 밝혀줌으로써이다. 무엇으로써 하늘이 모두를 아울러 밝혀줌을 아는가? 하늘이 모두를 아울러 지니고 있음으로써이다. 무엇으로써 하늘이 모두를 아울러 지니고 있음을 아는가? 하늘이 모두를 아울러 먹여 줌으로써이다. 무엇으로써 하늘이 모두를 아울러 먹여 줌을 아는가? 온 세상의 곡식을 먹는 백성들은 누구나 소와 양을 치고 개와 돼지를 기르고 정결히 젯밥과 제물과 술과 단술을 마련하여 가지고서 하느님과 귀신에게 제사를 지내는 것으로써이다.

|原文| 然則何以知天之愛天下之百姓? 以其兼而明之. 何以知其兼而明之? 以其兼而有之. 何以知其兼而有之? 以其兼而食焉. 何以知其兼而食焉? 四海之內, 粒食之民, 莫不犓牛羊, 豢犬彘, 潔爲粢盛酒醴, 以祭祀於上帝鬼神.

|註解| ○食(식) — 먹여 살리는 것.

|解說| 여기서는 하늘이 백성을 사랑하고 있다는 사실을 증명하고 있다. 이 뒤로도 하늘이 백성을 사랑하고 있다는 증명을 계속하고 있다.

6. 하늘이 고을과 사람을 다스리고 계신데 어찌 사랑하지 않겠는가? 그래서 내가 한 사람의 무고한 사람을 죽이면 반드시 한 사람에 해당하는 불행을 겪게 된다 하였다. 무고한 사람을 죽이는 자는 누구인가? 곧 사람이다. 불행을 내려주는 사람은 누구인가? 곧 하늘이다. 만약 하늘이 천하의 백성들을 사랑하지 않는다면 어째서 사람과 사람이 서로 죽인다고 해서 하늘이 그들에게 불행을 내려주겠는가? 이것으로써 나는 하늘이 천하의 백성들을 사랑하심을 아는 것이다.

하늘의 뜻을 따르는 것을 의정(義政)이라 한다. 하늘의 뜻에 반하는 것을 역정(力政)이라 한다. 그러면 의정이란 어떻게 하면 되는 것인가? 묵자가 말하였다.

"큰 나라가 작은 나라를 공격하지 않고, 큰 집안이 작은 집안을 뺏지 아니하며, 강한 자는 약한 자의 것을 겁탈하지 아니하고, 귀한 자는 천한 자에게 오만하지 아니하며, 약은 꾀가 많은 자는 어리석은 자를 속이지 않는 것이다. 이렇게 하면 반드시 위로는 하늘에 이롭고, 가운데로는 귀신에 이롭고, 아래로는 사람들에게 이로울 것이다. 세 가지가 다 이롭게 되면 이롭지 않은 것이 없게 될 것이다. 그러므로 천하에서 가장 아름다운 이름을 가져다가 그에게 붙여 성왕(聖王)이라 부르는 것이다.

역정(力政)을 하는 자는 이것과 다르다. 말도 이것과 틀리고 행동도 이것과는 반대되어, 마치 반대 방향으로 달려가는 것과 같다. 큰 나라라면 작은 나라를 공격하고, 큰 집안은 작은 집안을 뺏고, 강한 자는 약한 자의 것을 겁탈하고, 귀한 자는 천한 자에게 오만하고, 약은 꾀가 많은 자는 어리석은 자를 속인다. 이것은 위로는 하늘에도 이롭지 아니하고, 가운데로는 귀신에게도 이롭지 아니하고, 아래로는 사람에게도 이롭지 아니한 것이다. 세 가지가 다 이롭지 않다면 이로운 것이란 없게 될 것이다. 그러므로 세상에서는 천하의 악한 이름을 가져다가 그에게 붙이어 포악한 임금이라 부르게 되는 것이다."

[原文] 天有邑人, 何用弗愛也? 且吾言殺一不辜者, 必有一不祥. 殺不辜者, 誰也? 則人也. 予之不祥者, 誰也? 則天也. 若以天爲不愛天下之百姓, 則何故以人與人相殺, 而天予之不祥? 此我所以知天之愛天下之百姓也.

順天意者, 義政也. 反天意者, 力政也. 然義政將奈何哉? 子墨子言曰:

處大國不攻小國, 處大家不纂小家, 强者不劫弱, 貴者不傲賤, 多詐者不欺愚. 此必上利於天, 中利於鬼, 下利於人. 三利, 無所不利. 故擧天下美名加之, 謂之聖王.

力政者, 則與此異. 言非此, 行反此, 猶倖馳也. 處大國攻小國, 處大家纂小家, 强者劫弱, 貴者傲賤, 多詐欺愚. 此上不利於天, 中不利於鬼, 下不利於人. 三不利, 無所利. 故擧天下惡名加之, 謂之暴王.

|註解| ○言非此(언비차)-비(非)는 배(背)와 뜻이 통하여, 말은 이것과 틀린다는 뜻. ○倖(행)-배(偝)로 된 판본도 있으니, 등을 지는 것. 반대 방향.

|解說| 하늘은 천하의 백성들을 사랑하신다. 따라서 하늘의 뜻을 따라 사랑으로써 세상을 다스리는 것을 '의정(義政)'이라 말하고, 그 반대의 것을 '역정(力政)'이라 말한다. '의정'을 하는 사람이 성왕이고, '역정'을 하는 자는 폭군이라는 것이다.

7. 묵자가 말하였다.
"우리에게 하늘의 뜻이 있음은 비유를 들면 마치 수레바퀴 공인(工人)에게 그림쇠가 있고 목수(木手)에게 굽은 자가 있는 것과 같다. 수레바퀴 공인과 목수들은 그들의 그림쇠와 굽은 자를 가지고서 천하의 네모꼴과 원을 재면서 말하기를 '들어맞는 것은 바른 것이고 들어맞지 않는 것은 그릇된 것이다'고 한다.

지금 천하의 군자들의 책은 이루 다 기록할 수 없을 만큼 많고, 그들의 이론은 이루 다 헤아릴 수 없을 만큼 많다. 위로는 제후들을 설복시키고 아래로는 여러 선비들을 설복시키려 하지만 그들은 어짊과 의로움으로부터 크게 멀리 떨어져 있다. 무엇으로써 그러함을 아는가? 그것은 내가 천하의 밝은 법도로 재어봄으로써 아는 것이다."

原文 子墨子言曰:我有天志, 譬若輪人之有規, 匠人之有矩, 輪匠執其規矩, 以度天下之方圓曰:中者是也, 不中者非也.

今天下之士君子之書, 不可勝載, 言語不可盡計. 上說諸侯, 下說列士, 其於仁義, 則大相遠也. 何以知之? 曰:我得天下之明法以度之.

註解 ○輪人(윤인)-수레바퀴를 만드는 사람. ○規(규)-그림쇠. 원을 그릴 때 기준이 되는 자. 컴퍼스. ○矩(구)-굽은 자. 90도 각도를 정확히 그릴 때 쓰는 자. ○士君子之書(사군자지서)-군자들의 책. 이 시대엔 이른바 제자백가(諸子百家)들이 나와 앞을 다투어 자기의 경륜을 책으로 써 냈다. ○言語(언어)-이론. 논설. ○說(세)-달램. 설복시킴. ○天下之明法(천하지명법)-천하의 밝은 법도. 그것은 바로 '하늘의 뜻'을 가리킨다.

解說 하늘의 뜻은 바로 천하의 법도가 되는 것이다. 그 시대에 수많은 사상가들이 제각기 자기 사상을 글로 써 냈지만 그것은 모두가 어짊과 의로움에 맞지 않는 것들이었다. 그것은 그들이 천하의 뜻에 어긋나는 이론을 주장하였기 때문인 것이다.

제27 천지편(天志篇)(中)

여기서도 하늘의 뜻과 정치의 관계를 상편에 이어 설명하고 있다. 하늘의 뜻은 의로운 것이니 하늘의 뜻을 따라야만 올바른 정치를 할 수 있다는 것이다.

1. 묵자가 말하였다.

"지금 천하의 군자들이 어짊과 의로움을 행하려든다면 곧 의로움이 나오는 곳을 살피지 않아서는 안된다."

이미 의로움이 나오는 곳을 살피지 않아서는 안된다고 말했다면, 의로움이란 어디에서부터 나오는가?

묵자가 말하였다.

"의로움이란 어리석고도 천한 자들로부터 나오지 아니하고 반드시 귀하고도 지혜있는 사람들로부터 나온다."

무엇으로써 의로움은 어리석고도 천한 자들로부터 나오지 아니하고 반드시 귀하고도 지혜있는 사람들로부터 나옴을 아는가? 그것은 '의로움이란 훌륭한 정치이기 때문이다.'

무엇으로써 의로움이 훌륭한 정치임을 아는가? 그것은 '천하에 의로움이 있으면 곧 다스려지고 의로움이 없으면 곧 어지러워지니 이것으로써 의로움이 훌륭한 정치임을 아는 것이다.'

'모든 어리석고도 천한 자들은 귀하고도 지혜있는 사람들을 다스릴 수가 없다. 귀하고도 지혜있는 사람이어야만 어리석고도 천한 자들을 다스릴 수가 있는 것이다. 이것이 내가 의로움은 어리석고도 천한 자들로부터 나오지 아니하고 반드시 귀하고도 지혜있는 사람들로부터 나옴을 아는 근거이다.'

그렇다면 누가 귀하고 누가 지혜로운가? 그것은 '하늘이 귀하고 하늘이 지혜로울 따름이다. 그러니 의로움은 결과적으로 하늘로부터 나오는 것이다.'

지금 천하의 사람들이 말한다.

'천자는 제후보다 귀하고 제후는 대부들보다 귀한 것 같은 것은 확연하고 분명하게 알고 있다. 그러나 우리는 하늘이 천자보다 귀하고도 지혜롭다는 것은 알지 못하고 있다.'

묵자가 말하였다.

"내가 하늘이 천자보다 귀하고도 지혜롭다는 것을 아는 것은 근거가 있는 것이다. 그것은 천자가 선을 행하면 하늘은 상을 주게 되고 천자가 포악한 짓을 하면 하늘은 벌을 주게 된다는 것이다. 천자에게 질병이나 재난 또는 불행이 생기면 반드시 재계목욕을 하고 정결히 술과 단술과 젯밥과 제물을 마련해 가지고 하늘과 귀신에게 제사를 지낸다. 그러면 하늘은 그런 것을 없애 줄 수가 있다. 그러나 나는 하늘이 천자에게 복을 빌었다는 사실은 알지 못하고 있다."

原文 子墨子言曰:今天下之君子之欲爲仁義者, 則不可不察義之所從出. 旣曰:不可以不察義之所從出, 然則義何從出?

子墨子曰:義不從愚且賤者出, 必自貴且知者出.

何以知義之不從愚且賤者出, 而必自貴且知者出也? 曰:義者, 善政也.

何以知義之爲善政也? 曰:天下有義則治, 無義則亂, 是以知義之爲善政也.

夫愚且賤者, 不得爲政乎貴且知者. 貴且知者, 然後得爲政乎愚且賤者. 此吾所以知義之不從愚且賤者出, 而必自貴且知者出也.

然則孰爲貴, 孰爲知? 曰:天爲貴, 天爲知而已矣. 然則義果自天出矣.

今天下之人曰:當若天子之貴諸侯, 諸侯之貴大夫, 礉明知之. 然吾未知天之貴且知於天子也.

子墨子曰:吾所以知天之貴且知於天子者有矣. 曰:天子爲善, 天能賞之, 天子爲暴, 天能罰之. 天子有疾病禍祟, 必齋戒沐浴, 潔爲酒醴粢盛, 以祭祀天鬼, 則天能除去之. 然吾未知天之祈福於天子也.

註解 ㅇ貴且知者, 然後得爲政乎愚且賤者(귀차지자, 연후득위정호우차천자)-여기의 '귀차지자(貴且知者)' 네 자는 본시 빠져 있으나 필원(畢沅)의 설(說)에 의거하여 보충하였다. ㅇ碻(확)-확(確)과 통하여 '확연함'. '확실함'.

解說 위정자는 의로워야 올바른 정치를 하는데, 그 의로움은 하늘로부터 나온다. 하늘은 이 세상 무엇보다도 귀하고 지혜로워서 의로움의 표준이 된다는 것이다. 거듭 세계의 최고 지배자로서의 하늘의 위치를 강조했다. 사람들은 천자나 제후는 귀한 줄 알면서도 절대적인 하늘의 위치는 소홀히 여기기 일쑤다.

2. 이처럼 내가 하늘이 천자보다도 귀하고도 지혜로운 것을 아는 것은 그러한 이유에만 그치는 것이 아니다. 또 선왕들의 책에서 하늘의 밝고 전혀 느슨하지 않은 도리를 해설하고 있는 것을 통하여서도 그러한 것을 안다.

거기에는 '밝고 분명한 것은 하늘이며, 아래 땅을 굽어 살피신다'고 하였다. 곧 이 말은 하늘이 천자보다도 귀하고도 지혜로운 것을 뜻하는 것이다.

또 하늘보다도 귀하고 지혜로운 것이 있는지 모르겠다. 거기에는 '하늘이 귀하고 하늘이 지혜로울 따름이다'고 하였다. 그러므로 의로움은 진실로 하늘로부터 나오게 되는 것이다.

그러므로 묵자가 말하였다.

"지금 천하의 군자들이 진실로 도를 따라 백성들에게 이롭게 해주고 인의의 근본에 대하여 근본적으로 살피고자 한다면, 하늘의 뜻을 따르지 않아서는 안되는 것이다."

原文| 此吾所以知天之貴且知於天子者, 不止此而已矣. 又以先王之書, 馴天明不解之道也知之.

曰 : 明哲維天, 臨君下土. 則此語天之貴且知於天子.

不知亦有貴知夫天者乎. 曰 : 天爲貴, 天爲知而已矣. 然則義果自天出矣.

是故子墨子曰 : 今天下之君子, 中實將欲遵道利民, 本察仁義之本, 天之意, 不可不愼也.

註解| ㅇ馴(순) – 훈(訓)과 통하여, 해설하다. ㅇ不解(불해) – '해'는 해(懈)와 통하여, 게을리하지 않다, 느슨하지 않다. ㅇ明哲(명철) – 지혜가 밝은 것. ㅇ中實(중실) – 진실로. ㅇ遵道(준도) – 올바른 도를 따르다. ㅇ本察(본찰) – 근본적으로 살피어 앎. ㅇ愼(신) – 순(順)과 통하여, 따르는 것.

解說| 여기서는 옛 전적(典籍)의 기록을 인용하여, 하늘이 이 세상의 주재자임을 밝히고 있다. 그리고 의로움, 곧 정의(正義)라는 것도 하늘에게서 나온 속성임을 강조하고 있다.

3. 하늘의 뜻을 따르지 않아서는 안되는 것이라면, 곧 하늘의 뜻은 무엇을 바라고 무엇을 싫어하겠는가?

묵자가 말하였다.

"하늘의 뜻은, 큰 나라가 작은 나라를 공격하는 것과 큰 집안이 작은 집안을 어지럽히는 것과 강한 자가 수가 적은 자들에게 포악한 짓을 하는 것과 사기꾼이 어리석은 사람을 속이는 것과 귀한 사람이 천한 사람에게 오만히 구는 것을 바라지 않는다.

이러한 하늘이 바라지 않는 일은 여기에만 그치지 않는 것이다. 사람들이 힘이 있으면 서로 도와주고, 도리를 알고 있으면 서로 가르쳐 주고, 재물이 있으면 서로 나누어 갖기를 바란다. 또 윗사람은 힘써 다스리고, 아랫사람은 힘써 맡은 일에 종사하기를 바란다.

윗사람이 힘써 다스린다면 곧 나라는 잘 다스려질 것이다. 아랫사람이 힘써 맡은 일에 종사하면 곧 쓸 재물이 충분하게 될 것이다. 만약 나라가 잘 다스려지고 쓸 재물이 충분하다면, 곧 안으로는 술과 단술과 젯밥과 제물을 정결히 마련하여 하늘과 귀신들에게 제사를 지내게 될 것이며, 밖으로는 여러 가지 주옥(珠玉)으로 예물을 갖추어 사방의 이웃나라들과 찾아다니며 친교(親交)를 맺게 될 것이다. 그러면 제후들 사이에 원한이 생기지 아니하고, 변경에 전쟁이 일어나지 않을 것이다. 안으로는 굶주리는 사람을 먹여주고 수고로운 사람은 쉬게 해주며, 그들의 만백성을 부양해 주어, 임금과 신하 및 윗사람과 아랫사람들이 서로 사랑하고 충성을 다하게 되어, 부자와 형제들이 서로 사랑하고 효성스럽게 될 것이다.

그러므로 오직 하늘의 뜻을 따라야 함을 분명히 알고, 그 뜻을 받들어 온 천하에 빛내고 베푼다면, 곧 법과 정치는 잘 다스려지고, 만백성들은 서로 화합하고, 나라는 부하게 되어 쓸 재물이 충분하게 될 것이니, 백성들 모두가 따스하게 옷을 입고 배부르게 음식을 먹으며 편안하고 걱정없이 지내게 될 것이다."

그러므로 묵자가 말하였다.

"지금 천하의 선비와 군자들이 진실로 도를 따라서 백성들을 이롭게 하고자 한다면 인의의 근본에 대하여 근본적으로 살피어 하늘의 뜻을 따르지 않으면 안될 것이다."

原文 旣以天之意以爲不可不愼已矣, 然則天之將何欲何憎?

子墨子曰 : 天之意, 不欲大國之攻小國也, 大家之亂小家也. 强之暴寡, 詐之謀愚, 貴之傲賤, 此天之所不欲也.

不止此而已. 欲人之有力相營, 有道相敎, 有財相分也. 又欲上之强聽治也, 下之强從事也.

上强聽治, 則國家治矣. 下强從事, 則財用足矣. 若國家治, 財用足, 則內有以潔爲酒醴粢盛, 以祭祀天鬼. 外有以爲環璧珠玉, 以聘撓四鄰. 諸侯之冤不興矣, 邊境兵甲不作矣. 內有以食飢息勞, 持養其萬民, 則君臣上下惠忠, 父子弟兄慈孝.

故唯毋明乎順天之意, 奉而光施之天下, 則刑政治, 萬民和, 國家富, 財用足, 百姓皆得煖衣飽食, 便寧無憂.

是故子墨子曰 : 今天下之君子, 中實將欲遵道利民, 本察仁義之本, 天之意, 不可不愼也.

[註解] ○詐(사)-속이다, 사기꾼. ○相營(상영)-함께 일하며 돕는 것. ○環璧珠玉(환벽주옥)-'환벽'은 모두 납작하고 가운데 둥근 구멍이 뚫린 서옥(瑞玉). 여기서는 나라의 사절들이 다른 나라에 사신으로 갈 적에 예물로 갖고 갔던 여러 가지 주옥(珠玉)들을 말한다. ○聘撓(빙요)-'요'는 교(交)의 뜻으로, 예물을 들고 사신이 찾아가 나라 사이의 친교(親交)를 맺는 것. ○冤(원)-원한. ○甲兵(갑병)-갑옷과 무기, 전쟁을 뜻함. ○唯毋(유무)-조사, 오직. ○光施(광시)-하늘의 뜻을 세상에 빛나게 하고 널리 베푸는 것. ○便寧(편녕)-편안한 것.

[解說] 여기서는 하늘의 뜻이 바라지 않는 일이 무엇인가를 밝히며, 사람들은 언제나 하늘의 뜻을 따라야 함을 강조하고 있다.

4. 또한 하늘이 천하를 차지하고 있는 것은, 비유를 들면 임금이나 제후들이 사방 국경 안의 땅을 차지하고 있는 것과 다를 바가 없다. 지금

임금이나 제후들이 사방 국경 안의 땅을 차지하고 있으면서 어찌 그 나라의 신하와 백성들이 서로 이롭지 않은 짓을 하기 바라겠는가? 지금 큰 나라라 한다면 곧 작은 나라를 공격하고, 큰 집안이라면 곧 작은 집안을 어지럽히고 있는데, 그래가지고는 상이 주어지기를 바란다 하더라도 끝내 상은 받지 못하고 처벌을 반드시 받게 될 것이다.

하늘이 천하를 차지하고 있는 것도 이것과 다를 바가 없는 것이다. 지금 만약 큰 나라라 하여 곧 작은 나라를 공격하고 큰 고을 사람이라면 곧 작은 고을을 정벌하면서, 그런 방법으로 하늘의 복록(福祿)이 내려지기를 바란다면, 복록은 끝내 받지 못하고 재난을 반드시 당하게 될 것이다.

그런데 하늘이 바라는 일은 하지 않으면서 하늘이 바라지 않는 일은 한다면, 곧 하늘도 그 사람이 바라는 일은 해주지 않고 그가 바라지 않는 일을 해주게 될 것이다. 사람들이 바라지 않는 일이란 무엇인가? 그것은 질병과 재난이다.

만약 자신이 하늘이 바라는 일은 하지 않고 하늘이 바라지 않는 일을 한다면, 그것은 천하의 만백성들을 이끌고 재난이 닥치도록 하는 일에 종사하는 것이 된다.

그러므로 옛날 성왕들은 하늘과 귀신이 복을 내려주는 까닭을 분명히 알고, 하늘과 귀신의 미움을 피하여, 천하의 이익을 증진시키고 천하의 해를 없애려 하였다. 그래서 하늘은 추위와 더위를 절기에 맞도록 해주고, 사철이 조화되도록 해주며, 음양과 비와 이슬이 때에 알맞도록 해주고, 오곡이 잘 익도록 해주며, 여러 가축들이 잘 자라게 해주고, 질병과 전염병 및 흉년과 기근(飢饉)이 닥치지 않도록 해주었다.

그러므로 묵자가 말하였다.

"지금 천하의 군자들이 진실로 도를 따라 백성들을 이롭게 해주려 한다면 인의의 근본에 대하여 근본적으로 살피어, 하늘의 뜻을 따르지 않을 수가 없는 것이다."

[原文] 且夫天子之有天下也, 辟之無以異乎國君諸侯之有四境之內也. 今國君諸侯之有四境之內也, 夫豈欲其臣國萬民之相爲不利哉? 今若處大國則攻小國, 處大家則亂小家, 欲以此求賞譽, 終不可得, 誅罰必至矣.

夫天之有天下也, 將無已異此. 今若處大國則攻小國, 處大都則伐小都, 欲以此求福祿於天, 福祿終不得, 而禍祟必至矣.

然有所不爲天之所欲, 而爲天之所不欲, 則夫天亦且不爲人之所欲, 而爲人之所不欲矣. 人之所不欲者何也? 曰: 疾病禍祟也.

若己不爲天之所欲, 而爲天之所不欲, 是率天下之萬民, 以從事乎禍祟之中也.

故古者聖王, 明知天鬼之所福, 而辟天鬼之所憎, 以求興天下之利, 而除天下之害. 是以天之爲寒熱也, 節四時, 調陰陽雨露也. 時五穀孰, 六畜遂, 疾菑戾疫凶飢則不至.

是故子墨子曰: 今天下之君子, 中實將欲遵道利民, 本察仁義之本, 天意不可不愼也.

[註解] ○辟之(비지)-'비'는 비(譬)와 통하여, 비유를 들면. ○四境之內(사경지내)-사방 경계 안, 사방 국경 안의 땅. ○無已(무이)-무이(無以), ……하는 일이 없다. ○大都(대도)-큰 고을, 대부(大夫)들 중 채읍(采邑)이 큰 사람. 소도(小都)는 그 반대. ○辟(피)-피(避)하다. ○遂(수)-잘 자라는 것. ○疾菑(질재)-질병, 질병과 재난. ○戾疫(여역)-전염병.

[解說] 하늘의 뜻에 따라 백성들을 이롭게 해주어야 함을 강조하고 있다. 하늘의 뜻을 따르면 복을 받고, 하늘의 뜻을 어기면 벌을 받게 된다는 것이다.

5. 또한 천하에는 인하지도 않고 상서롭지도 않은 자들이 있다. 그들은 모두 자식이 되어 아비를 섬기지 아니하고, 아우가 되어 형을 섬기지 아니하고, 신하가 되어 임금을 섬기지 않는다고 한다. 그러므로 천하의 군자들은 그들을 두고 상서롭지 않은 자라 하는 것이다.

지금 하늘은 온 천하를 아울러 다같이 사랑해 주고, 만물을 모두 길러 주며 이롭게 해주고 있다. 가는 터럭 끝 같은 작은 것이라 하더라도 모두 하늘에 의하여 이루어진 것이며, 백성들이 그런 것들을 통하여 이익을 얻는 것은 대단하다고 할 수 있다. 그런데도 전혀 하늘에 보답하지는 않고, 그들이 하는 짓이 인하지도 않고 상서롭지도 않은 일임을 알지 못하고 있다.

이 때문에 나는 군자들은 자질구레한 일은 알면서도 큰 일은 알지 못한다고 말하는 것이다. 또한 내가 하늘이 백성들을 사랑하심이 대단하다는 것을 아는 까닭인 것이다.

곧 해와 달과 별들을 분별하여 마련해 줌으로써 사람들을 밝게 인도해 주고, 사철을 마련해 줌으로써 봄 여름 가을 겨울을 질서있게 다스려 주고, 눈 서리 비 이슬을 내려줌으로써 오곡과 삼베가 잘 자라게 해주어, 백성들로 하여금 이를 통해서 재물과 이익을 얻게 하였다.

산과 냇물과 계곡들을 벌여놓아 온갖 일을 하도록 널리 마련해 놓고 백성들이 잘하는지 못하는지 내려보고 있는 것이다. 임금과 제후들을 마련해 주고서 그들로 하여금 현명한 사람에게는 상을 주고 포악한 자들은 벌하도록 하고 있는 것이다. 쇠와 나무 및 새와 짐승들을 마련해 주고, 오곡과 삼베를 기르는 일에 종사함으로써 백성들이 입고 먹는 재물을 마련하도록 하였다. 옛날부터 지금에 이르기까지 이런 것들은 있지 않은 적이 없었다.

지금 여기에 한 사람이 있는데, 기뻐하면서 그의 아들을 사랑하여 힘을 다하고 방법을 다하여 그를 이롭게 해주었다 하자. 그 아들놈이 자라서 자기 아버지에게 보답하지 않는다면 곧 천하의 군자들은 모두 인하지도 않고 상서롭지도 않은 자라고 할 것이다.

지금 하늘은 온 천하를 아울러 사랑하고 만물이 모두 자라도록 하여 그들을 이롭게 해주고 있다. 가는 터럭 끝 같은 것까지도 모두가 하늘이 마련해 준 것이며, 백성들은 그것을 통하여 이익을 보는 것이 막대하다고 할 수 있다. 그런데도 전혀 하늘에 보답하지 않는 것은 그 자신이 어질지도 않고 상서롭지도 않은 자임을 알지 못하기 때문이다. 이런 까닭에 나는 군자들은 자질구레한 일은 알면서도 큰 일은 알지 못한다고 말하는 것이다.

原文 且夫天下蓋有不仁不祥者. 曰當若子之不事父, 弟之不事兄, 臣之不事君也. 故天下之君子, 與謂之不詳者.

今夫天兼天下而愛之, 撽遂萬物以利之. 若豪之末, 非天之所爲也, 而民得而利之, 則可謂否矣. 然獨無報夫天, 而不知其爲不仁不祥也.

此吾所謂君子明細而不明大也. 且吾所以知天之愛民之厚者有矣. 曰以磨爲日月星辰, 以昭道之. 制爲四時春秋冬夏, 以紀綱之. 雷降雪霜雨露, 以長遂五穀麻絲, 使民得而財利之.

列爲山川溪谷, 播賦百事, 以臨司民之善否. 爲王公侯伯, 使之賞賢而罰暴. 賊金木鳥獸, 從事乎五穀麻絲, 以爲民衣食之財. 自古及今, 未嘗不有此也.

今有人于此, 驩若愛其子, 竭力單務以利之. 其子長, 而無報子求父. 故天下之君子, 與謂之不仁不祥.

今夫天兼天下而愛之, 遂萬物以利之. 若豪之末, 非天之所爲. 而民得而利之, 則可謂否矣. 然獨無報夫天, 而不知其爲不仁不祥也. 此吾所謂君子明細而不明大也.

[註解] ○當若(당약)-……한 자들은. ○撒遂(고수)-'고'는 요(邀)・교(交)와 통하여, 모두의 뜻. 따라서 모두를 자라게 하는 것. ○豪(호)-호(毫), 가는 터럭. ○否矣(부의)-'부'는 후(后)의 잘못, 후(厚)와 통하여, 두텁다, 대단하다. ○磨(마)-력(曆)의 잘못, 역(歷)과 통하여, 분별하는 것. 역위(歷爲)는 분별하여 마련하는 것. ○賈(운)-떨구다, 운(隕)과 통함. ○長遂(장수)-자라는 것. ○播賦(파부)-널리 마련해 놓는 것. ○臨司(임사)-'사'는 사(伺)와 통하여, 내려다보는 것. ○賊(적)-부(賦)의 잘못, 마련하는 것. ○驩若(환약)-기뻐하는 것. '환'은 환(歡)의 뜻. ○單務(단무)-'단'은 탄(殫)과 통하여, 노력을 다하다, 방법을 다하다. ○子求(자구)-조사 호(乎)의 잘못. ○與(여)-거(擧), 모두.

[解說] 하늘의 뜻을 따르지 않는 자들은 인하지도 않고 상서롭지도 않은 자임을 강조하고 있다. 인하지도 않고 상서롭지도 않은 자라면 곧 재난을 당하게 될 것이다.

6. 또한 내가 하늘이 백성들을 대단히 사랑한다는 것을 아는 까닭은 여기에서 그치는 것이 아니다. 곧 무고한 사람을 죽이는 자는 하늘이 그에게 불행을 내려준다. 무고한 사람을 죽인 자는 누구인가? 그는 사람이다. 그에게 불행을 내려주는 이는 누구인가? 곧 하늘이다. 만약 하늘이 백성들을 대단히 사랑하지 않는다면, 사람이 무고한 사람을 죽였을 적에 하늘이 그에게 불행을 내려준다는 사실을 어떻게 설명할 것인가? 이것이 내가 하늘이 백성들을 대단히 사랑한다는 것을 아는 까닭인 것이다.

그런데 내가 하늘이 백성들을 대단히 사랑한다는 것을 아는 까닭은 여기에서 그치는 것이 아니다. 곧 사람들을 사랑하고 사람들을 이롭게 해주며 하늘의 뜻을 따르면 하늘이 내리는 상을 받게 되고, 사람들을 미워하고 사람들을 해치면서 하늘의 뜻을 어기면 하늘의 벌을 받게 된다는 것으로도 알게 된다.

[原文] 且吾所以知天愛民之厚者, 不止此而足矣. 曰 : 殺不辜者, 天予不祥. 不辜者誰也? 曰人也. 予之不祥者誰也? 曰天也. 若天不愛民之厚, 夫胡說人殺不辜, 而天予之不祥哉? 此吾之所以知天之愛民之厚也.

且吾所以知天之愛民之厚者, 不止此而已矣. 曰愛人利人, 順天之意, 得天之賞者有之. 憎人賊人, 反天之意, 得天之罰者亦有矣.

[註解] ○不辜(불고)-죄가 없는 것. ○不祥(불상)-상서롭지 않은 것, 불행, 재난. ○胡說(호설)-어떻게 설명하나?

[解說] 무고한 사람을 죽인 자에게는 하늘이 그에 해당하는 불행을 그에게 내려준다. 이를 통해서 하늘이 백성들을 매우 사랑함을 알게 된다는 것이다. 따라서 사람들은 하늘의 뜻을 따라야만 한다는 것이다.

7. 사람들을 사랑하고 사람들을 이롭게 해주어 하늘의 뜻을 따름으로써 하늘의 상을 받은 사람은 어떤 이들이었는가? 그것은 옛날 삼대(三代)의 성왕이신 요(堯)·순(舜)·우(禹)·탕(湯)·문왕(文王)·무왕(武王) 같은 분들이다.

요·순·우·탕·문왕·무왕 같은 분들은 어떤 일을 하셨는가? 그분들은 모든 사람을 아울러 사랑하는 일을 하셨지 사람들을 분별하여 대하는 일을 하지 않았다.

모든 사람을 아울러 사랑하는 사람은, 큰 나라라 하더라도 작은 나라를 공격하지 아니하고, 큰 집안이라 하더라도 작은 집안을 어지럽히지 아니하며, 강하다 하더라도 약한 자의 것을 겁탈하지 아니하고, 인원 수가 많다 하더라도 수가 적은 사람들에게 포악한 짓을 아니하며, 꾀가 있다 하더라도 어리석은 자들을 속이지 아니하고, 신분이 귀하다 해도 천한 사람들에게 오만하지 아니하다. 그들의 하는 일을 볼 것 같으면, 위로는 하늘에 이롭고, 가운데로는 귀신에게 이로우며, 아래로는 사람들에게 이롭다. 이렇게 세 가지로 이롭다면 이롭지 않은 것이 없게 된다.

이것을 하늘의 덕이라 한다. 천하의 아름다운 이름을 다 모아 그에게 붙여주게 된다. 곧 이것이 인(仁)이며 의(義)인 것이다.

사람들을 사랑하고 사람들을 이롭게 해주어 하늘의 뜻을 따름으로써 하늘의 상을 받은 사람은 이 정도에 그치지 않는다. 그 일을 대쪽과 비단에 쓰고, 쇠와 돌에 새기며, 쟁반과 대야에도 새겨서, 후세 자손들에게도 전하여 주었던 것이다.

그것은 무엇 때문이었는가? 사람들을 사랑하고 사람들을 이롭게 해주어 하늘의 뜻을 따름으로써 하늘의 상을 받은 사람들을 알리려는 것이다. 《시경》 황의(皇矣)편에 이렇게 말하고 있다.

> 하나님이 문왕(文王)께 이르셨네.
> '나는 밝은 덕 지닌 이를 좋아하나
> 별로 소리와 빛으로 크게 나타내지는 않으며,
> 언제나 매와 회초리로 치지도 않으니,
> 알건 모르건 간에
> 하나님의 법도만을 따르라.'

하나님께서는 그분의 법도를 잘 따르는 것을 훌륭하게 여기신 것이다. 그러므로 은(殷)나라를 통째로 문왕에게 상으로 주어 신분이 귀하기로는 천자가 되게 하고, 부하기로는 천하를 차지하게 하여, 그의 명성은 지금까지도 수그러들지 않고 있는 것이다. 그러므로 사람들을 사랑하고 사람들을 이롭게 해주어 하늘의 뜻을 따름으로써 하늘의 상을 받은 이들에 대하여 잘 알 수가 있는 것이다.

|原文| 夫愛人利人, 順天之意, 得天之賞者, 誰也? 曰:若昔三代聖王, 堯舜禹湯文武者是也.

堯舜禹湯文武, 焉所從事? 曰:從事兼, 不從事別.

兼者, 處大國不攻小國, 處大家不亂小家, 强不劫弱, 衆不暴寡, 詐不謀愚, 貴不傲賤. 觀其事, 上利乎天, 中利乎鬼, 下利乎人. 三利無所不利.

是謂天德. 聚斂天下之美名, 而加之焉. 曰此仁也義也.

愛人利人, 順天之意, 得天之賞者也, 不止此而已. 書于竹帛, 鏤之金石, 琢之槃盂, 傳遺後世子孫.

曰將何以爲? 將以識 夫愛人利人, 順天之意, 得天之賞者也. 皇矣道之曰:

帝謂文王. 予懷明德,

不大聲以色, 不長夏以革.

不識不知, 順帝之則.

帝善其順法則也. 故擧殷以賞之, 使貴爲天子, 富有天下, 名譽至今不息. 故夫愛人利人, 順天之意, 得天之賞者, 旣可得而知而已.

|註解| ㅇ三代(삼대)-하(夏)·은(殷)·주(周)의 삼왕조. 실제로 요(堯)·순(舜)은 '삼대'의 임금이 아니다. 뒤의 '삼대폭왕(三代暴王)'과 대비시키기 위하여 '삼대'라는 말을 그대로 쓴 듯하다. ㅇ焉所(언소)-어떠한 곳, 어떠한 일. ㅇ聚斂(취렴)-모으다. ㅇ竹帛(죽백)-대쪽과 비단. 옛날 종이가 없었을 적엔 글을 대쪽 또는 나무쪽이나 비단에 썼다. ㅇ鏤(루)-새기다. ㅇ槃盂(반

우)-'반'은 반(盤)과 통하여, 쟁반과 대야. 옛사람들은 평소에 늘 쓰는 그릇에 교훈이 될만한 글을 새겨 놓는 습관이 있었다. ㅇ皇矣(황의)-《시경(詩經)》대아(大雅)의 편명. ㅇ懷(회)-생각하고 좋아하는 것. ㅇ聲以色(성이색)-소리와 빛. 기뻐하고 노여워하는 것을 나타내는 소리와 빛. ㅇ夏以革(하이혁)-회초리와 채찍. '하'는 하초(夏楚)로 서당에서 아이들을 때리던 회초리 또는 매. '혁'은 가죽으로 만든 채찍.

解說 이 대목에선 옛날에 하늘의 뜻을 잘 따름으로써 하늘로부터 큰 상을 받았던 보기로 요·순·우·탕·문왕·무왕을 들고 있다. 그들은 사람들을 사랑하고 사람들을 이롭게 해주어 하늘의 뜻을 따름으로써 상으로 온 천하를 하늘로부터 받았다는 것이다. 세상에 이보다 더 큰 상은 있을 수가 없을 것이다.

8. 사람들을 미워하고 사람들을 해치어 하늘의 뜻을 어김으로써 하늘의 벌을 받았던 사람으로는 어떤 자들이 있는가? 그것은 옛날 삼대의 폭군이었던 걸(桀)·주(紂)·유왕(幽王)·여왕(厲王) 같은 이들이다.

걸·주·유왕·여왕은 어떤 일을 하였는가? 그들은 사람들을 분별하여 대하는 일을 하고 사람들을 아울러 사랑하는 일을 하지 않았다.

사람들을 분별하여 대하는 사람은, 큰 나라라면 작은 나라를 공격하고, 큰 집안이면 작은 집안을 어지럽히며, 강하면 약한 자들의 것을 겁탈하고, 인원수가 많으면 수가 적은 사람들에게 포악한 짓을 하며, 꾀가 많으면 어리석은 자들을 속이고, 신분이 귀하면 천한 자들에게 오만하게 군다. 그들의 하는 일을 볼 것 같으면, 위로는 하늘에 이롭지 아니하고, 가운데로는 귀신에게 이롭지 아니하며, 아래로는 사람들에게 이롭지 아니하다. 이렇게 세 가지로 이롭지 않다면 이로운 곳이란 없게 되는 것이다.

이것을 하늘의 도적이라 한다. 천하의 추악한 이름을 다 모아 그에게 붙여주게 된다. 곧 이것은 인(仁)하지도 않고 의(義)롭지도 않은 것이다.

  사람들을 미워하고 사람들을 해치어 하늘의 뜻을 어김으로써 하늘의 벌을 받은 사람은 이 정도에 그치지 않는다. 또 그 일을 대쪽과 비단에 쓰고, 쇠와 돌에 새기며, 쟁반과 대야에 새겨서, 후세 자손들에게 전하여 주었던 것이다.

  그것은 무엇 때문이었는가? 사람들을 미워하고 사람들을 해치어 하늘의 뜻을 어김으로써 하늘의 벌을 받은 자들을 알리려는 것이다. 〈대서(大誓)〉에 이렇게 말하고 있다.

  "주왕(紂王)은 오만불손(傲慢不遜)하여, 하나님을 섬기려 하지 않고, 그의 선조들의 신(神)도 버리고 제사지내지 않으면서, 말하기를 '나는 천명(天命)을 받고 있다'고 하면서, 그의 할 일에 힘쓰지 않았다. 이에 하늘도 주왕을 버리고 보호해 주지 않았다."

  하늘이 주왕을 버리고 보호해 주지 않았던 까닭을 살펴보면, 그가 하늘의 뜻을 어기었기 때문이다. 그러므로 사람들을 미워하고 사람들을 해치어 하늘의 뜻을 어김으로써 하늘의 벌을 받았던 자들에 대하여도 잘 알 수가 있는 것이다.

原文 夫憎人賊人, 反天之意, 得天之罰者, 誰也? 曰 : 若昔者三代暴王, 桀紂幽厲者是也. 桀紂幽厲, 焉所從事? 曰 : 從事別, 不從事兼.

  別者, 處大國則攻小國, 處大家則亂小家, 强劫弱, 衆暴寡, 詐謀愚, 貴傲賤. 觀其事, 上不利乎天, 中不利乎鬼, 下不利乎人. 三不利, 無所利.

  是謂天賊. 聚斂天下之醜名, 而加之焉. 曰 : 此非仁也, 非義也. 憎人賊人, 反天之意, 得天之罰者也, 不止此而已. 又書其事於竹帛, 鏤之金石, 琢之槃盂, 傳遺后世子孫.

曰將何以爲? 將以識 夫憎人賊人, 反天之意, 得天之罰者也.
大誓之道之曰:

紂越厥夷居, 不肎事上帝, 棄厥先神祇不祀. 乃曰:吾有命. 無
廖僰務天下. 天亦縱棄紂而不葆.

察天以縱棄紂而不葆者, 反天之意也. 故夫憎人賊人, 反天之
意, 得天之罰者, 旣可得而知也.

註解 ○大誓(대서)-책이름. 앞 〈상동〉 하편에도 보임. 《서경(書經)》에는 주서(周書)에 태서(泰誓)편이 있으나, 이는 위고문(僞古文)에 속하는 것이다. ○越厥(월궐)-'월'은 조사. '궐'은 기(其)와 같은 글자. ○夷居(이거)-거만(倨嫚), 오만불손(傲慢不遜)한 것. ○肎(긍)-긍(肯)과 같은 자, ……하려 하다. ○厥先神祇(궐선신기)-그의 선조의 신(神). ○無廖僰務(무료비무)-'료'는 류(勠)과 통하여, 힘쓰는 것. '비'는 기(其)의 잘못. 따라서 그가 해야만 할 일에 힘쓰지 않는 것. ○葆(보)-보(保)와 통하여, 보호하다.

解說 여기에서는 앞 7절과 정반대로 하늘의 뜻을 어김으로써 하늘로부터 큰 벌을 받았던 보기로 걸·주·유왕·여왕을 들고 있다. 그들은 사람들을 미워하고 해친 결과 하늘로부터 더없이 무거운 형벌을 받았다는 것이다.

9. 그러므로 묵자는 하늘의 뜻이 있는 것은 비유로 든다면 수레바퀴 만드는 사람이 그림쇠를 갖고 있고, 목수가 굽은 자를 갖고 있는 거나 다를 바가 없다고 하였다.

지금 수레바퀴 만드는 사람은 그의 그림쇠를 들고서 천하의 둥근 것과 둥글지 않은 것을 재고 있다. 그들은 '내 그림쇠에 들어맞는 것을 둥글다고 말하고, 내 그림쇠에 들어맞지 않는 것을 둥글지 않다고 한다. 그래서 둥글고 둥글지 않은 것을 모두 알 수가 있게 되는 것이다'고 말한다. 이러한 까닭은 무엇인가? 그것은 둥근 것에 대한 법도가 분명하기 때문이다.

목수도 역시 그의 굽은 자를 들고서 천하의 직각(直角)과 직각이 못되는 것을 잰다. 그들은 '나의 굽은 자에 들어맞는 것을 직각이라 말하고, 나의 굽은 자에 들어맞지 않는 것을 직각이 못된다고 말한다. 그래서 직각이 되고 직각이 못되는 것을 모두 알 수가 있게 되는 것이다'고 말한다. 이러한 까닭은 무엇인가? 곧 직각에 관한 법도가 분명하기 때문이다.

그러므로 묵자는 하늘의 뜻이 있음으로써, 위로는 천하의 임금과 귀족들이 형정(刑政)을 행하는 법도로 삼고, 아래로는 천하의 만백성들이 공부를 하고 말을 하는 기준이 되는 것이라 하였다. 그의 행동을 보아 하늘의 뜻에 따르고 있으면 그것을 훌륭한 덕행(德行)이라 말하고, 하늘의 뜻에 반하고 있다면 그것을 훌륭하지 않은 덕행이라 말한다. 그의 말하는 것을 보아 그것이 하늘의 뜻에 따르고 있으면 그것을 훌륭한 말이라 말하고, 하늘의 뜻에 반하고 있으면 그것을 훌륭하지 않은 말이라 하는 것이다. 그의 형정(刑政)을 보아 하늘의 뜻에 따르고 있으면 그것을 훌륭한 형정이라 말하고 하늘의 뜻에 반하고 있으면 그것을 훌륭하지 못한 형정이라 말하는 것이다.

그러므로 이것을 놓고 법도로 삼고 이것을 세워놓고 기준으로 삼아 천하의 임금 귀족과 여러 관리들의 어질고 어질지 않음을 재려는 것이다. 이것을 비유로 들면 마치 검은 것과 흰 것을 구분하는 것이나 같다. 그러므로 묵자가 말하였다.

"지금 천하의 임금과 귀족과 관리들이 충심으로 도를 따라 백성들을 이롭게 하고자 한다면, 근본적으로 인의(仁義)의 근본을 살펴야 하며 하늘의 뜻을 따르지 않을 수가 없을 것이다. 하늘의 뜻을 따르는 것이 의로움의 법도인 것이다."

|原文| 是故子墨子之有天之, 辟之無以異乎輪人之有規, 匠人之有矩也.

今夫輪人操其規, 將以量度天下之圜與不圜也, 曰: 中吾規者, 謂之圜, 不中吾規者, 謂之不圜. 是以圜與不圜, 皆可得而知也. 此其故何? 則圜法明也.

匠人亦操其矩, 將以量度天下之方與不方也, 曰: 中吾矩者, 謂之方, 不中吾矩者, 謂之不方. 是以方與不方, 皆可得而知之. 此其故何? 則方法明也.

故子墨子之有天之意也, 上將以度天下之王公大人爲刑政也, 下將以量天下之萬民爲文學出言談也. 觀其行, 順天之意, 謂之善意行, 反天之意, 謂之不善意行. 觀其言談, 順天之意, 謂之善言談, 反天之意, 謂之不善言談. 觀其刑政, 順天之意, 謂之善刑政, 反天之意, 謂之不善刑政.

故置此以爲法, 立此以爲儀, 將以量度天下之王公大人卿大夫之仁與不仁, 譬之猶分黑白也. 是故子墨子曰: 今天下之王公大人士君子, 中實將欲遵道利民, 本察仁義之本, 天之意不可不順也. 順天之意者, 義之法也.

|註解| ㅇ規(규)-그림쇠. 옛날 목수들이 원을 그릴 때 쓰던 자. ㅇ矩(구)-굽은 자. 목수들이 직각을 잴 때 쓰던 자. ㅇ圜(환)-둥근 것. 원(圓). ㅇ文學(문학)-공부하는 것. 지금의 문학과는 뜻이 다름. ㅇ意行(의행)-의(意)는 덕(悳)의 잘못으로 덕(悳)은 덕(德)과 같은 자《墨子閒詁》, 따라서 '덕행'.

|解說| 하늘은 모든 인간행동의 법도와 기준이 된다. 따라서 사람을 개인적인 행동이나 공적인 행동을 막론하고 하늘을 법도로 삼고 하늘의 뜻을 따라야 한다는 것이다. 이것은 한편 묵자의 '겸애'나 '근검(勤儉)' 또는

'비전(非戰)'의 사상들이 하늘에 대한 신앙을 바탕으로 하고 있음을 밝히는 것도 된다.

제28 천지편(天志篇)(下)

상편과 중편의 뜻을 더욱 부연하고 있다.

1. 묵자가 말하였다.

"천하에 혼란을 일으키는 까닭은 그 이유가 무엇이겠는가? 곧 그것은 천하의 군자들이 모두 작은 것에 대하여는 밝으면서도 큰 것에 대하여는 밝지 않기 때문이다. 무엇으로써 그들이 작은 것에는 밝으면서도 큰 것에는 밝지 않다는 것을 아는가? 그것은 그들이 하늘의 뜻에 대하여 밝지 않은 것으로써 알 수 있다. 무엇으로써 그들이 하늘의 뜻에 밝지 않다는 것을 아는가? 사람들이 집안에서 처신하는 것으로써 그것을 알 수 있다.

지금 사람들이 그의 집안에 거처하다 죄를 지으면 그 죄로부터 도피할 수 있는 다른 집안들이 또 있다. 그러나 아버지는 아들에게 훈계하고 형은 아우에게 훈계하여 말한다.

'경계하고 삼가라. 사람이 집안에 처신함에 있어 경계하지 않고 삼가지 않는다면 그러고서도 사람의 나라에 처신할 수 있는 자가 있겠는가?'

지금 사람이 그의 나라에 거처하다가 죄를 지으면 그 죄로부터 도피할 수 있는 나라들이 있다. 그래도 아버지는 아들에게 훈계하고 형은 아우에게 훈계하여 말한다.

'경계하고 삼가라. 사람이 나라에 처신함에 있어 경계하고 삼가지 않으면 안된다.'

지금 사람들은 모두 천하에 처신하고 있는데, 하늘을 섬기다가 하늘에 죄를 지으면 그것으로부터 도피할 곳이 다시는 없다. 그러나 아무도 서로 경계할 줄을 모르고 있다.

나는 이것으로써 큰 물건에 대하여는 알지 못함을 알고 있다.

原文 子墨子言曰：天下之所以亂者, 其說將何哉？ 則是天下士君子皆明於小, 而不明於大. 何以知其明於小, 不明於大也？ 以其不明於天之意也. 何以知其不明於天之意也？ 以處人之家者知之.

今人處若家得罪, 將猶有異家所以避逃之者. 然且父以戒子, 兄以戒弟曰：戒之愼之. 處人之家, 不戒不愼之. 而有處人之國者乎？

今人處若國得罪, 將猶有異國所以避逃之者矣. 然且父以戒子, 兄以戒弟曰：戒之愼之. 處人之國者, 不可不戒愼也.

今人皆處天下而事天, 得罪於天, 將無所以避逃之者矣. 然而莫知以相極戒也. 吾以此知大物則不知者也.

註解 ○極戒(극계)-극(極)은 경(儆)으로 씀이 옳으며(王引之 說), 공경하고 경계하는 것.

解說 사람들은 작은 일에 대하여는 알면서도 가장 큰 '하늘의 뜻'에 대하여는 잘 알지 못하고 있음을 묵자는 한탄하고 있다.

2. 그래서 묵자는 또 말하였다.

"경계하고 삼가라. 반드시 하늘이 바라는 일은 행하고 하늘이 싫어하는 것은 멀리해야 한다.

그러면 하늘이 바라는 것이란 무엇인가? 싫어하는 것이란 무엇인가? 하늘은 의로움을 바라고 불의를 싫어한다. 무엇으로써 그러함을 아는가? 그것은 의로움이란 올바른 것이기 때문이다. 무엇으로써 의로움이 올바른 것임을 아는가? 천하에 의로움이 있으면 잘 다스려지고, 의로움이 없으면 어지러워진다. 나는 이것으로써 의로움이 올바른 것임을 알고 있다.

그러나 올바름이라는 것은 아래로부터 위를 올바르게 하는 일이란 없고 반드시 위로부터 아래를 올바르게 한다. 그러므로 백성들은 자기 멋대로 올바르게 될 수가 없고, 반드시 사(士)가 그들을 올바르게 해주어야 한다. 사는 자기 멋대로 올바르게 될 수 없고 대부(大夫)가 그들을 올바르게 해주어야 한다. 대부는 자기 멋대로 올바르게 될 수가 없고 제후(諸侯)가 그를 올바르게 해주어야 한다. 제후는 자기 멋대로 올바르게 될 수가 없고 삼공(三公)이 그들을 올바르게 해주어야 한다. 삼공은 자기 멋대로 올바르게 될 수가 없고 천자(天子)가 그들을 올바르게 해주어야 한다. 천자는 멋대로 올바르게 될 수 없고 하늘이 그를 올바르게 해주어야 한다. 천하의 군자들은 천자가 천하를 올바르게 한다는 것은 잘 알고 있지만 하늘이 천자를 올바르게 한다는 것은 잘 알지 못하고 있다.

그러므로 옛날 성인께서 이것을 밝혀 사람들에게 설명하였다.

'천자에게 선함이 있으면 하늘은 그에게 상을 주고 천자에게 잘못이 있으면 하늘은 그에게 벌을 줄 것이다. 천자의 상과 벌이 합당하지 못하고 옥사(獄事) 처리가 공정하지 못하면, 하늘은 질병과 재화(災禍)를 내리고 서리와 이슬을 제때에 내리지 않도록 한다. 천자는 반드시 소·양과 개·돼지를 잘 기르고, 정결히 젯밥과 제물 및 술과 단술을 장만해 가지고서 제사와 기도를 드리며 하늘에 복을 빈다. 나는 일찍이 하늘이 천자에게 복을 달라고 기도했다는 말은 들어보지 못하였다.'

나는 이것으로써 하늘이 천자보다도 소중하고 귀한 것임을 알고 있다.

그러므로 의로움이라는 것은 어리석고도 천한 자들로부터 나오는 게 아니라 반드시 귀하고도 지혜있는 곳으로부터 나오는 것이다. 그러면 누가 귀한가? 하늘이 귀하다. 누가 지혜로운가? 하늘이 지혜롭다. 그러니 의로움이란 과연 하늘로부터 나오는 것이다.

原文 是故子墨子言曰：戒之愼之. 必爲天之所欲, 而去天之所惡. 曰：天之所欲者何？ 所惡者何也？ 天欲義而惡其不義者也. 何以知其然也？ 曰：義者, 正也. 何以知義之爲正也？ 天下有義則治, 無義則亂. 我以此知義之爲正也.

然而正者, 無自下正上者, 必自上正下. 是故庶人不得次己而爲正, 有士正之. 士不得次己而爲正, 有大夫正之. 大夫不得次己而爲正, 有諸侯正之. 諸侯不得次己而爲正, 有三公正之. 三公不得次己而爲正, 有天子正之. 天子不得次己而爲正, 有天正之. 今天下之士君子, 皆明於天子之正天下也, 而不明於天之正天子也.

是故古者聖人, 明以此說人曰, 天子有善, 天能賞之. 天子有過, 天能罰之. 天子賞罰不當, 聽獄不中, 天下疾病禍祟, 霜露不時. 天子必且犓豢其牛羊犬彘, 絜爲粢盛酒醴, 以禱祠祈福於天. 我未嘗聞天之禱祈福於天子也, 吾以此知天之重且貴於天子也.

是故義者, 不自愚且賤者出, 必自貴且知者出. 曰：誰爲貴？ 天爲貴. 誰爲知？ 天爲知. 然則義果自天出也.

註解 ○士(사)-옛날 중국에서 벼슬할 수 있는 사람들 중 가장 낮은 신분의 사람들. ○次己(차기)-차(次)를 자(恣)로 쓴 판본도 있으며, 자기 멋대로 행동하는 것. ○祟(수)-신이 내리는 재난. ○犓豢(추환)-풀과 곡식을 먹이어 소나 돼지 같은 가축을 기르는 것. ○絜(결)-결(潔)과 통하여, 정결한 것. ○粢盛(자성)-자(粢)는 젯밥, 성(盛)은 그릇에 담긴 제물. ○醴(례)-단술.

解說 사람들은 작은 것만 알고 큰 것은 진작 알지 못한다. 그래서 세상의 법도가 되는 의로움이나 올바름 같은 것이 모두 하늘로부터 나오는 것임을 알지 못한다. 모든 근원적인 법도는 하늘로부터 나온다. 따라서 하늘의 뜻을 공경하고 따를 줄 알아야 한다.

3. 지금 천하의 군자로서 의로움을 행하고자 하는 사람이라면 하늘의 뜻을 따르지 않아서는 안되는 것이다. 그러면 하늘의 뜻을 따르려면 어찌 해야 하는가? 그것은 천하 사람들을 아울러 다같이 사랑해야 한다.

무엇으로써 천하의 사람들을 아울러 다같이 사랑해야 함을 아는가? 하늘이 아울러 다같이 사람들을 먹여주는 것으로써 안다. 무엇으로써 하늘이 아울러 다같이 사람들을 먹여준다는 것을 아는가? 옛날부터 지금에 이르기까지 멀리 떨어진 외진 고장의 나라를 가릴 것 없이, 모두 그들의 소와 양과 개와 돼지를 제물로 잘 기르고 젯밥과 제물과 술과 단술을 깨끗이 마련하여 하나님과 산천의 귀신들에게 공경히 제사지내고 있으니, 이것으로써 하늘이 아울러 다같이 사람들을 먹여준다는 것을 안다.

진실로 아울러 다같이 사람들을 먹여준다면, 반드시 아울러 다같이 사람들을 사랑할 것이다. 비유를 들면 마치 초(楚)나라나 월(越)나라의 임금과 같다. 지금 초나라 임금은 초나라 사방 경계 안 사람들을 먹여주고 있다. 그러므로 초나라 사람들을 사랑하는 것이다. 월나라 임금은 월나라 사방 경계 안 사람들을 먹여주고 있다. 그러므로 월나라 사람들을 사랑하는 것이다.

지금 하늘은 천하 사람들을 다같이 먹여주고 있다. 나는 이것으로써 하늘이 천하 사람들을 아울러 다같이 사랑한다는 것을 안다.

原文 今天下之士君子之欲爲義者, 則不可不順天之意矣. 曰順天之意何若？曰兼愛天下之人.

何以知兼愛天下之人也？ 以兼而食之也. 何以知其兼而食之也？自古及今, 無有遠靈孤夷之國, 皆犓豢其牛羊犬彘, 潔爲粢盛酒醴, 以敬祭祀上帝山川鬼神. 以此知兼而食之也.

苟兼而食焉, 必兼而愛之. 譬之若楚越之君, 今是楚王食於楚之四境之內, 故愛楚之人. 越王食於越, 故愛越之人. 今天兼天下而食焉. 我以此知其兼愛天下之人也.

註解 ○遠靈(원허)-멀리 떨어진 곳. ○孤夷(고이)-외진 고장. ○犓豢(추환)-제물로 바치기 위하여 가축을 꼴먹여 기르는 것. ○四境之內(사경지내)-사방 국경 안 사람들.

解說 하늘의 뜻은 모든 사람들을 아울러 다같이 사랑하는 것이다. 그것은 하늘이 모든 사람들을 아울러 다같이 먹여 살려주고 있다는 점을 통해서도 알 수 있는 일이다. 우리는 이러한 하늘의 뜻을 따라야만 하는 것이다.

4. 또한 하늘이 백성들을 사랑하는 것은 모두 여기에 그치는 것이 아니다. 지금 천하의 나라들의 곡식을 먹고 사는 백성이라면, 한 사람의 죄없는 사람을 죽였다면 반드시 그 한 사람에 해당하는 불행을 당하게 된다.

그런데 누가 죄없는 사람을 죽였는가? 그건 사람이다. 누가 그에게 불행을 당하도록 하는가? 그건 하늘이다. 만약 하늘이 진실로 이 백성들을 사랑하지 않는다면, 어찌하여 죄없는 사람을 죽인 사람이 있을 적에 하늘이 그에게 불행을 당하도록 하겠는가?

그러니 하늘의 백성들에 대한 사랑은 매우 두텁고, 하늘의 백성들에 대한 사랑은 광범한 것임을 잘 알 수가 있었을 것이다.

[原文] 且天之愛百姓也, 不盡物而止矣. 今天下之國, 粒食之民, 殺不一辜者, 必有一不祥.
曰:誰殺不辜? 曰:人也. 孰予之不辜? 曰:天也. 若天之中實不愛此民也, 何故而人有殺不辜, 而天予之不祥哉.
且天之愛百姓厚矣, 天之愛百姓別矣, 旣可得而知也.

[註解] ○中實(중실)—진실로. ○別(별)—편(徧)과 통하여(王引之 說), 두루, 광범한 것.

[解說] 하늘이 백성들을 다같이 널리 사랑하고 있음을 강조하고 있다. 그것은 무고한 사람을 죽인 자에게는 하늘이 반드시 그 죄에 해당하는 재난을 그에게 내려주는 것으로써 알 수 있다는 것이다.

5. 무엇으로써 하늘이 백성들을 사랑한다는 것을 아는가? 나는 현명한 사람들이 반드시 선한 사람들에게는 상을 주고 포악한 자들에게는 벌을 주는 것으로써 안다. 무엇으로써 현명한 사람들이 반드시 선한 사람들에게는 상을 주고 포악한 자들에게는 벌을 주는 것을 아는가? 나는 옛날 삼대(三代)의 성왕들을 통해서 그것을 안다.

본시 옛날 삼대의 성왕이신 요(堯)·순(舜)·우(禹)·탕(湯)·문왕(文王)·무왕(武王)은 천하 사람들을 다같이 아울러 사랑하여, 그를 따라 그들을 이롭게 해주어 백성들의 뜻을 감화시킨 다음 그들을 이끌고 하나님과 산천의 귀신들을 공경하였다. 하늘은 그가 사랑하는 것을 따라 그들을 사랑하고, 그가 이롭게 하는 것을 따라 그들을 이롭게 하는 것이라 여기고, 이에 그들에게 상을 내리어 그들로 하여금 윗자리에 앉도록 하며 천자로 세워 주었다. 그리하여 천하의 서민들은 다같이 그분을 칭송하고 그들 만대의 자손들에 이르기까지 서로 이어받아 법도로 삼으며, 그분을 성인이라 부르게 되었다. 이것으로써 그분이 선한 사람에게는 상을 내리는 증거가 있음을 아는 것이다.

그러나 옛날 삼대의 폭군인 걸(桀)·주(紂)·유왕(幽王)·여왕(厲王)들이 천하 사람들을 다같이 아울러 미워하여, 그를 따라 그들을 해침으로써 백성들의 뜻을 약화시킨 다음 그들을 이끌고 하나님과 산천의 귀신들을 욕보이고 모욕하였다. 하늘은 그가 사랑하는 것을 따르지 않고 그들을 미워하며, 그가 이롭게 하는 것을 따르지 않고 그들을 해치고 있다 여기고, 곧 그들에게 벌을 내리어 그들로 하여금 아버지와 아들이 서로 헤어지고 나라가 멸망하여 사직(社稷)을 잃어 걱정이 그 자신에게 미치게 하였다. 그리하여 천하의 서민들은 다같이 그를 비난하고 그들 만대의 자손들에 이르기까지 서로 이어받아 그를 비난하는 사람들이 끊이지 않도록 하고, 그를 실패한 왕이라 부르게 되었다. 이것으로써 그분이 포악한 자들에게는 벌을 내리는 증거가 있음을 아는 것이다.

原文 何以知天之愛百姓也？吾以賢者之必賞善罰暴也. 何以知賢者之必賞善罰暴也？吾以昔者三代之聖王知之.

故昔也三代之聖王, 堯舜禹湯文武之兼愛之天下也, 從而利之, 移其百姓之意焉, 率以敬上帝山川鬼神. 天以爲從其所愛而愛之, 從其所利而利之. 於是加其賞焉, 使之處上位, 立爲天子以法也, 名之曰聖人. 以此知其賞善之證.

是故昔也三代之暴王, 桀紂幽厲之兼惡天下也, 從而賊之, 移其百姓之意焉, 率以詬侮上帝山川鬼神. 天以爲不從其所愛而惡之, 不從其所利而賊之. 於是加其罰焉, 使之父子離散, 國家滅亡, 抎失社稷, 憂以及其身. 是以天下之庶民, 屬而毀之, 業萬世子孫, 繼嗣毀之賁, 不之廢也, 名之曰失王. 以此知其罰暴之證.

註解 ○三代(삼대)-하(夏)·은(殷)·주(周)의 세 왕조. 요(堯)·순(舜)은 삼대에 속하는 황제가 아니나, 뒤에 들 '삼대의 폭군'과 대가 되도록 하기 위하여 쓴 듯하다. ○移(이)-옮기다. 마음을 옮기는 것이므로, '감화하다' '악화시키다'로 번역하였다. ○屬(속)-따라서, 다같이. ○葉萬(엽만)-만세(萬世), 만대. ○詬侮(구무)-욕보이고 모욕하는 것. ○抎失(운실)-잃다. ○賁(분)-자(者)의 잘못(王引之 說).

解說 하늘이 백성을 사랑한다는 증거로 여기에서는 성왕인 요·순·우·탕·문왕·무왕과 폭군인 걸·주·유왕·여왕을 보기로 들고 있다. 앞의 성왕들은 하늘의 뜻을 따라 백성들을 사랑하고 이롭게 해줌으로써 상을 받았고, 뒤의 폭군들은 하늘의 뜻을 어기어 백성들을 미워하고 해침으로써 벌을 받았다는 것이다.

6. 지금 천하의 군자로서 의로움을 행하려 하는 사람이라면 곧 하늘의 뜻을 따르지 않아서는 안되는 것이다. 그런데 하늘의 뜻을 따른다는 것은 모두를 아울러 사랑하는 것이며 하늘의 뜻에 반한다는 것은 차별을 두어 모두를 사랑하지 않는 것이다. 모두를 아울러 사랑하는 도는 '의롭게 다스리는 것'이며 차별을 두어 모두를 사랑하지 않는 도는 '힘으로 다스리는 것'이다.

그런데 '의롭게 다스린다'는 것은 어떤 것인가? 그것은 큰 자는 작은 자를 공격하지 않고 강한 자는 약한 자를 업신여기지 않으며 많은 자들은 적은 자들을 해치지 않고, 사기꾼은 어리석은 자를 속이지 않으며 귀한 자는 천한 자에게 오만하지 않고 부한 자는 가난한 자에게 교만하지 않으며 장년(壯年)은 노인 것을 뺏지 않는 것이다. 그리하여 천하의 여러 나라들은 물이나 불과 독약과 무기로써 서로를 해치는 일이 없게 되는 것이다.

만약 일을 함에 있어서 위로는 하늘을 이롭히고 가운데로는 귀신을 이롭히며 아래로는 사람들을 이롭힌다면, 이 세 가지 이로움은 이롭지 않은 것이란 없게 되는 것이다. 이것을 하늘의 덕〔天德〕이라 말한다. 그러므로 이런 방법으로 모든 일에 종사하는 사람은 성인답고 지혜있는 사람이며, 자애롭고 효성스런 사람이며, 충성되고 은혜로운 사람이며 어질고 의로운 사람인 것이다. 그러므로 천하의 좋은 명칭은 모두 주워모아 여기에 붙이게 되는 것이다. 그렇게 되는 까닭은 무엇인가? 곧 하늘의 뜻을 따르는 것이기 때문인 것이다.

그러면 '힘으로 다스린다'는 것은 어떤 것인가? 그것은 크면 작은 자를 공격하고 강하면 약한 자를 업신여기며 수가 많으면 적은 자들을 해치고, 사기꾼은 어리석은 자들을 속이며 귀하면 천한 자에게 오만하고 부하면 가난한 자들에게 교만하며 장년은 노인의 것을 뺏는 것이다. 그리하여 천하의 여러 나라들은 널리 물이나 불과 독약과 무기로써 서로를 해치게 되는 것이다.

만약 일을 함에 위로는 하늘에 이롭지 못하고 가운데로는 귀신에게 이롭지 못하며 아래로는 사람들에게 이롭지 못하면, 이 세 가지 이롭지 못함은 이로운 것이란 없게 되는 것이다. 이것을 하늘의 도적〔天賊〕이라 말한다. 그러므로 이런 방법으로 모든 일에 종사하는 자들은 반란과 혼란을 일삼는 자들이며 도둑질과 남을 해치는 일을 하는 자들이며 어질지 않고 의롭지 않은 자들이며 충성되지 않고 은혜롭지 않은 자들이며 자애롭지 않고 효성스럽지 않은 자들인 것이다. 그러므로 천하의 악한 명칭은 다 주워모아 붙이게 되는 것이다. 이것은 그 까닭이 무엇인가? 곧 하늘의 뜻에 반하는 것이기 때문이다.

原文 今天下之士君子欲爲義者, 則不可不順天之意矣. 曰:順天之意者, 兼也, 反天之意者, 別也. 兼之爲道也, 義正, 別之爲道也, 力正.

曰: 義正者何若? 曰: 大不攻小也, 强不侮弱也, 衆不賊寡也, 詐不欺愚也, 貴不傲賤也, 富不驕貧也, 壯不奪老也. 是以天下之庶國, 莫以水火毒藥兵刃以相害也.

若事上利天, 中利鬼, 下利人, 三利而無所不利, 是謂天德. 故凡從事此者, 聖知也, 仁義也, 忠惠也, 慈孝也. 是故聚斂天下之善名而加之. 是其故何也? 則順天之意也.

曰: 力正者何若? 曰: 大則攻小也, 强則侮弱也, 衆則賊寡也, 詐則欺愚也, 貴則傲賤也, 富則驕貧也, 壯則奪老也. 是以天下之庶國, 方以水火毒藥兵刃以相賊害也.

若事上不利天, 中不利鬼, 下不利人, 三不利而無所利, 是謂天賊. 故凡從事此者, 寇亂也, 盜賊也, 不仁不義, 不忠不惠, 不慈不孝. 是故聚斂天下之惡名而加之. 是其故何也? 則反天之意也.

註解   ○正(정)−政(정)과 통하여 '정치', '다스림'. 상편엔 정(政)으로 씌어 있다. ○方(방)−방(旁)과 통하여 '널리'. ○天賊(천적)−보통은 천(天)자가 지(之)로 되어 있으나 유월(兪樾)의 설(說)을 따라 고쳤다.

解說   여기서도 하늘은 이 세상의 최고 규범이어서 하늘의 뜻을 따라야만 세상이 올바로 다스려짐을 강조하고 있다. 묵자는 하늘의 뜻을 모든 일의 최고의 법도로 내세우고 있다.

7. 그러므로 묵자는 하늘의 뜻을 세워놓고서 법도로 삼았으니, 수레바퀴 공인에게 그림쇠가 있고 목수에게 굽은자가 있는 것과 같은 것이다.

지금 수레바퀴 공인은 그림쇠로써 기준을 삼고, 목수들은 굽은자로 기준을 삼고 있다. 그것을 기준으로 삼아 직각과 원이 제 모양인가 분별을 하는 것이다.

그러므로 묵자는 하늘의 뜻을 세워놓고서 법도로 삼았던 것이다. 나는 이것을 근거로 하여 천하의 군자들이 의로움으로부터 멀리 떨어져 있다는 것을 알고 있다.

原文　故子墨子置立天之, 以爲儀法. 若輪人之有規, 匠人之有矩也.

今輪人以規, 匠人以矩, 以此知方圜之別矣.

是故子墨子置立天之, 以爲儀法. 吾以此知天下之士君子之去義遠也.

註解　○天之(천지)-'지'는 지(志)로 된 판본도 있으며, 하늘의 뜻. ○規(규)-그림쇠, 옛날 원을 그릴 때 쓰던 기구. ○矩(구)-굽은자, 직각을 가늠할 때 쓰던 기구.

解說　묵자는 하늘의 뜻을 따라 천하의 법도로 삼고 있음을 밝힌 대목이다. 하늘의 뜻을 그림쇠와 굽은자에 비긴 것은, 좀 모자라는 비유인 듯하다.

8. 무엇으로써 천하의 군자들이 의로움으로부터 멀리 떨어져 있는 것을 아는가? 지금 큰 나라의 임금들이 자신의 행위를 너그러이 보면서 말하기를 "내가 큰 나라를 차지하고 있으면서도 작은 나라를 공격하지 않는다면, 나는 어떻게 더 커질 수가 있겠는가?"고 한다. 그리고서는 용감한 군사들을 정비하고 배와 수레를 탈 병졸들을 벌여놓고 죄없는 나라를

공벌(攻伐)한다. 그 나라의 변경으로 들어가 그들의 벼와 농작물을 베고 그곳 나무를 자르며, 그들의 성곽을 부수고 그들의 해자를 메우며, 그들 조상의 사당(祠堂)을 불태우고 그들이 제물로 기르는 짐승과 가축을 뺏고 죽인다. 백성들 중에 대항하는 자는 찔러 죽이고, 대항하지 않는 자들은 묶어 끌고 돌아온다. 남자들은 하인이나 노예로 삼고, 여자들은 방아 찧고 술빚는 일을 시킨다.

그러나 공벌을 좋아하는 임금은 그것이 어질지도 않고 의롭지도 않은 일임을 알지 못하고, 그것을 사방 이웃의 제후들에게 이렇게 말한다. "나는 어떤 나라를 공격하여 그 나라 군대를 멸망시키고, 그들의 장수 여러 명을 죽였다." 그 이웃나라의 임금도 역시 그 일이 어질지도 않고 의롭지도 않은 일임을 알지 못하고, 그들의 가죽과 비단을 마련하고 그들의 병졸과 수레를 내어 따르게 하고 사신을 보내어 선물을 바치며 축하를 한다.

그러면 공벌을 좋아하는 임금은 더욱 그것이 어질지도 않고 의롭지도 않은 일임을 알지 못하고, 대쪽과 비단에다 그 일을 적어 창고에 저장하게 된다. 그 사람의 후손이 된 자들은 반드시 그들 선조들의 행위를 따르려 하며, "어찌하여 창고 문을 열어 우리 선군(先君)들의 법도를 보지 않는가?"고 말할 것이다. 반드시 "문왕과 무왕의 하신 올바른 일들은 이와 같다."는 말은 하지 않고, "우리 조상들은 다른 나라를 공격하여 그 나라 군대를 멸망시키고, 그들의 장수 여러 명을 죽였다."고만 떠들게 될 것이다.

그래서 공벌을 좋아하는 임금은 그것이 어질지도 않고 의롭지도 않은 일임을 알지 못한다. 그래서 공벌은 대대로 끊이지 않게 된다. 이래서 내가 천하의 군자들은 큰 사물에 대하여는 알지 못한다고 하는 것이다.

原文 何以知天下之士君子之去義遠也？今知氏大國之君, 寬者然曰：吾處大國而不攻小國, 吾何以爲大哉？是以差論蚤牙之士, 比列其舟車之卒, 以攻罰無罪之國. 入其溝境, 刈其禾稼, 斬其樹木, 殘其城郭, 以御其溝池, 焚燒其祖廟, 攘殺其犧牷. 民之格者, 則勁拔之. 不格者, 則係操而歸. 丈夫以爲僕圉胥靡, 婦人以爲舂酋.

則夫好攻伐之君, 不知此爲不仁義, 以告四鄰諸侯曰：吾攻國覆軍, 殺將若干人矣. 其鄰國之君, 亦不知此爲不仁義也, 有具其皮幣, 發其徒遽, 使人饗賀焉.

則夫好攻伐之君, 有重不知此爲不仁不義也. 有書之竹帛, 藏之府庫, 爲人後子者, 必且欲順其先君之行. 曰：何不當發吾府庫, 視吾先君之法美？必不曰：文武之爲正者, 若此矣. 曰：吾攻國覆軍, 殺將若干人矣.

則夫好攻伐之君, 不知此爲不仁不義也. 其鄰國之君, 不知此爲不仁不義也. 是以攻伐世世而不已者. 此吾所謂大物則不知也.

註解 ○知氏(지씨)-'지'는 잘못 끼어든 글자. '씨'는 시(是)에 통하는 글자(兪樾 說). ○寬者然(관자연)-자기의 잘못에 대하여만 너그러운 태도를 취하는 것. ○差論(차론)-골라내어 정비하는 것. ○蚤牙(조아)-조아(爪牙), 발톱과 이빨, 날래고 용감한 군인에 비긴 말. ○溝境(구경)-변경(邊境)의 잘못. ○禾稼(화가)-벼와 농작물. ○御(어)-억(抑)의 잘못, 메우다. ○攘殺(양살)-뺏고 죽이다. ○犧牷(희전)-제물로 쓰려고 기르는 짐승과 가축. ○格(격)-격(挌)과 통하여 치다, 대항하다. ○勁拔(경발)-찌르고 치다, 찔러 죽이다. 경불(剄刜)과 같은 말(畢沅 說). ○係操(계조)-'조'는 류(纍)의 잘못(畢沅 說), 줄로 묶는 것. ○僕圉(복어)-마구 부리는 하인. ○胥靡(서미)-노예. ○舂酋(용추)-방아를 찧고 술을 빚는 사람. ○皮幣(피폐)-가죽과 비단. ○徒遽(도거)-'도'는 보졸(步卒), '거'는 수레《墨子閒詁》. ○饗賀(향하)-'향'은 헌(獻)의 뜻으로, 선물을 바치는 것《墨子閒詁》. 따라서 선물을

바치며 축하하는 것. ○有重(유중)−거듭, 더욱.

解說 천하의 군자들이 큰 나라가 작은 나라를 공격하는 것은 의로운 짓이 아니고, 하늘의 뜻에 어긋나는 짓임을 알지 못하고 있는 당시의 시대상을 비판한 것이다.

9. 이른바 작은 사물에 대하여는 잘 안다는 것은, 어떤 것인가? 지금 여기에 한 사람이 있는데, 남의 채소밭이나 과수원에 들어가 남의 복숭아와 오얏 및 외와 생강을 훔친 자가 있다면, 윗사람은 그를 잡아 벌을 줄 것이며, 사람들은 그런 말을 들으면 그를 비난할 것이다. 그것은 어째서인가? 그것은 작물을 기르는 데 수고도 하지 않고 그것을 수확하였고, 자기의 소유가 아닌데도 그것을 가져갔기 때문이다.

그런데 하물며 남의 집 담을 넘어가 남의 자녀들을 납치하고, 남의 창고 벽을 뚫고 남의 금옥과 삼베와 천 같은 것을 훔치며, 남의 집 외양간에 넘어 들어가 남의 소와 말을 훔친 자들이야 어떠하겠는가? 더욱이 한 죄없는 사람을 죽인 자가 있다면 어떠하겠는가?

지금 임금과 귀족들이 정치를 함에 있어서, 한 죄 없는 사람을 죽인 자와, 남의 집 담을 넘어가 남의 자녀들을 납치한 자와, 남의 창고 벽을 뚫고 남의 금옥과 삼베와 천 같은 것을 훔친 자와, 남의 집 외양간에 넘어 들어가 남의 소와 말을 훔친 자와, 남의 채소밭이나 과수원에 들어가 남의 복숭아와 오얏 및 외와 생강을 훔친 자들은, 지금의 임금과 귀족들이 그들에게 벌을 가할 것이다. 비록 옛날의 요·순·우·탕·문왕·무왕의 정치라 하더라도 이에 대처하는 방법에는 다를 바가 없었을 것이다.

原文 所謂小物則知之者, 何若? 今有人於此, 入人之場園, 取人之桃李瓜薑者, 上得且罰之, 衆聞則非之. 是何也? 曰：不與其勞, 獲其實, 已非其有所取之故.

而況有踰於人之牆垣, 担格人之子女者? 與角人之府庫, 竊人之金玉蚤㮇者乎? 與踰人之欄牢, 竊人之牛馬者乎? 而況有殺一不辜人乎?

今王公大人之爲政也, 自殺一不辜人者, 踰人之牆垣, 担格人之子女者, 與角人之府庫, 竊人之金玉蚤㮇者, 與踰人之欄牢, 竊人之牛馬者, 與入人之場園, 竊人之桃李瓜薑者, 今王公大人之加罰此也. 雖古之堯舜禹湯文武之爲政, 亦無以異此矣.

註解   ○小物(소물)-작은 물건, 작은 사물(事物). ○場園(장원)-'장'은 채소밭, 채전. '원'은 과수원. ○瓜薑(과강)-외와 생강. ○已非其有所(이비기유소)-이비기소유(以非其所有), 그의 소유가 아닌데도. ○踰(유)-넘어가다. ○担格(저격)-납치하는 것. ○角(각)-혈(穴)의 잘못, 벽에 구멍을 뚫는 것. ○蚤㮇(조루)-포조(布㮇)의 잘못(王引之 說). '조'는 조(繰)와 통함. 삼베와 갈포(葛布). ○欄牢(란로)-마구간과 소 외양간, 외양간.

解說   온 세상 사람들은 위정자나 백성들을 막론하고 작은 잘못에 대하여는 모두 잘 알고 있다. 따라서 작은 일로 죄를 지으면 위정자들은 그에게 벌을 가하고 백성들은 그를 비난한다. 그러면서도 정작 큰 잘못에 대하여는 잘 알지 못한다는 것이다. 하늘의 뜻을 어기는 큰 잘못에 대하여는 다음에 설명이 보일 것이다.

10. 지금 천하의 제후들은 여전히 남의 나라를 침략하고 공벌하여 합병시키고 있는데, 이는 죄 없는 한 사람을 죽인 것보다 수천만 배나 죽이는 것이다. 이것은 남의 집 담을 넘어가 남의 자녀들을 납치하고, 남의 창고 벽을 뚫고 남의 금옥과 삼베와 천을 훔치는 것보다 수천만 배나 더

심한 짓이다. 남의 집 외양간에 넘어 들어가 남의 소와 말을 훔치고, 남의 채소밭이나 과수원에 들어가 남의 복숭아와 오얏 및 외와 생강을 훔치는 것보다 수천만 배나 더 심한 짓이다. 그런데도 스스로는 의로운 짓이라 말한다.

그러므로 묵자가 말하였다. "이것은 의로움을 어지럽히는 것이다. 어찌 이것이 검은 것과 흰 것 및 단것과 쓴것의 분별을 어지럽히는 것과 다를 바가 있겠는가?

지금 여기에 한 사람이 있는데, 검은 것을 그에게 조금 보였을 적에는 검다하고 검은 것을 많이 보였을 적에는 희다고 한다면, 반드시 이 사람의 눈은 어지러워서 검은 것과 흰 것의 분별을 알지 못한다고 할 것이다.

지금 여기에 한 사람이 있는데, 단것을 조금 맛보고는 달다하고 단 것을 많이 맛보고는 쓰다고 한다면, 반드시 이 사람의 입은 어지러워서 달고 쓴맛을 알지 못한다고 할 것이다.

지금 임금과 귀족들이 정치를 함에 있어서, 간혹 그의 나라 안에서 사람을 죽인다면 이를 그처럼 재빨리 금지시키면서도, 그의 이웃 나라 사람들을 많이 죽일 경우에는 그것을 위대한 의로움이라 말한다. 이것이 흰 것과 검은 것 및 단것과 쓴것을 분별 못하는 것과 무엇이 다른가?"

原文 今天下之諸侯. 將猶皆侵凌攻伐兼幷, 此爲殺一不辜人者, 數千萬矣. 此爲踰人之牆垣, 格人之子女者, 與角人府庫, 竊人金玉蚤絫者, 數千萬矣. 踰人之欄牢, 竊人之牛馬者, 與入人之場園, 竊人之桃李瓜薑者, 數千萬矣. 而自曰義也.

故子墨子言曰：是蕡我者. 則豈有以異是蕡墨白甘苦之辯者哉?

今有人於此, 少而示之黑, 謂之黑. 多示之黑, 謂白. 必曰：吾目亂, 不知黑白之別.

今有人於此, 能少嘗之甘謂甘, 多嘗謂苦. 必曰：吾口亂, 不知其甘苦之味.
　今王公大人之政也, 或殺人其國家, 禁之此蚤越. 有能多殺其鄰國之人, 因以爲文義. 此豈有異蕡白黑甘苦之別者哉?

[註解]　○蕡我(분아)―'분'은 분(紛)과 통하여, 어지럽히는 것(《墨子閒詁》). '아'는 의(義)의 잘못.　○蚤越(조월)―재빨리 하다, 일찍이 하다.　○文義(문의)―'문'은 대(大)의 잘못, 위대한 의로움.

[解說]　앞 절을 이어받아 여기에서는 큰 잘못에 대하여 설명하고 있다. 큰 잘못이란 큰 나라가 작은 나라를 공격하는 행위이다. 묵자는 비전(非戰)의 사상이 철저하다.

11. 그러므로 묵자는 하늘의 뜻을 놓고서 법도로 삼았다. 묵자만이 하늘의 뜻을 법도로 삼았던 것이 아니다. 선왕들의 책인 《시경》 대아(大雅)에도 그러한 것이 쓰여져 있다.

　　하나님이 문왕에게 말씀하시기를,
　　나는 밝은 덕을 지닌 사람을 좋아하나
　　큰 소리와 빛으로 나타내지는 않으며,
　　언제나 매와 회초리로 치지도 않으니,
　　알건 모르건 간에
　　하나님의 법도만을 따르라.

이것은 문왕이 하늘의 뜻을 법도로 삼고 하나님의 법도만을 따랐음을 뜻하는 것이다. 그러니 지금 천하의 군자들이 진실로 인과 의를 행하려 하고, 훌륭한 선비가 되기 바란다면, 위로는 성왕의 도에 들어맞도록 해야 하고, 아래로는 나라와 백성들의 이익에 부합하도록 해야 하며, 하늘의 뜻에 대하여 잘 살피지 않아서는 안되는 것이다.

하늘의 뜻은 의로움의 기준인 것이다.

原文 故子墨子置天之, 以爲儀法. 非獨子墨子, 以天之志爲法也. 於先王之書, 大夏之道之然:

帝謂文王. 予懷明德.

毋大聲以色, 毋長夏以革.

不識不知. 順帝之則.

此誥文王之以天志爲法也, 而順帝之則也. 且今天下之士君子, 中實將欲爲仁義, 求爲上士, 上欲中聖王之道, 下欲中國家百姓之利者, 當天之志, 而不可不察也.

天之志者. 義之經也.

註解 ○天之(천지)-천지(天志). ○大夏(대하)-대아(大雅)와 같은 말(兪樾 說). 지금의 《시경》 대아 황의(皇矣)편에 보이는 구절이며, 이미 앞의 〈천지〉 중편에도 보였음. ○夏以革(하이혁)-'하'는 옛날 서당에서 쓰던 회초리. '혁'은 가죽으로 만든 채찍.

解說 마지막 결론으로 사람들은 언제나 하늘의 뜻을 법도로 삼아야 한다고 강조하고 있다. 묵자의 모든 사상은 하늘의 뜻에 바탕을 두고 있음에 유의해야 할 것이다.

제29 명귀편(明鬼篇)(上)(原缺)

제30 명귀편(明鬼篇)(中)(原缺)

이상 두 편도 없어져 버려서 지금 《묵자》에는 전하여지지 않는다. 다만 그 하편이라도 남아 있음은 다행이라 하겠다.

제31 명귀편(明鬼篇)(下)

'명귀'란 귀신의 존재를 밝힌다는 뜻이다. 앞의 〈천지편〉에서도 하늘 다음으로 귀신을 많이 들고 있었지만, 묵자는 이 귀신의 존재를 믿는 것이 천하의 이익과 합치되는 것이라 주장한다. 〈천지편〉의 사상을 근거로 하고는 있지만 묵자의 독특한 주장이라 할 것이다.

1. 묵자가 말하였다.
"옛날 삼대의 성왕들이 돌아가신 뒤로는 천하는 의로움을 잃고 제후들은 힘으로 정치를 하게 되었다. 그리하여 임금과 신하와 윗사람과 아랫사람들이 은혜롭고 충성되지 않은 이가 있게 되었으며, 아버지와 자식과 형과 아우들이 자애롭고 효성스럽지 않으며 공경하고 우애롭고 바르고 훌륭하지 않은 이가 있게 되었고, 지도자들은 정사를 처리하는 데 힘쓰지 않고 천한 사람들은 종사하는 일에 힘쓰지 않게 되었다. 백성들이 난폭하고 반란을 일삼고 도둑질을 하며 무기와 독약과 물과 불로써 한길이나 골목길에서 죄없는 사람들을 가로막고 남의 수레와 말과 옷가지를 약탈하여 자기의 이익으로 삼는 자들이 한꺼번에 생겨난 것은 이로부터 비롯된다. 그리하여 천하는 어지러워졌다.

이렇게 된 까닭은 어째서인가? 곧 모두가 귀신이 있고 없는 분별에 의혹을 지니어 귀신이 현명한 사람에겐 상을 주고 난폭한 자에겐 벌을 줄 수 있음을 밝게 인식하지 못했기 때문이다. 지금 천하의 사람들에게 귀신이 현명한 사람들에겐 상을 주고 난폭한 자에겐 벌을 줄 수 있음을 믿게 한다면 곧 천하가 어찌 어지러워지겠는가?

지금 귀신이 없다고 주장하는 사람들은 말하기를 '귀신은 본시부터 없는 것이다'고 한다. 어떤 이는 아침저녁으로 그런 말로 천하를 가르치고 깨우치어 천하 사람들을 의심케 하고 천하 사람들로 하여금 모두가 귀신이 있고 없는 분별에 의혹을 지니게끔 한다. 그리하여 천하가 어지러워지는 것이다."

그러므로 묵자가 말하였다.

"지금 천하의 임금과 대신과 군자들은 실로 천하의 이익을 일으키고 천하의 해를 없애기를 바라고 있다. 그러므로 귀신이 있고 없는 분별에 대하여 분명히 살펴보지 않아서는 안된다고 하는 것은 이 때문이다."

原文 子墨子言曰 : 逮至昔三代聖王旣沒, 天下失義, 諸侯力正. 是以存夫爲人君臣上下者之不惠忠也, 父子弟兄之不慈孝弟長貞

良也, 正長之不强於聽治, 賤人之不强於從事也. 民之爲淫暴寇亂
盜賊, 以兵刃毒藥水火, 迓無罪人乎道路率徑, 奪人車馬衣裘以自
利者, 並作, 由此始. 是以天下亂.

　此其故何以然也? 則皆以疑惑鬼神之有與無之別, 不明乎鬼神
之能賞賢而罰暴也. 今若使天下之人, 偕若信鬼神之能賞賢而罰
暴也, 則夫天下豈亂哉?

　今執無鬼者曰: 鬼神者固無. 有旦暮以爲敎誨乎天下, 疑天下
之衆, 使天下之衆皆疑惑乎鬼神有無之別. 是以天下亂.

　是故子墨子曰: 今天下之王公大人士君子, 實將欲求興天下之
利, 除天下之害. 故當鬼神之有與無之別, 以爲將不可以不明察,
此者也.

註解　ㅇ力正(역정)-정(正)은 정(政)과 통하여 '폭력으로 정치를 하는 것'.
ㅇ弟長貞良(제장정량)-장정(長貞)은 뒤 정장(正長)으로 말미암은 연문(衍
文)인 듯하며, 양(良)은 마땅히 우애(友愛)로 되어야 할 것이다. 그러나 확증
이 없어 여기엔 억지로 글자를 따라 번역해 두었다. ㅇ迓(아)-가로막는 것.
보통은 迋(왕)자로 되어 있으나 잘못임(孫詒讓 說). ㅇ率徑(솔경)-솔(率)은
술(術)과 통하여 '고을 가운데의 길'(《說文》, 또는 '큰 길'《漢書》刑法志
淳注). 경(徑)은 좁은 길. ㅇ疑天下之衆(의천하지중)-잘못 끼어든 구절 같으
나 적당히 번역해 두었다.

解說　천하가 어지러워진 원인은 사람들이 귀신의 존재를 의심하기 때
문이라는 것이다. 귀신이 현명한 사람들에겐 상을 주고 난폭한 자들에겐
벌한다는 것을 분명히 알고 있으면 세상이 어지러워질 리가 없다는 것이다.
　여기서 묵자가 말하는 귀신이란 사람이 죽은 뒤의 영혼[鬼]과 산과 냇
물에 깃들어 있는 신(神)들을 아울러 말한다. 이 귀신들은 하느님과 사람
들 사이에서 사람들의 착하고 악함에 따라 복을 주기도 하고 재난을 안

겨주기도 한다는 것이다.

2. 이미 귀신이 있고 없는 분별에 대하여는 잘 살피지 않으면 안된다 하였다. 그렇다면 우리가 여기에 대하여 분명히 살피기 위하여, 그 이론을 어떻게 전개해 나가야 좋을까?

묵자가 말하였다. "그것은 천하에서 있고 없는 것을 살피어 아는 도리를 따라, 반드시 여러 사람들의 귀와 눈이 듣고 본 실상을 근거로, 있고 없는 것을 아는 법도로 삼아야 할 것이다. 정말로 누가 그것을 듣고 보았다면 반드시 그것은 있는 것이라 여길 것이다. 아무도 듣지도 못하고 보지도 못한 것이라면 반드시 그것은 없는 것이라 생각할 것이다.

그렇다면 어찌하여 한 고을이나 한 마을로 들어가 거기에 대하여 물어보지 않는가? 옛날부터 지금에 이르기까지 사람들이 생겨난 이래로, 귀신이라는 물건을 본 사람이 있고 귀신이 내는 소리를 들은 사람이 있다면, 귀신이 없다고 어찌 말할 수 있겠는가? 만약 아무도 들은 사람이 없고 아무도 본 사람이 없다면 귀신이 있다고 말할 수가 있겠는가?

|原文| 旣以鬼神有無之別, 以爲不可不察己. 然則吾爲明察, 此其說將柰何而可.

子墨子曰: 是與天下之所以察知有與無之道者, 必以衆之耳目之實, 知有與亡爲儀者也. 請惑聞之見之, 則必以爲有. 莫聞莫見, 則必以爲無.

若是, 何不嘗入一鄕一里而問之? 自古以及今, 生民以來者, 亦有嘗見鬼神之物, 聞鬼神之聲, 則鬼神何謂無乎? 若莫聞莫見, 則鬼神可謂有乎?

|註解| ○耳目之實(이목지실)―귀와 눈으로 듣고 본 사실. ○爲儀(위의)―법

도로 삼다, 표준으로 삼다.

解說 귀신이 있고 없는 것을 증명할 방법을 논하고 있다. 묵자는 많은 사람들이 그것을 보고 그 소리를 들었다면, 그것은 있는 것이고, 아무도 그것을 보지도 듣지도 못했다면 그것은 없는 것이라고 전제한다.

3. 지금 귀신이 없다고 주장하는 자들은 말한다. "천하에는 귀신이라는 물건을 보고 들었다는 사람들이 헤아릴 수도 없는 정도라 한다. 그렇다면 귀신이 있고 없는 것에 대하여 듣고 본 사람으로 과연 어떤 사람이 있는가?"

묵자가 말하였다.

"만약 여러 사람들이 함께 보고 여럿이서 함께 들은 보기로는 옛날의 두백(杜伯)이 있다. 주(周)나라 선왕(宣王)이 그의 신하 두백을 죽였는데, 그는 아무 죄도 없었다. 그때 두백이 말하였다. '임금님께서 나를 죽이려 하시는데, 저는 아무 죄도 없습니다. 만약 죽은 사람에게 아무런 지각(知覺)도 없다면 그만이지만, 만약 죽은 다음 지각이 있다면 3년이 지나기 전에 반드시 임금님께 사실을 알리도록 하겠습니다.'

3년 뒤에 주나라 선왕이 제후들을 불러모아 포전(圃田)에서 사냥을 하였다. 수레 수백 대와 종졸(從卒) 수천 명이 들판에 가득하였다. 해가 한낮인데 두백이 흰말이 끄는 흰 수레 위에 붉은 옷과 관을 쓰고, 붉은 활에 붉은 화살을 메워 들고 나타나 주나라 선왕을 뒤쫓아가 수레 위에 있는 임금을 쏘았다. 화살은 임금 가슴에 맞고 등뼈를 분질러 임금은 수레 안에 넘어지며 활집 위에 엎어져 죽었다.

그때 주나라 사람으로 따라갔던 사람들 모두가 보았고, 멀리 있는 사람도 그 얘기를 듣지 못한 사람이 없으며, 주나라 역사인《춘추(春秋)》에 기록되어 있다.

임금된 사람은 이 사실로써 그의 신하들에게 교훈을 하고, 아비된 사람은 이 사실로써 그의 아들에게 훈계하여 말하게 되었다. '경계하고 신중히 일해야 한다. 죄없는 사람을 죽이면 불행하게 되고 귀신의 처벌을 받게 되는 것이 이처럼 재빠른 것이다.'

이와 같은 책의 기록을 통하여 볼 것 같으면 귀신이 존재한다는 것을 어찌 의심할 수가 있겠는가?"

原文 今執無鬼者言曰：夫天下之爲聞見鬼神之物者，不可勝計也. 亦孰爲聞見鬼神有無之物哉？

子墨子言曰：若以衆之所同見，與衆之所同聞，則若昔者杜伯是也. 周宣王殺其臣杜伯而不辜. 杜伯曰：吾君殺我而不辜. 若以死者爲無知，則止矣. 若死而有知，不出三年，必使吾君知之.

其三年，周宣王合諸侯，而田于圃田. 車數百乘，從數千人滿野. 日中，杜伯乘白馬素車，朱衣冠，執朱弓，挾朱矢，追周宣王，射之車上. 中心折脊，殪車中，伏弢而死.

當是之時，周人從者，莫不見，遠者莫不聞，著在周之春秋.

爲君者以敎其臣，爲父者以譏其子. 曰：戒之愼之. 凡殺不辜者，其得不詳，鬼神之誅，若此之憯遫也.

以若書之說觀之，則鬼神之有，豈可疑哉？

註解 ○杜伯(두백)-두(杜)나라의 제후, 작위가 백작(伯爵)임. ○周宣王(주선왕)-주나라 11대의 임금. 기원전 827~기원전 782 재위. ○圃田(포전)-지명.《시경》소아(小雅) 거공(車攻)편의 정현(鄭玄)의《전(箋)에 보이는 보전(甫田)과 같은 곳인 듯. ○日中(일중)-한낮, 해가 중천에 있을 때. ○挾(협)-활에 화살을 메우는 것. ○中心(중심)-심장에 명중하다, 가슴에 맞다. ○殪(에)-죽다, 넘어지다. ○弢(도)-활집, 활을 넣어두는 주머니. ○春

秋(춘추)-역사를 기록한 책 이름. 지금은 전하지 않는다. ○譈(경)-훈계하다, 경계(警戒)시키다. ○憯遬(참속)-빠른 것, 참속(懵速).

[解說] 주(周)나라 선왕(宣王) 때 두백(杜伯)에 관한 역사 기록을 가지고 귀신은 존재한다는 것을 증명한 대목이다.

4. 주(周)나라의 역사기록에만 그러할 뿐만이 아니다. 옛날의 진(秦)나라 목공(穆公)은 어느 날 한낮에 묘(廟) 안에 있었다. 그때 귀신이 문 안으로 들어왔는데, 사람 얼굴에 새의 몸이었고, 흰 옷에 검은 섶이 달렸으며, 얼굴이 네모진 모습이었다.

진나라 목공은 그를 보자 두려워서 도망치려 하였다. 그러자 귀신이 말하였다. "두려워하지 마시오! 하나님이 당신의 명철한 덕을 좋게 보시고, 나를 보내어 당신에게 19년의 수를 보태어 주도록 하고, 당신의 나라를 번창케 하며, 자손들이 번성하고 나라를 잃는 일이 없도록 하라고 하셨습니다."

진나라 목공이 두 번 절하고 머리를 조아리며 말하였다. "감히 신령님의 성함을 여쭙겠습니다." "나는 구망(句芒)이라 합니다."

만약 진나라 목공이 친히 경험한 일을 법도로 삼는다면 곧 귀신이 있다는 것을 어찌 의심할 수가 있겠는가?

[原文] 非惟若書之說爲然也. 昔者鄭穆公, 當晝日中處乎廟, 有神入門, 而左鳥身, 素服三絶, 面狀正方.

鄭穆公見之, 乃恐懼犇. 神曰：無懼. 帝享女明德, 使予錫女壽, 十年有九. 使若國家蕃昌, 子孫茂, 毋失鄭.

穆公再拜稽首曰：敢問神名. 曰：予爲句芒.

若以鄭穆公之所身見爲儀, 則鬼神之有, 豈可疑哉？

註解 ㅇ秦穆公(진목공)-진나라 제후, 기원전 659~기원전 621 재위. 보통 판본엔 모두 '정목공(鄭穆公)'으로 되어 있으나, '정'은 '진'의 잘못이다. ㅇ左(좌)-인면(人面)의 잘못(畢沅 說). ㅇ三絕(삼절)-현준(玄純)의 잘못(《墨子閒詁》). 검은 옷 섶. ㅇ懼犇(구분)-두려워 달아나는 것. ㅇ享(향)-받아들이다, 좋게 보다. ㅇ錫(석)-사(賜)와 통하여, 주다. ㅇ毋失(무실)-나라를 잃지 않게 하는 것. ㅇ句芒(구망)-나무의 신 이름. 봄에 나무에 싹을 틔워 자라게 하는 신임.

解說 이 절에서는 진나라 목공에 관한 역사기록을 근거로 귀신의 존재를 증명하고 있다.

5. 진(秦)나라 역사기록에만 그러할 뿐이 아니다. 옛날 연(燕)나라 간공(簡公)은 그의 신하 장자의(莊子儀)를 죽였는데, 그는 아무런 죄도 없었다.

그때 장자의가 말하였다. "임금님은 아무런 죄도 없는 나를 죽이십니다. 죽은 사람에게 지각이 없다면 그뿐이지만, 죽은 사람에게 지각이 있다면 3년이 지나기 전에 반드시 임금님께 사실을 알도록 해드리겠습니다."

1년이 지났을 때 연나라 임금은 조(祖)에 제사지내려고 마차를 몰고 떠났다. 연나라에서 조에 제사지내는 것은 제(齊)나라에서 사직(社稷)의 제사를 지내고, 송(宋)나라에서 상림(桑林)의 제사를 지내고, 초(楚)나라에서 운몽(雲夢)의 제사를 지내는 것과 같았다. 그것은 남녀들이 모두 모여서 구경하는 일이었다.

한낮에 연나라 간공이 막 조로 가는 길 위를 마차로 달리고 있었다. 장자의가 붉은 막대기를 들고 나타나 간공을 쳐서, 수레 위에서 간공을 죽여 버렸다.

이때에 연나라 사람으로 간공을 따르던 사람들은 모두가 보았고, 멀리 있는 사람들도 그 얘기를 듣지 못한 사람이 없으며, 연나라 역사인 《춘추》에도 기록되어 있다.

제후들은 이것을 전하면서 이에 대하여 말하였다. "죄없는 사람을 죽인 사람은 반드시 불행해지고 귀신의 처벌을 받게 되는 것이 이처럼 빠르다."

이와 같은 책의 기록을 통하여 볼 것 같으면, 귀신이 있다는 사실을 어찌 의심할 수가 있겠는가?

原文 非惟若書之說爲然也. 昔者燕簡公, 殺其臣莊子儀而不辜. 莊子儀曰:吾君王殺我而不辜. 死人毋知亦已, 死人有知, 不出三年, 必使吾君知之.

期年, 燕將馳祖. 燕之有祖, 當齊之社稷, 宋之有桑林, 楚之有雲夢也. 此男女之所屬而觀也.

日中, 燕簡公方將馳於祖塗, 莊子儀荷朱杖而擊之, 殪之車上.

當是時, 燕人從者莫不見, 遠者莫不聞, 著在燕之春秋.

諸侯傳而語之曰:凡殺不辜者, 其得不祥, 鬼神之誅, 若此其憯遫也.

以若書之說觀之, 則鬼神之有, 豈可疑哉?

註解 ㅇ燕簡公(연간공)-연나라 간공. 기원전 504~기원전 493 재위. ㅇ莊子儀(장자의)-한(漢)나라 왕충(王充)의 《논형(論衡)》 서허(書虛) 사위(死僞) 편 등에선, 장자의(莊子義)라 쓰고 있다. ㅇ期年(기년)-만 1년. ㅇ馳祖(치조)-조로 제사지내기 위하여 수레로 달려가다. '조'는 호수 이름이라 조택(祖澤)이라고도 하였다(畢沅 說). 뒤의 사직(社稷)・상림(桑林)・운몽(雲夢) 등과 함께 각 나라의 제사가 행해지던 곳 이름. ㅇ屬(속)-다같이 모이는 것. ㅇ荷(하)-둘러메다, 지니다. ㅇ殪(에)-죽다. ㅇ憯遫(참속)-빠른 것.

解說 여기에서는 연나라 간공의 역사기록을 들어 귀신이 있다는 것을 증명하고 있다.

6. 연(燕)나라 역사기록에만 그러할 뿐이 아니다. 옛날 송(宋)나라 문군(文君) 포(鮑) 때에 신하 중에 축(祝) 관고(觀辜)라는 사람이 있었다. 본시 여(厲)의 제사를 맡고 있었는데, 어느 날 신이 내린 무당이 지팡이를 들고 나와서 그에게 말하였다.

"관고야! 어쩌면 이렇게 옥돌들은 규격에 맞지 않고, 술과 단술과 젯밥과 제물은 정결하지 못하며, 제물로 쓰는 짐승은 색깔과 살찐 정도가 형편없고, 봄가을과 겨울 여름의 제사는 차리는 것이 때를 잃고 있느냐? 어찌 네가 이렇게 하는 것이냐, 그렇지 않으면 포(鮑)가 그렇게 하는 것이냐?"

관고가 말하였다. "임금 포는 어리어 포대기 속에 쌓여 있습니다. 포야 무얼 알겠습니까? 벼슬을 하고 있는 신하인 이 관고가 그렇게 하는 것이지요."

신이 내린 무당은 지팡이를 들어올려 그를 쳐서 제단 위에서 그를 죽이었다.

그때에 송나라 사람으로 그를 따르던 사람들은 모두가 보았고, 멀리 있는 사람들도 그 얘기를 듣지 않은 사람이 없으며, 송나라 역사인 《춘추》에도 기록되어 있다.

제후들은 이 얘기를 전하면서 말하였다. "누구든 제사를 공경스럽게 신중히 지내지 않으면 귀신의 벌이 내려지는 것이 이와 같이 빠른 것이다."

이와 같은 책의 기록을 통하여 볼 것 같으면, 귀신이 있다는 사실을 어찌 의심할 수가 있겠는가?

原文 非惟若書之說爲然也. 昔者, 宋文君鮑之時, 有臣曰祝觀
辜. 固嘗從事於廲, 袾子杖揖出與言曰: 觀辜! 是何珪璧之不滿
度量, 酒醴粢盛之不淨潔也, 犧牲之不全肥, 春秋冬夏選失時. 豈
女爲之與? 意鮑爲之與?

辜曰: 鮑幼弱, 在荷繦之中, 鮑何與識焉? 官臣觀辜特爲之.
袾子擧揖而槀之, 殪之壇上.

當是時, 宋人從者莫不見, 遠者莫不聞, 著在宋之春秋.
諸侯傳而語之曰: 諸不敬愼祭祀者, 鬼神之誅至, 若此其憯速也.
以若書之說觀之, 鬼神之有, 豈可疑哉?

註解 ○宋文君鮑(송문군포) – 송나라의 임금. '문군'은 시호(諡號), '포'는
이름. 기원전 610~기원전 589 재위. ○祝觀辜(축관고) – '축'은 제사를 관장
하는 벼슬 이름. '관고'가 그의 이름임. ○廲(려) – 신을 제사지내는 사당(祠
堂) 이름. ○袾子(주자) – 신이 내린 무당(畢沅 說). ○杖揖(장읍) – 지팡이를
들다. ○珪璧(규벽) – '규'는 위쪽이 뾰죽하고 아래쪽은 네모로 된 얇고 긴 옥.
'벽'은 얇고 둥글며 중간에 구멍이 난 서옥(瑞玉). ○全肥(전비) – '전'은 색깔
이 잘 갖추어진 것. '비'는 알맞게 살이 찐 것. ○選(선) – 찬(饌)과 통하여 제
사를 차리는 것. ○荷繦(하강) – 어린아이를 안고 업을 때 쓰는 포대기. ○槀
(고) – 고(敲)와 통하여, 때리다. 치다.

解說 여기에서는 송나라 문군 때의 축(祝) 관고(觀辜)에 관한 역사 기
록을 통하여 귀신이 있다는 것을 증명하고 있다.

7. 송(宋)나라의 역사 기록에만 그러할 뿐이 아니다. 옛날 제(齊)나
라 장군(莊君)의 신하에 왕리국(王里國)과 중리요(中里徼)라는 자가 있
었다.

이들 두 사람은 3년 간이나 소송을 하였으나 판결이 나지 않고 있었다. 제나라 임금은 이들을 아울러 죽여버리자니, 죄없는 사람을 죽이게 될까 두려웠고, 이들을 아울러 풀어주자니 죄가 있는 자를 놓치게 될까 두려웠다.

이에 두 사람에게 한 마리의 양을 바치며 제나라의 신사(神社)에 가서 맹세를 하게 하였다. 두 사람은 이를 허락하고, 이에 피를 마시며 맹세를 하기 위하여 양의 목을 자르고 피를 쏟게 하였다.

왕리국이 맹세하는 글을 다 읽고 나서, 중리요가 맹세하는 글을 읽었는데, 그가 반도 못 읽었을 즈음에 양이 일어나 그를 뿔로 받아 그의 다리가 부러졌다. 다시 사당의 신이 그를 쳐서 맹세하던 곳에서 죽여버렸다.

그때에 제나라 사람으로서 따르던 사람들은 모두가 보았고, 멀리 있는 사람들도 그 얘기를 듣지 않은 사람이 없으며, 제나라 역사인 《춘추》에도 기록되어 있다.

제후들은 이 얘기를 전하면서 말하였다. "모든 맹세를 하는 사람으로 진실성이 결여된 사람에게는 귀신의 벌이 내려지는 것이 이와 같이 빠르다."

이와 같은 책의 기록을 통하여 볼 것 같으면 귀신이 존재한다는 것을 어찌 의심할 수가 있겠는가?

그러므로 묵자가 말하였다. "비록 깊은 계곡이나 넓은 숲속의 으슥하고 사람이 없는 곳이라 하더라도, 행실은 삼가서 하지 않으면 안된다. 지금도 귀신이 그를 보고 있기 때문이다."

原文 非惟若書之說爲然也. 昔者, 齊莊君之臣, 有所謂王里國中里徼者.

此二子者, 訟三年, 而獄不斷. 齊君由謙殺之, 恐不辜, 猶謙釋之, 恐失有罪.

乃使之人共一羊, 盟齊之神社. 二子許諾. 於是泏洫, 㧖羊而漉其血.

讀王里國之辭, 旣已終矣, 讀中里徼之辭, 未半也, 羊起而觸之, 折其脚. 祧神之, 而槀之, 殪之盟所.

當是時, 齊人從者莫不見, 遠者莫不聞, 著在齊之春秋.

諸侯傳而語之曰:請品先不以其請者, 鬼神之誅至, 若此其憯速也.

以若書之說觀之, 鬼神之有, 豈可疑哉？

是故子墨子言曰:雖有深溪博林, 幽澗毋人之所, 施行不可以不董. 見有鬼神視之.

[註解] ○齊莊君(제장군)−제나라 임금, 보통은 장공(莊公)이라 부르며, 기원전 553〜기원전 548 재위. ○王里國(왕리국)−중리요(中里徼)와 함께 제나라 사람 이름. ○獄不斷(옥부단)−재판의 판결이 나지 않는 것. ○由謙(유겸)−'유'는 유(猶)와 '겸'은 겸(兼)과 통하여, 그대로 아울러, 그대로 함께. ○共(공)−공(供), 바치다. ○泏洫(출혁)−삽혈(歃血)의 잘못인 듯(孫詒讓 說), 짐승의 피를 함께 마시거나 입가에 피를 바르며 신 앞에서 맹세를 하는 것. ○㧖(악)−아(刎)와 같은 자로(王引之 說), 목을 자르는 것. ○漉(록)−새(灑)의 잘못으로(王引之 說), 피를 쏟다, 흘리다. ○辭(사)−세사(誓辭), 맹세하는 글. ○觸(촉)−뿔로 받는 것. ○祧神(조신)−사당의 신. ○槀(고)−고(敲)와 통하여, 치다, 때리다. ○請品(청품)−'청'은 제(諸)의 잘못(王引之 說), '품'은 맹(盟)의 잘못(畢沅 說). ○先(선)−실(失)의 잘못(王引之 說). ○其請(기청)−그의 진정, 성실, 진실. ○幽澗(유간)−유한(幽閒), 그윽한 것, 으슥한 것. ○施行(시행)−행실, 행동. ○董(동)−근(菫)의 잘못(兪樾 說), 근(謹), 삼가는 것. ○見(현)−현(現), 현재.

[解說] 제나라 장공(莊公) 때의 일로 귀신이 존재한다는 것을 증명하고

있다. 묵자가 이처럼 쉬운 논리로도 거듭하여 얘기하고 있는 것이 바로 문장의 서민적인 성격을 뜻한다고도 할 수 있다.

8. 지금은 귀신은 없다고 주장하는 자들이 이렇게 주장하고 있다. "여러 사람들이 귀와 눈으로 보고 들었다는 사실로 어찌 의심을 풀 수가 있겠는가? 어찌하여 천하의 고상한 선비와 군자가 되려 하면서 여러 사람들이 듣고 보았다는 사실을 그대로 믿으려 하는가?"

묵자가 말하였다. "만약 여러 사람들이 귀와 눈으로 보고들은 것을 믿을 만한 것도 못되고 의심을 풀어 줄만한 것도 못된다고 여긴다면, 옛날 삼대(三代)의 성왕이신 요·순·우·탕·문왕·무왕 같은 이들은 법도로 삼을 만한지 모르겠소.

본시 이 문제에 있어서는 중류(中流) 이상의 사람들이라면 모두 말하기를 '옛날 삼대의 성왕 같은 분들이라면 법도로 삼을 만하다'고 할 것이오. 만약 진실로 옛날 삼대의 성왕들을 법도로 삼을 만하다면, 곧 위로 성왕들의 일에 관하여 살펴보기로 하십시다.

옛날에 무왕이 은(殷)나라를 공격하여 주(紂)를 징벌했을 적에, 제후들로 하여금 나뉘어져 그들의 제사를 지내도록 하시었소. 곧 주나라 왕실과 혈연(血緣)이 가까운 이들은 내사(內祀)를 받아들이고, 혈연이 먼 사람들은 외사(外祀)를 받아들이라는 것이었소. 그러니 무왕은 반드시 귀신은 존재하는 것이라 여겼던 것이오. 그렇기 때문에 은나라를 공격하여 주를 징벌했을 적에 제후들로 하여금 나뉘어져 그들의 제사를 지내도록 했던 것이오. 만약 귀신이 없는 것이라면 무왕이 무엇 때문에 제사를 나뉘어져 지내도록 했겠소?"

原文 今執無鬼者曰：夫衆人耳目之請, 豈足以斷疑哉？奈何其欲爲高君子於天下, 而有復信衆之耳目之請哉？

子墨子曰：若以衆之耳目之請, 以爲不足信也, 不以斷疑, 不識
若昔者三代聖王, 堯舜禹湯文武者, 足以爲法乎？
　故於此乎, 自中人以上, 皆曰：若昔者三代聖王, 足以爲法矣.
若苟昔者三代聖王, 足以爲法, 然則姑嘗上觀聖王之事.
　昔者武王之攻殷誅紂也. 使諸侯分其祭, 曰：使親者受內祀, 疏
者受外祀. 故武王必以鬼神爲有. 是故攻殷伐紂, 使諸侯分其祭.
若鬼神無有, 則武王何祭分哉？

[註解] ㅇ請(청)-정(情), 진실, 사실. ㅇ斷疑(단의)-의심을 풀다, 의심스런 일을 해결하다. ㅇ中人(중인)-중류층의 사람, 중간 정도의 사람. ㅇ姑嘗(고상)-잠시 해보다, 해보기로 하다. ㅇ分其祭(분기제)-그들의 제사를 나뉘어서 지내다. ㅇ內祀(내사)-천자와 성(姓)이 같은 제후들은 그들 조상들의 묘당(廟堂)을 세우고 제사지낼 수가 있었다. 이것이 '내사'이다. ㅇ外祀(외사)-천자와 성이 다른 제후들이 사방의 산천(山川)에 망제(望祭)를 지냄을 뜻한다《墨子閒詁》).

[解說] 여기에서는 다시 옛 성왕이신 주(周)나라 무왕(武王)의 일을 들어 귀신이 존재한다는 것을 증명하고 있다.

9. 다만 무왕의 하신 일만이 그러한 것이 아니다. 옛날의 성왕들은 공이 있는 사람들에게 상을 줄 적에는 반드시 조묘(祖廟)에서 하였고, 죄있는 자를 처형할 적에는 반드시 사(社)에서 하였다.
　조묘에서 상을 준 것은 무엇 때문이었는가？ 상을 주는 것이 공평함을 알리기 위해서였다. 사에서 처형을 한 것은 무엇 때문이었는가？ 재판이 공정했음을 알리기 위해서였다.
　다만 이 책에 쓰여 있는 것만이 그러한 것이 아니다. 또한 옛날 우

(虞)·하(夏)·상(商)·주(周)의 삼대의 임금들은 처음에 나라를 세우고 도읍을 만들 적에는, 반드시 나라의 정단(正壇)을 골라 거기에 종묘(宗廟)를 세웠고, 반드시 나무들이 길고 무성하게 자라는 곳을 골라 거기에 땅의 신을 모시는 사(社)를 세웠으며, 반드시 나라의 부형(父兄) 중에서 효성스럽고 자애로우며 바르고도 훌륭한 이를 골라 축(祝)과 종(宗)을 삼았고, 반드시 육축(六畜) 중에서 잘 살찌고 털빛이 순수한 것을 골라 제물로 삼았으며, 제사 때 바치는 서옥(瑞玉)들은 재정형편에 맞도록 법도에 따라 마련하였고, 반드시 오곡 중에서 향기롭고 누렇게 잘 여문 것을 골라서 술과 단술과 젯밥과 제물을 마련하였다. 그러므로 술과 단술과 젯밥과 제물은 그 해의 수확 정도에 따라 조절하였다.

그러므로 옛날의 성왕이 천하를 다스림에 있어서는 본시 반드시 귀신들을 먼저 위하고 사람들은 뒤에 생각하였는데, 이 때문이다. 그러므로 나라의 관청에서 갖추는 물건은 반드시 먼저 제기(祭器)와 제복(祭服) 같은 것이었으며, 이런 것들을 모두 창고에 잘 저장해 두었다. 축(祝)과 종(宗) 같은 제사를 맡은 관리들이 모두 조정에 있었으며, 제물로 바치는 가축은 일반 가축들과 함께 기르지 않았다.

본시 옛날 성왕들의 정치 방법은 이와 같았던 것이다.

[原文] 非惟武王之事爲然也. 故聖王, 其賞也必於祖, 其僇也必於社.

賞於祖者, 何也? 告分之均也. 僇於社者, 何也? 告聽之中也.

非惟若書之說爲然也. 且惟昔者虞夏商周, 三代之聖王, 其始建國營都日, 必擇國之正壇, 置以爲宗廟. 必擇木之修茂者, 立以爲叢位. 必擇國之父兄慈孝貞良者, 以爲祝宗. 必擇六畜之勝腯肥倅毛, 以爲犧牲, 圭璧琮璜, 稱財爲度, 必擇五穀之芳黃, 以爲酒醴粢盛. 故酒醴粢盛, 與歲上下也.

故古聖王治天下也, 故必先鬼神而後人者, 此也. 故曰：官府選
效, 必先祭器祭服, 畢藏於府. 祝宗有司, 畢立於朝, 犧牲不與昔
聚羣.
　故古者聖王之爲政若此.

註解　ㅇ祖(조)-선조의 묘(廟), 조묘(祖廟). ㅇ㒣(류)-륙(戮), 죽이다, 처형하다. ㅇ社(사)-땅의 신을 제사지내는 사당. ㅇ聽(청)-청옥(聽獄), 재판. ㅇ虞(우)-순(舜)임금의 나라 이름. 삼대에 속하지 않으나 앞에서 계속 요·순을 '삼대의 성왕' 속에 넣어 얘기했기 때문에, 여기에서도 그대로 넣은 것이다. ㅇ正壇(정단)-올바른 제단, 도읍 중앙에 위치한 제단. ㅇ脩茂(수무)-길고 무성하게 자라는 것. ㅇ叢位(총위)-총사(叢社)와 같은 말(王念孫 說). 나무들이 무성한 속에 있는 땅의 신의 사당. ㅇ慈孝貞良(자효정량)-자애스럽고, 효성이 있고, 바르고, 훌륭한 사람. ㅇ祝宗(축종)-축(祝)과 종(宗), 태축(太祝)과 종백(宗伯). 제사를 관장하는 벼슬. ㅇ六畜(육축)-말·소·양·돼지·개·닭. ㅇ勝腯肥倅毛(승둔비쉬모)-'승'은 성(盛), 대단히. '둔비'는 살이 찐 것. '쉬'는 수(粹), '수모'는 털빛이 순수한 것. ㅇ珪璧琮璜(규벽종황)-네 가지 서로 다른 종류의 서옥(瑞玉). 신에게 제사지낼 때 바친다. ㅇ芳黃(방황)-향기롭고 누렇게 잘 여문 것. ㅇ上下(상하)-위아래로 조절하는 것. ㅇ選效(선효)-필요한 물건을 갖추어 놓는 것. ㅇ昔聚羣(석취군)-일반적인 가축과 함께 모여 무리를 이루다, 보통 가축과는 따로 기르는 것.

解說　여기서는 다시 옛날 성왕들의 여러 가지 제도를 들어 귀신이 존재한다는 것을 증명하고 있다.

10. 옛날 성왕들은 반드시 귀신이 있다고 하였고, 귀신을 위하여 독실히 힘썼다. 또 후세 자손들이 알 수 없게 될까 두려워해서 대쪽과 비단책에 그것을 써서 후세 자손들에게 전하여 주었다. 어떤 이는 그것이 썩거

나 좀먹어 없어져서 후세 자손들이 알 수 없게 될까 두려워하여 쟁반이나 그릇 같은 데 조각을 하거나 쇠나 돌에 새김으로써 그것을 소중히 하였다. 그리고도 후세 자손들이 공경하고 두려워함으로써 그 복을 받지 못할까 두려워하였다. 그러므로 옛임금의 책이나 성인들의 말을 보면 한 자 길이의 비단이나 한 편의 책을 펼쳐 보아도 귀신이 있다는 말이 자주 나오며 소중히 하고도 또 소중히 하고 있는 것이다.

이러한 까닭은 무엇인가? 곧 성왕들이 거기에 힘썼기 때문이다. 지금 귀신이 없다고 주장하는 자들은 말하기를 '귀신은 본시부터 있지 않은 것이다'고 한다. 곧 이것은 성왕들이 힘쓰던 일에 반하는 것이다. 성왕들이 힘쓰던 일에 반하는 것은 곧 군자의 도가 될 수 없다.

[原文] 古者聖王, 必以鬼神爲有, 其務鬼神厚矣. 又恐後世子孫不能知也, 故書之竹帛, 傳遺後世子孫. 或恐其腐蠹絕滅, 後世子孫不得而記. 故琢之盤盂, 鏤之金石以重之. 有恐後世子孫, 不能敬箬以取羊. 故先王之書, 聖人之言, 一尺之帛, 一篇之書, 語數鬼神之有也, 重有重之.

此其故何? 則聖王務之. 今執無鬼者曰, 鬼神者固無有. 則此反聖王之務. 反聖王之務, 則非所以爲君子之道也.

[註解] ○爲有(위유) - 유(有)자는 왕인지(王引之) 설에 따라 보충하였음. ○竹帛(죽백) - 대나무와 비단. 옛날 종이가 발명되기 전에는 중국에선 대쪽과 비단에 글을 써서 책을 엮었었다. ○或(혹) - 보통 함(咸)으로 되어 있으나 뜻이 통하지 않아 왕인지 설을 따라 고쳤음. ○蠹(두) - 좀벌레. ○盤(반) - 쟁반. 음식을 담는 것과 목욕대야의 두 가지가 있다. ○盂(우) - 밥그릇, 물그릇. ○箬(군) - 두려워함《說文》. ○羊(상) - 상(祥)과 통하여 '상서로움'. '귀신이 주는 복'.

[解說] 여기서는 옛 성왕들이 얼마나 열심히 귀신을 섬기었나 설명한 뒤,

성인들의 책을 통하여 귀신의 존재를 증명하고 있다.

11. 지금 귀신이 없다고 주장하는 자들은 말할 것이다.

'성왕의 책이나 성인들의 한 자 길이의 비단 또는 한 편의 책에는 귀신이 있다는 말이 자주 나오고 소중히 하고 또 소중히 하고 있다고 하는데, 무슨 책에 있다는 것인가?'

묵자가 말하였다.

"《시경(詩經)》 대아(大雅)에 있다. 대아 문왕(文王)편을 보면 '문왕께선 백성들 위에 계시는데 아아, 하늘에 드러나 계시도다. 주나라는 비록 오래된 나라지만 받은 천명(天命)은 새롭기만 하네. 주나라 덕 크게 빛나고 하느님의 명은 크게 바르시네. 문왕께선 하늘 땅 오르내리시는데 하느님 곁에 계시네. 부지런한 문왕에겐 아름다운 명성 끊임없네'라 하였다. 만약 귀신이 있지 않다면 곧 문왕께서 돌아가신 뒤 어떻게 하느님 곁에 계실 수가 있겠는가? 이것이 내가 주(周)나라 글에 귀신이 있음을 아는 까닭인 것이다."

|原文| 今執無鬼者之言曰: 先王之書, 聖人一尺之帛, 一篇之書, 語數鬼神之有, 重有重之, 亦何書之有哉?

子墨子曰: 周書大雅有之. 大雅曰: 文王在上, 於昭于天. 周雖舊邦, 其命維新. 有周丕顯, 帝命不時. 文王陟降, 在帝左右. 穆穆文王, 令聞不已. 若鬼神無有, 則文王旣死, 彼豈能在帝之左右哉? 此吾所以知周書之有鬼也.

|註解| ㅇ周書(주서) - 옛날엔 시(詩)·서(書)가 흔히 혼칭(混稱)되었다. 여기에선 《시경(詩經)》을 가리킴. ㅇ大雅(대아) - 이곳에 인용된 시는 《시경》

대아 문왕(文王)편의 글임. ○於(오)-감탄사. 아아! ○昭(소)-밝음. 밝게 드러남. ○不顯(비현)-불(不)은 비(丕)자와 통하여 '크게'(屈萬里《詩經釋義》). 현(顯)은 덕이 빛나는 것(鄭箋). ○時(시)-시(是)와 통하여 '옳은 것'. '바른 것'(毛傳). ○陟降(척강)-하늘에 올라갔다 땅 위로 내려왔다 하는 것. ○穆穆(목목)-《시경》엔 미미(亹亹)로 되어 있으며 부지런히 힘쓰는 모양(鄭箋). ○令聞(영문)-영(令)은 선(善)과 통하여 '훌륭한 명성'. '아름다운 명성'.

解說 여기에서는 다시 《시경》 대아(大雅) 문왕(文王)편의 글을 인용하여 귀신이 존재한다는 것을 증명하고 있다.

12. 주나라 글에만 귀신이 있다 하고 상(商)나라 글에는 귀신이 있다고 하지 않았으면, 그 또한 법도로 삼을 수가 없을 것이다. 그러니 위로 상나라 글을 살펴보기로 하자.

거기에 말하고 있다. "아아! 옛날 하(夏)나라 시대에 아직도 재난이 없던 때에는, 기어다니는 여러 짐승들과 날아다니는 새들에 이르기까지도 도에 따르지 않는 것이란 없었다. 하물며 사람으로서의 얼굴을 지녔다면 어찌 감히 다른 마음을 갖겠는가? 산천의 귀신들도 전혀 편치 않은 일이란 없었다. 만약에 공손하고 성실하기만 하다면 온 천하가 통합되고 온 세상이 잘 보전될 것이다."

산천의 귀신들이 편치 않은 일이 없는 까닭을 살펴보면, 귀신들도 우(禹)임금의 일을 도우려 했기 때문이다. 이것이 내가 상나라 글에도 귀신이 있다고 한 것을 아는 근거이다.

原文 且周書獨鬼, 而商書不鬼, 則未足以爲法也. 然則姑嘗上觀乎商書.

曰: 嗚呼! 古者有夏, 方未有禍之時, 百獸貞蟲, 允及飛鳥, 莫不比方. 矧隹人面, 胡敢異心? 山川鬼神, 亦莫敢不寧. 若能共允, 隹天下之合, 下土之葆.

察山川鬼神之所以莫敢不寧者, 以佐謀禹也. 此吾所以知商書之鬼也.

註解   ㅇ有夏(유하)-하(夏)나라, 하나라 왕조. ㅇ貞蟲(정충)-'정'은 정(征)과 통하고, '충'은 동물. 따라서 기어다니는 동물. ㅇ允(윤)-이(以). ㅇ比方(비방)-'비'는 따르는 것, '방'은 도, 도리. ㅇ矧隹(신추)-'신'은 하물며, '추'는 유(惟)와 같은 조사. ㅇ共允(공윤)-'공'은 공(恭), '윤'은 성(誠). 공손하고 성실한 것. ㅇ葆(보)-보(保)와 통하여 보호, 보전.

解說   여기서는 상나라 때의 글을 통하여 귀신의 존재를 증명하고 있다. 여기에 《상서》라 하며 인용한 글은 지금의 《서경(書經)》 상서(商書) 이훈(伊訓)에 비슷한 글이 있으나, 이훈은 위고문(僞古文)이다.

13. 또한 상나라 글에만 귀신이 있다 하고 하나라 글에는 귀신이 있다고 하지 않았으면, 그 또한 법도로 삼을 수가 없을 것이다. 그러니 위로 하나라 글을 살펴보기로 하자.

우서(禹誓)에 이런 말이 있다. "감(甘)에서 큰 싸움이 벌어졌는데, 임금은 곧 좌우의 여섯 장군에게 명하여 수레에서 내려 중군(中軍)으로 모여 훈시를 듣도록 하라고 하였다. '유호씨는 오행(五行)을 모멸하고 하늘과 땅과 사람의 바른 길을 게을리하고 무시했다. 하늘은 그래서 그들의 명(命)을 끊어버리려는 것이다.'

그리고는 또 말하였다. '오늘 하루 동안 나와 유호씨는 하루의 명(命)을 다투게 된 것이다. 그대들 경대부(卿大夫)와 서민들이여! 나는 그들의 전야와 보옥(寶玉)을 탐내는 것이 아니다. 나는 삼가 하늘의 벌을 행하려는 것이다. 왼편에서 왼편 적을 공격하지 않고, 오른편에서 오른편 적을 공격하지 않는다면, 그대들이 하늘의 명을 따르지 않는 것이다. 수레몰이가 그의 말을 바르게 다루지 못한다면, 그것도 하늘의 명을 따르지 않는 것이다.

이 말을 따라 조묘(祖廟)에서 상을 받기도 하고 사(社)에서 처형당하기도 할 것이다."

조묘에서 상을 받는다는 것은 어째서인가? 하늘의 명을 따라 상을 내리는 것이 공평함을 뜻하는 것이다. 사에서 처형을 하는 것은 어째서인가? 재판을 공정하게 하였음을 뜻하는 것이다. 본시 옛날의 성왕들은 반드시 귀신이 현명한 사람에게는 상을 주고 포악한 자에게는 벌을 내린다고 생각하여, 그 때문에 상은 반드시 조묘에서 내리고 처형은 반드시 사에서 행하였던 것이다.

이것이 내가 하나라 글에도 귀신이 있다고 한 것을 아는 근거이다.

그러므로 옛날의 하나라 글, 그 다음으로 상나라와 주나라의 글에도 귀신이 있다는 말이 자주 보이고 거듭거듭하여 나오고 있는 것이다.

그것은 어째서인가? 곧 성왕들이 귀신이 있다는 것을 알리기에 힘썼기 때문이다. 이러한 책들의 기록을 통해서 볼 것 같으면, 귀신이 존재한다는 사실을 어찌 의심할 수가 있겠는가?

原文 且商書獨鬼而夏書不鬼, 則未足以爲法也. 然則姑嘗上觀乎夏書.

禹誓曰：大戰于甘, 王乃命左右六人, 下聽誓于中軍.

曰：有扈氏, 威侮五行, 怠棄三正, 天用勦絕其命.

有曰：日中, 今予與有扈氏, 爭一日之命. 且爾卿大夫庶人! 予非爾田野葆士之欲也, 予共行天之罰也. 左不共于左, 右不共于右, 若不共命. 御非爾馬之政, 若不共命.

是以賞于祖, 而僇于社.

賞于祖者, 何也? 言分命之均也. 僇于社者何也. 言聽獄之事也. 故古聖王, 必以鬼神爲賞賢而罰暴. 是故賞必於祖. 而僇必於社.

此吾所以知夏書之鬼也.

故尚者夏書, 其次商周之書, 語數鬼神之有也. 重有重之.

此其故何也? 則聖王務之. 以若書之說觀之, 則鬼神之有, 豈可疑哉?

註解 ○夏書(하서)−지금의 《서경》에는 하서 감서(甘誓)편에 이와 비슷한 글이 들어 있다. ○禹誓(우서)−'서'는 전쟁을 앞두고 임금이나 장군이 군인들에게 하는 훈시. 우임금이 감(甘)나라와의 전쟁을 앞두고 한 훈시. ○甘(감)−땅 이름. 주(周)나라와 정(鄭)나라 사이가 되는 지역에 있었다(王國維 說). ○六人(육인)−육군(六軍)의 장수. 옛날 천자에게는 휘하에 육군의 군대가 있었다. ○中軍(중군)−천자가 직접 싸움에 나가면 3군씩 좌우로 나뉘이고 가운데 천자가 있는 곳에 '중군'이 있었다(孫星衍 說). ○有扈氏(유호씨)−하(夏)나라와 같은 성의 나라인데, 무도하여 하나라가 친 것이다. ○威侮(위모)−'위'는 멸(威)의 잘못으로, 멸(蔑)과 통하여, 모멸(侮蔑), 무시하고 업신여기는 것. ○五行(오행)−금(金)·목(木)·수(水)·화(火)·토(土)의 변화. ○三正(삼정)−하늘·땅·사람의 올바른 도(道). ○剿絶(초절)−끊어버리다. ○葆士(보사)−'보'는 보(寶)와 통하고, '사'는 옥(玉)의 잘못(俞樾 說). ○共行(공행)−'공'은 공(恭)과 통하여, 삼가 행하다. ○共于左(공우좌)−'공'은 공(攻)과 통하여, 왼편의 적을 공격하는 것. ○馬之政(마지정)−'정'은 정(正)과 통하여, 말을 올바로 다루는 것. ○聽獄(청옥)−재판을 하는 것. ○尙者(상자)−옛날의.

解說 여기에서는 하나라의 글, 곧 《서경》 하서(夏書)를 근거로 귀신의

존재를 증명하고 있다. 이처럼 귀신의 존재를 증명하기 위하여 여러 가지 방법을 동원하여 거듭거듭 강조하고 있는 것은, 오히려 묵자조차도 귀신의 존재를 증명하는 것이 쉽다고 여겨지지 않았기 때문일 것이다.

14. 옛날에 말하기를 "길(吉)한 날인 정(丁)과 묘(卯)날에 토지의 신과 사방의 신에게 번갈아가며 제사를 지내고, 돌아가신 할아버지와 아버지에게 해마다 때에 따라 제사를 지내어, 수명을 연장시킨다."고 하였다. 만약 귀신이 없다면 어찌 목숨을 연장시킬 수가 있겠는가?

原文 於古曰：吉日丁卯, 周代祝社方, 歲於社者考, 以延年壽. 若無鬼神, 彼豈有所延年壽哉？

註解 ○丁卯(정묘) - 정일과 묘일. 이 날들을 길한 날이라 여긴 것이다. ○周(주) - 용(用)의 잘못, 이(以)의 뜻. ○祝(축) - 사(祀)의 잘못, 제사지내다《墨子閒詁》). ○社方(사방) - 토지신과 사방의 신. ○社者考(사자고) - 조약고(祖若考)의 잘못(孫詒讓 說), 선조(先祖)와 선고(先考), 돌아가신 할아버지와 아버지.

解說 여기에서는 간단한 옛말을 인용하여 귀신이 존재한다는 사실을 증명하고 있다.

15. 그러므로 묵자가 말하였다.

"귀신이 현명한 사람에겐 상을 내리고 포악한 자에겐 벌을 내리는 것 같은 사실은, 본질적으로 그런 원리를 나라를 다스리는 데 응용하고 만백성들을 다스리는 데 응용하여야 할 것이니, 실로 그것이 나라를 다스리고 만백성들을 이롭게 하는 도가 되기 때문이다.

만약 그렇게 하지 않는다고 하자. 그러면 관리가 관청 일을 깨끗이 다스리지 않고, 남녀 사이에 분별이 없게 되는데, 귀신이 그들을 보고 있는 것이다. 백성들 중에 난폭한 짓을 하고 반역을 일삼으며 도적질을 하고, 무기와 독약과 물과 불을 가지고 한길에서 죄도 없는 사람들을 가로막고 그들의 수레와 말과 옷가지를 약탈하여 자기만을 이롭게 하려는 자들이 있게 되는데, 귀신이 그들을 보고 있는 것이다.

그러므로 관리가 관청 일을 다스림에 있어서 감히 깨끗이 하지 않을 수가 없고, 선한 이를 보면 상을 주지 않을 수가 없고, 포악한 자를 보면 벌을 내리지 않을 수가 없게 된다. 그리하여 백성들 중에 난폭하고 반역을 일삼으며 도적질을 하고, 무기와 독약과 물과 불을 가지고 한길에서 죄도 없는 사람들을 가로막고 그들의 수레와 말과 옷가지를 약탈하여 자기만을 이롭게 하려는 자들이 이에 없어지게 된다. 그래서 천하는 다스려지게 되는 것이다.

그러므로 귀신이 밝게 보는 것은 으슥한 곳이나 넓은 호수나 산의 숲이나 깊은 골짜기라 하더라도 가릴 수가 없다. 귀신은 밝게 보고 반드시 모든 일을 알게 된다.

原文 是故子墨子曰:嘗若鬼神之能賞如罰暴也, 蓋本施之國家, 施之萬民, 實所以治國家, 利萬民之道也.

若以爲不然. 是以吏治官府之不潔廉, 男女之爲無別者, 鬼神見之. 民之爲淫暴寇亂盜賊, 以兵刃毒藥水火, 退無罪人乎道路, 奪人車馬衣裘以自利者, 有鬼神見之.

是以吏治官府, 不敢不潔廉, 見善不敢不賞, 見暴不敢不罪. 民之爲淫暴寇亂盜賊, 以兵刃毒藥水火, 退無罪人乎道路, 奪車馬衣裘以自利者, 由此止. 是以莫放幽閒, 擬乎鬼神之明顯, 明有一人畏上誅罰. 是以天下治.

故鬼神之明, 不可爲幽閒廣澤, 山林深谷, 鬼神之明必知之.

註解 ○嘗若(상약)-당약(當若)으로 되어 있어야 한다(앞에 이미 여러번 보임). ○施之(시지)-그것을 베풀다, 그것을 응용하다. ○絜廉(결렴)-결렴(潔廉), 깨끗한 것. ○淫暴寇亂(음폭구란)-난폭한 짓을 하고 반역을 일삼는 것. ○退(퇴)-아(迓)의 잘못, 가로막는 것. ○幽閒(유간)-그윽한 곳, 으슥한 곳.

解說 귀신이 존재한다는 것과 귀신이 나쁜 짓을 한 자에게는 벌을 주고 착한 일을 한 사람에게는 상을 내린다는 사실을 받아들여야 한다. 그래야만 온 세상이 제대로 잘 다스려질 것이라는 것이다.

16. 귀신의 벌은 부귀하고 사람이 많거나 힘있고 용맹하거나 튼튼한 갑옷과 편리한 무기가 있다 해도 막을 수가 없다. 귀신의 벌은 반드시 이들을 이겨낸다.

그대는 그렇지 않다고 생각하는가? 옛날 하나라 임금 걸(桀)은 신분이 귀하기론 천자였고 부하기론 천하를 갖고 있었으나 위로는 하늘을 욕하고 귀신을 업신여겼으며 아래로는 천하의 만백성들을 해치고 죽이면서 하나님을 어기고, 하나님의 행동을 대신하는 듯이 행동하였다. 그러므로 하늘은 탕(湯)으로 하여금 분명한 벌을 이룩하도록 하셨다. 탕은 90량(輛)의 전차(戰車)를 새가 나는 형태의 진형(陣形)으로 벌이고 기러기 나는 모양으로 대열을 펴고 갔다. 탕은 대찬산(大贊山)에 올라가 하나라 군사들을 공격하여 몰아내고 하나라 도읍 근교까지 들어가 탕임금이 손수 추치(推治)와 태희(太戱)를 사로잡았다.

그러므로 옛날 하나라 임금 걸은 귀하기론 천자였고 부하기로는 천하를 갖고 있었고 용감하고 힘있던 추치와 태희 같은 사람은 산 외뿔소와 호랑이의 몸을 찢고 손가락질로서 사람들을 죽일 수 있었으며, 인민들은 많기가 억조(億兆)에 달하여 그 나라 택지(澤地)와 언덕에 가득하였다. 그러나 그런 것을 갖고도 귀신의 처벌을 막을 수는 없었던 것이다. 이래서 내가 귀신의 벌은 부귀와 수많은 사람들이나 힘센 것과 용맹스런 것이나 튼튼한 갑옷과 편리한 무기로도 막아낼 수 없다고 말한 까닭이 여기에 있는 것이다.

原文 鬼神之罰, 不可爲富貴衆强, 勇力强武, 堅甲利兵. 鬼神之罰, 必勝之.

若以爲不然? 昔者夏王桀, 貴爲天子, 富有天下, 上詬天侮鬼, 下殃殺天下之萬民, 祥上帝. 伐元山帝行. 故於此乎天乃使湯, 至明罰焉. 湯以車九兩, 鳥陳鴈行. 湯乘大贊, 犯逐夏衆, 入之郊遂, 王手禽推哆大戲.

故昔夏王桀, 貴爲天子, 富有天下, 有勇力之人推哆大戲, 生列兕虎, 指畫殺人, 人民之衆兆億, 侯盈厥澤陵, 然不能以此圉鬼神之誅. 此吾所謂鬼神之罰, 不可爲富貴衆强, 勇力强武, 堅甲利兵者, 此也.

註解 ○詬(구)-욕하다. ○殃殺(앙살)-해치고 죽이다. 살(殺)은 보통 오(傲)로 되어 있으나 뜻이 통하지 않으므로 왕인지(王引之)의 설(說)을 따라 고쳤다. ○祥(상)-양(佯)과 통하여 '거짓으로 속임.' '어김'. ○伐元山帝行(벌원산제행)-'벌'은 대(代)의 잘못, '산제'는 상제(上帝)의 잘못. 하나님의 행동을 대신하듯 오만하게 구는 것. ○九兩(구량)-양(兩)은 량(輛)과 통하며, 90량(兩)의 잘못인 듯하다(孫詒讓 說). ○鳥陳(조진)-새가 나는 형태의 진을 치는 것. 변화가 많은 게 특색이라 한다. ○雁行(안행)-기러기 떼가 날으듯 줄지어 나아가는 것. ○乘(승)-승(升)·등(登)과 통하여 오르는 것. ○大贊(대찬)-산 이름. ○犯逐(범축)-공격하여 쫓아냄. 축(逐)은 보통 수(遂)로

되어 있으나 잘못임(孫詒讓 說). ㅇ夏衆(하중)−하나라 군사들. 하(夏)는 보통 하(下)로 되어 있으나 잘못임(孫詒讓 說). ㅇ郊遂(교수)−하나라 도읍의 근교(近郊)를 가리킴. ㅇ禽(수)−손으로 직접 사로잡음. ㅇ推哆(추치)·大戲(태희)−걸왕의 신하로 나쁜 짓을 많이 한 힘이 센 자들임. ㅇ列(열)−열(裂)과 통하여 '몸을 찢어 버리는 것'. ㅇ兕(시)−외뿔이 달린 들소. ㅇ指畫(지획)−손가락질을 하는 것. ㅇ侯(후)−유(維)와 같은 어조사(《詩經》周頌 下武 毛傳). ㅇ圉(어)−막는 것. ㅇ誅(주)−주벌(誅罰). 처벌.

解說 여기서는 귀신들이란 모든 사람들의 일을 파악하고 또 절대적인 위치에서 사람들에게 화나 복을 내려줌을 논하고 있다.

17. 또한 그것만이 그러할 뿐이 아니다. 옛날 은(殷)나라의 임금 주(紂)는 신분이 귀하기로는 천자였고 부하기로는 천하를 차지하고 있었다. 그러나 위로는 하늘을 욕보이고 귀신을 업신여겼으며, 아래로는 천하의 만백성들을 재난에 빠지게 하고 죽이었다. 노인들을 내버리고 어린아이들을 해치고 죽였으며, 죄없는 사람들을 불에 태워 죽이고, 아이 밴 부인의 배를 갈라보기도 했으며, 여러 노인들과 홀아비 과부들은 울부짖으면서도 의지할 곳이 없게 하였다.

그러므로 이에 하늘은 무왕으로 하여금 벌을 분명히 내리도록 하셨다. 무왕은 전차 백 량과 용감한 군사 4백 명을 골라 여러 나라 군대의 앞장에 세워 사열(查閱)을 한 다음, 은나라 군대와 목야(牧野)에서 싸우게 되었다. 무왕이 비중(費中)과 악래(惡來)를 사로잡자, 은나라 군사들은 돌아서서 모두가 달아났다.

무왕은 도망가는 자들을 추격하여 은나라 궁전으로 들어가 만년자주(萬年梓株)로 주의 목을 쳐 분지르고, 붉은 수레바퀴에 목을 매어 달고 흰 깃발을 꽂아 천하 제후들에게 욕이 되도록 하였다.

그러므로 옛날에 은나라 임금 주는 신분이 귀하기로는 천자였고 부하기로는 천하를 차지하고 있었으며, 용기와 힘이 센 사람으로 비중·악래·숭후호(崇侯虎)가 있어서 손가락짓만 하면 사람을 죽였다. 인민들은 억조(億兆)에 달하여 호수와 산언덕에 가득찰 정도였다. 그러나 이것들로서도 귀신의 처벌을 막는 수가 없었다. 내가 귀신이 내리는 벌은 부귀와 인민의 수가 많아서 강한 것과 용기가 있고 힘이 있는 것과 무력이 강한 것과 튼튼한 갑옷과 날카로운 무기로도 막을 수가 없다고 하는 까닭이 여기에 있는 것이다."

原文　且不惟此爲然. 昔者殷王紂, 貴爲天子, 富有天下, 上詬天侮鬼, 下殃傲天下之萬民, 播棄黎老, 賊誅孩子, 楚毒無罪, 刳剔孕婦, 庶舊鰥寡, 號咷無告也.

故於此乎天乃使武王, 至明罰焉. 武王以擇車百兩, 虎賁之卒四百人, 先庶國節窺戎, 與殷人戰乎牧之野. 王乎禽費中惡來, 衆畔百走.

武王逐奔入宮, 萬年梓株, 折紂而擊之赤環, 載之白旗, 以爲天下諸侯僇.

故昔者殷王紂, 貴爲天子, 富有天下, 有勇力之人, 費中惡來, 崇侯虎, 指寡殺人. 人民之衆兆億, 侯盈厥澤陵. 然不能以此圉鬼神之誅. 此吾所謂鬼神之罰, 不可爲富貴衆强, 勇力强武, 賢甲利兵者, 此也.

註解　○詬(구)-욕하다. ○殃傲(앙오)-'오'는 살(殺)의 잘못(王念孫 說), 재난에 빠지게 하고 죽이는 것. ○黎老(여로)-노인들. ○賊誅(적주)-해치고 죽이다. ○楚毒(초독)-분자(焚炙)의 잘못(王念孫 說), 불에 태우는 것. ○刳剔(고척)-칼로 베어 쪼개다, 가르다. ○庶舊(서구)-여러 노인들. ○號咷(호

도)-울부짖다. ㅇ無告(무고)-의지할 곳이 없는 것, 호소할 곳이 없는 것. ㅇ虎賁(호분)-용감한 병사. ㅇ先庶國節(선서국절)-'서국'은 제국(諸國), '절'은 부절(符節)을 받은 중요한 직책을 맡은 사람들, 여기서는 군대를 가리킴. 따라서 여러 나라 군대의 앞장에 세우는 것. ㅇ牧之野(목지야)-목야(牧野), 땅 이름. ㅇ禽(금)-금(擒)의 뜻, 사로잡다. ㅇ費中(비중)-악래(惡來)·숭후호(崇侯虎)와 함께 주(紂)의 신하, 포악한 짓을 일삼았다. 앞 〈소염(所染)〉편에 이미 보임. ㅇ畔(반)-반(反), 반(叛)과 통하여, 되돌아서다, 반역하다. ㅇ百走(백주)-모두 달아나다. ㅇ萬年梓株(만년자주)-《묵자한고》에서도 미상(未詳)이라 하였다. '자', 곧 가래나무로 만든 막대기 종류의 물건인 듯, 앞에 '만년'이란 말이 붙어 있으니 주(紂)가 오래 살고 싶어서 만든 물건인 듯. ㅇ折紂(절주)-주의 목을 분지르다. ㅇ赤環(적환)-'환'은 환(轘)과 통하여, 붉은 수레바퀴. ㅇ僇(륙)-육(戮), 욕을 보다. ㅇ指寡(지과)-'과'는 획(畫)의 잘못, 손가락짓을 하는 것. ㅇ侯(후)-유(惟)와 같은 조사.

解說 귀신이 내리는 상벌은 어떤 사람도 피할 수 없다. 여기에서는 그 사실을 증명하기 위하여 옛날의 폭군 주왕(紂王)의 일을 보기로 들고 있다.

18. 또한 〈금애(禽艾)〉에 말하였다. "덕(德)에 대하여는 아무리 작아도 상이 내려지고, 종족(宗族)은 잘못하면 아무리 크다고 해도 멸망시킨다." 곧 이것은 귀신이 상을 내릴 때에는 아무리 작은 일이라 하더라도 반드시 거기에 대한 상을 내리고, 귀신이 벌을 줄 때에는 아무리 큰 상대라 하더라도 반드시 벌을 준다는 말이다.

原文 且禽艾之道之曰：得璣無小, 滅宗無大. 則此言鬼神之所賞, 無小必賞之. 鬼神之所罰, 無大必罰之.

註解 ㅇ禽艾(금애)-일서(逸書)의 편명(蘇時學 說). ㅇ得璣(득기)-'득'은

덕(德)과 통하고, '기'는 기(幾)와 통함. '덕에 대하여는 언제나'의 뜻. ○無小(무소) – 작다고 무시되지 않다, 작은 덕에 대하여도 반드시 상이 내린다는 뜻. ○滅宗(멸종) – 종족(宗族)을 멸망시킨다.

解說　귀신의 상벌은 빈틈이 없다는 것을 다시 한번 강조하는 대목이다.

19. 지금 귀신은 존재하지 않는다고 주장하는 자들이 말하고 있다. "생각컨대 부모의 이익에 부합하지 못하고 해가 되는 일인데, 효자라 할 수 있겠는가?"

묵자가 말하였다. "옛날이나 지금이나 귀신이라는 것은 별다른 것이 아니다. 하늘에 있는 귀신이 있고, 산과 물에 있는 귀신이 있고, 또 사람이 죽어서 된 귀신도 있다. 지금 그의 아비에 앞서서 죽는 자식도 있고 그의 형보다 앞서서 죽는 아우도 있다.

그렇기는 하지만 천하의 오래 전해 내려오는 말에 '먼저 출생한 자가 먼저 죽는다'고 말하고 있다. 만약 그렇다면 먼저 죽는 사람은 아버지가 아니면 어머니일 것이고, 형이 아니면 형수일 것이다. 지금 정결히 술과 단술과 젯밥과 제물을 마련하여 공경히 제사를 지내는데, 만약 귀신이 진실로 존재한다면 그것은 그의 부모와 형수 형님에게 음식을 들도록 올리는 것이다. 어찌 두터운 이익을 드리는 게 아니겠는가?

만약 귀신이 정말로 존재하지 않는다면, 그것은 곧 술과 단술과 젯밥과 제물을 장만하는 재물을 낭비하는 것이 된다. 그것이 낭비하는 것이라고는 하지만, 그것을 바로 도랑이나 구렁에 쏟아버리는 것과는 다르다. 안으로는 온 집안 사람들, 밖으로는 마을 사람들이 모두가 함께 그것을 먹고 마시게 되기 때문이다. 비록 귀신이 정말로 존재하지 않는다 하더라도 이것은 여러 사람들이 모여서 함께 즐기고 마을 사람들과 친하게 되는 것이다."

原文　今執無鬼者曰：意不忠親之利而害, 爲孝子乎？

子墨子曰：古之今之爲鬼, 非他也. 有天鬼, 亦有山水鬼神者, 亦有人死而爲鬼者. 今有子先其父死, 弟先其兄死者矣.

意雖使然, 然而天下之陳物, 曰先生者先死. 若是, 則先死者, 非父則母, 非兄而姒也. 今潔爲酒醴粢盛, 以敬愼祭祀. 若使鬼神請有, 是得其父母姒兄而飮食之也. 豈非厚利哉？

若使鬼神請亡, 是乃費其所爲酒醴粢盛之財耳. 自夫費之, 非特注之汙壑而棄之也. 內者宗族, 外者鄕里, 皆得如具飮食之. 雖使鬼神請亡, 此猶可以合驩聚衆, 取親於鄕里.

註解　ㅇ不忠(불충)-'충'은 중(中)의 잘못, 부합하지 않다, 들어맞지 않다. ㅇ陳物(진물)-'진'은 오래된 것, '물'은 고사(故事). 오래 전에 내려오는 말. ㅇ姒(사)-형수(兄嫂). ㅇ請(청)-성(誠), 진실로. ㅇ亡(무)-무(無). ㅇ自(자)-차(且)의 잘못. ㅇ汙壑(오학)-도랑과 구렁. ㅇ如具(여구)-이구(而俱), '이'는 조사, 모두가, 다 함께.

解說　귀신이 존재하지 않는다 해도 귀신들에게 제사지내는 일은 온 집안 사람들과 마을 사람들이 모여 함께 즐기게 만든다. 그러니 적어도 귀신이 있다고 믿는 게 좋은 일이 아니겠느냐는 뜻이다. '부모의 이익에 부합하지 않는다'는 유가의 이론을 반대로 이용하여 논리를 전개하려 한 듯하다.

20. 지금 귀신이 존재하지 않는다고 주장하는 자들이 말하고 있다. "귀신이란 본시 정말로 존재하지 않는 것이다. 그래서 술과 단술과 젯밥과 제물과 희생(犧牲) 같은 재물을 차려 올리지 않는 것이다. 자기는 그 술과 단술과 젯밥과 제물과 희생 같은 재물을 아끼지 않는다고 한다면, 그가 얻는 것이 도대체 무엇이란 말인가? 이것은 위로는 성왕들의 책의 내

용을 거슬리는 짓이고, 안으로는 사람들과 효자의 행실에도 거슬리는 짓이다. 그러면서도 천하의 상급 선비가 되려 하는데, 이것은 상급 선비가 되는 도가 아닌 것이다."

이에 대하여 묵자가 말하였다. "지금 우리가 제사를 지내는 것은 바로 도랑이나 구렁에 그것들을 쏟아버리는 것과는 다른 것이다. 위로는 귀신에게 복을 빌고, 아래로는 여러 사람들이 모여서 함께 즐기고 마을 사람들과 친하게 되는 것이다.

만약 귀신이 존재한다면 그것은 곧 우리 부모와 형과 형수가 제물을 먹게 되는 것이니, 이것이 어찌 천하의 이로운 일이 되지 않겠는가?"

그러므로 묵자가 말하였다. "지금 천하의 왕공대인과 사군자들이 진실로 천하의 이익을 주도록 하고 천하의 해를 없애고자 한다면, 귀신이 존재한다는 사실은 존중하고 밝히지 않으면 안되는 것이다. 그것이 성왕의 도이다."

|原文| 今執無鬼者言曰:鬼神者固請無有. 是以不共其酒醴粢盛犧牲之財. 吾非乃今愛其酒醴粢盛犧牲之財乎, 其所得者臣將何哉? 此上逆聖王之書, 內逆民人孝子之行, 而爲上士於天下. 此非所以爲上士之道也.

是故子墨子曰:今吾爲祭祀也, 非直注之汙壑而棄之也. 上以交鬼之福, 下以合驩聚衆, 取親乎鄕里.

若神有, 則是得吾父母弟兄而食之也. 則此豈非天下利事也哉?

是故子墨子曰:今天下之王公大人士君子, 中實將欲求興天下之利, 除天下之害, 當若鬼神之有也, 將不可不尊明也. 聖王之道也.

|註解| ○不共(불공)—불공(不供), 차려 올리지 않다. ○臣將(신장)—'신'은 거(詎)의 잘못. 거(詎)와 통하여 '거장(詎將)'은 '어찌 ……이 되겠느냐?', '도

대체 무엇인가?'의 뜻. ㅇ徼(교)-교(徽)와 통하여, 바라다, 빌다.

|解說| 귀신을 믿고 받드는 것이 성왕의 도라고 결론을 내리고 있다.
 그러나 이 〈명귀편〉의 주장은 미신적인 색채를 띠고 있기 때문에 그것을 어떻게 해석하느냐 하는 문제는 《묵자》 전체의 평가와 관련된 매우 중요한 문제이다. 곽말약(郭沫若) 같은 사람은 공산주의자의 입장에서 이 편을 중심으로 하여 묵자의 사상은 신비주의적(神秘主義的)이며 반동적(反動的)이라 비판하고 있으나(《十批判書》), 후외려(侯外廬) 같은 사람은 《중국사상통사(中國思想通史)》에서 묵자가 귀신의 존재를 주장하고 있는 것은 자기의 학설을 확대시키고 평화롭고 살기 좋은 사회를 이룩하기 위한 수단이지 묵자의 사상의 본질과는 관계가 없다고 하였다.
 오히려 후자와 같은 견해가 정당하지 않을까 생각된다. 묵자는 사람들로 하여금 서로 사랑하고 서로 이롭게 하며 부지런히 일하고 쓰는 것을 절약하여 풍부하고도 평화로운 사회를 건설하는 데 있어서 하느님과 귀신의 존재로서 일정한 정신적인 가치기준을 삼으려 하였던 것이라 보아야 할 것이다.

제32 비악편(非樂篇)(上)

 '비악'이란 음악을 비난한다는 뜻이다. 묵자는 근로주의(勤勞主義) 절검주의(節儉主義)의 입장에서 공연히 마음만을 흔들어 놓는 음악은 해로운 것이라 주장한다. 이것은 물론 음악을 숭상하는 유가(儒家)의 입장과 정반대가 되는 것이다.

1. 묵자가 말하였다.

"어진 사람이 하는 일은 반드시 천하의 이익을 일으키고 천하의 해를 없애기에 힘쓰는 것이다. 이렇게 하는 것을 천하의 법도로 삼아서 사람들에게 이익이 되지 않으면 곧 그만두는 것이다.

또한 어진 사람이 천하를 위하여 헤아릴 적에는 그의 눈에 아름다운 것이나 귀에 즐거운 것이나 입에 단 것이나 몸에 편안한 것을 위하여 일하지 않는다. 이런 것으로써 백성들이 입고 먹을 재물을 축내고 뺏게 되기 때문에 어진 사람은 하지 않는 것이다.

그러므로 묵자가 음악을 비난하는 원인은 큰 종이나 울리는 북 또는 금(琴)과 슬(瑟)과 우(竽)와 생(笙) 같은 악기의 소리가 즐겁지 않다고 여기기 때문이 아니다. 조각한 무늬와 색깔이 아름답지 않다고 여기기 때문이 아니다. 짐승 고기를 볶고 군 맛이 달지 않다고 여기기 때문이 아니다. 높은 누대나 큰 별장이나 넓은 집에서 사는 것이 편안하지 않다고 여기기 때문이 아니다. 비록 몸은 그 편안함을 알고 입은 그 단것을 알고 눈은 그 아름다운 것을 알고 귀는 그 즐거운 것을 알지만, 그러나 위로 상고하여 볼 때 성왕들의 일과 부합되지 아니하고 아래로 헤아려 볼 때 만백성들의 이익과 부합되지 않기 때문이다."

그러므로 묵자는 말하기를 '음악을 즐기는 것은 잘못이다'고 한 것이다.

原文 子墨子言曰：仁人之事者, 必務求興天下之利, 除天下之害. 將以爲法乎天下, 利人乎卽爲, 不利人乎卽止.

且夫仁者之爲天下度也, 非爲其目之所美, 耳之所樂, 口之所甘, 身體之所安. 以此虧奪民衣食之財, 仁者弗爲也.

是故子墨子之所以非樂者, 非以大鐘鳴鼓, 琴瑟竽笙之聲, 以爲不樂也. 非以刻鏤文章之色, 以爲不美也. 非以犓豢煎炙之味, 以爲不甘也. 非以高臺厚榭邃宇之居, 以爲不安也. 雖身知其安也,口知其甘也, 目知其美也, 耳知其樂也, 然上考之不中聖王之事, 下度之不中萬民之利. 是故子墨子曰 : 爲樂非也.

註解　○虧奪(휴탈)－해치고 뺏는 것.　○芻豢(추환)－사람이 먹여 기른 소·양·개·돼지 같은 동물.　○煎炙(전적)－볶고 굽고 하는 것.　○厚榭(후사)－큰 별장 같은 집.　○邃宇(수우)－넓고 깊숙한 집. 우(宇)는 보통 야(野)로 되어 있으나 왕인지(王引之)의 설(說)을 따라 고쳤다.

解說　묵자는 음악의 즐거움 자체를 모르고 비난하는 것은 아니다. 묵자도 편안한 생활, 아름다운 무늬, 즐거운 음악, 맛있는 음식이 좋은 줄 안다. 그러나 이러한 것들이 군자로서 일을 하는 데 방해가 되기 때문에 부정한다는 것이다. 묵자의 철저한 실리주의적인 태도가 엿보인다.

2. 지금 임금과 대신들은 오직 악기를 만들어서 국가에 음악 연주를 일삼게 하고 있다. 그것은 다만 괸 물을 푸거나 흙을 긁어모아 만드는 것은 아니다. 반드시 많은 세금을 만백성들에게서 거두어서 큰 종이나 울리는 북이나 금과 슬과 우와 생 같은 악기를 만드는 것이다.

옛날 성왕들도 역시 일찍이 많은 세금을 만백성들로부터 거두어 배와 수레를 만들었다. 이미 다 이룩된 다음에는 말하기를
"나는 이것을 어디다 쓸까?"
하고는 다시 말하였다.
"배는 물에서 쓰고 수레는 육지에서 쓴다. 그러면 군자들은 그의 발을 쉬게 할 수 있고 낮은 백성들은 그들의 어깨와 등을 쉬게 할 수 있을 것이다."

그러므로 만백성들은 재물을 내어 그에게 주면서도 감히 원망스럽고 한스럽게 여기지 않았는데 어째서인가? 그것이 도리어 백성들의 이익에

부합되었기 때문이다.

  그러니 악기도 도리어 백성들의 이익에 부합됨이 역시 이와 같다면 곧 나는 감히 비난하지 않을 것이다. 그러니 만약 악기를 사용하는 것의 비유를 들어 마치 성왕들이 수레나 배를 만드는 것 같다면 곧 나는 감히 비난하지 않을 것이다.

[原文] 今王公大人, 雖無造爲樂器, 以爲事乎國家, 非直掊潦水, 折壤坦而爲之也. 將必厚籍斂乎萬民, 以爲大鐘鳴鼓, 琴瑟竽笙之聲.

  古者聖王亦嘗厚籍斂乎萬民, 以爲舟車. 旣已成矣, 曰, 吾將惡許用之? 曰, 舟用之水, 車用之陸. 君子息其足焉, 小人休其肩背焉. 故萬民出財齎而與之, 不敢以爲慼恨者, 何也? 以其反中民之利也.

  然則樂器反中民之利, 亦若此, 卽我弗敢非也. 然則若用樂器, 譬之若聖王之爲舟車也, 卽我弗敢非也.

[註解] ○雖無(수무)―유무(唯毋)와 같은 말로 '오직'의 뜻. 어조사임. ○掊(부)―푸는 것. 취(取)하는 것. ○潦水(노수)―빗물. 땅에 괸 물. ○折(절)―적(摘)과 통하여 긁어모으는 것. ○壤坦(양단)―땅의 흙. ○籍斂(적렴)―세금을 거두는 것. ○惡許(오허)―어디다. 어디에. ○財齎(재재)―재물. 남에게 주는 물건을 재(齎)라 한다《周禮》鄭注). ○慼恨(척한)―유감으로 여기고 한하는 것.

[解說] 임금이나 귀족들은 백성들로부터 거둬들인 많은 재물로 악기를 만든다. 그러나 그것은 수레나 배를 만드는 것처럼 백성들의 이익이 되는 것이 아니다. 악기의 제작이나 연주는 실리적인 면에서 따질 때 쓸데없는 낭비이므로 묵자는 그것을 배척한다는 것이다.

3. 백성들에게 세 가지 환난이 있다. 굶주리는 자가 먹을 것을 얻지 못하고 헐벗은 자가 옷을 얻지 못하며 수고하는 자가 쉬지 못하는 것, 이 세 가지가 백성들의 큰 환난인 것이다. 그러니 만약 큰 종을 두드리고 울리는 북을 치며 금과 슬을 뜯으며 우와 생을 불면서 방패나 도끼를 들고 춤을 춘다면 백성들이 입고 먹을 재물이 어디에서 얻어질 수가 있겠는가? 곧 나는 반드시 그렇게 되지 않을 것이라 생각한다. 잠시 이 얘기는 버려두자.

지금 큰 나라가 있으면 곧 작은 나라를 공격하고 큰 집안이 있으면 곧 작은 집안을 침해하고 있으며, 강한 자들은 약한 자를 협박하고 수가 많은 자들은 적은 자들에게 난폭한 짓을 하며 사기꾼은 어리석은 자를 속이고 귀한 자들은 천한 자들에게 오만하며 반란과 도둑질을 하는 자들이 한꺼번에 일어나고 있어 막을 수도 없다. 그런데 만약 큰 종을 두드리고 울리는 북을 치며 금과 슬을 뜯고 우와 생을 불면서 방패와 도끼를 들고 춤을 춘다 하더라도 천하의 어지러움이 어떻게 다스려질 수가 있겠는가? 곧 나는 반드시 그렇게 되지 않을 것이라 생각한다.

그러므로 묵자는 말하였다.

"잠시 시험삼아 많은 세금을 만백성들로부터 거두어 큰 종과 울리는 북과 금과 슬과 우와 생 같은 악기를 만들어 가지고서 천하의 이익을 일으키고 천하의 해를 없애 버리기 바란다 하더라도 아무 도움도 되지 않을 것이다."

그러므로 묵자는 말하기를 '음악을 연주하는 것은 그릇된 일이다'고 한 것이다.

原文 民有三患, 飢者不得食, 寒者不得衣, 勞者不得息, 三者, 民之巨患也. 然卽當爲之撞巨鐘, 擊鳴鼓, 彈琴瑟, 吹竽笙, 而揚干戚, 民衣食之財, 將安可得乎? 卽我以爲未必然也. 意舍此.

今有大國卽攻小國, 有大家卽伐小家, 強劫弱, 衆暴寡, 詐欺愚, 貴傲賤, 寇亂盜賊並興, 不可禁止也. 然卽當爲之撞巨鐘, 擊鳴鼓, 彈琴瑟, 吹竽笙, 而揚干戚, 天下之亂也, 將安可得而治與 ? 卽我以爲未必然也.

是故子墨子曰: 姑嘗厚籍斂乎萬民, 以爲大鐘鳴鼓, 琴瑟竽笙之聲, 以求興天下之利, 除天下之害, 而無補也. 是故子墨子曰: 爲樂非也.

註解 ○當(당)-당(儻)과 통하여 '만약'. ○撞(당)-두드림. 침. ○揚干戚(양간척)-옛날 춤에는 문무(文舞)와 무무(武舞)가 있었는데 무무에서는 도끼나 방패를 들고 춤을 추었다. ○意舍此(의사차)-의(意)는 억(抑)과 통하여 '잠시 이 얘기는 덮어놓고 딴 얘기로 말머리를 돌려보자'는 뜻임. ○姑嘗(고상)-잠시 시험삼아.

解說 음악이 백성들의 생활이나 나라의 정치를 위하여 아무런 도움도 되지 않음을 강조하고 있다. 여기에 이어 음악이 있음으로써 노동력과 노동시간이 낭비되고 있으니 음악을 즐기는 것은 좋지 않다는 주장이 계속된다.

4. 지금 왕공과 귀족들이 오직 높은 누대나 큰 별장에 있으면서 바라보기만 한다면, 종(鐘) 같은 악기는 엎어놓은 솥이나 같은 것이 되고 만다. 종 같은 악기를 두드리지 않는다면 즐거움을 어디에서 얻을 수가 있겠는가? 그러한 이론에 따른다면 반드시 종은 두드려야만 할 것이다.

다만 종을 두드리는 때에는 절대로 노인과 아이들은 쓰지 않을 것이다. 노인과 아이들은 귀와 눈이 밝게 들리거나 보이지 않고, 팔다리는 빠르고 강하지 않으며, 소리를 조화시키지 못하고, 눈동자는 잽싸게 돌지 못한다. 반드시 장년을 쓸 것이다. 그것은 귀와 눈이 밝게 들리고 잘 보이며, 팔다리가 잽싸고 강하며, 소리를 잘 조화시키고, 눈동자는 잽싸게 돌기 때문이다.

그 일을 남자들에게 시키면, 남자들은 밭 갈고 씨뿌리며 심고 가꾸는 때를 잃게 되고, 여자들에게 그 일을 시키면 여자들은 실 뽑고 길쌈하는 일을 버리게 될 것이다. 지금 왕공과 귀족들이 오직 즐김을 위하여 백성들의 입고 먹는 재물을 손상시키고 빼앗으면서, 이처럼 많은 음악 연주를 하고 있는 것이다.

그러므로 묵자가 말하기를 "음악을 연주하는 것은 잘못이다."고 한 것이다.

[原文] 今王公大人, 唯毋處高台厚榭之上而視之. 鍾猶是延鼎也, 弗撞擊, 將何樂得焉哉? 其說將必撞擊之.

惟勿撞擊將必不使老與遲者. 老與遲者, 耳目不聞明, 股肱不畢強, 聲不和調, 明不轉朴. 將必使當年. 因其耳目之聰明, 股肱之畢強, 聲之和調, 眉之轉朴.

使丈夫爲之, 廢丈夫耕稼樹藝之時. 使婦人爲之, 廢婦人紡績織絍之事. 今王公大人, 唯毋爲樂, 虧奪民衣食之財, 以拊樂如此多也.

是故子墨子曰 : 爲樂非也.

[註解] ㅇ延鼎(연정)-엎어놓은 솥. '연'은 복(覆)의 뜻이 있음. ㅇ撞擊(당격)-타악기를 치고 두드리면서 연주하는 것. ㅇ惟勿(유물)-유무(惟毋)와 같은 어조사. ㅇ遲(지)-치(稺)와 통하여 어린 것, 아이들. ㅇ畢强(필강)-잽싸고 강한 것. '필'은 질(疾)의 뜻. ㅇ明(명)-다음에 보이는 미(眉)와 같은 뜻, 눈동자. ㅇ轉朴(전박)-'박'은 변(抃)의 잘못, 잽싸게 돌아가는 것(兪樾 說).

○當年(당년)-장년(壯年).　○耕稼樹藝(경가수예)-밭 갈고, 씨뿌리고, 곡식 심고, 가꾸는 것.　○紡績織絍(방적직임)-실 뽑고 천을 짜는 것. 길쌈하는 것. ○拊樂(부악)-악기를 두드리다, 음악을 연주하다.

解說　음악의 연주는 백성들이 먹고 사는 일을 하는 것을 방해하는 유익하지 못한 일이라는 것이다. 묵자의 독특한 음악관의 일단을 보여준다.

5. 지금 큰 종(鐘)과 울리는 북과 금슬(琴瑟)과 우생(竽笙)의 음악은 이미 다 갖추어져 있다. 높은 사람이 숙연히 음악을 연주하며 홀로 그것을 듣는다면, 무슨 즐거움이 얻어질 것인가? 그들의 이론에 의하면, 반드시 천한 사람들이 아니라면 군자들과 함께 들어야 할 것이다.

그런데 군자와 더불어 음악을 듣는다면 군자들이 일하는 것을 방해하게 될 것이고, 천한 사람들과 더불어 음악을 듣는다면 천한 사람들이 하는 일을 못하게 할 것이다. 지금 왕공과 귀족들이 오직 즐김을 위하여 백성들의 입고 먹는 재물을 손상시키고 빼앗으면서, 이처럼 많은 음악 연주를 하고 있는 것이다.

그러므로 묵자가 말하기를 "음악을 연주하는 것은 잘못이다."라고 한 것이다.

原文　今大鍾鳴鼓琴瑟竽笙之聲, 旣已具矣. 大人鏽然奏而獨聽之, 將何樂得焉哉? 其説將必與賤人, 不與君子.

與君子聽之, 廢君子聽治. 與賤人聽之, 廢賤人之從事. 今王公大人, 惟母爲樂, 虧奪民之衣食之財, 以拊樂如此多也.

是故子墨子曰: 爲樂非也.

註解　○鏽然(수연)-'수'는 숙(肅)과 통하여, 숙연히.　○君子(군자)-본시는

'벼슬하는 사람'을 뜻하는 말, 따라서 그와 대로 쓰인 '천인(賤人)'은 벼슬을 하지 않는 천한 지위의 사람들, 곧 서민들을 가리킨다. ㅇ聽治(청치)―벼슬하는 사람으로서 공사(公事)를 처리하는 것을 가리킴. 따라서 '천인'의 '종사(從事)'는 농(農)·공(工)·상(商)의 천한 일들을 가리킴.

解說 여기에서는 군자들이 음악을 들으면 그들이 맡은 나랏일을 처리하지 못하게 방해하는 셈이 되고, 천한 서민들이 음악을 들으면 농사를 짓거나 물건을 만드는 일 등을 못하도록 방해하는 셈이 된다는 것이다. 따라서 음악은 누구에게나 해로운 것이 된다는 것이다.

6. 옛날 제(齊)나라 강공(康公)은 음악과 춤을 부흥시켜 악공들은 험한 옷을 입어서는 안되고 험한 음식을 먹어서도 안된다고 하였다. 그리고 말하기를, '먹고 마시는 것이 훌륭하지 않으면 얼굴과 안색이 볼 만하지 않게 된다. 의복이 아름답지 않으면 신체와 거동이 볼 만하지 않게 된다. 의복이 아름답지 않으면 신체와 거동이 볼 만하지 않게 된다'고 하였다. 그래서 음식은 반드시 기장과 고기여야 하고 옷은 반드시 무늬와 수를 놓은 것이라야 하였다. 이들은 언제나 옷과 음식이 될 재물을 버는 일에 종사하지 않고 남에게서 먹고 사는 자들인 것이다.

그러므로 묵자는 말하였다.

"지금 임금과 대신들은 오직 즐김을 위하여 백성들이 입고 먹을 재물을 손상시키고 빼앗으면서 이처럼 많은 음악을 연주하고 있는 것이다."

그러므로 묵자는 말하기를, '음악을 연주하는 것은 그릇된 일이다'고 한 것이다.

原文 昔者齊康公, 興樂萬, 萬人不可衣短褐, 不可食糠糟. 曰: 食飮不美, 面目顔色, 不足視也. 衣服不美, 身體從容, 不足觀也. 是以食必粱肉, 衣必文繡. 此掌不從事乎衣食之財, 而掌食乎人者也.

是故子墨子曰：今王公大人, 惟毋爲樂, 虧奪民衣食之財, 以拊樂如此多也. 是故子墨子曰：爲樂非也.

註解 ○萬(만)-춤의 총칭.《시경》에 보이는 만무(萬舞)와 같은 뜻, 따라서 '만인(萬人)'은 무인(舞人). 악공(樂工). ○短褐(단갈)-길이가 짧은 조악(粗惡)한 천으로 만든 옷을 말한다. ○糠糟(강조)-술지게미와 겨 같은 조악한 음식. ○從容(종용)-거동(擧動)의 뜻(《廣雅》). ○粱肉(양육)-기장밥과 고기 같은 좋은 음식. ○掌(장)-상(常)과 통하여 '언제나', '늘'. ○惟毋(유무)-'오직'. 무(毋)는 어조사임. ○拊(부)-치는 것. 연주하는 것.

解說 임금이 음악을 즐기느라고 백성들이 먹고 입을 재물을 낭비하였던 보기로 제(齊)나라 강공(康公)을 들고 있다. 그는 음악을 즐기기 위하여 백성들로부터 긁어모은 막대한 재물을 낭비했던 것이다.

7. 지금 사람은 본시부터 고라니와 사슴이나 나는 새나 기어다니는 벌레와 다른 것이다. 지금의 금수나 고라니와 사슴이나 나는 새나 기어다니는 벌레들은 그들의 깃과 털로써 옷을 삼고 있고 그들의 발꿈치와 발톱으로서 행전과 신을 삼고 있고 그들의 물과 풀로써 음식을 삼고 있다. 그러므로 수놈은 밭갈고 씨뿌리며 농사짓지 않아도 되고 암놈 역시 실뽑기와 길쌈을 하지 않아도 되니, 입고 먹을 재물들이 본시부터 이미 갖추어져 있는 것이다.

지금 사람들은 이와는 다르다. 그들의 힘을 빌면 살게 되고, 그들의 힘을 빌지 않으면 살지 못하게 된다. 군자들은 정사를 처리하고 다스리는 데 힘쓰지 아니하면 곧 형법과 행정이 어지러워지며, 천한 사람들이 일에 종사하지 않으면 곧 쓸 재물이 부족하게 된다. 지금 천하의 군자들이 내 말을 그렇지 않다고 여긴다면, 그러면 곧 잠시 시험삼아 천하의 나뉘어진 직책을 헤아려 보고 또 음악의 해를 보기로 하자.

임금이나 대신들은 일찍 조회에 나가고 늦게 퇴근하면서 옥사를 다스리고 정사를 처리하는데 이것이 나뉘어진 직책인 것이다. 관리들은 그들의 팔다리의 힘을 다하고 그들이 생각하는 지혜를 다하여 안으로는 관청을 다스리고 밖으로는 관소(關所)나 시장이나 산림이나 택지에서 나는 이익을 거둬들이는 창고와 나라의 곳간을 채우는데, 이것이 그들에게 나뉘어진 직책인 것이다. 농부들은 농사를 지어 콩과 조를 많이 수확하는데, 이것이 그들에 나뉘어진 직책인 것이다. 부인들은 일찍 일어나고 밤 늦게 자면서 실을 뽑고 길쌈을 하며 많은 삼과 누에실과 칡과 모시를 다스리어 천이나 비단을 짜는데, 이것이 그들에게 나뉘어진 직책인 것이다.

지금 오직 임금이나 대신이 된 사람들이 음악을 좋아하여 듣기만 한다면 곧 반드시 일찍 조회에 나가고 늦게 퇴근하면서 옥사를 다스리고 정사를 처리할 수 없게 될 것이다. 그러므로 국가는 어지러워지고 나라는 위태로워진다. 지금 오직 관리로 있는 사람들이 음악을 좋아하여 듣기만 한다면 곧 반드시 그들의 팔다리의 힘을 다하고 그들이 생각하는 지혜를 다하여 안으로는 관청을 다스리고 밖으로는 관소와 시장과 산림과 택지에서 나는 이익을 거둬들이어 창고와 나라 곳간을 채울 수 없게 될 것이다. 그러므로 창고나 나라 곳간은 부실하게 된다. 지금 오직 농부된 사람이 음악을 좋아하여 듣기만 한다면 곧 반드시 일찍 나가고 늦게 들어오면서 밭갈고 씨뿌리며 농사를 지어 콩과 조를 많이 수확할 수 없게 될 것이다. 그러므로 콩과 조가 부족하게 된다. 지금 오직 부인된 사람들이 음악을 좋아하며 듣기만 한다면 곧 반드시 일찍 일어나고 밤 늦게 자면서 많은 삼과 누에고치와 칡과 모시를 다스리어 천과 비단을 짤 수 없게 될 것이다. 그러므로 천과 비단은 많아지지 않는다.

그러면 누가 대신들이 정사를 다스리고 천인들이 일에 종사하는 것을 막는 게 되는가? 그것은 음악이다.

그러므로 묵자가 말하기를, '음악을 연주하는 것은 그릇된 일이다'고 한 것이다.

原文   今人固與禽獸麋鹿蜚鳥貞蟲, 異者也. 今之禽獸麋鹿蜚鳥貞蟲, 因其羽毛以爲衣裘, 因其蹄蚤以爲絝屨, 因其水草以爲飮食, 故唯使雄不耕稼樹藝, 雌亦不紡績織紝, 衣食之財, 固已具矣.

今人與此異者也. 賴其力者生, 不賴其力者不生. 君子不强聽治, 卽刑政亂, 賤人不强從事, 卽財用不足, 今天下之士君子, 以吾言不然, 然卽姑嘗數天下分事, 而觀樂之害.

王公大人, 蚤朝晏退, 聽獄治政, 此其分事也. 士君子竭股肱之力, 亶其思慮之智, 內治官府, 外收斂關市山林澤梁之利, 以實倉廩府庫, 此其分事也. 農夫蚤出暮入, 耕稼樹藝, 多聚叔粟, 此其分事也. 婦人夙興夜寐, 紡績織紝, 多治麻絲葛緖, 細布繰, 此其分事也.

今惟母在乎王公大人, 說樂而聽之, 卽必不能蚤朝晏退, 聽獄治政, 是故國家亂而社稷危矣. 今惟母在乎士君子, 說樂而聽之, 卽必不能竭股肱之力, 亶其思慮之智, 內治官府, 外收斂關市山林澤梁之利, 以實倉廩府庫, 是故倉廩府庫不實. 今惟母在乎農夫, 說樂而聽之, 卽必不能蚤出暮入, 耕稼樹藝, 多聚叔粟, 是故叔粟不足. 今惟母在乎婦人, 說樂而聽之, 卽必不能夙興夜寐, 多治麻絲葛緖, 細布繰, 是故布繰不興.

曰 : 孰爲而廢大人之聽治, 賤人之從事? 曰 : 樂也. 是故子墨子曰 : 爲樂非也.

註解 ○蜚鳥(비조)─비(蜚)는 비(飛)와 통하여 '나는 새'. ○貞蟲(정충)─정(貞)은 정(征)과 통하여 기어다니는 벌레(또는 짐승)들. ○蹏(제)─발꿈치. ○蚤(조)─조(爪)와 통하여 '발톱'. ○絝屨(고구)─고(絝)는 고(袴)와 통하여 정강이에 감는 천. 구(屨)는 신. ○分事(분사)─각기 나뉘어진 직책. ○亶(단)─탄(殫)과 통하여 '다하는 것'. ○梁(양)─물을 막고 가운데를 틔워 발을 쳐 고기를 잡는 '어살'. ○倉廩(창름)─창고. 곡식 창고. ○叔粟(숙속)─숙(叔)은 숙(菽)과 통하여 '콩과 조'. ○紡績織紝(방적직임)─실을 뽑고 옷감을 짜는 것. ○絲(사)─명주실. 누에고치 실. ○葛緒(갈서)─서(緒)는 저(紵)와 통하여 '칡과 모시'. ○絪(곤)─짜는 것. ○布繰(포조)─무명이나 베 천과 비단. 조(繰)는 보통 삼(繆)으로 되어 있으나 잘못임(王引之 說). ○孰爲而廢大人之聽治(숙위이폐대인지청치)─보통은 '숙위대인지청치이폐(孰爲大人之聽治而廢)'로 되어 있으나 잘못 바뀌어진 것임(兪樾 說). ○賤人(천인)─국가(國家)로 잘못되어 있으나 고쳤음(兪樾 說).

解說 여기서는 구체적으로 임금이나 대신 또는 관리들이나 농부들, 또는 부인들이 음악을 즐길 때 어떤 폐해가 생기는가를 논하고 있다. 여기에서 사람과 짐승의 차이를 생산을 위한 노동이 있고 없는 것으로써 파악하고 있는 점은 재미있는 착상이라 하겠다.

8. 무엇으로써 음악을 연주함이 그릇된 일이라는 것을 아는가? 선왕의 책인 탕(湯)임금의 관형(官刑)에 이런 기록이 있다.

"늘 집안에서 춤을 추는 것을 바로 무풍(巫風)이라 한다. 거기에 대한 형벌은 벼슬하는 자라면 명주실 두 타래를 내게 하고, 서민이라면 그 두 배를 내거나 누런 실 2백 줄을 내게 한다."

그리고 또 말하였다.

"춤을 너울너울 추고 생황(笙簧) 소리 크게 울리면, 하나님도 도와주지 않아 구주(九州)의 나라들도 그때에 망할 것이고, 하나님도 그를 좋지 않게 보시고 그에게 온갖 재앙을 내리어 그의 집안은 반드시 망할 것이다."

　구주(九州)의 나라들이 망하는 까닭을 살펴보면, 부질없이 음악을 아름답게 연주하기에 힘썼기 때문이다. 무관(武觀)에는 이렇게 말하고 있다.

　"계(啓)는 지나치게 편안히 즐기고 들에 나가 먹고 마시며, 피리와 경(磬) 소리를 덩그렁덩그렁 울리기에 힘을 쓰고 술에 빠져 들판에 나가 구차히 음식을 먹었으며, 너울너울 춤을 추어 하늘에까지 밝게 들리니, 하늘은 그것은 법도가 못되는 일이라 하셨다."

　그처럼 위에서는 하늘과 귀신이 법도가 못된다 하고, 아래로는 백성들에게 이롭지 못하다. 그러므로 묵자가 말하였다.

　"지금 천하의 선비와 군자들이 진실로 천하의 이익을 일으키고 천하의 해를 제거하고자 한다면, 마땅히 음악 같은 물건은 금하여 없애지 않으면 안되는 것이다."

　原文　何以知其然也? 曰:先王之書, 湯之官刑有之.
　日恒舞于宮, 是謂巫風. 其刑, 君子出絲二衛, 小人否, 似二伯黃徑.
　乃言曰:嗚乎! 舞佯佯, 黃言孔章, 上帝弗常, 九有以亡. 上帝不順, 降之百殃, 其家必壞喪.
　察九有之所以亡者, 徒從飾樂也. 於武觀曰:
　啓乃淫溢康樂, 野于飮食, 將將銘莧磬以力, 湛濁于酒, 渝食于野, 萬舞翼翼. 章聞于大, 天用弗式.
　故上者天鬼弗戒, 下者萬民弗利. 是故子墨子曰:
　今天下士君子, 請將欲求興天下之利, 除天下之害, 當在樂之爲物, 將不可不禁而止也.

[註解] ○湯之官刑(탕지관형)−탕임금의 관형(官刑). 지금의 《서경(書經)》이훈(伊訓)에 첫머리 구절과 같은 글이 보인다. ○宮(궁)−집. ○巫風(무풍)−무당의 풍조, 춤추고 노래하는 풍조를 말한 것이다. ○二衛(이위)−'위'는 술(術)의 잘못, 실을 묶어놓은 수량을 나타내는 단위(《墨子閒詁》), 편의상 '두 타래'라 번역하였다. ○否(부)−배(倍)의 뜻(《墨子閒詁》), 두 배. ○似二百黃徑(사이백황경)−'사'는 이(以), '경'은 경(經)과 통하여(于省吾 說), 2백 줄의 황사(黃絲)를 내도록 하였다는 뜻. ○佯佯(양양)−양양(洋洋), 춤을 너울너울 추는 모양. ○黃言(황언)−'황'은 황(簧), '언'은 음(音)과 통하여(于省吾 說), 생황 소리. ○弗常(불상)−'상'은 상(尚)과 통하여, 돕지 않는 것. ○九有(구유)−구주(九州)의 나라들, 중원(中原)의 나라들. ○百殃(백상)−여러 가지 재앙. ○武觀(무관)−하(夏)나라의 역사 기록. ○啓(계)−하(夏)나라를 세운 우(禹)의 아들. ○淫溢(음일)−지나친 것. ○將將(장장)−악기가 울리는 소리. ○銘莧磬(명한경)−'명'은 명(鳴), '한'은 관(管)과 통하여(于省吾 說), 관악기과 경 소리를 울리는 것. ○湛濁(심탁)−침탁(沈濁), 빠지는 것. ○渝(유)−투(偸)와 통하여, 구차히. ○萬舞(만무)−춤의 총명(總名), 문무(文舞)와 무무(武舞) 등을 다 합쳐 부르는 말. ○翼翼(익익)−춤추는 모양. ○大(대)−천(天), 하늘. ○弗式(불식)−법도가 아니라고 하다, 법도에 어긋나는 것. ○弗戒(불계)−불식(弗式).

[解說] 음악을 즐기는 행위는 결국 나라를 망치게 됨을 강조하면서 이 편의 결론을 내리고 있다. 음악의 부정이 인정에 어긋나는 일이라 판단하기 쉬우나, 봉건전제 체제 아래에서 어려움을 당하던 아래 서민들의 입장을 대변하는 이가 묵자임을 명심해야 할 것이다.

제33 비악편(非樂篇)(中)(原缺)

제34 비악편(非樂篇)(下)(原缺)

이상 두 편도 없어져 지금의 '묵자'에는 제목만 남아 있고 내용은 전하여지지 않는다.

제35 비명편(非命篇)(上)

'비명'이란 운명론(運命論)이나 숙명론(宿命論)을 부정한다는 뜻이다. 묵자는 사람의 근로(勤勞)와 노력을 존중하는 입장에서 운명론이나 숙명론에 대하여 반기를 들고 있는 것이다. 곧 누구나 부지런히 일하면 잘 살 수 있게 되고, 나아가서는 살기 좋은 세상을 이룩할 수 있다는 것이다. 그 시대의 대표적인 학파인 유가(儒家)와 도가(道家)가 모두 숙명(宿命)을 중시하는 경향이 있었음에도 주의해야 한다.

1. 묵자가 말하였다.

"옛날 임금이나 대신들이나 국가를 다스리던 사람들은 모두 국가를 부하게 하고 인민을 많게 하고 형법과 행정이 다스려지기를 바랐다.

그런데도 부하여지지는 못하고 가난해지고 많아지지는 못하고 적어지고 다스려지지는 못하고 어지러워졌으니, 곧 이것은 근본적으로 그가 바라던 것은 잃고 그가 싫어하는 것을 얻은 것이다. 이렇게 된 까닭은 무엇인가?"

묵자가 말하였다.

"인간들 사이에 운명이 있다고 주장하는 자들이 많기 때문인 것이다."

운명이 있다고 주장하는 자들은 이렇게 말한다.

"운명이 부하게 되어 있으면 부하게 되고, 운명이 가난하게 되어 있으면 가난하며, 운명이 많아지게 되어 있으면 많아지고, 운명이 적어지게 되어 있으면 적어지며, 운명이 다스려지게 되어 있으면 다스려지고, 운명이 어지러워지게 되어 있으면 어지러워지며, 운명이 오래 살게 되어 있으면 오래 살고, 운명이 일찍 죽게 되어 있으면 일찍 죽는다. 힘이 비록 세다 한들 무슨 도움이 되겠는가?"

그런 말로써 위로는 임금과 대신들을 설복시키고 아래로는 백성들이 일에 종사하는 것을 방해한다. 그러므로 운명이 있다고 주장하는 자들은 어질지 못한 자들이다. 그러므로 운명이 있다고 주장하는 자들의 말에 대하여 분명히 분별을 짓지 않으면 안될 것이다.

그러면 이러한 이론에 대하여 분명한 분별을 짓자면 어떻게 해야 하는가? 묵자가 말하기를 '반드시 표준을 세워야 한다'고 하였다. 말을 하면서도 표준이 없다면 마치 돌림대 위에 서서 동서를 헤아리려는 거와 같은 것이다. 그것이 옳은지 그른지 이로운지 해로운지를 분명히 분별을 할 수가 없을 것이다. 그러므로 반드시 세 가지 표준이 있어야 한다고 말하는 것이다.

무엇을 세 가지 표준이라 하는가? 묵자가 말하였다.

"근본을 마련하는 게 있어야 하고 근원을 따지는 게 있어야 하고 실용하는 게 있어야 한다. 무엇에다 근본을 마련하는가? 위로는 옛날 성왕들의 일에 근본을 둔다. 무엇에서 근원을 따지는가? 아래로는 백성들의 귀와 눈으로 듣고 본 사실에서 근원을 따져야 한다. 무엇에 실용을 하는가? 그것을 발휘하여 형법과 행정을 시행하고 국가와 백성과 인민의 이익에 부합하는가를 보는 것이다. 이것이 이른바 세 가지 표준이 있다고 말하는 것이다."

原文 子墨子曰: 古者王公大人, 爲政國家者, 皆欲國家之富, 人民之衆, 刑政之治. 然而不得富而得貧, 不得衆而得寡, 不得治而得亂, 則是本失其所欲, 得其所惡. 是故何也?

子墨子言曰: 執有命者, 以襍於民間者衆. 執有命者之言曰: 命富則富, 命貧則貧, 命衆則衆, 命寡則寡, 命治則治, 命亂則亂, 命壽則壽, 命夭則夭. 力雖强勁, 何益哉?

以上說王公大人, 下以阻百姓之從事. 故執有命者, 不仁. 故當執有命者之言, 不可不明辨.

然則明辨此之說, 將奈何哉? 子墨子言曰: 必立儀. 言而毋儀, 譬猶運鈞之上而立朝夕者也. 是非利害之辨, 不可得而明知也. 故言必有三表.

何謂三表? 子墨子曰: 有本之者, 有原之者, 有用之者. 於何本之? 上本之於古者聖王之事. 於何原之? 下原察百姓耳目之實. 於何用之? 廢以爲刑政, 觀其中國家百姓人民之利, 此所謂言有三表也.

註解 ○執(집)-고집하다, 주장하다. ○襍(잡)-잡(雜)과 같은 자로 '섞이는 것'. ○夭(요)-일찍 죽는 것. ○阻(저)-막다, 방해하다. ○儀(의)-표준.

규범. ○運(운)－전(轉)의 뜻으로 '돌아가는 것'. ○鈞(균)－돌림대. 흙으로 그릇을 만드는 사람이 빙빙 돌리는 기구. ○立朝夕(입조석)－아침에 해가 뜨는 동쪽과 저녁에 해가 지는 서쪽을 따져 가리키는 것. ○表(표)－앞의 의(儀)나 마찬가지로 '표준', '규범'. ○廢(폐)－발(發)과 통하여 '발휘하는 것'(王引之 說).

解說 묵자는 숙명론(宿命論)이 옳고 그른가 또는 이가 되는가 해가 되는가를 따지기 위하여는 첫째, 역사적으로 근본을 찾으며, 둘째, 사실에 입각하여 근원을 따지며, 셋째, 실제로 그것을 적용할 때 어떻게 되는가의 세 가지 표준을 세워야 한다고 주장한다. 이것은 숙명론을 부정하기 위한 논리의 준비인 것이다.

묵자는 이 세 가지 표준을 바탕으로 하여 숙명론을 비판한 것이다. 하기는 묵자는 숙명론뿐만 아니라 모든 사실을 증명할 때, 이 실증적인 방법을 사용하였다. 묵자의 이러한 표준에 의한 실증은 유추적(類推的)인 논법과 함께(《공수편》 참조) 논리학적으로 높이 평가되고 있다.

2. 그러나 지금 천하의 군자들은 간혹 운명이 있다고 주장하는 이가 있다. 그러나 시험삼아 위로 성왕들의 일을 살펴보기로 하자. 옛날 걸(桀)이 어지럽힌 세상을 탕(湯)임금이 물려받아 다스렸고, 주(紂)가 어지럽힌 세상을 무왕(武王)이 물려받아 다스렸다. 이것은 세계가 바뀌지도 않고 백성들이 달라지지도 않았는데 걸과 주에게 맡겼을 적에는 천하가 어지러웠고 탕임금과 무왕에게 맡겼을 적에는 천하가 다스려졌던 것이다. 어찌 숙명(宿命)이 있다고 할 수가 있겠는가?

原文 然而今天下之士君子, 或以命爲有. 蓋嘗尙觀於聖王之事. 古者桀之所亂, 湯受以治之, 紂之所亂, 武王受而治之. 此世未易,民未渝, 在於桀紂則天下亂, 在於湯武則天下治. 豈可謂有命哉?

[註解] ○嘗(상)-시험삼아. ○尙(상)-상(上)과 통하여 '위로'. ○渝(유)-변하다.

[解說] 똑같은 세상, 똑같은 백성들인데도 폭군에게 맡기면 어지럽고, 바르고 성실한 임금에게 맡기면 다스려진다. 그러니 숙명이란 없다는 것이다. 이것은 '역사에 근본을 찾는다'는 세 가지 표준 중의 첫째에 해당한다.

이 뒤로도 '옛 임금들의 책'에 숙명론이 없음을 논술하면서 숙명론을 부정한다. 그리고는 숙명론이란 천하의 정의(正義)에도 위배되고 백성들의 이익에도 반하는 것이라 하면서 탕왕과 무왕의 예를 들어 그것을 증명한다. 그것이 '둘째, 사실에 입각하여 근원을 따지며', '셋째, 실제로 그것을 적용할 때 어떻게 되는가?'를 논한 것이다.

3. 그러나 지금의 군자들은 간혹 운명이 있다고 주장하는 이가 있다. 그러나 시험삼아 위로 선왕들의 책을 살펴보기로 하자. 선왕들의 책에서 나라에 공포하고 백성들에게 알리어 시행토록 하고 있는 것은 법이다. 선왕들의 법에 일찍이 '복은 불러올 수가 없고, 화는 피할 수가 없으며, 공경스러워도 이익이 될 것이 없고, 난폭해도 손해볼 것이 없다'고 쓰여 있는 일이 있던가?

소송문제를 재판하고 죄를 결정하는 근거가 형법이다. 선왕들의 형법에 일찍이 '복은 불러올 수가 없고, 화는 피할 수가 없으며, 공경스러워도 이익이 될 것이 없고, 난폭해도 손해볼 것이 없다'고 쓰여 있는 것이 있던가?

군대를 정비하고 부대를 나아가고 물러나도록 하는 근거가 서(誓)이다. 선왕들의 서에 일찍이 '복은 불러올 수가 없고, 화는 피할 수가 없으며, 공경스러워도 이익이 없고, 난폭해도 손해볼 것이 없다'고 한 일이 있던가?

그러므로 묵자가 말하였다. "나는 다 헤아려보지는 못하였지만, 천하의 양서(良書)는 다 헤아릴 수가 없다. 대강 숫자를 따진다면 앞에 든 다섯 가지일 것이다. 지금 운명이 있다고 주장하는 이론을 거기에서 찾아보았지만 찾을 수가 없었다. 그러니 버려야만 할 것이 아니겠는가?

原文 然而今天下之士君子, 或以命爲有. 蓋嘗尙觀於先王之書. 先王之書, 所以出國家, 布施百姓者, 憲也. 先王之憲, 亦嘗有曰:福不可請, 而禍不可諱, 敬無益, 暴無傷者乎?

所以聽獄制罪者, 刑也. 先王之刑, 亦嘗有曰:福不可請, 禍不可諱, 敬無益, 暴無傷者乎?

所以整設師旅, 進退師徒者, 誓也. 先王之誓, 亦嘗有曰:福不可請, 禍不可諱, 敬無益, 暴無傷者乎?

是故子墨子言曰:吾當未鹽數, 天下之良書, 不可盡計數. 大方論數, 而五者是也. 今雖毋求執有命者之言, 不必得, 不亦可錯乎?

註解 ㅇ尙(상)-상(上)과 통함. ㅇ出(출)-내놓다, 공포(公布)하다. ㅇ布施(포시)-공포하여 시행케 하는 것. ㅇ請(청)-청하다, 불러오다. ㅇ諱(휘)-위(違)와 통하여, 피하다. ㅇ暴無傷(폭무상)-난폭해도 손해가 없다. ㅇ師旅(사려)-군대. ㅇ師徒(사도)-군인, 부대. ㅇ誓(서)-전쟁에 앞서 임금이나 장수가 군인들에게 하는 훈시, 거기에서 전쟁의 이유·목표·군령 등을 하달한다. 《서경(書經)》에 감서(甘誓)·탕서(湯誓)·태서(泰誓) 등의 글이 있다. ㅇ吾當(오당)-'당'은 상(尙)의 잘못《墨子閒詁》). ㅇ鹽數(염수)-'염'은 진(盡)의 잘못, 다 헤아리다. ㅇ大方(대방)-대략, 대강. ㅇ五者(오자)-'오'는 삼(三)의 잘못. ㅇ錯(착)-폐(廢), 버리다.

|解說| 여기서는 '선왕들의 책(또는 선왕들의 법)'·'선왕들의 형법'·'선왕들의 서(誓)'를 근거로, 숙명론을 부정하고 있다. 이 이론은 '삼표(三表)'의 '원지자(原之者)'에 해당한다.

4. 지금 운명이 있다고 주장하는 사람들의 이론을 따른다면, 그것은 천하의 의로움을 뒤엎는 것이 된다. 천하의 의로움을 뒤엎는 자들이란 바로 운명을 내세우는 자들이며, 백성들의 걱정이 되는 것이다. 백성들이 걱정하는 것을 기뻐하는 자란 바로 천하 사람들을 멸망시키는 자들이다.

그러니 의로운 사람이 윗자리에 있게 되기를 바라는 까닭은 무엇이겠는가? 그것은 의로운 사람이 윗자리에 있으면 천하가 반드시 잘 다스려지고, 하나님과 산천의 귀신들도 반드시 제사를 주관할 사람이 있게 되어, 만백성들이 큰 이익을 받게 될 것이기 때문이다.

무엇으로 그러함을 아는가? 묵자가 말하였다.

"옛날 탕(湯)임금은 박(亳)에 봉해졌는데, 땅의 긴 곳을 잘라 짧은 곳에 이어 네모꼴로 만들어 놓고 보면 사방 백 리 넓이의 땅이었다. 탕임금은 그곳 백성들과 다같이 서로 사랑하고 서로 이롭게 해주며, 남는 것이 있으면 서로 나누어 주었다.

그리고 그의 백성들을 이끌고 하늘을 높이며 귀신을 섬기었다. 그리하여 하늘과 귀신은 그를 부하게 해주고, 제후들은 그의 편이 되며, 백성들은 그와 친하게 되고, 현명한 사람들이 그를 따르게 되었다. 그리하여 그가 죽지 않고 세상에 살고 있는 동안에 천하의 왕자가 되고 제후들의 우두머리가 되었다.

옛날 문왕은 기주(岐周)에 봉해졌는데, 땅의 긴 곳을 잘라 짧은 곳에 이어 네모꼴로 만들어 놓고 보면 사방 백 리 넓이의 땅이었다. 문왕은 그곳 백성들과 다같이 서로 사랑하고 서로 이롭게 해주며, 남는 것이 있으면 서로 나누어 주었다.

그래서 가까이 있는 사람들은 그의 정치에 편안히 지내고, 멀리 있는 사람들은 그의 덕에 따르게 되었다. 문왕에 대하여 들은 사람들은 모두 일어나 그에게로 달려갔다. 약하고 못나고 팔다리가 불편한 사람들이 그들 사는 곳에서 소원을 빌기를 "어떻게 해서든지 문왕의 영토가 우리 사는 곳까지 미쳤으면 좋겠다. 우리가 그를 본뜨면 우리는 이롭게 될 것이니, 어찌 문왕의 백성들과 같게 되지 않겠는가?"고 하였다.

그래서 하늘과 귀신이 그를 부하게 해주고, 제후들은 그의 편이 되며, 백성들은 그와 친하게 되고, 현명한 사람들은 그를 따르게 되었다. 그리하여 그가 죽지 않고 세상에 살고 있는 동안에, 천하의 왕자가 되고 제후들의 우두머리가 되었다.

전에 내가 말하기를, 의로운 사람이 윗자리에 있으면 천하가 반드시 다스려지고, 하나님과 산천의 귀신들도 반드시 제사를 주관할 사람이 있게 되어, 만백성들이 큰 이익을 보게 된다고 하였다. 나는 이상과 같은 사실로써 그러한 것을 알게 된 것이다."

原文 今用執有命者之言, 是覆天下之義. 覆天下之義者, 是立命者也, 百姓之誶也. 說百姓之誶者, 是滅天下之人也.

然則所爲欲義在上者, 何也? 曰: 義人在上, 天下必治. 上帝山川鬼神, 必有幹主, 萬民被其大利.

何以知之? 子墨子曰: 古者湯封於亳, 方地百里, 與其百姓, 兼相愛, 交相利, 移則分.

率其百姓, 以上尊天事鬼. 是以天鬼富之, 諸侯與之, 百姓親之, 賢士歸之. 未歿其世, 而王天下, 政諸侯.

昔者文王封於岐周. 絶長繼短, 方地百里, 與其百姓, 兼相愛, 交相利則.

是以近者安其政, 遠者歸其德. 聞文王者, 皆起而趨之. 罷不肖股肱不利者, 處而願之, 曰 : 奈何乎使文王之地及我. 吾則吾利, 豈不亦猶文王之民也哉.

是以天鬼富之, 諸侯與之, 百姓親之, 賢士歸之. 未歿其世, 而王天下, 政諸侯.

鄉者言曰 : 義人在上, 天下必治. 上帝山川鬼神, 必有幹主, 萬民被其大利. 吾用此知之.

[註解] ○覆(복)-뒤엎다, 망치는 것. ○誶(수)-체(悴)와 통하여(兪樾 說), 걱정하다, 근심하다. ○說(열)-기뻐하다. ○幹主(간주)-종주(宗主), 제사를 주관하여 지내는 사람. ○亳(박)-상(商)나라의 도읍, 지금의 하남성(河南省) 낙양(洛陽) 동쪽의 언사현(偃師縣). ○移(이)-여분(餘分). ○政(정)-정(正)·장(長), 우두머리. ○岐周(기주)-기산(岐山) 아래 주(周)나라의 옛 도읍, 지금의 섬서성(陝西省) 기산현(岐山縣). ○交相利, 則(교상리, 즉)-'즉'자 위에 '이(移)'자가 빠지고, 다시 '즉'자 아래에 '분(分)'자가 빠져버린 듯(兪樾 說). ○歸(귀)-귀복(歸服)하다, 따르다. ○罷不肖(피불초)-'피'는 피(疲)와 통하여, 지치고 약한 사람. '불초'는 못난 사람. ○股肱不利(고굉불리)-팔다리가 불편한 것. ○處(처)-그의 고장에 살고 있는 것. ○吾則吾利(오칙오리)-우리가 그를 본받아 우리가 이익을 보게 되다. ○用此(용차)-이차(以此), 이러한 사실로써.

[解說] 여기서는 탕(湯)임금과 문왕(文王)이 숙명론을 믿지 않고 의롭게 세상을 다스림으로써 천하의 왕자가 되었던 사실을 들어, 운명이 있다고 주장하거나 숙명(宿命)을 믿는 것은 잘못된 일임을 증명하고 있다. 이 이론은 '삼표'(三表)의 '용지자(用之者)'에 해당한다.

5. 그러므로 옛날의 성왕들이 법령을 반포하고 명령을 내림에 상벌제도(賞罰制度)를 마련하여 현명한 짓은 권면하고 포악한 짓은 막았다. 그

리하여 들어가서는 부모에게 효도와 자애를 다하고, 나아가서는 마을 사람들에게 공경과 어른 노릇을 다하며 들어앉아 있어도 법도가 있고, 나들이함에는 절도가 있으며 남자와 여자는 분별이 있는 것이다. 그러므로 이들에게 관청을 다스리게 하면 도둑질을 하지 않고, 성을 지키게 하면 배반하지 않으며, 임금에게 어려움이 있으면 목숨을 바치고 임금이 도망을 하게 되면 행동을 같이하는 것이다. 이것은 윗사람으로서 상을 주어야 할 일이며 백성들이 칭찬하는 일인 것이다.

운명이 있다고 주장하는 사람들은 말한다.

"윗사람이 상을 주는 것은 운명이 본시 상을 타게 되어 있기 때문이지 현명하기 때문에 상을 받는 것은 아니다."

그러므로 들어가서는 부모에게 자애롭고 효도하지 않게 되고, 나아가서는 마을 사람들에게 공경하거나 어른 노릇을 하지 않으며, 들어앉아 있어도 법도에 맞지 않고, 나들이 하는 것도 절도가 없으며, 남자와 여자들은 분별이 없게 된다. 그러므로 관청을 다스리게 되면 도둑질을 하고, 성을 지키게 되면 배반을 하게 되며, 임금에게 어려움이 있어도 목숨 바쳐 위하지 아니하고 임금이 도망하게 되면 행동을 같이하지 않는다. 이것은 윗사람으로서는 벌해야 할 일이며 백성들이 비난하고 욕하는 일인 것이다.

운명이 있다고 주장하는 자들은 말한다.

"윗사람이 벌을 주는 것은 운명에 본시부터 벌을 받도록 되어 있기 때문에 벌을 받는 것이지 포악하기 때문에 벌을 받는 것은 아니다."

이런 생각으로 임금 노릇을 하게 되면 의롭지 않을 것이고 신하 노릇을 하게 되면 충성스럽지 않을 것이며, 아비 노릇을 하게 되면 자애롭지 않을 것이고 자식 노릇을 하게 되면 효성스럽지 않을 것이며, 형 노릇을 하게 되면 윗사람답지 못할 것이고 아우 노릇을 하게 되면 공경하지 않을 것이다. 그런데도 강경히 이 운명을 주장하는 것은 특히 흉악한 이론이 생겨나는 원인이 되며, 난폭한 사람의 도가 되는 것이다.

[原文] 是故古之聖王, 發憲出令, 設以爲賞罰, 以勸賢沮暴, 是以入則孝慈於親戚, 出則弟長於鄕里, 坐處有度, 出入有節, 男女有辨. 是故使治官府則不盜竊, 守城則不崩叛, 君有難則死, 出亡則送. 此上之所賞, 而百姓之所譽也.

執有命者之言曰: 上之所賞, 命固且賞, 非賢故賞也. 是故入則不慈孝於親戚, 出則不弟長於鄕里, 坐處不度, 出入無節, 男女無辨. 是故治官府則盜竊, 守城則崩叛, 君有難則不死, 出亡則不送. 此上之所罰, 百姓之所非毁也.

執有命者言曰: 上之所罰, 命固且罰, 不暴故罰也. 以此爲君則不義, 爲臣則不忠, 爲父則不慈, 爲子則不孝, 爲兄則不長, 爲弟則不弟. 而强執此者, 此特凶言之所自生, 而暴人之道也.

[註解] ○沮暴(저폭)-포악한 짓을 막다. 본시는 들어 있지 않으나 왕인지(王引之) 설(說)을 따라 보충하였다. ○親戚(친척)-옛날엔 부모를 가리킴. ○崩叛(붕반)-붕(崩)은 배(背)와 통하여 '배반'의 뜻. ○送(송)-외국으로 도망하는 임금을 따라 행동을 같이하는 것.

[解說] 사람들은 자기 자신의 성실한 노력에 의하여 생활 주변을 개선해 나가지 않으면 안된다. 무슨 일이나 숙명이라 생각하고 되는대로 내버려 두는 것을 묵자는 가장 경계하고 있다. 우리는 언제나 사회적인 또는 인간적인 책임을 자각하고 반성할 줄 알아야 한다.

6. 그렇다면 무엇으로써 운명이 있다고 하는 것은 포악한 사람의 도임을 아는가? 옛날 고대의 궁한 사람들은 먹고 마시기만을 탐하고 하는 일

은 게을리하였다. 그래서 입고 먹을 재물이 부족하고, 굶고 헐벗는 걱정을 겪어야 했다. 그러나 "내가 약하고 못나서 하는 일에 부지런하지 않기 때문이다."라고 말할 줄은 모르고, 반드시 "내 운명이 본시 그렇게 되어 있어 가난하다."고 말하였다.

옛날 고대의 포악한 임금은 그의 귀와 눈의 지나친 욕망과 마음과 뜻의 편벽됨을 참지 못하여, 그의 부모의 뜻을 따르지 않아 마침내는 나라를 멸망케 하고, 사직을 무너뜨리었다. 그러나 "내가 약하고 못나서 정치를 잘 하지 못하였기 때문이다."라고 말할 줄은 모르고, 반드시 "내 운명이 본시 그렇게 되어 있어 나라를 잃었다."고 말하였다.

중훼지고(仲虺之誥)에 말하였다. "내가 듣건대 하(夏)나라 사람들은 하늘의 명(命)을 속이고, 백성들에게 운명이 있다는 이론을 널리 알렸다. 하나님은 그것을 나쁘다 여기시고, 그들의 백성들을 잃도록 하셨다." 이것은 탕임금이 걸(桀)왕이 운명이 있다고 주장하는 것이 부당하다고 여겼음을 말해주는 것이다.

태서(太誓)에 말하였다. "주(紂)는 오만하게 지내면서 하나님과 귀신을 섬기려들지 않고, 그의 선조들의 신을 버려두고 제사지내지 않았다. 그리고는 말하기를 '우리 백성들은 운명이 있어 그런 것이다'고 하면서, 그들을 모욕하기에만 힘썼다. 하늘도 그를 버려두고 보호하지 않게 되었다." 이것은 주(周) 무왕(武王)이 주(紂)왕이 운명이 있다고 주장하는 것이 부당하다고 여겼음을 말해주는 것이다.

原文 然則何以知命之爲暴人之道? 昔上世之窮民, 貪于飮食, 惰于從事. 是以衣食之財不足, 而飢寒凍餒之憂至. 不知曰：我罷不肖, 衆事不疾. 必曰：我命固且貧.

昔上世暴王, 不忍其耳目之淫, 心涂志之辟, 不順其親戚, 遂以亡失國家, 傾覆社稷. 不知曰：我罷不肖, 爲政不善. 必曰：吾命固失之.

　於仲虺之告曰: 我聞, 于夏人矯天命, 布命于下. 帝伐之惡, 龔喪厥師. 此言湯之所以非桀之執有命也.

　於太誓曰: 紂夷處, 不肯事上帝鬼神, 禍厥先神禔不祀. 乃曰: 吾民有命. 天亦縱棄之而弗葆. 此言武王所以非紂執有命也.

註解　○飢寒凍餒(기한동뇌)-굶주리고 헐벗고, 얼고 굶는 것. ○淫(음)-지나친 욕심, 탐욕. ○心涂(심도)-'도'는 지(志)의 잘못(王引之 說). ○仲虺之告(중훼지고)-《서경》 상서(商書)의 편명. '중훼'는 탕(湯)임금의 좌상(左相), '고'는 고(誥)로도 쓰며, 고한다는 뜻. 탕임금이 걸(桀)을 내치고 돌아오는 길에, 중훼가 탕임금에게 아뢴 말이라 하나, 지금 우리에게 전하는 것은 위고문(僞古文)이다. ○矯(교)-속이다. ○伐之惡(벌지악)-'식시악(式是惡)'으로 씀이 옳으며(非命 中), '식'은 이(以)의 뜻. ○龔(공)-용(用)과 통하여, 이(以)의 뜻. ○厥師(궐사)-그의 백성들. ○太誓(태서)-《서경》 주서(周書)의 편명. 지금 우리에게 전하는 것은 위고문(僞古文)이다. 본시 주(周) 무왕이 주(紂)를 칠 때 전 군사들에게 한 훈시라 한다. ○禍(화)-기(棄)의 잘못(天志 中), 버리다. ○禔(지)-기(祇)의 잘못(天志 中). ○無憀(무료)-모욕하는 것, 모륙(侮僇). ○排漏(배루)-기무(其務)의 잘못(天志 中 참조). ○葆(보)-보호하다, 보(保).

解說　여기에서는 《서경》 두 편의 기록을 인용하여 숙명론의 미망(迷妄)을 설파하고 있다. 묵자가 중요한 자기 이론을 뒷받침하기 위하여 《시경》과 《서경》을 자주 인용하고 있는 점은 주의를 요한다.

7. 지금 운명이 있다고 주장하는 자들의 말을 따른다면 곧 위에서는 정사를 다스리지 않고 아래서는 일에 종사하지 않게 될 것이다. 위에서 정사를 다스리지 않으면 곧 형법과 행정이 어지러워질 것이며, 아래에서

일에 종사하지 않으면 곧 쓸 재물이 부족하게 될 것이다. 위로는 젯밥과 술과 단술을 올리며 하나님과 귀신께 제사지낼 게 없게 될 것이고, 아래로는 천하의 현명하고 훌륭한 선비를 길러 편안하게 해줄 게 없게 될 것이며, 밖으로는 제후들의 빈객(賓客)들을 대접할 게 없게 될 것이고, 안으로는 굶주리는 사람들을 먹이고 헐벗은 사람들에게 옷을 입혀 주며 늙은이와 약한 자들을 돕고 길러 줄 게 없게 될 것이다. 그러므로 운명론이란 위로는 하늘에서 이롭지 못하고 가운데로는 귀신에게 이롭지 않으며 아래로는 사람들에게 이롭지 않은 것이다. 그런데도 굳이 이것을 주장하는 것은 특히 흉학한 말이 생기는 원인이며 포악한 사람의 도인 것이다.

그러므로 묵자는 말하였다.

"지금 천하의 군자들은 충실히 천하의 부를 바라고 가난함을 싫어하며 천하가 다스려지기를 바라고 그것이 어지러워짐을 싫어하고 있으니 운명이 있다고 주장하는 자들의 말은 비난하지 않을 수가 없는 것이다. 그것은 천하의 커다란 해인 것이다."

[原文] 今用執有命者之言, 則上不聽治, 下不從事. 上不聽治則刑政亂, 下不從事則財用不足. 上無以供粢盛酒醴祭祀上帝鬼神, 下無以降綏天下賢可之士, 外無以應待諸侯之賓客, 內無以食飢衣寒, 持養老弱. 故命上不利於天, 中不利於鬼, 下不利於人. 而强執此者, 此特凶言之所自生, 而暴人之道也.

是故子墨子言曰:今天下之士君子, 忠實欲天下之富, 而惡其貧, 欲天下之治, 而惡其亂, 執有命者之言, 不可不非. 此天下之大害也.

[註解] ㅇ降綏(강수) – 길러주고 편안하게 해주는 것.

[解說] 묵자는 거듭 인간의 숙명을 부정한다. 이 시대의 귀족들은 '귀족

은 귀족으로서, 천민은 천민으로서의 숙명이 있는 것이어서 사람의 힘으로는 어찌할 수 없다'고 주장하며 자기들의 지위를 지탱하려는 숙명론을 많이 지지하였다. 묵자는 감연히 이러한 운명의 긍정은 '난폭한 자들의 도'이며, '천하의 커다란 해'라고 비난한다. 이것은 자기의 노력과 절약을 중시해 온 묵자의 태도와 부합되는 것이다.

제36 비명편(非命篇)(中)

상편에 이어 운명의 부정론이 계속된다.

1. 묵자가 말하였다.

"모든 발언을 하고 공부를 하는 도로서는 먼저 기준과 법도를 세우지 않으면 안된다. 만약 말은 하면서도 기준이 없다면 마치 하루 종일 돌림판 위에 물건을 세워둔 거나 같다. 비록 기술있는 공인(工人)이 있다 하더라도 반드시 그것을 바르게 만들 수는 없을 것이다.

그런데 지금 천하의 실정에 대하여는 아는 수가 없게 되어 있다. 그러므로 말에 세 가지 법도가 있어야 하는 것이다. 세 가지 법도란 무엇인가? 그 근본이 되는 것, 그 근원이 되는 것, 그 활용이 되는 것이다.

그 근본이 되는 것으로는 거기에 대하여 하늘과 귀신의 뜻 및 성왕들의 일은 어떠하였는가를 상고하는 것이다. 근원이 되는 것으로는 거기에 대하여 옛 훌륭한 임금들의 문서를 이용하여 증명하는 것이다. 그 활용되는 것으로는 어떻게 하는 것인가? 그것을 드러내어 형정(刑政)을 행하는 것이다. 이것이 말의 세 가지 법도이다."

原文 子墨子言曰: 凡出言談由文學之爲道也, 則不可而不先立義法. 若言而無義, 譬猶立朝夕於員鈞之上也. 則雖有巧工, 必不能得正焉.

然今天下之情僞, 未可得而識也. 故使言有三法. 三法者何也? 有本之者, 有原之者, 有用之者.

於其本之也, 考之天鬼之志, 聖王之事. 於其原之也, 徵以先王之書. 用之奈何? 發而爲刑政. 此言之三法也.

註解 ○義法(의법)-의(義)는 의(儀)와 통하여, 기준과 법도. ○員鈞(원균)-돌림판. 흙으로 도자기 같은 것을 만들 때 흙을 올려놓고 돌리는 틀. ○情僞(정위)-실정. 진실.

解說 이 대목은 직접 이 편의 주제인 비명론(非命論)과 관계가 있는 것은 아니다. 운명을 부정하는 논리를 정비하기 위하여 여기에서는 논증(論證)의 세 가지 기본요소를 설명한 것이다. 상편에서는 '삼표(三表)'라 하였다.

2. 지금 천하의 군자들은 어떤 이는 운명이 있다고 하고 어떤 이는 운명이 없다고 한다. 우리가 운명이 있고 없는 것을 아는 근거로 여러 사람들의 귀와 눈의 감각으로서 있는 것과 없는 것을 아는 데 의존할 수 있다. 그것을 들은 일이 있고 그것을 본 일이 있다면 그것이 있다고 말할 것이고, 아무도 그것을 듣지 못하였고 아무도 그것을 보지 못하였다면 그것이 없다고 말할 것이다.

그렇다면 어찌 시험삼아 백성들의 감각을 고찰해 보지 않는가? 옛날부터 지금에 이르기까지 백성들이 생겨난 이래로 운명이란 물건을 보았거나 운명의 소리를 들어 본 자가 있었던가? 곧 일찍이 있어 본 일이 없다. 만약 백성들은 어리석고 못났으니 그들의 귀와 눈의 감각은 그것을 근거로 법도를 삼을 만한 게 못된다고 생각한다면, 그러면 어찌하여 시험삼아 제후들의 전하는 말이나 유행하는 얘기들을 고찰해 보지 않는가? 옛날부터 지금에 이르기까지 사람들이 생겨난 이래로 또한 운명의 소리를 들었거나 운명의 실체(實體)를 보았다는 일이 있는가? 곧 일찍이 있어 본 일이 없다.

그렇다면 어찌하여 시험삼아 성왕들의 일로써 그것을 고찰해 보지 않는가? 옛날의 성왕들은 효자를 드러내어 백성들에게 어버이를 섬기기를 권하였고, 현명하고 훌륭한 이들을 높이어 백성들에게 착한 일을 하기를 권하였고, 법령을 반포함으로써 백성들을 가르치고 깨우쳤고 상과 벌을 분명히 함으로써 백성들을 권면하고 금하고 하였다. 이렇게 하면 곧 어지러운 것은 다스려지게 할 수 있고 위태로운 것을 편안하게 할 수 있는 것이다.

그대는 그렇지 않다고 생각하는가? 옛날 걸(桀)이 어지럽히던 것을 탕(湯)임금이 다스렸고, 주(紂)가 어지럽히던 것을 무왕(武王)이 다스렸다. 이것은 세상이 바뀌지 않고 백성들이 달라지지 않았는데도 위의 정치가 바뀌어지고 백성들의 교화가 달라진 것이다. 탕임금과 무왕에게 맡기면 곧 다스려지고 걸과 주에게 맡겨놓으면 어지러워졌다. 편안함과 위태로움 및 다스려짐과 혼란은 위의 통치자가 정령(政令)을 발하기에 달려 있으니, 곧 어찌 운명이 있다고 말할 수가 있겠는가? 저 운명이 있다고 말하는 자들이 있으나 전혀 그렇지 않은 것이다.

原文 今天下之士君子, 或以命爲有, 或以命爲亡. 我所以知命之有與亡者, 以衆人耳目之情知有與無, 有聞之, 有見之, 謂之有.

莫之聞, 莫之見, 謂之亡.

然則胡不嘗考之百姓之情? 自古以及今生民以來者, 亦嘗見命之物, 聞命之聲者乎? 則未嘗有也. 若以百姓爲愚不肖, 耳目之情不足因而爲法, 然則胡不嘗考之諸侯之傳言流語乎? 自古以及今生民以來者, 亦嘗有聞命之聲, 見命之體者乎? 則未嘗有也.

然則胡不嘗考之聖王之事? 古之聖王, 擧孝子而勸之事親, 尊賢良而勸之爲善, 發憲布令以敎誨, 明賞罰以勸沮. 若此則亂者可使治, 而危者可使安矣.

若以爲不然? 昔者桀之所亂, 湯治之, 紂之所亂, 武王治之. 此世不渝而民不易, 上變政而民易敎. 其在湯武則治, 其在桀紂則亂. 安危治亂, 在上之發政也, 則豈可謂有命哉? 夫曰, 有命云者, 亦不然矣.

註解 ○情(정)-여기서는 감각(感覺)의 뜻. ○沮(저)-조(阻)와 통하여 '막다', '저지하다'. ○渝(유)-변하는 것.

解說 운명 또는 숙명이 존재치 않음을 증명하는 대목이다. 그러나 추상적인 운명이나 숙명을 부정하는 근거로서 사람들의 눈과 귀의 감각을 이용하고 있다는 것은 별로 명쾌한 논증이 되지 못하는 것 같다. 역시 묵자의 비명론(非命論)은 상편에서 할 말을 다하고 있는 듯하다. 따라서 중편과 하편은 거기에 딸린 잡설(雜說) 같은 인상을 준다.

3. 지금 운명이 있다고 주장하는 사람들이 이렇게 말한다. "우리는 이 이론을 후세에 만든 것이 아니다. 옛날 삼대(三代) 때부터 이러한 이론이 있어서 전해져 온 것이다. 지금 어찌하여 선생은 이것을 비난하는가?"

"그것은 운명이 있다는 주장이 옛날의 뛰어난 훌륭한 사람들로부터 나온 이론인지 그렇지 않으면 옛날 삼대의 포악스럽고 못난 사람들로부터 나온 이론인지 알지 못하고 있기 때문이다.

무엇으로써 그러함을 아는가? 옛날의 지조가 있는 사(士)나 뛰어난 대부(大夫)들은 말은 신중히 하고 해야 할 일들을 알고 있었다. 그리하여 위로는 임금이나 윗사람들에게 올바른 말로 간(諫)하고, 아래로는 그의 백성들을 가르쳐 따르게 하였다. 그러므로 위로는 임금이나 윗사람들로부터 상을 받고, 아래로는 그의 백성들의 칭송을 받았으며, 지조가 있는 사요 뛰어난 대부라는 명성은 없어지지 않고 지금까지 전해지게 되었다.

그런데 천하 사람들은 모두가 그렇게 된 것은 그들의 노력 때문이라고 한다. 절대로 우리는 운명대로 되고 있는 것을 보았다고 말하지는 않을 것이다.

본시 옛날 삼대(三代)의 포악한 임금들은 그들의 귀와 눈의 지나친 욕망을 바로잡지 않고, 그들 마음의 편벽됨을 삼가지 않으며, 밖으로는 말 달리며 사냥하여 새와 짐승을 잡고, 안으로는 술마시고 즐기는 일에 빠져서, 그의 나라와 백성들을 다스리는 일은 거들떠보지도 않았다. 쓸데없는 일만을 많이 하며 백성들에게 포악한 짓만을 하여, 아랫사람들로 하여금 그의 윗사람들에게 친근히 행동하지 않도록 하였다.

그러므로 나라는 망하여 텅 비게 되고, 그 자신은 처형을 당하게 된다. 그런데도 "내가 무력하고 못나서 정치를 잘하지 못하였기 때문"이라고는 말하지 않고, 반드시 "내 운명이 그렇게 되어 있기 때문에 망한다."고 말하였다.

또 옛날 삼대의 그릇된 백성들도 역시 그러한 생각을 하였다. 안으로는 그의 부모님을 잘 모시지 못하고, 밖으로는 그의 임금과 윗사람을 잘 섬기지 못하였다. 공경스럽고 검소한 것은 싫어하고, 간단히 아무렇게나 행동하기를 좋아하며, 먹고 마시는 일은 탐하면서도 그가 해야 할 일은 게을리하였다.

　그래서 입고 먹을 재물이 부족하여 자신이 굶주리고 헐벗는 것을 걱정할 지경에 이르렀다. 그런데도 결코 "내가 무능하고 못나서 내가 해야만 할 일에 힘쓰지 않았기 때문이다."고는 말하지 못하고, 언제나 "내 운명이 본시부터 궁하게 되어 있다."고 말하였다.

　옛날 삼대의 거짓을 일삼는 백성들도 역시 그러한 생각을 하였다. 운명이 있다는 말을 번거로이 꾸며내 가지고 여러 어리석고 순박한 사람들에게 가르쳐 온 지 오래되었다.

　原文　今夫有命者言曰：我非作之後世也. 自昔三代有若言, 以傳流矣. 今故先生對之?

　曰：夫有命者, 不志昔也三代之聖善人與, 意亡昔三代之暴不肖人也.

　何以知之? 初之列士桀大夫, 愼言知行. 此上有以規諫其君長, 下有以敎順其百姓. 故上得其君長之賞, 下得其百姓之譽, 列士桀大夫, 聲聞不廢, 流傳至今.

　而天下皆曰其力也, 必不能曰我見命焉.

　是故昔者三代之暴王, 不繆其耳目之淫, 不愼其心志之辟, 外之歐騁田獵畢弋, 内沈於酒樂, 而不顧其國家百姓之政. 繁爲無用, 暴逆百姓, 使下不親其上.

　是故國爲虛厲, 身在刑僇之中. 不肎曰：我罷不肖, 我爲刑政不善. 必曰：我命故且亡.

　雖昔也三代之窮民, 亦由此也. 内之不能善事其親戚, 外不能善事其君長, 惡恭儉, 而好簡易. 貪飮食, 而惰從事.

　衣食之財不足, 使身至有飢寒凍餒之憂. 必不能曰：我罷不肖,我從事不疾. 必曰：我命固且窮.
　雖昔也三代之僞民, 亦猶此也. 繁飾有命, 以敎衆愚樸人, 久矣.

[註解] ○若言(약언)-그러한 말, 그러한 이론. ○今故先生對之(금고선생대지)-"금호선생비지(今胡先生非之)", 곧 "지금 어찌하여 선생은 그것을 비난하는가?"의 잘못(《墨子閒詁》). ○不志(부지)-불식(不識), 알지 못하다. ○意亡(의무)-'의'는 억(抑), '무'는 무(無)와 통하여, 그렇지 않으면. ○初之(초지)-고지(古之), 옛날의. ○列士桀大夫(열사걸대부)-'열'은 열(烈), '걸'은 걸(傑)과 통하여, 지조가 있는 사와 뛰어난 대부. ○我見命(아견명)-나는 운명대로 되는 것을 보았다. ○不繆(불규)-'규'는 규(糾)와 통하여, 바로잡지 않다, 단속하지 않다. ○淫(음)-지나친 욕망. ○辟(벽)-편벽됨. 비뚤어짐. ○畢弋(필익)-'필'은 토끼 같은 작은 짐승을 잡는 그물, '익'은 새를 잡는 주살. 곧 짐승과 새를 잡는 것. ○虛厲(허려)-텅 비고 망하여 폐허가 되는 것. ○不肯(불긍)-불긍(不肯), ……하려들지 않다. ○罷不肖(피불초)-'피'는 피(疲)와 통하여, 지치고 무능력하여 못난 것. ○親戚(친척)-부모. ○僞民(위민)-거짓을 일삼는 백성, 사기성이 많은 사람.

[解說] 여기서는 운명이 있다고 주장하는 숙명론이 옛날의 폭군들이나 나쁜 짓을 일삼는 자들로부터 나와 지금까지도 많은 사람들을 따르게 하고 있음을 역설하고 있다. 묵자는 사람들의 성실한 노력을 가장 중시한다. 세상일은 모두 사람들의 노력 여하에 따라 좌우된다고 믿고 있는 것이다.

4. 성왕들께서는 이것을 걱정하였다. 그러므로 운명이란 없다는 사실을 책으로 써놓기도 하고 쇠나 돌에 새겨놓기도 하였다.
　선왕의 책인 중훼지고(仲虺之告)에 말하기를, "내가 듣건대 하나라 임금은 천명(天命)이라 속이고, 백성들에게 숙명론을 퍼뜨리었다. 하나님은 그것을 싫어하시어 그들의 백성을 잃게 하였다."고 하였다. 이것은 하나라 임금 걸(桀)이 운명이 있다고 주장했던 것은 탕(湯)임금과 중훼(仲虺)가 함께 비난하였음을 말한 것이다.

선왕의 책인 태서(太誓)에도 이렇게 말하고 있다.

"주(紂)왕은 오만하여 하나님을 섬기려 하지 않고 그의 조상들의 신을 버려둔 채 제사지내지 않았다. 그리고 우리 백성들에게는 운명이 있다고 말하면서, 백성들에 모욕을 가하기에만 힘썼다. 하늘은 역시 그들을 버려둔 채 보호해 주지 않았다."

이것은 주(紂)가 운명이 있다고 주장하는 것에 대하여, 무왕이 태서(太誓)로써 비난하였음을 말한 것이다.

삼대의 백국(百國)에도 이런 말이 있다.

"너희들은 하늘에 운명이 있다고 믿지 말아라." 지금 삼대의 백국에도 운명이란 없는 것이라 말하고 있는 것이다.

소공(召公)이 운명이 있다는 주장을 비난한 글에 있어서도 역시 그러하다. 말하기를,

"공경하라! 하늘이 정해준 운명이란 없는 것이다. 우리 두 사람은 헛된 말을 만들어 내지 않는다."고 하였다. 하늘로부터 운명이 내려지는 것이 아니라 모든 결과는 자신이 만드는 거라는 뜻이다.

하(夏)나라와 상(商)나라의 시서(詩書)에도 "운명이란 것은 포악한 임금이 만들어 낸 것이다."고 하였다.

지금 천하의 선비와 군자들은 옳고 그른 것과 이롭고 해로운 원리를 분별하려 한다면, 하늘이 정해준 운명이 있다는 주장에 대하여 비난하기에 힘쓰지 않으면 안될 것이다. 운명이 있다고 주장하는 것은 바로 천하의 큰 해인 것이다. 그래서 묵자는 그것을 비난하고 있는 것이다.

原文   聖王之患此也. 故書之竹帛, 琢之金石.
　　於先王之書, 仲虺之告曰 : 我聞, 有夏人矯天命, 布命于下. 帝式是惡, 用闕師. 此語夏王桀之執有命也, 湯與仲虺共非之.

　先王之書, 太誓之言然. 曰: 紂夷之居, 而不肯事上帝, 棄闕其先神而不祀也. 曰我民有命, 毋僇其務. 天不亦棄縱而不葆. 此言紂之執有命也, 武王以太誓非之.

　有於三代不國有之曰: 女毋崇天之有命也. 命三不國, 亦言命之無也.

　於召公之執令, 於然. 且敬哉, 無天命. 惟予二人, 而無造言. 不自降天之哉, 得之.

　在於商夏之詩書曰: 命者, 暴王作之. 且今天下之士君子, 將欲辯是非利害之故, 當天有命者, 不可不疾非也. 執有命者, 此天下之厚害也. 是故子墨子非也.

註解　○仲虺之告(중훼지고) - 《서경》 편명, 비명(非命) 상편에 보임. ○矯(교) - 거짓, 속이다. ○式是(식시) - 이시(以是), 이것 때문에, 이것을. ○闕師(궐사) - '상궐사(喪厥師)'의 잘못(畢沅 說), 그들의 백성을 잃게 하다. ○太誓(태서) - 《서경》의 편명, 역시 앞 〈비명〉 상편에 보임. ○夷之居(이지거) - '이거(夷居)', 오만한 것. ○毋僇(무륙) - 모욕(侮辱)하는 것. ○不亦(불역) - '역(亦)'을 강조한 것. ○葆(보) - 보호해 주다. ○不國(불국) - '백국(百國)'의 잘못(《墨子閒詁》), 옛 역사 기록의 이름. 《백국춘추(百國春秋)》라는 책도 있었다(《隋書》李德林傳 引墨子語). ○命三(명삼) - '금삼대(今三代)'의 잘못(《墨子閒詁》). ○執令(집령) - '비집명(非執命)'의 잘못(《墨子閒詁》), 운명이 있다고 주장하는 것을 비난하는 것. ○造言(조언) - 허튼 말을 만들어 내는 것. ○不自降天之哉得之(부자강천지재득지) - '부자천강, 자아득지(不自天降, 自我得之)'의 잘못(《墨子閒詁》). ○辯(변) - 변(辨), 분별하다. ○故(고) - 원리, 도리.

解說　여기서도 옛 선왕들의 기록을 근거로 운명은 존재하지 않는다는

것을 증명하고 있다. 그리고 끝머리에선 전편의 결론으로 운명이 있다고
믿는 것은 잘못이라고 다시 한 번 강조하고 있다.

제37 비명편(非命篇)(下)

    상편·중편에 이어 하편에서도 되풀이하여 논리의 세 가지
법칙을 맨 앞에서 내세우면서 숙명론을 부정하고 있다. 그리고
그 내용까지도 전부 앞의 상편·중편과 중복이 된다.

1. 묵자가 말하였다. "자기의 이름을 내놓으려 한다면, 먼저 표준을 세워놓고 말하지 않으면 안된다. 만약 먼저 표준을 세워놓지 않고 말한다면, 그것은 마치 돌아가는 돌림대 위에 서서 동서를 분별하려는 거나 같은 것이다. 내 생각으로는 비록 동서에 관한 분별을 한다 하더라도 반드시 끝내 확실한 방향을 결정하지는 못할 것이다.

  그러므로 이론에는 세 가지 법도가 있어야 하는 것이다. 무엇을 이론의 세 가지 법도라 하는가? 그것은 그것을 참고할 것이 있어야 하고, 근원을 드러내는 것이 있어야 하고, 그 실용을 증명하는 것이 있어야 한다.

  무엇으로 참고를 하여야 하는가? 옛 성인과 위대한 임금의 일을 참고하여야 한다. 무엇으로 근원을 드러내는가? 여러 사람들이 듣고 본 사실로써 드러내야 한다. 무엇으로 실용을 증명하는가? 그것을 발휘하여 나라의 정치를 하고 만백성들을 살피어 관찰함으로써 증명하여야 한다. 이것을 세 가지 법도라고 하는 것이다."

[原文] 子墨子言曰：凡出言談, 則必可而不先立儀而言. 若不先立儀而言, 譬之猶連鈞之上, 而立朝夕焉也. 我以爲雖有朝夕之辯, 必將終未可得而從定也.

是故言有三法. 何謂三法？ 曰：有考之者, 有原之者, 有用之者. 惡乎考之？ 考先聖大王之事. 惡乎原之？ 察衆之耳目之請. 惡乎用之？ 發而爲政乎國, 察萬民而觀之. 此謂三法也.

[註解] ○必可(필가)－불가(不可)의 잘못(蘇時學 說). ○立儀(입의)－표준을 세우다, 법칙을 정하다. ○運鈞(운균)－돌아가는 돌림대. ○立朝夕(입조석)－동서 방향을 가리키다. ○辯(변)－변(辨), 분별. ○從定(종정)－확실한 방향을 결정하는 것. ○請(청)－정(情), 실정, 사실.

[解說] 〈비명〉 상편과 중편에 이미 이와 비슷한 말이 보였다.

2. 그러므로 옛날 삼대(三代)의 성왕인 우(禹)·탕(湯)·문(文)·무(武) 같은 임금들은, 천하의 정치를 할 적에, 반드시 효자를 들어내기에 힘써 백성들에게 부모를 섬길 것을 권하였고, 현명하고 훌륭한 사람을 높여 주어 백성들에게 착한 일을 하라고 가르쳤다.

그러므로 정치를 하고 가르침을 펴는 데 있어서, 착한 사람에게는 상을 주고 포악한 자들에게는 벌을 내렸다. 그러니 이와 같이 하면 곧 천하의 혼란은 틀림없이 다스려지고, 나라의 위태로움은 반드시 안정시키게 될 것으로 생각한다.

그대는 그렇지 않다고 생각하는가？ 옛날 걸(桀)왕이 어지럽혀 놓은 천하를 탕(湯)임금이 다스렸고, 주(紂)왕이 어지럽혀 놓은 천하를 무왕(武王)이 다스렸다. 그 당시에 세상도 변하지 않고 백성도 바뀌어지지 않았으나, 위의 정치가 변하자 백성들의 습속도 바뀌었던 것이다. 걸·주에게 맡기어져 있을 적엔 천하가 어지러웠고, 탕·무에게 맡기어지면 천하가 다스려졌다.

천하가 다스려진 것은 탕왕·무왕의 능력이었고, 천하가 어지러웠던 것은 걸·주의 죄였던 것이다. 만약 이것을 근거로 본다면 천하의 안위(安危)와 치란(治亂)은 위의 정치 여하에 달려있는 것이다. 그런데 어찌 운명이 있다고 말할 수가 있겠는가?

옛날의 우·탕·문·무 같은 임금들이 천하의 정치를 할 적에는 반드시 굶주리는 사람들은 먹여 주고, 헐벗은 자들은 입혀주었으며, 수고로운 사람들은 쉬도록 해주고, 어지러운 자들은 다스려 주었다고 한다. 그리하여 마침내 천하의 영예와 칭송을 받게 되었던 것이다. 그런데 어찌 그것을 운명이라 할 수가 있겠는가? 본시 그분들의 능력 덕분이었던 것이다.

지금 현명하고 훌륭한 사람들은 현명한 사람을 높여주고 학문을 좋아한다. 그러므로 위로는 그의 임금이나 장관의 상을 받고 아래로는 만백성들의 칭송을 받아, 마침내 천하의 영예와 칭송을 받게 되었다. 그런데 또 어찌 그것을 운명이라 하겠는가? 역시 그분들의 능력 덕분이었던 것이다.

原文 故昔者三代聖王, 禹湯文武, 方爲政乎天下之時, 曰: 必務擧孝子, 而勸之事親. 尊賢良之人, 而敎之爲善.

是故出政施敎, 賞善罰暴. 且以爲若此, 則天下之亂也, 將屬可得而治也. 社稷之危也, 將屬可得而定也.

若以爲不然? 昔桀之所亂, 湯治之. 紂之所亂, 武王治之. 當此之時, 世不渝而民不易, 上變政而民改俗. 存乎桀紂, 而天下亂. 存乎湯武, 而天下治.

天下之治也, 湯武之力也. 天下之亂也, 桀紂之罪也. 若以此觀之, 夫安危治亂, 存乎上之爲政也. 則夫豈可謂有命哉?

故昔者禹湯文武, 方爲政乎天下之時, 曰:必使飢者得食, 寒者得衣, 勞者得息, 亂者得治. 遂得光譽令問於天下. 夫豈可以爲命哉? 故以爲其力也.

今賢良之人, 尊賢而好功道術. 故上得其王公大人之賞, 下得其萬民之譽, 遂得光譽令問於天下. 亦豈以爲其命哉? 又以爲力也.

註解　○將屬(장촉) — '촉'은 적(適)의 뜻으로, 틀림없이, 꼭. ○渝(유) — 변하다, 바꾸다. ○存(존) — ……에 달려 있다. ○光譽令問(광예령문) — '영문'은 영문(令聞)과 같은 말, 영예와 칭송. ○好功道術(호공도술) — '도술'은 학술(學術) 또는 학문, '공'은 공(功)의 뜻. 학문을 좋아하다.

解說　이 대목은 옛날 삼대(三代)의 성왕들이 훌륭한 정치를 한 것은 그들 노력의 결과이지 운명에 의하여 그렇게 된 것은 아님을 강조하고 있다. 윗사람들의 노력 여하에 따라 치란(治亂)이 이루어짐을 역설하면서 운명들을 부정하고 있는 것이다.

3. 그러니 지금 운명이 존재한다고 주장하는 사람은 옛날 삼대(三代)의 성인이나 훌륭한 분들이겠는가, 그렇지 않으면 옛날 삼대의 포악하고 못난 자들이겠는가? 위와 같은 이론을 근거로 볼 것 같으면 그것은 절대로 옛 삼대의 성인이나 훌륭한 분들이 아니고, 틀림없이 포악하고 못난 자들이다.

그런데 지금 운명이 존재한다고 주장하는 자들인 옛날 삼대의 폭군인 걸(桀)·주(紂)·유왕(幽王)·여왕(厲王) 같은 사람들은 신분이 귀하기로는 천자였고, 부유하기로는 천하를 차지하고 있었다.

그러한데도 그의 귀와 눈의 욕망을 바로잡지 못하고, 그의 마음이 편벽해지는 대로 멋대로 행동하였다. 밖으로는 말달리며 사냥하여 짐승과 새를 잡고, 안으로는 술과 음악에 빠져서, 그의 나라와 백성들을 다스리는 일은 거들떠보지도 않고 쓸데없는 짓만 번거로이 하며, 백성들에게 포악한 짓을 하여, 마침내는 그의 나라를 잃고 말았다.

그러고도 그들은 "내가 무능하고 못나서 내가 나라와 백성을 다스리는 일에 힘을 다하지 못하였다."고는 말하지 않고, 반드시 "내 운명이 본시 그런 것들을 잃도록 되어 있다."고 말할 것이다.

옛날 삼대의 무능하고 못난 백성들도 역시 이와 같을 것이다. 부모와 임금과 윗사람을 잘 섬기지 못하고, 공손하고 검소한 것을 매우 싫어하며 간편하고 쉬운 것만 좋아하고, 먹고 마시는 일은 탐하면서도 해야 할 일은 게을리한다. 입고 먹을 재물이 부족하게 되어, 그 결과 그 자신이 굶주리고 헐벗는 걱정을 할 처지에 빠지게 된다.

그러고도 그들은 "내가 무능하고 못나서 내가 해야 할 일에 힘쓰지 않았기 때문이다."고는 말하지 않고, 반드시 "내 운명이 본시부터 궁해지도록 되어 있기 때문이다."고 말한다.

옛날 삼대의 거짓을 일삼던 백성들도 역시 이들과 같다. 옛날에 포악한 임금들이 운명론을 만들었고, 궁한 사람들이 그것을 계승했던 것이다. 이것들은 모두가 많은 어리석고 소박한 사람들을 의혹케 하는 것이다.

[原文] 然今夫有命者, 不識昔也三代之聖善人與, 意亡昔三代之暴不肖人與. 若以說觀之, 則必非昔三代聖善人也, 必暴不肖人也 然今以命爲有者, 昔三代暴王, 桀紂幽厲, 貴爲天子, 富有天下.

於此乎, 不而矯其耳目之欲, 而從其心意之辟, 外之聘田獵畢弋, 內湛于酒樂, 而不顧其國家百姓之政. 繁爲無用, 暴逆百姓, 遂失其宗廟.

其言不曰: 吾罷不肖, 吾聽治不强. 必曰: 吾命固將失之.

雖昔也三代罷不肖之民, 亦猶此也. 不能善事親戚君長, 甚惡恭儉, 而好簡易, 貪飮食, 而惰從事, 衣食之財不足, 是以身有陷乎飢寒凍餒之憂.

其言不曰：吾罷不肖, 吾從事不强. 又曰：吾命固將窮.

昔三代偽民, 亦猶此也. 昔暴王作之, 窮人術之. 此皆疑衆遲樸.

[註解] ○意亡(의무)-그렇지 않으면. ○幽厲(유려)-'유왕'(기원전 781~기원전 771재위)은 서주(西周) 최후의 임금. '여왕'(기원전 878~기원전 828)은 서주의 끝에서 세 번째 임금. 모두 서주를 쇠멸(衰滅)케 한 임금들이다. ○矯(교)-바로잡다. ○從(종)-종(縱)과 통하여, 자기 멋대로 하는 것. ○辟(벽)-편벽(偏僻), 사벽(邪僻). ○畢弋(필익)-'필'은 작은 짐승들을 잡는 데 쓰는 그물, '익'은 새를 잡는 데 쓰는 주살. ○酒樂(주악)-술과 음악. ○罷不肖(피불초)-'피'는 피(被)와 통하여 무력하고 못난 것. ○親戚(친척)-부모. ○術之(술지)-'술'은 술(述)과 통하여 계승 발전시키는 것. ○遲樸(지박)-'지'는 치(穉)와 통하여, 유치한 것, 어리석은 것. '박'은 소박한 것, 질박(質朴)한 것.

[解說] 운명론은 옛날의 포악한 임금들이 만들어 내고, 궁한 백성과 거짓을 일삼는 백성들이 이를 계승 발전시켰다는 것이다. 그 때문에 어리석고 순진한 사람들이 이 운명론으로 말미암아 적지않게 미혹당하고 있다는 것이다. 앞 〈비명〉 상편과 중편에도 비슷한 대목이 있었다.

4. 옛 성왕들이 운명론을 걱정한 것은 본시 오래 전 일이다. 그러므로 그 일을 책으로 써놓고, 쇠와 돌에 새겨놓기도 하고, 놋쇠 쟁반과 밥그릇에 새겨놓음으로써 후세 자손들에게 전하여 주었다.

그러면 무슨 책에 그런 것이 있는가? 우(禹)임금의 《총덕(總德)》에 있다. 거기에 말하였다. "진실로 뜻을 따르지 않는다면 하늘은 사람들을 보호하지 않을 것이고, 흉악한 마음을 지니고 있다면 하늘은 그에게 재앙을 가할 것이며, 그의 행실을 신중히 하지 않는다면 천명(天命)을 어찌 보전할 수 있겠는가?"

〈중훼지고(仲虺之誥)〉에도 말하였다. "내가 들건대 하(夏)나라를 다스리는 사람[桀]은 천명(天命)이라 속이고, 운명이 있다는 이론을 세상에 퍼뜨렸다. 하나님은 그 때문에 미워하여 그의 백성들을 잃게 하였다."

그[桀]는 없는 것을 있다고 하였으므로 속였다는 것이다. 만약 있는 것을 있다고 하였다면 어찌 속이는 게 되겠는가? 옛날에 걸(桀)이 운명이 있다고 주장하면서 그에 따라 행동하여, 탕(湯)임금이 〈중훼지고〉를 지어 그것을 비난했던 것이다.

〈태서(太誓)〉의 태자발(太子發)편에 말하였다. "아아! 군자들이여! 하늘은 밝은 덕이 있는 사람들을 돕나니, 그 하는 일은 매우 분명하다. 그 거울은 멀리 있지 않고 바로 저 은나라 임금[紂]에게 있다. 그는 사람에게는 운명이 있다 하고, 공경스런 행동은 할 필요도 없다 하고, 제사는 아무런 이익도 없는 짓이라 하고, 포악한 짓을 해도 해로울 것이 없다고 하였다.

하느님이 그를 돕지 않자 그의 온 나라는 멸망하였다. 하나님은 그를 옳게 여기지 않으시어 단호히 그에게 멸망의 벌을 내렸던 것이다.

그리하여 우리 주(周)나라 임금이 큰 상(商)나라를 물려받게 되었다."

옛날에 주(紂)가 운명이 있다고 주장하면서 그에 따라 행동하여, 무왕이 〈태서(太誓)〉의 태자발(太子發)편을 지어 그것을 비난했던 것이다.

그런데도 그대는 어찌하여 상(商)·주(周)와 우(虞)·하(夏) 때의 기록을 참고하지 않는가? 이상 여러 편의 글에는 모두 운명이 있다는 기록이 없다. 그것을 어찌하겠는가?

原文 先聖王之患之也, 固在前矣. 是以書之竹帛, 鏤之金石, 琢之盤盂, 傳遺後世子孫.

曰:何書焉存? 禹之總德有之. 曰:允不著, 惟天民不而葆, 旣防凶心, 天加之咎. 不愼厥德, 天命焉葆?

仲虺之告曰:我聞, 有夏人矯天命, 于下. 帝式是增, 用爽厥師. 彼用無爲有, 故謂矯. 若有而謂有, 夫豈爲矯哉? 昔者桀執有命而行, 湯爲仲虺之告以非之.

太誓之言也, 於去發曰:惡乎君子! 天有顯德, 其行甚章. 爲鑒不遠, 在彼殷王. 謂人有命, 謂敬不可行, 謂祭無益, 謂暴無傷. 上帝不常, 九有以亡. 上帝不順, 禍降其喪. 惟我有周, 受之大帝. 昔紂執有命而行, 武王爲太誓去發以非之.

曰子胡不尙考之乎商周虞夏之記? 從十簡之篇, 以尙, 皆無之. 將何若者也?

註解　ㅇ盤盂(반우)-놋쇠로 만든 쟁반과 놋쇠 밥그릇. ㅇ焉存(언존)-'언'은 어(於)의 뜻. 그런 것이 있는가? ㅇ總德(총덕)-일서(逸書)의 편명(蘇時學 說). ㅇ允不著(윤부저)-'저'는 약(若)의 잘못(《墨子閒詁》), 진실로 잘 따르지 않는다면. ㅇ葆(보)-보(保), 보호하다. ㅇ防(방)-방(方), 가까이하다, 지니다. ㅇ焉葆(언보)-어찌 보전하겠는가? ㅇ仲虺之告(중훼지고)-《서경》의 편명, 앞에 보임. ㅇ矯(교)-속이다. ㅇ于下(우하)-〈비명〉상편·중편의 글을 따라, 위에 '포명(布命)' 두 글자가 있어야만 한다. ㅇ爽厥師(상궐사)-'상'은 상(喪)과 통하여, 그의 백성들을 잃다. ㅇ太誓(태서)-《서경》의 편명, 앞에 보임. ㅇ去發(거발)-태자발(太子發)의 잘못. '발'은 무왕(武王)의 이름(莊述祖 說). 본시 〈태서〉는 3편인데, 상편(上篇)이 태자발인 듯하다(兪樾 說). ㅇ有(유)-우(右), 돕는 것(莊述祖 說). ㅇ鑑(감)-거울, 표본. ㅇ不常(불상)-'상'은 상(尙)과 통하여(孫詒讓 說), 돕지 않는 것. ㅇ九有(구유)-구주(九州), 온 세상. 온 중국. ㅇ祝降(축강)-'축'은 단(斷)의 뜻(蘇時學 說), 단호히 내리다. ㅇ大帝(대제)-'제'는 상(商)의 잘못(莊述祖 說), 큰 상나라. ㅇ十簡之篇(십간지편)-여러 편의 글을 뜻함. ㅇ以尙(이상)-이상(以上).

|解說| 여기서는 옛날의 성왕들이 운명론으로 말미암아 사람들이 미혹 당할까 걱정하여, 여러 가지로 글을 써서 후세 사람들에게 전해주고 있음을 역설하고 있다. 따라서 운명을 믿는 행위는 성왕의 도(道)에 어긋나는 것이 되는 것이다.

5. 그러므로 묵자가 말하였다. "지금 천하의 군자들이 공부를 하여 이론을 펴는 것은 그의 목구멍과 혀를 수고롭히고 그의 입술을 날카롭게 하려는 것이 아니다. 진실로 그의 나라와 고을과 만백성들을 위하여 형정(刑政)을 다스리고자 하기 때문이다.

지금 임금과 대신들이 일찍 조정에 나가 늦게 퇴근하면서 옥사(獄事)를 처리하고 정사를 다스리며 아침 일찍부터 직분을 다하고 감히 게을리 하지 않는 것은 어째서인가? 그것은 그들이 부지런하면 반드시 잘 다스려지고 부지런하지 않으면 반드시 어지러워지며, 부지런하면 반드시 편안하게 되고 부지런하지 않으면 반드시 위태로워진다고 생각하고 있기 때문이다. 그래서 감히 게을리하지 못하는 것이다.

지금 높은 관리들이 팔다리의 힘을 다하고 그의 생각하는 지혜를 다하여 안으로는 관청을 다스리고 밖으로는 시장의 세금과 산이나 숲·호수·다리 등의 이익을 거둬들이어 관청의 창고를 충실케 하면서 감히 게을리하지 않는 까닭은 무엇이겠는가? 그것은 그들이 부지런하면 반드시 귀해지고 부지런하지 않으면 반드시 천해지며, 부지런하면 반드시 영화롭게 되고 부지런하지 않으면 반드시 욕되게 된다고 생각하고 있기 때문에 감히 게을리하지 못하는 것이다.

지금 농부들이 아침 일찍 나갔다가 저녁 늦게 들어오며 부지런히 밭 갈고 곡식 심고 씨뿌리고 가꾸어 콩과 조를 많이 거둬들이려 하면서 감히 게을리하지 않는 까닭은 무엇이겠는가? 그것은 그들이 부지런하면 반드시 부해지나 부지런하지 않으면 반드시 가난해지고, 부지런하면 반드시 배불리 먹고 살지만 부지런하지 않으면 반드시 굶주리게 된다고 여기고 있기 때문에 감히 게을리하지 않고 있는 것이다.

지금 부인들이 새벽 일찍 일어나고 밤늦게 잠자며 부지런히 실 뽑고 길쌈하며 많은 삼베실과 칡실을 마련하여 천을 짜내면서 감히 게을리하지 아니하는 까닭은 무엇이겠는가? 그것은 그들이 부지런하면 반드시 부해지지만 부지런하지 못하면 반드시 가난해지고, 부지런하면 반드시 따뜻하게 지내게 되지만 부지런하지 못하면 반드시 헐벗게 된다고 여기기 때문에 감히 게을리하지 못하는 것이다."

原文　是故子墨子曰：今天下之君子之爲文學出言談也, 非將勤勞其惟舌, 而利其唇呡也, 中實將欲其國家邑里萬民刑政者也.

今也王公大人之所以蚤朝晏退, 聽獄治政, 終朝均分, 而不敢怠倦者, 何也？曰：彼以爲强必治, 不强必亂. 强必寧, 不强必危. 故不敢怠倦.

今也卿大夫之所以竭股肱之力, 殫其思慮之知, 內治官府, 外斂關市山林澤梁之利, 以實官府, 而不敢怠倦者, 何也？曰：彼以爲强必貴, 不强必賤. 强必榮, 不强必辱. 故不敢怠倦.

今也農夫之所以蚤出暮入, 强乎耕稼樹藝, 多聚叔粟, 而不敢怠倦者, 何也？曰：彼以爲强必富, 不强必貧. 强必飽, 不强必飢. 故不敢怠倦.

今也婦人之所以夙興夜寐, 强乎紡績織絍, 多治麻統葛緒, 捆布縿, 而不敢怠倦者, 何也？曰：彼以爲强必富, 不强必貧. 强必煖, 不强必寒. 故不敢怠倦.

註解　○文學(문학)-글공부를 하는 것, 학문을 하는 것. ○惟舌(유설)-후

설(喉舌)의 잘못(王念孫 說), 목구멍과 혀. ㅇ脣吻(순문)-입술. '문'은 문(吻)과 같은 자. ㅇ蚤朝晏退(조조안퇴)-이른 아침 조정에 나갔다가 저녁 늦게 퇴근하는 것. ㅇ終朝(종조)-이른 아침 동안, 조반을 먹기 전의 이른 아침. ㅇ均分(균분)-직분을 다하는 것. ㅇ紡績織絍(방적직임)-실을 뽑고 길쌈을 하는 것. ㅇ麻統葛緒(마류갈서)-삼베 실과 칡베 실. '류'는 사(絲)의 잘못(王念孫 說). ㅇ捆布繆(곤포삼)-천을 짜다. '삼'은 조(繰)의 잘못(王念孫 說).

解說 여기서는 특히 공부를 하고 이론을 전개하는 것은 나라와 백성들을 위하려는 것임을 강조하면서 운명론을 부정하고 있다. 임금으로부터 낮은 백성들에 이르기까지 모두 운명이 아닌 자신의 노력을 통하여 잘 살려고 노력해야 한다는 것이다.

6. 지금 임금이나 장관 자리에 있는 사람들이 만약 운명이 있다고 믿고서 행동하게 된다면 반드시 옥사를 처리하고 정사를 다스리는 일을 게을리하게 될 것이다. 고관들은 반드시 관청 일을 다스리는 일을 게을리하게 될 것이다. 농부들은 반드시 밭 갈고 씨 뿌리고 심고 가꾸는 일을 게을리하게 될 것이다. 부인들은 반드시 실 뽑고 길쌈하는 일을 게을리하게 될 것이다.

임금과 장관들이 옥사를 처리하고 정사를 다스리는 일을 게을리하게 되고, 고관들이 관청 일을 다스리는 일을 게을리하게 된다면 곧 우리는 천하가 반드시 어지러워진다고 생각할 것이다. 농부들이 밭 갈고 씨 뿌리고 심고 가꾸는 일을 게을리하게 되고, 부인들이 실 뽑고 길쌈하는 일을 게을리하게 된다면 곧 우리는 천하의 입고 먹을 재물이 반드시 부족하게 될 거라고 생각할 것이다.

만약 그렇게 천하의 정치를 해나간다면, 위로 하늘과 귀신을 섬긴다 해도 하늘과 귀신이 따르지 않을 것이며, 아래로 백성들을 부양한다 하더라도 백성들에게 이롭지 못하여 반드시 흩어져서 그들을 이용할 수가 없게 될 것이다. 그래서 들어와 나라를 지킨다 해도 견고하지 못하고, 나아가 전쟁을 한다 해도 이기지 못하게 될 것이다.

그러므로 옛날 삼대의 폭군인 걸(桀)·주(紂)와 유왕(幽王)·여왕(厲王)이 그들의 국가를 잃어버리고 그들 왕실을 망쳐 버리게 되었던 것도 이 때문이었던 것이다.

原文 今雖母在乎王公大人, 蕢若信有命, 而致行之, 則必怠乎聽獄治政矣. 卿大夫必怠乎治官府矣. 農夫必怠乎耕稼樹藝矣. 婦人必怠乎紡績織絍矣.

王公大人怠乎聽獄治政, 卿大夫怠乎治官府, 則我以爲天下必亂矣. 農夫怠乎耕稼樹藝, 婦人怠乎紡績織絍, 則我以爲天下衣食之財, 將必不足矣.

若以爲政乎天下, 上以事天鬼, 天鬼不使. 下以持養百姓, 百姓不利, 必離散, 不可得用也. 是以入守則不固, 出誅則不勝.

故雖昔者三代暴王, 桀紂幽厲之所以共抎其國家, 傾覆其社稷者, 此也.

註解 ○雖母(수무) - 모두 조사. '수'는 유(惟), '무'는 무(無)와 같은 자임. ○蕢若(궤약) - '궤'는 자(藉)의 잘못. '자약(藉若)'은 만약의 뜻(兪樾 說). ○不使(불사) - '사'는 종(從)의 뜻(王念孫 說), 따르지 않다. ○共抎(공운) - '공'은 실(失)의 잘못(王念孫 說), '운'도 잃는 것.

解說 임금으로부터 백성들에 이르기까지 모두가 운명만을 믿고 태만히 지내다가 모두 나라와 집안을 망치게 된다는 것이다. 하(夏)·은(殷)·주(周) 삼대의 포악한 임금들이 나라를 망친 것도 그 때문이라는 것이다.

7. 그러므로 묵자가 말하였다.

"지금 천하의 군자들이 진실로 천하의 이익을 일으키고 천하의 폐해를 없애 버리려고 한다면 운명이 있다고 주장하는 자들의 말 같은 것은 힘써 부정하지 않으면 안될 것이다."

또 말하였다.

"숙명론이란 폭군이 만들어 낸 것이며 궁한 사람들이 얘기한 것이지 어진 사람의 말이 아니다."

지금의 어짊과 의로움을 행하는 사람들이 잘 살피어 힘써 부정하지 않으면 안되는 것은 이 때문이다.

原文　是故子墨子言曰：今天下之士君子, 中實將欲求興天下之利, 除天下之害, 當若有命者之言, 不可不强非也.

曰：命者, 暴王所作, 窮人所術, 非仁者之言也. 今之爲仁義者, 將不可不察而强非者, 此也.

註解　ㅇ雖(수)－유(惟)와 통하는 어조사. ㅇ抎(운)－잃는 것. ㅇ術(술)－술(述)과 통하여 '논한 것', '얘기한 것'. ㅇ强(강)－힘써, 애써서.

解說　모든 일을 숙명이라고 돌리면 아무도 열심히 일하거나 노력하지 않을 것이다. 그러나 하늘은 스스로 돕는 자를 돕는 다는 게 묵자의 태도이다. 열심히 살고 추구하는 데서 훌륭한 사회가 건설된다는 것이다. 이러한 묵자의 비명론은 그의 겸애사상이나 비공(非攻)의 철학과도 밀접한 관계를 지닌다.

제38 비유편(非儒篇)(上)(原缺)

〈비유편〉은 상·하 두 편으로 나뉘어져 있으나 상편은 없어지고 지금은 하편만 전한다.

제39 비유편(非儒篇)(下)

'비유'란 유가(儒家)를 비판한다는 뜻. 이 편에서 묵자는 유가를 맹렬히 공격하는데, 특히 유가의 형식적인 면과 비생산적인 성격이 묵자의 비위를 크게 건드렸던 것 같다. 중국 사회의 윤리를 지배해 오다시피 한 유가에 대한 날카로운 비판이란 점에서 이 편은 옛날부터 많은 학자들의 주목을 받아 왔다.

1. 유가들은 말하기를 '친척들과 친하게 지내는 데도 차등(差等)이 있고 현명한 이를 높이는 데도 등급이 있다'고 한다. 그것은 친하고 먼 사람과 높고 낮은 사람이 달라야 함을 말하는 것이다. 그들의 예에 의하면 '죽은 이의 상을 입을 때 부모에게는 3년, 처와 뒤를 이을 맏아들에게도 3년, 백부·숙부·형제·서자들에게는 1년, 친척이나 일가들에게는 다섯 달 동안이다'고 규정되어 있다. 만약 친하고 먼 관계로서 세월의 숫자를

정하였다면 친한 사람들에게는 많은 기간, 먼 사람들에게는 적은 기간이 돌아갈 것이다. 그런데 여기에서 처와 맏아들은 부모와 같다. 만약 높고 낮은 관계로서 세월의 숫자를 정하였다면 곧 그들은 그의 처와 자신을 부모와 같이 높이면서 백부와 집안의 형들을 서자(庶子)와 같이 보는 것이다. 거꾸로 됨이 이보다 더 클 수가 있겠는가?

그들의 어버이가 죽으면 시체를 염하지도 않고 뉘워 두고 지붕엘 올라갔다, 우물을 들여다보았다 하기도 하고 쥐구멍을 쑤시고 손 씻는 그릇을 뒤지고 하면서 죽은 이를 찾는다. 정말로 존재한다고 생각한다면 곧 어리석기 짝이 없는 짓이다. 그건 없는 것임을 알면서도 반드시 찾아보는 거라면 거짓 또한 굉장한 것이다.

[原文] 儒者曰: 親親有術, 尊賢有等, 言親疏尊卑之異也. 其禮曰: 喪父母三年, 妻後子三年, 伯父叔父弟兄庶子期, 戚族人五月. 若以親疏爲歲月之數, 則親者多而疏者少矣. 是妻後子與父同也. 若以尊卑爲歲月數, 則是尊其妻子, 與父母同, 而親伯父宗兄如卑子也. 逆孰大焉?

其親死, 列尸弗斂, 登屋窺井, 挑鼠穴, 探滌器, 而求其人矣. 以爲實在, 則贛愚甚矣. 知其亡也, 必求焉, 僞亦大矣.

[註解] ○術(술)-쇄(殺)와 통하여(王引之 說) 차등(差等)의 뜻. ○後子(후자)-뒤를 이을 아들. 맏아들. ○列尸(열시)-시체를 그대로 뉘워놓는 것. ○斂(염)-죽은 이에게 시의(尸衣)를 입히고 묶는 것. 유가들은 죽은 지 사흘이 되어야 염을 하였다. ○登屋(등옥)-'의례(儀禮)' 〈사상례(士喪禮)〉편에 보이는 죽은 이의 영혼을 불러들이는 '복(復)'을 가리킨다. ○窺井(규정)-우물을 들여다보는 것. 유가의 예에는 이하와 같은 기록이 없다. ○滌器(척기)-대야와 비슷한 그릇. ○贛(장)-어리석은 것(《說文》).

2. 장가를 들 적에는 신랑이 신부를 친히 마중하러 가는데, 검은 옷을 입고 수레몰이가 되어 말고삐를 잡고 수레에 오르는 손잡이를 친히 쥐어 주며 마치 친부모를 마중하듯 한다. 혼례의 위엄 있는 의식은 마치 제사를 모시는 것 같다. 위아래가 뒤집히고 부모를 거스르는 짓이다. 부모는 아래로 처자들을 따르고 처자들은 위로 부모를 섬기는 일을 침해한다. 이와 같은 것을 가히 효도라 말할 수가 있겠는가?

유가들은 말하기를 '처를 마중하는 것은 그와 더불어 제사를 받들 것이기 때문이며 자신은 종묘를 지키게 될 것이므로 그들을 소중히 하는 것이다'고 한다. 여기에 답하겠다.

'이것은 거짓말이다. 그의 집안 형은 그들 선조의 종묘를 수십년이나 지켰는데도 죽으면 1년의 상을 입는다. 형제의 처는 그 조상의 제사를 받드는데도 복을 입지 않는다. 처자가 죽으면 3년의 복을 입으니, 반드시 종묘의 제사를 지키고 받들기 때문은 아닌 것이다. 처자를 아끼는 게 이미 큰 잘못을 저지르고 있는 것인데도 또 말하기를 부모를 소중히 하기 때문이라고 한다. 지극히 사사로운 것을 소중히 하고자 하여 지극히 중한 것을 가벼이 하는 것이니 어찌 큰 간사한 짓이 아니겠는가?'

原文 娶妻親迎, 袨裻爲僕, 秉轡授綏, 如迎嚴親. 昏禮威儀, 如承祭祀. 顚覆上下, 悖逆父母. 父母下則妻子, 妻子上侵事親. 若此可謂孝乎?

儒者曰: 迎妻與之奉祭祀, 子將守宗廟, 故重之. 應之曰: 此誣言也. 其宗兄守其先宗廟數十年, 死, 喪之期. 兄弟之妻, 奉其先之祭祀, 弗服. 則喪妻子三年, 必非以守奉宗廟祭祀也. 夫憂妻子以大負累, 有曰: 所以重親也. 爲欲厚所至私, 輕所至重, 豈非大姦也哉?

[註解] ○袨襡(현단)－검은 예복. 보통은 '袛襡(저단)'으로 되어 있으나 잘못(《墨子閒詁》). ○轡(비)－수레를 끄는 말고삐. 신랑이 신부의 수레를 모는 것이다. ○綏(수)－수레 탈 때 잡는 가죽으로 만든 손잡이. ○誣言(무언)－속이는 말, 거짓말. ○憂(우)－애(愛)와 통하여 '아끼는 것', '사랑하는 것'. ○以(이)－이(已)와 통하여 '이미'. ○絫(루)－누(累)와 통하여 '잘못'. ○有(유)－우(又)와 통하여 '또'.

[解說] 우선 묵자는 유가의 예의의 형식이 무의미함을 공격하고 나섰다. 유가들은 사람들의 감정을 조절하는 한편 또 그 감정을 겉으로 꾸민다는 뜻에서 예를 숭상하였다. 그러나 묵자는 이러한 유가들의 예가 자기 본위의 무가치한 것이라고 그 불합리성을 들어 논하고 있다. 특히 '의례(儀禮)'에 보이는 유가들의 상례(喪禮)와 혼례를 공격의 대상으로 삼고 있는 것은 그것이 일반 사회의 대표적인 예였기 때문일 것이다.

3. 또 힘써 운명이 있다고 주장하며 의론을 편다.

'오래 살고 일찍 죽고 가난하고 부하고 편하고 위태롭고 다스려지고 어지러운 것은 본시 하늘의 운명에 달린 것이어서 덜거나 더할 수가 없는 것이다. 궁하거나 출세를 하고 상을 받거나 벌을 받고 행복하거나 불행한 것도 정해진 것이어서 사람의 지혜나 힘으로는 어찌할 수 없는 것이다.'

여러 관리들은 이것을 믿으면 곧 그의 직분에 태만하게 되고 서민들은 이것을 믿으면, 곧 종사하는 일에 태만하여진다. 관리들이 다스리지 않으면 곧 어지러워지고 농사에 힘쓰지 않으면 곧 가난해질 것이다. 가난하고도 어지러운 것은 정치의 근본에 위배되는 것이다. 그런데도 유가들은 그것을 도라고 가르치고 있으니 이것은 천하의 사람들을 해치는 것이다.

原文 有强執有命以說議曰：壽夭貧富, 安危治亂, 固有天命, 不可損益. 窮達賞罰幸否, 有極, 人之知力, 不能爲焉.
　羣吏信之, 則怠於分職, 庶人信之, 則怠於從事. 吏不治則亂, 農事緩則貧. 貧且亂, 倍政之本. 而儒者以爲道敎, 是賊天下之人者也.

註解 ○有(유)-우(又)와 통하여 '또'. ○極(극)-정해진 법도. 여기서는 운명을 가리킨다. ○倍(배)-배(背)와 통하여 '배반하는 것'. 보통은 이 글자가 들어 있지 않으나 손이양(孫詒讓)의 설(說)을 따라 보충하였다.

解說 여기서는 유가들의 숙명론(宿命論)을 공격하였다. 숙명론의 비판은 앞의 비명편에 자세히 언급되었다.

4. 또한 그들은 예의와 음악을 번거롭게 꾸미어 사람들을 어지럽히고, 오랫동안 상을 입고 거짓 슬퍼함으로써 부모님을 속인다. 운명에 입각하여 가난에 빠져 있으면서도 고상한 체 버티고 있으며 근본을 어기고 할 일은 버리고서 태만하게 편안히 지내며, 먹고 마시기를 탐하면서 일을 하는 것은 게으르다. 그래서 굶주림과 헐벗음에 빠져 얼어 죽거나 굶어 죽을 위험에 놓여 있으면서도 이를 벗어나는 수가 없다. 이것은 마치 거지와도 같으니, 두더지처럼 음식을 저장하며 숫양처럼 먹을 것을 찾고 발견되면 멧돼지처럼 튀어나온다. 군자들이 이것을 비웃으면 성을 내면서 말하기를 '형편없는 자들아! 어찌 훌륭한 선비를 알겠는가?'고 한다.
　여름에는 보리나 벼를 동냥하다가 모든 곡식이 다 거둬들여지면 큰 장사집만을 쫓아다니는데 자식과 식구들도 모두 거느리고 가서 음식을 실컷 먹는다. 몇 집 초상만 치르고 나면 충분히 살아갈 수 있게 된다. 남의 집을 근거로 하여 살찌고 남의 들을 의지하여 부를 쌓는다. 부잣집에 초상이 나면 곧 크게 기뻐하면서 말하기를 '이것이야말로 입고 먹는 꼬투리이다'고 한다.

原文　且夫繁飾禮樂以淫人, 久喪僞哀以謾親, 立命緩貧而高浩居, 倍本棄事而安怠傲, 貪於飮食, 惰於作務, 陷於飢寒, 危於凍餒, 無以違之. 是若乞人. 𩿧鼠藏, 而羝羊視, 賁彘起. 君子笑之, 怒曰: 散人, 焉知良儒?

夫夏乞麥禾, 五穀旣收, 大喪是隨, 子姓皆從, 得厭飮食. 畢治數喪, 足以至矣. 因人之家, 以爲翠, 恃人之野, 以爲尊. 富人有喪, 乃大説喜曰: 此衣食之端也.

註解　○謾(만)-속이는 것. ○浩居(호거)-오거(傲倨)와 같은 말로(畢沅 説) '잘난 체 버티고 있는 것'. ○倍本(배본)-근본을 배반한다. 여기서는 주로 근본이 되는 농사일을 버림을 뜻한다. ○乞人(걸인)-거지, 보통 인기(人氣)로 되어 있으나 손이양(孫詒讓)의 설(説)을 따라 고쳤다. ○𩿧鼠(함서)-두더지. ○藏(장)-음식을 찾아다 저장하는 것. ○羝羊(저양)-숫양. ○視(시)-먹을 것을 찾느라 둘러보는 것. ○賁彘(분체)-분시(獖豕)와 같은 말로 멧돼지. ○散人(산인)-시원찮은 사람. ○子姓(자성)-집안 사람들(《國語》楚語 韋昭 注). ○以爲翠(이위취)-본시는 취이위(翠以爲)로 된 것을 고쳤으며 (孫詒讓 説), 취(翠)는 살찌는 것(《廣雅》).

解說　여기서는 여러 가지 유가들의 비합리적인 행동을 공격하고 있다. 유가들이 남의 상가를 찾아다니며 자기 가족까지 얻어 먹고 다녔다는 공격은 신랄하다. 호적(胡適)의 《설유(説儒)》란 논문에 의하면 유가들은 본시 예의 전문가들이어서 상가나 잔칫집에 가서 예를 맡아 의식을 진행시켜 주고 먹을 것을 빌었다 한다. 공자 이후로는 한편 교육도 그들의 생활수단이기도 하였지만 어떻든 비생산적(非生産的)인 계급이어서 특히 묵

자의 공격 대상이 되었을 것이다.

5. 유가들은 말하기를 '군자는 반드시 옛날 옷을 입고 옛날 말을 하여야만 어진 것이다'라고 한다.

여기에 대답한다.

'이른바 옛날의 말이나 옷이라는 것은 모두 일찍이 새로운 것이었다. 그러니 옛사람들이 그것을 말하고 그것을 입었다면 곧 군자가 못될 것이다. 그렇다면 반드시 군자의 옷이 아닌 것을 입고 군자의 말이 아닌 것을 말해야만 어질다는 것인가?'

또 말하기를 '군자는 옛것을 따르기만 했지 만들지는 않는다'고 했다. 여기에 대답하겠다.

'옛날 예(羿)는 활을 만들었고 여(伃)는 갑옷을 만들었으며 해중은 수레를 만들고 교수는 배를 만들었다. 그렇다면 지금의 가죽 공인(工人)·갑옷 공인·수레 공인·배 공인은 모두가 군자이고, 예와 여와 해중과 교수는 모두 소인인가? 또한 그들이 따르는 것은 반드시 어떤 사람이 만든 것일 것이다. 그러니 그들이 따르는 것은 모두 소인의 도가 된다.'

|原文| 儒者曰 : 君子必古服古言, 然後仁. 應之曰 : 所謂古之言服者, 皆嘗新矣. 而古人言之服之, 則非君子也. 然則必服非君子之服, 言非君子之言, 而後仁乎?

又曰 : 君子循而不作. 應之曰 : 古者羿作弓, 伃作甲, 奚仲作車, 巧垂作舟. 然則今之鮑函車匠, 皆君子也, 而羿伃奚仲巧垂, 皆小人邪? 且其所循, 人必或作之. 然則其所循, 皆小人道也.

|註解| ○古服古言(고복고언) — 옛사람들의 옷과 옛사람들의 말. 보통은 앞의

고(古)자가 없으나 유월(兪樾)의 설(說)에 따라 보충하였다. ○君子循而不作(군자순이부작)-'군자는 옛것을 따르기만 하지 새로 만들지는 않는다', 《논어(論語)》의 '군자술이부작(君子述而不作)'이란 말뜻을 좀 더 확대시킨 것이다. ○羿(예)-활의 명인. 요임금 때엔 해가 열 개 있었는데 아홉 개를 활로 쏘아 떨어뜨렸다 한다. 뒤로 그의 자손은 모두 활을 익히어 대대로 예(羿)란 이름을 세상에 떨쳤다. ○伃(여)-하(夏)나라 소강(小康)의 아들로 갑옷을 만들었다. 또 수레를 만들었다고도 한다. ○奚仲(해중)-하나라 때 말이 끄는 수레를 만들었다 한다. ○巧垂(교수)-요임금 때의 유명한 공인. ○鮑函車匠(포함거장)-포(鮑)는 가죽 공인, 함(函)은 갑옷 공인, 거장(車匠)은 앞의 문맥으로 보아 수레와 배의 공인.

解說 여기에선 주로 유가들의 복고주의(復古主義)를 공격하고 있다. 묵자의 근로주의는 자연히 창작을 수반(隨伴)하게 될 것이므로 유가의 복고사상과 어긋난다. 특히 옷이나 물건 또는 제도에 있어 무조건 옛것을 숭상하려던 유가의 경향은 비판을 받아 마땅할 것이다.

 이 뒤로도 전쟁할 때 '군자는 도망가는 자를 추격하지 않는다'는 것 같은 값싼 덕(德)이나 '군자는 종과 같아서 치면 소리가 나지만 치지 않으면 소리가 나지 않는다'는 군자론의 비판에서 시작하여 끝으로는 많은 지면을 공자에 대한 공격에 충당하고 있다. 다음엔 나머지를 생략하고 공자에 대한 공격 중에서 중요한 대목들을 골라 번역하기로 한다.

6. 또 말하기를 "군자는 싸움에 이겼을 적에는 도망치는 적을 추격하지 않고, 어렵고 급박한 상태의 적은 활로 쏘지 않으며, 적군이 패하여 물러날 적에는 무거운 수레 끄는 것을 도와준다."고 한다.

 거기에 대답하겠다. "만약 모두가 어진 사람들이라면 서로 적대할 이유가 없다. 어진 사람들은 그들의 취하고 버리는 것과 옳고 그르게 여기는 이유를 서로 알려주며, 까닭도 없는 사람은 까닭이 있는 사람을 따르고, 알지 못하는 사람은 아는 사람을 따르며, 할 말이 없으면 반드시 복종하고 훌륭한 것을 보면 반드시 그 편으로 간다. 어찌하여 서로 적대하겠는가?

만약 두 포악한 자들이 서로 다툰다면, 그들 중 이긴 자가 도망치는 적을 추격하지 않고, 어렵고 급박한 상태의 적을 활로 쏘지 않으며, 적군인 패하여 물러날 적에 무거운 수레 끄는 것을 도와주려 하면서, 비록 자기 능력을 다한다 하더라도 여전히 군자는 될 수가 없는 것이다.

그렇지 않고 포악하고 잔혹한 나라가 있어서, 성인이 세상을 위하여 해로운 것을 없애고자 군사를 일으키어 토벌을 한다고 하자. 승리를 하고는 장수가 유술(儒術)을 따라서 병졸들에게 명령을 내리기를 '도망치는 자들은 추격하지 말고, 어렵고 급박한 상태의 적은 활로 쏘지 말며, 적군이 패하여 물러날 적에는 무거운 수레 끄는 것을 도와주어라'고 했다고 하자.

그러면 포악하고 혼란을 일삼는 사람은 살아갈 수 있게 되어 천하의 해는 없어지지 않는다. 그것은 부모를 무리지어 손상시키고 세상을 심각하게 해치는 짓이다. 불의가 이보다 더 클 수는 없는 것이다."

原文 又曰：君子勝不逐奔, 揜函弗射, 施則助之䠠車.

應之曰：若皆仁人也, 則無說而相與. 仁人以其取舍是非之理相告, 無故從有故也, 弗知從有知也. 無辭必服, 見善必遷, 何故相與?

若兩暴交爭, 其勝者欲不逐奔, 揜函弗射, 施則助之䠠車, 雖盡能, 猶且不得爲君子也.

意暴殘之國也, 聖將爲世除害, 興師誅罰, 勝將因用儒術, 令士卒曰：毋逐奔, 揜函勿射, 施則助之䠠車.

暴亂之人也得活, 天下害不除. 是爲群殘父母, 而深賤世也. 不義莫大焉.

[註解] ○擏㥺(엄함) – '엄'은 매우 처지가 어려운 것. '함'은 극(亟)의 잘못으로, 급박해지는 것. '함'을 함(臽)의 잘못으로 보고, 어려운 처지에 빠지는 것으로 볼 수도 있다(이상 《墨子閒詁》). ○施(시) – 군사들이 패하여 달아나는 것. '이'로 읽고, 이(移)의 뜻으로 보아도 된다. ○胥車(서거) – 무거운 수레를 끄는 것《墨子閒詁》. ○無說(무설) – 이유가 없다. ○相與(상여) – 서로 적대(敵對)하는 것. ○無辭(무사) – 할 말이 없는 것. ○相(상) – 아래 '여(與)'자가 빠져버린 듯하다. ○羣殘(군잔) – 무리지어 손상시키다. ○賤(천) – 적(賊)의 잘못(戴望 說).

[解說] 전쟁하다가 승리를 하게 되면 '도망치는 적을 추격하지 않는다'는 이론은 아무래도 묵자가 유가의 인(仁) 사상을 과장 해석하고 있는 듯하다.

7. 또 말하기를 "군자는 종과 같은 것이니, 치면 울리지만 치지 않으면 울리지 않는다."고 한다.
 거기에 대답하겠다. "어진 사람이란 임금을 섬김에 있어서는 충성을 다하고, 어버이를 섬김에 있어서는 효도에 힘쓰며, 일을 훌륭하게 하면 칭송하고, 잘못이 있으면 간하여 준다. 이것이 신하된 사람으로서의 도리인 것이다.
 지금 치면 울리지만 치지 않으면 울리지 않는다면, 아는 것을 숨기고 능력을 버려두고서, 조용히 묻기를 기다린 다음에야 대답을 하게 될 것이다. 비록 임금이나 어버이에게 큰 이익이 되는 일이라 하더라도 묻지 않으면 말하지 않는다는 것이다.
 장차 크게 반란이 일거나 도적이 생겨나 마치 쇠뇌의 시위가 퉁겨지려는 것과 같은 형편인데, 다른 사람들은 알지 못하고 자기 홀로 그 사실을 알고 있다고 하자. 임금이나 부모가 모두 계신데도 묻지 않으면 말하지 않는다면, 그것은 바로 큰 혼란을 일으키는 도적이라 할 것이다.
 그런 사람은 신하된 신분으로는 충성치 못하고, 자식된 도리에 있어서는 불효이며, 형을 섬기는 데 있어서는 우애를 다하지 못하는 것이고, 남을 대하는 데 있어서는 올바르지 못한 것이다.
 대체로 조정에서는 뒤에 있으면서 말하지 않을 것을 주장하는 자들이 어떤 사물이나 이득이 된다고 알게 되면 그저 남보다 말하는 게 뒤질까 두려워하기만 한다. 임금이 만약 말한다 해도 이익이 되지 못한다면, 곧 높이 팔짱을 끼고 내려보며 깊이 목구멍이 막힌 것처럼 하고 있다가 겨우 '거기에 대하여는 배우지 못하였습니다'하고 말한다. 실정이 다급하다 하더라도 물러나 멀리 달아나 버리는 것이다."

  原文 又曰:君子若鍾. 擊之則鳴, 弗擊不鳴.
  應之曰:夫仁人事上竭忠, 事親得孝, 務善則美, 有過則諫. 此爲人臣之道也.
  今擊之則鳴, 弗擊不鳴, 隱知豫力, 恬漠待問而後對. 有君親之大利, 弗問不言.
  若將有大寇亂, 盜賊將作, 若機辟將發也. 他人不知, 己獨知之. 雖其君親皆在, 不問不言. 是夫大亂之賊也.
  以是爲人臣不忠, 爲子不孝, 事兄不弟, 交遇人不貞良. 夫執後不言之朝物, 見利使己, 雖恐後言. 君若言而未有利焉, 則高拱下視, 會噎爲深, 曰:唯其未之學也. 用雖急, 遺行遠矣.

  註解 ○得孝(득효)—'득'자는 바로 뒤 무선(務善)의 '무'자와 서로 바뀌었다 (兪樾 說). 豫力(예력)—'예'는 사(舍)의 가차자(假借字), 능력을 버려두다 《墨子閒詁》). ○恬漠(염막)—조용한 것, 고요한 것. ○機辟(기벽)—쇠뇌의

시위(王念孫 說), 또는 그물과 덫. ㅇ弟交(제교)-'교'는 우(友)의 잘못(《墨子閒詁》), 아우로서의 우애. ㅇ遇人(우인)-남을 대하는 것. ㅇ執後(집후)-뒤에 있기를 주장하는 것. ㅇ物見利使(물견이사)-사물(事物)에서 이익이 있다는 것을 알고 움직이는 것. ㅇ雖恐(수공)-'수'는 유(惟)의 뜻. ㅇ拱(공)-팔짱을 끼는 것. ㅇ會噎(쾌열)-'쾌'는 쾌(噲)의 뜻으로, 음식으로 목구멍이 막히는 것. 목이 메어 말을 못하는 것. ㅇ誰急(수급)-'수'는 수(雖)의 뜻.

解說 사람은 종과 같아야 한다는 말은 《예기(禮記)》 학기(學記)편에 보인다. '군자는 종과 같아야 한다'는 말은 전국시대의 유가의 말로 어느 정도 유행하고 있었던 것 같다.

8. 도술(道術)과 학업과 어짊과 의로움을 통일하는 사람은 모두 크게는 남을 다스리고 작게는 벼슬자리에 나아가며 멀리는 두루 널리 베풀고 가까이는 자기 몸을 닦는다. 의롭지 않은 곳에 처신하지 않고 이치에 어긋나는 행동을 않으며, 천하의 이익을 일으키기에 힘쓰고 빈틈없는 노력을 다하되 이롭지 않으면 그만둔다. 이것이 군자의 도이다.

그런데 내가 들은 공자의 행동은 곧 근본적으로 이것과 서로 어긋난다. 제(齊)나라 경공(景公)이 안영(晏嬰)에게 물은 일이 있었다.

"공자의 사람됨은 어떻소?"

안영은 대답하지 않았다. 공은 또다시 물었으나 대답하지 않았다. 경공이 말하였다.

"공자에 관하여 내게 얘기하는 사람들이 많은데 모두 그를 현명한 사람이라 합니다. 지금 나는 그에 관하여 물었는데 그대는 대답하지를 않으니 어찌된 일이오?"

안영이 대답하였다.

"저는 못나서 현명한 사람을 알아보기엔 부족합니다. 그렇지만 제가

들은 이른바 현명한 사람이란 남의 나라에 들어가서는 반드시 그 나라 임금과 신하의 친한 관계와 부합되도록 힘써서 그 나라 위아래의 원한을 없앤다 하였습니다. 공자는 초(楚)나라에 갔을 때 백공(白公)의 모의(謀議)를 알고는 그에게 석걸(石乞)을 바치어 임금의 몸은 거의 죽을 뻔하고 백공은 죽음을 당하는 결과를 가져왔습니다.

제가 듣건대 현명한 사람은 윗사람을 대함에 허망하지 않고 아랫사람을 다룸에 위태롭지 않으며 말은 임금을 따라서 반드시 사람들을 이롭게 하고 교화를 아랫사람들에게 행하여 반드시 임금을 이롭게 한다 하였습니다. 그리하여 말은 분명하고도 알아듣기 쉬우면 행동은 분명하고도 따르기가 쉽습니다. 의로움을 행하여 백성들에게 밝힐 수가 있고 꾀와 생각은 임금과 신하들에 통할 수가 있습니다. 지금 공자는 깊은 생각과 주도(周到)한 모의로서 역적을 돕고 생각을 수고롭히고 지혜를 다하여 사악한 짓을 행하면서 아랫사람들에게 위를 어지럽히기 권하였고 신하로 하여금 임금을 죽이게 하였으니 현명한 사람의 행동이 아닙니다. 남의 나라에 들어가 그 나라의 역적과 함께하였으니 의로움에 속하는 사람이 못됩니다. 그 사람이 충성스럽지 않다는 것을 알면서도 어지러운 짓을 하도록 재촉하였으니 어질고 이로운 게 못됩니다. 사람들로부터 도망쳐서 뒤에서 모의를 하고 사람들을 피하여 뒤에서 말하며, 의로움을 행하여 백성들에게 밝히지 못하고 생각을 꾀하되 임금과 신하들에게 통하지 못합니다. 저는 공자가 백공과 다른 게 있다는 것을 알지 못하겠습니다. 그래서 대답하지 않은 것입니다."

경공이 대답하였다.

"아아! 내게 깨우쳐 준 것이 참으로 많소! 선생이 아니었더라면 나는 곧 평생토록 공자가 백공과 같다는 것을 알지 못하였을 것이오."

原文 夫一道術學業仁義者, 皆大以治人, 小以任官, 遠施周偏,近以脩身. 不義不處, 非理不行, 務興天下之利, 曲直周旋, 不利則止. 此君子之道也.

以所聞孔某之行, 則本與此相反謬也. 齊景公問晏子曰: 孔子爲人何如? 晏子不對. 公又復問, 不對. 景公曰: 以孔某語寡人者衆矣, 俱以賢人也. 今寡人問之, 而子不對, 何也? 晏子對曰: 嬰不肖, 不足以知賢人. 雖然嬰聞所謂賢人者, 入人之國, 必務合其君臣之親, 而弭其上下之怨. 孔某之荊, 知白公之謀, 而奉之以石乞, 君身幾滅而白公僇.

嬰聞, 賢人得上不虛, 得下不危, 言聽於君, 必利人, 敎行於下, 必利上. 是以言明而易知也, 行明而易從也. 行義可明乎民, 謀慮可通乎君臣. 今孔某深慮周謀以奉賊, 勞思盡知以行邪, 勸下亂上, 敎臣殺君, 非賢人之行也. 入人之國, 而與人之賊, 非義之類也. 知人不忠, 趣之爲亂, 非仁義之也. 逃人而後謀, 避人而後言, 行義不可明於民, 謀慮不可通於君臣. 嬰不知孔某之有異於白公也. 是以不對.

景公曰: 嗚乎! 貺寡人者衆矣! 非夫子則吾終身不知孔某之與白公同也.

註解   ○周徧(주편)—두루 널리. ○曲直(곡직)—이리저리 노력하는 것. ○孔某(공모)—공자(孔子). 본시 공자로 되어 있던 것을 유가들이 휘(諱)하는 뜻에서 공모라 바꾼 것이다. ○晏子(안자)—안영(晏嬰). 춘추시대 제(齊)나라 대부. 제나라 영공(靈公)·장공(莊公)·경공(景公)의 삼대를 섬기어 많은 치적을 올렸다. ○弭(미)—그침. 중지시킴. 없앰. ○白公(백공)—이름은 승(勝). 초(楚)나라 평왕(平王)의 손자. 그는 석걸(石乞)과 함께 혜왕(惠王) 때 난을 일으켰다(魯哀公 16년, 기원전 478년 7월) 실패하여 모두 죽음을 당하였다. 그러나 이 '백공지란(白公之亂)'은 《춘추좌전》의 기록에 의하면 공자가 죽은

(기원전 478년 4월) 뒤의 일이며, 경공(景公)과 안영(晏嬰)의 죽음도 이에 앞서므로 묵자의 기록은 잘못이라 한다(畢沅 說).《열자(列子)》〈설부편(說符篇)〉,《여씨춘추(呂氏春秋)》〈정통편(精通篇)〉,《회남자(淮南子)》〈도응훈(道應訓)〉등엔 모두 백공과 공자의 문답이 실려 있는데, 이 기록들 때문에 잘못 전해진 얘기를 묵자가 적은 듯하다는 것이다(孫詒讓 說). ㅇ利上(이상)-보통 이(利)는 어(於)로 되어 있으나 잘못임(俞樾 說). ㅇ趣(취)-촉(促)과 통하여(畢沅 說) '재촉함', '촉진시킴'. ㅇ貺(황)-주다, 깨우쳐 주다.

解說 여기서부터 묵자는 화살을 공자에게로 돌리어 공자는 성인이 아니라 세상을 어지럽힌 사람이라 공격한다. 묵자는 그 예로써 공자가 초나라 반란에 가담하였던 일을 보기로 들고 있다. 묵자가 든 얘기가 사실(史實)과 부합되지 않는다는 흠이 있으나, 다만 묵자가 공자의 가르침을 여러 모로 옳지 않게 생각하고 있었던 사실만은 분명하다.

9. 공자가 제(齊)나라로 가서 경공(景公)을 만났다. 경공은 기뻐서 이계(尼谿)의 땅을 공자에서 봉(封)해 주고자 하여, 그 일을 안자(晏子)에게 상의하였다.

안자가 말하였다.

"안됩니다. 유자란 오만하면서 자기 멋대로 행동하는 자들입니다. 백성들을 교화(敎化)할 수가 없습니다. 음악을 좋아하며 사람들을 어지럽히니, 백성들을 친히 다스리게 해서는 안됩니다. 운명이 있다는 말을 내세워 할 일은 태만히 하므로, 직책을 맡도록 해서는 안됩니다. 상사(喪事)를 존중하여 슬퍼하는 일을 그치지 아니하므로, 백성들을 사랑하도록 하는 수가 없습니다. 기이한 옷을 입고 겉모습 치장에만 힘쓰니, 백성들을 이끌도록 하는 수가 없습니다.

공자는 겉모습을 굉장히 수식하여 세상 사람들을 미혹케 하고, 금(琴)을 타며 노래하고 북치며 춤을 춤으로써 도제(徒弟)를 모으고, 오르내리는 예를 번거로이 정하여 위의(威儀)를 보이려 하며, 행동하는 절도에 힘 씀으로써 사람들에게 뽐내고 있습니다.

공부를 널리 하기는 하지만 세상의 법도가 될 수는 없고, 생각은 수고로이 하지만 백성들에게 도움이 될 수는 없습니다. 수명을 거듭 연장시킨다 해도 그들의 학문을 다 터득할 수가 없고, 장년들도 그들의 예의는 실천할 수가 없으며, 재물이 쌓여있다 하더라도 그들의 음악을 충분히 연주하게 할 수가 없습니다.

사악한 술법을 화려하게 꾸미어 세상의 임금들을 미혹시키고, 노래와 음악을 성대히 연주함으로써 어리석은 백성들을 그르칩니다. 그들의 도는 세상의 모범이 될 수가 없고, 그들의 학문은 백성들을 이끌어 줄 수가 없습니다.

지금 임금님께서는 그에게 땅을 봉하여 주어 제(齊)나라의 풍속을 교도(敎導)하려 하시지만, 그것은 나라를 교도하고 백성들에게 모범을 보여주는 방법이 못됩니다."

경공이 말하였다.

"잘 알았소!"

이에 공자에게 예우(禮遇)는 두터이하되 그에게 땅을 봉해 주는 일은 유보(留保)하였고, 공경히 그를 만나기는 하였으나 공자의 도에 대하여는 물어보지도 않았다.

공자는 경공과 안자에게 노여움을 느끼고, 치이자피(鴟夷子皮)를 전상(田常)의 집에 머물도록 하고는, 남곽혜자(南郭惠子)에게 자기가 하고자 하던 일을 알려주고 노(魯)나라로 돌아갔다.

한참 뒤에 제나라가 노나라를 정벌하려 한다는 말을 듣고는 자공(子貢)에게 말하였다.

"사(賜)야! 큰 일을 할 기회는 바로 지금이다!"

그리고 자공을 제나라로 보내어 남곽혜자를 통하여 전상을 만나서, 그에게 오(吳)나라를 정벌할 것을 권하게 하였다. 그리고 고씨(高氏)·국씨(國氏)·포자(鮑子)·안자(晏子)의 네 사람들에게, 전상의 반란을 방해하지 않도록 하였다. 다시 월(越)나라에게도 권하여 오나라를 정벌토록 하였다.

그래서 3년 동안 제나라와 오나라는 나라가 망할 정도의 고난을 당하였고, 그때 죽은 시체는 10만으로 헤아릴 만한 수였다. 이것 모두 공자의 계략이었다.

原文 孔某之齊, 見景公. 景公說, 欲封之以尼溪, 以告晏子. 晏子曰:

不可. 夫儒浩居而自順者也, 不可以敎下. 好樂而淫人, 不可使親治. 立命而怠事, 不可使守職. 宗喪循哀, 不可使慈民. 機服勉容, 不可使導衆.

孔某盛容修飾以蠱世, 弦歌鼓舞以聚徒, 繁登降之禮以示儀, 務趨翔之節以觀衆.

博學不可使議世, 勞思不可以補民, 累壽不能盡其學, 當年不能行其禮, 積財不能贍其樂.

繁飾邪術, 以營世君. 盛爲聲樂, 以淫遇民. 其道不可以期世, 其學不可以導衆.

今君封之, 以利齊俗, 非所以導國先衆.

公曰: 善!

於是厚其禮, 留其封, 敬見而不問其道.

孔某乃志怒於景公與晏子, 乃樹鴟夷子皮於田常之門, 告南郭惠子以所欲爲, 歸于魯.

有頃, 聞齊將伐魯, 告子貢曰: 賜乎! 擧大事, 於今之時矣!

乃遣子貢之齊, 因南郭惠子, 以見田常, 勸之伐吳. 以敎高國鮑晏, 使毋得害田常之亂. 勸越伐吳.

三年之內, 齊吳破國之難, 伏尸以言術數. 孔某之誅也.

註解 ○說(열)－열(悅), 기뻐하다. ○尼谿(이계)－제나라의 땅 이름. ○浩居(호거)－오거(傲倨), 오만한 것. ○自順(자순)－자기 마음대로 행동하는 것. ○淫人(음인)－'음'은 도가 지나치는 것. 사람들을 그르치는 것. ○宗喪(종상)－'종'은 숭(崇)의 뜻. 상사(喪事)를 존중하는 것. ○循哀(순애)－'순'은 수(遂)와 통하여, 슬퍼함을 그치지 않는 것. ○機服(기복)－'기'는 이(異)의 가차자(假借字, 于省吾《墨字新証》), 기이한 옷을 입는 것. ○勉容(면용)－겉모습 치장하기에 힘쓰는 것. ○蠱世(고세)－세상 사람들을 미혹시키다. ○趨翔(추상)－여러 가지 행동. ○觀衆(관중)－여러 사람들에게 보이다. 백성들에게 뽐내다. ○議世(의세)－'의'는 의(儀)의 잘못으로, 세상의 법도가 되는 것. ○絫壽(누수)－수명을 거듭 연장시키는 것. ○當年(당년)－'당'은 장(壯)의 잘못(《墨子閒詁》). ○贍(섬)－넉넉히 하다, 충분히 하다. ○營世(영세)－세상 사람들을 미혹시키다. ○淫遇民(음우민)－'우'는 우(愚)와 통하여, 어리석은 백성들을 그르치게 하다. ○期世(기세)－'기'는 시(示)의 잘못(兪樾 說), 세상에 보이다, 세상 사람들에게 모범이 되다. ○利(리)－이(移)의 잘못(畢沅 說), 옮겨 놓다. 교도(敎導)하다. ○先衆(선중)－백성들의 모범이 되는 것. ○恚怒(규노)－'규'는 지(志)로 된 판본도 있으며, 노여움을 품다. ○鴟夷子皮(치이자피)－사람 이름. 범려(范蠡)라고도 하나 알 수 없다. ○田常(전상)－제나라 대부(大夫) 진항(陳恒).《춘추(春秋)》의 애공(哀公) 14년에는 그가 임금을 시해(弑害)한 기록이 있다. 그 뒤로 제나라는 진씨(陳氏)의 나라로 변한다. ○南郭惠子(남곽혜자)－사람 이름.《순자(荀子)》법행(法行)편에도 자공(子貢)과의 대화가 보이나 어떤 사람인지 알 수 없다. ○有頃(유경)－한 동안, 한참 뒤에. ○間(간)－문(聞)의 잘못(蘇時學 說). ○高國鮑晏(고국포안)－네 집안 모두 제(齊)나라의 세경(世卿). ○以言術數(이언술수)－'언'은 의(意)의 잘못으로, 억(億)의 생략된 모양. '술'은 솔(率)과 통하여, 헤아리는 것. 따라서 '10만으로 헤아릴 만한 수였다'는 뜻. ○誅(주)－모(謀)의 뜻(蘇時學 說), 계책, 계략.

解說 제(齊)나라 경공(景公)과 안영(晏嬰)과의 대화를 이용하여 공자를 공격하고 있다. 그러나 그 진실 여부가 의심스러운 것이 문제이다.

10. 공자는 노(魯)나라 사구(司寇)가 되어 노나라 공실(公室)을 버리고서 계손(季孫)을 받들었다. 계손은 노나라 재상노릇을 하다가 도망을 치게 되었는데, 계손이 고을 사람들과 관문(關門)의 통과를 가지고 다투게 되었을 때 공자는 관문 기둥을 들어올려 그를 도망치게 하였었다.

공자가 채(蔡)나라와 진(陳)나라 사이에서 궁지에 빠져 명아주국만으로 싸라기도 없이 열흘을 지냈다. 제자인 자로(子路)가 돼지고기를 구하여다 삶아주자, 공자는 고기가 어디서 났는가를 물어보지도 않고서 먹었다. 남의 옷을 벗기어 가지고서 술을 사다주자, 공자는 술이 어디서 났는가를 물어보지도 않고 마셨다.

노(魯)나라 애공(哀公)이 공자를 맞아들이니 그는 방석이 반듯하지 않아도 앉지 않았고 고기가 바르게 썰어져 있지 않으면 먹지 않았다. 자로가 나아가 물었다.

"어찌 그토록 진(陳)나라와 채(蔡)나라 사이 때와 반대가 되십니까?"

공자가 대답하였다.

"이리 오너라. 내 네게 얘기해 주마. 전에는 그대와 함께 구차히 살아가기에 바빴지만, 지금은 그대와 함께 구차히 의로움을 행하려고 하고 있다. 무릇 굶주리고 곤궁할 적에는 함부로 취하여다 자신을 살리는 일을 사양하지 않아야 하는 것이며, 풍부하고 배부르면 곧 거짓된 행동으로서라도 스스로를 꾸며야 하는 것이다. 더럽고 사악하며 거짓되기 이보다 더 큰 게 있겠는가?"

原文 孔某爲魯司寇, 舍公家而奉季孫. 季孫相魯君而走, 季孫與邑人爭門關, 決植.

孔某窮於蔡陳之間, 藜羹不糁十日. 子路爲享豚, 孔某不問肉之
所由來而食. 褫人衣以酤酒, 孔某不問酒之所由來而飲.

哀公迎孔子, 席不端, 弗坐, 割不正, 弗食, 子路進請曰: 何其
與陳蔡反也?

孔某曰: 來, 吾語女. 曩與女爲苟生, 今與女爲苟義. 夫飢約則
不辭妄取以活身, 嬴飽則僞行以自飾.

汙邪詐僞, 孰大於此?

[註解] ○司寇(사구)-법을 다스리는 대신. ○季孫(계손)-춘추시대 노(魯)나라의 권세가(權勢家). ○缺植(결식)-식(植)은 문 옆의 기둥('一切經音義'). 문옆 기둥을 들어 계손씨를 그 틈으로 도망치게 하는 것.《열자(列子)》,《여씨춘추(呂氏春秋)》등에 '공자는 나라의 관문을 들어올릴만큼 힘이 세었으나 힘센 것으로 이름을 날리려 들지 않았다'는 기록이 있다. ○窮於蔡陳之間(궁어채진지간)-채나라와 진나라 사이에서 궁지에 빠졌다. 이 기록은《논어》,《사기》등에도 보인다. ○藜羹(여갱)-명아주국. ○糝(삼)-삼(糝)으로도 쓰며 '싸라기'. ○子路(자로)-공자의 제자. 성은 중(仲), 이름은 유(由). 용감하고 곧기로 이름이 났었다. ○亨(형)-팽(烹)의 속자. '삶다'. ○褫(치)-옷을 빼앗는 것. 보통 호(號)로 되어 있으나 잘못임(孫詒讓 說). ○酤(고)-술을 사는 것. ○飢約(기약)-굶주리고 곤궁한 것. ○嬴(영)-여유가 있는 것. 풍부한 것.

[解說] 여기서도 공자의 추악하고 그릇된 면만을 들추어내며 공자를 공격하고 있다. 공자의 비판은 바로 유가에 대한 비판으로 통하기 때문이다.

11. 공자가 그의 문하(門下) 제자들과 한가히 앉아 있다가 말하였다. "순(舜)임금은 자기 아버지 고수(瞽叟)를 만나면 불안해하였다. 이때의 천하는 위태로웠다. 주공단(周公旦)은 훌륭한 사람이 못되지 않을까?

무엇 때문에 그의 가족들을 버리고 객지에 머물러 살았는가?"

 공자의 행한 짓은 이러한 마음씨에서 나온 것이었다. 그를 따르던 제자들은 모두 공자를 본떴다. 자공(子貢)과 계로(季路)는 공회(孔悝)를 도와 위(衛)나라를 어지럽혔고, 양화(陽貨)는 노(魯)나라에서 반란을 일으켰었고, 필힐(佛肸)은 중모(中牟)지방에서 반란을 일으켰고, 칠조개(漆雕開)는 사형을 당하였으니 어지러움이 이보다 더 클 수가 없다. 후생이 제자가 되면 스승을 목표로 하여 반드시 그의 말을 닦고 그의 행동을 본받으며, 힘이 모자라고 지혜가 미치지 않을 정도가 되어야만 그만둔다. 지금 공자의 행동이 이와 같다면 유가 사람들은 의심스럽다고 할 수 있겠다.

[原文] 孔某與其門弟子閒坐, 曰: 夫舜見瞽叟蹙然, 此時天下圾乎. 周公旦非其人也邪? 何爲舍其家室而託寓也?

 孔某所行, 心術所至也. 其徒屬弟子, 皆效孔某. 子貢季路, 輔孔悝亂乎衛, 陽貨亂乎魯, 佛肸以中牟叛, 漆雕刑殘, 亂莫大焉. 夫爲弟子後生, 期師必脩其言, 法其行, 力不足, 知弗及, 而後已. 今孔某之行如此, 儒士則可以疑矣.

[註解] ㅇ瞽叟(고수)-순임금의 아버지. 고수란 '눈먼 영감'의 뜻. 실지로 장님이었다고도 하고 소견이 장님처럼 좁다는 뜻에서 고수라 불렀다고도 한다. ㅇ蹙然(축연)-불안해하는 모양. 축(蹙)은 보통 숙(孰)으로 되어 있으나 잘못(孫詒讓 說). 순은 자기 아버지가 신하인 것을 보고 불안을 느낄 게 아니라 꿋꿋이 천하를 다스려야만 했을 거라는 뜻이다. ㅇ圾乎(급호)-급(圾)은 급(岌)과 통하여 위태로운 모양. ㅇ周公旦(주공단)-주(周)나라 무왕(武王)의 아우. 무왕이 죽은 뒤 어린 성왕(成王)을 도와 주나라 터전을 이룩한 훌륭한 사람. ㅇ託寓(탁우)-주공단은 자기 형제들의 모함을 받고 한동안 혼자 동부 지방에 피해 가 있었다. 공자의 뜻은 그럴 게 아니라 자기 자신이 임금자리를 차지하여 천하를 올바로 다스려야 했을 게 아니냐는 것이다. ㅇ子貢(자

공)-공자의 제자. 성은 단목(端木). 이름은 사(賜). 말을 잘했고 치재(治財)의 재능이 있었다. ㅇ季路(계로)-자로(子路)의 별자(別子). 위(衛)나라 대부 공회(孔悝)의 읍재(邑宰)로 있다가 반란을 일으키어 사형을 당하였다. 자공이 이때 자로와 행동을 같이했다는 기록은 없다. ㅇ陽貨(양화)-양호(陽虎)라고도 부르며 노(魯)나라의 권세가 계손(季孫)의 가신(家臣)이었는데 반란을 일으켰다 실패하여 제(齊)나라를 거쳐 진(晉)나라로 도망했었다.《논어》에 양화편(陽貨篇)이 있기는 하나 그가 공자의 제자라는 증거는 없다. ㅇ佛肸(필힐)-진(晉)나라 범씨(范氏)네 가신(家臣). 진나라의 혼란을 틈타 반란을 일으켰다.《논어》양화편(陽貨篇)을 보면 필힐이 스승 공자를 찾아와 도움을 청하는 얘기가 실려 있다. ㅇ中牟(중모)-필힐이 지키고 있던 진나라 땅이름. ㅇ漆雕(칠조)-이름은 개(開).《한비자(韓非子)》현학편(顯學篇)을 보면 유가의 한 파벌로 '칠조씨의 유(漆雕氏之儒)'를 들고 있는데, 그들은 권위를 경시하며 용기를 숭상했다 한다.

解說 끝으로 공자와 함께 공자의 제자들까지도 공격의 대상으로 삼고 있다. 이 〈비유편〉에는 후세 묵가들의 손이 많이 가하여졌다고 여러 학자들이 주장하고 있다. 그래서 그런지 논리에 맞지 않는 유가에 대한 욕이나 근거가 희박한 증거를 든 곳이 적지 않아, 묵자의 본래의 의도가 많이 흐려진 듯한 느낌이 있다. 〈비유편〉 상편이 없어지지 않았다면 좀 더 본격적인 묵자의 유가비판을 읽을 수 있었으리라 믿는다.

제40 경편(經篇)(上)

이 〈경편〉과 〈경설편〉은 흔히 묵자가 직접 쓴 것이라 생각하면서 묵경(墨經)이라 부르기도 한다. 그러나 글의 내용을 읽고 이해하기가 어렵고, 전하여 오면서 혼란이 많이 생긴 부분인 듯하다.

　이하의 네 편은 모두 묵가(墨家)의 논리학(論理學)과 관계되는 기록을 모아놓은 것인 듯하다. 특히 〈경편〉과 〈경설편〉은 짧으면서도 미묘하고 정심(精深)한 듯한 글들로, 논리학상의 간단한 정의(定義) 이외에도 윤리(倫理)·계산술(計算術)·광학(光學)·물리(物理)·도량형(度量衡) 등에 관한 말들이 섞여있어 많은 사람들의 관심을 끌기도 하였다. 다만 이들에 대한 구체적인 이론을 발견하기는 어렵다.

　특히 본문이 뒤섞이고 혼란이 많아 문맥이 제대로 이어지지 않는 곳이 많아 애석하다. 본시 글들이 짧은 말을 모아놓은 것인데, 이것들은 위아래 두 난으로 나뉘어 기록되었던 것이어서 방행독법(旁行讀法)으로 읽어야 함을 청대의 학자 필원(畢沅)이 발견하였다. 따라서 여기에서는 방행독법으로 읽는 순서에 따라 본문을 다시 정렬하여 읽기에 편하도록 하였다.

　그리고 〈경설편〉은 〈경편〉에 대한 해설이다. 따라서 이 두 편을 대조하며 읽기에 편하도록 하기 위하여 〈경편〉의 매 구절마다 일련번호를 매기고, 〈경설편〉의 해설부분에도 같은 일련번호를 매기었다. 두 편의 글을 대조하면서 읽으면 좋을 것이다.

1. 원인이란 소득이 있은 뒤에야 이루어지는 것이다.

原文　故, 所得以後成也.

註解　○故(고)―연고, 사물이 이루어진 원인. ○所得(소득)―사물이 손에 잡히다, 사물에 대하여 잘 파악하다.

解說　사물 성립의 원인 또는 그 근본을 밝힌 것이다.

2. 개체(個體)란 전체(全體)로부터 나뉘어진 것이다.

[原文] 體, 分於兼也.

[註解] ○體(체) — 한 가지 형체, 개체.　○兼(겸) — 전체.

[解說] 세상에 존재하는 형체란 어떤 것인가 구명해본 말이다.

3. 안다는 것은 재주이다.

[原文] 知, 材也.

[註解] ○知(지) — 지식, 안다는 것, 지혜.　○材(재) — 재주, 재능.

[解說] 지식, 또는 '안다'는 것이 무엇인가를 추구한 말이다.

4. 생각이란 추구하는 것이다.

[原文] 慮, 求也.

[註解] ○慮(려) — 생각, 사려(思慮).

[解說] 사람이 생각한다는 것은 앞에서 거론한 '앎' 또는 지능(知能)으로서 어떤 일을 추구함을 뜻한다는 것이다.

5. 앎이란 사물을 접하는 것이다.

[原文] 知, 接也.

[註解] ○接(접)-사물을 접하는 것, 사물을 경험하는 것.

[解說] 앎이란 사물을 접함으로써 얻어진다.

6. 지혜란 밝은 것이다.

[原文] 恕, 明也.

[註解] ○恕(지)-지(智)와 같은 글자, 지혜.

[解說] 밝다는 것은 사고능력이나 사물에 대한 인식이 분명함을 말한다.

7. 인은 사랑이 본체(本體)가 된다.

[原文] 仁, 體愛也.

[註解] ○體(체)-본체가 되다, 본체로 삼다, 체득(體得)하다.

[解說] 공자 사상의 중심을 이루는 '인'이란 사랑을 본체로 하여 이루어진다. 사랑없이는 '인'도 없다.

8. 의로움이란 이롭게 하는 것이다.

[原文] 義, 利也.

[解說] 이익을 바탕으로 하여 의로움 또는 정의를 이해하고 있는 것이 묵자 사상의 특징 중의 하나이다. 유가에서는 반드시 이롭게 해주는 것이 의로움이라고까지는 생각하지 않았다.

9. 예는 공경하는 것이다.

原文 禮, 敬也.

解說 예의의 근본이 공경스런 몸가짐에 있다는 것이다.

10. 행한다는 것은 하는 것이다.

原文 行, 爲也.

解說 한다는 것[爲]은 실천을 의미한다. 실천을 중시하는 묵가사상의 일면을 엿볼 수 있다.

11. 실질이란 영화로운 것이다.

原文 實, 榮也.

註解 ○榮(영)-영화로운 것, 영광, 영화(榮華), 꽃.

解說 이 말도 실질적이고 실천 위주의 묵자의 성격을 반영한다.

12. 충성이란 이로운 일이라 여겨지면 임금에게도 강요하는 것이다.

原文 忠, 以爲利而强低也.

註解 ○强(강)-세게 나가다, 강요하다. ○低(저)-군(君)의 잘못(《墨子閒詁》), 임금.

456 묵자(墨子)

解說 임금들 앞에서도 소신을 굽히지 않는 묵자의 충성 개념이 두드러진다.

13. 효도란 어버이를 이롭게 하는 것이다.

原文 孝, 利親也.

解說 역시 이익을 중시하는 묵자의 실질적인 경향이 엿보인다.

14. 신의(信義)란 말이 뜻과 합치되는 것이다.

原文 信, 言合於意也.

解說 언행일치(言行一致)를 강조하는 말이다.

15. 돕는다는 것은 스스로 하는 것이다.

原文 俷, 自作也.

註解 ㅇ俷(이)-차(佽)의 뜻, 남을 돕는 것(《說文》).

解說 이런 남에 대한 배려는 겸애(兼愛)사상에서 나온 것이다. 누구나 먼저 스스로 남을 도울 줄 알아야 한다는 것이다.

16. 고집이 있다는 것은 마음이 흡족하여 그런 것이다.

原文 狷, 作嗛也.

註解 ㅇ狷(견)-견(獧 또는 獧)과 같은 글자, 자기 고집이 강한 것, 소신을 굽히지 않는 것. ㅇ嗛(겸)-겸(慊)과 같은 자, 마음이 깨끗하며 흡족하게 여기는 것.

解說 공자도 "견자(狷者)는 하지 않는 바가 있다."(《論語》子路)고 하면서, 마음이 깨끗하여 고집이 센 사람을 괜찮게 보고 있다.

17. 결렴(潔廉)한 사람은 그릇됨을 부끄러워한다.

原文 廉, 作非也.

註解 ㅇ廉(염)-결렴, 염직(廉直)한 것. ㅇ作(작)-작(怍)의 잘못(高亨《墨經校詮》), 부끄러워하는 것.

18. 명령이란 자기가 할 일을 하지 않는 것이다.

原文 令, 不爲所作也.

註解 ㅇ所作(소작)-자기가 할 일, 자신이 할 바.

解說 윗사람이 내리는 명령에 대하여도 별로 좋지 않은 것으로 여겼던 듯하다.

19. 임협(任俠)이란 선비가 자기 손해를 보면서도 하려는 일에 이익을 주는 것이다.

[原文] 任, 士損己而益所爲也.

[註解] ○任(임)-임협(任俠), 의협(義俠)스럽게 행동하는 것. ○所爲(소위)-하고자 하는 일, 옳다고 여기는 일.

[解說] 의협도 묵자가 중시하는 덕목의 하나이다.

20. 용기란 뜻에 따라 감행하는 원천(源泉)이다.

[原文] 勇, 志之所以敢也.

[註解] ○所以(소이)-근거, 바탕, 원천, 원동력. ○敢(감)-감행하다, 감히 실천하다.

[解說] 용기란 어떤 것인가 정의해 본 것이다.

21. 힘이란 형체가 움직이게 되는 원동력이다.

[原文] 力, 刑之所以奮也.

[註解] ○刑(형)-형(形)과 같은 말(畢沅 說), 형체, 물체. ○奮(분)-떨치다, 움직이다.

[解說] 힘이란 무엇인가 추구해본 것이다.

22. 삶이란 육체와 지각(知覺)이 함께 있는 것이다.

[原文] 生, 刑與知處也.

| 註解 | ○刑(형)-형체, 신체, 육체. ○處(처)-함께 있는 것, 거처를 함께하는 것.

| 解說 | 삶을 논리적으로 추구해본 말이다.

23. 누워 잠잔다는 것은 지각의 아는 기능이 없는 상태이다.

| 原文 | 臥, 知無知也.

| 註解 | ○臥(와)-눕다, 누워 잠자다.

24. 꿈이란 누워 잠자면서 정말 그러한 것처럼 생각하는 것이다.

| 原文 | 夢, 臥而以爲然也.

| 註解 | ○以爲(이위)-생각하다, ……이라 여기다. ○然(연)-그러한 것, 정말 그러한 것.

| 解說 | 이상 두 대목은 잠자는 것과 잠잘 때의 꿈이 무엇인가 추구해본 것이다.

25. 바르다는 것은 지각에 욕심과 악함이 없는 것이다.

| 原文 | 平, 知無欲惡也.

| 註解 | ○平(평)-공평(公平), 평정(平正), 바른 것. ○欲惡(욕악)-욕심과 악한 마음. '악을 행하려는 마음'으로 보아도 된다.

解說 바르다는 것은 곧 그의 마음속에 자기만을 위하려는 욕심과 남에게 해를 끼치려는 뜻이 없는 것을 뜻한다는 것이다.

26. 이익이란 얻으면 기쁜 것이다.

原文 利, 所得而喜也.

解說 묵자는 이익을 중시한다. 사랑의 개념도 바로 이 '이'를 바탕으로 하고 있는 것이 특징이라 할 수 있다.

27. 해로움이란 얻으면 싫은 것이다.

原文 害, 所得而惡也.

解說 이상 두 대목은 '이해(利害)'가 무엇인가 추구한 말이다. 묵자는 실천적이고 실질적인 학자이기 때문에 이해를 중시한다.

28. 다스림이란 이득을 추구하는 것이다.

原文 治, 求得也.

註解 ㅇ求得(구득) – 이득을 추구하다, '추구하여 바라는 것을 얻는 것'으로 풀이해도 될 것이다.

解說 정치관에 있어서도 묵자는 매우 실질적인 사고를 하고 있음을 알 수가 있다.

29. 칭찬이란 아름다운 것을 밝히는 것이다.

原文   譽, 明美也.

註解   ㅇ譽(예)-칭찬, 칭송.

解說   칭찬이란 영예(榮譽)와도 통하는 것이다.

30. 비난이란 악한 것을 밝히는 것이다.

原文   誹, 明惡也.

註解   ㅇ誹(비)-헐뜯다, 비난하다.

解說   이상 두 대목은 칭찬과 비난의 뜻을 추구한 말이다. 묵자는 늘 사람들에게 정의(正義)를 강조하면서, 칭찬과 비난의 작용을 중시하고 있다.

31. 드러낸다는 것은 진실을 따르는 것이다.

原文   擧, 擬實也.

註解   ㅇ擧(거)-드러내다, 사실을 밝히다. ㅇ擬實(의실)-진실을 본떠서 말하다, 사실을 따라 밝히다.

32. 말이란 드러내려는 것을 내놓는 것이다.

原文   言, 出擧也.

註解　○出(출)－내놓다, 표현하다.

33. 아직이란 그렇게 될 것임을 말하는 것이다.

原文　且, 言然也.

解說　묵자는 언행일치(言行一致)를 강조한다. 따라서 이상 세 대목은 말과 관계되는 개념들을 정리해본 것이다.

34. 임금이란 신하와 백성들에게 통하도록 약속된 것이다.

原文　君, 臣萌通約也.

註解　○萌(맹)－맹(氓)과 통하여, 백성들. ○通約(통약)－통하는 약속, 서로가 다 좋도록 약속한 것.

解說　임금과 신하는 모두 백성들과의 약속을 통하여 각자의 임무가 다르게 주어진 사람들이라는 것이다. 〈상동(尙同)〉편에도 보이는 묵자의 이른바 군장민약설(君長民約說)이다.

35. 공이란 백성들을 이롭게 하는 것이다.

原文　功, 利民也.

36. 상이란 윗사람의 아랫사람의 공로에 대한 보답이다.

原文 賞, 上報下之功也.

37. 죄란 금하는 것을 범한 것이다.

原文 罪, 犯禁也.

解說 죄를 정치적인 면에서 정의한 것이다.

38. 벌이란 윗사람의 아랫사람의 죄에 대한 보답이다.

原文 罰, 上報下之罪也.

解說 이상 네 대목은 정치 사회에 있어서의 공로와 죄악과 상벌은 무엇인가를 추구한 것이다. 묵자는 공로와 범죄에 대한 엄격한 상벌을 주장하고 있다.

39. 같다는 것은 다른 것들이 모두가 한가지라는 것이다.

原文 同, 異而俱於之一也.

註解 ㅇ俱於(구어)—모두가 ……에 있어서, 다같이 ……에. ㅇ之一(지일)—하나로 나아가다, 하나가 되다. '지'를 지시사로 보아도 통한다.

解說 같고 다른 것을 아는 것은 판단의 기본이 된다.

40. 오랫동안이란 다른 때까지 걸치는 것이다.

[原文] 久, 彌異時也.

[註解] ㅇ彌(미)-그치다, 오래 가다, 걸치다.

[解說] 오랫동안이란 시간의 흐름을 뜻한다.

41. 공간이란 다른 곳에까지 걸쳐있는 것이다.

[原文] 宇, 彌異所也.

[註解] ㅇ宇(우)-우주(宇宙), 공간(空間).

[解說] 이상 두 대목은 시간과 공간의 개념을 정리해본 말이다.

42. 궁하다는 것은 혹 앞이 있다 하더라도 한 자의 것도 받아들여지지 않는 것이다.

[原文] 窮, 或有前, 不容尺也.

[解說] 물건을 잴 경우를 두고 한 말인 듯하다.

43. 모두라는 것은 그렇지 않은 것이 없다는 것이다.

[原文] 盡, 莫不然也.

44. 시작이란 바로 그 때인 것이다.

|原文| 始, 當時也.

|註解| ○當時(당시)-바로 그 때.

45. 변화란 상태가 바뀌는 것이다.

|原文| 化, 徵易也.

|註解| ○徵(징)-징표(徵表), 드러나는 상태.　○易(역)-바뀌다.

|解說| 이상 네 대목도 시간과 공간에 관련되는 개념을 정리한 것이다. 43번의 '진(盡)'도 공간 속의 존재들을 생각하며 정리한 개념이라 보아야 한다.

46. 손상(損傷)이란 한 편이 없어지는 것이다.

|原文| 損, 偏去也.

|註解| ○偏(편)-한 편, 일부분.

47. 커진다는 것은 더해진다는 것이다.

|原文| 大, 益.

|解說| 이상 두 대목은 손상과 증대(增大)라는 상반되는 개념을 정리한 것이다.

48. 돌아간다는 것은 모두가 근본이 되는 것이다.

[原文] 儇, 稹柢.

[註解] ○儇(환)-환(環)의 잘못(《墨子閒詁》), 돌아가는 것. ○稹(구)-구(俱)의 잘못, 모두, 다같이. ○柢(저)-저(柢)의 잘못, 근본.

[解說] 돌아가는 것은 끝이 없다. 따라서 어느 때고 어느 지점이고 바로 그곳이 근본이 된다. 수레바퀴를 보기로 들더라도, 땅 위를 굴러갈 적에 어느 곳이고 언제건 땅에 닿아 있는 곳이 근본이 되고 있다는 것이다.

49. 창고에 있다 하더라도 변한다.

[原文] 庫, 易也.

[解說] 이 대목의 해설은 학자들에 따라 구구하다. '고'를 장(障), 곧 막는 것, 가리는 것의 뜻으로 보기도 하고(盧文弨·孫詒讓 등), '역'을 물(物)의 잘못(洪頤煊)으로 보기도 한다. 그러나 이들 글자의 일반적인 뜻을 따라, '고'는 창고 또는 저장하는 것으로 보고, '역'은 창고 안의 물건이 세월의 흐름을 따라 '변하는 것' 또는 '바뀌는 것'으로 봄이 좋겠다. 그것은 '천지(天地)는 만물(萬物)의 큰 창고'라는 사상을 밝힌 것이라 볼 수 있다. 글의 대의도 그럴싸하고, 〈경설〉편의 해설과도 연관이 제대로 된다.

50. 움직인다는 것은 옮아가는 것이다.

[原文] 動, 或從也.

|註解| ○從(종)-사(徙)의 잘못《墨子閒詁》, 옮겨가다.

51. 멈춘다는 것은 그대로 오래 있는 것이다.

|原文| 止, 以久也.

|註解| ○以(이)-이(已)의 뜻(畢沅 說), 이미, 그대로.

|解說| 위 두 대목은 사물의 움직임의 개념을 정리해본 것이다. 일반적인 묵자 판본에서는 이 대목이 맨 앞의 '1. 故, 所得而後成也.' 아래 바로 나오고 있다. 그러나 이는 '방행독법'에 따르면 밑의 난(欄)의 글이므로 다시 이 하란(下欄)으로 돌아와 읽게 된 것이다.

52. 반드시란 그만두지 않는 것이다.

|原文| 必, 不已也.

|註解| ○已(이)-그치다, 그만두다.

53. 평평하다는 것은 높이가 같은 것이다.

|原文| 平, 同高也.

54. 같다는 것은 길이가 바르게 서로 다하고 있는 것이다.

|原文| 同, 長以正相盡也.

[註解] ○疋(정)-정(正)의 옛 글자, '이정(以正)'은 바름으로써, 더하고 덜한 것 없이 바른 것. ○相盡(상진)-서로 다하다, 곧 모든 것이 끝나고 있는 것. '길이가 바르게 다하고 있다'는 것은 여러 가지 물건의 길이가 끝나는 곳이 모두 같다는 말이다.

55. 중간이란 길이가 같은 것이다.

[原文] 中, 同長也.

56. 두텁다는 것은 크기가 있다는 것이다.

[原文] 厚, 有所大也.

[解說] 이상 네 대목은 물건의 모양에 대한 여러 가지 개념을 정리한 것이다.

57. 해가 한낮이라는 것은 해가 정남쪽에 있는 것이다.

[原文] 日中, 疋南也.

58. 곧다는 것은 모두가 바르게 중복된다는 것이다.

[原文] 直, 參也.

[註解] ○參(참)-여러 가지 물건들이 똑같이 중복되는 것, 많은 물건들이

모두가 하나로 보이는 것.

59. 둥글다는 것은 한 중심으로부터의 길이가 같은 것이다.

原文   圜, 一中同長也.

註解   ○圜(환) – 원(圓)과 같은 뜻의 글자.

60. 네모라는 것은 기둥의 모퉁이 사방 길이가 같은 것이다.

原文   方, 柱隅四讙也.

註解   ○柱隅(주우) – 기둥의 네 모퉁이. ○讙(환) – 합(合)의 뜻(張惠言 說), '사환'은 사방의 길이가 같은 것.

61. 배라는 것은 둘을 포개놓은 것이다.

原文   倍, 爲二也.

62. 끝머리란 형체를 차례 없이 볼 적에 맨 앞의 것이다.

原文   端, 體之無序而最前者也.

註解   ○端(단) – 끝머리, 가. ○體(체) – 형체, 물체. ○無序(무서) – 차례가 없는 것, 멋대로 아무렇게나 택하는 것.

63. 사이가 있다는 것은 가운데가 있다는 것이다.

|原文| 有閒, 中也.

|註解| ㅇ閒(간)-사이, 공간.

64. 사이라는 것은 양편에 미치지 못하고 있는 것이다.

|原文| 閒, 不及旁也.

|註解| ㅇ閒(간)-사이, 중간. ㅇ旁(방)-가, 편, 양편, 양쪽 가.

65. 공간이란 중간이 비어있는 것이다.

|原文| 纑, 閒虛也.

|註解| ㅇ纑(노)-노(櫨)의 가차자(王引之 說)로, 나무와 나무 사이에 나무가 없이 비어있다는 것이 본뜻, 여기서는 '공간(空間)'을 뜻함.

|解說| 이상 13 조목은 대체로 기하학적(幾何學的)인 개념을 정리한 것이라 볼 수 있다.

66. 가득 찼다는 것은 있지 않은 곳이 없는 것이다.

|原文| 盈, 莫不有也.

67. 굳다는 것과 희다는 것은 서로 밀어내는 것이 아니다.

原文 堅白, 不相外也.

註解 ㅇ不相外(불상외)-서로 밀어내는 것이 아니다, 곧 한 가지 것일 수가 있다는 말이다.

解說 명가(名家)인 공손룡(公孫龍)이 '굳은 돌'과 '흰 돌'은 다른 것이 다라고 한 궤변(詭辯)을 반박한 것이다.

68. 마주친다는 것은 서로가 합쳐진다는 것이다.

原文 攖, 相得也.

註解 ㅇ攖(영)-마주치다, 부딪치다, 접촉하다. ㅇ相得(상득)-서로가 얻게 되다, 서로가 하나로 합쳐짐을 뜻한다.

解說 이 대목의 〈경설〉을 보면, 선(線)과 점(點) 및 굳은 것 흰 것과 그러한 물체의 마주침을 얘기하고 있다. 기하학적인 개념을 정리하면서, 그것을 궤변을 반박하는 근거로도 써본 것 같다. 그러나 여기에서는 기본적으로 기하학적인 접촉을 뜻할 것이다.

69. 견준다는 것은 두 가지를 서로 접촉시킬 적이 있고, 접촉시키지 않을 적이 있다.

原文 似, 有以相攖, 有不相攖也.

註解 ㅇ似(사)-〈경설〉을 근거로 이는 비(仳)의 잘못임을 알 수 있다. '비'는 비(比)와 같은 자로, 견주다, 비교하다의 뜻. ㅇ相攖(상영)-서로 접촉시키는 것, 곧 견주어 보기 위하여 직접 대어 보는 것. 따라서 불상영(不相攖)

은 직접 대어놓지는 않고 나란히 놓고서 견주어 보는 것.

解說 다른 두 물건을 견줄 때의 결과를 정리한 것이다.

70. 들러붙는 것은 사이가 없게 되는 것이며 서로 접촉하는 것이 아니다.

原文 次, 無閒而不攖攖也.

註解 ○次(차)-들러붙는 것. ○無閒(무간)-둘 사이에 틈이 없는 것. ○不攖攖(불영영)-불상영(不相攖)의 잘못(《墨子閒詁》), 서로 닿는 것.

解說 들러붙는 것과 접촉하는 것의 개념 차이를 정리해본 것이다.

71. 법이란 따르는 것이며, 그러해야만 하는 것이다.

原文 法, 所若而然也.

註解 ○若(약)-따르는 것, 순(順). ○然(연)-그러하다, 당연하다.

解說 앞 〈법의〉편 첫머리의 '천하에서 일을 하려는 사람은 법도가 없어서는 안된다.……'고 한 대목을 참조 바란다.

72. 순종이란 그러해야 하기 때문이다.

原文 佴, 所然也.

註解 ○佴(이)-버금간다는 것이 본뜻이나, 순(順)과 비슷한 뜻으로 쓰여

(畢沅 說), 순종하는 것.

73. 설이란 밝히는 수단인 것이다.

原文 説, 所以明也.

註解 ○所以(소이) – 근거, 수단, 방법.

74. 그것은 양편이 다 안된다고 해서는 안된다.

原文 攸, 不可, 兩不可也.

註解 ○攸(유) – 〈경설〉을 참고하면 피(彼)의 잘못, 저것, 그것.

解說 '그것'이란 논쟁을 하는 논제(論題)를 가리키는 듯하다. 다음 대목이 이 사실을 증명해 준다. 논쟁이 붙었을 때, 그 논제에 대한 주장은 어느 한 편은 옳다는 것이다.

75. 논변(論辯)이란 그것을 다투는 것이다. 논변에 이기는 것은 합당했기 때문이다.

原文 辯, 爭彼也. 辯勝, 當也.

註解 ○彼(피) – 그것, 여기에서도 논제(論題)를 가리킨다.

解說 이상 두 대목은 논쟁(論爭)과 관계되는 개념을 정리해 본 것이다.

76. 한다는 것은 지혜를 다하면서도 욕심에 끌리는 것이다.

原文 爲, 窮知而儽於欲也.

註解 ㅇ窮知(궁지)-지혜를 다하다. ㅇ儽(현)-현(懸), 매달리다, 걸리다, 끌리다.

解說 인간 행위의 기본 성격을 추구해본 말이다.

77. 이미는 이루어진 것과 없어진 것이다.

原文 已, 成亡.

78. 부린다는 것은 하라고 말하는 것과 하도록 하는 것이다.

原文 使, 謂故.

註解 ㅇ謂(위)-어떤 일을 하라고 말하는 것(《廣雅》; 謂, 指也, 指而告之也.). ㅇ故(고)-하도록 시키는 것(《說文》; 故, 使爲之也.).

79. 이름에는 달명(達名)과 유명(類名)과 사명(私名)이 있다.

原文 名, 達類私.

註解 ㅇ達(달)-달명(達名), 모든 것에 적용되는 명사.《순자(荀子)》정명(正名)편의 대공명(大共名)과 같은 것으로 '물(物)'과 같은 명사이다. ㅇ類(류)-유명(類名), 같은 종류의 것들에 통용되는 명사,《순자》의 대별명(大別名)과 같은 말로, '조(鳥)'·'수(獸)' 같은 명사이다. ㅇ私(사)-사명(私名), 고

유명사(固有名詞).

解說 명사를 보통명사와 고유명사로 구분해 본 것이라 할 수 있다.

80. 말한다는 것은 명명(命名)하는 것과 드러내는 것과 더 보태는 것이다.

原文 謂, 移擧加.

註解 ○移(이)-〈경설〉을 근거로 하면 명(命)의 잘못이다. 명명(命名)하는 것. ○擧(거)-어떤 사실을 드러내는 것, 앞 '31' 참조. ○加(가)-가하다, 더 보태다.

解說 말하는 것이란 무엇인가. 그 기본 성격을 추구해본 것이다.

81. 안다는 것은 들어서 아는 것, 살펴봄으로써 아는 것, 친히 경험해서 아는 것이 있는데, 이름과 실물이 합하여 이루어진다.

原文 知, 聞說親, 名實合爲.

註解 ○說(열)-열(閱)과 통하여, 살펴보는 것. ○親(친)-친히 경험하는 것.

解說 사람이 안다는 것은 어떤 것인가 추구해본 것이다.

82. 듣는 것에는 전하여 듣는 것이 있고, 친히 듣는 것이 있다.

原文 聞, 傳親.

83. 보는 것에는 형체의 일부를 보는 것이 있고, 전체를 다 보는 것이 있다.

原文　見, 體盡.

註解　○體(체)-〈경설〉을 참고로 할 때 형체의 특수한 일부분이다. ○盡(진)-모두, 전체.

解說　이상 두 대목은 사람이 듣고 보는 문제를 정리한 것이다.

84. 합치되는 데에는 바르게 합치되는 것이 있고, 적절하게 합치되는 것이 있고, 반드시 합치되는 것이 있다.

原文　合, 正宜必.

註解　○正(정)-정(正). ○宜(의)-적절한 것, 합당한 것.

解說　도리(道理) 또는 원리(原理)에 맞는다는 것은 어떤 것인가를 추구한 말인 듯하다.

85. 요량(料量)한다는 것은 바라는 것은 올바르게 이익을 헤아리고, 또한 싫어하는 것은 바르게 해로움을 헤아리는 것이다.

原文　權, 欲正權利, 且惡正權害.

註解　○權(권)-요량하다, 헤아리다. ○正(정)-정(正).

解說　사람들이 일을 요량하는 행위가 무엇 때문인가 정리해본 것이다.

86. 행위란 존재케 하는 것과 없애는 것과 바꾸는 것과 탕진(蕩盡)하는 것과 다스리는 것과 변화시키는 것이다.

原文   爲, 存亡易蕩治化.

87. 같은 것에는 중복되는 것과 전체적인 것과 같이 합쳐져 있는 것과 종류가 같은 것이 있다.

原文   同, 重體合類.

解說   〈경설〉에 의하면 '중'이란 실지는 같은 것인데 이름만이 다른 것이다. '체'란 함께 동물이나 생물 속에 속하는 것 같은 경우이고, '유'란 보다 작은 종류에 함께 속하는 것이다. 그리고 '합'은 집의 방안에 같이 합쳐져 있는 것 같은 것이라 하고 있다.

88. 다르다는 것은 두 가지인 것과 개체(個體)가 같지 않은 것과 서로 합치되지 않은 것과 종류가 같지 않은 것이다.

原文   異, 二, 不體, 不合, 不類.

註解   ○합(合)-합치되다, 들어맞다.

89. 같은 것과 다른 것을 모두 터득해야 있고 없는 것을 알게 된다.

原文   同異交得, 放有無.

註解   ○交得(교득)-서로 터득하다, 모두 터득하다. ○放(방)-지(知)의 잘

못(《墨子閒詁》), 알다.

90. 듣는 것은 귀가 밝은 것이다.

[原文] 聞, 耳之聰也.

91. 들은 것을 따라서 그 뜻을 터득하는 것은 마음이 살펴서 아는 것이다.

[原文] 循所聞而得其意, 心之察也.

[註解] ○循(순)-따르다, 좇다.

[解說] 장순일(張純一)은 《묵자한고전(墨子閒詁箋)》에서 이 대목은 앞 대목의 〈경설〉인데 〈경〉 속에 잘못 끼어든 것이라 하였다.

92. 말한다는 것은 입이 잽싼 것이다.

[原文] 言, 口之利也.

93. 말하는 것을 근거로 하여 뜻을 드러낼 수 있는 것이 마음의 변설(辯說)이다.

[原文] 執所言而意得見, 心之辯也.

[註解] ○執(집)-잡다, 근거로 하다. ○見(현)-드러내다, 나타내다.

解說 장순일은 이 대목도 앞 대목의 〈경설〉이 잘못 여기에 끼어든 것이라 하였다. 문맥으로 보아 그럴싸하다.

94. 응낙(應諾)은 한결같아서는 안되며, 유리하게 사용해야 한다.

原文 諾, 不一, 利用.

95. 설복시키려면 상대방이 숨기고 있는 뜻을 파악해야 한다.

原文 服, 執說.

註解 ○服(복)-설복(說服), 굴복(屈服). ○執(집)-잡다, 파악하다. ○說(나)-상대방이 숨기고 있는 마음속의 뜻.

96. 교묘하다는 것은 전하여지는 법도로서 그 근거를 추구하는 것이다. 법이 같을 경우에는 그 같은 점을 살펴야 하고, 법이 다를 경우에는 그 합당한 점을 살펴야 한다.

原文 巧, 轉則求其故. 法同則觀其同, 法異則觀其宜.

註解 ○轉則(전칙)-'전'은 전(傳)의 잘못(《墨子閒詁》). 전하여지는 법도, 전수된 방법. ○故(고)-일을 해결하거나 물건을 만드는 원칙.

解說 사람들의 행위가 교묘하다는 것은 무엇을 뜻하는가 추구해본 것이다.

97. 금지한다는 것은 다른 도리를 근거로 하는 것이다.

原文 止, 因以別道.

98. 바른 데에는 그릇됨이 없다.

原文 正, 無非.

99. 이 글은 읽을 적에 방행(旁行)으로 읽어라.

原文 讀此書旁行.

解說 본시 이 대목은 '정, 무비(正, 無非)'의 윗란에 있던 것이며, 손이양(孫詒讓)에 의하면 이 대목은 "후세 사람이 이 책을 교정하면서 이 편 끝에 붙여 써놓았던 것인데, 이 글을 베끼는 사람이 잘못하여 본문에 집어 넣은 것이다."고 설명하고 있다. 그렇지만 손이양은 이 구절을 근거로 하여 앞에서 이미 설명한 바와 같은 방행독법(旁行讀法)을 발견한 것이다.

제41 경편(經篇)(下)

1. 시비를 멈추게 하려면 같은 종류의 것으로 사람들을 설복하여야 한다. 이유는 이치가 같다는 데 있다.

제41 경편(經篇)(下) 481

原文　止, 類以行人, 說在同.

註解　o止(지)－〈경설〉편을 참조하면 이는 시비나 논쟁을 멈추게 하는 것임을 알 수 있다. o行人(행인)－사람들에게 행하다, 사람들에게 말하다, 사람들을 설복하다. o說(설)－이론, 이유.

解說　'설재동'은 같은 종류의 것을 들어 상대방에게 말하면 사리(事理)나 이치 또는 말하는 기준이 같기 때문에 상대방도 그의 말에 동의하여 논쟁을 더 이상 하지 않게 된다는 뜻이다.

2. 네 발 짐승과 소와 말은 이론을 달리하여 논하여야 하니, 같은 종류로 이론을 밀고 나가기는 어렵다. 이유는 그 분류의 크고 작은 차이 때문이다.

原文　駟異說, 推類之難. 說在之大小.

註解　o駟(사)－〈경설〉편을 참고할 때 이는 '사족우마(四足牛馬)'의 네 글자가 잘못 한 글자로 합쳐진 것인 듯하다(楊葆彝 說).

解說　앞에서 논쟁을 중지시키기 위해서는 같은 종류의 것을 들어 상대방을 설복하여야 한다 하였다. 그러나 실제로 같은 종류의 것을 든다는 것은 그리 쉬운 일이 아니라는 뜻이다.

3. 사물은 모두 다르지만 이름은 같다. 그것은 둘과 싸우는 것, 좋아하는 것, 먹는 것과 부르는 것, 흰 것과 보는 것, 고운 것과 흉악한 것, 발과 신 따위이다.

原文　物盡同名, 二與鬪, 愛食與招, 白與視, 麗與, 夫與履.

註解 ○招(초)-부르다, 초청하다. 〈경설〉을 참고하면 초신(招神), 곧 신을 내리게 한다는 뜻이다. ○視(시)-묘(眇)의 뜻으로, 애꾸눈. ○麗與(려여)-〈경설〉을 참고하면 뒤에 '포(暴)'자가 빠져 있다. '포'는 포악한 것, 흉악한 것, '여'의 반대되는 뜻이다. ○夫(부)-부(趺)와 통하여, 발. ○履(리)-신. 〈경설〉에는 구(屨)로 되어있으나 같은 뜻임.

解說 실지로는 다른 물건인데도 이름은 서로 같은 것들이 많다. 첫째, 두 사람이 함께 하는 것과 싸우는 것은 모두 두 사람이 하는 것이지만 실지에 있어서는 서로 전혀 다른 것이다. 둘째, 좋아하는 것도 여러 가지가 있지만 실지로 그 물건들은 서로 다른 것들이다. 셋째, 귤과 띠풀은 먹기도 하고 신을 내리게 하는 제사에도 쓰이지만 실은 서로 전혀 다른 것이다. 넷째, 흰말과 애꾸눈의 말은 다 같이 말이기는 하나 실지에 있어서는 크게 차이가 난다. 흰말은 흔하고 애꾸눈의 말은 드물다. 다섯째, 고운 물건이나 미인과 포악한 물건이나 추악한 사람은 다 같은 물건이고 사람이지만 실지로는 크게 서로 다르다. 이밖에도 비슷한 세 가지 보기를 더 들고 있다. 이상 대체로 〈경설〉편의 해설을 따라 설명한 것이다.

4. 하나에서 그 일부를 버리고도 본시 그러하다고 말해도 된다. 이유는 근거가 있기 때문이다.

原文 一, 偏棄之, 謂而固是也. 說在因.

註解 ○偏棄之(편기지)-그 일부를 버리는 것. ○固是(고시)-본시 그러하다, 변화가 없는 것을 말함.

5. 일부분을 떼어내어 둘이라 하면 안 된다. 이유는 이미 본 것과 함께 하는 성질 때문이다. 하나와 둘은 너비와 길이 같은 것이다.

[原文] 不可偏去而二. 說在見與俱. 一與二, 廣與脩.

[解說] 이상 다섯 대목은 학자에 따라 해석이 구구하다. 대체로 사물에 대한 우리 언어의 표현 문제를 여러 각도에서 추구해 본 것인 듯하다.

6. 할 수 없다고 하더라도 해가 되지는 않는다. 이유는 해 자체에 있다.

[原文] 不能而不害. 說在害.

7. 다른 종류의 것은 비교하지 않아야 한다. 이유는 그 양 때문이다.

[原文] 異類不吡. 說在量.

[註解] ○吡(비)—비(比), 비교하는 것. ○量(량)—부피뿐만이 아니라 무게·길이·다소 등을 다 포함하는 말임.

8. 일부분을 떼어내도 더 적어지지 않는 수도 있다. 이유는 그 본래대로이기 때문이다.

[原文] 偏去莫加少. 說在故.

[註解] ○故(고)—옛것, 본디 모습.

[解說] 바다나 강물 또는 흙과 모래 따위를 두고 한 말일 것이다.

9. 가짜는 반드시 어긋나게 된다. 이유는 그렇지 않다는 데 있다.

[原文] 假必誖. 說在不然.

[註解] ○誖(패)-어지럽다, 어긋나다. 진실로부터 어긋나는 것.

10. 사물이 그러한 까닭과 그 까닭을 아는 것과 그 까닭을 사람들에게 알도록 하는 것은 반드시 같지 않다. 그 이유는 병을 통해서 안다.

[原文] 物之所以然, 與所以知之, 與所以使人知之, 不必同. 說在病.

11. 의심을 하게 되는 경우는 어떤 일을 하는 사람을 만났을 때, 어떤 일을 순조롭게 잘 하는 사람을 보았을 때, 어떤 일을 우연히 만났을 때, 과거의 일에 부딪쳤을 때이다.

[原文] 疑, 說在逢, 循, 遇, 過.

[註解] ○說(설)-이 대목에선 '이유'가 아니라 '경우'로 번역하였다. ○逢循遇過(봉순우과)-의심을 하게 되는 네 가지 경우이다. 뜻이 분명치 않으나 대체로 〈경설〉편의 해설을 참조하여 번역하였다.

12. 두 가지를 합하여 하나로 할 적에 어떤 것은 잘 합쳐지지만 어떤 것은 합쳐지지 않는다. 이유는 서로 거부하는 데 있다.

[原文] 合與一, 或復否. 說在拒.

|註解| ○拒(거)-거부하는 것. 두 가지 사물의 성격이 합쳐지기를 거부하느냐 거부하지 않느냐에 따라 잘 합쳐지느냐 잘 합쳐지지 않느냐가 결정된다는 것이다.

13. 구분을 한다 해도 물건은 일체이다. 이유는 모두를 하나로 볼 수도 있고, 하나하나 따로 볼 수도 있기 때문이다.

|原文| 歐, 物一體也. 說在俱一, 惟是.

|註解| ○歐(구)-구(區)와 통하여, 구분하다, 구별하다. ○俱一(구일)-여러 가지 것들을 하나로 취급하는 것, 소와 말을 가축이나 동물이라 하는 경우이다. ○惟是(유시)-하나하나 그 존재를 따로 인정하는 것이다. 곧 소는 소로, 말은 말로 달리 취급하는 경우이다.

14. 공간은 옮겨다닐 수도 있다. 이유는 공간이 멀리에도 뻗어있고 오랫동안 존재하기도 하기 때문이다.

|原文| 宇或徙. 說在長宇久.

|註解| ○宇(우)-공간. ○徙(사)-옮겨가다, 이동하다. ○長宇(장우)-공간에 긴 거리가 있는 것. ○久(구)-시간상으로 오래 가는 것.

15. 두 사람이 거울 앞에 서면 모습이 비추어지지만, 많은데도 적은 듯이 보일 적이 있다. 이유는 거울면이 모자라기 때문이다.

|原文| 二, 臨鑑而立, 景到, 多而若少. 說在寡區.

486 묵자(墨子)

[註解] ○鑑(감)-거울. ○景到(경도)-사람 모습이 거울에 비치는 것. ○寡區(과구)-장혜언(張惠言)은 '구'는 소(所)의 뜻이라 하였다. 거울면으로 '과구'는 거울면이 모자라는 것을 뜻하는 듯하다.

16. 거울 앞에 섰을 적에 영상이 하나는 작으면서도 비뚤어지고, 하나는 크면서도 반듯하다. 이유는 거울 가운데로부터 바깥쪽에 비추는가 안쪽에 비추는가이다.

[原文] 鑑位, 景一小而易, 一大而正. 說在中之外內.

[註解] ○鑑位(감위)-거울 앞에 서다. 임감립(臨鑑立)의 잘못으로 본 이도 있다(王念孫). ○景(경)-거울에 비치는 영상. ○易(이)-비뚤어지는 것. ○中之外內(중지외내)-모습이 거울의 중앙에 비치고 있는가 그 바깥쪽에 비치고 있는가를 뜻한다.

17. 거울은 둥글고 영상은 하나이다.

[原文] 鑒團景一.

[解說] 이런 글들을 놓고 일부 학자들은 광학(光學)이라 크게 내세우고 있지만 정확한 뜻도 알기 어렵다.

18.

[原文] 不堅白. 說在.

[解說] 장혜언(張惠言)이 떨어져나간 글귀가 있는 듯하다고 하였다. 무

슨 말인지 알 수 없는 대목이다.

19. 시간이 없다는 것과 공간은 굳은 것과 흰 것의 관계와 같다. 이유는 서로 의존하는 데 있다.

原文 無久與宇堅白. 說在因.

註解 ○久(구)-오래 가는 것, 곧 시간. ○堅白(견백)-돌이 굳고 흰 것. 같은 돌을 놓고 굳은 것과 흰 것을 구분하는 것처럼, 시간과 공간의 관계도 서로 같은 데서 생겨나는 다른 개념에 불과하다는 것이다. ○因(인)-원인, 서로 의존하여 바탕이 되고 있는 것.

解說 《묵자한고》에서도 '무구여우(無久與宇)'와 '인(因)'의 뜻은 알 수가 없다 하였고, 학자들에 따라 여러 가지 해석을 하고 있으나, 역자 나름대로 최선을 다하여 풀어보았다.

20. 여러 가지 그러한 것은 그러하지 못한 것과 함께 살펴야 한다. 이유는 바로 당시의 사정에 대하여 살피고 미루어 나아가야 하기 때문이다.

原文 在諸其所然, 未者然. 說在於是推之.

註解 ○在(재)-살피다, 잘 살피다. ○所然(소연)-그러한 것, 그렇게 된 것. ○未者然(미자연)-그렇게 되지 못한 것. ○是(시)-이것, 바로 그 당시의 조건이나 사정.

解說 어떤 일이든 잘된 것은 잘되지 못한 것과 함께 살펴야 한다. 그때그때의 사정이나 여건이 모두 같지 않기 때문이다.

21. 그림자는 이동하지 않는다. 이유는 언제나 다시 비추어지는 것이기 때문이다.

原文 景不徙. 說在改爲.

註解 ○景(영)-그림자, 영(影).

22. 멈추어 있는 그림자는 두 가지가 있다. 이유는 겹쳐지는 데 있다.

原文 住景, 二. 說在重.

註解 ○住(주)-멈추어 있는 것. 위(位)의 잘못으로 립(立)의 뜻이라 보기도 한다(墨子閒詁). ○二(이)-본영(本影)과 부영(副影)의 두 가지를 말하는 듯.

23. 그림자가 거꾸로 비치는 것은 한 점이 있는 곳에서 광선이 교차하고 다시 그림자를 길게 가서 비추기 때문이다. 이유는 점에 있다.

原文 景到, 在午有端, 與景長. 說在端.

註解 ○到(도)-거꾸로 비치는 것, 도(倒). ○午(오)-교차(交叉)하는 것. ○端(단)-점(點), 작은 구멍을 뜻한다.

解說 밀실 같은 곳에서 작은 구멍을 통하여 빛을 비추면 반드시 그림자가 거꾸로 비추어진다.

24. 그림자가 해를 마중하는 수도 있다. 이유는 되돌아 비치기 때문이다.

|原文| 景迎日. 說在搏.

|註解| ㅇ迎日(영일)−해를 마중한다, 곧 그림자가 해가 있는 쪽으로 뻗는 것. ㅇ搏(단)−빛이 되돌아 비치다, 곧 빛이 반사(反射)하는 것을 가리킨다.

25. 그림자에는 작은 경우와 큰 경우가 있다. 이유는 물건이 비뚤어지고 바르고 한 것과 멀리 있고 가까이 있고 한 데 있다.

|原文| 景之小大. 說在地舌遠近.

|註解| ㅇ地(지)−이(柂)의 잘못(《墨子閒詁》), 이(迤)와 통하여 비뚤어진 것. ㅇ舌(정)−정(正).

26. 크면 반드시 바르게 비추어진다. 이유는 받아들이는 데 있다.

|原文| 天而必舌. 說在得.

|註解| ㅇ天(천)−대(大)의 잘못, 거울에 영상이 크게 비치는 것. ㅇ得(득)−얻다, 받아들이다, 빛을 제대로 받아들이는 것.

|解說| 이상 여섯 대목도 모두 광학(光學)에 관한 말들이어서 흥미를 끈다.

27. 엎어놓아도 구부러지지 않는 수가 있다. 이유는 견디어 내기 때문이다.

|原文| 貞而不撓. 說在勝.

註解 ㅇ貞(정)-〈경설〉편을 참고할 때, 부(負)의 잘못, 물건을 얹어놓는 것. ㅇ撓(요)-구부러지다. ㅇ勝(승)-이겨내다, 견디어 내다.

解說 막대기 같은 것을 걸쳐놓고 그 위에 무거운 물건을 얹어놓아도 구부러지지 않는 수가 있다. 그것은 막대기가 물건의 무게를 잘 이겨내기 때문이다.

28. 들어올리는 것과 내려놓는 것은 정반대이다. 이유는 가해지는 힘 때문이다.

原文 契與枝板. 説在薄.

註解 ㅇ契(계)-결(挈)의 잘못(張惠言 說), 들어올리는 것. ㅇ枝(지)-수(收)의 잘못(張惠言 說), 내려놓는 것. ㅇ板(판)-반(仮)의 잘못(《墨子閒詁》), 반(反)의 뜻. ㅇ薄(박)-권(權) 또는 박(迫)의 뜻으로 힘을 가하는 것.

29. 비뚤게 되면 바로잡을 수가 없다. 이유는 삐딱하기 때문이다.

原文 倚者不可正. 説在剃.

註解 ㅇ倚(의)-비뚤은 것, 기울어진 것. ㅇ剃(체)-제(梯)의 잘못, 한 모퉁이가 없는 것, 삐딱한 것.

解說 삐딱하다는 것은 결국 균형이 맞지 않는 것을 뜻한다. 균형이 맞지 않는 것은 바로잡을 수가 없다.

30. 기둥은 반드시 안정되게 세워진다. 이유는 초석(礎石)을 잘 놓기

때문이다.

[原文] 推之必往. 説在廢材.

[註解] ○推(추)―〈경설〉편을 참고하면, 주(柱)의 잘못, 기둥. ○往(왕)―주(住)의 잘못《墨子閒詁》), 안정되는 것, 꿈적 않게 하는 것. ○廢(폐)―치(置)의 뜻, 잘 놓는 것. ○材(재)―〈경설〉의 '방석(方石)', 곧 초석(礎石)을 뜻한다.

[解說] 이상 네 대목은 물리학적인 문제들을 추구해본 말인 듯하다.

31. 사는 것에는 비싼 것이란 없다. 이유는 그 값이 변하기 때문이다.

[原文] 買無貴. 説在仮其賈.

[註解] ○仮(반)―반(反)과 통하는 자, '반'은 변(變)의 뜻. ○賈(가)―가(價)와 통하여, 값.

32. 값이 적절하면 곧 팔린다. 이유는 잘되었기 때문이다.

[原文] 賈宜則讐. 説在盡.

[註解] ○賈(가)―가(價), 값. ○讐(수)―수(售)와 통하여, 팔리는 것. ○盡(진)―다하다, 〈경설〉에 의하면, 안 팔릴 조건이 다 없어지는 것.

33. 이유 없이 두려워하게도 된다. 이유는 확실성이 없기 때문이다.

[原文] 無説而懼. 説在弗心.

[註解] ○說(설)—이유, 까닭. ○懼(구)—두려워하다. ○弗心(불심)—자신이 없는 것(張惠言 說). 그러나 '심'을 필(必)의 잘못으로 보고, 확실성이 없는 것으로 본 손이양(孫詒讓)의 해석이 좋은 듯하다.

34. 의혹은 이름에 착오를 일으키기 때문이다. 이유는 실질 때문이다.

[原文] 或, 過名也. 說在實.

[註解] ○或(혹)—혹(惑)과 통하여, 의혹(疑惑).

35. 그것이 아니라는 것을 아는 것으로 쓰기에 충분하다고 하는 것은 잘못이다. 이유는 어찌할 수가 없다는 데 있다.

[原文] 知之否之, 足用也, 諄. 說在無以也.

[註解] ○否(부)—아닌 것, 잘못된 것. ○足用(족용)—쓰기에 충분한 것, 그대로 일하기에 족한 것. ○諄(순)—패(誖)의 잘못(張惠言 說), 어긋나다, 잘못되다. ○無以(무이)—어찌할 수가 없다, 까닭을 모르다.

[解說] 이상 다섯 대목은 물건을 매매할 적을 비롯하여 여러 경우의 심리학적인 문제를 추구해본 말인 듯하다.

36. 말을 하여 논변(論辯)으로 이기지 못한다면 반드시 합당하지 못한 것이다. 이유는 논변의 성격에 있다.

[原文] 謂, 辯無勝, 必不當. 說在辯.

37. 사양하지 않는 일이 없는 것은 안 될 일이다. 이유는 위태로워지는 데 있다.

原文　無不讓也, 不可. 說在始.

註解　ㅇ始(시)-〈경설〉을 참조하면 태(殆)의 잘못인 듯(《墨子閒詁》), 위태로워지다.

38. 한 가지 일에 대하여 아는 경우가 있고 알지 못하는 경우가 있다. 이유는 존재 성격 때문이다.

原文　於一, 有知焉, 有不知焉. 說在存.

39. 둘에서 손가락으로 가리키면 도망칠 수가 없다. 이유는 둘이 겹쳐지기 때문이다.

原文　有指於二, 而不可逃. 說在以二絫.

註解　ㅇ指(지)-손가락질하다, 가리키다, 지시하다. ㅇ絫(류)-포개다, 겹치다.

40. 알고 있으면서도 손가락으로 가리키지 못하는 경우가 있다. 이유는 마음이 산란하기 때문이니, 도망친 신하, 개, 잃어버린 물건 같은 경우이다.

原文　所知而弗能指. 說在春也, 逃臣, 狗犬, 貴者.

[註解] ○春(춘)-준(惷)과 통하여, 마음이 산란한 것, 마음이 어수선한 것. ○貴者(귀자)-'귀'는 〈경설〉을 참고할 적에 유(遺)의 잘못(楊葆彝 說), 따라서 잃어버린 물건, 유실물(遺失物).

41. 개는 알면서도 스스로 멍멍이는 알지 못한다고 한다면 잘못이다. 이유는 중복되는 데에 있다.

[原文] 知狗, 而自謂不知犬, 過也. 説在重.

[註解] ○狗(구)-견(犬)과 같은 '개'의 뜻이다. 번역은 '개'와 '멍멍이'로 다르게 하였다.

42. 상대방 뜻에 통한 뒤에야 대답해야 한다. 이유는 그것을 누구에게 말하는지도 알지 못할 것이기 때문이다.

[原文] 通意後對. 説在不知其誰謂也.

[註解] ○通(통)-통달하다, 상대방의 뜻을 잘 파악하는 것.

43. 존재하는 곳과 존재하는 사람은 존재란 점에 있어서 누가 존재하는 것일까?

[原文] 所存與者, 於存與孰存?

[註解] ○所存(소존)-있는 곳, 존재하는 장소. ○與者(여자)-중간에 존(存)자가 빠져 있다(張惠言 說), ……과 있는 사람, 존재하는 사람.

解說 이상 여덟 대목은 논쟁할 때의 논리 문제를 추구하여 정리한 말이다.

44. 오행은 언제나 이기는 것은 아니다. 이유는 적절함에 있다.

原文 五行毋常勝. 說在宜.

註解 ㅇ五行(오행) – 금(金)·수(水)·토(土)·화(火)·목(木)의 다섯 가지. ㅇ勝(승) – 오행상승설(五行相勝說)의 '승'이다. 물은 불을 이기고, 불은 쇠를 이기고, 쇠는 나무를 이기고, 나무는 흙을 이기고, 흙은 물을 이긴다는 것이다.

解說 오행은 서로 이긴다고 하지만 언제나 이기는 것이 아니다. 적절한 조건이 갖추어지지 않으면 이기지 못할 적도 많다는 것이다. 보기로 불이 쇠를 이긴다고 하지만 작은 불로 큰 쇠를 이길 수 있는 것은 아니다.

45. 악한 짓을 하려는 생각이 없다면 이익과 손실에 잘 대처할 수가 있다. 이유는 적절함에 있다.

原文 無欲惡之爲益損也. 說在宜.

註解 ㅇ無欲惡(무욕악) – 악한 짓을 하려는 생각이 없는 것, 악한 생각을 버리는 것. ㅇ爲益損(위익손) – 이익과 손실에 잘 대처하다.

解說 이 대목은 학자들의 해석이 여러 가지이나, 장혜언(張惠言)의 의견이 가장 적절하게 여겨져 대체로 따랐다.

46. 덜어도 해가 되지 않는 수가 있다. 이유는 여유에 있다.

原文 損而不害. 說在餘.

47. 앎이 오관(五官)에 의하지 않는 경우가 있다. 이유는 시간 같은 것이 있기 때문이다.

原文 知而不以五路. 說在久.

註解 ○五路(오로)-지각의 다섯 가지 경로, 곧 오관(五官). ○久(구)-오래 가는 것, 시간. 시간은 오관으로 아는 것이 아니다.

48. 불이 뜨겁지 않은 수도 있다. 이유는 보고 있기 때문이다.

原文 必熱. 說在頓.

註解 ○必熱(필열)-〈경설〉을 참고하면 '화불열(火不熱)'이어야 옳다《墨子閒詁》), 불이 뜨겁지 않은 것. ○頓(돈)-도(覩)의 잘못인 듯《墨子閒詁》), 눈으로 보는 것.

49. 그가 알지 못하던 것도 아는 수가 있다. 이유는 이름으로 취하여 알기 때문이다.

原文 知其所以不知. 說在以名取.

註解 ○以名取(이명취)-알고 있는 이름 또는 명사를 취하여 알게 되다.

|解說| 자신이 알고 있는 지식을 바탕으로 하여 올바른 판단을 할 수 있음을 뜻하는 말일 것이다.

50. 무란 반드시 유를 근거로 하는 것이 아니다. 이유는 말하는 방법에 달려있기 때문이다.

|原文| 無, 不必待有. 說在所謂.

|解說| 있고 없는 것은 상대적인 개념이지만, 없다는 개념은 있다는 개념 없이도 말하는 방법에 따라서는 성립될 수가 있다는 것이다. 〈경설〉에서는 하늘이 무너지는 것을 보기로 들고 있다. 하늘은 무너진 일이 없었지만, 그것은 없는 것이라는 것이다.

51. 대체적인 생각은 의심하지 않아야 한다. 이유는 있을 수도 있고 없을 수도 있는 것이기 때문이다.

|原文| 攉慮不疑. 說在有無.

|註解| ㅇ攉(탁)-각(攉)의 잘못《墨子閒詁》), 대범(大凡), 대강, 대체적.

52. 막 그렇게 되려 할 적에는 바로잡을 수가 없으나, 일을 하는 데에는 해가 되지 않는다. 이유는 적절함에 있다.

|原文| 且然, 不可正, 而不害用工. 說在宜.

|註解| ㅇ且然(차연)-막 그렇게 되고 있다, 지금 그러한 상태가 되고 있다.

○用工(용공) – 일을 하다, 종사(從事)와 같은 말.

[解說] 막 그렇게 되고 있는 순간에는 그것이 잘못되었다 하더라도 바로잡을 수는 없다는 것이다. 그러나 바로잡아 보려는 노력은 아무런 해도 되지 않는다는 것이다. 그 이유는 바로잡으려는 시기가 적절하지 못한 때문에 바로잡을 수가 없는 것이고, 사람의 노력은 적절함을 조금도 손상시키지는 않을 것이기 때문이다.

53. 물건을 달 때, 저울 끈이 끊어질까 끊어지지 않을까? 그 원인은 다는 물건에 달려 있다.

[原文] 均之絶不. 説在所均.

[註解] ○均(균) – 물건의 무게를 다는 것. ○絶不(절부) – 저울의 줄이 끊어지는 경우와 끊어지지 않는 경우.

54. 요임금의 뜻은 지금까지도 살아있지만 옛날에 행해진 것이어서 시대에 따라 다르다. 이유는 뜻하는 바에 달려있기 때문이다.

[原文] 堯之義也, 生於今而處於古, 而異時. 説在所義.

[解說] 같은 말이라 하더라도 말의 뜻이 시대에 따라 달라졌음을 지적한 말이다.

55. 개는 멍멍이이다. 그러니 개를 죽인 것은 멍멍이를 죽인 것이 아니라고 하는 것은 안 된다. 이유는 중복되는 데 있다.

제41 경편(經篇)(下) 499

[原文] 狗, 犬也. 而殺狗非殺犬, 也可. 說在重.

[註解] ○也可(야가) – 고형(高亨)의 《묵자교전(墨子校詮)》을 따라 '불가(不可)'의 잘못으로 보았다.

[解說] 명가(名家)의 '개〔狗〕는 멍멍이〔犬〕가 아니다'라는 궤변을 반박한 대목이다. 그것을 강조하기 위하여 '구비견(狗非犬)'의 '구견' 앞에 각각 '살(殺)'자를 하나 덧보탠 것이다.

56.
[原文] 使殷美. 說在使.

[解說] '사은미'가 무슨 뜻인지 알 수가 없다. 장혜언(張惠言)이 억지 해설을 하고 있으나 타당치 않은 듯하고, 거의 모든 학자들이 잘 모르겠다 하고 있다.

57. 초(楚)나라는 커서 그곳의 호수는 얕다. 존재하고 있는 규모 때문이다.

[原文] 荊之大, 其沈淺也. 說在具.

[註解] ○荊(형) – 초(楚)나라의 별칭. ○沈(침) – 항(沆)의 잘못(《墨子閒詁》), 택(澤), 못, 호수. ○具(구) – 〈경설〉에는 패(貝)로 되어 있으나 모두 유(有)의 잘못, 존재하고 있는 규모.

[解說] 초나라 땅은 매우 넓어서 그 나라의 호수는 나라 땅에 비하여 얕다고 표현할 수 있다. 2m 깊이의 연못이라도 좁은 공간에 있다면 그것은

깊은 것이지만, 넓은 들판에 있다면 깊다고 할 수 없는 것이다.

58. 기둥을 가지고 단(摶)을 만든다면 그것을 두고 무지하다고 할 것이다. 이유는 뜻으로 헤아리는 데 달려있기 때문이다.

原文 以檻爲摶, 於以爲無知也. 說在意.

註解 ㅇ檻(함)-〈경설〉을 참고하면 영(楹)의 잘못, 기둥. ㅇ摶(단)-뒤의 〈비성문(備城門)〉편에 보이는 가는 나무를 다발로 묶어놓은 것, 불을 붙이는 데 썼다.

59. 뜻은 알 수가 없다. 이유는 쓸 수 있는 경우가 반대될 수도 있기 때문이다.

原文 意未可知. 說在可用過件.

註解 ㅇ過件(과오)-'과'는 우(遇)의 잘못, 만나는 것, 경우, 조우(遭遇). '오'는 오(悟), 거슬리는 것, 어긋나는 것, 반대가 되는 것.

60. 하나는 둘보다 적지만 다섯보다 많을 수도 있다. 이유는 자리를 매기는 데 있다.

原文 一少於二, 而多於五. 說在建.

註解 ㅇ建(건)-자리를 매기다. 열하나, 스물하나가 되면 하나가 다섯보다 많다.

61. 반을 계속 잘라나간다면 곧 움직일 수 없게 된다. 이유는 가 때문이다.

原文 非半弗斱, 則不動. 說在端.

註解 ㅇ斱(작)−작(斫)·작(斷)과 같은 자, 쪼개다, 자르다.

解說 '어떤 물건이든 반을 자른다면 영원히 계속해서 반을 잘라도 없어지지 않는다'고 한 명가(名家)의 궤변을 반박하기 위한 말인 듯하다. 물건이란 가가 모두 있기 때문에 가는 다시 자를 수가 없는 것이라는 뜻일 것이다.

62. 없을 수가 있지만, 그것이 있었기 때문에 부정할 수가 없는 게 있다. 이유는 일찍이 그러한 것이 있기 때문이다.

原文 可無也, 有之而不可去. 說在嘗然.

註解 ㅇ去(거)−버리다, 부정하다. ㅇ嘗然(상연)−일찍이 그러하다, 과거에 그러한 일이 있다.

解說 과거의 일은 부정할 수가 없다, 곧 역사는 부정할 수가 없다는 뜻이다.

63. 반듯하다면 흔들리게 할 수가 없다. 이유는 둥글기 때문이다.

原文 正而不可擔. 說在摶.

註解 ㅇ擔(담)−요(搖)의 잘못《墨子閒詁》), 흔들다. ㅇ摶(단)−원, 둥근 것.

解說| 정원(正圓)의 물건은 어떤 위치에 있어도 기울어지지 않는다. 언제나 동그랗다. 따라서 흔들리지 않는다고 할 수가 있다.

64. 우주(宇宙)는 나아가는 데에 가까움이란 없다. 이유는 어디나 이를 수가 있기 때문이다.

原文| 宇進無近. 說在敷.

註解| ㅇ敷(부)—이르다, 지(至)의 뜻(張惠言 說).

解說| 이 세상에는 가까운 곳이라고 특별히 있는 게 아니다. 먼 곳이라 하더라도 모두 가까운 곳으로부터 이르게 되기 때문이다. 결국 절대적인 원근(遠近)이란 없다는 말이다.

65. 길을 멀리 간다는 것은 오래 감으로써 이루어진다. 이유는 앞뒤가 있기 때문이다.

原文| 行循以久. 說在先後.

註解| ㅇ循(순)—〈경설〉을 참고하면 수(脩)의 잘못(楊葆彝 說), 긴 것, 거리가 먼 것.

解說| 〈경설〉에서는 '수(脩)'는 원근(遠近)을 가리키고, '구(久)'는 선후(先後), 곧 시간을 가리킨다 하였다.

66. 법도가 한 가지인 것들이 함께 있으면 모두 종류가 같아서, 마치

네모꼴이 서로 들어맞는 것과 같다. 이유는 방형이라는 데 있다.

[原文] 一法者之相與也, 盡, 若方之相合也. 說在方.

[註解] ○一法(일법)-법도를 하나로 하다, 법식(法式)이 같은 것. ○盡(진)-〈경설〉을 참고하면 아래에 류(類)자가 하나 빠져 있다(《墨子閒詁》), 모두가 한 종류인 것. ○方(방)-방형(方形), 네모꼴.

67. 함부로 사물을 들어 얘기하면 다른 것을 알 수가 없다. 이유는 그럴 수가 없는 것이 있는 데 있다.

[原文] 狂擧, 不可以知異. 說在有不可.

[註解] ○狂擧(광거)-'광'은 광망(狂妄), 함부로 '거'는 드러내놓고 얘기하는 것. 따라서 함부로 어떤 사물에 대하여 말하는 것이다.

68. 우마(牛馬)는 소가 아니지만 그것을 소라고 긍정하는 것과 같다. 이유는 다 아우르고 있는 데 있다.

[原文] 牛馬之非牛, 與可之, 同. 說在兼.

[註解] ○可之(가지)-그것을 가하다고 하다, 그것을 소라고 긍정하다. ○兼(겸)-아우르다, 모두 아우르다.

[解說] 우마(牛馬)라는 말은 소라는 말이 아니라 할 수도 있고 소를 가리킨다 할 수도 있다는 것이다. 그것은 '우마'라는 말은 소와 말을 다 아우르고 있는 말이기 때문이라는 것이다.

69. 이것의 이것과 저것의 이것은 같다. 그 이유는 서로 다른 데 있다.

[原文] 循此循此, 與彼此, 同. 説在異.

[註解] ㅇ循此循此(순차순차)-두 개의 '순'자 모두 잘못 끼어든 것(張惠言 說), 따라서 이것의 이것. ㅇ異(이)-이것저것하고 표현하는 말만이 다르다는 것이다.

70. 노래하는 것과 거기에 화하는 일은 걱정이 같다. 이유는 그 효과 때문이다.

[原文] 唱和同患. 説在功.

[註解] ㅇ唱和(창화)-한 사람이 노래하고, 다른 한 사람이 거기에 화창(和唱)하는 것. ㅇ患(환)-환난, 걱정. ㅇ功(공)-공효(功效), 효과.

[解說] 노래를 하는 데 화창(和唱)을 제대로 못하는 것이나, 화창을 하는 데 노래를 잘 못하는 것은 합창의 효과면에 있어 결국은 같다는 것이다.

71. 알지 못하는 것을 들었을 때 알고 있는 것과 같은 것이라면 곧 양편을 다 알게 되는 것이다. 이유는 고하여 주었기 때문이다.

[原文] 聞所不知, 若所知, 則兩知之. 説在告.

[解說] 지금까지 알지 못하는 것이라 생각하는 것에 대하여 다른 사람으로부터 설명을 듣고, 그것이 이미 자신이 알고 있던 것과 같음이 확인되었다면 결국은 두 가지를 알게 되는 거라는 것이다. 그것은 곧 알지 못한다고 생각하던 것을 알게 되었고, 또 이미 알고 있는 것을 모르는 것이라

잘못 알고 있었음도 알게 되었기 때문이다. 그것은 다른 사람이 고하여 준 덕분이다.

72. 하는 말을 모두 잘못되었다고 하는 것은 잘못된 일이다. 이유는 그 말 때문이다.

原文　以言爲盡誖, 誖. 説在其言.

註解　○誖(패)-패(悖), 어긋나다, 잘못되다.

解說　모든 말이 도리에 어긋날 수는 없다는 것이다. 말을 한다는 것은 이미 어떤 뜻을 표현하고 있기 때문이다.

73. 내가 말하는 것을 인정케 하려 할 때, 명칭이 잘못되면 안된다. 이유는 사실에 반할 것이기 때문이다.

原文　唯吾謂, 非名也, 則不可. 説在仮.

註解　○唯(유)-응낙하다, 승인하다, 인정하다, 동의하다. ○仮(반)-반(反), 반대, 어긋나는 것.

74. 땅의 끝이 없음은 아울러 사랑하는 것을 방해하지 못한다. 이유는 가득 차는가 차지 않는가에 있다.

原文　無窮, 不害兼. 説在盈否.

註解　○無窮(무궁)-땅의 끝이 없는 것. ○兼(겸)-겸애(兼愛), 모든 사람

들이 다 서로 돕고 사랑하는 것. ㅇ盈否(영부)-가득 차는 것과 그렇지 않은 것. 무엇을 가리키는 말인지 애매하다. 사랑이 충분히 베풀어지는 것과 그렇지 못한 것이라 봄이 옳을 것이다.

75. 그 수를 알지 못하면서도 그것이 다한 것을 알게 된다. 이유는 묻는 데 있다.

原文 不知其數, 而知其盡也. 説在明者.

註解 ㅇ明者(명자)-〈경설〉을 참고하면 '명'은 문(問)의 잘못(《墨子閒詁》), 묻는 것.

76. 그가 있는 곳을 알지 못한다 하더라도 그가 사랑하는 데에는 방해가 되지 않는다. 이유는 자식을 잃은 경우 같은 데 있다.

原文 不知其所處, 不害愛之. 説在喪子者.

註解 ㅇ喪子(상자)-자식을 잃다, 자식이 죽다.

77. 인과 의가 안팎을 이룬다고 하는 것은 잘못이다. 이유는 크게 어긋나는 데 있다.

原文 仁義之爲內外也, 內. 説在仵顏.

註解 ㅇ內(내)-비(非)의 잘못(《墨子閒詁》), 잘못된 것. ㅇ仵顏(오안)-'안'은 기(錡)의 잘못인 듯(《墨子閒詁》), 크게 어긋나는 것.

解說 《맹자(孟子)》의 고자(告子) 상편에, 고자의 인내의외설(仁內義外說)이 보인다. '인'은 사람들 마음속에 있는 것이고, '의'는 그것을 밖으로 발휘하는 것이기 때문에 그렇다는 것이다. 묵자는 특히 애(愛)와 이(利)는 모두 자기 자신에게 속하는 것이어서, 안팎의 관계로 풀어서는 안 된다는 입장을 분명히 하기 위하여, 고자가 자만하는 이 이론을 반박하고 있는 것이다.

78. 배우는 것이 무익하다고 한다. 이유는 잘못되었기 때문이다.

原文 學之益也. 說在誖者.

註解 ㅇ益(익) – 앞에 무(無)자가 있는 게 옳으며《墨子閒詁》, 이익이 없는 것, 무익한 것. ㅇ誖(비) – 패(誖)의 잘못, 어긋난 것, 잘못된 것.

79. 비방하는 것이 옳은가 옳지 않은가는 비방하는 사람이 많고 적음에 달린 것이 아니다. 이유는 그를 비방해도 괜찮은가 안 되는가에 달린 때문이다.

原文 誹之可否, 不以衆寡. 說在可非.

註解 ㅇ誹(비) – 비방(誹謗)하다, 헐뜯다.

80. 비방하는 것을 잘못이라 하는 것은 그릇된 일이다. 이유는 잘못을 부정하지 않는 것이기 때문이다.

原文 非誹者諄. 說在弗非.

508 묵자(墨子)

[註解] ㅇ諄(순)-誖(패)의 잘못(張惠言 說), 그릇되다. ㅇ弗非(불비)-잘못을 잘못이라 하지 않다, 잘못을 부정하지 않다.

81. 사물에는 심한 것이 있고 심하지 않은 것이 있다. 이유는 이와 같은 데에 있다.

[原文] 物甚不甚. 說在若是.

[解說] "이와 같다"는 것은 여기에 세워놓은 기준을 말한다. 이곳의 기준에 따라 너무 긴 물건이 있고 너무 짧은 물건도 있을 수가 있는 것이다.

82. 하급의 것을 취하고도 상급의 것을 추구하게 된다. 이유는 호수에 있다.

[原文] 取下以求上也. 說在澤.

[解說] 하급의 것이란 잘하고 못하는 것을 기준으로 한 것이다. 능력은 시원찮지만 언제나 상급의 훌륭한 가치를 추구할 수 있다는 것이다. 그것은 호수가 낮은 위치에 있으면서도 사람들에게 혜택을 주는 것과 같은 것이라는 것이다.

83. 옳은 것을 옳다고 하는 것과 옳지 않다고 하는 것은 같다. 이유는 서로 다른 데 있다.

[原文] 是是與是同. 說在不州.

註解 ○與是(여시)-중간에 불(不)자가 빠져 있다(高亨《墨子校詮》). ○州(주)-다른 것, 긍정하고 부정할 적의 여건이나 시대가 다른 것을 뜻한다.

解說 《장자(莊子)》 우언(寓言)편에 "공자(孔子)는 60년 동안에 60번이나 달라져, 처음에 옳다고 하던 것을 뒤에는 옳지 않다고 하게 된 것들이 많다."는 말을 하고 있다. 같은 뜻인 듯하다.

제42 경설편(經說篇)(上)

위의 〈경〉편의 글에 대한 해설이다. 참고의 편의를 위하여 〈경〉편의 해당 대목과 똑같은 일련번호를 매기기로 한다. 간혹 〈경〉의 글에 대한 해설이 없는 경우도 있는데, 그럴 경우에는 번호를 건너뛰게 될 것이다.

1. 원인이란, 작은 원인은 그것이 있어도 반드시 그렇게 되지 않고 그것이 없어도 반드시 그렇게 되지 않는다고 할 수 없다. 큰 원인은 그것이 있으면 반드시 그렇게 되어, 마치 그것을 보아야만 보는 것이 이루어지는 것과 같다.

原文 故, 小故, 有之不必然, 無之必不然. 體也若有端. 大故, 有之必無然, 若見之成見也.

註解 ○體也若有端(체야약유단)-이 구절은 앞뒤로 문맥이 통하지 않는

다. 장혜언(張惠言)은 다음 대목 '체(體)'자 위에 있던 것이 잘못 여기로 옮겨와 있는 것이며, '물건에 개체(個體)가 있는 것은 거기에 가가 있는 거와 같다'는 뜻이라 하였다. ㅇ必無然(필무연) - '무'자가 잘못 끼어든 것, 반드시 그렇게 된다는 뜻이어야 문맥이 통한다. 아마도 소고(小故)의 설명과는 정반대로 '유지필연(有之必然), 무지필불연(無之必不然)'으로 되어있던 것이(《墨子閒詁》) 이렇게 혼란을 일으킨 것 같다.

2. 개체란 둘로 나누었을 적의 하나와 같은 것이며, 한 자 길이의 물건을 나누었을 적의 일단이다.

[原文] 體, 若二之一, 尺之端也.

[註解] ㅇ端(단) - 가, 일단(一端).

3. 안다는 것이 재주라는 것은, 안다는 것은 그것을 근거로 사물에 대하여 안다는 것이다. 그리하여 반드시 알게 되는 것은 눈으로 밝게 보는 거나 같은 것이다.

[原文] 知材, 知也者所以知也. 而必知, 若明.

[註解] ㅇ所以知(소이지) - 알게 되는 근거, 그것을 근거로 알게 되는 것.

4. 생각. 생각한다는 것은 그의 지능으로 추구하는 것이나, 반드시 얻게 되지 않는다는 것은 마치 흘겨보는 거나 같다.

[原文] 慮. 慮也者, 以其知有求也, 而不必得之, 若睨.

[註解]　○得(득)－터득하다, 앎을 얻다. ○睨(예)－흘겨보다, 사시(斜視), 똑바로 보지 않는 것.

5. 앎. 안다는 것은 그의 지능으로 사물에 접촉하여 그 모양을 알게 되는 것으로, 마치 보는 것과 같다.

[原文]　知, 知也者, 以其知過物而能貌之, 若見.

[註解]　○過物(과물)－사물에 접촉하다. ○貌之(모지)－그 모양을 알게 되는 것.

6. 지혜. 지혜라는 것은 그의 지능으로 사물을 따져서 그가 알고 있는 것을 분명히 하는 것이어서, 마치 밝게 보는 것과 같다.

[原文]　恕. 恕也者, 以其知論物, 而其知之也著, 若明.

[註解]　○恕(지)－지(智), 지혜. ○論(논)－논하다, 따지다. ○著(저)－밝히다, 분명히 하다.

7. 인에 있어서 자기를 사랑하는 것은 자기를 이용하기 위한 것이 아니니, 말을 사랑하는 것과는 같지 않다.

[原文]　仁, 愛己者, 非爲用己也, 不若愛馬著. 若明.

[註解]　○著(저)－자(者)의 잘못《墨子閒詁》. ○若明(약명)－'밝게 보는 것과 같다'는 이 말은 뜻이 연결되지 않는다. 앞 대목 영향으로 잘못 끼어든 듯.

8. 의로움이란 천하를 위하는 것으로 본분(本分)을 삼겠다는 뜻을 두고 남을 이롭게 해줄 수 있도록 할 수 있어야 하는데, 반드시 중용(重用)되지는 않는다.

原文　義, 志以天下爲芬, 而能能利之, 不必用.

註解　○芬(분)-분(分)과 통하여, 본분(本分), 직분(職分). ○用(용)-남이 그의 의로움을 인정하고 중용(重用)하다, 또는 등용(登用)하다.

9. 예의란 귀한 사람은 공(公)이라 부르고, 천한 사람은 이름을 부르면서도, 모두 공경하는 뜻과 함부로 대하는 뜻이 있게 되는 것이며, 서로 다른 서열에 차등을 매기는 것이다.

原文　禮, 貴者公, 賤者名, 而俱有敬僈焉, 等異論也.

註解　○敬僈(경만)-공경하는 것과 얕보는 것, 공경히 대하는 것과 함부로 대하는 것. ○等異論(등이론)-'론'은 륜(倫)의 뜻, 서열, 신분상의 구별. 따라서 '서로 다른 서열에 차등을 매기는 것'임.

10. 행한다는 것은 하는 일이 좋은 명성을 바라지 않아야 행하는 것이 된다. 하는 일이 좋은 명성을 바란다면 기교를 부리는 것이어서 도둑질을 하는 것과 같다.

原文　行, 所爲不善名, 行也. 所爲善名, 巧也, 若爲盜.

註解　○所爲(소위)-하는 바, 하는 일. ○善名(선명)-좋은 명성을 추구하다, 좋은 명성을 바라다. ○巧(교)-기교(技巧), 재주를 피우는 것.

11. 실질이란 그의 뜻과 기운을 드러내서 남으로 하여금 자기처럼 되게 하는 것이다. 종소리나 옥 장식과는 같지 않은 것이다.

原文　實, 其志氣之見也, 使人如己. 不若金聲玉服.

註解　○金聲玉服(금성옥복)-'금성'은 쇳소리, 징소리나 종소리. '옥복'은 입는 옷에 옥으로 장식하는 것. 두 가지 모두 실질적인 것에 대가 되는 허식적(虛飾的)인 것들을 뜻한다.

12. 충성이란 약하고 어린 임금에게 불리한 듯한 짓은 하지만, 발을 조정에 들여놓을 적에는 용모를 바로잡는 것이다.

原文　忠, 不利弱子亥, 足將入止容.

註解　○弱子亥(약자해)-'해'는 해(孩)와 통하여, 약하고 어린 임금. ○止容(지용)-'지'는 정(正)의 잘못(《墨子閒詁》), 용모를 바로잡는 것, 예모(禮貌)를 갖추는 것.

13. 효도란 어버이를 위하는 것을 본분(本分)으로 하고, 어버이를 이롭게 할 수 있도록 할 수 있게 하는 것이며, 반드시 어버이의 환심을 얻는 것은 아니다.

原文　孝, 以親爲芬, 而能能利親, 不必得.

註解　○芬(분)-분(分), 직분(職分), 본분. ○得(득)-부모의 환심(歡心)이나 동의를 얻는 것. 부모님을 이롭도록 위하다 보면 부모님의 바람과는 다른 행동도 하게 된다는 것이다.

14. 신의(信義)란 그의 말이 합당함으로써 이루어지는 것은 아니다. 사람으로 하여금 성을 보면 금을 얻는다고 말하여 성을 바라보고 금을 얻게 하는 것이다.

原文 信, 不以其言之當也. 使人視城得金.

15. 돕는다는 것은 사람들과 함께하고 사람들과 만났을 적에 여러 사람들이 서로 어루만져 주는 것이다.

原文 佴, 與人遇人, 衆㥆.

註解 ㅇ佴(이)-돕는 것. ㅇ㥆(순)-순(揗)의 잘못(《墨子閒詁》), 서로 어루만져 주는 것, 쓰다듬는 것.

16. 고집이 있다는 것은 올바른 일을 하는 것이며, 올바른 일을 하더라도 상대방을 속이는 일이라면 하지 않는 것이다.

原文 䛒, 爲是, 爲是之台彼也, 弗爲也.

註解 ㅇ䛒(견)-견(獧)과 통하여 소신이 강한 것, 옳다고 여기는 일에 고집이 센 것. ㅇ台(태)-태(詒)와 통하여(《墨子閒詁》), 남을 속이는 것.

17. 결렴(潔廉)하다는 것은 자기가 하는 행동이라 하더라도 그것에 대하여 두려워할 줄 아는 것이다.

原文 廉, 己惟爲之, 知其㥾也.

[註解] ○毸(사)−사(諰)의 잘못(墨子閒詁), 두려워하는 것. 혹 그래도 부정한 면이 있지 않을까 두려워하는 것이다.

18. 명령을 하는 것이란 자신이 행하는 것이 아닌 것이다.

[原文] 所令, 非身弗行.

[註解] ○弗行(불행)−〈경편〉을 참고할 때, '불'은 소(所)의 잘못(《墨子閒詁》), 행하는 바, 행하는 것.

19. 임협(任俠)이란 자신이 싫어하는 일이라도 행하여 남의 다급한 일을 해결해 주는 것이다.

[原文] 任, 爲身之所惡, 以成人之所急.

[註解] ○任(임)−임협(任俠), 의협(義俠). ○成(성)−이룩하다, 다급함을 해결해 주는 것.

20. 용기란 해야만 할 일에 과감하여 이름붙여진 것이다. 하지 않아도 될 일에 과감하지 않다고 해서 손상이 되는 것은 아니다.

[原文] 勇, 以其敢於是也命之. 不以其不敢於彼也害之.

[註解] ○是也(시야)−이편 일, 해야만 할 일. 따라서 뒤의 '피야(彼也)'는 그 반대로 '해서는 안 될 일'. ○命(명)−명명(命名), 이름붙여진 것. ○害(해)−용기에 해가 되다, 용감한 것을 손상시키다.

21. 힘이란 무거운 것은 아래로 내려가게 마련인데, 그 무거운 것을 들어서 움직이는 것이다.

原文　力, 重之謂下, 與重奮也.

註解　○謂下(위하) — 내려간다고 말하다, 내려가게 마련이다. ○與(여) — 거(擧)의 잘못(《墨子閒詁》), 들어올리다. ○奮(분) — 떨치다, 움직이다.

22. 삶이란 육체에 지각이 가득 차 있으면 살아있는 것이나, 반드시 일정할 수는 없는 것이다.

原文　生, 楹之生, 商不可必也.

註解　○楹(영) — 영(盈)과 통하여, 〈경편〉을 참고하면 육체에 지각이 충만한 것. ○商(상) — 상(常)의 뜻으로(《墨子閒詁》), 언제나 일정한 것, 언제까지나 있는 것.

23. 누워 자는 것.

原文　臥.

24. 꿈을 꾸는 것.

原文　夢.

解說　이상 두 대목은 해설이 없음. 글이 없어진 것으로 보인다.

25. 바른 것은 편안하다.

原文 平, 惔然.

註解 ○平(평)－공평(公平), 평정(平正), 바른 것. ○惔(담)－담(憺)의 잘못(張惠言 說), 편안한 것.

26. 이익이란 그것을 얻으면 기뻐하는데, 그것은 이익이 되었기 때문이다. 그것이 해가 되었다면 그렇지 않을 것이다.

原文 利, 得是而喜, 則是利也. 其害也, 非是也.

27. 해로움이란 그것을 얻으면 싫어하게 되는데, 그것은 손해가 되었기 때문이다. 그것이 이익이 되었다면 그렇지 않을 것이다.

原文 害, 得是而惡, 則是害也. 其利也, 非是也.

28. 다스림이란 나도 다스리는 일에 종사하고, 남도 남쪽 북쪽에 이르기까지 다스리게 되는 것이다.

原文 治, 吾事治矣, 人有治南北.

註解 ○事(사)－일하다, 종사하다. ○有(유)－우(又)의 뜻, ……도.

29. 칭찬한다는 것은 반드시 그가 행한 것에 대하여 그것을 말해줌으

로써 기쁘게 하여, 사람들로 하여금 그 일에 독려(督勵)케 하는 것이다.

[原文] 譽之, 必其行也, 其言之忻, 使人督之.

[註解] ○譽(예)-칭찬, 칭송. ○忻(흔)-흔(欣)과 통하여, 기뻐하는 것. ○督(독)-독려(督勵), 힘쓰도록 하는 것.

30. 비난이란 반드시 그가 행한 것에 대하여 그것을 말해줌으로써 기쁘게 해주어야 한다.

[原文] 誹, 必其行也, 其言之忻.

[解說] 대부분의 학자들이 이 대목에는 잘못되었거나 빠진 글자가 있다고 하여 해석을 하지 않고 있다. 그러나 비난이란 상대방에게 잘못을 올바로 알도록 하여 그가 반성하고 기뻐하도록 하여야 한다는 뜻이라 생각하고 번역하였다.

31. 드러낸다는 것은 문아(文雅)한 표현으로 말해주어 그의 진실을 드러내는 것이다.

[原文] 擧, 告以文名, 擧彼實也.

[註解] ○文名(문명)-수식적인 이름, 수식적인 표현, 문아(文雅)한 표현.

32. 그러므로 말을 한다는 것은 여러 사람의 입이 이름을 잘 드러내놓는 것이다. 이름이란 호랑이 그림과 같은 것이다. 말한다는 것은 말로 이

름을 써서 표현함을 말하는 것이다.

原文 故言也者, 諸口能之出民者也. 民若畫虎也. 言也, 謂言猶石致也.

註解 ○民(민)-두 글자 모두 명(名)의 잘못《墨子閒詁》), 이름, 명사, 표현. ○虎(호)-虎(호)와 같은 자, 호랑이. ○猶(유)-由(유)의 뜻. ○石致(석치)-'석'은 명(名)의 잘못《墨子閒詁》), 이름을 통해서 이르게 하는 것, 이름을 써서 표현하는 것.

33. 아직이란, 사전에 말할 적에는 아직이고, 사후에 말할 적에는 '이미'이지만, 막 그렇게 되려 하는 것도 아직이다.

原文 且, 自前曰且, 自後曰已, 方然亦且.

34. 임금이란 약속을 통해서 이름 붙여진 것이다.

原文 若石者也. 君以若名者也.

註解 ○若石者也(약석자야)-아래 '약명자야(若名者也)'가 잘못 중복되고, '명(名)'자가 '석(石)'자로 잘못 적히게 된 것이라 봄이 좋을 듯하다(兪樾 說). ○若(약)-〈경편〉을 참고할 때, 약(約)의 잘못인 듯하다.

35. 공이란 때를 기다릴 것 없이, 여름에는 칡베 옷을 입히고 겨울에는 갖옷을 입히듯 하는 것이다.

原文 功, 不待時, 若衣裘.

註解　○衣裘(의구)-여름에는 칡베 옷[葛衣]을 입게 하고, 겨울에는 갖옷 [裘]을 입게 하는 것. 〈경편〉에서 '공이란 백성들을 이롭게 하는 것'이라 한 말을 보충 설명한 것이다.

36. 상이란 윗사람의 아랫사람의 공로에 대한 보답이다.

原文　賞, 上報下之功也.

解說　〈경편〉의 글과 똑같다. 어디엔가 잘못이 있을 것이다.

37. 죄는 금령(禁令)에 속하는 것이 아니라면, 해를 끼친다 하더라도 죄가 없는 것이다. 거짓말을 하는 것 같은 것이다.

原文　罪, 不在禁, 惟害無罪. 殆姑.

註解　○殆姑(태고)-'약태(若殆)'의 잘못, '태'는 태(詒)와 통하여, 속이다, 거짓말을 하다(高亨《墨經校詮》).

38. 벌이란 윗사람의 아랫사람의 죄에 대한 보답이다.

原文　罰, 上報下之罪也.

解說　이 대목도 〈경편〉의 글과 똑같다. 어디엔가 잘못이 있을 것이다.

39. 같다는 것은 두 사람이 함께 보고 그것을 기둥이라 하는 것이다.

임금을 섬기는 것과 같다.

原文   侗, 二人而俱見是楹也. 若事君.

註解   ○侗(동)-동(同)과 뜻이 같은 자. ○楹(영)-기둥.

40. 오랫동안이란 옛부터 지금까지와 아침부터 저녁까지이다.

原文   久, 古今旦莫.

註解   ○莫(모)-모(暮), 저녁.

41. 공간이란 동쪽부터 서쪽까지와 남쪽부터 북쪽까지이다.

原文   宇, 東西家南北.

註解   ○家(가)-잘못 끼어든 글자임(顧千里 說).

42. 궁하다는 것은 혹 한 자의 것도 받아들여지지 않아 궁하게 되는 것이나, 한 자의 물건이 받아들여지지 않는 적이 없다면 궁함이 없는 것이다.

原文   窮, 或不容尺, 有窮. 莫不容尺, 無窮也.

43. 모두라는 것은 멈추고 움직이는 것을 함께하는 것이다.

원문 盡, 但止動.

註解 ○但(단)-구(俱)의 잘못인 듯(《墨子閒詁》).

44. 시작이란, 시간의 경과에는 오랜 경우가 있기도 하고 오래지 않은 경우가 있기도 하나, 시작이란 오래지 않은 경우에 해당한다.

원문 始, 時或有久, 或無久, 始當無久.

45. 변화란 개구리가 메추라기가 되는 것과 같은 것이다.

원문 化, 若䵷爲鶉.

註解 ○䵷(와)-와(蛙), 개구리. ○鶉(순)-메추라기.

46. 손상(損傷)이란 한 편이 없어지는 것이라는 것은, 전체에 대하여 개체(個體)를 말한 것이다. 그 개체는 혹은 없어지기도 하고 혹은 존재하기도 하는데, 그 존재하던 것이 손상됨을 말하는 것이다.

원문 損, 偏去也者, 兼之體也. 其體或去或存, 謂其存者損.

註解 ○損偏去也(손편거야)-"손상이란 한 편이 없어지는 것이다", 이는 〈경편〉의 글이다. ○兼(겸)-전체, 체(體)는 개체(앞의 2번 대목 참조).

47. (〈경설〉없어졌음)

48. 돌아간다는 것은 구심점을 함께하고 있는 것이다.

原文　儇, 昫民也.

註解　○儇(환)-환(環), 돌아가는 것. ○昫(구)-구(俱)의 잘못(《墨子閒詁》), 모두, 다같이. ○民(민)-저(氐)의 잘못(《墨子閒詁》), 근본, 구심점(求心點).

49. 창고란 굴 같은 공간이나 이 모양 같은 모습으로 언제나 있다.

原文　庫, 區穴, 若斯貌常.

註解　○區穴(구혈)-굴 같은 구역, 굴 같은 공간. ○斯貌常(사모상)-이 모양대로 언제나 있다.

解說　'고역야(庫易也)' 곧 '창고에 있다 하더라도 변한다'는 경문(經文)에 대한 해설이다. 창고에 넣어둔 물건은 변하지만 창고는 언제나 같은 모습이라는 뜻으로 풀이하였다. 그러나 이 〈경〉의 글과 〈경설〉의 글은 모두 뜻이 분명치 않아 학자들에 따라 여러 가지 서로 다른 해석을 하고 있다.

50. 움직인다는 것은 전체 또는 일부가 옮아가는 것이다. 문 지도리와 벌레 누에 같은 것이다.

原文　動, 偏祭從者. 戶樞免瑟.

註解　○偏祭(편제)-'편'은 편(偏), '제'는 제(際)와 통하여, 전체와 일부. ○從(종)-사(徙)의 잘못, 옮겨가는 것. ○戶樞(호추)-문 지도리. ○免瑟(면슬)-타잠(它蠶)의 잘못(《墨子閒詁》), '타'는 사(蛇)·충(虫)의 뜻, 벌레.

[解說] '움직인다는 것은 옮아가는 것'이라는 경문을 보충 해설한 것이다. 곧 움직이는 데에는 일부가 움직이는 것이 있고 전체가 움직이는 것이 있다. 문 지도리 같은 경우에는 일부는 옮아가지만 중심은 옮아가지 않으며, 벌레나 누에는 전체가 옮아간다는 것이다.

51. 멈추는 것은, 오래 가도 멈추지 않는 것이란 없다는 것은 마치 소를 놓고 말이 아니라고 하는 것이나, 화살이 기둥 사이를 지나가는 것처럼 확실하다. 오래 가더라도 멈추지 않는 것이 있다는 것은 마치 말을 놓고 말이 아니라고 하는 것이나, 사람이 다리 위를 지나가는 것처럼 확실치 않다.

[原文] 止, 無久之不止, 當牛非馬, 若矢過楹. 有久之不止, 當馬非馬, 若人過梁.

[註解] ○矢過楹(시과영) -《의례(儀禮)》 향사례(鄕射禮)에 '기둥 사이로부터 활을 쏜다(射自楹間)'라 하였으니, '화살이 기둥 사이를 지나간다'는 뜻. 틀림이 없고 확실함을 비유로 든 것이다. ○人過梁(인과량) - '사람이 다리 위를 지나가다', 사람들이 다리 위를 건너갈 적에는 걷다 섰다 하여 진행이 불확실하다, 따라서 불확실함을 비유로 든 것인 듯하다.

52. 반드시란 꼭 그렇게 되는 것을 말한다. 만약 형제가 있는데, 한 사람은 그렇게 된다 하고 한 사람은 그렇게 되지 않는다고 한다면, 반드시 꼭 그렇게 되는 것이 아니며, 그것은 반드시가 아니다.

[原文] 必, 謂臺執者也. 若弟兄, 一然者, 一不然者, 必不必也, 是非必也.

註解   ○臺執(대집)-'대'는 악(握)과 통하여(畢沅 說), 고집하는 것, 꼭 그렇게 되는 것.

53. 〈경설〉이 없음.

54. 같다는 것은 문의 가로 댄 나무와 문기둥의 두 길이가 같은 것 같은 것이다.

原文   同, 捷與狂之同長也.

註解   ○捷(첩)-건(楗)으로 된 판본도 있으며(畢沅 說), '건'은 문지방과 문 위에 가로 댄 나무. ○狂(광)-광(框), 문 테(高亨《墨經校詮》). '건'이 문의 위아래의 가로 댄 나무이기 때문에, '광'은 양 옆 기둥으로 번역하였다.

55. 중간이란, 원심(圓心)으로부터 가까지 가는 거리가 모두 같은 것 같은 것이다.

原文   中, 心自是往, 相若也.

註解   ○中心(중심)-보통 판본은 '심중(心中)'으로 되어있으나, 고형(高亨)의 《묵경교전(墨經校詮)》, 담계보(譚戒甫)의 《묵변발미(墨辯發微)》 등을 따라 〈경편〉의 '중, 동장야(中, 同長也.)'를 해설한 말로 보고, 두 글자가 엇바뀌어진 것이라 여기고 바로잡았다.

56. 두텁다는 것은 크게 할 수가 없다는 것이다.

原文 厚, 惟無所大.

解說 해설을 한 〈경문〉 '후, 유소대야(厚, 有所大也.)'와는 정반대의 표현이어서 학자들의 해석이 구구하다. 필원(畢沅)은 '큰 것으로는 여기에 더할 것이란 없다. 이른바 크다는 뜻이다'고 하였고, 손이양(孫詒讓)은 '무(無)가 쌓이어 유(有)가 이루어질 때, 그 두꺼움에는 한이 없다는 뜻이다. 〈경〉의 글과 상반(相反)되지만 실은 서로 뜻을 보충해 주는 것이다'고 하였다.

57. 〈경설〉이 없어졌음.

58. 〈경설〉이 없어졌음.

59. 둥근 것은 그림쇠를 마주쳐지게 돌려 그으면 되는 것이다.

原文 圓, 規寫攴也.

註解 ○圓(환)—원, 둥근 것. ○規(규)—그림쇠, 옛날 목수가 원의 직경을 재거나 원을 그릴 적에 쓰던 물건. ○寫攴(사복)—'복'은 교(交)의 잘못(《墨子閒詁》), 그림쇠를 '마주쳐지도록 돌려 그리는 것'.

60. 네모는 굽은 자를 마주치도록 하면서 그리는 것이다.

原文 方, 矩見攴也.

註解 ○矩(구)—목수들이 직각이나 네모꼴을 겨냥 낼 적에 쓰던 자. ○見

攴(견복)−사교(寫交)의 잘못《墨子閒詁》), 굽은 자를 마주치도록 하면서 그리는 것. 그림쇠를 마주쳐 놓으면 네모꼴이 된다.

61. 배라는 것은 한 자에 대한 두 자이며, 다만 한 자가 빠진 것이다.

原文 倍, 二尺與尺, 但去一.

解說 '단거일(但去一)'의 해석이 문제이다. '한 자'를 기준으로 배를 설명하고 있는 말이므로, '두 자'는 한 자의 배이고, 한 자는 두 자에 비하여 '한 자가 빠진 것'이라는 뜻으로 보았다.

62. 끝머리란 같은 것이 또 없다.

原文 端, 是無同也.

63. 사이가 있다는 것은 무엇을 끼고 있는 것을 말한다.

原文 有閒, 謂夾之者也.

64. 사이라는 것은 끼어있는 것을 말한다. 한 자 물건이라면 앞쪽에 공간이 있고 뒤쪽에 가가 있는데, 가와 공간 사이에 끼어있는 것이 아니고 연속되어 있는 것이다. 연속되어 있지만 가지런히 연속되어 있는 것은 아니다.

原文 閒, 謂夾者也. 尺, 前於區穴, 而後於端, 不夾於端與區內, 及. 及, 非齊之及也.

[註解] ○尺(척)-한 자, 한 자 길이의 물건. ○區穴(구혈)-구멍 같은 공간, 공간. ○區內(구내)-공간 안, 공간 사이. ○及(급)-이어지다, 연속되다. ○齊之(제지)-가지런하게, 계속 똑같이.

[解說] '사이'란 말의 해설치고는 알기 어려운 말이어서 학자들에 따라 해설이 구구하다. 여기서는 《묵자한고》의 해설을 중심으로 삼아 가장 적절한 번역이 되도록 힘썼다.

65. '공간이란 중간이 비어있는 것'이란 두 나무 사이에 다른 나무가 없는 것을 말한다.

[原文] 纑, 閒虛也者, 兩木之間, 謂其無木者也.

66. 가득 찬다는 것은 가득 차지 않으면 두꺼움도 없는 것이다.

[原文] 盈, 無盈無厚.

67. 돌에 있어서는 어디를 가나 얻지 못할 곳이란 없으니, 굳고 희다는 두 가지를 다 얻는 것이다. 굳다는 것과 흰 것을 따로 떼어놓으면 서로 감싸지 않고 서로 부정할 것이니, 그것은 서로 밀어내는 것이다.

[原文] 於尺無所往而不得, 得二. 堅異處, 不相盈, 相非, 是相外也.

註解 ○尺(척)-석(石)자의 잘못(《墨子閒詁》), 돌. ○得(득)-명가(名家)의 견백석(堅白石)의 궤변을 다룬 〈경〉의 글 '견백, 불상외야(堅白, 不相外也.)'에 대한 〈경설〉이므로 굳고 희다는 두 가지 개념을 얻는 것이다. ○堅異處(견이처)-'견'자 아래 '백(白)'자가 들어있어야 옳다(《墨子閒詁》), 굳은 것과 흰 것이 따로 떨어져 있는 것. ○相盈(상영)-서로를 포함한다, 서로 감싸다.

解說 필원(畢沅)을 비롯하여 많은 학자들이 첫 구절 '돌에 있어서는 어디를 가나 얻지 못할 곳이란 없다'는 말을 앞 66번 대목에 연결되는 것으로 보고 있다. 그러나 문맥상 이곳으로 붙이는 편이 더 합리적이라 생각된다.

68. 마주친다는 것에 있어서, 한 자의 물건과 한 자의 물건이 마주칠 적에는 완전히 합쳐지지 못하지만, 가와 가가 마주칠 적에는 모두 완전히 합쳐진다. 한 자의 물건과 가가 마주칠 적에는 혹 완전히 합쳐지기도 하나 혹 합쳐지는 것이 완전치 못할 적도 있다. 굳다는 것과 희다는 것이 마주치면 서로 완전하게 합쳐지지만, 개체(個體)가 마주칠 적에는 서로 합쳐지는 것이 완전치 못하다.

原文 攖, 尺與尺俱不盡, 端與端俱盡. 尺與, 或盡或不盡. 堅白之攖相盡, 體攖不相盡. 端.

註解 ○攖(영)-마주치다, 부딪치다. ○尺(척)-한 자 길이의 물건. ○盡(진)-완전히 잘 합쳐지는 것. ○尺與(척여)-뒤에 '단(端)' 한 자가 빠져 있다(《墨子閒詁》). ○端(단)-앞의 '척여' 뒤에 있어야 할 글자가 이곳으로 빠져나온 것인 듯하다. 이 글자는 앞뒤로 잘 연결이 되지 않는다(《墨子閒詁》).

69. 견준다는 것은 두 가지 것이 각각 가를 갖고 있은 다음에야 가능

하다.

原文 仳, 兩有端而后可.

70. 들러붙는다는 것은 두께가 없게 된 다음에야 가능하다.

原文 次, 無厚而后可.

解說 '두께가 없다'는 것은 달라붙는 두 물건 사이에 아무런 틈도 없게 되는 것을 뜻한다.

71. 법이란 의도(意圖)·그림쇠·동그라미 세 가지가 갖추어져야 법이 될 수가 있는 것이다.

原文 法, 意規員三也俱, 可以爲法.

註解 ㅇ規(규)-그림쇠, 원을 그리는 기구. ㅇ員(원)-원(圓), 의도에 따라 그림쇠로 그려놓은 '동그라미'.

72. 순종이란 그러해야 한다는 것은 백성들이 법을 따르는 것과 같은 것이다.

原文 佴, 然也者, 民若法也.

註解 ㅇ佴, 然也(이, 연야)-순종이란 그러해야 한다, 대체로 〈경〉의 글을 옮긴 것이다. ㅇ若(약)-따르다, 순(順).

73. 〈경설〉이 없어진 듯.

74. 그것이란, 모든 우추(牛樞)는 소가 아니어서 두 가지임은 부정할 수가 없는 것 같은 것이다.

原文   彼, 凡牛樞非牛, 兩也, 無以非也.

註解   ○牛樞(우추) — 나무 이름인 듯(《墨子閒詁》).

75. 논변(論辯)이란 어떤 이는 그것을 소라 하고 어떤 이는 소가 아니라 하여, 이것과 저것을 다투는 것이나, 그것은 모두 합당하다고 서로 받아들여지지 않는다. 모두 서로 합당하지 않다고 하는데, 반드시 어떤 쪽이거나 합당치 않은 게 있을 것이다. 이는 소를 개라고 하는 것보다도 합당치 않을 것이다.

原文   辯, 或謂之牛, 謂之非牛, 是爭彼也, 是不俱當. 不俱當, 必或不當. 不若當犬.

註解   ○是爭彼(시쟁피) — 이것과 저것이 다투다. ○俱當(구당) — 양편 모두가 합당하다고 받아들이다. ○不若當犬(불약당견) — 잘못된 쪽은 '소를 개라고 하는 것보다도 합당치 않다'는 뜻.

76. 한다는 경우에 있어서, 그의 손가락을 자르려 하면서도 그의 지혜가 그 해를 알지 못한다면 그것은 지혜의 죄가 되는 것이다. 만약 지혜가 그것에 대하여 신중함으로써 그 해에 대하여 빠짐없이 아는데도 그대로

손가락을 자르려 한다면 곧 해를 당하게 될 것이다.

그것은 마치 육포를 먹는 것과 같아서, 그 누린내가 이로운 것인지 해로운 것인지를 알지 못하면서 누린내 나는 것을 먹으려 한다면, 그것은 의심으로써 욕심을 막지 못하는 것이다. 담 밖의 일이 이로운지 해로운지를 알지 못하는 경우에, 그곳으로 가면 돈을 얻는데도 가지 않았다면 그것은 의심으로써 욕심을 막은 것이다.

'한다'는 것은 지혜를 다하여야 하고 욕심에도 관계된다는 이치를 볼 것 같으면, 육포를 잘라먹었다고 해서 지혜로운 것이 못되고 손가락을 잘랐다고 해서 어리석은 것이 되지 않는 것이다. 하여야 할 것과 해서는 안될 것을 의심스럽게 여기고 있는 것은 좋은 계책이 못되는 것이다.

原文 爲, 欲䱉其指, 智不知其害, 是智之罪也. 若智之愼文也, 無遺於其害也, 而猶欲䱉之, 則離之. 是猶食脯也, 騷之利害, 未可知也, 欲而騷, 是不以所疑止所欲也. 廧外之利害, 未可知也, 趨之而得力, 則弗趨也, 是以所疑止所欲也. 觀爲窮知而縣於欲之理, 䱉脯而非恕也, 䱉指而非愚也. 所爲與不所與爲, 相疑也, 非謀也.

註解 ○䱉(양)-작(斮)의 잘못인 듯《墨子閒詁》, 자르는 것. ○愼文(신문)-'문'은 지(之)의 잘못《墨子閒詁》, 그것에 대하여 신중히 하는 것. ○離(리)-걸리다, 해를 당하다. ○脯(포)-육포(肉脯), 저미어 말린 짐승 고기. ○騷(소)-조(臊)의 가차자(假借字), 짐승고기의 누린내(畢沅 說). ○廧(장)-장(墻), 집의 담. ○趨(추)-나아가다, 담 밖으로 가는 것. ○力(력)-도(刀)의 잘못《墨子閒詁》, 돈. 옛날 돈 중에는 칼 모양의 것들이 있었다. ○縣(현)-현(懸), 걸려있다, 관계가 되다. ○恕(지)-지(智), 지혜. ○謀(모)-좋은 계책, 계략.

|解說| 이상은 〈경〉의 '한다는 것은 지혜를 다하면서도 욕심에 끌리는 것이다.(爲, 窮知而懸於欲也.)'를 해설한 〈경설〉이다.

77. 이미란, 옷을 만들었다는 것이 이루어진 경우이고, 병을 고쳤다는 것이 없어진 경우이다.

|原文| 已, 爲衣成也. 治病, 亡也.

|解說| 이 대목은 〈경〉의 글 '이미는 이루어진 것과 없어진 것이다(已, 成亡.)'를 설명한 말이다.

78. 부린다는 것은 하라고 명령했다고 해서, 하라고 말한 대로 반드시 성공하거나 실패하는 것은 아니다. 하도록 하는 것이란 반드시 하는 행위에 따라 이루어지도록 하는 것이다.

|原文| 使, 令謂, 謂也, 不必成濕. 故也, 必待所爲之成也.

|註解| ㅇ謂(위)-어떤 일을 하라고 말하는 것(〈경편〉 참조). ㅇ濕(습)-뢰(儡)의 잘못(《墨子閒詁》), 실패, 무너지는 것. ㅇ故(고)-하도록 시키는 것(〈경편〉 참조).

|解說| 〈경〉의 글 '부린다는 것은 하라고 말하는 것과 하도록 시키는 것이다(使, 謂故.)'의 '하라고 말하는 것[謂]'과 '하도록 시키는 것[故]'을 특히 설명한 것이다.

79. 이름에 있어서 물건이란 달명(達名)이니, 실물이 있으면 반드시 형

용하는 이름으로 이름을 붙이게 된다. 말이란 유명(類名)이니, 실물이 있는 경우에는 반드시 그 이름으로 이름을 붙이게 된다. 하복(下僕)은 사명(私名)이다. 이 이름은 오직 이 실물에만 한정된다. 소리가 입에서 나올 적에는 언제나 이름이 있게 되는데, 사람에게 성과 이름이 붙게 되는 것과 같다.

原文 名, 物, 達也. 有實必待文多也命之. 馬, 類也. 若實也者, 必以是名也命之. 臧, 私也. 是名也, 止於是實也. 聲出口, 俱有名, 若姓字灑.

註解 ○達(달)—달명(達名). ○文多(문다)—'다'는 명(名)의 잘못(《墨子閒詁》). 수식하는 이름, 형용하는 이름. ○命(명)—명명(命名), 이름을 붙이다. ○類(류)—유명(類名). ○臧(장)—하복(下僕), 노예(奴隷). ○私(사)—사명(私名). ○姓字(성자)—성명. ○灑(쇄)—리(麗)의 잘못이며, 보통 다음 대목에 이 글자를 옮겨 붙이기도 하나, 이곳에 있는 것이 옳다고 여긴다(高亨《墨經校詮》).

解說 〈경〉의 글 '이름에는 달명과 유명과 사명이 있다(名, 達類私.)'를 해설한 대목이다.

80. 구견(狗犬)이라 말하는 것은 명명(命名)하는 것이고, 구(狗)니 견(犬)이니 하는 것은 드러내는 것이며, 개를 꾸짖는 것은 더 보태는 것이다.

原文 謂狗犬, 命也 ; 狗, 犬, 擧也 ; 叱狗, 加也.

註解 ○命(명)—명명(命名), 이름을 붙여주는 것. ○擧(거)—어떤 물건을 드러내어 보이는 것, 지적해 주는 것. ○叱(질)—꾸짖다. ○加(가)—무엇인가

설명을 '더 보태 주는 것'.

81. 안다는 데 있어서, 그것을 전하여 받는 것이 듣는 것이며, 모든 방면에 막힘이 없게 되는 것이 살펴보는 것이며, 몸소 보는 것이 친히 경험하는 것이다. 말을 하는 근거가 이름이며, 말하는 바가 실물이며, 이름과 실물이 만나는 것이 합해지는 것이며, 뜻으로 행하는 것이 이루어지는 것이다.

[原文] 知, 傳受之, 聞也;方不廣, 說也;身觀焉, 親也. 所以謂, 名也;所謂, 實也;名實耦, 合也;志行, 爲也.

[註解] ○方(방)-방면, 지방. ○廣(장)-장(障)과 통하여, 장애를 받다, 막히다. ○說(열)-열(閱)과 통하여, 살펴보는 것. ○所以(소이)-근거, 까닭. ○耦(우)-짝을 이루다, 만나다.

[解說] 〈경〉의 '지, 문열친, 명실합위(知, 聞說親, 名實合爲.)'라는 대목의 '지'를 설명한 말들을 한 자 한 자씩 설명한 것이다.

82. 듣는다는 것은 어떤 사람이 그에게 말해주어 전해지는 것이며, 몸소 겪는 것이 친히 듣는 것이다.

[原文] 聞, 或告之傳也;身觀焉, 親也.

[解說] 여기서는 듣는 것을 설명하는 말이므로, '친(親)'자의 해석이 앞 대목의 경우와 다름에 주의하여야 한다.

83. 본다는 것이, 특수한 부분일 경우에는 형체의 일부이고, 특수한 것

과 나머지 전부일 경우에는 전체이다.

原文 見, 時者體也, 二者盡也.

註解 ○時(시)-特(특)의 잘못(《墨子閒詁》), 특수한 부분, 특별한 일부. ○體(체)-개체(個體), 형체의 일부. ○二者(이자)-두 가지, 여기서는 특수한 부분과 나머지 전부. ○盡(진)-모두, 전체.

84. 합치되는 데에는 바르게 합치되는 것이 있고, 적절하게 합치되는 것이 있고, 반드시 합치되는 것이 있다 하였다. 뜻하는 바와 결과가 들어 맞는 것이 바른 것이고, 훌륭하게 하는 것이 적절한 것이며, 저것이 아니면 반드시 있을 수가 없는 것이 반드시라는 것이다. 훌륭한 사람은 이것들을 쓰되 반드시 하겠다고는 하지 않으니, 반드시 하겠다는 것은 그렇게 되지 않을까 의심스럽기도 하기 때문이다.

原文 古, 兵立反. 中志工, 正也;臧之爲, 宜也;非彼必不有, 必也. 聖者用而勿必, 必也者可勿疑.

註解 ○古(고)-〈경〉의 글을 참고하면, 합(合)의 잘못. ○兵立反(병립반)-학자들이 여러 가지 해석을 시도하고 있으나 모두 잘 통하지 않는다. 잘못 끼어든 글자이거나, 〈경〉의 '정의필(正宜必)'이 잘못 전해진 것이라 봄이 옳을 것이다. 이 대목은 〈경〉의 글인 이 세 글자를 해설하고 있기 때문이다. ○志工(지공)-'공'은 공(功)과 통하여, 뜻하는 바와 결과. ○臧(장)-착한 것, 훌륭한 것. ○聖者(성자)-훌륭한 사람, 올바른 사람. ○可勿疑(가물의)-'의심치 않는 것이 좋다'고 번역하면 뜻이 통하지 않는다. '가물'과 '의'를 따로 떼어, '그렇게 되지 않을 수도 있어서' '의심스럽다'는 뜻으로 풀어야 문맥이 잘 통한다. 《논어(論語)》를 보면 공자(孔子)도 '반드시 무엇을 하려고 하지 않았다(毋必)' 하였다.

85. 요량한다는 것은 두 가지가 있어도 한 편으로 치우치지 않는 것이다.

原文 仗者, 兩而勿偏.

註解 ○仗(장)-권(權)의 잘못《墨子閒詁》), 요량(料量)하다, 저울질하다.

86. 행위에 있어서, 갑옷이나 누대(樓臺)는 존재케 한 것이고, 병을 치료하는 것이 없애는 것이며, 사고 팔고 하는 것이 바꾸는 것이고, 사라지고 없어지도록 하는 것이 부수는 것이며, 어른을 따르게 하는 것이 다스리는 것이고, 개구리와 쥐가 메추라기가 되게 하는 것이 변화시키는 것이다.

原文 爲, 早臺, 存也 ; 病, 亡也 ; 買鬻, 易也 ; 霄盡, 蕩也 ; 順長, 治也 ; 蠹買, 化也.

註解 ○早臺(조대)-'조'는 갑(甲)의 잘못《墨子閒詁》), 갑옷과 누대(樓臺). ○買鬻(매륙)-물건을 사고 파는 것, 장사하는 것. ○霄盡(소진)-'소'는 소(消)와 통하여(畢沅 說), 사라지고 없어지는 것. ○蕩(탕)-다 써버리다, 탕진(蕩盡)하다. ○蠹買(와매)-'매'는 서(鼠)의 잘못《墨子閒詁》), 개구리와 쥐, 옛날에 개구리와 쥐가 메추라기로 변한다고 믿었었다.

解說 이는 〈경〉에서 '행위'란 '존망역탕치화(存亡易蕩治化)'라고 한 말을 한 글자씩 해설한 대목이다.

87. 같다는 데 있어서, 이름은 둘인데 실물은 하나인 경우가 중복되게 같은 것이다. 전체로부터 벗어나지 않는 것이 전체적으로 같은 것이다.

함께 한 방에 있는 것이 같이 합쳐져 있는 것이다. 같은 점이 있는 것이 종류가 같은 것이다.

> [原文] 同, 二名一實, 重同也. 不外於兼, 體同也. 俱處於室, 合同也. 有以同, 類同也.

> [解說] 〈경〉의 '같은 것'에는 '중체합류(重體合類)'가 있다고 한 말을 놓고 한 자 한 자씩 해설한 대목이다.

88. 다르다는 데 있어서, 두 가지가 반드시 다르다면 두 가지이다. 이어져 있지 않은 것이 개체(個體)가 같지 않은 것이다. 있는 장소가 같지 않은 것이 합치되지 않는 것이다. 같은 점이 없는 것이 종류가 같지 않은 것이다.

> [原文] 異, 二必異, 二也. 不連屬, 不體也. 不同所, 不合也. 不有同, 不類也.

> [註解] ㅇ連屬(연속) - 물건이 이어져 있는 것. ㅇ體(체) - 개체(個體).

89. 같은 것과 다른 것을 모두 터득해야 한다는 것은, 부잣집의 잘 지내는 것을 보고 있고 없는 것을 알게 되는 것 같은 것이다. 비교하여 헤아림으로써 많고 적은 것을 아는 것이다. 뱀과 지렁이가 꿈틀꿈틀 가는 것을 보고 거취(去就)를 아는 것이다. 나무 인형을 오동나무로 만들면 굳고 부드러운 것을 알게 되는 것이다. 칼과 창과 갑옷은 죽음과 삶에 대하여 알게 하는 것이다. 처녀와 그의 어머니는 나이 많은 것과 젊은 것을 알게 하는 것이다. 두 가지가 절대적으로 다투는 것으로 흰색과 검은색

이 있는 것이다. 중앙과 사방은 위치를 알게 하는 것이다. 사람의 논설과 행실과 학문과 명실(名實)은 옳고 그름을 알게 하는 것이다. 어렵고 쉬운 것은 이루어질까 못 이루어질까를 알게 하는 것이다. 형제는 한편이 되기도 하나 상대가 되기도 하는 것이다. 몸은 여기에 있는데 뜻은 저쪽으로 가는 데서 존재하는 것과 없어지는 것을 알게 되는 것이다. 호랑이를 개라고 한다면 곧 가짜임을 알게 되는 것이다. 값이 적절함으로써 비싸고 싼 것을 알게 되는 것이다.

原文 同異交得, 於福家良, 恕有無也. 比度, 多少也. 免蚓還園, 去就也. 鳥折用桐, 堅柔也. 劍尤早, 死生也. 處室子子母, 長少也. 兩絕勝, 白黑也. 中央, 旁也. 論行行行學實, 是非也. 難宿, 成未也. 兄弟, 俱適也. 身處志往, 存亡也. 霍爲姓, 故也. 賈宜, 貴賤也.

註解 ○同異交得(동이교득)—같은 것과 다른 것을 모두 터득하다,〈경〉의 한 구절이다. ○福家(복가)—부잣집. ○良(량)—잘 지내는 것. ○恕(서)—恕(지)의 잘못《墨子閒詁》, 아는 것. ○比度(비탁)—비교하고 헤아리다, 견주고 재보다. ○免蚓(면인)—'면'은 사(它)의 잘못《墨子閒詁》, 사(蛇), 뱀. '인'은 인(蚓), 지렁이. ○還園(환원)—꿈틀꿈틀 기어가는 것. ○鳥折(조절)—나무로 만든 인형, 목우인(木偶人)《墨子閒詁》. ○劍尤早(검우조)—'우'는 과(戈), '조'는 갑(甲)의 잘못《墨子閒詁》, 칼과 창과 갑옷. ○處室子(처실자)—시집 안간 딸, 처녀. ○子母(자모)—처녀의 어머니. ○兩絕勝(양절승)—두 가지가 절대적으로 다투는 것, 둘이 분명히 겨루다. ○旁(방)—곁, 사방. ○論行行行學實(논행행행학실)—중간의 두 '행'자는 잘못 끼어든 것《墨子閒詁》, 논설과 행실과 학문과 명실(名實). ○難宿(난숙)—'숙'은 이(易)의 잘못인 듯, 어려운 것과 쉬운 것. ○成未(성미)—이루어질 것과 이루어지지 못할 것. ○俱適(구적)—'적'은 적(敵)의 뜻, 함께 있기도 하고 적이 되기도 하다, 한편이 되기도 하고 상대편이 되기도 하다. ○霍爲姓(곽위성)—'곽'은 호(虎), 호랑이

'성'은 성(性)의 뜻인 듯하나, '호랑이를 개라고 하다'로 번역해야 문맥이 통한다. ㅇ故(고)-假(가)의 잘못(《墨子閒詁》), 가짜. ㅇ賈(가)-값, 가(價).

解說 〈경〉의 "동이교득, 지유무(同異交得, 知有無.)"를 해설한 글임은 분명한데 글뜻은 이해하기 어려운 곳이 많다. 중국학자들도 이 대목의 몇 구절은 해석을 포기한 이들이 많다.

90. 〈경설〉 없어졌음.
91. 〈경설〉 없어졌음.
92. 〈경설〉 없어졌음.
93. 〈경설〉 없어졌음.

94. 응낙하면(超城員止也) 따라가게 되고, 함께 행동하게 된다. 먼저 알아야만 되는 것은 다섯 가지 색깔과 길고 짧은 것과 앞뒤와 가볍고 무거운 것과 남의 말을 인용하는 것과 자기 생각을 고집하는 것 등이다.

原文 諾, 超城員止也. 相從, 相去. 先知, 是可, 五色, 長短, 前後, 輕重, 援執.

註解 ㅇ超城員止也(초성원지야)-억지 해석을 하는 이들도 있으나 뜻이 전혀 통하지 않는다. 잘못된 구절임이 분명하다. ㅇ相去(상거)-함께 가다, 함께 행동하다. ㅇ援執(원집)-남의 말이나 의견을 인용하는 것[援]과 자기 생각을 고집하는 것.

95. 설복은 성공하기가 어렵다. 말을 성공하도록 힘쓰되, 뜻을 숨기고

있을 경우에는 그것을 파악하도록 힘써야 한다.

[原文] 服, 難成. 言務成之, 九則求執之.

[解說] ㅇ服(복)-설복(說服). ㅇ九(구)-〈경〉의 글의 나(說)자가 잘못된 것인 듯《墨子閒詁》, 상대방이 숨기고 있는 뜻.

96. 법에 있어서, 법이 같은 것은 취하고, 교묘함을 살펴어 법을 전하여야 하며, 이것을 취하고 저것을 버릴 적에는 그 근거를 따지고 합당함을 살펴야 한다.

[原文] 法, 法取同, 觀巧傳法, 取此擇彼, 問故觀宜.

[註解] ㅇ擇(택)-석(釋)의 뜻으로《墨子閒詁》, 버리는 것.

[解說] 〈경〉의 글에서 '법이 같은 것(法同)' '교묘함(巧)' '근거(故)' '합당함(宜)' 같은 표현들을 특히 해설한 것인 듯하다.

97. 사람들 중에는 검은 사람이 있고 검지 않은 사람도 있는데, 검은 사람에게만 금지시키거나, 또 사람들에게 사랑을 받는 사람이 있고 사람들의 사랑을 받지 못하는 사람이 있는데, 사람들에게 사랑을 받는 사람만을 금지시킨다면, 그것을 누가 합당하게 금지시켰다고 하겠는가? 한 사람이 그러한 것을 드러내어놓고 이것이 그러한 것이라고 한다면 곧 그렇지 않은 것을 드러내놓은 사람이 그에게 반문을 하게 될 것이다.

[原文] 以人之有黑者, 有不黑者也, 止黑人; 與以有愛於人, 有不愛於人, 心愛人, 是孰宜心? 彼擧然者, 以爲此其然也, 則擧

不然者, 而問之.

註解 ㅇ心(심)—두 글자 모두 지(止)자의 잘못인 듯(張惠言 說), 금지하다. ㅇ問之(문지)—그에 대하여 반문하다, 그에게 이론(異論)을 제기하다.

解說 〈경〉의 "금지한다는 것은 다른 도리를 근거로 하는 것이다(止, 因以別道.)"를 해설한 글이다.

98. 성인 같은 분은 그릇됨이 있는 듯하지만 그릇됨이란 없다. 다섯 가지 응낙을 올바르게 하여 사람들은 모두 알고 기뻐한다. 다섯 가지 응낙이 틀렸다면 바르지 못하여 사람들이 알지도 못하고 기뻐하지도 않을 것이다. 다섯 가지 응낙을 사용하는 것은 자연을 따라야만 하는 것이다.

原文 若聖人有非而不非. 正五諾, 皆人於知有說. 過五諾, 若負, 無直無說. 用五諾, 若自然矣.

註解 ㅇ五諾(오낙)—앞 94번 조목에 보인 오색(五色)·장단(長短)·전후(前後)·경중(輕重)·원집(援執) 다섯 가지를 잘 살피고 응낙하는 것. ㅇ說(열)—기뻐하다. ㅇ負(부)—정(正)의 반대, 바르지 못한 것. ㅇ直(직)—지(知)의 잘못《墨子閒詁》). ㅇ若(약)—따르다, 순(順).

新完譯　墨　子（上）	
初版1刷 發行●2003年　10月　6日	
初版2刷 發行●2015年　9月　15日	

譯著者●金　學　主
發行者●金　東　求
發行處●明　文　堂(1923. 10. 1 창립)
　　　　서울 종로구 윤보선길 61 (안국동)
　　　　우체국　010579-01-000682
　　　　전화　　(영) 733-3039, 734-4798
　　　　　　　　(편) 733-4748
　　　　FAX 734-9209
　　　　Homepage www.myungmundang.net
　　　　E-mail mmdbook1@hanmail.net
　　　　등록　 1977. 11. 19. 제1~148호

●낙장 및 파본은 교환해 드립니다.
●불허복제

정가 15,000원
ISBN 89-7270-739-1　04820
ISBN 89-7270-052-5 (세트)